# 부동산
# 경매
# 실무

경매투자자, 공인중개사,
경매 컨설턴트를 위한

경매 실전의 기본서

# 부동산
# 경매실무

# 책을 펴내며…

가끔 주위에서 경매공부를 하려고 하는데 어떤 책을 보아야 하는지 책을 하나 소개해달라고 하시는 분이 계시면 본인의 경우 선뜻 소개해줄 만한 책이 생각나지 않았다. 필자도 2000년에 경매를 처음 공부하면서 실무와 이론이 잘 정리된 책이 없어 여러 가지 책을 보고 공부를 했기 때문이다. 일반적으로 경매를 배우면서 매수하려는 입장에서 필요한 내용을 잘 정리한 책은 많지 않은 것 같다. 주로 법률 서적에 준하는 이론서라든가, 또는 요약서, 아니면 실무의 한 부분인 경험담 위주의 책의 유형이 주류인 것 같다. 배우려는 입장에서 볼 때 이론에 치우쳐 너무 난해하고 불필요한 부분이 많거나, 반대로 내용은 재미있지만, 이론이 부족하여 평이한 경우가 많아 실수요자 입장에서 기초를 잘 다지고 정리하기가 쉽지 않은 것을 보면서 실수요자와 공인중개사, 경매 컨설턴트에게 필요한 이론과 실무를 잘 정리한 기본서를 하나 만들어 보기로 생각하고 이 책을 쓰게 되었다. 이 책은 일반경매투자자, 공인중개사, 경매 컨설턴트들이 경매의 기초를 잡고 체계적으로 정리하고 배우는 데 중점을 두었으며, 본서를 기본으로 필드에서 살을 덧붙여 간다면 많은 도움이 될 것으로 확신한다.

사실 필자가 부동산경매로 다년간 다양한 종류의 많은 물건을 낙찰받고 실무에 종사해오면서 경험한 바로는, 부동산경매는 경매진행 중 많은 변수와 위험이 있어 기초를 제대로 다지고 임하여야 하되, 그렇다고 너무 많은 필요 이상의 이론을 가지고 공부를 한다든지 또는 기본이론은 도외시하고 실무 위주로 공부하는 것은 위험하고 바람직하지 않다고 생각한다. 필자도 어느 한 특수물건을 공부하면서 많은 판례와 전공서적을 보았지만, 그때 그 사건을 위한 나의 공부가 모두에게 공통적일 수 없고 각자 생활로 돌아가면 잊혀지고 정리가 안 되는 것이 일반적이다. 너무 복잡하거나 리스크가 큰 물건의 경우가 아니라면 실수요자 입장에서는 체계적인 기본이론과 기본적인 실무내용을 습득하면 부동산을 경매로 혼자 매수하는 데 어려움 없이 할 수 있다. 예외적으로, 너무 복잡하거나 리스크가 큰 물건의 경우에는 그때 심도 있는 공부를 하고, 자신이 없을 경우 비용을 주고 관련 전문가의 도움을 적절히 받는 것이 좋을 것이다.

부동산경매를 공부함에 있어 ①절차분석 ②권리분석 ③물건분석으로 구분할 수 있다. 첫째, 절차분석은 경매의 시작과 끝이 어떻게 진행되는가에 대하여 공부를 한다. 내가 입찰하고자 하는 물건이 매각기일이 지정되어 입찰하고 낙찰되어 잔금 납부하고, 등기하고, 명도 완료하기까지 어떻게 진행하여야 하고, 그 절차는 어떻게 진행되는지, 또 단계별 어떤 변수가 생길 경우 어떻게 해야 하는지 등을 알아 둘 필요가 있다. 부동산경매의 절차진행은 민사집행법의 규정에 의하여 진행되는바, 필요한 부분에 관하여는 관련법 조항을 공부해야 한다. 둘째, 권리분석은 입찰하고자 하는 물건이 권리상 하자가 없는지에 대한 분석이다. 사법상의 권리분석이라고 할 수 있는 등기부상의 권리분석과 임대차, 유치권, 법정지상권 등 등기부 외의 권리분석, 공법상의 권리분석으로 구분해 볼 수 있다. 셋째, 물건분석은 물건의 외적인 상태, 주변환경 등 입지, 시세, 수익성 분석, 개발계획, 현재가치, 미래가치 등 물건의 좋고 나쁨을 평가하여 투자결정을 하게 하는 분석이다. 물건의 가치(현재가치와 미래가치)를 판단할 수 있는 안목이 필요하다. 부동산경매에서 제일 중요한 분석이 물건분석이다. 물건분석은 하루아침에 되는 것이 아니고 많은 정보를 접하고 발품을 팔아야 한다. 아무리 절차분석과 권리분석을 잘하는 법률전문가라고 하더라도 물건분석을 잘못하여 물건을 잘 못 샀다면 성공투자라고 할 수 없다.

본서에서는 위에서 언급한 절차분석과 권리분석, 그리고 물건분석을 위한 경매물건별 물건분석방법과 현장조사절차를 기술하였다.

이 책은 필자가 다년간 부동산경매 실무를 해오면서 부동산경매를 체계적으로 배우며 실무에 적용하기 위한 일반투자자, 공인중개사, 경매 컨설턴트 입장에서 기술하였으며, 필자가 필드에서 직접 부딪히고 겪은 경험을 토대로 필요한 이론과 실무의 노하우도 기술하였다. 끝으로 이 책이 나오기까지 부족한 저를 오랜 시간 동안 인도해주신 하나님께 감사드리며, 아무쪼록 이 책이 일반투자자, 공인중개사, 경매 컨설턴트에게 기본서로서 도움이 되었으면 하는 바람이다.

2013년 8월 1일

박노성

# 읽기 전에…

"보통 일반인들에게 부동산경매를 왜 배우시려고 합니까?" 하면 대다수가 돈을 벌기 위하여 한다고 한다. 주변에서 누가 경매해서 얼마를 벌었다더라, 또는 누가 집을 시세보다 아주 싸게 샀다더라 등의 말을 듣고 나도 한번 해보자 하고 뛰어드는 경우가 많을 것이다. 우리 회사에 찾아오시는 고객분들이나 신입직원들 지원이력서나 면접을 보더라도 경매를 하는 이유에 관하여 내용은 조금씩 다르지만, 목적은 모두가 같은 것 같다. 또 이를 유혹이라도 하듯 일부 시중의 책이나 일반매체에서 좀 더 솔깃한 제목으로 과장된 내용의 상술을 하는 경우도 있지만, 요즘같이 경매가 대중화된 현실에서 실제로 많은 분들이 경매를 배우면서 그들 말처럼 수익을 내기는 쉽지 않다. 오히려 그들의 상술에 낚이어 손해를 입는 경우도 없지 않다.

하지만 경매의 특성상 아직도 저평가되고 일반매매보다 저가에 매입할 수 있는 영역의 물건들이 여전히 존재하는 것만으로도 우리가 경매를 하는 이유는 충분하다. 경매로 성공투자를 하기 위해서는 기초를 튼튼히 하고 큰 줄기를 잡고 살을 붙여나가야 한다고 본다. 일반 시중의 이야기 형식의 책이나 학원의 강의를 한번 듣고 경매를 시작하기에는 많은 리스크가 앞선다. 그렇다고 난해한 전문서적을 대하면서 공부를 할 필요까지는 없다.

이 책은 필자가 오랫동안 부동산경매 실무를 통한 생생한 경험과 그때마다 정리하였던 이론들을 바탕으로 실전투자자를 위한 입장에서 필요한 부분을 위주로 정리해 놓은 기본서로서 여러분에게 튼튼한 기본실력을 만들어줄 것이다. 이 책의 활용방법은 읽다가 이해 안 가는 부분이 있더라도 전체적으로 읽어서 윤곽을 잡고 실무를 하면서 접하게 되는 필요한 부분에 대하여 세부적으로 참조하면 좋을 것이다.

# 차   례

## 경매 절차 총론 편

# 권리분석 편

## Part 3. 권리분석 기초

부동산 경매 실무

# 차 례

부동산 경매 실무

# 차 례

## 물건 유형별 분석방법 편

부 동 산 경 매 실 무

# 경매절차 총론편

Part 1. 경매 일반

Part 2. 경매 절차

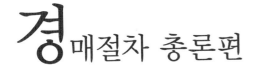

# Part 1.

# 경매 일반

## 1. 부동산 경매의 의의 및 성질

### (1) 부동산 경매의 의의

우리가 말하는 경매란 무엇인가?

일반적으로 경매란, 매도인이 다수의 매수 희망자에게 매수 청약의 의사표시를 하고, 그 중 최고가격으로 청약을 한 사람에게 매도 승낙의 의사표시를 함으로써 성립되는 매매의 형식을 말한다. 경매는 경매를 실시하는 주체에 따라 사인(私人) 사이에서 하는 사경매와 국가기관에서 하는 공매·경매가 있는데, 공매·경매는 민사집행법의 강제집행절차에 의한 경매(법원에서 실행)와 국세징수법에 따른 공매(한국자산관리공사에서 실행)로 구분된다. 이 책에서 기술하는 경매는 민사집행법상 강제집행절차에 의한 법원에서 실행하는 부동산경매 (real estate auction; REA)를 말한다. 부동산 경매는 집행권원을 가지고 경매를 실행하는 강제경매와 집행권원 없이 저당권 등 담보권의 실행을 통하여 경매를 실행하는 임의경매로 구분된다.

자본주의 사회에서는 사적자치의 원칙에 의해 사인(법인)들 간의 계속적인 채권채무관계가 발생한다. 채권자는 채권확보를 위하여 대부분 부동산담보를 설정하기도 하지만, 상황에 따라 부동산담보 이외의 것을 담보로 설정하거나 설정하지 않기도 한다. 채무자가 채무이행을 하지 못할 경우 채권자는 채무자의 재산을 매각하여 채권자의 채권에 충당하게 해달라고 국가기관인 법원에 요청하고 법원은 요건을 갖춘 정당한 채권자일 경우 경매절차를 거쳐 채무자의 재산을 일반인에게 매각하여 채권자의 채권에 충당하게 조력한다. 일반인은 법원에 공시된 경매물건을 잘 선별하여 매입하게 된다.

이러한 경매물건의 열람은 일반적으로 국가기관에서 운영하는 인터넷사이트 대법원경매정보(http://www.courtauction.go.kr)에서 무료로 열람할 수 있다. 근래에는 좀 더 상세한 정보내용을 제공하는 유료사이트도 많이 있다.


## (2) 경매의 성질

부동산경매의 성질에 관하여 학설은 경매를 집행관 또는 소유자인 채무자와 매수인 간의 매매라고 보는 사법상의 매매라는 견해[1]와 경매는 국가기관인 집행관이 경매처분을 하여 사법상 권리관계를 설정하는 것이라고 보는 공법상 처분설이라는 견해가 있는데, 사법상 매매설이 대법원 판례이다. 판례는 경매는 매매의 일종[2]으로 경매에 의한 소유권취득을 원시취득이 아닌 승계취득[3]으로 본다.

---

1) 매매설은 그 근거를 민법 제578조의 경매와 매도인의 담보책임을 들고 있다.

2) 민법 제578조 제1항, 제2항은 매매의 일종인 경매에 있어서 목적물의 하자로 인하여 경락인이 경락의 목적인 재산권을 완전히 취득할 수 없을 때에 매매의 경우에 준하여 매도인의 위치에 있는 경매의 채무자나 채권자에게 담보책임을 부담시켜 경락인을 보호하기 위한 규정으로서 그 담보책임은 매매의 경우와 마찬가지로 경매절차는 유효하게 이루어졌으나 경매의 목적이 된 권리의 전부 또는 일부가 타인에게 속하는 등의 하자로 경락인이 완전한 소유권을 취득할 수 없거나 이를 잃게 되는 경우에 인정되는 것이고, 경매절차 자체가 무효인 경우에는 경매의 채무자나 채권자의 담보책임은 인정될 여지가 없다(대판 1993. 5. 25. 92다15574).

3) 경락에 의한 소유권취득은 성질상 승계취득이므로 하나의 토지 중 특정 부분에 대한 구분 소유적 공유관계를 표상하는 공유지 분등기에 근저당권이 설정된 후 그 근저당권의 실행에 의하여 위 공유지분을 취득한 경락인은 구분 소유적 공유지분을 그대로 취득한다고 할 것이다(대판 1991.8.27. 91다3703).

## 2. 부동산 경매제도의 변천

### (1) 경매제도의 변천

부동산 경매는 초창기에 판결절차에 의한 경매는 민사소송법(1960. 4. 4. 제정)에서 규율하고, 담보권실행을 위한 경매는 경매법이라는 별도의 법에서 규율하고 있었다. 당시 민사소송법상의 경매를 '강제경매'라 하고 경매법상의 경매를 '임의경매'라 하였다. 그러다가 경매법을 폐지하고 이를 민사소송법에 흡수, 통합하여 민사소송법 강제집행편 제5장 '담보권실행 등을 위한 경매'를 신설하여 통합규정 하였다(1990. 1. 13. 법률 제4201호, 동년 9월 1일 시행). 그러나 종전의 민사소송법에 대하여 소송과는 다른 성질의 집행이 같은 법에서 규율되고 있다는 등의 비판이 제기되어오자, 그 후 민사소송법에서 규정된 강제집행편을 분리해 민사집행법을 제정하고 2002.7.1.부터 시행하게 되었다(2002.1.26. 법률 제6627호, 동년 7월 1일 시행). 유의할 점은 민사집행법이 적용되는 경매물건은 2002. 7. 1. 이후 경매신청 접수된 물건이며 그 이전에 경매 접수된 물건은 구법인 민사소송법이 적용된다.

※ 민사소송법(1960. 4. 4. 제정): 판결절차에 의한 경매(강학상 강제경매)
※ 경매법: 담보권실행을 위한 경매(강학상 임의경매)

⇒

※ 민사소송법 통합

경매법폐지 → 민사소송법 강제집행편 제5장 '담보권실행 등을 위한 경매'를 신설하여 통합규정(1990. 1. 13. 법률 제4201호, 동년 9월 1일 시행).

⇒

※ 민사집행법 제정

민사소송법에서 규정된 강제집행편을 분리해 민사집행법을 제정하고 2002.7.1.부터 시행(2002.1.26. 법률 제6627호, 동년 7월 1일 시행)

## (2) 경매의 매각방법

경매의 매각방법은 1993.5.11. 이전까지는 '호가경매' 방식을 이용하였으나, 공개된 방식에서 발생하는 문제점들(담합과 견제, '브로커'의 횡포, 입찰방해 등)이 제기되자 이를 보완하기 위하여 1993.5.11. 이후 민사소송법의 개정으로 '입찰경매' 방식으로 변경되었다.

그 후 민사집행법이 2002. 7. 1.부터 시행되면서 기간입찰 방식이 추가되었으며 현재는 '호가경매'와 '기일입찰' 및 '기간입찰'의 3가지 방법(민사집행법 제103조 제2항)으로 바뀌게 되었다.

그리고 어떤 매각방법으로 진행할 것인가는 경매사건의 유형에 따른 담당 판사의 판단에 따라 결정하도록 하였다(민사집행법 제103조 제1항). 매수신청의 입찰보증금도 현금, 자기앞수표로만 가능하였다가 보증보험증권의 제출로도 가능하도록 하였다(2004.9.1부터 시행)[4].

---

4) 1. 보험계약자: 경매보증보험은 입찰에 참가하고자 하는 일반인은 누구나 이용할 수 있으나, 신청인의 신용상태에 따라 발급제한 또는 연대보증인 입보 등의 제한이 있다.
2. 보험가입금액: 매각공고서 상의 최저매각가격의 1/10. 단, 특별매각조건(2/10 또는 3/10)을 정한 경우에는 그에 따름.
3. 보험료율:

| 구 분 | | 기본 요율 |
|---|---|---|
| **입 찰 참 가 담 보 용** | ※ 아파트(아파트) | 건당 0.5% |
| | ※ 다세대주택(협동주택, 다세대, 공동주택) | 건당 1.0% |
| | ※ 연립빌라 주택(연립, 빌라) | |
| | ※ 단독주택(단독주택, 주택, 다가구주택) | |
| | ※ 근린주택(상가주택, 근린주택) | |
| | ※ 상가(상가, 점포, 시상, 사무실, 근린상가, 병원, 근린생활시설 등) | 건당 1.8% |
| | ※ 오피스텔(오피스텔) | |
| | ※ 숙박시설(숙박, 여관) | |
| | ※ 빌딩(빌딩) | |
| | ※ 공장(공장, 공장용지) | |
| | ※ 주상복합건물(상가아파트, 아파트상가) | |
| | ※ 기타건물(주유소, 축사, 창고, 건물, 연구소 등) | |
| | ※ 대지, 임야, 잡종지, 과수원, 전답, 목장용지, 염전 | 건당 2.9% |
| | ※ 기타토지(도로, 하천, 제방, 유원지, 묘지 등) | |
| | ※ 종교시설(종교용지, 사찰, 교회) | |
| | ※ 학교시설(학교용지, 체육용지) | |
| | ※ 공공시설(철도용지) | |
| | ※ 광업권, 어업권 | |
| | ※ 기타 위에서 정하지 않은 부동산 등 | |
| ※ 세부적인 보험료율은 달라질 수 있음. | | |

그러나 현재까지 보증보험증권의 발급제한이 까다로워 이용이 어렵고 사실상 유명무실한 제도로 되어 있다.

※ 호가경매: 호가경매는 경매기일에 공개된 공개장소에서 매수신청액을 올려가는 과정을 통해 가장 높은 매수가격을 부른 사람을 매수인으로 정하는 방법으로 현재 민사집행법은 유체동산에 대하여 실시하고 있다.

※ 기일입찰: 기일입찰은 호가경매의 방식을 보완하기 위한 방법으로 입찰기일에 입찰 장소에서 매수신청인이 매수가액을 적은 입찰표를 입찰함에 투입한 다음 바로 개찰을 실시하여 그 중 가장 높은 매수가액을 적은 사람을 매수인으로 정하는 방법이다. 매수가액이 밀봉되어 있어 개찰 시까지 다른 매수신청인의 매수가액을 알 수 없다는 점에서 호가경매와 차이가 있다.

※ 기간입찰: 기간입찰은 기일입찰을 보완하기 위한 방법으로 일정한 입찰기간(1주일 이상 1월 이하의 범위 내)을 정하여 매수신청인이 입찰기간 내에 입찰표를 집행법원에 방문 또는 등기우편으로 제출하여 입찰을 실시하고 매각기일(입찰기간이 끝난 후 1주일 내)에 개찰한다는 점에서 기일입찰과 다르다.


### (3) 경매용어의 변천

부동산경매는 호가경매 방식에서 1993. 5. 11. 이후 입찰경매방식으로 바뀌었고, 2002. 7. 1. 민사집행법이 제정되면서 같은 의미의 경매용어도 변경되었다.

---

〈보험료 산출예시〉
※ 보험료 = 보험가입금액 x 기본요율
※ 경매사건의 최저매각가격 1억 원, 입찰보증금 1/10,
  물건종류가 아파트인 물건에 입찰하고자 하는 경우
  50,000원 = 1,000만 원 x 0.5%

| 호 가 경 매 제 | 입 찰 경 매 제<br>(1993. 5. 11. 이후) | 민 사 집 행 법<br>(2002. 7. 1. 이후) |
|---|---|---|
| 경매기일 | 입찰기일 | 매각기일 |
| 경락기일 | 낙찰기일 | 매각결정기일 |
| 최고가매수신고인 | 최고가입찰자 | 최고가매수신고인 |
| 경락허부 결정 | 낙찰허부 결정 | 낙찰허부 결정 |
| 경락인 | 낙찰자 | 매수인 |

## 3. 부동산경매의 종류

부동산 경매는 집행권원을 가지고 경매를 실행하는 강제경매와 집행권원 없이 저당권 등의 담보권으로 경매를 실행하는 임의경매로 구분된다.

### (1) 강제경매

강제경매는 집행권원(확정된 종국판결, 가집행선고부 판결, 확정된 지급명령, 화해조서, 조정조서, 약속어음 공정증서 등)[5])을 가지고 있는 채권자가 채무자 또는 보증인 소유의

---

5) 집행권원이란 '사법상의 일정한 급부청구권의 존재와 범위를 표시함과 동시에 강제집행으로 그 청구권을 실현할 수 있는 집행력을 인정한 공정의 증서'를 말함. 구 민사소송법에서는 집행권원을 '채무명의'라고 하였음.

  ※ 집행권원의 종류
  (1) 민사집행법과 민사소송법에 규정된 집행권원
    1) 판결
      ① 확정된 종국판결(민사집행법 제24조)  ② 가집행선고 있는 종국판결(제24조)
      ③ 외국법원의 판결에 대한 집행판결(제26조)
    2) 판결 외의 집행권원
      ① 소송상 화해조서와 제소 전 화해조서(제56조)  ② 인낙조서(제56조)
      ③ 항고로만 불복을 신청할 수 있는 재판(제56조)  ④ 확정된 지급명령(제56조)
      ⑤ 가압류·가처분명령(제291조, 제301조)  ⑥ 집행증서(제56조)
      ⑦ 과태료의 재판에 대한 검사의 집행명령(제60조)  ⑧ 확정된 화해권고결정(민사소송법 제231조)

  (2) 민사집행법과 민사소송법 이외에 규정된 집행권원
    ① 확정된 이행권고 결정(소액사건심판법 제5조의7 1항)  ② 중재판정에 대한 집행판결(중재법 제37조)

부동산을 매각하여 그 매각대금에서 금전채권의 만족을 얻는 것을 말한다(민사집행법 제2편 제2관 제2절 제80조~제162조).


### (2) 임의경매

임의경매는 강제경매에 대응하는 개념으로 집행권원을 필요로 하지 아니하는 경매, 즉 담보권자가 담보권(저당권, 전세권, 유치권, 담보가등기 등) 실행을 통하여 그 담보물의 매각대금에서 채권의 만족을 얻는 것을 말한다. 임의경매는 법률상의 용어는 아니고 강학상 용어로서 민사집행법 제3편에 담보권의 실행 등을 위한 경매에 규정되어 있으며 강제경매절차가 준용된다(민사집행법 제268조).

---

③ 회생절차 또는 파산선고 시의 법인의 이사 등에 대한 출자이행청구권 또는 그 책임에 기한 손해배상청구권의 조사확정의 재판(채무자회생 및 파산에 관한 법률 제117조, 제354조)  ④ 회생채권자표 및 회생담보권자표(같은 법 제168조)
⑤ 파산채권자표(같은 법 제460조)  ⑥ 개인회생채권자표(같은 법 제603조 제3항)
⑦ 조정조서(민사조정법 제29조)  ⑧ 확정된 조정에 갈음하는 결정(같은 법 제30조, 제32조, 제34조)
⑨ 가사소송법에 의한 심판(가사소송법 제41조), 조정 또는 확정된 조정에 갈음하는 결정(같은 법 제59조 제2항)
⑩ 당사자가 예납하지 아니한 비용의 수봉 결정, 소송상의 구조와 구조의 취소에 따른 비용 추심의 결정(민사소송비용법 제12조)
⑪ 비송사건절차법에 따른 과태료 재판에 대한 검사의 집행명령(비송사건절차법 제249조)
⑫ 비송사건절차의 비용의 재판(같은 법 제29조)  ⑬ 벌금, 과료, 몰수, 추징, 과태료, 소송비용, 비용배상 또는 가납의 재판에 대한 검사의 집행명령(형사소송법 제477조)
⑭ 특허권, 실용신안권, 의장권, 상표권의 심판에 관한 비용 또는 이들 법률에 따른 보상금액과 대가에 대하여 확정된 결정(특허법 제166조, 실용신안법 제56조, 의장법 제72조, 상표법 제77조)
⑮ 확정된 배상명령 또는 가집행선고 있는 배상명령(소송촉진 등에 관한 특례법 제34조 제1항)이 적힌 유죄판결
⑯ 형사소송절차에서 피고인과 피해자 사이에 민사상 다툼에 관하여 이루어진 합의가 기재된 공판조서(같은 법 제36조 제5항)
⑰ 언론중재위원회의 중재화해조서와 중재조서(정기간행물의 등록 등에 관한 법률 제18조 제7항)
⑱ 중앙토지수용위원회의 보상금에 관한 재결(공익사업을 위한 토지 등의 취득 및 보상에 관한 법률 제86조 제1항)
⑲ 변호사징계위원회의 과태료의 결정(변호사법 제90조 제2항)
⑳ 지방법원장의 소속법무사에 대한 과태료의 결정(법무사법 제48조 제3항)

## (3) 강제경매와 임의경매의 공통점과 차이점

| 구분 | | 강제경매 | 임의경매 |
|---|---|---|---|
| 공통점 | 진행주체 | 채무자의 의사와 상관없이 공기관인 법원(국가)이 부동산을 강제적으로 경매한다(압류 → 환가 → 배당). | |
| | 경매절차 | 경매개시결정부터 낙찰에 따른 소유권 이전까지 절차가 동일하다. | |
| | 소유권 취득시기 | 낙찰자의 경락잔금 완납일(소유권이전등기일 아님) | |
| | 압류의 효력발생시기 | 경매개시결정문이 채무자에게 송달된 때 또는 경매신청등기가 된 때 | |
| 차이점 | 책 임 | 채무자의 일반재산에 의한 일반책임(인적 책임) | 채무자의 특정재산에 의한 특정책임(물적 책임) |
| | 집행대상 | 모든 부동산 | 담보권(저당권 등)이 설정된 부동산 |
| | 경매신청 방 법 | 집행권원(=채무명의)에 의함 (강제경매 신청서에는 일정한 집행권원을 기재하여야 하고 신청서에는 집행력 있는 정본을 첨부해야 함) | 담보권 실행에 의함 (임의경매는 집행권원이 필요하지 않고 신청서에는 등기필증과 같은 담보권을 증명하는 서류를 첨부해야 함) |
| | ★ 공신력 | 있음(실체상의 하자가 있더라도 대금을 납부하면 유효하게 소유권을 취득한다) → 강제경매는 집행력 있는 정본이 존재하는 경우에 한하여 국가의 강제집행권이 실시되는 것이므로 공신력이 있다. 따라서 집행권원에 표상된 실체상의 청구권이 처음부터 부존재하거나 무효 또는 경매절차 완결 시 | 없음(실체상의 하자가 있으면 대금을 납부하더라도 유효하게 소유권을 취득하지 못한다) → 임의경매는 담보권자의 담보권에 기한 경매의 실행을 국가기관이 대행하는 것에 불과하므로 공신력이 없다. 따라서 담보권이 부존재하거나 무효 또는 피담보채권의 소 |

| | | | |
|---|---|---|---|
| | | 까지 변제 등의 사유로 소멸되더라도 경매절차가 유효하게 종결되면 매수인은 유효하게 목적물의 소유권을 취득한다. | 멸, 이행기의 연기 등 실체상의 하자가 있으면 경매개시결정을 할 수 없으며, 나아가 이러한 사유는 매각불허가 사유에 해당하며 또 만일 이를 간과하여 매각허가결정이 확정되고 매수인이 매각대금을 완납하고 소유권이전등기를 경료 받았다 하더라도 매수인은 목적물의 소유권을 취득하지 못한다. 다만, 일단 유효하게 성립된 담보권이 경매개시결정 이후 소멸된 경우 경매절차가 유효하게 진행되어 매수인이 대금을 완납하였다면 매수인은 적법하게 소유권을 취득하는 예외를 인정하고 있다. |
| | 취 하 | 매수인의 동의 필요 | 매수인의 동의 필요 없다(원칙적으로 낙찰자의 동의가 필요하지만, 낙찰자가 동의하여주지 않으면 경매원인채권의 말소된 등기부 등본을 법원에 제출) |

### (4) 실질적 경매와 형식적 경매

강제경매와 임의경매처럼 채권자가 채권의 만족을 얻기 위하여 실행하는 경매를 실질적 경매라고 하고, 재산의 가격보존 또는 재산 정리를 목적으로 한 경매를 형식적 경매라고 한다.

형식적 경매는 공유물분할을 위한 경매(민법 제269조 제2항), 유치권에 의한 경매(민법 제322조 제1항), 청산을 위한 경매(민법 제1037조), 구분소유권의 경매(집합건물의 소유 및 관리에 관한 법률 제45조 제1항), 파산재단에 속하는 부동산 등을 현금화하기 위한 경매(파산법 제192조), 주식 단주의 경매(상법 제443조 제1항) 등 민법·상법 그 밖의 법률이 정하는 바에 따른 경매를 말한다(민사집행법 제274조 제1항).

형식적 경매는 소멸주의가 적용되지 아니하여 등기부상에 있는 권리가 말소되지 않고 낙찰자가 인수하게 된다는 것이 기존 견해였으나, 최근 대법원은 유치권에 의한 경매(대판 2011. 6. 15. 2010마1059), 공유물분할을 위한 경매(2009. 10. 29. 2006다37908)에도 소멸주의 원칙을 적용해야 한다고 판결을 하였다.


## 4. 부동산 경매의 대상

부동산경매를 부칠 수 있는 물건에는 어떤 것이 있는가? 부동산 경매의 대상은 부동산이다. 부동산이면 미등기부동산이어도 상관없다. 단, 미등기부동산의 경우 건축허가 또는 건축신고를 득한 적법하게 건축된 건물이어야 한다. 이외 공유지분, 부동산과 동일시되는 권리(준부동산: 공장재단, 광업재단, 광업권, 어업권, 지상권, 전세권, 선박, 자동차, 건설기계, 항공기)도 있다.

## (1) 부동산

부동산이 무엇인가에 대하여 민법에서는 "토지 및 토지의 정착물은 부동산이다(제99조①). 부동산 이외의 물건은 동산이다(동조②)."라고 규정하고 있다. 보통 부동산이라 하면 토지와 건물을 생각할 수 있는데, 건물은 토지의 정착물 중 하나이다.

토지의 정착물이란 토지에 고정적으로 부착되어 용이하게 이동될 수 없는 물건으로서 또 토지에 고정적으로 부착되어 이용되는 것이 그 물건의 거래 관념상 인정되는 것을 말한다.

### 1) 토지

토지라 함은 인위적으로 구획된 일정 범위의 지표면에 사회 관념상 정당한 이익 있는 범위 내에서의 그 상하를 포함하는 물건을 말한다. 땅속의 돌, 모래, 지하수[6], 임야의 수목, 정원수 · 정원석[7], 우물, 담장, 터널, 다리(교량), 포장(鋪裝) 등은 토지의 구성 부분으로서 원칙적으로 토지를 낙찰받으면 함께 소유권을 취득한다.

다만, 다음의 것들은 토지의 구성 부분이지만, 특별법 또는 관습법에서 독립한 물건으로 규정하여 경매의 대상이 되지 아니하며 낙찰자는 소유권을 취득하지 못한다.

---

[6] 지하수는 토지의 구성 부분이지만, 온천(지하로부터 용출되는 섭씨 25도 이상의 온수로서 인체에 해롭지 아니한 것)의 경우는 온천법에서 일정한 범위에서 소유권의 제한을 두고 있다.

[7] 정원수, 정원석
민법 제100조에 의하면 "① 물건의 소유자가 그 물건의 상용(常用)에 공(供)하기 위하여 자기소유인 다른 물건을 이에 부속하게 한 때에는 그 부속물은 종물(從物)이다. ② 종물은 주물(主物)의 처분에 따른다."라고 규정하고 있는바, 정원수 정원석이 그 구조나 가격에 비추어 토지와는 독립한 물건이라고 인정할 수 있다고 하더라도, 정원수 정원석은 정원의 효용을 높이기 위해 부속되어 있는 물건으로서 민법상의 종물에 불과하여, 주물인 토지의 처분에 따라 매수인이 인수한다고 본다. 단, 명인방법을 갖추는 경우에는 독립된 부동산으로 인정될 수 있다. 만일, 고가의 정원수, 정원석을 누락하고 감정한 경우, 매수인은 토지를 낙찰받을 경우 정원수, 정원석도 같이 소유권을 취득한다고 할 것이나, 이해관계인의 감정재평가 사유가 될 수 있다.

① 매채굴의 광물

땅속에 있는 미채굴의 광물8)은 광업법에서 토지소유자의 소유권이 미치지 않는 별개의 독립된 국가소유로 규정하고 있으므로 경매대상에 포함되지 않는다.

② 명인방법을 갖춘 수목과 입목

가) 명인방법을 갖춘 수목

수목은 토지의 구성 부분으로서 토지를 낙찰받을 경우 수목도 토지와 함께 소유권을 취득하지만, 명인방법을 갖춘 수목의 경우 독립된 거래의 객체로서 토지감정평가에 포함되지 않으며 토지를 낙찰받더라도 소유권을 취득하지 못한다.

한편, 일반 수목의 경우 토지의 감정평가에 수목의 가액을 같이 포함해서 평가하여야 하고 만일 수목의 가액을 포함하지 않고 토지가격만을 평가하였다면 법원은 감정가격결 정에 중대한 하자가 있는 것으로서 매각 불허가 사유가 된다(대결 1998. 10. 28. 98마1817)9).

나) 입목

입목에 관한 법률(이하 '입목법'이라 함)에 의하면 토지에 부착된 수목의 집단으로서 그 소유자가 입목법에 의하여 소유권보존등기를 받은 것을 '立木'이라고 하는데, 이렇게 소유권보존등기된 입목은 독립된 부동산으로 취급되어 경매의 대상이 된다(입목에

---

8) ※ 광업법 제2조(국가의 권능): 국가는 채굴(採掘)되지 아니한 광물에 대하여 채굴하고 취득할 권리를 부여할 권능을 가진다.
　※ 동법 제3조 1호에서는 광물의 정의를 다음과 같이 하고 있다.
　'광물'이란 다음 각 목의 어느 하나에 해당하는 물질을 말하며, 그 물질의 폐광(廢鑛) 또는 광재(鑛滓: 제련하고 난 찌꺼기)로서 토지와 붙어 있는 것은 광물로 본다.
　가. 금광, 은광, 백금광, 동광, 연광(鉛鑛), 아연광, 창연광(蒼鉛鑛), 석광(錫鑛), 안티몬광, 수은광, 철광, 크롬철광, 티탄철광, 유화철광(硫化鐵鑛), 망간광, 니켈광, 코발트광, 텅스텐광, 몰리브덴광, 비소광(砒素鑛), 인광(燐鑛), 붕소광(硼素鑛), 보크사이트, 마그네사이트, 석탄, 흑연, 금강석, 석유(천연피치 및 가연성 천연가스를 포함한다), 운모(견운모(絹雲母) 및 질석(蛭石)을 포함한다), 석면, 유황, 석고(石膏), 납석(蠟石), 활석(滑石), 남정석(藍晶石), 홍주석(紅柱石, 규선석(硅線石)을 포함한다), 형석(螢石), 명반석(明礬石), 중정석(重晶石), 하석(霞石), 규조토(硅藻土), 장석(長石), 불석(沸石), 사문석(蛇紋石), 규회석(硅灰石), 수정(水晶), 연옥(軟玉), 고령토[도석(陶石), 벤토나이트, 산성백토(酸性白土), 와목점토(蛙目粘土), 목절점토(木節粘土) 및 반토혈암(礬土頁岩)을 포함한다], 석회석[백운석(白雲石) 및 코키나를 포함한다], 사금(砂金), 사철(砂鐵), 사석(砂錫), 규석, 규사, 우라늄광, 리튬광, 카드뮴광, 세륨광, 토륨광, 베릴륨광, 탄탈륨광, 니오비움광, 지르코늄광 및 바나듐광
　나. 그 밖에 희유원소(稀有元素)를 함유하는 토석(土石)으로서 대통령령으로 정하는 것

9) "경매의 대상이 된 토지 위에 생립(生立)하고 있는 채무자 소유의 미등기 수목(樹木)은 토지의 구성 부분으로서 토지의 일부로 간주되어 특별한 사정이 없는 한 토지와 함께 경매되는 것이므로, 그 수목의 가액을 포함하여 경매대상 토지를 평가하여 이를 최저경매가격으로 공고하여야 하고, 다만 입목(立木)에 관한 법률에 따라 등기된 입목이나 명인방법을 갖춘 수목의 경우에는 독립하여 거래의 객체가 되므로 토지평가에 포함되지 아니한다." 대결 1998. 10. 28. 98마1817, 1976.11,24, 76마275

관한 법률 제3조 제1항, 제23조). 따라서 입목의 경우 독립된 거래의 객체로서 토지감정평가에 포함되지 않으며 토지를 낙찰 받더라도 소유권을 취득하지 못한다.

한편, 입목의 소유자는 입목을 토지와 분리하여 양도할 수 있고 이를 저당권의 목적으로도 할 수 있다(동법 제3조 제2항).

다) 농작물

판례는 타인 소유의 토지에 경작·재배한 농작물은 경작자가 권원이 있든 없든 심지어 그 경작자가 위법하게 경작한 경우에도 항상 경작자에게 귀속한다고 한다(대판 1979. 8. 28. 79다 784 등). 따라서 타인이 재배한 농작물이 있는 토지를 경매로 낙찰받은 자는 농작물의 소유는 경작자에게 있으므로 낙찰자는 농작물의 소유권을 취득하지 못하게 된다.


2) 건물

건물이라 함은 일정한 공간과 면적의 이용을 위하여 토지의 지하 또는 지상에 건설된 물건을 말한다. 서양에서는 건물을 토지의 구성 부분으로 인정[10]하지만, 우리나라에서는 일본과 마찬가지로 건물을 토지와 별개의 독립된 부동산으로 구분한다. 건물은 항상 토지로부터 독립된 부동산으로 인정되어 경매의 대상이 된다.

건물이 어느 정도의 구조를 갖추어야 독립한 부동산으로 인정되는지가 문제 된다. 예컨대, 건축 중인 건물은 언제부터 독립한 부동산이 되고, 붕괴하고 있는 건물은 언제부터 건물이 아닌 것이 되는가?

판례는 독립된 부동산으로서의 건물이 되기 위하여는 최소한의 기둥과 지붕, 그리고 주벽이 있어야 한다[11]고 한다.

---

10) 독일 민법, 스위스(瑞西) 민법, 프랑스(佛蘭西) 민법은 건물을 토지의 구성 부분으로 취급하고 있으며 물건을 동산과 토지로 분류한다.

11) 대판 1976.4.26. 76다1677, 대판 1993.4.23. 93다1527, 1534, 대판 1996.6.14. 94다53006, 대판 2001.11.6. 2000다51872, 대판 2003.5.30. 2002다21592,21608(신축 건물이 경락대금 납부 당시 이미 지하 1층부터 지하 3층까지 기둥, 주벽 및 천장 슬라브 공사가 완료된 상태이었을 뿐만 아니라 지하 1층의 일부 점포가 일반에 분양되기까지 하였다면, 비록 토지가 경락 될 당시 신축 건물의 지상층 부분이 골조공사만 이루어진 채 벽이나 지붕 등이 설치된 바가 없다 하더라도, 지하층 부분만으로도 구분소유권의 대상이 될 수 있는 구조라는 점에서 신축 건물은 경락 당시 미완성 상태이기는 하지만 독립된 건물로서의 요건을 갖추었다고 본 사례). 저당권설정 당시 건축 중인 건물이 어느 정도의 구조를 갖추어야 법정지상권을 인정할 것인가에 대하여 판례는 "사회관념상 독립된 건물로 볼 수 있는 정도에 이르지 않았다 하더라도 건물의 규모, 종류가 외형

## (2) 미등기부동산(토지, 건물)

미등기 부동산도 경매의 대상이다. 미등기부동산에 대하여 경매신청을 하여 경매개시결정이 내려지면 등기관이 직권으로 소유권보존등기를 하고 경매개시결정등기를 하게 된다.

다만, 미등기 건물의 경우 모든 미등기 건물이 경매의 대상이 되는 것은 아니다. 경매대상이 되는 미등기건물은 건축허가 또는 건축신고를 마친 뒤 사용승인을 받지 못한 건물에 한정되고 무허가건물은 그 대상이 아니다. 왜냐하면, 건축허가나 건축신고를 하지 않은 무허가 건물에 대하여도 부동산경매를 위한 소유권보존등기를 인정하게 되면 법이 불법건축물을 허용하는 것이 되기 때문이다.

[미등기부동산의 경매신청]

(1) 미등기부동산 경매신청 시 첨부서류

미등기 부동산에 대한 경매를 신청할 때에는 "즉시 채무자 명의로 등기할 수 있다는 것을 증명할 서류. 다만, 그 부동산이 등기되지 아니한 건물인 경우에는 그 건물이 채무자의 소유임을 증명할 서류, 그 건물의 지번·구조·면적을 증명할 서류 및 그 건물에 관한 건축허가 또는 건축신고를 증명할 서류를 첨부하여야 한다(법 제81조 1항 2호)."

(2) 미등기 서류의 증명청구

채권자는 공적 장부를 주관하는 공공기관에 위 첨부서류를 증명하여 줄 것을 청구할 수 있다(법 제81조 제2항).

(3) 집행관의 미등기 건물에 대한 조사 및 권한

① 채권자가 건물의 지번·구조·면적을 증명하지 못한 때에는 채권자는 경매신청과 동시에 그 조사를 집행법원에 신청할 수 있으며(법 제81조 제3항), 신청을 받은 집행법원은 집행관에게 미등기 건물의 구조 및 면적을 조사하게 하여야 한다(법 81조 4항). 미등기건물에 대한 채권자의 조사신청(법 82조 3항)으로 집행관이 건물을 조사한 때에는 "① 사건의 표시, ② 조사의 일시·장소와 방법, ③ 건물의 지번·구조·면적, ④ 조사한 건물의 지번·구조·면적이 건축허가 또는 건축신고를 증명하는 서류의 내용과 다른 때에는 그 취지와 구체적인 내역을 적은 서면에 건물의 도면과 사진을 붙여 정하여진 날까지 법원에 제출하여야 한다(규칙 42조 1항)."

---

상 예상할 수 있는 정도까지 건축이 진전된 경우(즉, 건물의 기둥과 지붕, 주벽이 없더라도)에는 독립된 건물에 준하여 법정지상권을 인정한다(대판 1992.6.12, 92다7221). 다만 이러한 경우에도 매수인인 매각대금을 모두 완납할 때까지는 최소한의 기둥과 지붕, 그리고 주벽이 있어야 한다."

② 집행관은 위와 같은 조사를 하기 위하여 건물에 출입할 수 있고, 채무자 또는 건물을 점유하는 제3자에게 질문하거나 문서를 제시하도록 요구할 수 있으며(법 82조 1항), 건물에 출입하기 위하여 필요한 때에는 잠긴 문을 여는 등 적절한 처분을 할 수 있다(법 제82조 제2항).

(4) 경매신청의 각하

민사집행법 제81조 제1항 제2호 단서의 규정에 따라 채권자가 제출한 서류 또는 민사집행규칙 제42조 제1항의 규정에 따라 집행관이 제출한 서면에 의하여 강제경매신청을 한 건물의 지번·구조·면적이 건축허가또는 건축 신고된 것과 동일하다고 인정되지 아니하는 때에는 법원은 강제경매신청을 각하하여야 한다(규칙42조 2항).

## (3) 공유지분

토지의 공유지분도 독립하여 경매의 대상이 되며[12], 건물의 공유지분 및 구분소유권도 독립하여 경매의 대상이 된다. 공유지분에 대한 경매신청의 경우 공유자는 공유지분을 우선매수할 권리(제140조)가 있으므로 공유자 전원이 이해관계인이 되며, 공유지분 경매신청시에는 채무자인 공유자 이외에 공유자 전원의 성명, 주소 및 채무자가 가지는 지분의 비율을 적고 다른 공유자 전원에게 통지하여야 한다.

---

12) 다만, 대지권의 목적으로 되어 있는 토지 공유지분은 특별한 경우[예컨대, 대지권이 전유부분과 분리하여 처분이 가능하도록 규약으로 정하여진 경우, 대지권이 성립하기 전에 대지 지분에 설정된 저당권의 실행을 위하여 경매를 하는 경우(대판 2002.6.14. 2001다68389) 등]가 아니면 건물과 독립하여 경매의 대상이 되지 않는다.

## (4) 부동산과 동일시되는 권리(준부동산)

### 1) 공장재단, 광업재단

공장저당법에 의한 공장재단, 광업재단저당법에 의한 광업재단은 1개의 부동산으로 취급되어 경매의 대상이 된다(공장저당법 제10조, 광업재단저당법 제5조). 목적부동산이 공장재단, 광업재단의 일부를 구성하고 있는 경우에는 이에 대한 개별집행이 금지되므로 만일, 공장재단, 광업재단의 일부의 구성물일 경우에는 경매절차를 취소하여야 한다(공장저당법 제18조, 광업재단저당법 제5조).

### 2) 광업권, 어업권

광업권, 어업권은 법률상 부동산으로 취급되어 경매의 대상이 된다(광업법 제12조, 수산업법 제15조 제2항). 그러나 공동광업권자의 지분은 독립하여 경매의 대상이 되지 않는다.

### 3) 지상권

지상권도 경매의 대상이 된다. 민사집행규칙 제40조는 "금전채권에 기초한 강제집행에서 지상권과 그 공유지분은 부동산으로 본다."라고 규정하고 있다.

### 4) 전세권(저당권의 목적)

저당권의 목적이 된 전세권(근저당권이 설정된 전세권)은 경매의 대상이 된다.

### 5) 선박, 자동차, 건설기계, 항공기

부동산 강제경매의 규정을 따르므로 경매의 대상이 된다(선박: 민사집행규칙 제105조, 자동차: 민사집행규칙 제108조, 건설기계: 민사집행규칙 제130조, 항공기: 민사집행규칙 제106조).

## 5. 집행법원

부동산 경매는 부동산 소재지의 지방법원이 집행법원이 된다(민사집행법 제79조 제1항). 부동산이 여러 지방법원의 관할구역에 있는 때에는 각 지방법원에 관할권이 있다. 이 경우 법원이 필요하다고 인정한 때에는 사건을 다른 관할 지방법원으로 이송할 수 있다(민사집행법 제79조 제1항).

[경매물건소재지 관할법원 및 각 법원 저감율]

| 고등법원 | 지방법원 | 지원 | 관할구역 | 저감율 |
|---|---|---|---|---|
| 서 울 | 서울중앙 | | 강남구, 관악구, 동작구, 서초구, 성북구, 종로구, 중구 | 20% |
| | 서울동부 | | 강동구, 송파구, 성동구, 광진구 | 20% |
| | 서울남부 | | 강서구, 양천구, 구로구, 금천구, 영등포구 | 20% |
| | 서울북부 | | 노원구, 강북구, 도봉구, 중랑구, 동대문구 | 20% |
| | 서울서부 | | 서대문구, 마포구, 은평구, 용산구 | 20% |
| | 의정부 | 본원 | 의정부시,동두천시,구리시,남양주시,양주시, 연천군,포천시,가평군,철원군 | 20% |
| | | 고양 | 고양시, 파주시 | 30% |
| | 인천 | 본원 | 인천광역시 | 30% |
| | | 부천 | 부천시, 김포시 | 30% |
| | 수원 | 본원 | 수원시, 오산시, 용인시, 화성시 | 30% |
| | | 성남 | 성남시, 하남시, 광주시 | 20% |
| | | 여주 | 이천시, 여주군, 양평군 | 20% |
| | | 평택 | 평택시, 안성시 | 20% |
| | | 안산 | 안산시, 광명시, 시흥시 | 30% |
| | | 안양 | 안양시, 의왕시, 군포시, 과천시 | 20% |

| 서 울 | 춘천 | 본원 | 춘천시, 화천군, 양구군, 인제군, 홍천군 | 20% |
|---|---|---|---|---|
| | | 강릉 | 강릉시, 동해시, 삼척시 | 20% |
| | | 원주 | 원주시, 횡성군 | 20% |
| | | 속초 | 속초시, 양양군, 고성군 | 20% |
| | | 영월 | 태백시, 영월군, 정선군, 평창군 | 20% |
| 대 전 | 대전 | 본원 | 대전광역시, 연기군, 금산군 | 30% |
| | | 홍성 | 보령시, 홍성군, 예산군, 서천군 | 30% |
| | | 공주 | 공주시, 청양군 | 20% |
| | | 논산 | 논산시, 계룡시, 부여군 | 20% |
| | | 서산 | 서산시, 태안군, 당진군 | 30% |
| | | 천안 | 천안시, 아산시 | 30% |
| | 청주 | 본원 | 청주시, 청원군, 진천군, 보은군, 괴산군, 증평군 | 20% |
| | | 충주 | 충주시, 음성군 | 20% |
| | | 영동 | 영동군, 옥천군 | 20% |
| | | 제천 | 제천시, 단양군 | 20% |
| 대 구 | 대구 | 본원 | 대구광역시 중구, 동구, 북구, 남구, 수성구, 영천시, 경산시, 칠곡군, 청도군 | 30% |
| | | 서부 | 대구광역시 서구, 달서구, 달성군, 성주군, 고령군 | 30% |
| | | 안동 | 안동시, 영주시, 봉화군 | 30% |
| | | 경주 | 경주시 | 30% |
| | | 포항 | 포항시, 울릉군 | 30% |
| | | 김천 | 김천시, 구미시 | 30% |
| 대 구 | | 상주 | 상주시, 문경시, 예천군 | 30% |

| | | | | |
|---|---|---|---|---|
| | | 의성 | 의성군, 군위군, 청송군 | 30% |
| | | 영덕 | 영덕군, 영양군, 울진군 | 30% |
| **부 산** | 부산 | 본원 | 부산광역시 중구, 서구, 동구, 영도구<br>부산 진구, 북구, 사상구, 상서구, 사하구,<br>동래구, 연제구, 금정구 | 20% |
| | | 동부 | 부산광역시 해운대구, 남구, 수영구, 기장군 | 20% |
| | 울산 | 본원 | 울산광역시, 양산시 | 20% |
| | 창원 | 본원 | 창원시 의창구, 성산구, 진해구, 김해시 | 20% |
| | | 마산 | 창원시, 마산합포구, 마산회원구, 함안군,<br>의령군 | 20% |
| | | 통영 | 통영시, 거제군, 고성군 | 20% |
| | | 밀양 | 밀양시, 창녕군 | 20% |
| | | 거창 | 거창군, 함양군, 합천군 | 20% |
| | | 진주 | 진주시, 사천시, 남해군, 하동군, 산청군 | 20% |
| **광 주** | 광주 | 본원 | 광주광역시, 나주시, 화순군, 장성군, 담양<br>군, 곡성군, 영광군 | 30% |
| | | 목포 | 목포시, 무안군, 신안군, 함평군, 영암군 | 30% |
| | | 장흥 | 장흥군, 강진군 | 30% |
| | | 순천 | 순천시, 여수시, 광양시, 구례군, 고흥군,<br>보성군 | 30% |
| | | 해남 | 해남군, 완도군, 진도군 | 30% |
| | 전주 | 본원 | 전주시, 기제시, 완주군, 임실군, 진안군,<br>무주군 | 20% |
| | | 군산 | 군산시, 익산시 | 20% |
| **광 주** | | 정읍 | 정읍시, 부안군, 고창군 | 30% |
| | | 남원 | 남원시, 장수군, 순창군 | 30% |

| | | | |
|---|---|---|---|
| 제주 | 본원 | 제주시, 서귀포시 | 30% |

※ 서울고등법원은 서울특별시, 인천광역시, 경기도, 강원도를 관할하며, 대전고등법원은 대전광역시, 충청남도, 충청북도를 관할한다. 대구고등법원은 대구광역시와 경상북도를 관할하며, 부산고등법원은 부산광역시 울산광역시와 경상남도를 관할한다. 광주고등법원은 광주광역시와 전라남도, 전라북도, 제주도를 관할한다.

# Part 2.

# 경매절차

## 1. 경매절차의 개요

### (1) 압류, 환가, 배당

강제경매절차는 보통 목적부동산을 압류하여 환가(현금화)한 다음 채권자의 채권을 배당(변제)하는 3단계의 절차로 진행된다.

[압류절차]

### 1) 경매신청 및 경매개시결정

채권자의 경매신청이 접수되면 관할법원(집행법원)은 경매신청이 적법하다고 인정될 경우 경매개시결정과 동시에 목적부동산에 압류를 한다. 그리고 관할 등기소에 경매개시결정의 기입등기를 촉탁하여 등기관으로 하여금 등기부에 기입등기를 하도록 한다. 법원에서는 경매개시결정 정본을 채무자에게 송달하며, 압류의 효력은 경매개시결정문이 채무자에게 송달된 때 또는 경매개시결정의 등기가 된 때에 발생한다.

[환가절차]

## 2) 배당요구의 종기결정 및 공고

법원은 경매개시결정에 따른 압류의 효력이 생긴 때부터 1주 이내 배당요구종기를 결정하고, 배당요구종기는 첫 매각기일 이전의 날로 정하여 배당요구종기를 공고한다.

## 3) 채권신고의 최고, 현황조사 및 감정평가

법원은 채권자들에게 채권을 신고할 것을 최고하고, 집행관에게 부동산의 현황, 점유관계, 차임 또는 보증금의 액수, 그 밖의 현황에 관하여 조사를 명하고, 감정인에게 부동산을 평가하게 하여 그 평가액을 참작하여 최저매각가격을 정한다.

## 4) 매각방법의 결정, 매각기일 및 매각결정기일의 지정, 통지, 공고

위 절차가 끝나면 법원은 호가경매, 기일입찰 또는 기간입찰 중 하나의 매각방법을 결정하여 매각기일(기간입찰의 경우에는 그 기간) 및 매각결정기일을 지정, 통지, 공고한다.

## 5) 매각의 실시

매각기일에는 집행관이 집행보조기관으로서 미리 정해진 장소에서 매각을 실시하여 최고가매수신고인과 차순위 매수신고인을 정한다. 매각기일에 매수신청인이 없는 경우에는 법원은 최저매각가격을 저감(보통 최저매각가격의 20%)하고 새 매각기일을 정하여 다시 매각을 실시한다.

## 6) 매각허가결정

법원은 매각기일 종료 후 매각결정기일에 이해관계인의 의견을 들은 후 매각의 허가 여부를 결정한다. 매각 허부의 결정에 대하여 이해관계인은 즉시항고 할 수 있다.

## 7) 매각대금의 납부 및 소유권이전등기, 인도명령

매각허가결정이 확정되면 법원은 대금지급기한을 정하여 매수인에게 대금을 납부할 것을 통지한다. 매수인은 정해진 대금지급기한 내에 언제든지 대금을 납부할 수 있다. 매수인은 매각대금을 완납하면 소유권을 취득한다.

매수인은 매각대금을 완납하고 집행법원에 소유권 이전에 필요한 서류를 제출하면 집행법원은 매수인을 위하여 소유권이전등기, 매수인이 인수하지 아니하는 부동산상의 부담 말소등기를 등기소에 촉탁한다. 만일, 매수인이 대금을 정해진 기일까지 납부하지 않을 경우, 차순위 매수신고인이 있는 때에는 그에 대하여 매각의 허부를 결정하고 차순위 매수신고인이 없는 때에는 재매각을 진행한다.

매수인은 매각허가결정 이후에는 매각부동산의 관리명령을 신청할 수 있고 대금을 납부한 후에는 인도명령을 신청할 수 있다.


[배당절차]

## 8) 배당

매수인인 매각대금을 완납하면 법원은 배당기일을 정하여 이해관계인 및 배당요구채권자에게 통지하여 배당을 실시한다.

## (2) 경매절차도

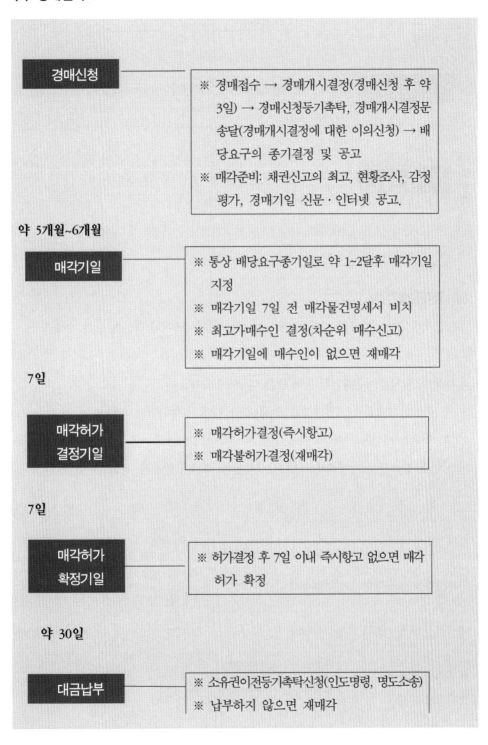

**경매신청**

※ 경매접수 → 경매개시결정(경매신청 후 약 3일) → 경매신청등기촉탁, 경매개시결정문 송달(경매개시결정에 대한 이의신청) → 배당요구의 종기결정 및 공고
※ 매각준비: 채권신고의 최고, 현황조사, 감정평가, 경매기일 신문·인터넷 공고.

**약 5개월~6개월**

**매각기일**

※ 통상 배당요구종기일로 약 1~2달후 매각기일 지정
※ 매각기일 7일 전 매각물건명세서 비치
※ 최고가매수인 결정(차순위 매수신고)
※ 매각기일에 매수인이 없으면 재매각

**7일**

**매각허가 결정기일**

※ 매각허가결정(즉시항고)
※ 매각불허가결정(재매각)

**7일**

**매각허가 확정기일**

※ 허가결정 후 7일 이내 즉시항고 없으면 매각허가 확정

**약 30일**

**대금납부**

※ 소유권이전등기촉탁신청(인도명령, 명도소송)
※ 납부하지 않으면 재매각

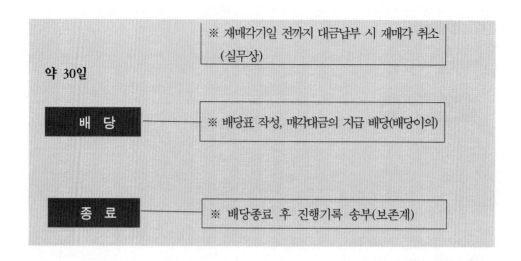

약 30일

| 배 당 | ※ 배당표 작성, 매각대금의 지급 배당(배당이의) |

※ 재매각기일 전까지 대금납부 시 재매각 취소
(실무상)

| 종 료 | ※ 배당종료 후 진행기록 송부(보존계) |

## (3) 경매진행기간

부동산경매사건의 종류별 진행기간에 대하여는 법원예규에서 다음과 같이 정하고
있다.

※ 부동산경매사건의 진행기간 등에 관한 예규(재민 91-5)

    1. 부동산경매절차는 단계별로 아래 기간 내에 진행하여야 한다.

    2. 경매담당법관은 사건기록 등을 점검, 확인하여, 합리적인 이유 없이 접수순서에 어긋나
       게 경매기일 지정에서 누락되는 사건이 생기지 않도록 유의하여야한다.

| 종 류 | 기 산 일 | 기 간 | 비 고 |
|---|---|---|---|
| 경매신청서 접수 | | 접수 당일 | 법§80, 264① |
| 미등기건물 조사명령 | 신청일부터 | 3일 안(조사기간은 2주 안) | 법§81③④, 82 |
| 개시결정 및 등기촉탁 | 접수일부터 | 2일 안 | 법§83, 94, 268 |
| 채무자에 대한 개시결정 송달 | 임의경매: 개시결정일부터 강제경매: 등기필증 접수 일부터 | 3일 안 | 법§83, 268 |

| | | | |
|---|---|---|---|
| 현황조사명령 | 임의경매: 개시결정일부터<br>강제경매: 등기필증 접수일부터 | 3일 안<br>(조사기간은 2주 안) | 법§85, 268 |
| 평가명령 | 임의경매: 개시결정일부터<br>강제경매: 등기필증 접수일부터 | 3일 안<br>(평가기간은 2주 안) | 법§97①, 268 |
| 배당요구종기결정<br>배당요구종기 등의<br>공고·고지 | 등기필증 접수일부터 | 3일 안 | 법§84①②③,<br>268 |
| 배당요구종기 | 배당요구종기 결정일부터 | 2월 후 3월 안 | 법§84①⑥,<br>법§87③, 268 |
| 채권신고의 최고 | 배당요구종기결정일부터 | 3일 안<br>(최고기간은 배당<br>요구종기까지) | 법§84④ |
| 최초 매각기일·매각결<br>정기일의 지정·공고<br>(신문공고의뢰)<br>이해관계인에 대한 통지 | 배당요구종기부터 | 1월 안 | 법§104, 268 |
| 매각물건명세서의 작<br>성, 그 사본 및 현황조<br>사보고서·평가서 사<br>본의 비치 | | 매각기일(입찰기간<br>개시일) 1주 전까지 | 법§105②,<br>268, 규§55 |
| 최초매각기일 또는 입<br>찰기간 개시일 | 공고일부터 | 2주 후 20일 안 | 규§56 |
| 입찰기간 | | 1주 이상 1월 이하 | 규§68 |
| 새매각기일·새매각<br>결정기일 또는 재매각<br>기일·재매각 결정기<br>일의 지정·공고<br>이해관계인에 대한 통지 | 사유발생일부터 | 1주 안 | 법§119, 138,<br>268 |

| 새매각 또는 재매각기일 | 공고일부터 | 2주 후 20일 안 | 법§119, 138, 268, 규§56 |
|---|---|---|---|
| 배당요구의 통지 | 배당요구일부터 | 3일 안 | 법§89, 268 |

| 종 류 | | 기 산 일 | 기 간 | 비 고 |
|---|---|---|---|---|
| 매<br>각<br>실<br>시 | 기일입찰,<br>호가경매 | | 매각기일 | 법§112, 268 |
| | 기간입찰 | 입찰기간종료일부터 | 2일 이상 1주일 안 | 규§68 |
| 매각기일조서 및<br>보증금 등의 인도 | | 매각기일부터 | 1일 안 | 법§117, 268 |
| 매각결정기일 | | 매각기일부터 | 1주 안 | 법§109①, 268 |
| 매각허부 결정의 선고 | | | 매각결정기일 | 법§109②, 126①, 268 |
| 차순위 매수신고인에<br>대한 매각결정기일의<br>지정<br>이해관계인에의 통지 | | 최초의 대금지급기한 후 | 3일 안 | 법§104①②, 137①, 268 |
| 차순위 매수신고인에<br>대한 매각결정기일 | | 최초의 대금지급기한 후 | 2주 안 | 법§109①, 137①, 268 |
| 매각부동산 관리명령 | | 신청일부터 | 2일 안 | 법§136②, 268 |
| 대금지급기한의<br>지정 및 통지 | | 매각허가결정 확정일 또는<br>상소법원으로부터 기록송부<br>를 받은 날부터 | 3일 안 | 법§142①, 268<br>규§78, 194 |
| 대금지급기한 | | 매각허가결정 확정일 또는<br>상소법원으로부터 기록송부<br>를 받은 날부터 | 1월 안 | 규§78, 194 |
| 매각부동산 인도명령 | | 신청일부터 | 3일 안 | 법§136①, 268 |

| | | | |
|---|---|---|---|
| 배당기일의 지정·통지 계산서 제출의 최고 | 대금납부 후 | 3일 안 | 법§146, 268 규§81 |
| 배당기일 | 대금납부 후 | 4주 안 | 법§146, 268 |
| 배당표의 작성 및 비치 | | 배당기일 3일 전까지 | 법§149①, 268 |
| 배당표의 확정 및 배당실시 | | 배당기일 | 법§149②, 159, 268 |
| 배당조서의 작성 | 배당기일부터 | 3일 안 | 법§159④, 268 |
| 배당액의 공탁 또는 계좌입금 | 배당기일부터 | 10일 안 | 법§160, 268 규§82 |
| 매수인 앞으로 소유권 이전등기 등 촉탁 | 서류제출일부터 | 3일 안 | 법§144, 268 |
| 기록 인계 | 배당액의 출급, 공탁 또는 계좌입금 완료 후 | 5일 안 | |

## 2. 압류절차

### (1) 경매신청

경매신청은 채무자가 변제기가 도래하였음에도 채무금을 지급하지 아니하여 채권자가 채권을 변제받기 위하여 채무자(또는 보증인)소유의 부동산을 강제로 매각하여 줄 것을 법원에 신청하는 것으로서, 경매신청도 강제경매신청과 임의경매신청으로 나눌 수 있다. 경매를 신청하려면 경매신청서를 작성하여 첨부서류와 함께 관할 법원에 제출한다.

#### 1) 경매신청서 작성

경매신청은 서면으로 하여야 하며, 신청서에 다음 사항을 기재하고 기명날인하여야 한다.

① 채권자와 채무자의 성명과 주소

② 집행법원의 표시

③ 부동산의 표시

④ 변제를 받고자 하는 일정한 채권과 그 청구금액/ 임의경매의 경우 피담보채권의 표시

⑤ 집행할 수 있는 일정한 집행권원/ 임의경매의 경우 담보권의 표시

#### 2) 첨부서류

① 강제경매신청서/ 임의경매의 경우 임의경매신청서

② 집행력 있는 정본(판결정본 등)/ 임의경매의 경우 담보권이 있음을 증명하는 서류(근저당설 정계약서 등)

③ 강제집행 개시의 요건이 구비되었음을 증명하는 서류(송달증명원 등, 강제경매의 경우)

④ 부동산등기부등본/대장(건축물,토지)

⑤ 부동산목록 10부

⑥ 채권자 주민등록등(초)본, 법인인 경우 법인등기부등(초)본

⑦ 수입인지 5,000원(수 개의 집행권원 또는 담보권에 기하여 신청하는 경우에는 집행권원

또는 담보권 수 1개당 5,000원의 인지를 붙임)

⑧ 등록세(청구채권액의 2/1,000)와 지방교육세(등록세의 20/100)를 납부한 영수필통지서 1통 및 영수필확인서 1통

⑨ 비용의 예납: 송달료, 감정료, 현황조사료, 신문공고료, 매각수수료 등의 비용을 미리 예납(담당법원에 문의하면 예납금액을 알려줌)

⑩ 위임장(대리인의 경우)

# 부동산강제경매신청서

채 권 자     **(이름)**       **(주민등록번호**       **-**       **)**
           **(주소)**
           **(연락처)**

채 무 자     **(이름)**       **(주민등록번호 또는 사업자등록번호**     **-**     **)**
           **(주소)**

청구금액       금           원 및 이에 대한 20 . . .부터 20 . . .까
          지 연    % 의 비율에 의한 지연손해금
집행권원의 표시   채권자의 채무자에 대한     지방법원 20 . . .선고 20
          가단(합)     대여금 청구사건의 집행력 있는 판결정본

## 신 청 취 지

별지 목록 기재 부동산에 대하여 경매절차를 개시하고 채권자를 위하여 이를 압류한다
라는 재판을 구합니다.

## 신 청 이 유

채무자는 채권자에게 위 집행권원에 따라 위 청구금액을 변제하여야 하는데, 이를 이행
하지 아니하므로 채무자 소유의 위 부동산에 대하여 강제경매를 신청합니다.

## 첨 부 서 류

1. 집행력 있는 정본      1통
2. 집행권원의 송달증명원    1통
3. 부동산등기사항전부증명서 1통
4. 부동산 목록         10통

                   20 . . .

       채권자           (날인 또는 서명)

### ○○지방법원 귀중

◇ 유 의 사 항 ◇

1. 채권자는 연락처란에 언제든지 <u>연락 가능한 전화번호나 휴대전화번호</u>(팩스 번호, 이
메일 주소 등도 포함)를 기재하기 바랍니다.
2. **채무자가 개인이면 주민등록번호를, 법인이면 사업자등록번호를 기재하시기 바랍니다.**
3. 이 신청서를 접수할 때에는 (신청서상의 이해관계인의 수＋3)×10회분의 송달료와 집
행비용(구체적인 액수는 접수담당자에게 확인바람)을 현금으로 예납하여야 합니다.
4. 경매신청인은 채권금액의 1,000분의 2에 해당하는 등록세와 그 등록세의 100분의
20에 해당하는 지방교육세를 납부하여야 하고, 부동산 1필지당 2,000원 상당의 등기
수입증지를 제출하여야 합니다.

<예시>                        **부동산의 표시**


1. 서울 종로구 ○○동 100

   대 20㎡

2. 위 지상

   시멘트블럭조 기와지붕 단층 주택

   50㎡ 끝.


※ 대법원 전자민원센터 양식 참조

# 부동산임의경매신청서

수입인지
5000원

채 권 자      (이름)           (주민등록번호          –         )
              (주소)
              (연락처)

채 무 자      (이름)           (주민등록번호          –         )
              (주소)

청구금액       금            원 및 이에 대한 20 . . .부터 20 . . .까
          지 연    %의 비율에 의한 지연손해금

## 신 청 취 지

별지 목록 기재 부동산에 대하여 경매절차를 개시하고 채권자를 위하여 이를 압류한다
라는 재판을 구합니다.

## 신 청 이 유

채권자는 채무자에게 20 . . . 금        원을, 이자는 연    %, 변제기는 20
. . . 로 정하여 대여하였고, 위 채무의 담보로 채무자 소유의 별지 기재 부동산에
대하여     지방법원 20 . . . 접수 제        호로 근저당권설정등기를 마쳤는
데, 채무자는 변제기가 경과하여도 변제하지 아니하므로, 위 청구금액의 변제에 충당하
기 위하여 위 부동산에 대하여 담보권실행을 위한 경매절차를 개시하여 주시기 바랍니
다.

## 첨 부 서 류

1. 부동산등기부등본     1통
2. 부동산 목록        10통

20 . . .

         채권자            (날인 또는 서명)

**○○지방법원 귀중**

◇ 유 의 사 항 ◇

1. 채권자는 연락처란에 언제든지 <u>연락 가능한 전화번호나 휴대전화번호</u>(팩스 번호, 이
메일 주소 등도 포함)를 기재하기 바랍니다.
2. **부동산 소유자가 개인이면 주민등록번호를, 법인이면 사업자등록번호를 기재하시기 바랍니**
**다.**
3. 이 신청서를 접수할 때에는 (신청서상의 이해관계인의 수 + 3)×10회분의 송달료와 집
행비용(구체적인 액수는 접수담당자에게 확인바람)을 현금으로 예납하여야 합니다.
4. 경매신청인은 채권금액의 1,000분의 2에 해당하는 등록세와 그 등록세의 100분의
20에 해당하는 지방교육세를 납부하여야 하고, 부동산 1필지당 2,000원 상당의 등기
수입증지를 제출하여야 합니다.

```
<예시>                    부동산의 표시


1. 서울 종로구 ○○동 100

   대 20㎡

2. 위 지상

   시멘트블럭조 기와지붕 단층 주택

   50㎡ 끝.
```

### 3) 경매비용

① 경매신청비용

가. 인지대: 5,000원(신청서 인지첨부)

나. 증지대: 2,000원(부동산 1개당)

다. 등록세, 교육세

※ 등록세: 채권청구금액의 2/1000(지방세법 제31조 1항 7호)

※ 교육세: 등록세의 20/100(교육세법 제5조 1항)


② 경매수수료 예납(민사집행법 제18조)

경매신청은 경매신청과 동시에 경매비용을 예납하여야 한다. 예납비용은 경매절차를
진행함에 있어서 필요한 신문공고료, 현황조사수수료, 매각수수료, 감정수수료, 송달료
등 대략적인 비용이며, 경매비용은 매각대금의 배당순서에서 최우선으로 변제를 받는다.

| 구분 | 수수료 |
|---|---|
| 신문공고료 | 건당 200,000원 |
| 현황조사수수료 | 건당 63,260원 |
| 매각수수료 | · 매각대금 1천만원 이하 : 매각대금×0.02 + 5,000원<br>· 매각대금 1천만원 초과 5천만원 이하 : (매각대금-1천만원)×0.015 + 203,000원<br>· 매각대금 5천만원 초과 1억원 이하 : (매각대금-5천만원)×0.01 + 803,000원<br>· 매각대금 1억원 초과 3억원까지 : (매각대금-1억원)×0.005 + 1,303,000원<br>· 매각대금 3억원 초과 5억원까지 : (매각대금-3억원)×0.003 + 2,303,000원<br>· 매각대금 5억원 초과 10억원까지 : (매각대금-5억원)×0.002 + 2,903,000원<br>· 매각대금 10억원 초과 : 3,903,000원(상한선) |
| 감정수수료 | · 평가가액 5천만원까지 : 금 150,000원<br>· 평가가액 5천만 원 초과 5억 원까지 : (평가가액×0.0011 + 95,000원)×0.8<br>· 평가가액 5억 원 초과 10억 원까지 : (평가가액×0.0009 + 195,000원)×0.8<br>· 평가가액 10억 원 초과 50억 원까지 : (평가가액×0.0008 + 295,000원)×0.8<br>· 평가가액 50억 원 초과 100억 원까지 : (평가가액×0.0007 + 795,000원)×0.8<br>· 평가가액 100억 원 초과 500억 원까지 : (평가가액×0.0006 + 1,795,000원)×0.8<br>· 평가가액 500억 원 초과 1,000억 원까지 : (평가가액×0.0005 + 6,795,000원)×0.8<br>· 평가가액 1,000억 원 초과 : (평가가액×0.0004 + 16,795,000원)×0.8<br><br>※ 감정수수료는 매각대금 대신 평가가액으로 계산함. |
| 송달료 | (신청서상 이해관계인수 + 3) × 10회분 (1회분 3,190원, 2012.10.1. 현재) |

### 4) 관할법원

경매신청서를 제출할 관할 법원은 대상 부동산의 소재지를 관할하는 법원이다.

## (2) 경매개시결정

### 1) 경매개시결정

경매신청이 있으면 법원은 신청서와 첨부서류를 검토[형식적 요건 및 실질적 요건(임의경매의 경우)을 심사]하여 신청이 적법하다고 인정되면 경매신청서 접수 일로부터 2일 이내(재민 91-5)에 경매절차개시결정을 한다. 경매개시결정에는 동시에 그 부동산의 압류를 명하여야 한다(법 제83조①).

### 2) 경매개시결정의 효력

① 경매개시결정에 의한 압류의 효력은 그 결정이 채무자에게 송달된 때 또는 경매개시결정의 기입등기가 된 때에 발생한다(법 제83조 ③). 개시결정이 채무자에게 송달된 시기와

개시결정의 기입등기가 행하여진 시기 중 먼저 된 시기가 압류효력 발생시기이다.

② 압류의 효력이 생기면 경매신청 시로 소급하여 집행채권에 관하여 시효중단의 효과가 생긴다.

③ 압류에 의하여 채무자는 압류부동산을 타인에게 양도 또는 담보 등의 처분행위를 할 수 없다(처분제한의 효력). 압류 후 처분제한의 효력은 상대적 효력만 가진다. 즉 압류 후 채무자의 처분행위는 당사자 간에서는 유효하지만, 압류채권자가 행하는 집행절차와의 관계에서는 효력이 없다[13].

④ 경매개시결정(압류) 이후부터 매각허가결정 전까지[14]  채무자·소유자 또는 점유자가 압류 부동산에 대하여 부동산의 가격을 현저히 감소시키거나 감소시킬 우려가 있는 가격감소행위(부동산에 대한 부당한 침해행위)를 하는 때에는, 채권자 또는 최고가 매수신고인은 그 행위를 하는 사람에 대하여 이를 금지하게 하거나 일정한 행위를 하여줄 것을 법원에 신청할 수 있다(법 83조 3항, 규칙 44조 1항).

### 3) 경매개시결정의 송달

① 경매개시결정은 채무자(소유자)에게 고지되지 않으면 효력이 없기 때문에 채무자에게 경매개시결정문을 송달하여야 한다(적법 유효요건). 채무자에게 송달하지 않고 경매절차가 잔금까지 납부하여 종결되었다 하더라도 채무자(소유자)가 이를 이유로 불복하면 경매절차가 취소될 수 있다. 실무에서는 적법한 송달이 되지 않으면 경매절차를 진행시키지

---

13) 대판 1992.2.11. 91누5228[경매신청 기입등기로 인한 압류의 효력은 부동산 소유자에 대하여 압류채권자에 대한 관계에 있어서 부동산의 처분을 제한하는 데 그치는 것일 뿐 그 밖의 다른 제3자에 대한 관계에 있어서까지 부동산의 처분을 금지하는 것이 아니므로 부동산 소유자는 경매절차 진행 중에도 경락인이 경락대금을 완납하여 목적부동산의 소유권을 취득하기 전까지는 목적부동산을 유효하게 처분할 수 있고 그 처분으로 인하여 부동산의 소유권을 취득한 자는 그 이후 집행법원에 그 취득사실을 증명하여 경매절차의 이해관계인이 될 수 있음은 물론 배당 후 잉여금이 있는 경우에는 부동산 소유자로서 이를 반환받을 권리를 가지게 되는 것이다]

14) 매각허가결정 이후부터 매각대금을 완납할 때까지는 매수인 또는 채권자가 관리인에게 부동산을 관리하게 하는 보전처분을 할 수 있고(법 제136조②), 매각대금 완납 이후 부동산을 인도할 때까지는 매수인이 인도명령을 신청할 수 있다(법 제136조①).

않는다. 따라서 고의로 경매를 지연코자 채무자는 송달을 회피하기도 한다. 채무자 이외의 이해관계인에게는 경매개시결정을 송달할 필요가 없고[15] 채권자에게는 일반적인 결정, 명령의 경우와 마찬가지로 상당한 방법으로 고지하면 된다. 채권자에게 경매개시결정을 송달하지 않고 절차를 진행하여도 경락의 효력에는 영향이 없다. 실무에서는 경매개시결정의 기입등기가 있기 전에 채무자에게 개시결정정본을 송달하게 되면 채무자가 매각부동산을 즉시 처분할 우려가 있기 때문에 개시결정의 기입촉탁등기를 먼저 하고 후에 채무자에게 개시결정정본을 송달한다.

② 만일, 채무자에 대한 송달 없이 매각허가결정을 할 경우 채무자뿐만 아니라 이해관계인도 매각허가결정에 대해 항고를 할 수 있다.

③ 공유지분에 관하여 경매개시결정을 하였을 때에는 상당한 이유가 있는 경우를 제외하고는 다른 공유자에게 통지하여야 한다. 만일, 공유자에 대한 통지를 누락할 경우 경매개시결정의 효력에는 영향을 주지는 않지만, 이 통지가 없는 상태에서 경매가 진행되어 경락을 허가한 경우 다른 공유자는 이를 이유로 경락허가에 대한 이의 또는 경락허가결정에 대한 항고를 할 수 있다.

---

**송달**

※ 일반송달: 등기우편에 의한 일반 송달

※ 주소보정: 송달받을 자의 주소가 틀리거나 이사를 한 경우 등 주소를 보정하는 방법

※ 재송달: 송달불능사유가 폐문부재인 경우에 법원에 다시 송달해달라고 하는 송달

※ 특별송달: 채무자가 일반송달에 의하여 송달문의 수령을 거부하거나 주소지가 불분명할 경우, 집행관이 동행하여 직접 전달하는 송달(주간, 야간, 휴일 특별송달)

※ 보충송달: 송달을 할 장소에서 송달받을 자를 만나지 못한 때에는 그 사무원·피용자(被用者) 또는 동거인으로서 사리를 분별할 지능을 갖춘 자에게 서류를 교부하는 송달(민사소송법 186조 1항).

※ 유치송달: 송달받을 사람이 정당한 사유 없이 송달받기를 거부하는 경우, 집행관이

---

15) 대결 1986.3.28, 96마70

송달할 장소에 서류를 던져놓고 오는 송달(민사소송법 186조 2항).

※ 발송송달[16]: 등기우편에 의한 발송송달은 보충송달이나 유치송달이 불가능한 때, 송달영수인의 신고의무 있는 자가 이를 해태한 때, 당사자, 법정대리인 또는 소송대리인이 송달장소를 변경하고서도 그 취지를 신고하지 아니하고 법원으로서도 달리 송달할 장소를 알 수 없는 때 등의 경우에 법원사무관 등이 송달서류를 등기우편으로 발송하고, 발송한 때[17]에 송달의 효력을 발생시키는 송달.

※ 공시송달: 특별송달로도 송달이 안 될 때 판사의 직권 또는 당사자의 신청으로 송달사유를 법원게시판에 2주 동안 공시하여 게시하면 송달로 간주되는 송달.

### 4) 경매개시결정의 이의

이해관계인은 매각대금 완납 시까지 경매개시결정에 대한 이의를 할 수 있다. 경매개시결정에 대한 이의 사유는 경매 절차상의 하자와 실체상의 하자로 구분할 수 있다.

※ 절차상의 하자: 경매개시결정 전의 경매신청요건의 하자, 경매개시요건의 하자(ex: 경매신청방식의 부적법, 신청인의 부적격, 대리권의 부존재, 경매목적 부동산 표시의 불일치, 집행력 있는 정본의 불일치 등)

※ 실체상의 하자: 경매개시결정 전후의 권리관계의 하자(ex: 채권(피담보채권)의 소멸·부존재, 담보권 (저당권 등)의 소멸 ·부존재, 피담보채권의 이행기 미도래)

강제경매에서는 절차상의 하자를 이유로만 이의신청할 수 있고 실체상의 하자를 가지고 이의신청을 할 수 없다. 실체상의 하자는 청구 이의의 소로 다투어야 한다. 임의경매에서는 절차상의 하자와 실체상의 하자 모두 이의 사유가 된다.

---

16) 대판 2007.10.26, 2007다37219. 송달받을 자의 송달장소가 폐문되어 송달을 받을 수 있는 사람(교부송달이나 보충송달을 받을 사람)이 모두 부재중인 때에는 교부송달은 물론이고 보충송달이나 유치송달도 할 수 없는 것이어서, 이러한 경우에는 민사소송법 제187조의 우편송달을 할 수 있다(대법원 1990. 11. 28.자 90마914 결정, 대법원 2002. 5. 17. 선고 2001다34133 판결 등 참조).

17) 대결 2006.1.9, 2005마1042. 우편송달에 의한 발송송달은 송달서류를 등기우편으로 발송한 때에 송달 명의인에게 송달된 것으로 보게 되고(민사소송법 제189조), 여기서 '발송한 때'라 함은 법원사무관 등이 송달서류를 우체국 창구에 접수하여 우편함에 투입한 때를 말한다.

## 이해관계인

부동산경매절차와 관련하여 이해관계를 가진 자 중에 법이 보호하여야 할 필요가 있는 사람으로 규정한 사람을 부동산 경매절차의 이해관계인이라 한다. 법은 경매절차의 이해관계인을 다음 각 호의 사람으로 정하고(법 제90조)[18], 경매절차 전반에 관여할 자격을 주고 있다.

※ 경매절차의 이해관계인은 다음 각 호의 사람으로 한다(법 제90조)
　① 압류채권자와 집행력 있는 정본에 의하여 배당을 요구한 채권자
　② 채무자 및 소유자
　③ 등기부에 기재된 부동산 위의 권리자(가압류권자[19], 가처분권자[20], 예고등기권리자[21]는 이해관계인이 아니다)
　④ 부동산 위의 권리자로서 그 권리를 증명한 사람[22]

※ 이해관계인의 권리
　① 집행에 관한 이의신청권(법 제16조)
　② 부동산에 대한 침해방지 신청권(법 제83조 3항)
　③ 경매개시결정에 대한 이의신청권(법 제86조)
　④ 이중경매신청 또는 채권자의 배당요구신청이 있는 때 법원으로부터 통지를 받을 권리(법 제89조)
　⑤ 일괄매각을 신청할 수 있는 권리(법 제98조)
　⑥ 매각기일과 매각결정기일을 통지받을 수 있는 권리(법 제104조 2항)
　⑦ 합의로 매각조건을 변경할 수 있는 권리(법 제110조)
　⑧ 매각기일에 출석하여 매각기일조서에 서명날인 할 수 있는 권리(법 제116조 2항)
　⑨ 매각결정기일에 매각허가에 관한 의견을 진술할 수 있는 권리(법 제120조)
　⑩ 매각허가 여부 결정에 대하여 즉시항고 할 수 있는 권리(법 제129조)
　⑪ 배당기일 통지를 받을 권리(법 제146조)
　⑫ 배당기일에 출석하여 배당표에 관한 의견을 진술할 수 있는 권리(법 제149조 2항)
　⑬ 배당기일에 출석하여 배당에 관한 합의를 할 수 있는 권리(법 제150조 2항)

---

18) 제한적 열거규정으로 보아 이외의 자는 이해관계인으로 취급하지 않는다.
19) 대판 2004. 7. 22, 2002다52312
20) 대결 1994. 9. 30, 94마1534
21) 대결 1968. 1. 15, 67마1024

# 3. 환가절차

## (1) 배당요구의 종기결정 및 공고

### 1) 배당요구의 종기결정

경매개시결정에 따른 압류의 효력이 생긴 때(그 경매개시결정 전에 다른 경매개시결정이 있는 경우를 제외한다)에는 집행법원은 절차에 필요한 기간을 감안하여 배당요구를 할 수 있는 종기(終期)를 첫 매각기일 이전으로 정한다(법 84조 1항).

배당요구의 종기가 정하여진 때에는 법원은 경매개시결정을 한 취지 및 배당요구의 종기를 공고하고, 제91조 제4항 단서의 전세권자(최선순위의 전세권자로서 배당요구한 전세권자) 및 법원에 알려진 제88조 제1항의 채권자(집행력 있는 정본을 가진 채권자, 경매개시결정이 등기된 뒤에 가압류를 한 채권자, 민법·상법, 그 밖의 법률에 의하여 우선변제청구권이 있는 채권자)에게 이를 고지하여야 한다(법 84조 2항).

### 2) 배당요구의 종기공고

배당요구의 종기결정 및 배당요구의 종기공고는 경매개시결정에 따른 압류의 효력이 생긴 때부터 1주 이내에 하여야 한다(법 84조 3항).

### 3) 배당요구 종기의 연기

① 법원은 특별히 필요하다고 인정하는 경우에는 배당요구의 종기를 연기할 수 있다(법 84조 6항). 예컨대, 경매사건의 이해관계인으로서 실무상 적법한 통지를 받지 못하였거나, 천재지변 등 기타의 사유로 배당요구종기일 이내 배당요구를 하지 못한 경우 배당요구종기 기한을 연기 신청하여 배당요구를 할 경우 법원은 배당요구의 종기를 연기할 수 있다.

---

22) 부동산위의 권리자란 유치권자, 법정지상권자, 분묘기지권자, 점유권자, 특수지역권자, 건물등기있는 토지임차인(민법 제622조), 주택임대차보호법 또는 상가임대차보호법에 따라 인도 및 주민등록 또는 사업자등록을 마친 주택임차인 또는 상가임차인 등을 예로 들수 있으며, 이들은 그 권리를 스스로 증명하여야 이해관계인이 된다.

② 배당요구 종기를 연기하는 경우 법원은 이를 다시 공고하고 제91조 제4항 단서의 전세권자 및 법원에 알려진 제88조 제1항의 채권자에게 고지하여야 하고, 법 84조 4항의 채권신고의 최고를 하여야 한다(법 84조 7항 본문). 다만, 이미 배당요구 또는 채권신고를 한 사람에 대하여는 이러한 고지 또는 최고를 하지 아니한다(법 84조 7항 단서).


## (2) 매각의 준비

### 1) 채권자 및 이해관계인에 대한 채권신고의 최고

법원은 배당요구종기결정일부터 3일 내에 제148조 3호(첫 경매개시결정등기 전에 등기된 가압류채권자), 4호(저당권·전세권, 그 밖의 우선변제청구권으로서 첫 경매개시결정등기 전에 등기되었고 매각으로 소멸하는 것을 가진 채권자)의 채권자 및 조세, 그 밖의 공과금을 주관하는 공공기관에 대하여 채권의 유무, 그 원인 및 액수(원금·이자·비용, 그 밖의 부대채권을 포함한다)를 배당요구의 종기까지 법원에 신고하도록 최고하여야 한다(법 84조 4항).

가등기권리자에 대하여도 최고한다(가등기담보 등에 관한 법률 16조 1항). 등기부에 소유권이전에 관한 가등기가 있는 경우 그 가등기가 담보가등기인지 소유권 이전청구권 보전가등기인지 알 수가 없기 때문에 법원에서는 가등기권자에게 최고를 하여 담보가등기인경우 채권을 신고하게 하여 배당에 참여하도록 한 것이다. 만일, 가등기권자가 권리신고를 하지 않으면 소유권 이전청구권 보전을 위한 가등기로 보며, 권리신고를 하면 담보가등기로 보아 채권자는 매각대금으로부터 배당을 받을 수 있다(가등기담보 등에 관한 법률 16조 2항).


### 2) 현황조사

법원은 경매개시결정을 한 뒤에 바로 집행관에게 부동산의 현상, 점유관계, 차임 또는 보증금의 액수, 그 밖의 현황에 관하여 조사하도록 명하여야 한다(법 85조 1항).

집행관은 현황조사를 위하여 부동산에 출입할 수 있고, 채무자 또는 점유하는 자에게 질문하거나 문서를 제시하도록 요구할 수 있으며, 부동산에 출입하기 위하여 필요한 때에는 잠긴 문을 여는 등 적절한 처분을 할 수 있다(법 85조 2항, 법 82조).

집행관이 작성한 현황조사보고서는 매각물건명세서와 함께 매각기일마다 그 1주 전까지 법원에 비치하여 일반인에게 공시한다(규칙 55조).

법원은 경매개시결정 후 3일 내에 집행관에게 현황조사명령을 발하고, 집행관은 2주 내에 현황조사를 완료하여야 한다(부동산경매사건의 진행기간 등에 관한 예규(재민 91-5)참조)

### 3) 감정평가 및 최저매각가격 결정

법원은 경매개시결정 후 3일 내 감정인에게 부동산을 평가하게 하고 그 평가액을 참작하여 최저매각가격을 정한다(법 97조 1항).

감정인은 감정평가를 위하여 부동산에 출입할 수 있고, 채무자 또는 점유하는 자에게 질문하거나 문서를 제시하도록 요구할 수 있다(법 97조 2항)

### 4) 매각물건명세서의 작성 비치

법원은 ㉠부동산의 표시, ㉡부동산의 점유자와 점유의 권원, 점유할 수 있는 기간, 차임 또는 보증금에 관한 관계인의 진술, ㉢등기된 부동산에 대한 권리 또는 가처분으로서 매각으로 효력을 잃지 아니하는 것, ㉣매각에 따라 설정된 것으로 보게 되는 지상권의 개요 등을 적은 매각물건명세서를 작성하고(법 105조 1항), 매각물건명세서·현황조사보고서 및 평가서의 사본을 매각기일 1주 전까지 법원에 비치하여 누구든지 볼 수 있도록 하여야 한다(법 105조 2항, 규칙 55조). 매각물건명세서와 현황조사서는 인터넷 대법원 경매사이트 http://www.court-auction.go.kr에서 열람이 가능하다.

매각물건명세서의 작성에 중대한 흠이 있는 경우 매각허가에 대한 이의신청사유가 되며(법 121조 5호) 매각허가결정에 대한 항고(법 130조 1항)를 할 수 있다.

매각물건명세서는 공신력이 없어 그 기재가 잘못되었더라도 법원에 배상책임이 없다.

### 5) 남을 가망이 없을 경우의 경매취소

법원은 최저매각가격으로 압류채권자의 채권에 우선하는 부동산의 모든 부담[23]과 절차비용을 변제하면 남을 것이 없겠다고 인정한 때에는 압류채권자에게 통지하고, 압류채권자가 이 통지를 받은 날로부터 1주 이내에 압류채권자의 채권에 우선하는 부동산의 모든 부담과 비용을 변제하고 남을 만한 가격을 정하여 그 가격에 맞는 매수신고가 없을 때에는 자기가 그 가격으로 매수하겠다고 신청(신청과 동시에 보증을 제공하여야 함)[24]을 하지 않으면 법원은 경매절차를 취소하여야 한다(법 102조 1항, 2항). 채권자에게 이익이 되지 않는 집행을 방지하기 위해서다(법 91조 1항 잉여주의 선택).

---

**매각조건**

매각조건이란 법원이 경매부동산을 매수인에게 취득시키는 조건을 말한다. 일반 부동산을 매매할 때 매매조건(예컨대, 어떠어떠한 조건이 있어야 매매계약은 성립한다)과 비슷하다. 매각조건은 민사집행법에서 정해놓은 법적 규제사항인 법정매각조건과 이해관계인의 합의 또는 법원의 직권으로 변경 가능한 특별매각조건으로 구분된다.

※ 법정매각조건

  법에서 정해놓은 법적 규제사항으로 모든 경매사건에서 변경할 수 없는 매각조건이다.
  예컨대,
  ① 최저매각가격 미만의 매각불허(법 110조 1항)
  ② 잉여주의와 무잉여 경매의 취소(법 91조 1항, 102조 1항, 2항)
  ③ 소멸주의, 인수주의(법 91조 2항~4항)
  ④ 매수인의 자격(농지법 6조, 8조. 규칙 59조)
  ⑤ 공유지분경매의 경우 최저매각가격결정(법 139조 2항), 공유자 우선매수권(법 140조)
  ⑥ 매수신청 보증금 제공(법 113조)
  ⑦ 매수인의 소유권 취득시기(법 135조)
  ⑧ 매수인의 잔금납부 시기(법 142조 2항)
  ⑨ 소유권 취득등기의 시기, 방법 및 등기비용 부담(법 144조 1항, 2항)
  ⑩ 인도명령신청 시기(법 136조 1항)

※ 특별매각조건

---

23) 압류채권자의 채권에 우선하는 부동산의 모든 부담은 압류채권자보다 우선하여 배당이 예상되는 채권으로서 당해 경매절차에서 확인된 것을 말한다. 예컨대, 선순위 저당권으로 담보되는 채권, 가등기담보권으로 담보되는 채권, 선순위 전세권의 전세금채권, 주택임대차보호법 및 상가임대차보호법상의 최우선변제보증금과 대항요건과 확정일자를 갖춘 선순위 임차보증금, 국세, 지방세, 국민건강보험료, 국민연금보험료, 임금채권 등.

24) 매수신청금액은 압류채권자보다 우선하는 모든 채권액을 넘는 금액이어야 하고, 보증금은 매수신청금액에서 최저매각가격을 공제한 금액이 된다.

1) 이해관계인의 합의 또는 법원의 직권으로 변경할 수 있는 매각조건을 특별매각조건이라고 하는데 공공의 이익이나 경매의 본질과 관계가 없는 조건들은 바꿀 수 있다. 매각대금의 지급방법과 시기, 부동산 위의 담보권, 용익권의 인수, 소멸에 관한 매각조건 등은 합의로 바꾸는 것이 가능하다.

2) 합의에 의한 매각조건의 변경: 최저매각가격 외의 매각조건은 법원이 이해관계인의 합의에 따라 바꿀 수 있다[25](법 110조 1항). 이해관계인은 배당요구의 종기까지 합의를 할 수 있다(법 110조 2항).

3) 직권에 의한 매각조건의 변경: 거래의 실상을 반영하거나 경매절차를 효율적으로 진행하기 위하여 필요한 경우에 법원은 배당요구의 종기까지 매각조건을 바꾸거나 새로운 매각조건을 설정할 수 있다(법 111조 1항).

   예컨대,

   ① 재매각사건의 경우 최저매각가격의 2/10 또는 3/10의 매수신청보증금제공

   ② 농지취득자격증명서 미제출 시의 입찰보증금 몰수

   ③ 공유자 우선 매수신청을 1회로 제한하는 경우

   ④ 토지별도등기상의 인수되는 권리, 기타 인수되는 권리에 대하여 매각물건명세서상에 기재하여 특별매각조건으로 하는 경우 등

## 일괄매각

법원은 경매의 대상이 된 부동산이 여러 개인 경우, 부동산의 위치, 형태, 이용관계 등을 고려하여 이를 일괄하여 매각하는 것이 알맞다고 인정하는 경우에는, 직권으로 또는 이해관계인의 신청에 따라, 일괄매각하도록 결정할 수 있다(법 98조 1항). 또한, 다른 종류의 재산[26](금전채권제외)이라도 부동산과 함께 일괄매각하는 것이 알맞다고 인정하는 때에도 일괄매각하도록 결정할 수 있다(법 98조 2항). 일괄매각의 결정은 그 목적물에 대한 매각기일 전까지 할 수 있다(법 98조 3항).

## 개별매각

여러 개의 부동산에 관하여 동시에 경매신청이 있는 경우에는 각 부동산별로 최저경매가격을 정하여 매각하여야 한다는 원칙이다. 민사집행법 124조 1항은 여러 개의 부동산을 매각하는 경우에 한 개의 부동산의 매각대금으로 모든 채권자의 채권 및 집행비용을 변제하기에 충분하면 다른 부동산에 대한 매각을 허가하지 아니한다 하여 개별매각을 원칙으로 하고 있다. 법원은 일괄매각을 할 것인지, 개별매각을 할 것인지 자유재량에 의하여 정할 수 있다.

---

25) 최저매각가격은 이해관계인의 합의로 바꿀 수 없고 법원의 직권으로만 바꿀 수 있다.

# 부동산 일괄매각 신청

사건번호

채 권 자

채 무 자

　위 사건에 관하여 매각 목적부동산들은 모두가 일단을 이루고 있는 부동산으로서 이들을 모두 동일인에게 매수시키는 것이 경제적 효용가치가 높을 뿐 아니라, 이들이 분할매각 됨으로써 장차 복잡한 법률관계의 야기를 사전에 예방하기 위하여 이를 일괄 매각하여 주시기 바랍니다.


　　　　　　　　　　　　년　　　　월　　　　　일


　　　　　　채 권 자　　　　　　　　　　　　　　　　(인)
　　　　　　연락처(☎)


　　　　지방법원　　　　　귀중


☞유의사항
　수 개의 부동산에 관하여 동시에 경매신청이 있는 경우에는 부동산별로 최저 입찰가격을 정하여 매각하는 개별매각이 원칙이나, 법원은 이해관계인의 합의에 구애되지 않고 일괄매각을 결정할 수도 있습니다.

---

26) 예컨대, 공장건물과 기계 설비.

## (3) 매각방법의 결정, 매각기일 및 매각결정기일의 지정, 통지, 공고, 변경

### 1) 매각방법의 결정

부동산의 매각은 매각기일에 하는 호가경매(呼價競賣), 매각기일에 입찰 및 개찰하게 하는 기일입찰 또는 입찰기간 이내에 입찰하게 하여 매각기일에 개찰하는 기간입찰의 세 가지 방법으로 한다(법 103조 2항). 부동산은 기일입찰 또는 기간입찰의 방법으로 매각하는 것을 원칙으로 한다(부동산 등에 대한 경매절차 처리지침[27])(재민 2004-3) 3조 1항). 실무에서는 대부분 기일입찰로 진행한다.

### 2) 매각기일 및 매각결정기일의 지정

① 법원은 경매절차를 취소할 사유가 없다고 인정하는 경우(제102조 제1항의 부담과 비용을 변제하고도 남을 것이 있다고 인정하거나 압류채권자가 제102조 제2항의 신청을 하고 충분한 보증을 제공한 때)에는 직권으로 매각기일과 매각결정기일을 정하여 대법원규칙이 정하는 방법으로 공고한다(법 104조 1항).

② 매각결정기일은 매각기일로부터 1주 이내로 정하여야 한다(법 109조 1항)[28].

### 3) 매각기일 및 매각결정기일의 통지

① 법원은 매각기일과 매각결정기일을 이해관계인에게 통지하여야 한다(법 104조 2항). 통지는 집행기록에 표시된 이해관계인의 주소[29]에 대법원규칙이 정하는 방법으로 발송할 수 있다(법 104조 3항). 따라서 송달은 발송한 때에 송달된 것으로 본다[30].

② 매각기일과 매각결정기일을 이해관계인에게 통지하지 않을 경우 매각불허가 사유가 된다.[31]

---

27) 이하 '경매지침'이라 함.

28) 이는 훈시규정으로 집행법원이 매각기일로부터 7일을 경과한 일자로 매각결정기일을 지정하였다 할지라도 그 매각결정기일을 부적법한 것이라고 할 수 없다(대결 1984.8.23, 84마454)

29) 이해관계인의 주소는 집행기록에 의하여 알 수 있는 최근의 주소여야 한다(대결 1993.7.6, 93마549)

30) 법 104조 3항에 의하면 부동산 임의경매에 있어서 이해관계인에 대한 매각기일의 통지를 집행기록에 표시된 이해관계인의 주소에 등기우편으로 발송하여야 할 수 있도록 되어 있는바, 이는 그 통지를 발송한 때에 송달된 것으로 본다는 뜻이다(대결 1994.7.30, 94마1107).

### 4) 매각기일 및 매각결정기일의 공고

① 매각기일과 매각결정기일을 정한 때에는 법원은 이를 공고하여야 하며(법 104조 1항), 공고는 매각기일(기간입찰의 방법으로 진행하는 경우에는 입찰기간의 개시일)의 2주 전까지 다음 사항을 기재하여 공고하여야 한다(법 106조, 규칙 56조).

a. 부동산의 표시

b. 강제집행으로 매각한다는 취지와 그 매각방법

c. 부동산의 점유자, 점유의 권원, 점유하여 사용할 수 있는 기간, 차임 또는 보증금약정 및 그 액수

d. 매각기일의 일시·장소, 매각기일을 진행할 집행관의 성명 및 기간입찰의 방법으로 매각할 경우에는 입찰기간·장소

e. 최저매각가격

f. 매각결정기일의 일시·장소

g. 매각물건명세서·현황조사보고서 및 평가서의 사본을 매각기일 전에 법원에 비치하여 누구든지 볼 수 있도록 제공한다는 취지

h. 등기부에 기입할 필요가 없는 부동산에 대한 권리를 가진 사람은 채권을 신고하여야 한다는 취지

i. 이해관계인은 매각기일에 출석할 수 있다는 취지

j. 일괄매각결정을 한 때에는 그 취지

k. 매수신청인의 자격을 제한한 때에는 그 제한의 내용

l. 매수신청의 보증금액과 보증 제공방법

---

31) 입찰절차의 이해관계인에게 입찰기일과 낙찰기일을 통지하도록 규정하고 있는 취지는, 입찰절차의 이해관계인은 입찰기일에 출석하여 목적부동산이 지나치게 저렴하게 매각되는 것을 방지하기 위하여 필요한 조치를 취할 수도 있고, 채무자를 제외하고는 스스로 매수신청을 하는 등 누구에게 얼마에 매각되느냐에 대하여 직접적인 이해관계를 가지고 있을 뿐 아니라, 입찰기일에 출석하여 의견진술을 할 수 있는 권리가 있는 이해관계를 가진 사람들이므로, 입찰기일과 낙찰기일을 공고만으로 고지하는 것은 충분하지 못하다는 점을 고려하여, 개별적으로 이러한 기일에 관하여 통지를 함으로써 입찰절차에 참여할 기회를 주기 위한 것으로서, 특별한 사정이 없는 한 위와 같은 기일 통지 없이는 강제집행을 적법하게 속행할 수 없고, 이러한 통지를 게을리하거나 통지의 내용에 하자가 있는 경우에는 경락에 대한 이의 사유가 되는 것이지만, 경매법원이 이해관계인에게 통지할 의무가 있는 사항은 입찰기일과 낙찰기일에 관한 것에 한하고, 최저입찰가격은 통지의 의무가 있는 사항은 아니다(대결 1999.7.22, 99마2906).

② 매각기일과 매각결정기일의 공고는 특별한 규정이 없으면 법원게시판 게시, 관보·공보 또는 신문게재, 전자통신매체를 이용한 공고 중 어느 하나의 방법으로 한다(규칙 11조 1항).

### 5) 매각기일 및 매각결정기일의 변경

① 매각기일의 변경

가) 법원 직권에 의한 경우: 법원은 매각기일을 자유재량으로 변경할 수 있다. 경매절차상에 하자가 있어 경매절차를 속행할 수 없는 사유를 발견한 때, 법 제49조의 집행정지서류가 제출된 때에는 매각기일을 변경하거나 취소하여 적법한 경매절차가 이루어지도록 하여야 한다.

나) 당사자의 신청에 의한 경우: 이해관계인은 법상 기일지정이나 기일변경에 대한 신청권이 없으나, 법원 실무상 경매신청채권자가 연기신청 하는 경우에는 기일연기를 2회까지 연기하여 주고 1회 연기 기간은 2개월 이내로 한다. 채무자 또는 소유자가 연기신청 하는 경우에는 채권자의 동의가 없는 한 연기신청은 거의 받아주지 않는다.

② 매각결정기일의 변경

법원은 최고가매수신고인이 확정된 후 예정된 매각결정기일을 열기 어려운 사정이 있는 경우(예컨대, 농지취득자격증명 발급이 예상보다 시간이 오래 걸리는 경우, 매각불허가 사유를 판단하기 위하여 심문이 필요하여 시간을 요하는 경우 등)에는 매각결정기일을 변경할 수 있다. 매각결정기일을 변경한 때에는 이해관계인에게 통지하면 족하고 변경된 기일을 공고할 필요는 없다(대결 1981. 1. 19. 90마96).

### 6) 기간입찰의 경우

기간입찰의 방법으로 매각할 경우 입찰기간에 관하여도 위 기일입찰의 지정, 통지, 공고에 관한 규정이 적용된다(법 104조 4항). 기간입찰에서의 입찰기간은 1주 이상 1월 이하의 범위 안에서 정하고, 매각기일은 입찰기간이 끝난 후 1주 안의 날로 정하여야 한다(규칙 68조).

## (4) 매각의 실시

### 1) 매각장소

매각기일은 법원 안에서 진행하여야 한다. 다만, 집행관은 법원의 허가를 받아 다른 장소에서 매각기일을 진행할 수 있다(법 107조).

### 2) 기일입찰

① 매각사건목록과 매각물건명세서의 비치

집행관은 매각기일에 매각사건목록을 작성하여 매각물건명세서 · 현황조사보고서 및 평가서의 사본과 함께 경매법정, 그 밖에 매각을 실시하는 장소에 비치 또는 게시하여야 한다(경매지침 13조).

② 입찰표 등(입찰표, 입찰봉투)의 비치

기일입찰의 경우 집행과 사무실과 경매법정 등에는 기일입찰표(전산양식 A3360), 매수신청보증봉투(전산양식 A3361), 기일입찰봉투(전산양식 A3362, A3363), 공동입찰신고서(전산양식 A3364), 공동입찰자목록(전산양식 A3365)을 비치하여야 한다(경매지침 14조 1항).

③ 동시입찰

같은 입찰기일에 입찰에 부칠 사건이 두 건 이상이거나 매각할 부동산이 두 개 이상인 경우에는 각 부동산에 대한 입찰을 동시에 실시한다(규칙 61조 2항). 동시입찰을 하는 이유는 담합을 방지하고 자유로운 입찰을 보장하기 위해서이다.

④ 입찰의 개시

입찰절차는 집행관이 진행하며, 집행관은 매각기일에 입찰희망자가 입찰하기 전에 매각물건명세서, 현황조사보고서 및 평가서의 사본을 볼 수 있도록 하고, 특별매각조건이 있는 경우에는 이를 고지한다(법 112조). 입찰은 입찰의 개시를 알리는 종을 울린 후 집행관이 입찰표의 제출을 최고하고 입찰마감시각과 개찰시각을 고지함으로써 시작한다(경매지침 32조 1항).

⑤ 입찰방법

　가) 기일입찰표의 작성

　　ㄱ) 입찰기일: 입찰하는 사건의 입찰날짜를 적는다.

　　ㄴ) 사건번호, 물건번호: 사건번호는 입찰하는 사건의 번호를 적는다. 물건번호는 한 사건에서 두 개 이상의 물건이 개별적으로 입찰에 부쳐진 경우, 입찰하고자 하는 물건의 번호를 적는다. 이 경우 물건번호는 반드시 적어야 한다.

　　ㄷ) 입찰자

　　　ⅰ) 개인인 경우: 본인란에 본인의 성명, 주민등록번호, 주소, 전화번호를 적는다.

　　　ⅱ) 법인인 경우: 본인란에 법인명, 법인등록번호, 사업자등록번호, 본점주소, 전화번호를 적는다.

　　　ⅲ) 대리인의 경우: 본인란에 본인의 인적사항을 적고, 대리인란에 대리인의 성명 주민등록번호, 주소, 전화번호, 본인과의 관계를 적는다.

　　　ⅳ) 보증의 제공방법: 현금·자기앞수표, 보증서 중 하나를 선택하여 체크한다. '보증을 받았습니다. 입찰자' 란은 낙찰이 안 되어 보증금을 반환받을 때에 적는 부분이므로 입찰 시에는 적지 않아도 된다. 실무상 신속한 경매진행을 위하여 미리 기입해 놓는다.

　　ㄹ) 입찰가격, 보증금액: 입찰가격은 매수하고자 하는 금액을 적는다. 아라비아 숫자로 자릿수를 정확하게 기재한다. 입찰가격은 연필을 사용하거나 덧칠하여서는 안 된다. 수정이 절대로 안 되므로 수정할 경우, 새 용지를 사용한다. 실무에서 입찰장에서 긴장하거나 시간에 쫓겨 입찰가격의 숫자를 하나 더 쓰거나 실수하는 등 입찰가격의 기재사고가 종종 발생하므로 가장 유의하여야 할 사항이다. 보증금액은 최저매각가격의 10분의 1을 적는다. 당해 사건의 특별매각조건으로 보증금이 20% 내지 30%로 증가되어 있는 경우도 있으니 유의하여야 한다.

나) 보증제공

기일입찰에서 매수신청의 보증금액은 최저매각가격의 10분의 1로 한다. 법원은 상당하다고 인정하는 때에는 보증금액을 달리 정할 수 있다(규칙 63조). 보증의 제공방법은 현금과 자기앞수표 외에 은행 등과 지급보증위탁계약이 맺어진 보증서로 제공할 수 있다(규칙 64조). 최저매각가격의 10분의 1 이상의 입찰보증금액은 유효하나 보증금액이 미달일 경우, 무효처리 된다. 반대로 최저매각가격의 10분의 1을 초과한 입찰보증금은 낙찰 시 초과분에 대하여 반환하여 준다. 실무상 자기앞 수표 1매로 편리하게 준비하고, 매수신청보증금 봉투에 넣고 도장을 날인한다.

다) 첨부서류

[본인 입찰의 경우]

ㄱ) 개인: 입찰표 +입찰보증금 (신분증과 도장을 준비)

ㄴ) 법인: 입찰표 +입찰보증금 +법인 등기부등본 (대표자 신분증과 도장을 준비)

ㄷ) 권리능력 없는 사단·재단: 입찰표+입찰보증금+대표자의 주민등록등본+대표자를 증명하는 서면+정관 기타의 규약+사원총회결의서

ㄹ) 재외국민: 재외국민도 내국인과 동일하게 부동산을 경매로 취득 가능하다.

- 국내에 거소지가 있는 경우: 입찰표 + 입찰보증금 + 본인 여권 또는 재외국민 국내거소 신고증 + 도장

- 국내에 거소지가 없는 경우: 입찰표 + 입찰보증금+본인 여권 + 재외국민거주사실증명서 또는 재외국민등록등본(체류지 영사관에서 발급) + 도장

ㅁ) 공동입찰: 입찰표 + 매수신청보증금 + 공동입찰신고서 + 공동입찰자목록(공동입찰자의 지분을 표시)

[대리 입찰의 경우]

- 개인, 법인의 경우: 위 본인 입찰서류(본인신분증과 도장 제외)+위임장(인감날인)+개인 또는 법인인감증명서 + (대리인의 신분증과 도장을 준비)

- 재외국민의 경우: 위 재외국민 본인입찰서류 + 위임장 + 위임자의 서명에 관하여 본인이 직접 작성하였다는 취지의 본국 관공서의 증명서 + 위임장에 대한 국내번역공증서 + (대리인의 신분증과 도장을 준비)

(앞면)

# 기 일 입 찰 표

지방법원 집행관　귀하　　　　　　　　　입찰기일 :　　년　　월　　일

| 사 건 번 호 | | 타 경 호 | | 물건 번호 | ※물건번호가 여러개 있는 경우에는 꼭 기재 |
|---|---|---|---|---|---|

| 입 찰 자 | 본인 | 성　명 | | | 전화 번호 | |
| | | 주민(사업자) 등록번호 | | 법인등록 번　호 | | |
| | | 주　소 | | | | |
| | 대리인 | 성　명 | | | 본인과의 관　계 | |
| | | 주민등록 번　호 | | | 전화번호 | － |
| | | 주　소 | | | | |

| 입찰 가격 | 천억 | 백억 | 십억 | 억 | 천만 | 백만 | 십만 | 만 | 천 | 백 | 십 | 일 | | 보증 금액 | 백억 | 십억 | 억 | 천만 | 백만 | 십만 | 만 | 천 | 백 | 십 | 일 | |
|---|---|---|---|---|---|---|---|---|---|---|---|---|---|---|---|---|---|---|---|---|---|---|---|---|---|---|
| | | | | | | | | | | | | | 원 | | | | | | | | | | | | | | 원 |

| 보증의 제공방법 | □ 현금·자기앞수표 □ 보증서 | 보증을 반환 받았습니다.　　　　　　　　　　　　　　　입찰자 |
|---|---|---|

주의사항.

1. 입찰표는 물건마다 별도의 용지를 사용하십시오, 다만, 일괄입찰시에는 1매의 용지를 사용하십시오.
2. 한 사건에서 입찰물건이 여러개 있고 그 물건들이 개별적으로 입찰에 부쳐진 경우에는 사건번호외에 물건번호를 기재하십시오.
3. 입찰자가 법인인 경우에는 본인의 성명란에 법인의 명칭과 대표자의 지위 및 성명을, 주민등록란에는 입찰자가 개인인 경우에는 주민등록번호를, 법인인 경우에는 사업자등록번호를 기재하고, 대표자의 자격을 증명하는 서면(법인의 등기사항증명서)을 제출하여야 합니다.
4. 주소는 주민등록상의 주소를, 법인은 등기기록상의 본점소재지를 기재하시고, 신분확인상 필요하오니 주민등록증을 꼭 지참하십시오.
5. 입찰가격은 수정할 수 없으므로, 수정을 요하는 때에는 새 용지를 사용하십시오.
6. 대리인이 입찰하는 때에는 입찰자란에 본인과 대리인의 인적사항 및 본인과의 관계 등을 모두 기재하는 외에 본인의 위임장(입찰표 뒷면을 사용)과 인감증명을 제출하십시오.
7. 위임장, 인감증명 및 자격증명서는 이 입찰표에 첨부하십시오.
8. 일단 제출된 입찰표는 취소, 변경이나 교환이 불가능합니다.
9. 공동으로 입찰하는 경우에는 공동입찰신고서를 입찰표와 함께 제출하되, 입찰표의 본인란에는 "별첨 공동입찰자목록 기재와 같음"이라고 기재한 다음, 입찰표와 공동입찰신고서 사이에는 공동입찰자 전원이 간인 하십시오.
10. 입찰자 본인 또는 대리인 누구나 보증을 반환 받을 수 있습니다.
11. 보증의 제공방법(현금·자기앞수표 또는 보증서)중 하나를 선택하여 ☑표를 기재하십시오.

(뒷면)

# 위 임 장

| 대리인 | 성 명 | | 직업 | |
|---|---|---|---|---|
| | 주민등록번호 | – | 전화번호 | |
| | 주 소 | | | |

위 사람을 대리인으로 정하고 다음 사항을 위임함.

다 음

지방법원          타경          호 부동산

경매사건에 관한 입찰행위 일체

| 본인 1 | 성 명 | (인감인) | 직 업 | |
|---|---|---|---|---|
| | 주민등록번호 | – | 전 화 번 호 | |
| | 주 소 | | | |
| 본인 2 | 성 명 | (인감인) | 직 업 | |
| | 주민등록번호 | – | 전 화 번 호 | |
| | 주 소 | | | |
| 본인 3 | 성 명 | (인감인) | 직 업 | |
| | 주민등록번호 | – | 전 화 번 호 | |
| | 주 소 | | | |

* 본인의 인감 증명서 첨부
* 본인이 법인인 경우에는 주민등록번호란에 사업자등록번호를 기재

## 지방법원 귀중

## 매수신청보증 봉투(흰색 작은 봉투)

(앞면)

**법원**

**매수신청보증봉투**

| 사 건 번 호 | 20 타경        호 |
|---|---|
| 물 건 번 호 | |
| 제 출 자 |                    ㊞ |

주크기는 통상의 규격봉투와 같다.

(뒷면)

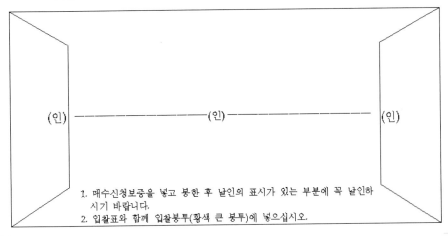

(인)ㅡㅡㅡㅡㅡㅡㅡㅡ(인)ㅡㅡㅡㅡㅡㅡㅡㅡ(인)

1. 매수신청보증을 넣고 봉한 후 날인의 표시가 있는 부분에 꼭 날인하시기 바랍니다.
2. 입찰표와 함께 입찰봉투(황색 큰 봉투)에 넣으십시오.

(앞면)

| ← 197mm → |

←10mm→                                              ←10mm→

**입찰자용 수취증**　　　　주의: 이 부분을 절취하여 보관하다가
　　　　　　　　　　　　　　　　매수신청보증을 반환받을 때 제출
00법원(연결번호　　번)　　　　하십시오.

　　　　　　　　　　　　　　　　분실시에는 매수신청보증을 반환
　　　　　　　　　　　　　　　　받지 못할 수가 있으니 주의하십
　　　　　　　　　　　　　　　　시오.

집행관
　　인

00법원(연결번호　　번)　　　◈ 접는선 뒷면의 사건번호와 물
　　　　　　　　　　　　　　　　건번호를 반드시 기재하여 주시기
　　　　　　　　　　　　　　　　바랍니다.

※ 타인이 사건번호를 볼 수 없도록 위 접는선을 접어서 지철기(호치키
　 스)로 봉하여 제출하십시오.

# 입　찰　봉　투

| 제 출 자 성 명 | 본 인 | 외 　　㉑ |
|---|---|---|
| | 대리인 | 　　㉑ |

305
mm

◈ 주 의 사 항 ◈

1. 입찰대상이 아닌 경매사건에 응찰한 경우에는 즉시 매수보증금을 반
　 환받을 수 없고 개찰이 모두 완료된 후에 매수보증금을 반환 받을
　 수 있으므로 매각기일을 꼭 확인하여 주시기 바랍니다.
2. 매수신청보증봉투와 입찰표를 넣고 사건번호를 타인이 볼 수 없도록 접
　 어서 지철기(호치키스)로 봉하십시오.
3. 위 입찰자 성명란을 기재하고, 입찰봉투 제출 시 신분증을 제시하십
　 시오.
4. 입찰자용 수취증의 절취선에 집행관의 날인을 받으십시오.

| ← 217mm → |

# [전산양식 A3363] 기일입찰봉투(황색 큰 봉투) 뒷면

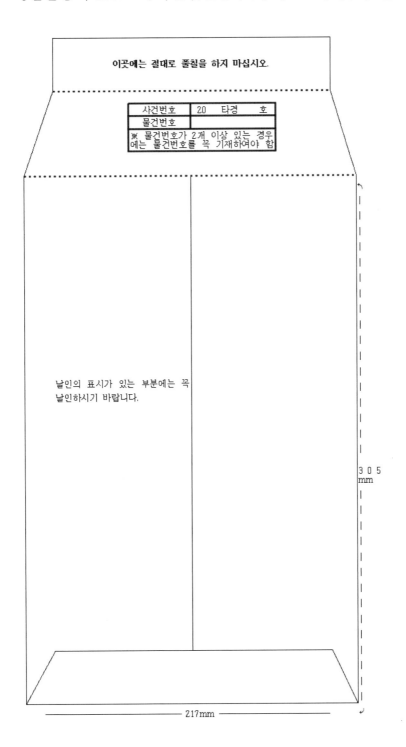

이곳에는 절대로 풀칠을 하지 마십시오.

| 사건번호 | 20 타경 호 |
|---|---|
| 물건번호 | |
| ※ 물건번호가 2개 이상 있는 경우에는 물건번호를 꼭 기재하여야 함 | |

날인의 표시가 있는 부분에는 꼭 날인하시기 바랍니다.

305mm

217mm

# 공 동 입 찰 신 고 서

법원  집행관      귀하

사건번호      20  타경      호
물건번호
공동입찰자    별지 목록과 같음

위 사건에 관하여 공동입찰을 신고합니다.

20  년    월    일

신청인          외    인(별지목록 기재와 같음)

※ 1. 공동입찰을 하는 때에는 입찰표에 각자의 지분을 분명하게 표시하여야
      합니다.
   2. 별지 공동입찰자 목록과 사이에 공동입찰자 전원이 간인하십시오.

용지규격 210mm×297mm(A4용지)

[전산양식 A3365]

# 공 동 입 찰 자 목 록

| 번호 | 성 명 | 주 소 | | 지분 |
|---|---|---|---|---|
| | | 주민등록번호 | 전화번호 | |
| | (인) | ~ | | |
| | (인) | ~ | | |
| | (인) | ~ | | |
| | (인) | ~ | | |
| | (인) | ~ | | |
| | (인) | ~ | | |
| | (인) | ~ | | |
| | (인) | ~ | | |
| | (인) | ~ | | |
| | (인) | ~ | | |

용지규격 210mm×297mm(A4용지)

라) 입찰표 제출

입찰표를 작성하여 다) 항의 첨부서류를 입찰봉투에 넣은 후 입찰마감시간 전에 법대 앞 집행관에게 제출하여 입찰함에 넣는다. 기일입찰에서 입찰은 매각기일에 입찰표를 집행관에게 제출하는 방법으로 한다(규칙 제61조 제1항). 입찰은 취소, 변경 또는 교환할 수 없다(규칙 제61조 제6항).

마) 대리입찰 관련

현행법상, 경매입찰대리를 업으로 할 수 있는 자는 변호사, 법무사, 매수신청 등록한 공인중개사만이 가능하며 이외의 자가 수수료를 받고 입찰대리를 할 수는 없다.

## 3) 기간입찰

### ① 기간입찰

기간입찰은 기일입찰과 달리 일정한 기간(1주일 이상 1월 이하의 범위 내)을 정해서 입찰(등기 또는 직접)할 수 있도록 하고 매각기일에 개찰을 하여 최고가로 입찰한 사람이 낙찰된다. 원거리에 있는 사람이나 시간을 내기 어려운 사람에게 시간과 장소에서 기일입찰처럼 구애되지 않아 편리하다. 기간입찰의 진행은 각 법원이 재량으로 정하고 있다.

### ② 입찰방법

기간입찰의 입찰은 기간입찰표, 매수신청보증, 첨부서류를 기간입찰봉투에 넣고 날인한 다음 직접 또는 등기우편으로 집행관에게 제출한다(경매지침 제18조. 제19조 2항).

ⅰ) 입찰서류준비: 해당 법원 입찰기간 내 해당 법원 집행관사무실에서 입찰서류를 수령[기간입찰표(연두색 용지), 입찰봉부, 입금증명서]

ⅱ) 입찰표 작성: 연두색 용지로 된 기간입찰표를 작성한다.

ⅲ) 매수신청보증: 가까운 법원 내 은행에 가서 '법원보관금납부서'를 작성하고 입찰보증금을 은행에 납부한다. 입찰보증금을 납부하고 은행에서 받은 '법원보관금 영수필통지서'를 입금증명서에 풀칠해서 붙이고 입금증명서를 작성한다.

ⅳ) 입찰표 제출: 기간입찰표, 입금증명서, 기타첨부서류를 입찰봉투에 넣어 등기우편

또는 법원에 직접 제출한다. 입찰봉투에 매각기일을 기재하지 않으면 입찰이 무효가 된다. 등기우편의 경우 입찰기간 개시일 0시부터 마감일 24시까지 법원에 우편물이 도착해야 하고, 보통우편이나 마감일 이후의 접수는 무효처리 된다.

ⅴ) 매각기일 참석: 매각기일에 입찰자의 면전에서 입찰함이 개찰 된다. 다만, 개찰할 때 입찰자가 한 사람도 출석하지 않은 경우 법원사무관 등 상당하다고 인정되는 사람을 참여하게 한다. 최고가매수인이 2인 이상일 경우 그들만을 상대로 기일입찰 방식으로 추가입찰을 실시한다. 입찰보증금은 최고가매수신청인, 차순위매수신청인을 제외하고 입찰자의 예금환급계좌로 환급된다.

(앞면)

# 기 간 입 찰 표

지방법원 집행관　귀하　　　　　　　매각(개찰)기일 :　년　월　일

| 사건번호 | | 타 경　　　　　　　호 | | 물건번호 | ※물건번호가 여러개 있는 경우에는 꼭 기재 |
|---|---|---|---|---|---|
| 입찰자 | 본인 | 성 명 | | | 전화번호 |
| | | 주민(사업자)등록번호 | | 법인등록번호 | |
| | | 주 소 | | | |
| | 대리인 | 성 명 | | | 본인과의관계 |
| | | 주민등록번호 | | | 전화번호　　　－ |
| | | 주 소 | | | |

| 입찰가격 | 천억 | 백억 | 십억 | 천억 | 백만 | 십만 | 만 | 천 | 백 | 십 | 일 | 원 | 보증금액 | 백억 | 십억 | 억 | 천만 | 백만 | 십만 | 만 | 천 | 백 | 십 | 일 | 원 |
|---|---|---|---|---|---|---|---|---|---|---|---|---|---|---|---|---|---|---|---|---|---|---|---|---|---|
| | | | | | | | | | | | | | | | | | | | | | | | | | |

| 보증의제공방법 | ☐ 입금증명서 ☐ 보증서 | 보증을 반환 받았습니다.　　　　　　　　　　　　　　입찰자 |
|---|---|---|

주의사항.
 1. 입찰표는 물건마다 별도의 용지를 사용하십시오. 다만, 일괄입찰시에는 1매의 용지를 사용하십시오.
 2. 한 사건에서 입찰물건이 여러개 있고 그 물건들이 개별적으로 입찰에 부쳐진 경우에는 사건번호외에 물건번호를 기재하십시오.
 3. 입찰자가 법인인 경우에는 본인의 성명란에 법인의 명칭과 대표자의 지위 및 성명을, 주민등록란에는 입찰자가 개인인 경우에는 주민등록번호를, 법인인 경우에는 사업자등록번호를 기재하고, 대표자의 자격을 증명하는 서면(법인의 등기사항증명서)을 제출하여야 합니다.
 4. 주소는 주민등록상의 주소를, 법인은 등기기록상의 본점소재지를 기재하시고, 신분확인상 필요하오니 주민등록등본이나 법인등기사항전부증명서를 동봉하십시오.
 5. 입찰가격은 수정할 수 없으므로, 수정을 요하는 때에는 새 용지를 사용하십시오.
 6. 대리인이 입찰하는 때에는 입찰자란에 본인과 대리인의 인적사항 및 본인과의 관계 등을 모두 기재하는 외에 본인의 위임장(입찰표 뒷면을 사용)과 인감증명을 제출하십시오.
 7. 위임장, 인감증명 및 자격증명서는 이 입찰표에 첨부하십시오.
 8. 입찰함에 투입된 후에는 입찰표의 취소, 변경이나 교환이 불가능합니다.
 9. 공동으로 입찰하는 경우에는 공동입찰신고서를 입찰표와 함께 제출하되, 입찰표의 본인란에는"별첨 공동입찰자목록 기재와 같음"이라고 기재한 다음, 입찰표와 공동입찰신고서 사이에는 공동입찰자 전원이 간인하십시오.
10. 입찰자 본인 또는 대리인 누구나 보증을 반환 받을 수 있습니다(입금증명서에 의한 보증은 예금계좌로 반환됩니다).
11. 보증의 제공방법(입금증명서 또는 보증서)중 하나를 선택하여 ☑표를 기재 하십시오.

# 위 임 장

| 대<br>리<br>인 | 성    명 | | 직업 | |
|---|---|---|---|---|
| | 주민등록번호 | – | 전화번호 | |
| | 주    소 | | | |

위 사람을 대리인으로 정하고 다음 사항을 위임함.

다    음

지방법원          타경          호 부동산

경매사건에 관한 입찰행위 일체

| 본<br>인<br>1 | 성    명 | (인감인) | 직    업 | |
|---|---|---|---|---|
| | 주민등록번호 | – | 전 화 번 호 | |
| | 주    소 | | | |
| 본<br>인<br>2 | 성    명 | (인감인) | 직    업 | |
| | 주민등록번호 | – | 전 화 번 호 | |
| | 주    소 | | | |
| 본<br>인<br>3 | 성    명 | (인감인) | 직    업 | |
| | 주민등록번호 | – | 전 화 번 호 | |
| | 주    소 | | | |

* 본인의 인감 증명서 첨부
* 본인이 법인인 경우에는 주민등록번호란에 사업자등록번호를 기재

## 지방법원 귀중

# 입금증명서

## 【입찰자 기재란】

| 사건번호 | | 매각기일 | |
|---|---|---|---|
| 성명·날인 | | | (인) |

법원보관금 영수필통지서(법원제출용) 첨부 장소

이곳에 법원보관금 영수필통지서를 붙여 주십시오.

## [확인란]

| 환급금<br>종 류 | □ 집행관 □ 사건담임자 | | | 출납공무원 | |
|---|---|---|---|---|---|
| | 환급사유 | 환급통지일 | 기명·날인 | 환급지시일 | 기명·날인 |
| 기간입찰환<br>급금 | 미낙찰, 취하,<br>취소, 미입찰<br>기타( ) | 200 . . . | (인) | 200 . . . | (인) |

※ 매각기일에는 집행관이 집행보조기관으로서 미리 정해진 장소에서 매각을 실시하여 최고가매수신고
인과 차순위 매수신고인을 정한다. 매각기일에 매수신청인이 없는 경우에는 법원은 최저매각가격을
저감(통상 최저매각가격의 20%)하고 새 매각기일을 정하여 다시 매각을 실시한다.

## (5) 매각허가결정

### 1) 매각결정기일

법원은 매각기일 종료 후 7일[32] 이내 매각결정기일에 이해관계인의 의견을 들은 후 매각의
허부를 결정한다. 매각 허부의 결정에 대하여 이해관계인은 즉시항고 할 수 있다.

### 2) 매각허가에 대한 이의(매각불허가 신청)

① 매각허가에 대한 이의 신청

최고가매수인 등 이해관계인은 매각허가결정에 대하여 이의, 즉 매각 불허가를 신청할
수 있다. 예컨대, 최고가매수인이 낙찰을 받고 나서 매각물건을 현장 방문해보니, 물건현황
이 감정평가내용과 다른 경우, 매각물건명세서에 나타나지 않은 선순위 임차인이 있거나
신고되지 않은 유치권자가 유치권을 주장하는 경우 등 이대로 매각을 허가하여 진행하여서
는 아니 될 필요성이 있을 때 매각불허가신청을 해볼 수 있다. 민사집행법에서는 매각불허
가 신청 사유라고 하지 않고 매각허가에 대한 이의신청 사유라고 규정하고 있다. 매각허가
에 대한 이의신청 사유는 다음과 같이 정하고 있다.

② 매각허가에 대한 이의 사유(매각 불허가 사유)

매각허가에 대한 이의는 민사집행법 제121조에서 규정하고 있으며, 이외의 사유로는
이의신청을 할 수 없다.

---

32) 이는 훈시규정이므로 7일 이후라도 위법은 아니다.

제121조(매각허가에 대한 이의신청사유) 매각허가에 관한 이의는 다음 각 호 가운데 어느 하나에 해당하는 이유가 있어야 신청할 수 있다.

1. 강제집행을 허가할 수 없거나 집행을 계속 진행할 수 없을 때
2. 최고가매수신고인이 부동산을 매수할 능력이나 자격이 없는 때
3. 부동산을 매수할 자격이 없는 사람이 최고가매수신고인을 내세워 매수신고를 한 때
4. 최고가매수신고인, 그 대리인 또는 최고가매수신고인을 내세워 매수신고를 한 사람이 제108조 각 호 가운데 어느 하나에 해당하는 때
5. 최저매각가격의 결정, 일괄매각의 결정 또는 매각물건명세서의 작성에 중대한 흠이 있는 때
6. 천재지변, 그 밖에 자기가 책임을 질 수 없는 사유로 부동산이 현저하게 훼손된 사실 또는 부동산에 관한 중대한 권리관계가 변동된 사실이 경매절차의 진행 중에 밝혀진 때
7. 경매절차에 그 밖의 중대한 잘못이 있는 때

매각허가에 대한 이의 사유[33](매각불허가 사유)를 좀 더 세분해보면 다음과 같다.

## 1호. 강제집행을 허가할 수 없거나 집행을 계속 진행할 수 없을 때

㉠ 강제집행을 허가할 수 없을 때: 강제집행의 요건, 강제집행개시의 요건(법 39조, 40조, 41조), 강제경매신청의 요건이 흠결된 경우

㉡ 강제집행을 계속 진행할 수 없을 때: 집행이 정지 또는 취소사유가 있는 경우(법 49조, 50조). 예컨대, 경매개시결정이 채무자에게 송달되지 않은 경우(대결 1991.12.16. 91마239), 매각기일을 이해관계인에게 통지하지 않은 경우(대결 1999.11.15. 99마5256, 대결 2000.1.31. 99마7663), 집행정지결정 정본이 매각기일 이후 매각결정기일 전에 제출된 경우(집행을 계속 진행할 수 없을 때)

## 2호. 최고가매수신고인이 부동산을 매수할 능력이나 자격이 없는 때

㉠ 부동산을 매수할 능력이 없는 때: '매수할 능력이 없는 때'는 미성년자, 금치산자,

---

33) 법원행정처, 법원실무제요 민사집행Ⅱ, 2003, 289면 이하

한정치산자와 같이 독립하여 법률행위를 할 수 있는 능력이 없는 경우를 의미한다(대결 2009.10.5. 2009마1302). 예컨대, 미성년자[34], 한정치산자, 금치산자가 법정대리인의 관여 없이 부동산을 낙찰받은 경우 또는 청산법인이 부동산을 낙찰받은 경우[35]

ⓛ 부동산을 매수할 자격이 없는 때: '매수할 자격이 없는 때'는 법률의 규정에 의하여 매각부동산을 취득할 자격이 없거나 그 부동산을 취득하려면 관청의 증명이나 인허가를 받아야 하는 경우를 의미하는 것으로서, 부동산을 매수할 경제적 능력을 의미하는 것이 아니다(대결 2009.10.5. 2009마1302). 법률의 규정에 의하여 매각할 부동산을 취득할 자격이 없는 경우로서 규칙 59조(채무자, 매각절차에 관여한 집행과 매각부동산을 평가한 감정인은 매수신청을 할 수 없다), 법 138조 4항(재매각절차에서 매각대금을 납부하지 아니한 전의 매수인[36]은 매수신청을 할 수 없다) 등에 해당한 때를 들 수 있다. 매각조건에서 관청의 증명이나 인허가를 받아야 하는 경우로서 농지 취득 시 농지취득자격증명을 받아야 하는 경우, 사회복지법인의 기본재산 취득 시 보건복지부 장관의 허가를 받아야 하는 경우[37], 학교법인의 기본재산 취득 시 감독청의 허가를 받아야 하는 경우[38], 전통사찰 보존법상의 경내지 등을 취득 시 문화체육관광부 장관의 허가를 받아야 하는 경우[39] 등이다.

**3호. 부동산을 매수할 자격이 없는 사람이 최고가매수신고인을 내세워 매수신고를 한 때**
부동산을 매수할 자격이 없는 사람이 다른 사람 명의로 입찰하는 경우로 볼 수 있는데 실제로 외부에서는 알기가 어렵고 입증하기가 쉽지 않다.

---

34) 대결 1969.11.19. 69마989
35) 청산법인은 채권의 추심 및 채무의 변제, 잔여재산의 분배 등의 목적범위에 국한되고 적극적인 권리의 취득 등은 목적범위 외의 행위이므로 권리능력이 없는 자가 낙찰을 받은 것으로서 불허가 사유가 된다.
36) 대결 1978.8.30. 78마215
37) 대결 2007.6.18. 2005마1193
38) 대판 1994.1.25. 93다42993
39) 대판 1999.10.22. 97다49817

**4호. 최고가매수신고인, 그 대리인 또는 최고가매수신고인을 내세워 매수신고를 한 사람이 제108조 각 호 가운데 어느 하나에 해당하는 때**

집행관은 법 108조(매각장소의 질서유지) 각 호 사유에 해당하는 사람에 대하여는 매각장소에 들어오지 못하도록 하거나 매각장소에서 내보내거나 매수의 신청을 하지 못하도록 할 수 있는데, 이러한 제한을 받은 자가 입찰에 참여하여 낙찰받은 경우 매각불허가 사유가 된다.

예컨대 입찰법정에서 물리적, 심리적으로 입찰참여를 하지 못하도록 한 사람이 낙찰을 받은 경우, 허위유치권을 신고하여 일반입찰자의 참여를 못하게 어렵게 한 후 유치권자가 낙찰을 받은 경우 법 108조 1호, 2호에 해당할 수 있다.

※ 법 제108조 [매각장소의 질서 유지] 집행관은 다음 각 호 가운데 어느 하나에 해당한다고 인정되는 사람에 대하여 매각장소에 들어오지 못하도록 하거나 매각장소에서 내보내거나 매수의 신청을 하지 못하도록 할 수 있다.

1. 다른 사람의 매수신청을 방해한 사람
2. 부당하게 다른 사람과 담합하거나 그 밖에 매각의 적정한 실시를 방해한 사람
3. 제1호 또는 제2호의 행위를 교사한 사람
4. 민사집행절차에서의 매각에 관하여 형법 제136조. 제137조. 제140조. 제140조의 2. 제142조. 제315조 및 323조 내지 제327조에 규정된 죄로 유죄판결을 받고 그 판결 확정일부터 2년이 지나지 아니한 사람

**5호. 최저매각가격의 결정, 일괄매각의 결정 또는 매각물건명세서의 작성에 중대한 흠이 있는 때**

㉠ 최저매각가격 결정에 중대한 흠이 있는 경우

최저매각가격 결정에 중대한 하자가 있다고 하려면 그 결정이 법에 정한 절차에 위반하여 이루어지거나 감정인의 자격 또는 평가방법에 위법사유가 있어 이에 기초한 결정이 위법한 것으로 되는 등의 사정이 있어야 할 것이고, 단순히 감정인의 평가액과 이에 의하여 결정한 최저매각가격이 매우 저렴하다는 사유는 이의 사유가

될 수 없으나, 감정에 의하여 산정한 평가액이 감정평가의 일반적 기준에 현저하게 반한다거나 사회 통념상 현저하게 부당하다고 인정되는 경우라면 그로써 최저매각가격의 결정에 중대한 하자가 있다고 본다(대결 2004. 11. 9. 2004마94)

예컨대, 건물증축 부분을 평가하지 아니하고 감정평가를 경우(대결 1969.8.26. 69마80), 임야를 감정함에 있어 수목을 포함하여 평가하지 아니하고 토지만 감정평가를 한 경우(1998. 10. 28. 98마1817), 토지대장 면적을 기준으로 평가하지 아니하고 등기부면적으로 평가하여 경매가 진행된 경우(대결 1993. 9. 15. 93마1065), 미등기건물이 존재하는 토지만의 매각에서 미등기건물이 존재함으로써 토지가격에 미치는 영향을 감정가에 반영하지 않은 경우(대결 1991. 12. 27. 91마608)

> **[일부 경매대상 물건이 감정평가에서 누락된 경우, 최저경매가격의 결정에 중대한 하자가 있는지 여부에 대한 판단 기준]**
> 일부 경매대상 물건이 감정평가에서 누락되었다 하더라도 감정인의 총평가액과 누락 부분의 가액, 후순위 근저당권자의 배당 가능성 등을 고려하여 그 누락 부분이 낙찰을 허가하지 아니하여야 할 정도로 중대한 것인 경우에만 최저경매가격의 결정에 중대한 하자가 있는 것으로 판단될 수 있다(대결 2000.11.2. 2000마3530)

ⓛ 일괄매각의 결정에 중대한 흠이 있는 경우

경매목적 부동산이 2개 이상 있는 경우 분할경매를 할 것인지 일괄경매를 할 것인지 여부는 집행법원의 자유재량에 의하여 결정할 성질의 것이나, 토지와 그 지상건물이 동시에 매각되는 경우, 토지와 건물이 하나의 기업시설을 구성하고 있는 경우, 2필지 이상의 토지를 매각하면서 분할경매에 의하여 일부 토지만 매각되면 나머지 토지가 맹지 등이 되어 값이 현저히 하락하게 될 경우 등 분할경매를 하는 것보다 일괄경매를 하는 것이 당해 물건 전체의 효용을 높이고 그 가액도 현저히 고가로 될 것이 명백히 예측되는 경우 등에는 일괄경매를 하는 것이 부당하다고 인정할 특별한 사유가 없는 한 일괄경매의 방법에 의하는 것이 타당하고, 이러한 경우에도 이를 분할 경매하는 것은 그 부동산이 유기적 관계에서 갖는 가치를 무시하는 것으로써 집행법원의 재량권의 범위를 넘어 위법한 것이 된다(대결 2004.11.9.

2004마94).

ⓒ 매각물건명세서의 작성에 중대한 흠이 있는 경우

경매절차에서 매각물건명세서를 작성하도록 하는 취지는 경매절차에 있어서 매각물건명세서의 작성은 입찰대상 부동산의 현황을 되도록 정확히 파악하여 일반인에게 그 현황과 권리관계를 공시함으로써 매수 희망자가 입찰대상 물건에 필요한 정보를 쉽게 얻을 수 있게 하여 예측하지 못한 손해를 입는 것을 방지하고자 하는 데 그 취지가 있다(대결 2004.11.9. 2004마94). 그러므로, '매각물건명세서의 작성에 중대한 하자가 있는 때'에 해당하는지의 여부는 그 하자가 일반 매수희망자가 매수의사나 매수신고가격을 결정함에 있어 어떠한 영향을 받을 정도의 것이었는지를 중심으로 하여 부동산 경매와 경매물건명세서 제도의 취지에 비추어 구체적인 사안에 따라 합리적으로 판단하여야 한다(대결 1999. 9. 6. 99마2696)

**6호. 천재지변, 그 밖에 자기가 책임을 질 수 없는 사유로 부동산이 현저하게 훼손된 사실 또는 부동산에 관한 중대한 권리관계가 변동된 사실이 경매절차의 진행 중에 밝혀진 때**

예컨대, 선순위 근저당권의 존재로 후순위 임차인의 대항력이 소멸하는 것으로 알고 부동산을 낙찰받았으나, 그 이후 선순위 근저당권이 매각허가결정이전에 소멸하여 임차인의 대항력이 존속하게 된 경우 매각허가 이의를 할 수 있고, 선순위 근저당권이 매각허가결정 이후에 소멸한 경우 매각허가결정취소를 할 수 있다(대결 1998.8.24. 98마1031). 낙찰 후 매각허가결정 전 유치권의 신고가 있는 경우(대결 2007.5.15. 2007마128) '부동산에 관한 중대한 권리관계의 변동'[40]에 해당하여 매각불허가 사유가 된다.

---

40) 대결 2005.8.8, 2005마643: 매각허가에 대한 이의신청사유를 규정한 민사집행법 제121조 제6호에서 말하는 '부동산에 관한 중대한 권리관계의 변동'이라 함은 부동산에 물리적 훼손이 없는 경우라도 선순위 근저당권의 존재로 후순위 처분금지가처분(내지 가등기)이나 대항력 있는 임차권 등이 소멸하거나 또는 부동산에 관하여 유치권이 존재하지 않는 것으로 알고 매수신청을 하여 매각허가결정까지 받았으나 그 이후 선순위 근저당권의 소멸로 인하여 처분금지가처분(내지 가등기)이나 임차권의 대항력이 존속하는 것으로 변경되거나 또는 부동산에 관하여 유치권이 존재하는 사실이 새로 밝혀지는 경우와 같이 매수인이 소유권을 취득하지 못하거나 또는 매각부동산의 부담이 현저히 증가하여 매수인이 인수할 권리가 중대하게 변동되는 경우를 말한다.

## 7호. 경매절차에 그 밖의 중대한 잘못이 있는 때

  ㉠ 경매절차에 중대한 잘못이 있는 때: 경매절차에 중대한 잘못이 있는 때에는 매각허가에 대한 이의 사유가 된다. 예컨대, 매각기일의 공고를 법률상 규정한 방법에 의하지 아니하거나 매각기일의 공고내용을 매각기일 2주 전까지 공고하지 않은 경우, 부동산의 실제 면적과 공고내용이 상이한 경우 [41], 입찰표의 제출을 최고한 뒤 1시간이 지나지 아니하고 입찰을 마감한 경우, 매각기일에서 집행법원이 정하는 금액과 방법에 맞는 보증을 제공하지 아니하였는데도 매각을 허가한 경우[42], 집행법원이나 경매담당공무원이 매각물건명세서에 매각 대상 부동산의 현황과 권리관계에 관한 사항을 제출된 자료와 다르게 작성하거나 불분명한 사항에 관하여 잘못된 정보를 제공한 경우[43] 에는 경매절차에 중대한 잘못이 있는 때로 인정된다.

  ㉡ 경매 절차상의 하자가 사소한 경우: 경매 절차상의 하자가 중대하지 않고 사소한 경우[44]에는 매각허가에 대한 이의 사유가 될 수 없다. 예컨대, 매각기일의 공고사항에 매각기일이나 매각결정기일의 시간 기재가 빠졌다거나 부동산의 표시에 있어서 다소 다른 점이 있더라도 매각부동산의 동일성을 식별할 수 있는 정도인 경우[45], 주택임차인이 그 권리신고를 하기 전에 임차 목적물에 대한 경매절차의 진행 사실에 관한 통지를 받지 못한 경우[46],

### ③ 매각허가에 대한 이의신청 시기

  매각허가에 대해 이의신청(불허가 신청)을 하려면 낙찰 후 매각허가결정이 나기

---

41) 실제 면적이 1,507㎡인 부동산을 15.7㎡로 잘못 표시한 경우, 입찰기일의 공고가 부적법하다(대결 1999.10.12. 99마4157)

42) 대결 1969.11.14. 69마883

43) 대판 2008.1.31. 2006다913. 이러한 사유로 매수인의 입찰가격 결정에 영향을 미치고 매수인이 손해를 입었다면 국가는 매수인에게 손해배상책임이 있다라고 판시.

44) 낙찰기일을 공고함에 있어서 부동산의 표시를 요구하고 있는 이유는 낙찰 목적물의 특정과 낙찰 목적물에 대한 객관적 실가를 평가할 자료를 이해관계인으로 하여금 알 수 있게 하자는 데 있으므로, 그 부동산표시가 실제와 다른 점이 있더라도 낙찰 부동산의 동일성을 식별하는 데 지장이 없을 정도라면 모르거니와 이해관계인에게 목적물을 오인하게 하거나 평가를 그르치게 할 정도라면 그와 같은 입찰기일의 공고는 적법한 공고가 되지 못한다(대결 1999.10.12. 99마4157).

45) 법원행정처, 법원실무제요 민사집행Ⅱ, 2003, 292면

46) 대결 2001.1.31. 99마7663

전(7일 이내)에 신청하여야 한다. 매각허가결정이 난 후에는 매각허가에 대한 이의신청은 할 수 없고 즉시항고를 하여야 한다.

---

## 매각허가 여부 결정에 대한 즉시항고

### 1. 항고권자

이해관계인은 매각허가 또는 불허가 결정에 의하여 손해를 입게 될 경우에만 즉시항고를 할 수 있다(법 129조 1항). 매각허가에 정당한 이유가 없거나 결정에 적은 것 외의 조건으로 허가하여야 한다고 주장하는 매수인 또는 매각허가를 주장하는 매수신고인도 즉시항고를 할 수 있다(법 129조 2항).

### (1) 이해관계인

매각허부 결정에 의하여 손해[47]를 입게 될 가능성이 있는 이해관계인만 즉시항고를 할 수 있으며, 여기서 이해관계인은 법 90조의 이해관계인을 말한다.

### (2) 매수인

매각허가에 정당한 이유가 없거나, 결정에 적은 것 외의 조건으로 허가하여야 한다는 것을 주장하는 매수인은 즉시항고 할 수 있다. 여기서 매수인은 매각기일에 매수신고를 하고 매각허가결정을 받은 자를 말한다. 매수인은 매수신고가격에 구속을 받으므로 자기가 신고한 가격 이하로 매각 허가할 것을 주장할 수 없다(법 129조 3항).

① 매각허가에 정당한 이유가 없다고 주장하는 경우: 매각허가를 받은 매수인 자신이 매각허가를 받아서는 안 되는 경우로서 예컨대, 매수인의 무권대리인이 입찰하여 매각허가를 받은 경우 등.

② 결정에 적은 것 외의 조건으로 허가하여야 한다고 주장하는 경우: 예컨대, 매각기일의 매각조건과 매각결정일의 매각조건이 다른 경우, 매각기일에 매수신고금액보다 매각결정일의 매각금액이 많은 경우 등.

### (3) 매수신고인

매수신고인은 자기가 적법한 최고가매수신고인임을 주장하여 자기에게 매각을 허가하여 달라고 주장하는 경우에만 해당한다. 여기서 매수신고인은 매각기일에 매수신고를 하고 보증금을 찾아가지 않은 자이어야 한다. 매수신고인은 매수신고가격에 구속을 받으므로 자기가 신고한 가격 이하로 매각 허가할 것을 주장할 수 없다(법 129조 3항).

① 매각불허가결정이 난 경우: '갑'이 매각기일에 최고가 매수신고인으로 호창된 후 매각결정기일에 매각불허가결정이 난 경우의 '갑',

② 매각허가결정이 난 경우: 실질적으로 본인이 최고가 매수신고인인데 다른 매수신고인을 최고가매수신고인으로 매각허가를 한 경우로서 예컨대, '갑'과 '을'이 최고가매수신고인, 차순위 매수신고인으로 각각 호창된 후 매각결정기일에 '갑' 또는 '을'에게 매각허가결정이 난 경우의 매각허가를 받지 못한 '을' 또는 '갑'이 매수신고인으로 즉시항고할 수 있다.

## 2. 항고사유

### (1) 매각허가결정의 경우

매각허가결정에 대한 항고는 법 121조의 매각허가에 대한 이의신청사유가 있거나, 그 결정절차에 중대한 잘못이 있다는 것을 이유로 할 때만 할 수 있다(법 130조 1항).

### (2) 매각불허가결정의 경우

매각불허가결정에 대한 항고는 그 매각불허가결정에 기재된 사유에 대하여 다투면 족하고, 법에 규정한 모든 불허가사유(법 96조, 121조, 123조, 124조)가 없음을 이유로 하는 때에 한하여 할 수 있는 것은 아니다.

### (3) 재심사유가 있는 경우

매각허가 또는 불허가결정에 대하여 재심사유(민사소송법 451조 1항)가 있는 경우 항고할 수 있다. 매각허가 여부에 대한 결정이 확정된 후에는 재심사유를 이유로 준재심을 신청할 수 있다(민사소송법 461조).

## 3. 항고 기간 및 항고장 제출

항고는 매각허가결정일로부터 7일 이내 항고장을 원심법원에 제출하여야 한다(법 15조 2항). 항고장에 항고 이유를 기재하지 않은 경우에는 항고장을 제출한 날로부터 10일 이내 항고이유서를 제출해야 한다(법 15조 2항. 모두 불변기간). 항고 이유는 원심재판의 취소 또는 변경을 구하는 사유를 구체적으로 적어야 하며(규칙 13조 1항), 원심재판의 취소 또는 변경을 구하는 사유가 법령위반인 때에는 그 법령의 조항 또는 내용과 법령에 위반되는 사유를, 사실의 오인인 때에는 오인에 관계되는 사실을 구체적으로 밝혀야 한다(규칙 13조 2항).

## 4. 항고 보증금 공탁

### (1) 매각허가결정에 대하여 항고를 하고자 하는 사람은 보증으로 매각대금의 10분의

1에 해당하는 금전 또는 법원이 인정한 유가증권을 공탁하여야 한다(법 130조 3항). 무분별한 항고를 남발하여 경매절차를 지연하는 것을 방지하기 위하여 매각허가결정에 불복하는 모든 항고인은 보증금을 공탁하도록 하고 있으며, 위 규정은 매각허가결정에 대한 항고 시 적용되는 것이므로, 매각불허가결정에 대하여는 보증을 제공하지 않는다.

(2) 채무자 및 소유자가 한 제3항의 항고가 기각된 때에는 항고인은 보증으로 제공한 금전이나 유가증권을 돌려줄 것을 요구하지 못한다(법 130조 6항). 채무자 및 소유자 이외의 자가 한 항고가 기각된 때에는 항고를 한날부터 항고기각이 확정된 날까지 대법원규칙으로 정하는 이율인 연 20%(규칙 75조)의 지연손해금만을 보증금에서 제하고 반환받을 수 있다(법 130조 7항).

## 5. 즉시항고의 효력

즉시항고가 제기되면 항고법원은 항고장 또는 항고이유서에 적힌 이유에 대하여서만 조사한다. 다만, 원심재판에 영향을 미칠 수 있는 법령위반 또는 사실오인이 있는지에 대하여 직권으로 조사할 수 있다(법 제130조 7항). 즉시항고는 집행정지의 효력이 있다(민사소송법 447조). 그러나 집행절차에 관한 집행법원의 재판에 대한 즉시항고에는 이심의 효력과 확정차단의 효력이 있을 뿐이고, 집행정지의 효력은 없다(법 제15조 6항 본문).[48] 매각허가 여부의 결정은 확정되어야 효력이 있으므로(법 126조 3항) 항고된 경우 매각허부결정이 확정된 것이 아니므로 매각허부결정에 따른 후속조치(대금지급이나 배당기일을 지정 등)를 할 수 없다. 다만, 이해관계인 아닌 자의 항고, 항고보증금 미제공, 항고기간 도과로 인한 항고각하결정의 경우 경매절차는 속행된다.

## 6. 즉시항고의 실무상 문제점

즉시항고 본래의 목적이 아닌 단순히 시간을 연장하기 위한 목적으로 매수인의 낙찰허가결정 후 즉시항고를 남발하는 경우가 있다. 예컨대, 소유자, 채무자 등이 항고보증금을 공탁하지 않고, 감정의 재평가, 절차상의 송달 하자 등으로 즉시항고를 한다. 법원에서는 보증금을 납부하라는 등 즉시항고권자에게 보정명령을 하게 되고 채무자 소유자 등은 보정명령을 송달받지 않고 시간을 최대한 지연시키고 결국 즉시항고는 각하된다. 매수인은 낙찰 후 1~2달의 시간이 지연되어 잔금을 납부하지 못하고 보증금은 묶여 있게 된다. 생각건대, 법원에서도 이와 같은 항고는 시간을 끌기 위한 부당한 항고임을 알고 있으면서 어쩔 수 없이 법적 절차에 의하여 진행하고 있는 것이 현실인바, 경매진행을 신속 정확하고, 공정하게 처리하기 위하여 낙찰허가결정 후 항고보증금을 납부하지 않고 한 즉시항고는 바로 각하시켜서 경매절차를 속행시킬 수 있는 제도적 보완이 필요하다. 그리고 고의적으로 경매절차를 지연하려고 하는 항고는 경중에 따라 경매집행방해죄 등의 형사처벌도 할 수 있도록 함이 바람직하다. 한편 경매진행의 시간을 연장하기 위한 목적으로 개인회생절차를 진행하는 경우도 마찬가지로 보아야 할 것이다.

## (6) 매각대금의 납부 및 소유권이전등기, 인도명령

매각허가결정이 확정되면 법원은 대금지급기한을 정하여 매수인에게 대금을 납부할 것을 명한다. 매수인은 정해진 대금지급기한 내에 언제든지 대금을 납부할 수 있다. 매수인은 매각대금을 완납하면 소유권을 취득한다.

매수인은 매각대금을 완납하고 집행법원에 소유권 이전에 필요한 서류를 제출하면 집행법원은 매수인을 위하여 소유권이전등기, 매수인이 인수하지 아니하는 부동산상의 부담의 말소등기를 등기소에 촉탁한다. 만일, 매수인이 대금을 정해진 기일까지 납부하지 않을 경우, 차순위 매수신고인이 있는 때에는 그에 대하여 매각의 허부를 결정하고 차순위 매수신고인이 없는 때에는 재매각을 명한다.

매수인은 매각허가결정이 선고된 뒤에는 매각부동산의 관리명령을 신청할 수 있고 대금을 모두 납부한 뒤에는 인도명령을 신청할 수 있다.

### 1) 매각대금의 납부

① 대금납부통지 및 대금납부기한

매각허가결정이 확정되면 법원은 대금의 지급기한을 정하고, 이를 매수인과 차순위 매수신고인에게 통지하여야 한다(법 142조 1항). 매수인은 대금지급기한까지 매각대금을 지급하여야 한다(동조 2항). 대금지급기한은 허가결정이 확정된 날부터 1월 안의 날로

---

47) 경매법원이 이해관계인에게 입찰기일 및 낙찰기일을 통지하지 아니한 채 입찰기일의 경매절차를 속행하여 낙찰이 이루어지게 하였다면 그 이해관계인은 이로 인하여 법이 보장하고 있는 절차상의 권리를 침해당한 손해를 받았다고 할 것이어서 낙찰허가결정에 대하여 즉시항고를 할 수 있다고 할 것이고, 입찰기일 또는 낙찰기일을 통지받지 못함으로 인하여 그 이해관계인에게 구체적 또는 추상적으로 재산상의 손해가 발생한 경우에 한하여 그 이해관계인이 즉시항고를 할 수 있는 것은 아니다(대결 2001.3.22, 200마6319)

48) 법원행정처, 법원실무제요 민사집행Ⅱ, 2003, 322면)

정하여야 한다(규칙 78조).

## ② 대금 상계신청

채권자가 매수인인 경우에는 매각결정기일이 끝날 때까지 법원에 신고하고 배당받아야 할 금액을 제외한 대금을 배당기일에 낼 수 있다(법 143조 2항). 그러나 매수인이 배당받아야 할 금액에 대하여 이의가 제기된 때에는 매수인은 배당기일이 끝날 때까지 이에 해당하는 대금을 내야 한다(동조 3항).

## ③ 소유권취득시기

매수인은 매각대금을 다 낸 때에 매각의 목적인 권리를 취득한다(법 135조). 매수인이 매각대금을 완납한 때에는 채무자 또는 소유자는 이의신청사유의 존부에 불구하고 소유권 취득을 다툴 수 없다.

## ④ 불납의 효과(재매각)

매수인이 대금지급기한까지 대금을 지급하지 않았고, 차순위 매수신고인이 없는 때에는 법원은 직권으로 부동산의 재매각을 명하여야 한다(법 138조 1항). 차순위 매수신고인이 있는 경우에 차순위 매수신고인에게 매각을 허가할 것인지를 결정하여야 한다(법 137조 1항). 매수인이 재매각기일의 3일 이전까지[49] 대금, 그 지급기한이 지난 뒤부터 지급일까지의 대금에 대한 대법원규칙이 정하는 이율에 따른 지연이자와 절차비용을 지급한 때에는 재매각절차를 취소하여야 한다. 이 경우 차순위 매수신고인이 매각허가결정을 받았던 때에는 위 금액을 먼저 지급한 매수인이 매매목적물의 권리를 취득한다(법 138조 3항). 실무상으로 재매각기일 전날까지 잔금 및 지연이자, 절차비용을 납부하면 재매각절차는 취소된다.

---

49) '재매각 3일 이전까지'라 함은 재경매기일의 전일로부터 소급하여 3일이 되는 날의 전일까지를 의미하는 것이 아니라, 재경매기일의 전일로부터 소급하여 3일이 되는 날(따라서 3일째 날이 포함된다)까지를 의미한다(대결 1992.6.9. 91마500)

### 2) 소유권이전등기

#### ① 소유권이전등기 등의 촉탁

매수인은 매각대금을 완납한 후 소유권이전등기 및 말소등기를 해당 법원에 촉탁 신청한다. 경매로 취득한 소유권이전등기는 일반적으로 당사자가 등기소에 신청하는 일반등기신청과는 달리 법원의 촉탁에 의한 등기로 진행된다. 매수인이 소유권이전등기 및 말소등기에 관한 서류를 첨부하여 법원에 소유권이전등기촉탁신청서를 접수하면 법원은 서류를 확인 후 해당 관할 등기소에 촉탁신청을 한다. 등기소에서는 소유권이전등기 및 말소등기를 하고 등기권리증을 법원에 송부하고 매수인은 법원에서 등기권리증을 교부(직접방문 또는 우편)받는다.

---

**관련 조문**

**법 144조[매각대금 지급 뒤의 조치]**
① 매각대금이 지급되면 법원사무관 등은 매각허가결정의 등본을 붙여 다음 각 호의 등기를 촉탁하여야 한다.
  1. 매수인 앞으로 소유권을 이전하는 등기
  2. 매수인이 인수하지 아니한 부동산의 부담에 관한 기입을 말소하는 등기
  3. 제94조 및 제139조 제1항의 규정에 따른 경매개시결정등기를 말소하는 등기
② 제1항의 등기에 드는 비용은 매수인이 부담한다.

---

#### ② 촉탁할 등기

##### 가) 소유권이전등기

잔금을 납부한 매수인은 매각허가결정을 등기원인으로 소유권이전등기신청서를 법원에 접수하고 법원에서는 관할 등기소 등기관에게 촉탁한다.

###### ㄱ) 매수인이 사망한 경우

매수인이 매각허가결정 후 대금지급 전에 사망한 경우에는 직접 상속인 명의로 소유권이전등기를 촉탁하고, 대금지급 후에 사망한 경우에도 직접 상속인 명의로 소유권이전등기를 촉탁하는 것이 실무이다.

###### ㄴ) 타인 명의로 매각허가결정을 받은 경우 또는 매각허가결정 확정 후 매수인이 매수인의

지위를 제3자에게 양도한 경우

본인 명의로 또는 제3자를 등기권리자로 하여 소유권이전등기촉탁을 하여서는 안 되며, 어디까지나 입찰자 명의인으로 소유권이전등기촉탁을 하여야 한다[50]. 만일, 이를 허용할 경우 미등기 전매를 허용하는 꼴이 되기 때문이다.

ㄷ) 매수인이 제3취득자인 경우

  ⅰ) 경매개시결정등기 전에 소유권이전등기를 받은 제3취득자가 매수인이 된 경우에는, 경매개시결정등기의 말소촉탁 및 매수인이 인수하지 않는 부담기입의 말소촉탁 외에 소유권이전등기촉탁은 하지 않는다(등기예규 제1194호 제1항)

  ⅱ) 공유부동산에 대한 경매개시결정등기가 경료되고, 경매절차에서 일부 공유자가 낙찰받은 경우에는 경매개시결정등기의 말소촉탁 및 낙찰자가 인수하지 않는 부담기입의 말소촉탁을 하되, 소유권이전등기촉탁은 위 낙찰자의 지분을 제외한 나머지 지분에 대한 공유지분이전등기 촉탁을 한다(등기예규 제1194호 제2항).

  ⅲ) 경매개시결정등기(국세체납처분에 의한 압류등기, 경락에 의하여 소멸되는 가압류등기도 같다) 후에 소유권이전등기를 받은 제3취득자가 매수인이 된 경우에는, 경매개시결정등기와 제3취득자 명의의 소유권등기의 말소촉탁과 동시에 경락을 원인으로 한 소유권이전등기 촉탁을 하여야 한다(등기예규 제1194호 제3항).

  ⅳ) 매수인이 등기의무자로서 등기 신청할 때에는, ⅰ)의 경우에는 종전 소유권이전등기 시 등기소로부터 교부받은 등기필증을, ⅱ)의 경우에는 종전등기필증과 공유지분이전등기 후 교부받은 등기필증을 등기의무자의 권리에 관한 등기필증으로 각 제출한다(등기예규 제1194호 제4항).

나) 경매개시결정등기 말소등기(법 144조 1항 3호)


다) 매수인이 인수하지 아니한 부동산의 부담에 관한 기입의 말소등기

매수인이 인수하지 아니한 부동산의 부담에 관한 기입이란 매각에 의하여 소멸하는 저당권의 등기뿐만 아니라 매수인에게 대항할 수 없는 모든 권리의

---

50) 대판 2002.3.15. 2000다7011, 7028

등기를 말한다. 매수인이 인수하지 아니한 부동산의 부담에 관한 기입등기인
지 여부는 오로지 부동산등기부 기재를 기준으로 판단하여야 한다.

ㄱ) 저당권등기

저당권 등기는 선순위 일자라도 매각에 의하여 무조건 말소되므로 말소등기 대상이다.
단, 'A' 저당권설정등기 후 소유권이 '갑'에서 '을'로 이전등기하였고 '을'의 채권자가
경매에 부친 경우, 'A'의 저당권은 말소되지 않는다. 저당권이전의 부기등기는 주등기만
말소 신청하면 주등기의 말소에 따라 직권으로 말소된다[51].

ㄴ) 가압류등기, 압류 등기(국세체납)

가압류(압류)등기는 일반적으로 말소되나, 선순위 가압류(압류)등기 후 소유권이 이전
되어 현 소유자의 채권자가 경매신청하여 매각이 된 경우에는 가압류(압류)등기는
말소되지 않는다.

ㄷ) 후순위 가처분등기

선순위 가처분등기가 아닌 가처분등기는 말소된다.

ㄹ) 담보가등기, 선순위 담보물권보다 후순위의 소유권 이전청구권 가등기

ㅁ) 선순위 담보물권보다 후순위의 용익물권(지상권, 지역권, 전세권)의 등기 및 임차권의
등기

지상권 · 지역권 · 전세권 및 등기된 임차권은 저당권 · 압류채권 · 가압류채권에 대항
할 수 없는 경우에는 매각으로 소멸(법 91조 3항)하므로 말소등기 대상이다.

ㅂ) 배당요구한 선순위 전세권등기

선순위 전세권자라도 배당요구를 하게 되면 매각으로 소멸(법 91조 4항)하므로 말소등기
대상이다.

③ 소유권이전등기 촉탁 신청하는 방법

가) 잔금납부(법원, 은행)

담당경매계에서 매각허가결정문 및 대금납부서를 교부받는다 → 법원 내 은

---

51) 대판 1995.5.26. 95다7550: 근저당권 이전의 부기등기는 기존의 주등기인 근저당권설정등기에 종속되어 주등기와 일체를 이
루는 것이어서 피담보채무가 소멸된 경우 또는 근저당권설정등기가 당초 원인무효인 경우 주등기인 근저당권설정등기의 말소
만 구하면 되고 그 부기등기는 별도로 말소를 구하지 않더라도 주등기의 말소에 따라 직권으로 말소된다.

행에 가서 잔금을 납부하고 법원보관금영수증을 받는다. → 경매접수계가서 매각대금완납증명원(2부 작성)을 발급받는다.

나) 취 · 등록세, 말소등록세 납부(시 · 군 · 구청, 은행)

관할 시군구청 세무과에 가서 취 · 등록세, 말소등록세 납부고지서를 발급받는다. → 은행에 가서 취 · 등록세, 말소등록세를 납부하고, 국민주택채권을 매입 후 즉시 매도한다.

다) 소유권이전등기 촉탁신청서 제출

소유권이전등기촉탁신청서를 작성하고 신청에 필요한 첨부서류를 구비하여 담당경매계 확인 후 경매접수계에 접수한다. 소유권이전등기촉탁신청과 동시에 인도명령을 신청하는 것이 좋다.

라) 등기권리증 수령

소유권이전등기 촉탁신청서 제출한 2주 후 담당경매계에 전화하고 찾으러 가거나 우편송달 신청한 경우에는 우편으로 받는다.

[부동산소유권이전등기 촉탁신청서]

# 부동산소유권이전등기 촉탁신청서

사건번호    타경    부동산강제(임의)경매

채 권 자

채 무 자(소유자)

매 수 인

　위 사건에 관하여 매수인    　는(은) 귀원으로부터 매각허가결정을 받고
　　년　　월　　일 대금전액을 완납하였으므로 별지목록기재 부동산에 대하여
소유권이전 및 말소등기를 촉탁하여 주시기 바랍니다.

첨부서류

1. 부동산목록            4통
1. 부동산등기사항전부증명서    1통
1. 토지대장등본            1통
1. 건축물대장등본            1통
1. 주민등록등본            1통
1. 취득세 영수증(이전)
1. 등록면허세 영수증(말소)
1. 대법원수입증지-이전 15,000원,  말소 1건당 3,000원(토지, 건물 각각임)
1. 말소할 사항(말소할 각 등기를 특정할 수 있도록 접수일자와 접수번호) 4부

년　　　월　　　　일

　　　신청인(매수인)                (인)

　　　연락처(☎)


　　　　　　　　　　　　지방법원                귀중

☞유의사항
1. 법인등기사항증명서, 주민등록등(초)본, 토지대장 및 건물대장등본은 발행일로부터 3월 이내의
　것이어야 함
2. 등록세 영수필확인서 및 통지서에 기재된 토지의 시가표준액 및 건물의 과세표준액이 각 500만
　원 이상일 때에는 국민주택채권을 매입하고 그 주택채권발행번호를 기재하여야 함

# 말소할 권리목록

[집합건물] 경기도 성남시 분당구 수내동 16-5 오너스타워 제4층 제4**호
　　　 ( 총 17건 )

| | 구분 및 순위번호 | 접수일자 | 등기번호 | 등기내역 |
|---|---|---|---|---|
| 1 | 갑구 20 | 2009년 07월 14일 | 제56883호 | 가압류 |
| 2 | 갑구 21 | 2009년 08월 17일 | 제65800호 | 가압류 |
| 3 | 갑구 22 | 2009년 09월 21일 | 제75882호 | 압류 |
| 4 | 갑구 23 | 2009년 11월 13일 | 제90733호 | 압류 |
| 5 | 갑구 24 | 2010년 04월 29일 | 제24441호 | 가압류 |
| 6 | 갑구 25 | 2010년 06월 15일 | 제42905호 | 가압류 |
| 7 | 갑구 26 | 2010년 06월 25일 | 제45769호 | 압류 |
| 8 | 갑구 27 | 2010년 07월 15일 | 제51313호 | 압류 |
| 9 | 갑구 28 | 2010년 8월 11일 | 제60109호 | 가압류 |
| 10 | 갑구 29 | 2010년 8월 25일 | 제63583호 | 임의경매개시결정 |
| 11 | 갑구 30 | 2010년 8월 30일 | 제64447호 | 가압류 |
| 12 | 갑구 31 | 2010년 10월 11일 | 제73131호 | 가압류 |
| 13 | 갑구 32 | 2010년 10월 18일 | 제74722호 | 가압류 |
| 14 | 갑구 33 | 2011년 1월 10일 | 제1113호 | 보전처분 |
| 15 | 갑구 34 | 2011년 5월 31일 | 제37017호 | 가압류 |
| 16 | 갑구 35 | 2011년 7월 19일 | 제48349호 | 압류 |
| 17 | 을구 3 | 2005년 9월 28일 | 제85365호 | 근저당 |

- 이 하 여 백 -

3) 인도명령

① 인도명령이란

인도명령이란 매수인이 대금을 납부한 후 6개월 이내에 채무자, 소유자 또는 부동산 점유자에 대하여 명도소송절차를 거치지 않고 부동산을 매수인에게 인도하라고 법원에 신청하면 법원은 이를 명할 수 있는데 이를 인도명령이라고 한다. 인도명령은 강제명도 집행을 할 수 있는 집행권원이다.

**관련 조문**

**제136조(부동산의 인도명령 등)**

① 법원은 매수인이 대금을 낸 뒤 6월 이내에 신청하면 채무자·소유자 또는 부동산 점유자에 대하여 부동산을 매수인에게 인도하도록 명할 수 있다. 다만, 점유자가 매수인에게 대항할 수 있는 권원에 의하여 점유하고 있는 것으로 인정되는 경우에는 그러하지 아니하다.

② 법원은 매수인 또는 채권자가 신청하면 매각허가가 결정된 뒤 인도할 때까지 관리인에게 부동산을 관리하게 할 것을 명할 수 있다.

③ 제2항의 경우 부동산의 관리를 위하여 필요하면 법원은 매수인 또는 채권자의 신청에 따라 담보를 제공하게 하거나 제공하게 하지 아니하고 제1항의 규정에 준하는 명령을 할 수 있다.

④ 법원이 채무자 및 소유자 외의 점유자에 대하여 제1항 또는 제3항의 규정에 따른 인도명령을 하려면 그 점유자를 심문하여야 한다. 다만, 그 점유자가 매수인에게 대항할 수 있는 권원에 의하여 점유하고 있지 아니함이 명백한 때 또는 이미 그 점유자를 심문한 때에는 그러하지 아니하다.

⑤ 제1항 내지 제3항의 신청에 관한 결정에 대하여는 즉시항고를 할 수 있다.

⑥ 채무자·소유자 또는 점유자가 제1항과 제3항의 인도명령에 따르지 아니할 때에는 매수인 또는 채권자는 집행관에게 그 집행을 위임할 수 있다.

② 인도명령의 당사자

가) 신청인

인도명령을 신청할 수 있는 자는 매수인, 매수인의 상속인 등 일반승계인에 한하고, 매수인으로부터 부동산을 매수한 특별승계인은 이에 해당하지 않는다. 공동매수인의 경우나 사망으로 인한 공동상속인의 경우 공동매수인 또는 공동상속인 전원이 신청할 수도 있고, 민법상 불가분채권 또는 공유물의 보존행위규정에 의하여 각자가 단독으로 신청할 수도 있다

나) 상대방

ㄱ) 인도명령의 상대방은 채무자, 소유자, 매수인에게 대항할 수 없는 점유자이다(법 136조 1항).

ㄴ) 인도명령의 대상인 매수인에게 대항할 수 없는 점유자란 채무자 및 소유자의 일반승계인이 포함되며(대결 1973.11.30. 73마734), 채무자나 소유자와 동일시되어야 할 자를 포함한다(대판 1998.4.24. 96다30786). 즉, 채무자나 소유자와 동거하는 가족, 채무자의 피용인, 채무자의 점유보조자가 이에 해당한다.

ㄷ) 인도명령이 불가능한 경우:

● 매수인이 대금완납 후 소유권을 제3자에게 양도한 경우, 매수인의 양수인 제3자는 인도명령을 신청할 수 없다. 왜냐하면, 인도명령 신청권한은 매수인 자체에 대한 집행법상의 지위를 부여한 매수인의 행사상 일신전속권이기 때문에 당사자 간의 양도양수계약으로 이전할 수 없다. 따라서 양수인 제3자는 매수인이 인도명령신청을 하지 않으면 명도소송을 제기해야 한다.

● 매수인이 대금 납부 후 채무자나 소유자에게 경매 목적부동산을 양도한 경우, 매수인이 채무자나 소유자에게 인도명령신청을 할 수 없다. 이 경우 매수인이 인도명령신청을 하려면 매매계약이 해제되었다는 등 점유권원이 소멸하였다는 사실을 입증해야 한다(대판 1999.4.16. 98마3897)

● 매수인이 부동산 인도를 받은 후(점유자가 자의로 인도하든, 인도명령집행에 의하든 상관없이) 제3자의 불법점유로 점유를 빼앗기면 인도명령을 신청할 수 없다. 왜냐하면, 매수인이 점유를 이전받았다면 인도명령의 목적은 달성되었기 때문이다.

● 대금납부 후 6개월이 지나면 인도명령을 신청할 수 없다. 이 경우 명도소송으로 진행해야 한다.

③ 인도명령 신청방법

가) 신청방법

ㄱ) 총설

인도명령신청은 법원에 서면 또는 말로 할 수 있다(법 23조 1항, 민사소송법 161조 1항). 다만, 통상적으로 서면으로 한다.

인도명령신청서는 법원 내 신청서양식 또는 대법원 경매인터넷사이트에서 내려받아 사용할 수 있다.

만일, 인도명령 결정 후 인도명령 대상자가 제3자에게 점유이전을 하게 되면 인도명령 집행이 불가능하게 되어 제3자에 대하여 또다시 인도명령 신청을 하여야 하므로 점유이전이 우려되는 경우에는 점유이전금지 가처분을 동시에 해두는 것이 좋다. 점유이전금지 가처분을 하게 되면 인도명령 결정 후 점유자가 제3자에게 점유이전을 하더라도 제3자에 대하여 또다시 인도명령을 신청하지 않고 승계집행문을 부여받아 바로 명도집행이 가능하다.

ㄴ) 인도명령신청서 작성

신청서에는 1,000원의 인지를 첩부하고, 송달료 1인당 4회분(3,190원 × 4 = 12,760원)을 예납한다.

인도명령의 상대방이 채무자, 소유자 또는 현황조사보고서 등 기록상 명백한 점유자일 때는 인도명령 신청 시 증빙서류가 필요하지 않으나, 채무자, 소유자의 일반승계인(상속, 합병)을 상대방으로 할 때에는 호적등본, 법인등기부등본을 첨부해야 한다. 경매기록서류에 나타나지 않은 점유자를 상대방으로 할 경우에는 점유자의 주민등록등본 또는 집행불능조서 등 점유사실과 점유개시 일자를 증명하는 서류를 첨부해야 한다.

# 부동산인도명령 신청

> 인지
> 첨부

사건번호

신청인(매수인)

　　○시　○구　○동　○번지

피신청인(임차인)

　　○시　○구　○동　○번지


위 사건에 관하여 매수인은　　　　.　　.　　. 에 낙찰대금을 완납한 후 채무자(소유자, 부동산점유자)에게 별지 매수부동산의 인도를 청구하였으나 채무자가 불응하고 있으므로, 귀원 소속 집행관으로 하여금 채무자의 위 부동산에 대한 점유를 풀고 이를 매수인에게 인도하도록 하는 명령을 발령하여 주시기 바랍니다.


　　　　　　　　　년　　　　월　　　　　일


　　　　　　　매 수 인　　　　　　　　　　　　(인)

　　　　　　　연락처(☎)


　　　지방법원　　　　　귀중


☞유의사항

1) 낙찰인은 대금완납 후 6개월 내에 채무자, 소유자 또는 부동산 점유자에 대하여 부동산을 매수인에게 인도할 것을 법원에 신청할 수 있습니다.
2) 신청서에는 1,000원의 인지를 붙이고 1통을 집행법원에 제출하며 인도명령정본 송달료 (2회분)를 납부하셔야 합니다.

# 부동산의 표시

1. ○○시 ○○구 ○○동 ○○ 대 ○○○○㎡
2. 위 지상 철근 콘크리트조 슬래브지붕 4층

   1층 299.66㎡

   2층 299.66㎡

   3층 299.66㎡

   4층 299.66㎡

   지하층 299.66㎡. 끝.

나) 신청기한과 관할법원

  ㄱ) 신청기한: 인도명령은 대금을 완납 후 6개월 이내 신청하여야 한다.

  ㄴ) 관할법원: 인도명령의 관할법원은 당해 부동산에 대한 경매사건이 현재 진행되고

    있거나 과거에 진행되었던 집행법원이다.

④ 인도명령 재판

  가) 심리

    ㄱ) 채무자, 소유자: 서면심리만으로 인도명령의 허부를 결정할 수도 있고 상대방을
       심문하거나 변론을 열 수도 있다(법 23조 1항, 민사소송법 134조)

    ㄴ) 점유자: 법원이 채무자 및 소유자 이외의 점유자에 대하여 인도명령을 하려면 그
       점유자를 심문하여야 한다. 다만, 그 점유자가 매수인에게 대항할 수 있는 권원에
       의하여 점유하고 있지 아니함이 명백한 때 또는 이미 그 점유자를 심문한 때에는
       심문하지 않는다(법 136조 4항).

  나) 재판

    ㄱ) 인도명령결정: 집행법원은 신청인이 제출한 자료와 집행기록, 심문결과 등으로 인도명
       령의 사유가 소명되면 인도명령을 한다.

    ㄴ) 인도명령기각: 집행법원은 상대방이 매수인에게 대항할 수 있는 권원(예컨대, 말소되지
       않는 선순위 용익물권, 대항력 있는 임차인, 유치권 등)에 의하여 점유하고 있는
       것이 명백하거나 상대방이 주장하고 소명한 때에는 인도명령을 기각한다.


⑤ 인도명령 집행

  가) 송달

    인도명령은 집행을 받을 자에게 송달하는 것이 집행개시요건이므로 인도명령 결정정본
    을 신청인과 상대방에게 송달하여야 한다. 상대방이 인도명령결정문을 고의로 받지
    않거나 상대방이 주소불명 등 장기 폐문부재일 때에는 특별송달 및 공시송달을 진행할
    수 있다.

  나) 효력

    인도명령이 송달되면 즉시 효력(집행력)이 생기며 즉시항고가 제기되더라도 집행정지
    의 효력이 없다(법 15조 6항)

  다) 집행신청

    인도명령이 상대방에게 송달되면, 신청인이 송달받은 인도명령 결정정본을 첨부하여

담당경매계에서 송달증명원 및 집행문신청(인지 각각 500원)을 하여 송달증명원 및 집행문을 부여받아 집행관사무실에 인도집행신청을 한다. 집행신청 시 일정금액의 집행비용을 예납하면 담당집행관이 집행일정을 정해 집행을 실시하게 된다.

## ⑥ 인도명령에 대한 불복(不服)

### 가) 불복사유

인도명령에 관한 불복사유는 ㉠ 인도명령 시에 판단하여야 할 절차적, 실체적 사항(예컨대 신청인의 자격, 상대방의 범위 및 신청기한 등), ㉡ 인도명령 심리절차의 하자, ㉢ 인도명령 자체의 형식적 하자(예컨대 인도목적물의 불특정, 상대방의 불특정 등), ㉣ 인도명령의 상대방이 매수인에 대하여 부동산의 인도를 거부할 수 있는 점유권원이 있는 경우에 한정된다[52].

### (나) 불복방법

인도명령신청에 관한 결정에 대하여는 즉시항고를 할 수 있다(법 136조 5항). 항고인은 재판을 고지받은 날부터 1주의 불변기간 이내에 항고장을 원심법원에 제출하여야 한다(법 15조 2항). 즉시항고는 집행정지의 효력을 가지지 아니한다. 다만, 항고법원(재판기록이 원심법원에 남아 있는 때에는 원심법원)은 즉시항고에 대한 결정이 있을 때까지 담보를 제공하게 하거나 담보를 제공하게 하지 아니하고 원심재판의 집행을 정지하도록 명할 수 있고, 담보를 제공하게 하고 그 집행을 계속하도록 명할 수 있다(법 15조 6항).

확정된 인도명령에 대하여 인도명령의 상대방은 '청구이의의 소'를 제기할 수 있고, 인도명령의 상대방이 아닌 제3자가 인도집행을 받을 경우에는 '제3자 이의의 소'를 제기할 수 있다.

---

52) 법원행정처, 법원실무제요 민사집행II, 2003, 417면 이하

## (7) 명도 실무

경매를 성공적으로 낙찰 후 기쁨도 잠시 또 하나의 관문이 남아 있다. 바로 경매의 꽃이라고도 불리는 명도. 경매 특성상 살고 있는 사람이 기분 좋게 순순히 비워줄 것이라고 기대하기는 곤란하다. 호미로 막을 수 있는 것을 가래로 막는다는 말처럼 점유하고 있는 사람을 잘못 건드렸다가는 시간과 비용이 늘어나는 손해를 볼 수 있다.

칼자루는 낙찰자가 쥐고 있음을 분명히 인지하되 사는 사람의 자존심이나 신경을 예민하게 건드리지 말고 져주는 척하며 합의로 명도하는 것이 명도의 지름길이라고 말할 수 있다. 참고로 유의할 것은 명도를 하기 위하여 낙찰 후 물건지를 방문하여 점유자를 만나는 것이 일반적이나, 명도의 저항성을 따져보기 위하여는 입찰 전에 방문하여 점유자를 파악하여야 한다. 그리하여 점유자가 쉽게 나갈 것 같은지 아닌지, 얼마 정도의 비용과 시간을 예상하여야 하는지 대략적으로 파악이 가능하다. 심지어 명도를 포기하여야 할 경우도 있다. 예컨대, 보증금을 한 푼도 받지 못하는 90세의 노인이 병으로 드러누워 있거나 오갈 데 없는 소년소녀 가장이 살고 있다고 한다면 정말 법과 성공투자 이전에 이 물건을 입찰하여야 할지 생각해볼 필요가 있다.

명도는 각각 사안에 따라 명도방법이 똑같을 수 없으나, 일반적으로 낙찰 후 명도의 진행요령을 설명하면 다음과 같다.

### 1) 명도 진행요령

① 낙찰 후 7일 이내

권리 분석상 유치권, 가장임차인 등 의심스러운 경우 집행법원 담당경매계에서 서류를 열람 한다(불허가 사유 있는지 재검토). 낙찰자는 경매서류열람이 가능하다. 서류 내용상 점유자를 만날 필요성이 있을 경우 방문한다. 불허가 사유가 있을 경우 7일 이내 매각불허가 신청을 하여 보증금을 반환받아야 한다.

② 낙찰 후 7일 이후 14일 이내

매각허가결정 후 낙찰받은 물건지를 방문하여 점유자에게 본인이 이번 이 물건을 낙찰받았고 잔금은 바로 낼 것이며, 비워줄 준비를 미리 하시라고 간단히 인사차 통보하고 연락처를 주고받는다. 주의할 것은 잔금도 내기 전에 언제까지 비워달라는 식의 감정 상하는 말은 가급적 하여서는 안 된다. 현장을 방문하였는데 아무도 없을 경우 위 내용의 안내문을 문틈에 꽂아두고 돌아오고 연락을 기다린다. 연락이 없을 경우 이후 재차 방문한다.

②-1. 낙찰 후 14일 이후 잔금납부 전

점유자에게 어떻게 이사할 것은 알아보고 계신지 등 물어보면서 서서히 언제까지 비워주어야 할 것이라고 통보(문자 등)한다.

③ 잔금납부 및 인도명령신청

낙찰자는 낙찰 후 14일 이후 잔금납부를 할 수 있으며 잔금납부와 동시에 인도명령을 신청한다(필요 시 점유이전금지 가처분도 진행). 인도명령신청을 하면 사건번호(예컨대 2013카기2020)가 나오면 이 사건번호를 대법원 나의 사건검색에서 조회하여 진행사항을 체크하고 인도명령결정과 집행신청이 최대한 빨리 진행될 수 있도록 한다.

④ 합의와 강제집행 동시 병행

잔금납부 후 점유자를 만나 잔금을 언제 납부했고 법률상 소유자가 되었으며, 언제까지 비워줄 것을 통보한다. 점유자에 대한 명도기한은 보통 잔금납부 후 1달 이내로 정한다. 점유자가 명도협조에 응하지 않거나 시간이 지연될 것 같으면 언제까지 비워줄 것과 그렇지 않으면 강제집행이 진행되고 이로 인한 집행비용 및 손해비용 등은 모두 점유자가 물어주게 된다는 내용의 내용증명을 보낸다.

주의할 것은 합의가 되었더라도 강제집행절차는 진행하여야 하며 명도 완료 시 강제집행신청을 취하하면 된다. 만일 합의 후 강제집행절차를 진행하지 않거나 취하할 경우 점유자가 비워주기로 한날에 이사하지 않거나 딴소리를 하게 될 경우 강제집행신청을 다시 하는 등 많은 시간이 소요된다.

합의 요령은 점유자의 사정 등을 고려하여 이사비용을 조금 주고 조용히 명도시키는 것이 가장 좋으며, 이사비용은 주어야 할 필요성이 있을 때 주되 얼마만큼 주어야 하는지는 점유자의 처한 사정 및 강제집행예상비용 등 종합적으로 고려하여 강제집행비용보다는 적게 지급함이 일반적이다.

⑤ **명도 완료**

합의 시에는 이사하기로 한날에 관리비정산확인 및 이사확인 후 이사비용을 지급한다. 합의 불가 시에는 강제집행진행절차에 따라 진행한다(집행신청 → 계고 → 명도집행). 명도 완료 후 열쇠를 바로 교체한다.

## 2) 명도 이행각서

합의 시에는 다음과 같은 양식으로 명도이행각서를 징구한다.

① 명도 이행각서

# 명 도 합 의 이 행 각 서

갑: 낙찰자 장 ○ ○
을: 점유자 정 ○ ○

사 건 번 호: 2013타경1234*5 부동산 임의경매
채  권  자: ○○은행
채무자 /소유자: 손○○

**부동산의 표시:** 서울시 동작구 신대방동 708 두리아파트 12동 제12층 제1202호

을은 위 표시 목적물에 대하여 다음과 같이 성실히 이행하기로 약속한다.

- 다          음 -

1. 을은 위 목적부동산을 타인에게 이전하거나 점유 명의를 변경하지 아니한다.
2. 을은 201 년  월   일까지 위 부동산을 갑에게 인도(명도)한다.
3. 을은 상기 명도일까지 체납관리비 등 각종 공과금을 정산한다.
4. 건물에 부착된 전등, 싱크대 등 부착물과 시설물은 현 상태로 두고 인도(이사)한다.
5. 인도(이사) 시에는 깨끗이 정리하고, 잔존물(쓰레기)이 없도록 한다. 인도일 이후에 남아있는 잔존물은 폐기 처분하여도 파손, 분실 등 여하한 민·형사상의 책임을 묻지 않기로 한다.
6. 약정한 날에 명도를 하지 않을 경우 을은 소유권이전일부터 이사일까지 손해를 배상(지연손해금 1일당 3만 원)한다. 또한, 강제집행 시 집행비용은 물론 집행에 소요되는 모든 비용을 갑이 청구하면 을은 지불한다.
7. 갑은 을의 위의 1번에서 6번 항을 성실히 이행함을 전제로 이사비로 금 **이백만 원** (₩2,000,000)을 명도 완료 후 즉시 을에게 지급한다.

201년      월      일

을: 임차인(점유인)      성   명:                    (인)
주민번호:
연 락 처:
갑: 낙찰자(매수인)      성   명:                    (인)

② 영수증

이사비용을 지급한 경우 아래의 양식을 참조하여 영수증을 받는다.

---

## 영 수 증

● 사 건 번 호 : 2013타경1234*5 부동산 임의경매
● 부동산의 표시 : 서울시 동작구 신대방동 708 두리아파트 12동 제12층 제1202호

위 부동산에 대한 이사합의금 ₩2,000,000원(이백만 원)을 수령 하였음.

2010년 2월 일

성 명 :             (인)

---

# 4. 배당절차

## (1) 배당

배당이란 경매부동산의 매각대금을 채권자들에게 우선순위에 따라 변제시켜주는 절차이다. 매수인이 매각대금을 완납하면 법원은 배당기일을 정하여 이해관계인 및 배당요구 채권자에게 통지하여 배당을 실시한다. 통상 잔금납부 후 1개월 전후로 배당기일을 정한다.

### 1) 배당요구의 의의

배당요구란 경매신청채권자 이외의 채권자가 경매집행절차에 참여하여 매각대금에서 변제를 받으려는 집행법상의 행위를 말한다.

경매부동산의 채권자는 원칙적으로 배당요구를 하여야 배당받을 수 있는 것이 원칙이지만 일정한 채권자들의 경우 배당요구를 하지 않아도 배당을 받을 수 있다.


## 2) 당연 배당요구권자

배당요구를 하지 않아도 당연히 배당에 참가할 수 있는 채권자이다. 아래의 채권자들은 추가조치 없어도 배당을 받을 수 있다.

① 배당요구종기 전까지 이중경매신청을 한 이중경매신청인

② 경매개시결정등기 전에 등기된 가압류[53], 근저당권, 저당권자

③ 경매개시결정등기 전에 등기된 최선순위가 아닌 용익권자(전세권, 지상권, 지역권)[54]

④ 경매개시결정등기 전에 국세 지방세 등 체납처분의 압류등기권자

⑤ 임차권등기명령에 의한 임차권등기를 한 임차인[55]


## 3) 배당요구를 하여야만 배당이 되는 채권자

① 집행력 있는 정본을 가진 채권자(법원의 판결문, 인낙조서, 화해조서, 조정조서, 약속어음공증에 집행문을 부여받은 채권자, 집행문이 필요 없는 지급명령이나 이행권고결정)

② 경매개시결정등기 후에 등기된 가압류, 근저당권, 저당권자, 전세권자, 임차권자

③ 경매개시결정등기 후에 체납처분에 의한 압류권자[56]

---

53) 가압류권자의 경우 배당금을 공탁하고 가압류권자가 본안소송에서 승소하여 집행권원을 제시하면 공탁된 배당금을 받을 수 있다.

54) 이 경우 배당할 금액이 등기부상에 표시되어(예컨대, 전세금 또는 보증금) 있거나 배당표 작성 전인 법원의 채권신고 최고기한까지는 채권신고를 하여야 할 것이다.

55) 경매개시결정등기 전에 임차권등기명령에 의한 임차권등기를 한 임차인은 배당요구를 하지 않아도 당연히 배당받을 채권자에 속한다(대판 2005.9.15, 2005다33039)

56) 대판 2001.5.8, 2000다21154
부동산에 관한 경매개시결정 기입등기 이전에 체납처분에 의한 압류등기 또는 국세징수법 제24조 제2항에 의한 보전압류의 등기가 마쳐져 있는 경우에는 경매법원으로서도 조세채권의 존재와 그의 내용을 알 수 있으나, 경매개시결정 기입등기 이후에야 체납처분에 의한 압류등기가 마쳐진 경우에는 조세채권자인 국가가 경매법원에 대하여 배당요구를 하여 오지 않는 이상 경매법원으로서는 위와 같은 조세채권이 존재하는지의 여부조차 알지 못하므로, 경매개시결정 기입등기 이전에 체납처분에 의한 압류등기가 마쳐져 있는 경우와는 달리 그 개시결정 기입등기 후에 체납처분에 의한 압류등기가 마쳐지게 된 경우에는 조세채권자인 국가로서는 경매법원에 경락기일까지 배당요구로서 교부청구를 하여야만 배당을 받을 수 있다.

④ 담보가등기권자 - 채권신고 최고기간까지 채권신고를 하여야 한다.

⑤ 민법, 상법, 그 밖의 법률에 의하여 우선변제청구권이 있는 채권자

ㄱ) 근로자의 임금채권자

ㄴ) 국세, 지방세, 국민연금, 의료보험료, 산재보험료 채권자

ㄷ) 주택임대차, 상가임대차보호법상의 주택(상가)의 인도 + 주민등록(사업자등록) + 확정일자를 갖춘 주택·상가임차인, 주택(상가)의 인도 + 주민등록(사업자등록)을 한 소액보증금 해당 주택·상가임차인[57]

⑥ 최선순위 전세권(법 91조 4항)


### 4) 배당요구 종기

배당요구의 종기는 집행법원이 절차에 필요한 기간을 감안하여 첫 매각기일 이전으로 정한다 (법 84조 1항). 배당요구에 따라 매수인이 인수하여야 할 부담이 바뀌는 경우 배당요구를 한 채권자는 배당요구의 종기가 지난 뒤에 철회하지 못한다(법 88조 2항). 예컨대, 근저당보다 앞선 선순위 대항력 있는 임차인이 배당요구를 한 후에도 배당요구종기 전까지는 배당요구를 철회할 수 있으나, 배당요구종기일 이후에는 배당요구를 철회하지 못한다.

법원은 배당요구의 신청이 있는 때에는 그 사유를 이해관계인에게 통지하여야 한다(법 89조).


### 5) 배당요구 방식

배당요구는 채권(이자, 비용, 그 밖의 부대채권을 포함한다)의 원인과 액수를 적은 서면으로 하여야 한다(규칙 48조 1항). 배당요구서에는 집행력 있는 정본 또는 그 사본, 그 밖에 배당요구의 자격을 소명하는 서면을 붙여야 한다(규칙 48조 2항).

---

57) 대판 2002.1.22, 2001다70702

※ 배당요구 시 첨부서류

| 채권자 | 첨부서류 |
| --- | --- |
| 주택 임차인 | 배당요구신청서 + 임대차계약서 + 주민등록등본 |
| 상가 임차인 | 배당요구신청서 + 임대차계약서 + 사업자등록증 + 등록사항 등의 현황서(관할세무서) + 법인등기부등본(법인의 경우) |
| 임금 채권자 | 회사경리장부, 근로감독관청확인서, 근로소득원천징수서류(관할세무서) |
| 경매등기 후 근저당권자 | 등기부등본 |
| 경매등기 후 가압류권자 | 등기부등본, 가압류결정정본 |
| 담보가등기권자 | 등기부등본, 채권원인증서사본 |
| 집행력 있는 정본의 채권자 | 집행력 있는 정본 |
| 일반채권자 | 채권원인증서사본 |

# 권리신고 겸 배당요구신청서

사건번호          타경    부동산강제(임의)경매

채 권 자

채 무 자

소 유 자

　본인은 이 사건 경매절차에서 임대보증금을 우선 변제받기 위하여 아래와 같이 권리신고 겸 배당요구를 하오니 매각대금에서 우선 배당을 하여 주시기 바랍니다.

아 　 래

1. 계 약 일:  　　.   .

2. 계약당사자: 임대인(소유자) ○    ○    ○

　　　　　　　　임　차　인 ○    ○    ○

3. 임대차기간:  　.   .  .부터    .   .  .까지(   년   간)

4. 임대보증금: 전세　　　　　　　　　원

　　　　　　　보증금　　　　원에 월세

5. 임차 부분: 전부(방   칸), 일부(    층 방    칸)

　(※ 뒷면에 임차 부분을 특정한 내부 구조도를 그려주시기 바랍니다.)

6. 주택인도일(입주한 날):    .   .  .

7. 주민등록전입신고일  :    .   .  .

8. 확 정 일 자 유무 : □ 유(   .   .   .), □ 무

9. 전세권(주택임차권)등기 유무 : □ 유(   .   .   .), □ 무

[첨부서류]

1. 임대차계약서 사본  1통

2. 주민등록등본　　　1통

년　　　　월　　　　일

　　　　권리신고 겸 배당요구자　　　　　　　(인)

　　　　　연락처(☎)

　　　　　지방법원　　　　　　귀중

## 6) 배당요구의 효력

① 배당받을 권리

② 배당기일통지를 받을 권리(법 146조)

③ 배당기일 출석하여 배당표에 대해 이의 신청할 수 있는 권리(법 151조 3항)


## 7) 채권계산서

① 채권계산서 제출 최고

배당기일이 정하여진 때에는 법원사무관 등은 각 채권자에 대하여 채권의 원금·배당기일까지의 이자, 그 밖의 부대채권 및 집행비용을 적은 계산서를 1주 안에 법원에 제출할 것을 최고하여야 한다(규칙 81조).


② 제출방식 및 제출시기

계산서에 적어야 할 사항은 채권의 원금·배당기일까지의 이자, 그 밖의 부대채권 및 집행비용으로서 배당표에 적어야 할 사항과 같다.

계산서에는 소명자료를 첨부할 필요는 없으나, 집행비용이나 부대채권과 같이 기록상 명백하지 않은 것은 소명자료를 제출해야 한다.

1주의 제출기간은 훈시규정이므 로 1주가 지난 후에 제출하더라도 유효하다.


③ 채권계산서 제출 및 부제출의 효과

ㄱ) 제출한 경우: 채권계산서를 제출하더라도 채권계산서의 의미는 배당받을 채권자의 채권에 관한 배당기일까지의 변동내용을 조사하여 현존 채권액을 확인하려는 것이다. 채권계산서에는 종전의 채권액보다 증액하여 신고할 수는 없고 감액 신고할 수는 있으며 감액 신고할 경우 그 감액기준으로 배당표를 작성한다.

ㄴ) 부제출 한 경우: 채권계산서를 제출하지 않은 경우에는 배당요구신청서, 등기부등본 등 집행기록에 있는 서류와 증빙에 따라 계산하여 배당표를 작성한다(법 84조 5항).

## (2) 배당절차

### 1) 배당할 대금(법 147조)

① 매각대금(입찰보증금 포함)

② 재경매 시 전 매수신청인이 낸 입찰보증금(법 138조 4항)

③ 재경매가 취소된 경우 매수인이 대금지급기한이 지난 뒤부터 대금지급일까지의 대법원규
칙이 정하는 이율에 따른 지연이자와 절차비용(법 138조 3항)

④ 채무자 및 소유자가 한 매각허부에 대한 항고인의 기각 시 공탁한 보증금(법 130조
6항).

⑤ 채무자 및 소유자 이외의 자가 한 매각허부에 대한 항고가 기각된 경우, 항고를 한
날부터 항고기각결정이 확정된 날까지의 매각대금에 대한 대법원규칙이 정하는 이율에
의한 금액(법 130조 7항)

### 2) 배당준비

① 매각대금의 배당

매각대금이 지급되면 법원은 배당절차를 밟아야 한다. 매각대금으로 배당에 참가한
모든 채권자를 만족하게 할 수 없는 때에는 법원은 민법·상법, 그 밖의 법률에 의한
우선순위에 따라 배당하여야 한다(법 145조).

② 배당기일 지정과 통지

매수인이 매각대금을 지급하면 법원은 배당에 관한 진술 및 배당을 실시할 기일을 정하고
이해관계인과 배당을 요구한 채권자에게 이를 통지하여야 한다. 다만, 채무자가 외국에
있거나 있는 곳이 분명하지 아니한 때에는 통지하지 아니한다(법 146조).

③ 배당표의 기재 등

배당표에는 매각대금, 채권자의 채권의 원금, 이자, 비용, 배당의 순위와 배당의 비율을

적어야 한다. 출석한 이해관계인과 배당을 요구한 채권자가 합의한 때에는 이에 따라
배당표를 작성하여야 한다(법 150조).


④ 배당표의 초안 비치 및 확정

법원은 채권자와 채무자에게 보여주기 위하여 배당기일의 3일 전에 배당표 원안을 작성하
여 법원에 비치하여야 한다(법 149조 1항). 법원은 출석한 이해관계인과 배당을 요구한
채권자를 심문하여 배당표를 확정하여야 한다(법 149조 2항).


3) 배당 실시

배당기일에 출석한 채권자 및 채무자로부터 이의신청이 없는 경우이거나, 배당기일에 이의신
청을 하였으나, 이해관계인과 채권자가 합의한 경우에는 배당표가 확정되므로 법원은 배당을
실시하게 된다.


① 배당을 실시하여야 하는 경우

　ㄱ) 이의신청이 없는 경우

　ㄴ) 이의신청이 있었으나 이의가 완결된 경우: 이해관계인이 배당표에 대한 이의가
　　　정당하다고 인정하거나 다른 방법으로 합의한 때에는 이에 따라 배당표를 경정하여
　　　배당을 실시한다(법 152조 2항).

　ㄷ) 이의신청이 있었으나 이의신청인이 이의를 철회하거나 배당 이의소를 제기하지
　　　않은 경우

　ㄹ) 배당이의 소송이 취하 또는 판결이 확정된 경우


② 채권 전부의 배당을 받을 채권자에게는 배당액지급증을 교부하는 동시에 그가 가진
　　집행력 있는 정본 또는 채권증서를 받아 채무자에게 교부한다(법 159조 2항).

③ 채권 일부의 배당을 받을 채권자에게는 집행력 있는 정본 또는 채권증서를 제출하게
한 뒤 배당액을 돌려주고 배당액지급증을 교부하는 동시에 영수증을 받아 채무자에게
교부하여야 한다(법 159조 3항).


4) 배당이의

① 배당 이의신청

배당기일에 출석한 채무자 및 각 채권자는 배당표의 존부, 범위, 순위에 관하여 이의를
신청할 수 있다. 단 채권자는 자기의 이해에 관계되는 범위 안에서 다른 채권자를 상대로
다른 채권자의 채권의 존부, 범위, 순위에 대하여 이의를 할 수 있다(법 151조 3항).
따라서 다른 채권자의 배당금액에 대하여 이의를 하면서 자신이 아닌 다른 채권자에게
배당을 해달라는 이의는 할 수 없다. 배당에 대하여 이의가 있으면 그 이의 있는 부분에
한하여 배당표는 확정되지 않으며 이의 없는 부분에 대하여는 배당을 실시한다.


② 이의 방법

채무자 및 채권자는 반드시 배당기일에 출석하여 구술로 이의를 신청해야 한다[58]. 단,
채무자는 배당표 원안이 비치된 이후에는 배당기일이 끝날 때까지 서면으로도 이의를
할 수 있다(법 151조 2항).

가) 채권자가 이의신청하는 경우

채권자가 이의신청하는 경우에는 이의 있는 채권에 대한 배당의 실시가 유보되고
이의 채권자는 배당기일로부터 7일 이내 배당이의의 소를 제기하여야 한다. 배당이의의
소를 제기하고 소제기증명을 해당 법원에 제출하면 그 부분의 배당액은 공탁된다.
만일, 배당기일로부터 7일 이내 배당이의의 소를 제기하지 않거나 소제기증명을 법원에
제출하지 않으면 배당은 확정되고 실시된다.

나) 채무자가 이의신청하는 경우

---

58) 대판 1981.1.27, 79다1846. 배당표에 대한 이의신청은 구술에 의해서만 가능하고 서면에 의한 이의신청은 허용되는 것이 아
니므로 채권자가 미리 이의신청서를 집행법원에 제출하였다고 하더라도 배당기일에 출석하지 아니하거나 출석한 경우에도 그
이의신청서를 진술하지 아니하였다면 이의신청을 하지 않은 것으로 되어 배당표에 대한 이의의 소를 제기할 수 없다.

ㄱ) 채무자가 집행력 있는 정본을 가진 채권자에 대하여 이의를 하는 경우에는 배당기일로부터 7일 이내 청구이의의 소를 제기하여야 한다(법 154조 2항). 청구이의의 소를 제기하고 소제기 증명원과 그 소에 관한 집행정지 재판의 정본을 집행법원에 제출하여야 한다(청구이의의 소 + 집행정지신청). 만일 소제기증명원과 집행정지 재판의 정본을 제출하지 않으면 이의가 취하된 것으로 본다(법 154조 3항).

ㄴ) 채무자가 집행력 있는 정본이 없는 채권자(저당권자 등)에 대하여 이의를 하는 경우에는 배당기일로부터 7일 이내 배당이의의 소를 제기하여야 한다.

> ● 재배당: 채권자가 제기하는 배당이의의 소 판결 결과에 따라 원고와 피고 사이에서만 다시 배당하는 것을 실무상 '재배당'이라고 한다.
> ● 추가배당: 종전 배당표에 배당받는 것으로 기재된 채권자에 대한 배당액의 전부 또는 일부를 당해 채권자가 배당받지 못하는 것으로 확정된 경우에 그 채권자의 배당액에 대하여 이의를 하였는지에 관계없이 배당에 참가한 모든 채권자를 위하여 배당순위에 따라 추가로 배당하는 절차(민사집행법 161조 2, 3항)를 말한다.

## (3) 배당순위

법원은 민법·상법, 그 밖의 법률에 의한 우선순위에 따라 배당하여야 한다(법 145조 2항). 민법·상법·민사집행법·주택임대차보호법·상가임대차보호법·근로기준법·근로자퇴직급여보장법·국세기본법 등에서 규정하고 있는 배당순위는 다음과 같다.

1순위: 경매비용, 필요비와 유익비

2순위: 임대차보호법상 소액임차인의 보증금 중 일정액, 근로기준법에 의한 최우선 임금채권

3순위: 당해세(국세: 상속세, 증여세, 재평가세. 지방세: 재산세, 자동차세, 종합토지세, 도시계획세, 공동시설세)

4순위: 담보채권(국세 및 지방세의 법정기일 전에 설정 등기된 전세권, 저당권, 담보가등기 등 담보물권과 대항력과 확정일자 있는 임차인, 임차권 등기된 임차보증금반환채권)

5순위: 일반 임금채권

6순위: 담보물권보다 늦은 조세채권

7순위: 공과금(의료보험료, 산업재해보상보험료, 국민연금보험료)

8순위: 일반채권

## 1) 1순위: 경매비용, 필요비와 유익비

① 경매비용: 경매비용은 배당할 금액에서 제일 먼저 공제하여 신청채권자에게 배당해준다. 경매비용은 인지대, 서류발급비용(등기부등본, 공과증명 등 각종 첨부서류), 기타 경매진행을 위한 비용(여비, 일당, 대위등기비용 등), 경매신청 기입등기 촉탁비용, 감정평가수수료, 집행관 집행수수료 등이다.

② 필요비와 유익비: 저당물의 제3취득자(소유권자, 전세권자, 지상권자, 등기한 임차권자)는 그 부동산의 보존과 개량을 위하여 필요비 또는 유익비를 지출한 경우에는 매각대금에서 우선하여 배당(상환)을 받을 수 있다(민법 367조). 필요비란 저당부동산의 보존비용, 수선비용, 공과금 등을 말하고, 유익비란 당해 물건의 객관적 가치를 증가시킨 비용을 말한다.

제3취득자가 필요비 또는 유익비를 지출한 경우에는 필요비에 관하여는 지출한 금액, 유익비에 관하여는 지출한 금액 또는 부동산의 가액의 증가액을 증명하여 배당종기일까지 배당요구를 하여야 한다. 만일 배당요구를 하지 않았거나 배당을 받지 못하였더라도 권리가 상실되는 것이 아니므로 그 금액을 배당받은 후순위 권리자에게 부당이득 반환청구를 할 수 있고 낙찰자에게 유치권을 주장할 수 있다.

## 2) 2순위: 임대차보호법상 소액임차인의 보증금 중 일정액, 근로기준법에 의한 최우선 임금채권

① 임대차보호법상의 소액임차인: 경매기입등기 전 인도 + 전입(사업자등록)을 한 상가임대차보호법 및 주택임대차보호법상의 최우선변제 보증금 채권.

소액임차인의 보증금 중 일정액이 주택의 경우 주택가액(대지가액을 포함)의 주택가액의 2분의 1 범위 안에서 우선변제권이 있고(주택임대차보호법 8조 3항), 상가의 경우

임대건물가액(임대인 소유의 대지가액을 포함)의 3분의 1 범위 안에서 우선변제권이
있다(상가건물임대차보호법 14조 3항).

하나의 주택에 임차인이 2명 이상이고, 그 각 보증금 중 일정액을 모두 합한 금액이
주택가액의 2분의 1을 초과하는 경우에는 그 각 보증금 중 일정액을 모두 합한 금액에
대한 각 임차인의 보증금 중 일정액의 비율로 그 주택가액의 2분의 1에 해당하는
금액을 분할한 금액을 각 임차인의 보증금 중 일정액으로 본다(주택임대차보호법시행령
3조 3항). 하나의 주택에 임차인이 2명 이상이고 이들이 그 주택에서 가정 공동생활을
하는 경우에는 이들을 1명의 임차인으로 보아 이들의 각 보증금을 합산한다(동조 4항).

② 근로기준법상의 임금채권: 최종 3개월분의 임금과 최종 3년간의 퇴직금 및 재해보상금이
　매각대금에서 최우선 변제된다.

[주택임대차 소액보증금범위 및 최우선변제액]

| 근거(담보물권 설정일) | 지역 | 보증금 범위 | 최우선 변제액 |
|---|---|---|---|
| 1984년 06월 14일부터 | 특별시, 광역시 | 300만 원 이하 | 300만 원 |
| | 기타지역 | 200만 원 이하 | 200만 원 |
| 1987년 12월 01일부터 | 특별시, 광역시 | 500만 원 이하 | 500만 원 |
| | 기타지역 | 400만 원 이하 | 400만 원 |
| 1990년 02월 19일부터 | 특별시, 광역시 | 2,000만 원 이하 | 700만 원 |
| | 기타지역 | 1,500만 원 이하 | 500만 원 |
| 1995년 10월 19일부터 | 특별시, 광역시 | 3,000만 원 이하 | 1,200만 원 |
| | 기타지역 | 2,000만 원 이하 | 800만 원 |
| 2001년 09월 15일부터 | 수도권 중 과밀억제권역 | 4,000만 원 이하 | 1,600만 원 |
| | 광역시 | 3,500만 원 이하 | 1,400만 원 |

| | | | |
|---|---|---|---|
| | (군지역, 인천제외) | | |
| | 기타지역 | 3,000만 원 이하 | 1,200만 원 |
| 2008년 08월 21일부터 | 수도권 중<br>과밀억제권역 | 6,000만 원 이하 | 2,000만 원 |
| | 광역시<br>(군지역, 인천제외) | 5,000만 원 이하 | 1,700만 원 |
| | 기타지역 | 4,000만 원 이하 | 1,400만 원 |
| 2010년 07월 26일부터 | 서울특별시 | 7,500만 원 이하 | 2,500만 원 |
| | 수도권 중<br>과밀억제권역 | 6,500만 원 이하 | 2,200만 원 |
| | 광역시(군제 외), 용인시,<br>안산시, 김포시, 광주시 | 5,500만 원 이하 | 1,900만 원 |
| | 기타지역 | 4,000만 원 이하 | 1,400만 원 |

※ 수도정비계획법 중 과밀억제권역(담보물건 설정일: 2009.1.15. 이전)

● 서울특별시, 의정부시, 구리시, 하남시, 고양시, 수원시, 성남시, 안양시, 부천시, 광명시, 과천시, 의왕시, 군포시, 시흥시(반월 특수지역 제외), 남양주시(호평동, 평내동, 금곡동, 일패동, 이패동, 삼패동, 가운동, 수석동, 지금동 및 도농동에 한한다.), 인천광역시(강화군, 옹진군 중구 운남동, 중구 운북동, 중구 운서동, 중구 중산동, 중구 남북동, 중구 덕교동, 중구 을왕동, 중구 무의동, 서구 대곡동, 서구 불로동, 서구 마전동, 서구 금곡동, 서구 오류동, 서구 왕길동, 서구 당하동, 서구 원당동, 연수구 송도매립지(인천광역시장이 송도 신시가지 조성을 위하여 1990년 11월 12일 송도 앞 공유수면매립공사면허를 받은 지역을 말한다) 및 남동국가산업단지를 제외)

※ 수도정비계획법 중 과밀억제권역 (담보물건 설정일:2009.1.16. 이후)

● 서울특별시, 의정부시, 구리시, 하남시, 고양시, 수원시, 성남시, 안양시, 부천시, 광명시, 과천시, 의왕시, 군포시, 시흥시(반월 특수지역 제외), 남양주시(호평동, 평내동, 금곡동, 일패동, 이패동, 삼패동, 가운동, 수석동, 지금동 및 도농동에 한한다.) 인천광역시(강화군, 옹진군, 서구 대곡동, 서구 불로동, 서구 마전동, 서구 금곡동, 서구 오류동, 서구 왕길동, 서구 당하동, 서구 원당동, 인천경제자유구역 및 남동국가산업단지를 제외)
● 인천경제자유구역송도지구(연수구 송도동), 영종지구(중구 중산, 운남, 운서, 운북, 남북, 덕교, 무의, 을왕), 청라지구(서구 경서동, 원창, 연희 일부)
  남동국가산업단지(남동구 고잔동, 남촌동, 논현동 일부)

[상가임대차 소액보증금 범위 및 최우선변제액]

### 담보설정일: 2008.08.21 ~ 2010.07.25

| 지 역 | 적용대상 | 임차보증금범위 | 최우선변제액 |
|---|---|---|---|
| 서울특별시 | 2억 6,000만 원 | 4,500만 원 이하 | 1,350만 원 |
| 과밀억제권역<br>(서울특별시 제외) | 2억 1,000만 원 | 3,900만 원 이하 | 1,170만 원 |
| 광역시<br>(군지역과 인천광역시 제외) | 1억 6,000만 원 | 3,000만 원 이하 | 900만 원 |
| 그 밖의 지역 | 1억 5,000만 원 | 2,500만 원 이하 | 750만 원 |

### 담보설정일: 2010.07.26 ~ 현재

| 지 역 | 적용대상 | 임차보증금범위 | 최우선변제액 |
|---|---|---|---|
| 서울특별시 | 3억 원 | 5,000만 원 이하 | 1,500만 원 |
| 과밀억제권역<br>(서울특별시 제외) | 2억 5,000만 원 | 4,500만 원 이하 | 1,350만 원 |
| 광역시<br>(군지역과 인천광역시 제외) | 1억 8,000만 원 | 3,000만 원 이하 | 900만 원 |
| 용인시, 안산시, 김포시, 광주시 | | | |
| 그 밖의 지역 | 1억 5,000만 원 | 2,500만 원 이하 | 750만 원 |

담보설정일:2002.11.01.~2008.08.20.

| 지 역 | 적용대상 | 임차보증금범위 | 최우선변제액 |
|---|---|---|---|
| 서울특별시 | 2억 4,000만 원 | 4,500만 원 이하 | 1,350만 원 |
| 과밀억제권역 (서울특별시 제외) | 1억 9,000만 원 | 3,900만 원 이하 | 1,170만 원 |
| 광역시 (군지역과 인천광역시 제외) | 1억 5,000만 원 | 3,000만 원 이하 | 900만 원 |
| 그 밖의 지역 | 1억 4,000만 원 | 2,500만 원 이하 | 750만 원 |

   3) 3순위: 당해세(국세: 상속세, 증여세, 재평가세. 지방세: 재산세, 자
         동차세, 종합토지세, 도시계획세, 공동시설세)

당해세란 매각부동산 자체에 대하여 부과된 조세와 가산금으로서 이는 당해 부동산을 소유하고 있다는 사실 자체에 근거하여 부과하는 국세와 지방세 및 그 가산금이다. 당해세는 임금채권과 소액임차보증금 중 최우선변제를 제외하고 항상 우선한다.

국세 중 당해세(상속세, 증여세, 재평가세)와 지방세 중 당해세(재산세, 자동차세, 종합토지세, 도시계획세, 공동시설세)는 '당해세 우선 원칙' 규정(국세기본법 시행령 제18조 1항, 지방세법 시행령 제14조의 4)에 의해서 법정기일의 발생시기에 상관없이 항상 우선 변제를 받는다.

그러나 지방세의 당해세의 시행시기는 1996년 1월 1일부터이므로 시행일 이전에 설정된 근저당권은 당해세보다 우선한다.


   4) 4순위: 담보채권(국세 및 지방세의 법정기일 전에 설정 등기된 전세권,
         저당권, 담보가등기 등 담보물권과 대항력과 확정일자 있는 임
         차인, 임차권 등기된 임차보증금반환채권)

전세권, 저당권, 담보가등기의 경우 설정등기의 선후에 따라 우선순위가 된다. 대항력과 확정일자 있는 임차인의 임차보증금 채권의 경우 주민등록 일자(사업자등록 일자)와 확정일자

를 최종적으로 구비한 날과 담보등기 일자의 선후에 따라 우선순위가 된다.


### 5) 5순위: 일반 임금채권

최종 3월분 이외의 임금 및 기타 근로 관계로 인한 채권.

임금, 재해보상금, 그 밖에 근로 관계로 인한 채권은 사용자의 총재산에 대하여 질권(질권)·저당권 또는 「동산·채권 등의 담보에 관한 법률」에 따른 담보권에 따라 담보된 채권 외에는 조세·공과금 및 다른 채권에 우선하여 변제되어야 한다(근로기준법 38조 1항).


### 6) 6순위: 담보물권보다 늦은 조세채권

조세채권이 당해세가 아닌 일반 국세, 지방세(부가가치세, 법인세, 취득세, 등록세, 양도소득세 등)의 경우 조세의 법정기일이 담보채권이나 기타 채권보다 앞선다면 조세채권이 우선변제된다. 조세채권의 법정기일이란 압류등기일이 아닌 '신고일, 납세고지서 발송일, 납세의무확정일'을 말한다.

> ### ※ 법정기일
> 세법에서 법정기일이라 함은 다음 중 어느 하나에 해당하는 기일을 말한다.
> ① 취득세처럼 과세표준과 세액의 신고에 의하여 납세의무가 확정되는 지방세와 국세(중간예납하는 법인세와 예정신고납부하는 부가가치세를 포함한다)에서 신고한 당해 세액에 대하여는 그 신고일
> ② 과세표준과 세액을 정부가 결정·경정 또는 수시부과 결정하는 경우에 고지한 해당 세액에 대하여는 그 납세고지서의 발송일
> ③ 원천징수의무자 또는 납세조합으로부터 징수하는 국세와 인지세에 있어서는 그 납세의무의 확정일
> ④ 제2차 납세의무자(보증인을 포함한다)의 재산에서 국세를 징수하는 경우에는 납부통지서의 발송일
> ⑤ 양도담보재산에서 국세를 징수하는 경우에는 납부통지서의 발송일
> ⑥ 납세자의 재산을 압류한 경우에 그 압류와 관련하여 확정된 세액에 대하여는 그 압류등기일 또는 등록일.

⑦ 조세채권 확정 전에 납세자의 재산을 압류한 경우에는 압류등기일 또는 등록일

⑧ 가산세의 법정기일은 납세고지서의 발송일(대판 2001.4.24. 2001다10076), 가산금 및 중가산금의 법정기일은 납부고지서에 고지된 납부기한이나 그 이후 소정의 기한을 도과한 때(대판 2002.2.8. 2001다74018)

### 7) 7순위: 공과금(의료보험료, 산업재해보상보험료, 국민연금보험료)

'공과금'이란 「국세징수법」에서 규정하는 체납처분의 예에 따라 징수할 수 있는 채권 중 국세, 관세, 임시수입부가세, 지방세와 이에 관계되는 가산금 및 체납처분비를 제외한 것을 말한다(국세기본법 2조 8호). 공과금에는 의료보험료, 산업재해보상보험료, 국민연금보험료 등이 있다.

### 8) 8순위: 일반채권

물적 담보권자가 아닌 일반채권자로서 채무명의를 가지고 배당요구종기일까지 경매신청 또는 배당요구를 하였거나 채권 증빙만을 가지고 가압류를 하고 배당요구를 하였을 때에는 선순위 채권자에게 배당하고 잔액이 있으면 배당한다.

다만, 채무명의를 가지고 경매신청 또는 배당요구를 한 채권자는 직접 배당교부 하지만 가압류권자의 경우 배당액은 공탁하게 되고 가압류권자가 채무명의를 득한 후 공탁회수 청구하면 수령할 수 있다.

## (4) 배당연습

### 1) 물권 상호 간의 순위관계

(사례1) 배당할 금액이 3억 원일 경우[59] -물권의 순위배당-

| 권리관계 | 배당액 |
|---|---|
| 1월 3일 갑: 근저당권 1억 원 | 1억 원 |
| 3월 5일 을: 근저당권 1억 5,000만 원 | 1억 5,000만 원 |
| 5월 4일 병: 근저당권 1억 5,000만 원 | 5,000만 원 |

▶ 해설: 물권 상호 간의 순위는 등기의 선후(동구에서는 순위번호, 별구에서는 접수번호)에 의한다. 갑, 을, 병 근저당권이 순차적으로 배당금액에서 자기채권을 만족할 때까지 순위배당을 받는다.

(사례2) 배당할 금액이 3억 원일 경우 -같은 날 물권의 순위-

| 권리관계 | 배당액 |
|---|---|
| 1월 3일 갑: 근저당권 1억 원 | 1억 원 |
| 3월 5일 을: 근저당권 1억 5,000만 원<br>(접수번호 2580호) | 1억 5,000만 원 |
| 3월 5일 병: 근저당권 1억 5,000만 원<br>(접수번호 2581호) | 5,000만 원 |

▶ 해설: 물권이 같은 날 등기된 경우 접수번호순으로 우선순위가 배당된다.

### 2) 채권 상호 간의 순위관계

(사례1) 배당할 금액이 3억 원일 경우 -안분배당-

| 권리관계 | 배당액 |
|---|---|
| 1월 3일 갑: 가압류 1억 원 | 7,500만 원 |
| 3월 5일 을: 가압류 1억 5,000만 원 | 1억 1,250만 원 |

---

59) 사례의 배당할 금액은 경매신청비용 등을 공제한 후의 배당금액을 가정한 것임.

| | |
|---|---|
| 5월 4일 병: 가압류 1억 5,000만 원 | 1억 1,250만 원 |

▶ 해설: 채권 상호 간에는 동 순위로 안분배당을 한다.

　(안분배당: 배당할 금액 × 각자 채권액/총채권액)

- 갑: 3억 × 1억/4억 = 7,500만 원
- 을: 3억 × 1억 5천/4억 = 1억 1,250만 원
- 병: 3억 × 1억 5천/4억 = 1억 1,250만 원


### 3) 물권과 채권 상호 간의 순위관계

(사례1) 배당할 금액이 3억 원일 경우 -순위배당, 안분배당-

| 권리관계 | 배당액 |
|---|---|
| 1월 3일 갑: 근저당권 1억 원 | 1억 원 |
| 3월 5일 을: 가압류 1억 5,000만 원 | 1억 2,000만 원 |
| 5월 4일 병: 근저당권 1억 원 | 5,000만 원 |

▶ 해설: 물권은 채권에 우선하므로 1순위로 갑 근저당권이 1억 원을 배당받으나, 예외적으로 가압류(채권) 이후의 근저당권(물권)은 가압류와 동 순위가 된다. 따라서 1순위로 갑 근저당권이 1억 원을 배당받고, 잔여 배당액 2억 원은 을 가압류와 병 근저당권이 안분배당을 한다.

- 갑: 1억 원
- 을: 2억 원 × 1억 5,000만 원/2억 5,000만 원 = 1억 2,000만 원
- 병: 2억 원 × 1억 원/2억 5,000만 원 = 8,000만 원


(사례2) 배당할 금액이 3억 원일 경우 -안분배당, 순위배당-

| 권리관계 | 배당액 |
|---|---|
| 1월 3일 갑: 가압류 1억 원 | 7,500만 원 |
| 3월 5일 을: 근저당권 1억 5,000만 원 | 1억 5천만 원 |
| 5월 4일 병: 가압류 1억 5,000만 원 | 7,500만 원 |

▶ 해설: 갑 가압류 이후 을 근저당권, 병 가압류 모두 안분배당 후 순위배당을 한다(가압류가 선순위인 경우에는 안분배당 후 순위배당을 한다).

　ⓐ 안분배당

- 갑: 3억 원 × 1억 원/4억 원 = 7,500만 원
- 을: 3억 원 × 1억 5,000만 원/4억 원 = 1억 1,250만 원
- 병: 3억 원 × 1억 5,000만 원/4억 원 = 1억 1,250만 원

ⓑ 순위배당

갑 가압류는 안분배당금액인 7,500만 원을 배당받고, 을 근저당권은 병 가압류에 대하여 우선변제권이 있으므로 을 채권을 만족할 때까지 후순위 병가압류의 채권을 흡수한다. 따라서 갑 가압류는 7,500만 원, 을 근저당권은 1억 5천만 원, 병 가압류는 7,500만 원 배당을 받는다.

### 4) 임차인과 순위관계

(사례1) 배당할 금액이 3억 원일 경우

| 권리관계 | 배당액 |
|---|---|
| 1월 3일 갑: 주택임차보증금 1억 원<br>(인도+전입+확정일자) | 1억 원 |
| 3월 5일 을: 근저당권 1억 5,000만 원 | 1억 5,000만 원 |
| 5월 4일 병: 가압류 1억 5,000만 원 | 5,000만 원 |

▶ 해설: ⓐ 갑이 배당 요구하였을 경우: 주택(상가)의 인도+전입(사업자등록)+확정일자를 갖춘 경우 주택임대차보호법(상가임대차보호법)에서 물권과 같은 효력을 부여한다. 따라서 주택의 위 요건을 모두 갖춘 날이 을 근저당권보다 앞서므로 물권순위에 따라 1순위로 갑이 1억 원을 배당받고, 을 근저당권 1억 5,000만 원, 병 가압류가 5,000만 원을 순위 배당받는다.
　　　ⓑ 갑이 배당 요구하지 않았을 경우: 갑의 임차보증금 1억 원은 배당되지 아니하고 낙찰자에게 전액 인수되며 낙찰자는 갑의 임차보증금을 부담해야 한다. 따라서 을 근저당권 1억 5,000만 원, 병 가압류 1억 5,000만 원이 배당된다.
　　　만일 갑이 확정일자를 받지 않았다고 하더라도 임차보증금은 낙찰자에게 인수된다.

(사례2) 배당할 금액이 3억 원일 경우

| 권리관계 | 배당액 |
|---|---|
| 갑: 주택임차보증금 1억 원<br>1월 3일 주택의 인도+전입<br>1월 5일 확정일자 | 5,000만 원 |
| 1월 4일 을: 근저당권 2억 5,000만 원 | 2억 5,000만 원 |
| 5월 4일 병: 가압류 1억 5,000만 원 | 없음 |

▶ 해설: 갑이 주택의 인도와 전입을 가장 먼저 하였으므로 대항력은 있으나 확정일자를 을 근저당권보다 늦게 하였으므로 을 근저당권이 우선순위로 배당을 받는다.

ⓐ 갑이 배당 요구하였을 경우: 1순위로 을 근저당권이 2억 5,000만 원을 배당받고, 갑은 배당잔액 5,000만 원을 2순위로 배당받고 배당받지 못한 보증금 5,000만 원은 낙찰자에게 인수된다.

ⓑ 갑이 배당 요구하지 않았을 경우: 갑의 임차보증금 1억 원은 배당되지 아니하고 낙찰자에게 전액 인수되며 낙찰자는 갑의 임차보증금을 부담해야 한다. 따라서 을 근저당권 2억 5,000만 원, 병 가압류 5,000만 원이 배당된다.

(사례3-1) 배당할 금액이 3억 원일 경우

| 권리관계 | 배당액 |
|---|---|
| 갑: 주택임차보증금 1억 5,000만 원<br>1월 3일 주택의 인도+전입<br>1월 4일(15시) 확정일자 | 1억 1,250만 원 |
| 을: 근저당권 2억 5,000만 원<br>1월 4일(17시) | 1억 8,750만 원 |

▶ 해설: ■ 임차인 대항력 발생시기: 전입일 익일 오전 0시 → 1월 4일 오전 0시
　　　　■ 확정일자 효력 발생시기: 1월 4일 주간
　　　　■ 근저당권 효력 발생시기: 1월 4일 주간
　　　　갑은 주택의 인도와 전입이 을의 근저당권보다 빨라 대항력이 있으며, 갑이 배당요구를 하였을 경우 갑은 을과 동 순위로(모두 1월 4일 주간) 안분배당을 받는다. 갑의 미배당된 보증금 잔액 3,750만 원은 낙찰자에게 인수된다.
　　　　■ 갑: 3억 원×1억 5,000만 원/4억 원=1억 1,250만 원
　　　　■ 을: 3억 원×2억 5,000만 원/4억 원=1억 8,750만 원

(사례3-2) 배당할 금액이 3억 원일 경우

| 권리관계 | 배당액 |
|---|---|
| 갑: 주택임차보증금 1억 5,000만 원<br>1월 4일 주택의 인도+전입<br>1월 4일(15시) 확정일자 | 5,000만 원 |
| 을: 근저당권 2억 5,000만 원<br>1월 4일(17시) | 2억 5,000만 원 |

▶해설: ■ 임차인 대항력 발생시기: 전입일 익일 오전 0시 → 1월 5일 오전 0시
　　　　■ 확정일자 효력 발생시기: 1월 4일 주간

- 근저당권 효력 발생시기: 1월 4일 주간

갑은 주택의 인도와 전입이 을의 근저당권보다 늦으므로 대항력이 없으며, 갑이 배당요구를 하였을 경우 갑은 후순위로 배당을 받는다. 갑의 미배당된 보증금은 낙찰자에게 인수되지 않는다.

(사례4-1) 배당할 금액이 3억 원일 경우 - 소액임차인

| 권리관계 | 배당액 |
|---|---|
| 갑: 근저당권 3억 원 (2002년 1월 1일) | 2억 8,400만 원 |
| 을: 주택임차보증금 4,000만 원 -서울- (2010년 1월 3일 주택의 인도+전입) | 1,600만 원 |
| 병; 근저당권 1억 5,000만 원 (2011년 2월 5일) | 없음 |

▶ 해설: 을은 주택임대차보호법상 소액임차인에 해당하여 1순위로 1,600만 원을 최우선변제로 배당을 받고 배당 잔액 2억 8,400만 원에 대하여 순위배당을 한다. 갑은 배당액에서 자신의 채권에 만족할 때까지 배당을 받는다.

(사례4-2) 배당할 금액이 3억 원일 경우 - 소액임차인(확정일자 없음)

| 권리관계 | 배당액 |
|---|---|
| 갑: 가압류 3억 원 (2002년 1월 1일) | 1억 36,538,462원 |
| 을: 주택임차보증금 4,000만 원 -서울- (2010년 1월 3일 주택의 인도+전입) | 1,600만 원 |
| 병: 근저당권 3억 원 (2011년 2월 5일) | 1억 47,461,538원 |

▶ 해설: 을은 주택임대차보호법상 소액임차인에 해당하여 1순위로 1,600만 원을 최우선변제로 배당을 받고 배당잔액 2억 8,400만 원에 대하여는 갑, 을, 병이 안분배당 후 순위배당을 한다.
ⓐ안분배당
- 갑: 2억 8,400만 원 × 3억 원/6억 2,400만 원 = 136,538,462원
- 을: 2억 8,400만 원 × 2,400만 원/6억 2,400만 원 = 10,923,076원
- 병: 2억 8,400만 원 × 3억 원/6억 2,400만 원 = 136,538,462원

ⓑ순위배당

갑 가압류는 안분배당금액인 136,538,462원을 배당받고, 을 임차인은 확정일자를 갖추지 않았기 때문에 병 근저당권이 을 임차인보다 선순위로 배당받는다. 따라서 갑 가압류는 1억 36,538,462원, 을 임차인은 1,600만 원, 병 근저당권은 1억 47,461,538원 배당을 받는다.

(사례4-3) 배당할 금액이 3억 원일 경우 - 소액임차인(확정일자 있음)

| 권리관계 | 배당액 |
|---|---|
| 갑: 가압류 3억 원 <br> (2002년 1월 1일) | 1억 36,538,462원 |
| 을: 주택임차보증금 4,000만 원 -서울- <br> (2010년 1월 3일 주택의 인도+전입) <br> (2010년 1월 5일 확정일자) | 4,000만 원(①1,600만 원+②2,400만 원) |
| 병: 근저당권 3억 원 <br> (2011년 2월 5일) | 1억 23,461,538원 |

▶ 해설: 을은 주택임대차보호법상 소액임차인에 해당하여 1순위로 1,600만 원을 최우선변제로 배당을 받고 배당잔액 2억 8,400만 원에 대하여는 갑, 을, 병이 안분배당 후 순위배당을 한다.

ⓐ안분배당
- 갑: 2억 8,400만 원 × 3억 원/6억 2,400만 원 = 136,538,462원
- 을: 2억 8,400만 원 × 2,400만 원/6억 2,400만 원 = 10,923,076원
- 병: 2억 8,400만 원 × 3억 원/6억 2,400만 원 = 136,538,462원

ⓑ순위배당

갑 가압류는 안분배당금액인 136,538,462원을 배당받고, 을 임차인은 확정일자를 갖추고 병 근저당권 보다 앞서므로 선순위로 배당 받는다(을 채권을 만족할 때까지 후순위 병 근저당의 채권을 흡수). 따라서 갑 가압류는 1억 36,538,462원, 을 임차인은 4,000만 원, 병 근저당권은 1억 23,461,538원 배당을 받는다.

(사례5) 배당할 금액이 3억 원일 경우 - 다수의 소액임차인

| 권리관계 | 배당액 |
|---|---|
| 갑: 근저당권 2억 5천만 원<br>(2007년 10월 1일) | 2억 5,000만 원(②) |
| 을: 주택임차보증금 6,000만 원 -서울-<br>(2008년 10월 1일 주택의 인도+전입) | 2,000만 원(③2,000만 원) |
| 병: 주택임차보증금 4,000만 원 -서울-<br>(2009년 10월 1일 주택의 인도+전입) | 2,000만 원(①1,600만 원+③400만 원) |
| 정; 근저당권 2억 원<br>(2010년 10월 1일) | 1,000만 원(④) |

▶ 해설: ■ 1순위: 병은 소액임차인 최우선변제금 1,600만 원을 배당 받는다(을은 말소기준권리인 갑 근저당권설정 당시의 소액임차인(4천만 원 이하/1,600만 원)에 해당하지 않는다).
■ 2순위: 갑은 배당잔액 2억 8,400만 원 중 자신의 채권 2억 5,000만 원 전액 배당받는다.
■ 3순위: 을은 소액임차인 최우선변제금 2,000만 원을, 병은 소액임차인 최우선변제보증금 400만 원을 배당받는다(갑의 근저당권이 전액 배당되었다면 을과 병은 전입당시의 임대차보호법을 적용).
■ 4순위: 정은 배당잔액 1,000만 원을 배당받는다.

(사례6) 배당할 금액이 1억 원일 경우 - 소액보증금이 배당금액의 1/2을 초과

| 권리관계 | 배당액 |
|---|---|
| 갑: 근저당권 1억 원<br>(2010년 10월 1일) | 5,000만 원(②) |
| 을: 주택임차보증금 2,500만 원 -서울-<br>(2011년 10월 1일 주택의 인도+전입) | 16,666,667원(①) |
| 병: 주택임차보증금 3,000만 원 -서울-<br>(2012년 11월 1일 주택의 인도+전입) | 16,666,667원(①) |
| 정: 주택임차보증금 3,500만 원 -서울-<br>(2012년 12월 1일 주택의 인도+전입) | 16,666,667원(①) |

▶ 해설: 소액보증금이 낙찰가 (배당할 금액에서 집행비용을 제한 나머지 금액)의 1/2을 초과하는 경우에는 낙찰가의 1/2에 해당하는 금액에 한해서만 최우선변제권이 있다(주택임대차보호법 시행령 제

3조 2항). 하나의 주택에 임차인이 2명 이상이고, 각 소액보증금을 모두 합한 금액이 낙찰가의 2분의 1을 초과하는 경우에는 2분의 1에 해당하는 금액을 각 소액보증금을 합산한 금액에 대한 각 임차인보증금을 안분한 금액이 각 임차인의 소액보증금으로 본다.

- 배당액 1억 원에 대한 1/2인 5,000만 원까지만 최우선변제 배당할 수 있다.
- 을: 5,000만 원 × 2,500만 원/7,500만 원 = 16,666,667원
- 병: 5,000만 원 × 2,500만 원/7,500만 원 = 16,666,667원
- 정: 5,000만 원 × 2,500만 원/7,500만 원 = 16,666,667원
- 갑: 최우선변제금액 한도 1/2을 제한 1/2인 5,000만 원 배당

부 동 산 경 매 실 무

# 권리분석 편

# Part 3.
# 권리분석 기초

## 1. 물권과 채권

### (1) 의의

물권은 특정의 물건을 직접 지배해서 이익(사용, 수익, 처분)을 얻는 물건에 대한 배타적인 권리(예: 소유권)이며, 채권은 특정인(채권자)이 특정인(채무자)에게 어떤 행위를 청구할 수 있는 사람에 대한 권리(예: 임대차)를 말한다.

### (2) 물권과 채권의 차이점

|  | 물권 | 채권 |
| --- | --- | --- |
| 권리내용 | 특정물건에 대하여 물건을 직접 지배하는 권리(대물권) | 특정인에게 일정한 행위를 청구할 수 있는 권리(대인권) |
| 주장대상 | 모든 사람에게 주장할 수 있음(대세적, 절대적) | 당사자 사이에서만 유효함(대인적, 상대적) |

| | | |
|---|---|---|
| 배타성(독점성) 여부 | 있다. 하나의 물건 위에 서로 양립할 수 없는 내용의 권리가 2개 이상 성립할 수 없고(일물일권주의), 登記에 의한 독점적 권리를 주장할 수 있다(공시방법) | 없다. 동일한 내용의 채권이 동시에 2개 이상 병존할 수 있다(채권자 평등주의) |
| 공시 여부 | 물권변동에는 公示가 필요(동산: 인도, 부동산·등기) | 채권의 성립과 내용은 제3자에게 공시할 필요 없음 |
| 종류와 내용 | 물권은 법률로 정하며 개인이 임의로 창설할 수 없음(물권법정주의, 강행규정). | 당사자가 자유로이 정할 수 있음(계약자유의 원칙, 임의규정). |

## (3) 물권의 종류

### 1) 법률에 의하여 인정되는 물권

① 민법이 인정하는 물권

민법은 점유권, 소유권, 지상권, 지역권, 전세권, 유치권, 질권, 저당권의 8종류의 물건을 인정한다.

※ 물권의 분류

> **점유권**
> 본권: 소유권
>          제한물권 용익물권: **지상권, 지역권, 전세권**
>                      담보물권: **유치권, 질권, 저당권**

가) 점유권

물건을 사실상 지배하는 자는 점유권이 있다(민법 제192조 1항). 점유권은 물건을 적법하게 점유할 권리가 있느냐 없느냐 상관없이 즉, 본권(本權) 유무에 상관없이 물건을 사실상 지배하고 있으면 점유가 성립하고 점유권을 취득한다. 사실상 지배란 사회 관념상 물건이 어떤 사람의 지배 내에 있다고 볼 수 있는 상태를 말한다(예컨대, 상가임차인, 상가임차인의 전차인(임대인의 동의 여부를 불문한다)으로서 건물 내부의 키를 가지고 언제든지 이용할 수 있는 자).

나) 소유권

소유자는 법률의 범위 내에서 그 소유물을 사용, 수익, 처분할 권리가 있다(민법 제211조). 사용, 수익이란 목적물을 사용하거나 목적물로부터 생기는 과실을 수취할 수 있는 것을 말하며(타인에게 부동산을 임대하여 주고 임대료를 받는 것도 수익의 예이다), 처분은 물건의 개조, 파괴, 철거 등과 같은 사실적 처분과 매매, 담보설정 등의 법률적 처분이 있다.

토지의 소유권은 정당한 이익 있는 범위 내에서 토지의 상하에 미친다(민법 제212조). 소유권의 취득은 매매, 상속과 같은 일반적인 승계취득과 건물의 신축, 시효취득(제245조~제248조), 선의취득(제249조~제251조), 무주물선점(제252조), 유실물습득(제253조), 매장물발견(제254조), 첨부(제256조~제261조) 등의 원시취득이 있다.

다) 지상권

지상권자는 타인의 토지에 건물 기타 공작물이나 수목을 소유하기 위하여 그 토지를 사용하는 권리가 있다(민법 제279조). 지상권은 건물 기타 공작물(탑, 전주, 교량, 도로, 지하철, 터널 등) 이나 수목을 소유하기 위하여 타인의 토지를 사용하는 권리이다. 사용범위는 1필지 토지의 일부라도 상관없고, 토지의 지상 지하 전부에 미친다. 지상권은 다음과 같이 취득한다.

a. 법률행위에 의한 취득

당사자 사이의 지상권설정계약과 그 등기에 의하여 취득한다.

b. 법률행위에 의하지 않는 취득(민법 제187조)

상속, 공용징수, 판결, 경매 기타 법률의 규정에 의하여도 지상권을 취득한다. 이때에는 등 기 없이도 취득한다.

c. 법정지상권

　(a) 현행법상 법정지상권

　　a) 대지와 건물이 동일한 소유자에 속한 경우에 건물에 전세권을 설정한 때에는, 그 대지소유권의 특별승계인은 전세권설정자(건물소유자)에 대하여 지상권을 설정한 것으로 본다. 그러나 지료는 당사자의 청구에 의하여 법원이 정한다(민법 제305조 제1항).

　　b) 저당물의 경매로 인하여 토지와 그 지상건물이 다른 소유자에게 속한 경우에는 토지소유자는 건물소유자에 대하여 지상권을 설정한 것으로 본다. 그러나 지료는 당사자의 청구에 의하여 법원이 이를 정한다(민법 제366조).

　　c) 토지 및 지상의 건물이 동일한 소유자에게 속하는 경우에, 그 토지 또는 건물에 대하여 담보권의 실행을 통해 소유권을 취득하거나 담보가등기에 기한 본등기가 행하여진 경우에는, 그 건물의 소유를 목적으로 그 토지 위에 지상권이 설정된 것으로 본다. 이 경우 그 존속기간 및 지료는 당사자의 청구에 의하여 법원이 이를 정한다(가등기담보 등에 관한 법률 제10조).

　　d) 입목의 경매 기타 사유로 인하여 토지와 입목이 각각 다른 소유자에게 속하는 경우에는 토지소유자는 입목소유자에 대하여 지상권을 설정한 것으로 본다. 이 경우 지료에 관하여는 당사자의 약정에 따른다(입목에 관한 법률 제6조).

　(b) 관습법상 법정지상권

　토지와 건물이 동일한 소유자에게 속하였다가, 건물 또는 토지가 매매 기타의 원인(예컨대, 경매, 공매, 증여 등)으로 양자의 소유자가 다르게 된 경우에는, 그 건물을 철거하기로 하는 합의가 있었다는 등 특별한 사정이 없는 한, 건물소유자는 토지소유자에 대하여 그 건물을 위한 관습상의 지상권을 취득한다(대판 1960.9.29, 4292민상944)

(라) 지역권

　지역권자는 일정한 목적을 위하여 타인의 토지를 자기토지의 편익에 이용하는 권리가 있다(민법 제291조). 지역권은 자신의 토지의 편익을 위하여 타인의 토지를 이용하는 권리로서 편익을 받는 토지를 요역지(要役地)라 하고, 편익을 제공하는 토지를 승역지(承役地)라고 한다(예컨대, 甲 토지의 소유자가 乙 토지를 통행하거나, 甲 토지에 물을 끌어 오기 위하여 乙 토지를 통과하는 경우, 甲 토지의 조망을 위하여 乙 토지에 건축하지 못하게 하는 경우).

지역권은 지역권설정계약과 등기에 의하여 취득한다(민법 제186조). 그리고 지역권은 '계속되고 표현된 것'에 한하여 시효로 취득(민법 제245조 점유로 인한 부동산소유권의 취득기간)한다(민법 제294조).

(마) 전세권

전세권자는 전세금을 지급하고 타인의 부동산을 점유하여 그 부동산의 용도에 좇아 사용 · 수익하며, 그 부동산 전부에 대하여 후순위권리자 기타 채권자보다 전세금의 우선변제를 받을 권리가 있다(민법 제303조 제1항). 전세권은 타인의 부동산을 사용 수익한다는 점에서 용익물권이지만, 전세금확보를 위한 담보물권으로의 성질도 가지고 있다.

전세권은 전세금지급(전세권의 필수요건)과 전세권설정계약과 등기에 의하여 취득한다.

(바) 유치권

타인의 물건 또는 유가증권을 점유한 자는 그 물건이나 유가증권에 관하여 생긴 채권이 변제기에 있는 경우에는 변제를 받을 때까지 그 물건 또는 유가증권을 유치할 권리가 있다(민법 제320조 제1항). 예컨대, 건물임차인이 임대 기간에 임대물에 대하여 필요비, 유익비를 지출한 경우, 임차물의 비용을 상환받을 때까지 임차물의 명도를 거절할 수 있다. 단, 유치권배제 특약이 없어야 한다.

(사) 질권

질권은 채권자가 그 채권의 담보로 채무자 또는 제3자가 제공한 동산 또는 재산권을 점유하고, 그 동산 또는 재산권에 대하여 다른 채권자보다 자기채권의 우선변제를 받을 권리가 있다(민법 제329조, 제345조). 예컨대, 乙이 甲에게 1,000만 원을 빌리면서, 다이아몬드 반지 또는 정기예금채권 또는 보험금채권을 질물로 제공하고 乙이 변제하지 못할 경우 甲은 질물을 자기채권에 우선변제에 충당할 수 있는 권리이다. 현행 민법은 부동산질권은 없고 동산질권과 권리질권 2가지만 인정하고 있다.

## (아) 저당권

저당권자는 채무자 또는 제3자가 점유를 이전하지 아니하고 채무의 담보로 제공한 부동산에 대하여 다른 채권자보다 자기채권의 우선변제를 받을 권리가 있다(민법 제356조). 저당권은 우선변제권이 있다는 점에서 질권과 같지만, 설정자가 목적물을 계속 점유하고 저당권자는 단지 목적물에 대한 교환가치만을 파악하는 점에서 유치적 효력을 함께 갖는 질권과는 다르다. 저당권은 저당권설정계약과 등기를 함으로써 취득한다.

예컨대, 甲이 乙에게 1년을 기간으로 1억 원을 빌리면서 甲 부동산에 저당권 1억 원의 등기를 설정하여 주었고 甲이 변제기에 돈을 갚지 못하면 乙은 甲 부동산을 경매에 부쳐 우선변제 받을 수 있다.

저당권으로 담보한 채권(피담보채권)이 시효의 완성 기타 사유로 인하여 소멸한 때에는 저당권도 소멸한다(민법 제369조). 따라서 甲이 변제기 전이라도 乙에게 1억 원 전액을 변제하면 저당권은 말소등기 없이도 소멸한다.

## (아-1) 근저당권

저당권은 그 담보할 채무의 최고액만을 정하고 채무의 확정을 장래에 보류하여 이를 설정할 수 있다. 이 경우에는 그 확정될 때까지의 채무의 소멸 또는 이전은 저당권에 영향을 미치지 아니한다(민법 제357조 1항). 근저당이란 계속적인 거래관계로부터 발생, 소멸하는 불특정다수의 채무를 장래의 결산기에 있어 일정한 한도액까지 담보하기 위하여 현재에 설정하는 저당권을 말한다. 저당권은 장래의 특정채무를 담보하지만, 근저당권은 장래의 증감, 변동하는 불특정채무를 담보한다는 점에서 다르다. 근저당권은 피담보채권이 일시적으로 없어졌다 하더라도 저당권처럼 소멸하지 않는다.

예컨대, 甲이 乙 은행에 1년을 기간으로 1억 원을 한도로 당좌대월계약을 하면서 甲 부동산에 근저당권 채권최고액 1억 2천만 원의 등기를 설정하여 주었다고 할 경우, 甲이 오늘 5천만 원을 빌리고 내일 5천만 원을 갚았다면 일반 저당권의 경우 피담보채권의 변제로 저당권이 소멸할 것이지만, 근저당권의 경우 소멸하지 않는다. 1년의 결산기에 채권최고액 1억 2천만 원 범위 내에서 채무가 확정된다.

② 민법 이외의 법률이 인정하는 물권

　가) 상법

　　상사유치권(상법 58조, 91조, 111조, 120조, 147조, 800조), 주식질권(상법338조, 339조,

　　340조). 선박저당권(상법 871조 이하), 선박채권자의 우선 특권(상법 468조, 858조,

　　861조, 872조)

　나) 특별법

　　입목저당권(입목에 관한 법률), 공장저당권(공장저당법), 공장재단저당권(공장저당

　　법), 광업재단저당권(광업재단저당법), 자동차저당권(자동차저당법), 항공기저당권

　　(항공기저당법), 중기저당권(중기저당법), 가등기담보권 및 양도담보권(가등기담보

　　등에 관한 법률), 광업권(광업법), 조광권(광업법), 어업권(수산업법).


## 2) 관습법이 인정하는 물권

### ① 분묘기지권

타인의 토지에 분묘를 설치한 자는 일정한 요건하에 그 분묘기지에 대하여 지상권과

유사한 물권을 취득한다.

분묘기지권은 ⅰ) 토지소유자의 승낙을 얻어 그의 토지에 분묘를 설치한 경우 ⅱ) 타인토지

에 소유자의 승낙 없이 분묘를 설치한 경우에는 20년간 평온, 공연하게 그 분묘를 점유한

경우 ⅲ) 자기 소유의 토지에 분묘를 설치한 자가 분묘에 관해서는 별도의 특약이 없이

토지만을 타인에게 처분한 경우. 이 세 가지의 경우에 분묘기지권이 성립한다.

### ② 관습법상의 법정지상권

동일인의 소유에 속하는 토지와 그 지상의 건물이 매매 등으로 소유자를 각각 달리하게

될 경우, 그 건물을 철거한다는 별도의 특약이 없는 한 건물의 소유자는 그 토지 위에

관습법상의 법정지상권을 취득한다.

**(4) 권리 상호 간의 우열관계**

### 1) 물권 상호 간의 우선적 효력

시간적 순서에 있어서 먼저 성립한 물권은 뒤에 성립한 물권에 우선한다. 즉, 하나의 물건 위에 먼저 성립한 물권과 동일한 내용의 같은 물권은 다시 성립할 수 없는 것이 원칙이고 설사 그것이 인정된다 하더라도 먼저 성립한 물권의 내용을 해치지 않는 범위 내에서만 성립할 수 있다(예컨대, 어떤 토지에 지상권이 설정되어 있는데 후순위로 지상권을 설정할 수 없다. 또 저당권이 설정되어 있는데 후순위로 저당권은 설정할 수 있지만, 선순위의 저당권을 해하지 않는 범위 내에서 성립할 수 있다. 저당권이 설정된 후 지상권을 설정하였다면 저당권의 실행으로 지상권은 소멸하지만, 지상권이 설정된 후 저당권을 설정되었다면 저당권의 실행으로 지상권은 소멸하지 않는다).

### 2) 물권과 채권 간의 우선적 효력

① 원칙

하나의 물건에 대하여 물권과 채권이 병존할 경우 성립시기와 상관없이 물권이 항상 우선한다.

② 예외

가) 부동산임차권이 등기된 경우(민법 621조)

나) 주택임대차, 상가임대차의 경우 대항요건을 갖춘 경우(주택임대차보호법 제3조, 제3조의 2, 상가건물 임대차보호법 제3조)

다) 부동산물권변동을 목적으로 하는 청구권이 가등기 된 경우(부동산등기법 제3조). 가등기 후 나중에 본등기를 하게 되면 본등기의 순위는 가등기의 순위에 의하고, 가등기와 본등기 사이에 저촉되는 중간처분의 등기는 말소되거나 후순위로 된다.

### 3) 채권 상호 간의 효력

채권은 상대방에 대한 청구권으로서 시간의 전후에 상관없이 평등한 지위를 가지므로 동일한 순위로서 시간순서에 상관없이 금액에 비례하여 배당한다.


## 2. 부동산등기부 보는 법

### (1) 등기부의 구성

부동산등기부는 부동산에 관한 권리관계 또는 부동산의 현황을 기재한 공적 장부로서 토지등기부와 건물등기부로 구분되고, 건물등기부는 다시 일반건물등기부와 집합건물등기부로 구분된다.

등기부용지는 표제부, 갑구, 을구로 구성된다(집합건물[60]등기용지는 1동 건물의 표제부와 전유부분의 표제부, 갑구, 을구로 구성). 표제부는 부동산의 표시에 관한 사항을 기재하고, 갑구는 소유권에 관한 사항을 기재하고, 을구는 소유권 이외의 권리에 관한 사항을 기재한다.

① 표제부(부동산의 표시에 관한 사항)

소재 지번, 면적, 대지권 등

② 갑구(소유권에 관한 사항)

소유자에 관한 사항, 소유권 보존 및 이전, 가압류, 압류, 가처분, 경매기입등기(강제, 임의), 가등기, 예고등기, 환매등기, 화의, 회사정리절차 등기

③ 을구(소유권 이외의 권리에 관한 사항)

근저당권, 전세권, 임차권, 지상권, 지역권, 권리질권 등기

---

60) 집합건물이란 아파트, 빌라, 오피스텔 등과 같이 1동의 건물에 여러 개의 구분소유권이 있는 건물이다. 하나의 물건에 대해서는 하나의 소유권이 성립하는 것이 원칙[일물일권주의(一物一權主義)]이므로 1동의 건물은 하나의 소유권의 대상이 되나, 1동의 건물의 각 부분이 구조상·이용상 독립성을 갖추고 있는 때에는 그 부분에 대해서 소유권(구분소유권)의 목적이 될 수 있음을 집합건물법에서 규정하고 있다(집합건물의 소유 및 관리에 관한 법률 1조). 다만, 건물이 구분소유권의 목적이 될 수 있는 객관적 요건을 갖추고 있더라도 그 건물이 당연히 집합건물이 되는 것이 아니라, 그 건물을 집합건물로 하고자 하는 소유자의 의사(구분행위)가 있어야 하므로, 일반적으로 집합건물이란 위의 객관적 요건을 갖춘 후 집합건축물대장에 등록되고, 부동산등기부에 집합건물로 등기된 건물을 말한다.

## (2) 표제부

### [건물등기부등본의 표제부]

[건물] ① 경기도 성남시 분당구 백현동 50 -6                    ② 고유번호 1356-2004-018720

| 【 ③ 표          제          부 】 | ( 건물의 표시 ) | | | |
|---|---|---|---|---|
| ④ 표시번호 | 접 수 | 소재지번 및 건물번호 | 건 물 내 역 | 등기원인 및 기타사항 |
| ⑤ 1 | 2004년12월31일 ⑥ | 경기도 성남시 분당구 백현동 50 -6 | ⑦ 철근콘크리트구조 기와지붕 2층 단독주택 지층  89.38㎡ 1층  133.21㎡ 2층  124.24㎡ | |

① 경기도 성남시 분당구 백현동 50-6: 부동산 소재지의 행정구역과 지번

② 고유번호: 1356은 등기소명

③ 표제부: 부동산등기부 첫 장에 위치하며 부동산의 표시에 관한 사항을 기재한다. (건물의
   표시)는 표제부에 표시할 부동산이 건물인 경우

④ 표시번호: 해당 부동산의 발생, 변경, 소멸에 관한 변경순서를 표시한다.

⑤ 1: 해당 부동산이 처음으로 등기되었음을 표시한 번호

⑥ 2004년 12월 31일: 해당 부동산이 처음으로 등기 접수된 연월일

⑦ 철근콘크리트구조 기와지붕: 건물의 구조와 지붕형태


### [토지등기부등본의 표제부]

[토지] 경기도 의왕시 왕곡동 114                    고유번호 1352-1996-056939

| 【 표          제          부 】 | ① ( 토지의 표시 ) | | | |
|---|---|---|---|---|
| 표시번호 | 접 수 | 소 재 지 번 | 지 목 | 면 적 | 등기원인 및 기타사항 |
| 1 (전 1) | 1999년10월11일 | 경기도 의왕시 왕곡동 114 | 전 ② | 1207㎡ ③ | |
| | | | | | 부동산등기법 제177조의 6 제1항의 규정에 의하여 2000년 05월 27일 전산이기 ④ |

① (토지의 표시): 표제부에 표시할 부동산이 토지인 경우

② 전: 토지의 지목을 말한다. 토지는 총 28개의 지목으로 분류되는데, 그중 농지는 전(밭),
   답(논), 과(과수원)로 분류되고 전은 그중 하나이다.

③ 1,207㎡: 토지의 면적.

④ 부동산등기법 제177조의 6 제1항의 규정에 의하여 2000년 05월 27일 전산 이기: 구등기부등

본을 전산 정보 처리하게 된 법률적 근거를 말한다.


[집합건물등기부등본의 표제부]

[집합건물] 서울특별시 강남구 도곡동 527외 4필지 도곡렉슬아파트 제103동 제10층 제1004호      고유번호 1146-2006-003734

| 【 표   제   부 】   ① ( 1동의 건물의 표시 ) | | | |
|---|---|---|---|
| 표시번호 | 접 수 | 소재지번,건물명칭 및 번호 | 건물내역 | 등기원인 및 기타사항 |
| 1 | 2006년3월28일 | 서울특별시 강남구 도곡동 527, 527-2, 528, 529, 530 도곡렉슬아파트 제103동 | 철근콘크리트구조<br>(철근)콘크리트스라브지붕 23층 아파트<br>1층 692.5496㎡   2층 603.2296㎡<br>3층 603.2296㎡   4층 603.2296㎡<br>5층 603.2296㎡   6층 603.2296㎡<br>7층 603.2296㎡   8층 603.2296㎡<br>9층 603.2296㎡   10층 603.2296㎡<br>11층 603.2296㎡   12층 603.2296㎡<br>13층 603.2296㎡   14층 603.2296㎡<br>15층 603.2296㎡   16층 603.2296㎡<br>17층 603.2296㎡   18층 603.2296㎡<br>19층 603.2296㎡   20층 603.2296㎡<br>21층 603.2296㎡   22층 603.2296㎡<br>23층 463.9540㎡<br>옥탑1층 41.0600㎡ (연면적제외)<br>옥탑2층 63.8400㎡ (연면적제외)<br>옥탑3층 63.8400㎡ (연면적제외) | 도면편철장 1책 272장 |

| ② ( 대지권의 목적인 토지의 표시 ) | | | |
|---|---|---|---|
| 표시번호 | 소 재 지 번 | 지 목 | 면 적 | 등기원인 및 기타사항 |
| 1 | 1. 서울특별시 강남구 도곡동 527<br>2. 서울특별시 강남구 도곡동 527-2<br>3. 서울특별시 강남구 도곡동 528<br>4. 서울특별시 강남구 도곡동 529<br>5. 서울특별시 강남구 도곡동 530 | 대<br>대<br>대<br>대<br>대 | 133361.6㎡<br>137.8㎡<br>826.5㎡<br>1373.8㎡<br>3050.6㎡ | 2006년3월28일 |

| 【 표   제   부 】   ③ ( 전유부분의 건물의 표시 ) | | | |
|---|---|---|---|
| 표시번호 | 접 수 | 건물번호 | 건물내역 | 등기원인 및 기타사항 |
| 1 | 2006년3월28일 | 제10층 제1004호 | 철근콘크리트구조<br>59.9772㎡ | 도면편철장 1책 272장 |

| ( 대지권의 표시 ) | | |
|---|---|---|
| 표시번호 | ④ 대지권종류 | ⑥ 대지권비율 | 등기원인 및 기타사항 |
| 1 | 1, 2, 3, 4, 5 소유권대지권 ⑤ | 138750.3분의 27.5868 | 2006년3월24일 대지권<br>2006년3월28일 |
| 2 | | | 별도등기 있음 ⑦<br>2토지(을구 30번 구분지상권설정등기)<br>2006년3월28일 |

① (1동의 건물의 표시): 표제부에 표시할 부동산이 1동의 건물인 경우. 집합건물등기부등본의 표제부는 '1동의 건물 표시 표제부'와 '전유부분의 건물 표시 표제부', 2개의 표제부로 구성된다.

② (대지권의 목적인 토지의 표시): 대지권이란 구분소유자가 전유부분을 소유하기 위하여 건물의 대지에 대하여 가지는 권리를 말한다. 대지권으로 된 토지 전체를 표시

③ (전유부분의 건물 표시): 구분소유권의 목적인 전유부분의 물리적 현황

④ 대지권의 종류: 토지를 사용할 수 있는 권리의 종류(예컨대, 소유권, 지상권, 임차권 등)

⑤ 1, 2, 3, 4, 5 소유권·대지권: 1, 2, 3, 4, 5는 대지권의 목적인 토지의 표시 소재 지번에 기재된 토지들을 말하며, 소유권 대지권은 대지권의 종류가 소유권임을 말한다.

⑥ 대지권의 비율: 구분소유자가 전유부분을 소유하기 위하여 건물의 대지에 대하여 가지는 토지지분.

⑦ 집합건물의 경우 토지와 건물이 일체가 되어 거래되도록 되어 있는바, 토지에 건물과 다른 등기가 있을 경우, 집합건물등기부에 토지 별도등기 있음이라고 표시를 한다.


## (3) 갑구

[집합건물] 경기도 안양시 동안구 평촌동 101 인덕원대림2차아파트 제21 동 제9층 제90 호　　　　고유번호 1341-2005-000810

| ① 갑 구 | | | | (소유권에 관한 사항) |
|---|---|---|---|---|
| ② 순위번호 | 등 기 목 적 | ③ 접 수 | ④ 등 기 원 인 | 권 리 자 및 기 타 사 항 |
| 1 | 소유권보존 | 2005년1월6일 제1022호 | | 소유자 ○○석 684019-2****** 경기도 안양시 동안구 평촌동 101 인덕원대림2차아파트 21 동 90 호 |
| 2 | 압류 | 2010년6월16일 제39358호 | 2010년6월10일 압류(동안구세무과-8585) | 권리자 안양시동안구 |
| 3 | 가압류 | 2010년11월24일 제75941호 | 2010년11월24일 수원지방법원 안양지원의 가압류결정(2010카단492 6) | 청구금액 금4,608,540 원 채권자 신한카드 주식회사 110111-0412926 서울 중구 중무로1가 91 (안양채권차팀) |
| 4 | 3번가압류등기말소 | 2010년12월15일 제81890호 | 2010년12월8일 해제 | |
| 5 | 가압류 | 2011년5월19일 제34901호 | 2011년5월18일 수원지방법원 안양지원의 가압류결정(2011카단202 3) | 청구금액 금8,755,003 원 채권자 안양농업협동조합 안양시 동안구 관양동 1588-9, 10 (평촌남지점) |
| 6 | 임의경매개시결정 | 2012년3월14일 제19516호 | 2012년3월14일 수원지방법원 안양지원의 임의경매개시결정(2012 타경3389) | 채권자 정○자 440227-2****** 서울 강남구 역삼동 763-16 래미안그레이튼 20 동 30 호 |

① 갑구(소유권에 관한 사항): 소유권의 발생(보존), 변경(이전), 소멸, 처분제한, 소유자에 관한 사항에 대하여 등기한다.

② 순위번호: 등기가 이루어진 순서대로 순위번호를 매긴다. 순위번호 순서에 따라 소유권에

관한 사항이 변동된다. 등기권리의 순위는 같은 구에서는 순위번호에 의하고 별구(갑구, 을구)에서는 접수번호에 의한다.

③ 접수: 등기를 접수한 연월일과 접수번호를 기재한다.

④ 등기원인: 등기를 하게 된 원인과 그 연월일을 기재한다.

**(4) 을구**

| 【 ① 을 　　　　구 】 | | | ( 소유권 이외의 권리에 관한 사항 ) |
|---|---|---|---|
| 순위번호 | 등 기 목 적 | 접 　 수 | 등 기 원 인 | 권 리 자 및 기 타 사 항 |

| 순위번호 | 등 기 목 적 | 접 　 수 | 등 기 원 인 | 권 리 자 및 기 타 사 항 |
|---|---|---|---|---|
| 1 | 근저당권설정 | 2005년1월24일<br>제6232호 | 2005년1월24일<br>설정계약 | 채권최고액 금204,000,000원<br>채무자 ○○석<br>　경기도 안양시 동안구 평촌동 101<br>　인덕원대림2차아파트 21 동 90 호<br>근저당권자 주식회사신한은행 110111-0303183<br>　서울 중구 태평로2가 120<br>　( 인덕원지점 ) |
| ~~2~~ | ~~근저당권설정~~ | ~~2005년4월7일~~<br>~~제29468호~~ | ~~2005년4월7일~~<br>~~설정계약~~ | ~~채권최고액 금85,000,000원~~<br>~~채무자 석~~<br>~~경기도 안양시 동안구 평촌동 101~~<br>~~인덕원대림2차아파트 21 동 90 호~~<br>~~근저당권자 주식회사유니온상호저축은행 170111-0158675~~<br>~~대구 중구 관동 12-2~~ |
| 3 | 2번근저당권설정등기말소 | 2005년11월29일<br>제116563호 | 2005년11월29일<br>해지 | |
| 4 | 근저당권설정 | 2005년11월29일<br>제116564호 | 2005년11월29일<br>설정계약 | 채권최고액 금93,600,000원<br>채무자 석<br>　경기도 안양시 동안구 평촌동 101<br>　인덕원대림2차아파트 21 동 90 호 |
| | | | | 근저당권자 주식회사신한은행 110111-0303183<br>　서울 중구 태평로2가 120<br>　( 인덕원지점 ) |
| 5 | 근저당권설정 | 2006년12월1일<br>제144961호 | 2006년12월1일<br>설정계약 | 채권최고액 금60,000,000원<br>채무자 석<br>　경기도 안양시 동안구 평촌동 101<br>　인덕원대림2차아파트 21 동 90 호<br>근저당권자 주식회사신한은행 110111-0012809<br>　서울 중구 태평로2가 120<br>　( 인덕원지점 ) |
| 6 | 근저당권설정 | 2010년7월8일<br>제44889호 | 2010년7월7일<br>설정계약 | 채권최고액 금150,000,000원<br>채무자 석<br>　경기도 안양시 동안구 평촌동 101<br>　인덕원대림2차아파트 21 동 90 호<br>근저당권자 정명자 440227-2******<br>　서울특별시 강남구 역삼동 763-16 래미안 그레이튼<br>　201-301 |
| 7 | 근저당권설정 | 2010년11월12일<br>제73194호 | 2010년11월2일<br>설정계약 | 채권최고액 금50,000,000원<br>채무자 석<br>　경기도 안양시 동안구 평촌동 101<br>　인덕원대림2차아파트 21 동 90 호<br>근저당권자 노미숙 610227-2******<br>　경기도 오산시 수청동 569 우미이노스빌아파트<br>　103-1507 |

① 을구(소유권 이외의 권리에 관한 사항): 근저당권, 전세권, 임차권, 지상권, 지역권, 권리질권 등의 설정·이전·변경·소멸·처분제한에 관한 사항을 등기한다.

### (5) 등기의 순위

#### 1) 주등기의 순위

동일한 부동산에 관하여 등기한 권리의 순위는 법률에 다른 규정이 없는 때에는 등기의 전후에 의하고, 등기의 전후는 등기용지 중 동구(同區)에서 한 등기에 대하여는 순위번호에 의하고, 별구(別區)에서 한 등기에 대하여는 접수번호에 의한다(부동산등기법 제5조)

#### 2) 부기등기의 순위

부기등기의 순위는 주등기의 순위에 의하고, 부기등기 상호 간의 순위는 그 전후에 의한다(부동산등기법 제6조 1항).

#### 3) 가등기에 기한 본등기의 순위

가등기에 기하여 본등기를 한 경우 본등기의 순위는 가등기의 순위에 의한다(부동산등기법 제6조 2항)

### (6) 권리분석을 위한 등기부 보는 법

보통 물건을 선정하고 권리분석을 볼 때 사설경매사이트에 나와 있는 권리분석란을 보고 참고를 하는데 유의할 점은 사설경매사이트에 나와 있는 권리분석만을 맹신하고 입찰하여서는 안 된다. 사설경매사이트는 일반인이 좀 더 보기 편하도록 만든 것으로서 권리분석은 기계적으로 입력되므로 누락되거나 잘못 분석이 될 수 있으므로 권리분석 시에는 반드시 부동산등기부등본을 보고 직접 대조하여 분석하여야 한다. 그리고 입찰 시점에 등기부등본을 새로 발급받아 변동사항이 있는지 확인할 필요가 있다.

등기부등본의 권리분석을 보는 요령은 집합건물의 경우, 우선 등기부등본을 보고 대지권 부분(대지권 미등기인지, 대지권 별도등기인지)을 본다. 갑구란의 소유권변동내용과 을구란의 권리설정내용을 순서대로 살펴본다. 그리고 단독건물의 경우 건물등기부뿐만 아니라 토지등기부등본도 같이 발급하여 보아야 한다. 토지와 건물 각각 설정된 내용이 다를 수도 있다. 그리고 건축물대장과의 표시면적이 일치하는지도 살펴본다.

## 3. 말소기준권리

① 매각부동산을 낙찰받을 경우 부동산등기부상의 권리가 말소되는 것과 인수되는 것으로 나눌 수 있는데, 말소 또는 인수의 기준이 되는 권리를 말소기준권리라고 한다.

② 말소기준권리는 저당권, 근저당권, 압류, 가압류, 담보가등기, 경매개시결정의 기입등기 총 6개이다. 전세권도 일정한 경우 예외적으로 말소기준권리가 된다. 예컨대, 최선순위인 전세권자가 경매를 신청(건물 전체) 하였거나 배당요구를 한 경우, 전세권은 말소기준권리가 된다.

말소기준권리와 말소기준권리보다 후순위로 설정된 권리는 매각으로 말소되고, 말소기준권리보다 먼저 설정된 권리는 매수인에게 인수된다.

## 4. 소멸주의와 인수주의

말소기준권리를 중심으로 말소기준권리보다 후순위로 설정된 권리는 매각으로 소멸하는 것을 소멸주의라고 하고, 말소기준권리보다 먼저 설정된 권리는 매수인에게 인수되는 것을 인수주의라고 한다. 부동산 경매는 부동산 위에 존재하는 제한물권 등의 부담은 매수인이 인수하는 것(인수주의)이 아니라 매각으로 소멸하는 것(소멸주의)이 원칙이다.

## 법 제91조(인수주의와 잉여주의의 선택 등)

① 압류채권자의 채권에 우선하는 채권에 관한 부동산의 부담을 매수인에게 인수하게 하거나, 매각대금으로 그 부담을 변제하는 데 부족하지 아니하다는 것이 인정된 경우가 아니면 그 부동산을 매각하지 못한다.

② 매각부동산 위의 모든 저당권은 매각으로 소멸한다.

③ 지상권·지역권·전세권 및 등기된 임차권은 저당권·압류채권·가압류채권에 대항할 수 없는 경우에는 매각으로 소멸한다.

④ 제3항의 경우 외의 지상권·지역권·전세권 및 등기된 임차권은 매수인이 인수한다. 다만, 그중 전세권의 경우에는 전세권자가 제88조에 따라 배당요구를 하면 매각으로 소멸한다.

⑤ 매수인은 유치권자(유치권자)에게 그 유치권(유치권)으로 담보하는 채권을 변제할 책임이 있다.

| 소멸하는 권리 | 인수되는 권리 |
|---|---|
| ▶ 모든 (근)저당권, 담보가등기 | ▶ 예고등기, 유치권, 법정지상권, 분묘기지권 |
| ▶ 말소기준권리보다 후순위로 설정된 용익물권(전세권, 지역권, 지상권) | ▶ 말소기준권리보다 먼저 설정된 용익물권(전세권, 지역권, 지상권) |
| ▶ 말소기준권리보다 후순위로 설정된 가압류, 가처분, 가등기, 임차권, 환매권등기 | ▶ 말소기준권리보다 먼저 설정된 가처분, 가등기(소유권 이전청구권), 환매권등기 |
| ▶ 말소기준권리보다 늦게 전입신고(사업자등록)+점유를 한 임차인 | ▶ 말소기준권리보다 먼저 전입신고(사업자등록)+점유를 한 임차인 |

# 5. 잉여주의

① 잉여주의란 경매신청채권자에게 매각대금이 한 푼도 배당되지 않을 경우 경매를 진행하지 않는 입법주의를 말한다. 즉, 최저매각가격이 경매신청채권자에 앞서는 채권자들의 채권금 액과 경매비용을 합한 금액보다 적을 경우 경매를 진행하지 못한다.

② 잉여주의 입법 취지는 경매신청채권자가 자신의 채권액을 전혀 변제받지도 못하는데도 경매를 진행한다는 것은 자신에게 아무런 실익이 없는 무익한 경매가 행해지는 것을 막고, 또 우선채권자가 그 의사에 반한 시기에 투자의 회수를 강요당하는 것과 같은 부당한 결과를 피하기 위한 것으로서 우선채권자나 압류채권자를 보호하기 위한 것이다(대 판 1987.10.30, 87마861).

③ 무잉여 경매의 경우 경매는 취소되는데, 법원은 바로 취소결정을 하지 않고 경매신청채권자 에게 경매신청채권자보다 우선하는 채권금액과 경매비용을 변제하면 남을 것이 없겠다고 통지한다(법 102조 1항). 경매신청채권자는 통지를 받고 경매신청채권자보다 우선하는 채권금액과 경매비용을 합한 금액 이상으로 매수하는 사람이 없을 경우, 자기가 그 가격으로 매수하겠다고 신청하면서 이에 충분한 보증을 제공할 것임을 7일 이내에 법원에 신청하여야 한다. 이 기간 내에 신청채권자의 신청이 없으면 법원은 경매를 취소한다(법 102조 2항). 법원은 경매신청채권자가 위의 매수신청을 하고 충분한 보증을 제공한 때에는 법원은 매각기일과 매각결정기일을 정하여 공고하고 진행한다(법 104조 1항).

# Part 4.
# 사법상의 권리분석

## 제1절 부동산등기부에 등재된 권리분석

### 1. 부동산등기부 표제부(집합건물) 기재사항

#### (1) 대지권 등기

건물을 짓기 위하여는 토지(대지)가 필수적으로 필요하다. 건물을 짓기 위하여는 토지를 사용할 수 있는 권원(소유권, 지상권, 임차권, 전세권 등)이 있어야 하는데 집합건물의 경우 토지(대지)를 사용할 수 있는 권리를 '대지사용권(垈地使用權)'이라고 한다. 즉, 집합건물의 구분소유자가 전유부분을 소유하기 위하여 건물의 대지에 대하여 가지는 권리를 대지사용권이라고 한다(집합건물의 소유 및 관리에 관한 법률 제2조 6호).

대지사용권은 소유권이 될 수도 있고, 소유권이 아닌 지상권, 임차권, 전세권, 무상사용권(예컨 대, 시영아파트), 유상사용권(예컨대, 토지사용료는 건물분양가에 포함하고 건물만 분양하는 경우), 법정지상권, 관습법상 법정지상권 등이 될 수도 있다.

그리고 대지사용권으로서 건물과 분리하여 처분할 수 없는 것을 '대지권(垈地權)'이라고 한다(부동산등기법 제40조 3항). 대지권등기는 1동 건물의 표제부에 대지권의 목적인 토지의 표시를 하고, 전유부분의 표제부에 그 전유부분에 속하는 대지권의 표시를 한다.

## (2) 대지권 미등기

### 1) 발생원인

집합건물의 경우 대지권이 등기가 되어 있지 않은 경우가 있다. 그런 경우를 '대지권 미등기'라 한다. 대지권 미등기가 발생하는 이유는

첫째, 아파트를 신축 분양하면서(대개 대규모 택지개발이나 재개발 아파트) 건물등기는 하였으나 토지는 환지 절차 지연으로 등기하지 못한 경우이다.

대규모 택지개발이나 재개발 아파트의 경우 많은 기존의 지번을 말소하고 새 아파트의 신주소를 부여하면서 함께 환지작업을 하고 각 호수별로 대지권을 구분하게 된다. 그래서 건물은 완공되었는데도 환지절차 지연으로 대지권등기를 할 수 없는 경우가 대부분이다. 그런데 분양자가 입주하려면 건물이 완공되고 등기가 된 후에 입주가 가능한데, 환지절차가 종료될 때까지 입주를 기다려야 한다면 사회적으로나 경제적으로 손실이 크므로 건물만 등기된 후 입주하고 대지권등기는 환지절차가 종료된 후 할 수 있게 한 것이다.

둘째, 다른 수분양자가 분양대금의 납부를 지연한 경우이다.

셋째, 대지권등기는 할 수 있으나 고의로 대지권등기를 하지 않은 경우이다. 예컨대, 건물소유자가 경매로 집이 넘어가야 할 상황에서 굳이 비용을 들여 대지권등기를 할 이유가 없을 것이다.

넷째, 대지권 자체가 없는 경우이다.

## 2) 대지권 미등기 유형

### ① 대지권이 없는 경우

대지권 미등기 사유가 대지권 자체가 없는 경우이다. 예컨대, 건물을 사유지나 국유지에 건축한 경우, 토지를 일정 기간 사용하기로 하고 건물만 분양받은 경우, 분리처분규약 또는 공정증서에 의한 매매·경매 기타의 사유(건축주가 토지 위에 불법적으로 집합건물을 축조한 경우, 건축주가 토지대금을 계약금만 주고 건축을 시행하였으나 토지매매대금 미지급으로 계약이 해제된 경우 등)로 토지와 건물소유자가 다른 경우이다. 이런 경우에는 대지권이 아예 없는 경우로서 대지권을 취득할 수 없다. 또한, 대지권 없는 건물만 낙찰받으면 향후 토지소유자로부터 건물철거 또는 매도청구를 당하거나 토지소유자에게 평생 지료를 납부해야 하는 경우가 발생할 수 있다.

### ② 대지권은 있는데 미등기인 경우

전 1)항 대지권 미등기 발생원인 첫째 내지 셋째의 경우로서, 이런 경우에는 낙찰자는 대지권을 취득한다.

통상 분양계약서에 건물의 전유부분가액과 대지권가액을 표시하고 함께 분양을 하고 분양대금을 납부함이 일반적이다. 수분양자가 분양대금을 납부했다면 낙찰자는 분양자와 수분양자를 상대로 분양자로부터 수분양자를 거쳐 순차로 대지지분에 대한 소유권이전등기절차를 마쳐줄 것을 구하거나 분양자를 상대로 대지권변경등기절차를 마쳐줄 것을 구할 수 있다. 만일 수분양자가 대지권 분양대금을 납부하지 않았다면 낙찰자는 대지권 분양대금을 납부해야 한다. 이 경우 분양자는 낙찰자에게 분양대금 미지급을 이유로 대지권 분양대금을 납부하면 대지권등기 이전절차를 하여 주겠다는 동시이행 항변을 할 수 있다.

## 3) 대지권 미등기의 경우 집행법원의 처리

대지권이 미등기일 경우 집행법원은 대지권의 유무를 조사하여야 한다(대결 2006.3.27,

2004마978). 실무상 법원은 분양자 또는 해당 시·군·구에 대지권 비용을 납부했는지 사실조회 신청을 하기도 한다. 대지권의 유무를 알아내기 위하여는 '분양계약서', '분양대금 납부내역서' 등을 참조한다. 만일, 조사하였는데도 대지권 유무를 알아내기 어려울 경우 통상적으로 매각물 건명세서에 '대지권 유무는 알 수 없음'이라고 기재한다. 만일, 매각물건명세서에 대지권 유무의 표시도 없고 감정평가서에 대지권 금액이 평가되어 최초 매각가액에 포함시켰다면 낙찰자는 대지권을 취득하는 것으로 볼 수 있다. 그리고 감정서상에 대지권이 표시되어있어 대지권을 취득하는 것으로 알고 낙찰받았는데 낙찰 후 대지권이 없음이 판명될 경우, 매각불허가 신청 또는 매각 불허가에 대한 즉시항고, 매각허가결정의 취소 사유가 될 수 있다.

### 4) 대지권 미등기 권리분석

대지권 미등기일 경우, 우선 대지권이 있는지 없는지를 먼저 파악하여야 한다. 같은 집합건물의 경우도 대지권등기가 모두 안 되었는지 확인을 할 필요가 있다. 집합건물 전체 중 일부만 대지권등기가 안 되었다면 대지권은 취득하였지만, 등기만 안 되었을 가능성이 높다. 대지권이 없다면 낙찰자는 대지권을 아예 취득할 수 없으며, 대지권이 있다면 낙찰자는 대지권을 취득할 수 있지만, 추가로 대지권비용을 매입해야 하는지 여부를 알아보아야 한다.

감정평가서에 대지권의 평가금액이 포함되었는지 여부를 본다. 감정평가서에 대지권금액이 표시되어 있다면 낙찰자는 일반적으로 대지권을 취득한다. 감정평가서에 대지권금액이 표시되어 있지 않다면 낙찰자는 대지권을 취득하지 못한다. 이럴 경우, 후에 대지권소유자가 구분소유권 매도청구권[61]을 행사하면 소유권을 잃게 될 수 있다.

감정평가서에 대지권금액이 포함되어 있어 낙찰받는다 해도 사실상 대지권이 없는 일도 있으니 대지권 유무에 대하여 토지소유자에게 문의하는 등 확인을 하여야 하며, 대지권이

---

61) 집합건물의 소유 및 관리에 관한 법률 제7조(구분소유권 매도청구권)
대지사용권을 가지지 아니한 구분소유자가 있을 때에는 그 전유부분의 철거를 청구할 권리를 가진 자는 그 구분소유자에 대하여 구분소유권을 시가(시가)로 매도할 것을 청구할 수 있다.
[대판 1989.4.11, 88다카2981판결]
집합건물의 부지소유권자는 대지사용권을 가지지 아니한 건물구분소유자에 대하여 그 전유부분의 철거를 구할 권리를 가진 자에 해당하므로 같은 법 제7조에 의하여 구분소유권을 시가로 매도할 것을 청구할 수 있다.

있다 하여도 등기절차에 있어서 소유권 이전에 어려움이 있을 수 있으니 대지권이전등기가 가능한지와 대지권이전등기비용 등을 고려해야 한다.

대지권 미등기의 경우 실무상 많은 유찰로 가격이 내려가는 것이 일반적이므로 대지권을 추가 매입하더라도 투자 메리트가 있다면 성공투자의 물건이 될 것이다.


### 5) 관련 판례

① 대판 2006. 9. 22. 2004다58611

【판시사항】

집합건물의 분양자가 수분양자에게 대지지분의 소유권이전등기나 대지권변경등기를 지적 정리 후에 해주기로 하고 전유부분의 소유권이전등기만을 마쳐 준 상태에서 전유부분에 대한 경매절차가 진행되어 제3자가 이를 경락받은 경우, 수분양자가 분양대금을 완납하지 않았더라도 경락인이 대지사용권을 취득하는지 여부(적극) 및 이때 경락인이 분양자와 수분양자를 상대로 대지지분의 소유권이전등기절차 이행 등을 청구할 수 있는지 여부(적극)


【판결요지】

집합건물의 분양자가 수분양자에게 대지지분에 관한 소유권이전등기나 대지권변경등기는 지적정리 후 해주기로 하고 우선 전유부분에 관해서만 소유권이전등기를 마쳐 주었는데, 그 후 대지지분에 관한 소유권이전등기나 대지권변경등기가 되지 아니한 상태에서 전유부분에 대한 경매절차가 진행되어 제3자가 전유부분을 경락받은 경우, 그 경락인은 집합건물의 소유 및 관리에 관한 법률 제2조 제6호의 대지사용권을 취득하고, 이는 수분양자가 분양자에게 그 분양대금을 완납한 경우는 물론 그 분양대금을 완납하지 못한 경우에도 마찬가지이다. 따라서 그러한 경우 경락인은 대지사용권 취득의 효과로서 분양자와 수분양자를 상대로 분양자로부터 수분양자를 거쳐 순차로 대지지분에 관한 소유권이전 등기절차를 마쳐줄 것을 구하거나 분양자를 상대로 대지권변경 등기절차를 마쳐줄 것을 구할 수 있고, 분양자는 이에 대하여 수분양자의 분양대금 미지급을 이유로 한 동시이행 항변을 할 수 있을 뿐이다.

② 대결 2006. 3. 27. 2004마978

【판시사항】

[1] 집합건물의 건축자로부터 전유부분과 대지지분을 함께 분양의 형식으로 매수하여
그 대금을 모두 지급하였지만, 대지지분에 대하여는 아직 소유권이전등기를 경료하지
못한 자에게 건물의 대지를 점유·사용할 권리가 있는지 여부(적극) 및 이러한 대지의
점유·사용권이 집합건물의 소유 및 관리에 관한 법률 제2조 제6호에서 정한 대지사용권
에 해당하는지 여부(적극)

[2] 구분건물에 대한 경매신청서에 대지사용권에 관한 아무런 표시가 없는 경우, 집행법원이
취하여야 할 조치

【결정요지】

[1] 집합건물의 건축자로부터 전유부분과 대지지분을 함께 분양의 형식으로 매수하여
그 대금을 모두 지급함으로써 소유권 취득의 실질적 요건은 갖추었지만, 전유부분에
대한 소유권이전등기만 마치고 대지지분에 대하여는 아직 소유권이전등기를 마치지
못한 자는 매매계약의 효력으로써 전유부분의 소유를 위하여 건물의 대지를 점유·사용
할 권리가 있는바, 매수인의 지위에서 가지는 이러한 점유·사용권은 단순한 점유권과는
차원을 달리하는 본권으로서 집합건물의 소유 및 관리에 관한 법률 제2조 제6호 소정의
구분소유자가 전유부분을 소유하기 위하여 건물의 대지에 대하여 가지는 권리인 대지사
용권에 해당한다.

[2] 구분건물에 대한 경매에 있어서 비록 경매신청서에 대지사용권에 대한 아무런 표시가
없는 경우에도 집행법원으로서는 대지사용권이 있는지, 그 전유부분 및 공용부분과
분리처분이 가능한 규약이나 공정증서가 있는지 등에 관하여 집달관에게 현황조사명령
을 하는 때에 이를 조사하도록 지시하는 한편, 그 스스로도 관련자를 심문하는 등의
가능한 방법으로 필요한 자료를 수집하여야 하고, 그 결과 전유부분과 불가분적인
일체로서 경매의 대상이 되어야 할 대지사용권의 존재가 밝혀진 때에는 이를 경매
목적물의 일부로서 경매 평가에 포함해 최저입찰가격을 정하여야 할 뿐만 아니라,

입찰기일의 공고와 입찰물건명세서의 작성에 있어서도 그 존재를 표시하여야 한다.


③ 대판 2000. 11. 16. 98다45652, 45669 전원합의체 판결

【판시사항】

[1] 집합건물의 건축자로부터 전유부분과 대지지분을 함께 매수하여 그 대금을 모두 지급함으로써 소유권 취득의 실질적 요건은 갖추었지만, 전유부분에 대한 소유권이전등기만 경료받고 대지지분에 대하여는 소유권이전등기를 받지 못한 경우, 매수인은 매매계약의 효력으로써 건물의 대지를 점유·사용할 권리를 갖는지 여부(적극) 및 매수인의 지위에서 전유부분의 소유를 위하여 가지는 위와 같은 대지의 점유·사용권이 집합건물의 소유 및 관리에 관한 법률 제2조 제6호 소정의 '대지사용권'에 해당하는지 여부(적극).

[2] 집합건물에 대하여 전유부분의 등기와 대지지분의 등기가 동시에 이루어져야 하나, 특별한 사정으로 인하여 전유부분에 대하여만 소유권이전등기를 받은 매수인이 대지지분에 대한 소유권이전등기를 받기 전에 대지사용권을 전유부분과 분리하여 처분할 수 있는지 여부(소극) 및 매수인이 전유부분 및 장래 취득할 대지지분을 다른 사람에게 양도하여 그 중 전유부분에 대한 소유권이전등기를 경료하여 준 다음 사후에 취득한 대지지분을 전유부분의 소유권을 취득한 양수인이 아닌 제3자에게 분리 처분할 수 있는지 여부(소극),


【판결요지】

[1] 아파트와 같은 대규모 집합건물의 경우, 대지의 분·합필 및 환지절차의 지연, 각 세대당 지분비율 결정의 지연 등으로 인하여 전유부분에 대한 소유권이전등기만 수분양자를 거쳐 양수인 앞으로 경료되고, 대지지분에 대한 소유권이전등기는 상당기간 지체되는 경우가 종종 생기고 있는데, 이러한 경우 집합건물의 건축자로부터 전유부분과 대지지분을 함께 분양의 형식으로 매수하여 그 대금을 모두 지급함으로써 소유권 취득의 실질적 요건은 갖추었지만, 전유부분에 대한 소유권이전등기만 경료받고 대지지분에 대하여는 위와 같은 사정으로 아직 소유권이전등기를 경료받지 못한 자는 매매계약의 효력으로써

전유부분의 소유를 위하여 건물의 대지를 점유·사용할 권리가 있는바, 매수인의 지위에서 가지는 이러한 점유·사용권은 단순한 점유권과는 차원을 달리하는 본권으로서 집합건물의 소유 및 관리에 관한 법률 제2조 제6호 소정의 구분소유자가 전유부분을 소유하기 위하여 건물의 대지에 대하여 가지는 권리인 대지사용권에 해당한다고 할 것이고, 수분양자로부터 전유부분과 대지지분을 다시 매수하거나 증여 등의 방법으로 양수받거나 전전 양수받은 자 역시 애초 수분양자가 가졌던 이러한 대지사용권을 취득한다.

[2] 집합건물의 소유 및 관리에 관한 법률의 규정 내용과 입법 취지를 종합하여 볼 때, 대지의 분·합필 및 환지절차의 지연, 각 세대당 지분비율 결정의 지연 등의 사정이 없었다면 당연히 전유부분의 등기와 동시에 대지지분의 등기가 이루어졌을 것으로 예상되는 경우, 전유부분에 대하여만 소유권이전등기를 경료받았으나, 매수인의 지위에서 대지에 대하여 가지는 점유·사용권에 터잡아 대지를 점유하고 있는 수분양자는 대지지분에 대한 소유권이전등기를 받기 전에 대지에 대하여 가지는 점유·사용권인 대지사용권을 전유부분과 분리 처분하지 못할 뿐만 아니라, 전유부분 및 장래 취득할 대지지분을 다른 사람에게 양도한 후 그 중 전유부분에 대한 소유권이전등기를 경료해 준 다음 사후에 취득한 대지지분도 전유부분의 소유권을 취득한 양수인이 아닌 제3자에게 분리 처분하지 못한다 할 것이고, 이를 위반한 대지지분의 처분행위는 그 효력이 없다.


④ 대판 2001. 9. 4. 2001다22604

【판시사항】

[1] 구분건물의 전유부분에 대한 소유권이전등기만 경료되고 대지지분에 대한 소유권이전등기가 경료되기 전에 전유부분만에 관하여 설정된 저당권의 효력범위

[2] 구분건물의 대지지분에 대한 소유권이전등기가 경료되기 전에 전유부분만에 관하여 경매절차가 진행되어 낙찰인이 전유부분만을 낙찰받았음에도 대지지분에 관한 등기까지 경료받은 것이 부당이득에 해당하는지 여부(소극)

【판결요지】

[1] 집합건물의 소유 및 관리에 관한 법률 제20조 제1항, 제2항과 민법 제358조 본문의
각 규정에 비추어 볼 때, 집합건물의 대지의 분·합필 및 환지절차의 지연, 각 세대당
지분비율 결정의 지연 등으로 인하여 구분건물의 전유부분에 대한 소유권이전등기만
경료되고 대지지분에 대한 소유권이전등기가 경료되기 전에 전유부분만에 관하여 설정된
저당권의 효력은, 대지사용권의 분리처분이 가능하도록 규약으로 정하였다는 등의 특별
한 사정이 없는 한, 그 전유부분의 소유자가 나중에 대지지분에 관한 등기를 마침으로써
전유부분과 대지권이 동일 소유자에게 귀속하게 되었다면 당연히 종물 내지 종된 권리인
그 대지사용권에까지 미친다.

[2] 구분건물의 전유부분에 대한 소유권이전등기만 경료되고 대지지분에 대한 소유권이전등
기가 경료되기 전에 전유부분만에 관하여 설정된 근저당권에 터 잡아 임의경매절차가
개시되었고, 집행법원이 구분건물에 대한 입찰명령을 함에 있어 대지지분에 관한 감정평
가액을 반영하지 않은 상태에서 경매절차를 진행하였다고 하더라도, 전유부분에 대한
대지사용권을 분리 처분할 수 있도록 정한 규약이 존재한다는 등의 특별한 사정이
없는 한 낙찰인은 경매목적물인 전유부분을 낙찰받음에 따라 종물 내지 종된 권리인
대지지분도 함께 취득하였다 할 것이므로, 구분건물의 대지지분 등기가 경료된 후 집행법
원의 촉탁에 의하여 낙찰인이 대지지분에 관하여 소유권이전등기를 경료받은 것을
두고 법률상 원인 없이 이득을 얻은 것이라고 할 수 없다.


## (3) 토지별도등기

### 1) 의의

1부동산 1등기용지를 취하고 있는 우리나라에서 예외적으로 집합건물의 경우 토지와 건물등
기부를 따로 두지 아니하고 건물에 관한 표시와 토지에 관한 표시를 하나로 통합하여 집합건물등
기부를 두고 있다. 그런데 집합건물의 토지에 관하여 근저당권, 가압류, 압류, 가등기, 가처분
등 권리에 제한사항이 있을 경우 집합건물 표제부에 '토지별도등기 있음'이라고 표시하게

된다. 토지별도등기 있는 집합건물의 경우 해당 토지등기부를 발급해보면 이러한 권리제한 사항들이 자세히 등기되어 있다.

## 2) 발생원인

첫째, 대개 나대지인 토지를 담보로 대출을 받고 근저당권을 설정한 후 집합건물을 완공한 경우 근저당권을 말소하고 대지권이전등기를 해주어야 하는데, 근저당권을 말소하지 못하고 대지권등기를 하였을 경우 집합건물등기부등본에 '토지별도등기 있음'이라고 기재하게 된다.

예컨대, 100평의 나대지를 소유한 '갑'이 10채의 빌라를 짓기 위하여 토지를 담보로 '을' 은행에 2억 원의 대출을 받고 2억 4천만 원의 근저당권을 설정했을 경우, 향후 빌라를 완공하고 근저당을 말소하지 않은 상태에서 집합건물 등기를 하여 A부터 J까지 10명에게 모두 분양을 하였다면 A부터 J까지 10명의 분양자들은 집합건물등기부에 '토지별도등기 있음'이라고 표시되고 각 분양자들은 근저당권 2억 4천만 원의 10분의 1인 2,400만 원씩 근저당권의 부담을 갖는 대지권을 인수한다. 만일, '을' 은행이 대출금 미지급으로 토지를 근저당권에 기한 임의경매를 실행하여 제3자가 낙찰받을 경우 집합건물의 분양자들은 법정지상권 등의 권원이 없는 한 건물을 철거당하게 되거나 지료를 내든지, 구분소유권 매도청구를 당하게 되어 소유권을 잃을 수 있다.

둘째, 건축업자가 집합건물을 건축진행 중 토지소유자의 채권자들이 토지에 가압류, 압류, 가처분, 예고등기 등의 처분이 들어온 후 집합건물이 완공된 경우에도 발생한다.

## 3) 토지별도등기의 경우 집행법원의 처리

토지별도등기 있는 집합건물의 경우 집행법원은 '토지별도등기 있음'이라고 표시하고 토지별도등기가 인수(낙찰로 인하여 소멸되지 않는 권리)될 경우 매각물건명세서에 인수조건을 표시하여야 한다. 실무상 토지등기부의 설정내용이 저당권, 가압류, 압류인 경우 저당권자, 압류권자에게 채권신고를 하게 하여 대지지분에 대한 배당을 받도록 하여 토지의 저당권 등을 말소시킨다. 토지권리자가 배당요구를 하지 않을 경우 토지별도등기는 말소되지 않는다. 배당은 낙찰대금에서 감정한 건물가액과 토지가액 비율로 나누어 토지등기부권리자는 토지가액에서 건물등기부권리자는 건물가액에서 배당된다. 임차인의 경우 건물가액에서 우선 배당된다.

### 4) 토지별도등기 권리분석

① 집합건물등기부에 '토지별도등기 있음'이라고 기재되어 있을 경우, 해당 토지등기부등본을 발급해 보고 매각물건명세서상에 인수되는 권리가 있는지 보아야 한다. 토지등기부에는 실제로 근저당권 등 권리제한 등기가 말소되었는데도 집합건물등기부에 토지별도등기 있음을 지우지 않아서 남아 있는 경우도 있다.

② 토지등기부상에 권리가 낙찰자에게 인수 또는 소멸되는지 중요한데, 토지별도등기가 근저당이면 모두 말소된다. 가처분, 가등기, 용익물권의 경우 말소기준권리보다 앞설 경우 인수된다. 단, 용익물권 중 구분지상권은 항상 인수된다. 주택임차인의 경우 토지근저당권보다 전입일이 늦고 건물근저당권보다 앞선다면 대항력 있는 임차인이므로 보증금인수에 유의하여야 한다. 주택임차인은 토지가 아닌 건물을 기준으로 말소기준권리를 정하므로 토지근저당권자가 토지가액에 대한 우선변제를 받고 임차인에게 전액 배당되지 않을 경우 미배당금액에 대하여 낙찰자가 전액 인수하게 된다. [참조사례: 2010타경 10064 의정부]

## 2. 부동산등기부 갑구 기재사항

### (1) 가압류

#### 1) 의의

가압류란 금전채권을 가지고 있는 채권자가 채무자의 재산에 대하여 장래의 강제집행을 보전하기 위하여 채무자의 재산을 임시로 처분하지 못하도록 하는 보전처분이다. 가압류를 하기 위하여는 피보전권리(금전채권)와 보전의 필요성(가압류를 하지 않으면 집행을 할 수 없거나 집행이 현저히 곤란할 경우)이 있어야 한다.

일반적으로 채권자가 금전채권에 대하여 소송으로 판결을 확정받고 판결문에 기하여 강제집행을 하고자 할 때, 시간이 장기화되어 채무자가 이미 재산을 타인에게 처분할 경우 강제집행을 할 수 없으므로, 채무자의 재산을 사전에 처분하지 못하도록 잠정적으로 가압류를 하고 본안소송에서 승소한 후 확정판결문에 의하여 본압류(강제집행)를 하게 된다.

가압류는 채권회수를 목적으로 처분금지, 배당, 소멸시효중단을 위하여 한다.

### 2) 가압류 권리분석

① 부동산에 가압류가 되어도 소유자는 부동산을 처분할 수 있으나 가압류 후의 재산처분행위는 가압류권자에게는 무효가 된다. 예컨대, 가압류 후 가압류된 부동산을 타인에게 매매하거나 전세권설정, 근저당권설정을 하더라도 가압류권자가 향후 본압류로 강제집행(강제경매)을 하게 되면 소유권 이전 등 가압류 이후 처분행위에 상관없이 채권을 회수할 수 있다.

② 가압류 이후의 근저당권, 전세권, 담보가등기, 주택·상가임대차는 가압류와 동 순위로 안분배당을 받는다.

---

**\*가압류, 가처분 소멸시효**

경매물건을 보다 보면 장기간 가압류나 가처분이 등기되어 있는 물건이 있다. 그럴 경우 가압류, 가처분을 취소 신청할 수 있으니 가압류권자, 가처분권자의 문건접수내역과 송달내역을 살펴보고 취소신청이 가능한지 검토하여 투자에 참고하시기 바란다.

(1) 소멸시효 중단사유

소멸시효 중단사유로 민법 제168조에서는 청구, 압류, 가압류, 가처분, 승인을 들고 있다. 따라서 가압류, 가처분을 할 경우 결정정본이 채무자에게 송달되거나 가압류등기가 기입될 때에 소멸시효 중단의 효력이 발생하고 그때부터 다시 소멸시효가 진행한다. 판례 2006.7.27, 2006다32781[민법 제168조에서 가압류를 시효중단사유로 정하고 있는 것은 가압류에 의하여 채권자가 권리를 행사하였다고 할 수 있기 때문인바, 가압류에 의한 집행보전의 효력이 존속하는 동안은 가압류채권자에 의한 권리행사가 계속되고 있다고 보아야 하므로 가압류에 의한 시효중단의 효력은 가압류의 집행보전의 효력이 존속하는 동안은 계속된다].

그런데 가압류가 취하 또는 최소 된 때에는 시효중단의 효력이 없다(판례 2010.10.14, 2010다53273). 가압류·가처분권자가 가압류, 가처분 후 다음과 같은 기간에 본안소송을 제기하지 않을 경우 이해관계인도 가압류, 가처분 취소를 신청할 수 있다.

(2) 제소기간 경과로 인한 가압류, 가처분 취소

| 가압류, 가처분 적용시기 | 제소기간 (소멸시효) | 근거법률 |
|---|---|---|
| 2002.6.30. 이전 | 10년 | 구민사소송법 (1990.1.13. 법률 제4201호) |
| 2002.7.1~2005.7.27 | 5년 | 민사집행법 (2002.1.26. 법률 제6627호) |
| 2005.7.28.~ | 3년 | 민사집행법 (2005.1.27. 법률 제7358호) |

3) 판례

① 부동산에 대하여 가압류등기가 먼저 되고 나서 근저당권설정등기를 마친 경우에 그 근저당권등기는 가압류에 의한 처분금지의 효력 때문에 그 집행보전의 목적을 달성하는 데 필요한 범위 안에서 가압류채권자에 대한 관계에서만 상대적으로 무효이다(대결 1994. 11. 29. 94마417).

② 가압류 후 소유권이전등기가 된 경우 가압류권자가 본압류인 강제집행을 할 경우 채무자는 현재의 소유자가 아니고 가압류 당시의 소유자이다(대판 1998. 11. 10. 98다43441).

③ 부동산에 대한 가압류집행 후 가압류 목적물의 소유권이 제3자에게 이전된 경우 가압류의 처분 금지적 효력이 미치는 것은 가압류결정 당시의 청구금액의 한도 안에서 가압류 목적물의 교환가치이고, 위와 같은 처분 금지적 효력은 가압류채권자와 제3취득자 사이에서만 있는 것이므로 제3취득자의 채권자가 신청한 경매절차에서 매각 및 경락인이

취득하게 되는 대상은 가압류 목적물 전체라고 할 것이지만, 가압류의 처분 금지적 효력이 미치는 매각대금 부분은 가압류채권자가 우선적인 권리를 행사할 수 있고 제3취득자의 채권자들은 이를 수인하여야 하므로, 가압류채권자는 그 매각절차에서 당해 가압류 목적물의 매각대금에서 가압류결정 당시의 청구금액을 한도로 하여 배당을 받을 수 있고, 제3취득자의 채권자는 위 매각대금 중 가압류의 처분 금지적 효력이 미치는 범위의 금액에 대하여는 배당을 받을 수 없다(대판 2006.7.28, 2006다19986).

## (2) 압류

### 1) 의의

압류란 채권자가 본안소송에 의한 확정판결문, 공정증서정본 등 채무명의를 가지고 채무자의 재산에 대하여 강제집행을 할 수 있는 본 집행을 말한다. 부동산에 대한 압류는 사인이 하는 압류와 국가기관에서 하는 압류 2가지로 분류할 수 있다. 사인이 채무명의를 가지고 부동산에 압류를 하게 되면 압류등기를 하지 않고 강제경매개시결정등기를 하게 된다. 부동산에 압류등기로 나타나는 것은 국가기관에 의한 압류이다. 국가기관이 세무서이면 국세체납, 지방자치단체인 시·군·구일 경우 지방세 체납, 공기관인 국민연금, 의료보험료 등이 압류의 원인이다.

### 2) 압류 권리분석

① 경매개시결정등기 전에 압류를 한 채권자는 배당요구를 하지 않아도 배당을 받지만, 경매개시결정등기 이후에 압류한 채권자는 배당요구종기일까지 반드시 배당요구를 하여야만 배당을 받을 수 있다.

② 강제경매개시결정등기는 압류등기와 같은 효력이므로 강제경매개시결정등기는 배당요구신청으로 간주하여 배당한다.

③ 확정판결문, 집행력 있는 공정증서를 가지고 있는 채권자는 배당요구종기일까지 배당요구를 하여야만 배당을 받을 수 있다.

## (3) 가처분

### 1) 의의

가처분이란 금전채권 이외의 청구권(소유권 이전, 저당권, 전세권, 임차권 등)에 대한 집행을 보전하기 위하여 또는 임시적인 지위를 정하기 위하여 법원이 행하는 임시적인 보전처분을 말한다. 가처분을 하기 위하여는 가압류와 마찬가지로 피보전권리와 보전의 필요성이 있어야 한다. 예컨대, 갑이 자신의 아파트를 을에게 매도하기로 하고 계약금과 중도금을 지불한 상태에서 을이 잔금을 지불하려고 하자, 아파트값의 상승으로 갑이 잔금수령을 거절하고 제3자에게 매도하려고 할 경우, 을은 제3자에게 처분하지 못하도록 매매를 원인으로 한 소유권이전등기청구권을 피보전권리로 가처분을 해놓고 소유권 이전에 관한 본안소송을 통하여 승소 후 단독으로 소유권이전등기를 할 수 있다. 만일, 을의 가처분 후 갑이 제3자 병에게 소유권 이전 또는 근저당권설정 등의 처분행위를 했더라도 을은 본안소송에서 승소할 경우 을의 가처분 이후의 병의 소유권이전등기 또는 근저당권설정 등의 처분등기는 을에게 대항할 수 없어 모두 말소하게 된다.

---

**등기예규 제1412호**

**처분금지가처분채권자가 가처분채무자를 등기의무자로 하여 소유권이전등기 또는 소유권이전(보존)등기말소등기 신청 등을 하는 경우의 업무처리지침**

1. 처분금지가처분채권자가 본안사건에서 승소하여 그 승소판결에 의한 소유권이전등기를 신청하는 경우

   가. 당해 가처분등기 이후에 경료된 제3자 명의의 소유권이전등기의 말소
   (1) 부동산의 처분금지가처분채권자(이하 '가처분채권자'라 한다)가 본안사건에서 승소하여(재판상 화해 또는 인낙을 포함한다. 이하 같다) 그 확정판결의 정본을 첨부하여 소유권이전등기를 신청하는 경우, 그 가처분등기 이후에 제3자 명의의 소유권이전등기가 경료되어 있을 때에는 반드시 위 소유권이전등기신청과 함께 단독으로 그 가처분등기 이후에 경료된 제3자 명의의 소유권이전등기의 말소신청도 동시에 하여 그 가처분등기 이후의 소유권이전등기를 말소하고 가처분채권자의 소유권이전등기를 하여야 한다.
   (2) 위 (1)의 경우, 가처분등기 이후에 경료된 제3자 명의의 소유권이전등기가 가처분등기

에 우선하는 저당권 또는 압류에 기한 경매절차에 따른 매각을 원인으로 하여 이루어진 것인 때에는 가처분채권자의 말소신청이 있다 하더라도 이를 말소할 수 없는 것이므로, 그러한 말소신청이 있으면 경매개시결정의 원인이 가처분등기에 우선하는 권리에 기한 것인지 여부를 조사(새로운 등기기록에 이기된 경우에는 폐쇄등기기록 및 수작업 폐쇄등기부까지 조사)하여, 그 소유권이전등기가 가처분채권자에 우선하는 경우에는 가처분채권자의 등기신청(가처분에 기한 소유권이전등기 신청 포함)을 전부 수리하여서는 아니 된다.

나. 당해 가처분등기 이후에 경료된 제3자 명의의 소유권이전등기 이외의 등기 말소
(1) 가처분채권자가 본안사건에서 승소하여 그 확정판결의 정본을 첨부하여 소유권이전 등기를 신청하는 경우, 그 가처분등기 이후에 제3자 명의의 소유권이전등기를 제외한 가등기, 소유권 이외의 권리에 관한 등기, 가압류등기, 국세체납에 의한 압류등기, 경매개시결정등기 및 처분금지가처분등기 등이 경료되어 있을 때에는 위 소유권이전 등기신청과 함께 단독으로 그 가처분등기 이후에 경료된 제3자 명의의 등기말소신청 도 동시에 하여 그 가처분등기 이후의 등기를 말소하고 가처분채권자의 소유권이전등 기를 하여야 한다.
(2) 다만, 가처분등기 전에 마쳐진 가압류에 의한 강제경매개시결정등기와 가처분등기 전에 마쳐진 담보가등기, 전세권 및 저당권에 의한 임의경매개시결정등기 및 가처분 채권자에 대항할 수 있는 임차인 명의의 주택임차권등기, 주택임차권설정등기, 상가 건물임차권등기 및 상가건물임차권설정등기 등이 있는 경우에는 이를 말소하지 아니하고 가처분채권자의 소유권이전등기를 하여야 한다.
(3) 위 (1)의 경우 가처분채권자가 그 가처분에 기한 소유권이전등기만 하고 가처분등기 이후에 경료된 제3자 명의의 소유권 이외의 등기의 말소를 동시에 신청하지 아니하였 다면 그 소유권이전등기가 가처분에 기한 소유권이전등기였다는 소명자료를 첨부하 여 다시 가처분등기 이후에 경료된 제3자 명의의 등기의 말소를 신청하여야 한다.

다. 삭제(2011.10.12 제1412호)

2. 가처분채권자가 본안사건에서 승소하여 그 승소판결에 의한 소유권이전등기말소등기(소 유권보존등기말소등기를 포함한다. 이하 같다)를 신청하는 경우

가. 당해 가처분등기 이후에 경료된 제3자 명의의 소유권이전등기의 말소
가처분채권자가 본안사건에서 승소하여 그 확정판결의 정본을 첨부하여 소유권이 전등기말소등기를 신청하는 경우, 그 가처분등기 이후에 제3자 명의의 소유권이 전등기가 경료되어 있을 때에는 위 소유권 이전등기말소등기신청과 동시에 그 가 처분등기 이후에 경료된 제3자 명의의 소유권이전등기의 말소도 단독으로 신청하

여 그 가처분등기 이후의 소유권이전등기를 말소하고 위 가처분에 기한 소유권이전등기말소등기를 하여야 한다.

나. 당해 가처분등기 이후에 경료된 제3자 명의의 소유권이전등기 이외의 등기의 말소
(1) 가처분채권자가 본안사건에서 승소하여 그 확정판결의 정본을 첨부하여 소유권이전등기말소등기를 신청하는 경우, 가처분등기 이후에 경료된 제3자 명의의 소유권이전등기를 제외한 가등기, 소유권 이외의 권리에 관한 등기, 가압류등기, 국세체납에 의한 압류등기, 경매신청등기와 처분금지 가처분등기 등이 경료되어 있을 때에는 위 소유권이전등기말소등기신청과 함께 단독으로 그 가처분등기 이후에 경료된 제3자 명의의 등기말소신청도 동시에 하여 그 가처분등기 이후의 등기를 말소하고 가처분채권자의 소유권이전등기의 말소등기를 하여야 한다.
(2) 다만, 가처분등기 전에 마쳐진 가압류에 의한 강제경매개시 결정등기와 가처분등기 전에 마쳐진 담보가등기, 전세권 및 저당권에 의한 임의경매개시 결정등기 및 가처분채권자에 대항할 수 있는 임차인 명의의 주택임차권등기, 주택임차권 설정등기, 상가건물임차권등기 및 상가건물임차권 설정등기 등이 가처분등기 이후에 경료된 때에는 그러하지 아니하다. 이 경우 가처분채권자가 가처분채무자의 소유권이전등기의 말소등기를 신청하기 위해서는 위 권리자의 승낙이나 이에 대항할 수 있는 재판이 있음을 증명하는 정보를 제공하여야 한다.

2) 유형

① 계쟁물(다툼의 대상)에 관한 가처분

금전채권 이외의 청구권(소유권 이전, 저당권, 전세권, 임차권 등)에 대한 집행을 보전하기 위하여 계쟁물에 대한 현상이 바뀌면 당사자가 권리를 실행하지 못하거나 이를 실행하는 것이 매우 곤란할 경우 하는 가처분이다(법 300조 1항).

계쟁물에 관한 가처분에는 처분금지가처분과 점유이전금지 가처분이 있다.

가) 처분금지가처분

계쟁부동산에 대한 청구권(소유권 이전 등)을 보전하기 위해 계쟁부동산에 대하여 제3자에게 소유권 이전, 담보설정 등 일체의 처분을 금하는 부동산처분금지가처분이 대표적이다.

나) 점유이전금지 가처분

부동산인도(명도) 청구권을 보전하기 위하여 계쟁부동산에 대하여 점유를 하고 있는 자에게 점유를 이전·변경하지 못하도록 하는 가처분이다. 점유이전금지 가처분을 하지 않고 부동산인도(명도)소송을 하여 승소하더라도 집행 전에 점유자가 변경되면 변경된 점유자를 상대로 하여 인도(명도)소송을 하여야 한다.

② 임시지위를 정하는 가처분

다툼이 있는 권리관계에 대하여 권리자가 현저한 손해를 피하거나 급박한 위험을 막기 위하여 임시의 지위를 정하는 가처분이다(법 300조 2항).

이에 속하는 것에는 임금지급 가처분, 명도단행 가처분, 건축공사금지 가처분, 건축공사방해금지 가처분, 출입금지가처분, 이사직무집행정지 가처분 및 직무대행자 선임 가처분 등이 있다.

3) 가처분 권리분석

① 매각물건명세서를 확인하라. 매각물건명세서를 열람하여 가처분등기가 말소될 것인지 인수될 것이지 여부를 확인하여야 한다. 매각으로 인하여 효력을 잃지 않는 가처분은 매각물건명세서에 기재하여야 하는바, 이를 기재하지 않았다면 매각물건명세서 작성에 중대한 하자가 있는 때에 해당하여 매각허가에 대한 이의 사유가 된다.

② 말소기준권리보다 먼저 등기된 가처분은 말소되지 않고 낙찰자에게 인수되며, 말소기준권리보다 나중에 등기된 가처분은 원칙적으로 말소된다.

선순위 가처분등기라 하더라도 가처분의 피보전권리가 무엇이냐에 따라 말소 여부가 달라질 수 있고 향후 소유권을 잃을 수도 있음을 유의해야 한다. 가처분의 피보전권리는 ㉠ 소유권에 관한 소유권이전등기청구권 및 소유권말소등기청구권 ㉡ 소유권 이외의 저당권설정청구권 및 저당권설정등기말소청구권 ㉢ 토지인도 및 건물철거청구권으로 구분해 볼 수 있는데,

첫째, 선순위 가처분이더라도 피보전권리가 ㉡ 소유권 이외의 저당권설정청구권 및

저당권설정등기 말소청구권인 경우에는 말소된다(저당권은 매각으로 인하여 소멸하는 권리이므로).

둘째, 후순위 가처분이더라도 ⓒ 토지인도 및 건물철거청구권을 보전하기 위한 건물에 대한 처분금지가처분은 매각으로 소멸하지 않는다(예컨대, 건물(토지사용에 관한 권원이 없는 건물)이 있는 토지만 낙찰받은 토지소유자가 건물소유자에게 건물철거 및 토지인도청구권을 피보전권리로 건물(집합건물을 포함)에 대하여 가처분을 한 경우, 가처분의 목적이 건물철거 및 토지인도이기 때문에 건물을 낙찰받은 낙찰자의 건물가처분등기는 말소되지 않는다).

셋째, 후순위 가처분이더라도 가처분이 매각에 의하여 소멸하지만, 등기의 공신력을 인정하지 않는 우리나라 법제에서는 향후 가처분권자의 본안소송 결과에 따라 소유권을 잃을 수도 있다. 예컨대, 가처분의 피보전권리가 소유권말소등기청구권, 저당권말소등기청구권인 경우에는 피보전권리의 원인이 사해행위, 착오, 사기, 강박, 등 선의의 제3자에게 대항할 수 없는 것일 경우 낙찰자는 소유권취득을 할 수 있겠으나, 의사 무능력 등 제3자에게 대항할 수 있는 것일 경우(예컨대, 매매서류를 위조하여 진정한 소유자 모르게 소유권이 이전된 경우, 진정한 소유자 모르게 근저당권이 위조되어 설정되고 그 근저당권에 기하여 경매가 진행된 경우) 낙찰자는 가처분이 말소되더라도 향후 본안소송의 결과에 따라 소유권을 잃을 수도 있다. 소유권을 잃게 될 경우 낙찰자는 매각대금을 반환받아야 하므로 배당받은 자가 금융권같이 반환자력이 있는 자인지 살펴볼 필요가 있다

## (4) 가등기

### 1) 의의

가등기는 청구권보전 가등기와 담보가등기 2가지 종류가 있다. 청구권보전 가등기란 소유권 기타 부동산등기법 3조에 규정된 권리(지상권, 지역권, 전세권, 저당권, 권리질권, 채권담보권, 임차권)의 설정, 이전, 변경, 소멸의 청구권을 보전하기 위하여 미리 예비적으로 해두는

등기이다. 청구권이 시기부 또는 정지조건부일 경우나 그 밖에 장래에 확정될 것인 경우에도 할 수 있다(부동산등기법 제88조). 담보가등기란 청구권보전을 위한 가등기 외에 채권담보의 목적으로 경료된 가등기를 '담보가등기'라고 한다(가등기담보 등에 관한 법률[62] 제2조 3호). 원래 가등기의 취지는 매매계약한 부동산에 대한 매도인의 이중매매 또는 매도인채권자의 강제집행을 대비하여 안전한 소유권 이전을 받기 위해 등기순위를 확보하고자 하는 제도인데, 돈을 빌리고 가등기를 해주는 담보가등기가 많이 이용되면서 2종류로 분류되고 있다.

### 2) 청구권보전 가등기의 효력

① 순위보전의 효력: 가등기를 한 후 나중에 본등기를 하게 되면 등기의 순위는 가등기의 순위에 의한다(부동산등기법 91조). 그러므로 가등기 후 본등기 사이에 이에 저촉하는 중간처분의 등기는 효력을 잃으며 등기관이 직권으로 말소한다. 그러나 물권변동의 효력이 가등기 시에 소급하여 발생하는 것은 아니며 물권변동의 효력은 본등기시 발생한다(대판 1992.9.25, 92다21258).

② 본등기 전의 가등기 효력: 가등기는 본등기시에 본등기의 순위를 가등기의 순위에 의하도록 하는 순위 보전적 효력만이 있을 뿐이고, 가등기만으로는 아무런 실체법상 효력을 갖지 아니하고 그 본등기를 명하는 판결이 확정된 경우라도 본등기를 경료하기까지는 마찬가지이다(대판 2001.3.23, 2000다51285). 따라서 가등기 자체로는 가등기 의무자의 처분을 제한하는 효력이 없으므로 가등기 의무자는 제3자에게 자유롭게 처분을 할 수 있다. 또한, 가등기가 되어 있다는 자체로 가등기권자에게 가등기의 원인인 청구권이 존재한다고 추정되지는 않는다(대판 1979.5.22, 79다239).

### 3) 담보가등기의 실행방법 및 효력

① 가등기담보 실행방법: 가등기담보의 실행은 '권리취득에 의한 실행(귀속청산)'과 '경매에 의한 실행(처분청산)' 두 가지 방법이 있다. 가등기담보권자는 두 가지 방법 중 임의로

---

62) 이하 '가담법'이라 한다.

선택하여 할 수 있으며 '권리취득에 의한 실행'의 경우 그 실행절차에 있어 가등기담보 등에 관한 법률의 적용으로 엄격한 제한을 받고 있다. 담보가등기는 경매신청권이 있으며, '경매에 의한 실행'의 경우 담보가등기를 저당권으로 본다(가담법 12조 1항).

② 우선변제권: 담보가등기가 설정된 부동산에 경매가 개시된 경우 담보가등기권자는 다른 채권자보다 자기채권을 우선하여 변제받을 권리가 있다. 이 경우 그 순위에 관하여는 그 담보가등기를 저당권으로 보고, 그 담보가등기를 마친 때에 저당권의 설정등기가 된 것으로 본다(가담법 13조). 담보가등기권자가 배당을 받으려면 배당요구종기일까지 채권계산서를 제출(배당요구)하여야 한다.

③ 매각으로 소멸: 담보가등기가 설정된 부동산에 경매가 개시된 경우 담보가등기는 매각에 의하여 소멸한다(가담법 15조).


### 4) 가등기 권리분석

① 담보가등기인지 청구권보전 가등기인지 파악: 일반적으로 부동산등기부등본에는 가등기가 담보가등기인지 청구권보전 가등기인지 명확하게 나타나지 않는다. 대법원은 당해 가등기가 어떤 종류의 가등기인지는 실제상 판단하여야 하고 형식상 판단하지 않는다(예컨대, 담보가등기인지 여부는 채권담보를 목적으로 한 것인지 아닌지 실제상 판단하여야 하며, 등기부에 매매예약 또는 대물변제예약으로 되어 있다 하여 담보가등기가 아니라는 형식상 판단을 하여서는 안 된다)고 하므로 만일, 선순위 가등기의 경우 낙찰자에게 인수될 수 있으므로 당해 가등기가 담보가등기인지 청구권보전 가등기인지 파악을 하여야 한다.

담보가등기인지 아닌지 분별하는 요령은 법원 문건접수내용에서 가등기권자가 법원에 채권계산서를 제출(배당요구)하였다면 담보가등기이고 제출하지 않았다면 청구권보전 가등기로 보면 무난하다[63]. 만일 담보가등기권자가 채권계산서를 제출하지 않아 청구권

---

63) [가담법 16조 1항] 법원은 소유권의 이전에 관한 가등기가 되어 있는 부동산에 대한 경매개시결정이 있는 경우에는 가등기권리자에게 다음 각 호의 구분에 따른 사항을 법원에 신고하도록 적당한 기간을 정하여 최고하여야 한다.
  1. 해당 가등기가 담보가등기인 경우: 그 내용과 채권[이자나 그 밖의 부수채권을 포함]의 존부·원인 및 금액
  2. 해당 가등기가 담보가등기가 아닌 경우: 해당 내용
  ※ 만일 선순위가등기권자가 법원의 위 최고에도, 채권계산서를 제출하지 않았다면 담보가등기가 아니며 당해 가등기는 낙찰자가 인수한다.

보전 가등기로 취급받아 가등기가 말소되지 않았다면 낙찰자는 그 가등기가 담보가등기임을 입증하여 가등기권자를 상대로 말소등기절차의 이행을 구할 수 있다.

② 말소기준권리 이후의 가등기는 모두 소멸한다.

③ 선순위 가등기가 담보가등기일 경우 가등기권자가 배당요구종기일 전에 채권계산서 제출(배당요구)한 경우 배당받고 매각에 의하여 소멸하며, 선순위 가등기가 청구권보전 가등기일 경우 매각에 의하여 소멸하지 않고 낙찰자가 인수한다.

④ 소유권이전등기청구권 보전을 위한 가등기를 경료한 후 가등기와는 상관없이 소유권이전 등기를 넘겨받은 경우, 가등기에 기한 본등기청구권은 혼동으로 소멸하지 않는다(대판 1995.12.26, 95다29888)


### 5) 가등기에 관한 업무처리지침(등기예규 제1408호)

등기예규 제1408호(제정 2011. 10. 12)
가등기에 관한 업무처리지침

---------------------------------------------------------------

#### 1. 목적
이 예규는 가등기의 신청, 이전, 본등기 및 본등기를 한 경우 직권말소 등에 관한 등기절차와 그 밖의 관련 사항에 관하여 규정함을 목적으로 한다.


#### 2. 가등기의 신청
가. 가등기를 할 수 있는 권리
「부동산등기법」 제3조에서 규정하고 있는 물권 또는 부동산임차권의 변동을 목적으로 하는 청구권에 관해서만 가등기를 할 수 있다. 따라서 물권적 청구권을 보전하기 위한 가등기나 소유권보존등기의 가등기는 할 수 없다.

나. 가등기를 명하는 법원의 가처분명령(이하 '가등기가처분명령'이라 한다)에 의한 신청
(1) 「부동산등기법」 제89조의 가등기 가처분에 관해서는 「민사집행법」 의 가처분에 관한 규정은 준용되지 않는다. 따라서 가등기 가처분명령을 등기원인으로 하여 법원이 가등기촉탁을 하는 때에는 이를 각하한다.
(2) 가등기 가처분명령에 의하여 가등기권리자가 단독으로 가등기신청을 할 경우에는 등기의무자의 권리에 관한 등기필정보를 신청정보의 내용으로 등기소에 제공할

필요가 없다.

다. 담보가등기의 신청

대물반환의 예약을 원인으로 한 가등기신청을 할 경우 등기신청서 기재사항 중 등기의 목적은 본등기 될 권리의 이전담보가등기(예: 소유권이전담보 가등기, 저당권이전담보 가등기 등)라고 기재한다. 「부동산등기법」 제89조의 가처분명령에 의하여 가등기신청을 할 때에도 등기원인이 대물반환의 예약인 경우에는 마찬가지이다.

라. 소유권 이전청구권의 보전을 위한 가등기(이하 '소유권 이전청구권 가등기'라 한다)의 신청과 농지취득자격증명서 등의 첨부 요부

농지에 대한 소유권 이전청구권 가등기의 신청서에는 농지취득자격증명을 첨부할 필요가 없으나, 「국토의 계획 및 이용에 관한 법률」에 의한 토지거래허가구역 내의 토지에 대한 소유권 이전청구권 가등기의 신청서에는 토지거래허가서를 첨부하여야 한다.

마. 가등기권리자가 여러 사람인 경우

(1) 여러 사람이 가등기할 권리를 공유하고 있는 때에는 신청서에 각자의 지분을 기재하여야 하고 등기기록에도 신청서에 기재된 지분을 기록하여야 한다.

(2) 여러 사람 공유의 부동산에 관하여 여러 사람 이름으로 가등기를 신청할 때에는 그 성질에 반하지 아니하는 한 '수인의 공유자가 수인에게 지분의 전부 또는 일부를 이전하는 경우의 등기신청방법 등에 관한 예규(등기예규 제1363호)'를 준용한다.


3. 가등기상 권리의 이전등기절차

(1) 가등기상 권리를 제3자에게 양도한 경우에 양도인과 양수인은 공동신청으로 그 가등기상 권리의 이전등기를 신청할 수 있고, 그 이전등기는 가등기에 대한 부기등기의 형식으로 한다.

(2) 위 가등기상 권리의 이전등기 신청은 가등기 된 권리 중 일부 지분에 관해서도 할 수 있다. 이 경우 등기신청서에는 이전되는 지분을 기재하여야 하고 등기기록에도 그 지분을 기록하여야 한다.

(3) 여러 사람 이름으로 가등기가 되어 있으나 각자의 지분이 기록되지 아니한 경우, 그 가등기상 권리의 양도에 관하여는 4.마.(2)의 규정을 준용한다.

4. 가등기에 의한 본등기

　가. 본등기신청의 당사자

　　(1) 가등기 후 제3자에게 소유권이 이전된 경우

　　　가등기에 의한 본등기 신청의 등기의무자는 가등기를 할 때의 소유자이며, 가등기 후에 제3자에게 소유권이 이전된 경우에도 가등기의무자는 변동되지 않는다.

　　(2) 가등기권자가 사망한 경우

　　　가등기를 마친 후에 가등기권자가 사망한 경우, 가등기권자의 상속인은 상속등기를 할 필요 없이 상속을 증명하는 서면을 첨부하여 가등기의무자와 공동으로 본등기를 신청할 수 있다.

　　(3) 가등기의무자가 사망한 경우

　　　가등기를 마친 후에 가등기의무자가 사망한 경우, 가등기의무자의 상속인은 상속등기를 할 필요 없이 상속을 증명하는 서면과 인감증명 등을 첨부하여 가등기권자와 공동으로 본등기를 신청할 수 있다.

　나. 등기원인 및 서면

　　(1) 매매예약을 원인으로 한 가등기에 의한 본등기를 신청함에 있어서, 본등기의 원인일자는 매매예약완결의 의사표시를 한 날로 기재하여야 하나, 등기원인을 증명하는 서면은 매매계약서를 제출하여야 한다.

　　(2) 그러나 형식상 매매예약을 등기원인으로 하여 가등기가 되어 있으나, 실제로는 매매예약완결권을 행사할 필요 없이 가등기권리자가 요구하면 언제든지 본등기를 하여 주기로 약정한 경우에는, 매매예약완결권을 행사하지 않고서도 본등기를 신청할 수 있으며, 이때에는 별도로 매매계약서를 제출할 필요가 없다.

　다. 등기필정보

　　가등기에 의한 본등기를 신청할 때에는 가등기의 등기필정보가 아닌 등기의무자의 권리에 관한 등기필정보를 신청정보의 내용으로 등기소에 제공하여야 한다.

　라. 가등기된 권리 중 일부 지분에 대한 본등기의 신청

　　가등기에 의한 본등기 신청은 가등기 된 권리 중 일부 지분에 관해서도 할 수 있다. 이 경우 등기신청서에는 본등기 될 지분을 기재하여야 하고 등기기록에도 그 지분을 기록하여야 한다.

　마. 공동가등기권자가 있는 경우

　　(1) 하나의 가등기에 관하여 여러 사람의 가등기권자가 있는 경우에, 가등기권자 모두가 공동의 이름으로 본등기를 신청하거나, 그 중 일부의 가등기권자가 자기의 가등기 지분에 관하여 본등기를 신청할 수 있지만, 일부의 가등기권자가 공유물보존행위에 준하여 가등기 전부에 관한 본등기를 신청할 수는 없다. 공동가등기권자

중 일부의 가등기권자가 자기의 지분만에 관하여 본등기를 신청할 때에는 신청서에 그 뜻을 기재하여야 하고 등기기록에도 그 뜻을 기록하여야 한다.

(2) 공동가등기권자의 지분이 기록되어 있지 아니한 때에는 그 지분은 균등한 것으로 보아 본등기를 허용하고, 일부의 가등기권자가 균등하게 산정한 지분과 다른 가등기지분을 주장하여 그 가등기에 의한 본등기를 신청하고자 할 경우에는 먼저 가등기지분을 기록하는 의미의 경정등기를 신청하여야 한다. 이 경우 그 경정등기 신청은 가등기권자 전원이 공동으로 하여야 하고 등기신청서에는 가등기권자 전원 사이에 작성된 실제의 지분비율을 증명하는 서면과 실제의 지분이 균등하게 산정한 지분보다 적은 가등기권자의 인감증명을 첨부하여야 한다.

(3) 두 사람의 가등기권자 중 한 사람이 가등기상 권리를 다른 가등기권자에게 양도한 경우, 양수한 가등기권자 한 사람의 이름으로 본등기를 신청하기 위해서는, 먼저 가등기상 권리의 양도를 원인으로 한 지분이전의 부기등기를 마쳐야 한다.

바. 판결에 의한 본등기의 신청

(1) 등기원인 일자

가등기상 권리가 매매예약에 의한 소유권 이전청구권일 경우, 판결주문에 매매예약 완결일자가 있으면 그 일자를 등기원인 일자로 기재하여야 하고, 판결주문에 매매예약 완결일자가 기재되어 있지 아니한 때에는 등기원인은 확정판결로, 등기원인일 자를 그 확정판결의 선고연월일로 기재하여야 한다.

(2) 등기부상의 가등기원인 일자와 본등기를 명한 판결주문의 가등기원인 일자가 서로 다른 경우

매매를 원인으로 한 가등기가 되어 있는 경우, 그 가등기의 원인일자와 판결주문에 나타난 원인일자가 다르다 하더라도 판결 이유에 의하여 매매의 동일성이 인정된다면 그 판결에 의하여 가등기에 의한 본등기를 신청할 수 있다.

(3) 판결주문에 가등기에 의한 본등기라는 취지의 기재가 없는 경우

판결의 주문에 피고에게 소유권 이전청구권 가등기에 의한 본등기 절차의 이행을 명하지 않고 매매로 인한 소유권이전등기 절차의 이행을 명한 경우라도, 판결 이유에 의하여 피고의 소유권이전등기 절차의 이행이 가등기에 의한 본등기 절차의 이행임이 명백한 때에는, 그 판결을 원인증서로 하여 가등기에 의한 본등기를 신청할 수 있다.

사. 담보가등기에 의한 본등기

(1) 신청정보의 내용으로 등기소에 제공하여야 할 사항

담보가등기에 의한 본등기를 신청할 경우 등기신청서에는 「부동산등기규칙」 제43조에서 신청정보의 내용으로 정하고 있는 사항 외에 본등기 할 담보가등기의

표시, 「가등기담보 등에 관한 법률」 제3조에서 정하고 있는 청산금 평가통지서가 채무자 등에게 도달한 날을 신청정보의 내용으로 등기소에 제공하여야 한다.

(2) 첨부정보

「부동산등기규칙」제46조에서 정하고 있는 첨부정보 외에 청산금 평가통지서 또는 청산금이 없다는 통지서가 도달하였음을 증명하는 정보와 「가등기담보 등에 관한 법률」 제3조에서 정하고 있는 청산기간이 경과한 후에 청산금을 채무자에게 지급(공탁)하였음을 증명하는 정보(청산금이 없는 경우는 제외한다)를 첨부정보로서 등기소에 제공하여야 한다. 다만 판결에 의하여 본등기를 신청하는 경우에는 그러하지 아니하다.

(3) 본등기신청의 각하

위 (1), (2)에서 정한 요건을 갖추지 아니한 등기신청이나 청산금평가통지서가 채무자 등에게 도달한 날로부터 2월이 경과하지 아니한 등기신청은 이를 각하한다.

아. 다른 원인으로 소유권이전등기를 한 경우

소유권 이전청구권 가등기권자가 가등기에 의한 본등기를 하지 않고 다른 원인에 의한 소유권이전등기를 한 후에는 다시 그 가등기에 의한 본등기를 할 수 없다. 다만, 가등기 후 위 소유권 이전등기 전에 제3자 앞으로 처분제한의 등기가 되어 있거나 중간처분의 등기가 된 경우에는 그러하지 아니하다.

## 5. 본등기와 직권말소

가. 소유권 이전등기 청구권보전 가등기에 기하여 소유권 이전의 본등기를 한 경우

1) 가등기 후 본등기 전에 마쳐진 다음 각 호의 등기와 체납처분에 의한 압류등기를 제외하고는 모두 직권으로 말소한다.

(가) 해당 가등기상 권리를 목적으로 하는 가압류등기나 가처분등기

(나) 가등기 전에 마쳐진 가압류에 의한 강제경매 개시결정등기

(다) 가등기 전에 마쳐진 담보가등기, 전세권 및 저당권에 의한 임의경매개시결정등기

(라) 가등기권자에게 대항할 수 있는 주택임차권등기, 주택임차권설정등기, 상가건물임차권등기, 상가건물 임차권설정등기(이하 '주택임차권등기 등'이라 한다)

(마) 해당 가등기 및 가등기 전에 마쳐진 등기의 말소예고등기

2) 체납처분에 의한 압류등기의 직권말소 여부

(가) 소유권이전등기청구권보전의 가등기에 기한 소유권 이전의 본등기를 신청한 경우 등기관은 등기기록의 기록사항만으로는 위 가등기가 담보가등기인지 여부를 알 수 없을 뿐 아니라, 담보가등기라 하더라도 체납처분에 의한 압류등기가 말소의 대상인지 여부를 알 수 없으므로 일단 직권말소 대상 통지(등기예규

제1338호 별지 제31호 양식)를 한 후, 이의 신청이 있는 경우 제출된 소명자료에 의하여 말소 또는 인용 여부를 결정한다.

(나) 담보가등기 또는 소유권이전등기청구권 가등기라 하더라도 사실상 담보가등기인 경우 다음 각 호에 해당하는 경우에는 직권으로 말소할 수 없다.

(1) 법정기일(「국세기본법」 제35조, 「지방세기본법」 제99조)이 담보가등기가 경료되기 전인 국세 및 지방세 채권에 의한 압류등기. 다만, 다음 경우의 담보가등기와 국세·지방세의 선·후의 비교는 아래 기준에 의한다.

(가) 1991. 1. 1. 전의 국세 및 1992. 1. 1. 전의 지방세 채권에 의한 압류 등에 대하여는 법정기일과 가등기일의 선·후를 비교하는 대신 납부기한과 가등기일의 선·후를 비교한다.

(나) 1992. 1. 1. 이후 1995. 1. 1. 전의 지방세에 의한 압류등기는 과세기준일 또는 납세의무성립일(이에 관한 규정이 없는 세목에 있어서는 납기개시일)과 가등기일의 선·후를 비교한다.

(2) 당해 재산에 부과된 국세(당해세)의 체납처분에 의한 압류등기

(3) 납부기한이 1991. 12. 31. 이전인 지방세(당해세) 체납처분에 의한 압류등기 또는 법정기일이 1996. 1. 1. 이후인 지방세(당해세) 체납처분에 의한 압류등기 [1992. 1. 1. 이후부터 1995. 12. 31. 이전에 담보가등기가 설정된 경우의 지방세(당해세) 체납처분에 의한 압류등기는 위 (1)의 예에 의한다]

다) 본등기가 된 후 직권말소 대상 통지 중의 등기처리

가등기에 의한 본등기를 하고 가등기와 본등기 사이에 이루어진 체납처분에 의한 압류등기에 관하여 등기관이 직권말소 대상 통지를 한 경우에는 비록 이의신청기간이 지나지 않았다 하더라도 본등기에 기초한 등기의 신청이나 촉탁은 수리하며, 체납처분에 의한 압류등기에 기초한 등기의 촉탁은 각하한다.

3) 가등기에 기한 본등기를 하였으나, 가등기 후에 마쳐진 소유권 이전등기를 직권말소하지 아니한 상태에서 그 소유권 이전등기를 기초로 하여 새로운 소유권 이전등기 또는 제한물권 설정등기나 임차권 설정등기가 마쳐진 경우에는 위 등기는 모두 직권말소할 수 없다.

나. 제한물권 및 임차권설정등기청구권보전 가등기에 기하여 제한물권 및 임차권설정의 본등기를 한 경우

1) 등기관이 지상권, 전세권 또는 임차권의 설정등기청구권보전 가등기에 의하여 지상권, 전세권 또는 임차권의 설정의 본등기를 한 경우 가등기 후 본등기 전에 마쳐진 다음 각 호의 등기(동일한 부분에 마쳐진 등기로 한정한다.)는 직권으로 말소한다.

(1) 지상권설정등기

(2) 지역권설정등기

(3) 전세권설정등기

(4) 임차권설정등기

(5) 주택임차권등기 등. 다만, 가등기권자에게 대항할 수 있는 임차인 명의의 등기는 그러하지 아니하다. 이 경우 가등기에 의한 본등기의 신청을 하려면 먼저 대항력 있는 주택임차권등기 등을 말소하여야 한다.

2) 지상권, 전세권 또는 임차권의 설정등기청구권보전 가등기에 의하여 지상권, 전세권 또는 임차권의 설정의 본등기를 한 경우 가등기 후 본등기 전에 마쳐진 다음 각 호의 등기는 위 본등기와 양립할 수 있으므로 직권말소 할 수 없다.

(1) 소유권이전등기 및 소유권이전등기청구권보전 가등기

(2) 가압류 및 가처분 등 처분제한의 등기

(3) 체납처분으로 인한 압류등기

(4) 저당권설정등기

(5) 가등기가 되어 있지 않은 부분에 대한 지상권, 지역권, 전세권 또는 임차권설정등기와 주택임차권등기 등

3) 저당권설정등기 청구권보전 가등기에 기하여 저당권설정의 본등기를 한 경우에는 가등기에 후에 경료된 제3자명의의 등기는 저당권설정의 본등기와 양립할 수 있으므로 직권말소 할 수 없다.

다. 직권말소 통지

등기관이 가등기 이후의 등기를 직권말소한 경우에는 말소하는 이유 등을 명시하여 지체없이 말소된 권리의 등기명의인에게 통지(등기예규 제1338호 별지 제9호 양식)하여야 한다.

## 6. 가등기의 말소

가. 등기권리자

가등기의무자나 가등기 후 소유권을 취득한 제3취득자는 가등기의 말소를 신청할 수 있다.

나. 가등기명의인 표시변경 등기의 생략

가등기의 말소를 신청하는 경우에는 가등기명의인의 표시에 변경 또는 경정의 사유가 있는 때라도 신청서에 그 변경 또는 경정을 증명하는 서면을 첨부함으로써 가등기명의인표시의 변경등기 또는 경정등기를 생략할 수 있다. 또한, 가등기명의인이 사망한 후에 상속인이 가등기의 말소를 신청하는 경우에도 상속등기를

거칠 필요 없이 신청서에 상속인임을 증명하는 서면과 인감증명서를 첨부하여 가등기의 말소를 신청할 수 있다.

다. 등기필정보

가등기명의인이 가등기의 말소를 신청하는 경우에는 가등기명의인의 권리에 관한 등기필정보(가등기에 관한 등기필정보)를 신청정보의 내용으로 등기소에 제공하여야 한다.

라. 가등기 가처분명령에 의한 가등기의 말소절차

가등기 가처분명령에 의하여 이루어진 가등기는 통상의 가등기 말소절차에 따라야 하며, 「민사집행법」에서 정한 가처분 이의의 방법으로 가등기의 말소를 구할 수 없다.

마. 가등기권자가 다른 원인으로 소유권이전등기를 한 경우

가등기권자가 가등기에 의하지 않고 다른 원인으로 소유권이전등기를 하였을 경우 그 부동산의 소유권이 제3자에게 이전되기 전에는 가등기권자의 단독신청으로 혼동을 등기원인으로 하여 가등기를 말소할 수 있으나, 그 부동산의 소유권이 제3자에게 이전된 후에는 통상의 가등기 말소절차에 따라 가등기를 말소한다.

7. 기록례는 별지와 같다.

부 칙

① (시행일) 이 예규는 2011년 10월 13일부터 시행한다.

② (다른 예규의 폐지) 가등기에 관한 업무처리지침(등기예규 제1057호), 가등기에 기한 본등기를 한 경우에 직권말소하여야 하는 등기(등기예규 제1063호)는 이를 각 폐지한다.

## (5) 예고등기

### 1) 의의

예고등기는 등기원인의 무효 또는 취소로 인한 등기의 말소 또는 회복의 소가 제기된 경우에 그 등기에 의하여 소의 제기가 있었음을 제3자에게 경고하여 계쟁 부동산에 관하여 법률행위를 하고자 하는 선의의 제3자로 하여금 소송의 결과 발생할 수도 있는 불측의 손해를 방지하려는 목적에서 하는 등기이다(대결 2001.3.14, 99마4849). 예컨대, 전 소유자가 등기이전이 무효라고 주장하며 현 등기상의 소유자를 상대로 소유권이전등기 말소소송을 제기한 경우 법원은 해당 부동산을 매수한 자는 소유권을 잃을 수도 있다는 경고적 차원에서 해당 등기부에 직권으로 등재하는 등기가 예고등기이다. 예고등기는 등기원인의 무효 또는 취소로써 선의의 제3자에게 대항할 수 있는 경우에는 예고등기할 수 없다.

### 2) 예고등기의 효력

① 경고적 효력: 예고등기는 등기의 공신력이 인정되지 않는 우리 법제에서 등기말소소송이 제기된 사실을 경고하는 목적을 가질 뿐 부동산에 대한 처분을 금지하는 효력은 없다(대결 1994.9.13, 94다21740).

② 인수 원칙: 예고등기는 권리에 관한 공시를 목적으로 하는 등기가 아니어서 부동산의 부담으로 되지 아니하므로 말소촉탁의 대상이 되지 아니하고 낙찰자가 인수한다.

③ 예고등기 있는 부동산을 낙찰받을 경우, 예고등기의 본안소송 결과에 따라 경매진행 결과가 추인(원고패소)되거나, 경매 자체가 무효(원고승소)가 될 수 있다.

### 3) 예고등기제도 폐지

예고등기는 본래 등기의 공신력이 인정되지 아니하는 우리나라 법제에서 제3자의 거래안전보호를 위하여 인정되는 제도이나, 실제 입법 취지와는 다르게 선의의 제3자 보호라는 거래의 안전보다는 강제집행방해의 목적으로 소를 제기(예컨대, 채무자와 제3자가 통모하여 허위의 소유권말소소송을 제기하게 하여 예고등기를 한 후 경매의 낙찰가를 많이 떨어뜨린 후 채무자 또는 제3자가 낙찰받는 행위)하여 예고등기가 행하여지는 사례가 있는 등 그 폐해가 크고 등기명의인이 거래상 받는 불이익도 클 뿐 아니라 예고등기의 기능은 처분금지 가처분등기 제도로 같은 효력을 낼 수 있기 때문에 이를 폐지하게 되었다.

※ 2011.10.13.부터 시행.

※ 구부동산등기법 제4조, 제39조, 제170조 및 제170조의2 삭제

※ 부칙 제3조(예고등기에 관한 경과조치) 이 법 시행 당시 마쳐져 있는 예고등기의 말소절차에 관하여는 종전의 규정에 따른다.


### (6) 환매등기

#### 1) 의의

환매란 매도인이 매매계약과 동시에 환매할 권리를 보류한 때에는 그 영수한 대금 및 매수인이 부담한 매매비용을 반환하고 그 목적물을 다시 찾아올 수 있는 권리를 말한다(민법 590조 1항). 환매는 목적에 따라 2가지 유형이 있는데, 첫째는 매도인과 매수인이 매매 후 다시 매매로 찾아오는 '순수한 매매를 위한 유형'과 둘째 실제는 돈을 빌려주고 갚기로 하고 외형만 환매의 형식을 띤 '담보를 위한 유형'이다. 환매는 주로 채권담보의 수단으로 이용되는 것이 일반적이다. 예컨대, '갑'이 '을'에게 2억 원을 빌리면서 담보로 '갑' 자신의 소유인 시가 4억의 주택을 '을'에게 2억 원에 매매계약을 하고 동시에 3년 후 환매하기로 하는 환매특약을 할 경우, 매매대금은 금전소비대차에 의한 대여금이며, 환매기간은 변제기와 같다. 매수인은 환매할 때까지 목적물을 사용 수익할 수 있고 매도인은 환매할 때까지 이자를 지급하지 않아도 된다[64]. 3년 후 '갑'은 환매대금인 매매대금 2억 원과 매매비용을 반환하고 환매할 수 있다. 물론 환매대금에 대하여 특별한 약정이 있으면 그 약정에 따르지만(민법 590조 2항), 환매대금이 당초의 매매대금 + 매매비용 + 이자제한법 내의 이자를 초과한 약정은 폭리행위로 무효가 된다. 환매기간 내 매도인이 환매하지 않을 경우 매수인의 소유로 되며

---

64) 민법 590조 3항: 목적물의 과실과 대금의 이자는 특별한 약정이 없으면 이를 상계한 것으로 본다.

환매할 수 없다.

## 2) 환매기간

① 환매기간은 부동산은 5년, 동산은 3년을 넘지 못한다. 약정기간이 이를 넘는 때에는 부동산은 5년, 동산은 3년으로 단축한다(민법 591조 1항).

② 환매기간을 정한 때에는 다시 이를 연장하지 못한다(민법 591조 2항).

③ 환매기간을 정하지 아니한 때에는 그 기간은 부동산은 5년, 동산은 3년으로 한다(민법 591조 3항). 환매기간은 특약이 성립한 날로부터 기산한다.

## 3) 환매특약등기

① 환매특약등기는 소유권이전등기에 부기등기로 한다(부동산등기법 52조 6호).

② 부동산매매등기와 동시에 환매권의 보류를 등기한 때에는 제3자에 대하여 그 효력이 있다(민법 592조). 환매등기 후 그 부동산을 매수한 제3자 또는 그 부동산에 대하여 담보권을 설정받은 자는 향후 매도인이 환매권을 행사하게 되면 환매권자에게 대항할 수 없다.

③ 공유지분의 환매등기: 공유자의 1인이 환매할 권리를 보류하고 그 지분을 매도한 후 그 목적물의 분할이나 경매가 있는 때에는 매도인은 매수인이 받은 또는 받을 부분이나 대금에 대하여 환매권을 행사할 수 있다.

## 4) 판례

① 대판 1994. 10. 25. 94다35527

【판시사항】

가. 부동산에 관하여 매매등기와 아울러 환매특약의 등기가 경료된 이후 그 부동산 매수인이 그로부터 전득한 제3자에 대하여 환매특약의 등기사실을 들어 소유권이전등기절차이행을 거절할 수 있는지 여부

【판결요지】

가. 부동산에 관하여 매매등기와 아울러 환매특약의 등기가 경료된 이후 그 부동산 매수인으로부터 그 부동산을 전득한 제3자가 환매권자의 환매권행사에 대항할 수 없으나, 환매특약의 등기가 부동산 매수인의 처분권을 금지하는 효력을 가지는 것은 아니므로 그 매수인은 환매특약의 등기 이후 부동산을 전득한 제3자에 대하여 여전히 소유권이전등기절차의 이행의무를 부담하고, 나아가 환매권자가 환매권을 행사하지 아니한 이상 매수인이 전득자인 제3자에 대하여 부담하는 소유권이전등기절차의 이행의무는 이행불능 상태에 이르렀다고 할 수 없으므로, 부동산의 매수인은 전득자인 제3자에 대하여 환매특약의 등기사실만으로 제3자의 소유권 이전등기 청구를 거절할 수 없다.

② 대판 1990. 12. 26. 90다카16914

【판시사항】

환매특약부 매매계약에 정해진 환매기간 내에 환매의사표시를 하였으나 환매에 의한 권리취득등기를 하지 아니한 매도인이 가압류집행을 한 자에 대하여 이를 주장할 수 있는지 여부(소극).

【판결요지】

부동산등기법 제64조의 2에 의하면 환매특약의 등기는 매수인의 권리취득의 등기에 부기하고, 이 등기는 환매에 의한 권리취득의 등기를 한 때에는 이를 말소하도록 되어 있으며 환매에 의한 권리취득의 등기는 이전등기의 방법으로 하여야 할 것인바, 설사 환매특약부 매매계약의 매도인이 환매기간 내에 매수인에게 환매의 의사표시를 한 바 있다고 하여도 그 환매에 의한 권리취득의 등기를 함이 없이는 부동산에 가압류집행을 한 자에 대하여 이를 주장할 수 없다.

### 5) 환매등기 권리분석

① 환매특약등기가 말소기준권리 이후에 설정된 경우에는 환매특약등기는 매각으로 소멸하며 낙찰자가 인수하지 않는다.

② 선순위 환매특약등기가 있는 경우에는 환매특약등기는 매각으로 소멸하지 아니하며 낙찰자가 인수한다. 향후 환매권행사로 소유권을 잃을 수도 있으니 유의해야 한다.

③ 환매특약의 매도인이 환매기간 내에 매수인에게 환매 의사표시를 하였다 하더라도 환매에 의한 권리취득등기를 함이 없이는 제3자에게 대항할 수 없으므로 선순위 환매등기 있는 경매물건이더라도 부동산등기부에 환매기간이 도과된 경우 낙찰자는 유효하게 소유권을 취득할 수 있다.


## 3. 부동산등기부 을구 기재사항

### (1) 근저당권

#### 1) 의의

장래의 계속적인 거래로 인하여 증감 변동하는 불특정 채무를 담보하기 위하여 부동산에 설정하는 저당권을 말한다. 불특정채무에 대하여는 담보할 채무의 채권최고액을 기재한다. 저당권은 장래의 특정채무를 담보하지만 근저당권은 장래의 증감, 변동하는 불특정채무를 담보한다는 점에서 다르며, 일반거래에서 저당권은 거의 없고 대부분 근저당권을 설정하여 이용하고 있다.

## 2) 근저당권의 종류

### ① 포괄근저당권

근저당의 담보되는 거래관계가 한정되어 있지 않고, '현재 및 장래에 발생하는 일체의 채무(어음, 카드, 보증 등)'를 담보한다는 식으로 거래의 종류(주택담보대출, 물품거래, 카드대출, 어음대출 등)와 형태(주채무, 보증채무 등)에 상관없이 포괄 담보하는 것을 포괄근저당권이라고 한다. 예컨대, 주택담보대출로 1억 원을 빌리고 1억 2천만 원의 채권최고액을 설정하고 포괄근저당권으로 하기로 하였다면, 그 후 해당 은행으로부터 카드대금채무, 또는 타인의 보증채무 등에 대하여도 해당 주택을 담보 제공한 것으로 된다.

포괄근저당권의 경우 피담보채권의 범위가 너무 확대된다는 점에서 은행에 지나치게 유리하고 담보제공자에게 예상치 못한 담보책임을 부담하는 등 문제가 많아, 금융감독원에서는 포괄근저당의 피해를 막기 위하여 포괄근저당을 한정근저당으로 일괄전환하거나 한정근저당의 피담보채무범위를 축소하는 내용을 2012. 6. 25. 발표하고 2012. 7. 2. 시행하였다.

### ② 한정근저당권

근저당의 담보되는 거래관계가 제한(한정)되어 있어 일정한 종류의 거래계약을 열거하고, 그 거래계약에서 발생하는 채무만이 담보된다.

### ③ 특정채무근저당권

장래의 계속적인 거래로 인하여 증감 변동하는 불특정 채무를 담보하기 위하여 근저당권을 설정하는 것이 아니고, 특정의 거래계약과 관련하여 이미 발생하였거나 지금 발생하는 채무(대출금, 물품대금, 전세보증금 등)를 담보한다.

## 3) 근저당권의 효력

### ① 피담보채권의 범위

근저당권은 채권최고액 범위 안에서 채권액 전부에 대하여 근저당권의 효력이 미친다. 따라서 채권확정 시까지 채권의 정상이자, 지연이자 등 모두 채권최고액범위 안에서 변제받을 수 있다. 유의할 점은 일반저당권에 있어서 1년분의 지연이자만 담보된다는 규정은 근저당권에 적용이 없다. 그리고 근저당권의 채권최고액은 우선변제를 받을 수 있는 한도액을 의미하는 것이지 책임의 한도액을 의미하는 것은 아니므로 근저당에서의 채권최고액은 후순위권리자 등 제3자에 대한 관계에서만 적용된다. 따라서 채무자가 근저당의 말소를 구하기 위해서는 채무 전액을 변제하여야 한다(대판 2001. 10. 12. 2000다59081).

### 【판시사항】

근저당권자의 채권총액이 채권최고액을 초과하는 경우, 근저당권자와 채무자 겸 근저당권설정자 사이에서 근저당권의 효력이 미치는 범위

### 【판결요지】

원래 저당권은 원본, 이자, 위약금, 채무불이행으로 인한 손해배상 및 저당권의 실행비용을 담보하는 것이며, 채권최고액의 정함이 있는 근저당권에 있어서 이러한 채권의 총액이 그 채권최고액을 초과하는 경우, 적어도 근저당권자와 채무자 겸 근저당권설정자와의 관계에 있어서는 위 채권 전액의 변제가 있을 때까지 근저당권의 효력은 채권최고액과는 관계없이 잔존채무에 여전히 미친다.

대판 2001. 10. 12, 2000다59081【근저당권설정등기말소】

### ② 피담보채권의 확정

경매에서 근저당권의 피담보채권의 확정시기는 경매신청 시이다. 일반적으로 근저당권에서의 피담보채권은 설정계약에서 정한 결산기의 도래, 존속기간의 만료, 기본계약의 해지나 해제 등으로 확정된다.

피담보채권이 확정되면 그 이후에 발생하는 채권은 더 이상 발생하지 않고, 근저당권은 일반 저당권으로 전환된다[65]. 그러나 경매신청으로 피담보채권이 확정되지만 확정 전에 발생한 원본채권에 대한 지연이자는 확정 이후에도 배당 시까지 채권최고액범위 내에서 담보된다[66].

③ 목적물의 범위

(가) 근저당권의 효력은 당사자 간에 다른 약정이 없는 한 당해 부동산의 부합물과 종물에도 미친다. 그러나 과실[67]에 대하여는 저당권의 효력이 미치지 않으나, 저당부동산을 압류한 후에 발생한 과실에 대하여는 저당권의 효력이 미친다.

(나) 공장근저당권의 경우 부합물, 종물의 관계에 있더라도 기계 기구 목록에 기재되어 있지 않으면 근저당권의 효력이 미치지 않는다.

|  | 주물 | 종물 | 부합물 |
|---|---|---|---|
| 의의 | 주된 물건을 말한다. | 주물에 효용을 돕는 독립된 물건 | 주물에 부합된 물건으로 훼손하지 않으면 분리할 수 없거나 분리에 과다한 비용이 드는 물건 |
| 요건 | a) 주물과 종물은 경제적 효용을 돕는 관계여야 한다.<br>b) 종물은 주물과 독립된 물건이어야 한다.<br>c) 주물과 종물은 모두 동일 소유자이어야 한다. | | a) 주물에 부합하여야 한다.<br>b) 훼손하지 않으면 분리할 수 없거나 분리에 과다한 비용이 발생하여야 한다. |
| 효과 | 종물은 주물의 처분에 따른다(민법 100조 2항) | | 원칙적으로 주물소유자는 부합물의 소유권을 취득한 |

---

65) 대판 1997.12.9, 97다25521: 근저당권자가 피담보채무의 불이행을 이유로 경매신청을 한 경우에는 경매신청 시에 근저당권의 피담보채무액이 확정되고, 그 이후부터 근저당권은 부종성을 가지게 되어 보통의 저당권과 같은 취급을 받게 된다.

66) 대판 2007.4.26, 2005다38300: 근저당권자의 경매신청 등의 사유로 인하여 근저당권의 피담보채권이 확정되었을 경우, 확정 이후에 새로운 거래관계에서 발생한 원본채권은 그 근저당권에 의하여 담보되지 아니하지만, 확정 전에 발생한 원본채권에 관하여 확정 후 발생하는 이자나 지연손해금 채권은 채권최고액의 범위 내에서 근저당권에 의하여 여전히 담보되는 것이다.

67) 과실(果實): 물건으로부터 발생하는 수익을 과실이라 한다. 과실에는 천연과실(물건의 용법에 의하여 수취하는 산출물로 과일, 농산물, 가축의 새끼, 토사, 광물 등)과 법정과실(물건의 사용 대가로 받는 금전 기타의 물건으로 임료, 이자 등)이 있다.

| | | | |
|---|---|---|---|
| | | | 다(민법 256조 본문). 다만, 타인의 권원[68])에 의하여 부속된 경우에는 그 부합물은 부속시킨 자의 소유가 된다(민법 256조 단서) |
| 사례 | 토지, 주택, 집합건물, 주유소의 토지와 건물, 배, 자물쇠 | 주택에 딸린 광, 본채에서 떨어져 있는 공동변소, 방과 연탄창고, 건물의 보일러 시설, 정화조, 집합건물의 대지권, 주유소의 주유기, 배의 노, 열쇠, 횟집과 횟집의 어항, 농지에 부속된 양수기시설, 다세대주택을 처음 분양받을 때 옵션으로 취득한 싱크대 | 토지의 수목, 주유소의 지하 유류저장탱크, 토지의 정원수 정원석, 증축건물로서 구조상 이용상 독립성이 없는 물건 |

## 4) 제시 외 물건

### ① 의의

경매물건을 보다 보면 가끔 제시 외 물건이라고 기재되어 있는 것을 볼 수 있다. 제시
외 물건이란 법률상용어는 아니고 경매 절차상의 감정평가에서 사용되는 용어다. 감정평가
사가 감정을 하러 현장 방문한 결과 등기부등본이나 건축물대장에 나타나지 않은 여러
형태의 건축물이 존재할 경우로 예컨대, 토지를 감정하러 갔는데 지상에 미등기의 무허가건
물이 존재하는 경우, 건물을 감정하러 갔는데 미등기의 증축한 건물, 정원석 정원수
등이 있는 경우 등이다.

---

68) 여기서 말하는 권원은 타인의 부동산에 부속시켜서 이용할 수 있는 권리를 말하며 아울러 부속물이 부합시킨 자의 별개의 소
유가 되기 위하여는 부속시킨 부속물은 반드시 독립성을 갖추어야 한다. 판례는 독립성의 유무를 부속물이 그 용도와 기능
면에서 주물과 독립한 경제적 효용을 가지고 거래상 별개의 소유권의 객체가 될 수 있는지 여부 및 소유자의 의사 등을 종합
적으로 판단하여야 한다고 한다. [대판 1988.2.23, 87다카600, 대판 1994.6.10, 94다11606, 대판 2009.9.24, 2009다15602].

제시 외 물건의 종류로는 ①경매 대상 물건과는 별개의 독립된 건물, ②경매 대상 물건에 종속된 부합물, 종물로 구분해볼 수 있다.


② 제시 외 물건 권리분석

가) 경매 대상 물건과는 별개의 독립된 건물인 경우

첫째, 감정평가서에 제시 외 물건이 감정평가 되었는지를 본다. 제시 외 물건이 소유자의 소유인 경우 감정평가서에 제시 외 물건이라고 기재하고 평가금액을 산정하지만, 제시 외 물건이 채무자(소유자)의 소유로 불분명할 경우에는 평가금액을 산정하지 않는다.

- 감정평가에 포함된 경우: 매수인이 소유권을 취득한다. 하지만 감정평가에 포함되었더라도 제시 외 물건이 타인의 권원에 의하여 부속되었고 독립성이 있는 경우 매수인은 소유권을 취득할 수 없다.

- 감정평가에 포함되지 않은 경우: 매수인은 소유권을 취득하지 못한다. 감정평가되지 않은 별개의 독립된 건물이 있을 경우 건물소유자의 법정지상권 성립 여부를 검토해야 한다. 법정지상권이 성립한다면 당해 물건 토지에 대하여는 낙찰받더라도 매수인이 사용될 수 없는 토지로서 지료만 받아서 할 물건이 될 수 있다. 법정지상권이 성립하지 않는다면 건물소유자로부터 매입하거나 건물철거소송을 고려해야 한다.

둘째, 현장을 답사하고 미등기의 독립된 건물이 누구의 소유이고, 그 건물은 언제 누가 지은 건물인지 파악한다.

나) 경매대상 물건의 종속된 부합물, 종물인 경우

첫째, 감정평가서에 제시 외 물건이 감정평가 되었는지를 본다.

- 감정평가에 포함된 경우: 매수인이 소유권을 취득한다.

- 감정평가에 포함되지 않은 경우: 감정평가에 포함되지 않았더라도 매수인은 소유권을 취득한다. 저당권의 효력은 저당부동산에 부합된 물건과 종물에 미치므로(민법 제358조), 부합물 또는 종물인 '제시 외 건물'이 저당권 설정 당시부터 있었던 경우는 물론이고, 저당권설정 이후에 새로이 부합되거나 종물이 된 경우에도 효력이

미치기 때문이다(대판 1985.11.12, 85다카246판결). 다만, 감정평가에 평가되지
않은 제시 외 물건이 부합물 또는 종물로서 매수인이 낙찰받아 소유권을 취득했다면
대가 없이 소유권을 취득한 것이 되어 부당이득이 될 수 있다. 따라서 전소유자는
향후 매수인을 상대로 부당이득을 청구할 수도 있을 것이다.

둘째, 현장을 답사하고 미등기의 부합물 또는 종물로 보이는 물건이 누구의 소유인지
파악하고 그 물건이 부합물 또는 종물에 해당하는지 검토한다.

## 부합물, 종물 판례

[부합물, 종물로 인정한 경위]

'제시 외 건물'이 부합물이나 종물로 인정한 판례

① 2층 건물에 증축하여 방 1개, 거실 1개 및 욕실이 있으나 하수관이 없고 출입구가
   2층을 통하여 외관상 기존건물과 일체가 되는 3층 건물 부분(대판 1992.12.8. 92다26772,
   26789)
② 아파트 급수용물탱크를 위한 옥탑(대판 1991. 4. 12. 91다4140)
③ 기존건물의 옥상 부분에 무허가로 최상층과 같은 면적으로 증축하여 최상층의 복층으로
   사용한 경우(대판 2002. 10. 25. 2000다631110)
④ 공장건물의 부속건물인 대피소를 증축하여 공장건물과 연결하여 상용하고 있는 경우(대판
   1981.11.10. 80다2757)
⑤ 기존건물에 접속하여 2배 이상의 면적으로 지었으나 이를 통하지 아니하고는 기존건물에
   출입할 수 없는 증축건물(대판 1981. 12. 8. 80다2821)
⑥ 기존주택 및 부속건물과 연이어 있는 미등기의 주택 (대판 1995.5.23. 93다47318)
⑦ 주택 외 외벽에 덧붙여 지은 부엌(대판 1981. 7. 7. 80다2643)

[부합물, 종물로 인정하지 않은 경위]

'제시외 건물'이 부합물이나 종물에 해당하지 아니하고 독립성 있는 건물이라고 인정한
판례

① 증축된 2층이 기존의 1층과 거의 같은 넓이와 크기로 경계가 명확하고 서로 차단되어
   있으며 자체의 전용 부분이 있는 경우(대판 1977. 5. 24. 76다464)
② 부합된 건물이 구조변경으로 독립한 권리의 객체성을 취득한 경우(대판 1982. 1. 26.

81다519)

③ 기존건물과 대문을 공동으로 사용하고 2층 베란다 부분이 연결되어 있더라도, 몸체가 별도의 벽으로 이루어져 1.25미터 가량 떨어져 있고 기존건물은 물치장으로, 새 건물은 주거용으로 사용되고 있는 경우(대판 1988. 2. 23. 87다카600)

④ 기존건물의 외벽에 붙여 증축하였지만 10개의 기둥을 세우고 외벽과의 사이에 다시 벽을 쌓고 전용통로가 있으며 전기, 전화의 배선 및 상하수도가 따로 설치된 경우(대판 1985. 11. 12. 85다카246)

⑤ 기존건물과 이에 접한 신축건물 사이의 경계벽체를 철거하고 전체를 하나의 상가 건물로 사용한 경우(대판 2002. 5. 10. 99다24256)

### 5) 공동근저당권

① 의의

동일한 채권을 담보로 수 개의 부동산 위에 근저당권을 설정하는 것을 공동근저당권이라 한다. 공동담보는 동시에 설정하든 이시(異時)에 설정하든(추가저당) 상관없다. 담보부동산이 5개 이상인 경우에는 공동담보목록을 두어 근저당권등기에 공동담보목록 번호를 기재한다.

② 공동근저당권과 차순위저당권자와의 관계

공동근저당권자는 담보부동산을 모두 동시에 경매 실행(동시배당)할 수 있고, 어느 하나의 부동산을 먼저 경매실행(이시배당) 할 수도 있다.

가) 동시배당(同時配當)의 경우

각 부동산의 경매 대가에 비례하여 그 채권의 분담을 정한다(민법 368조 1항).

나) 이시배당(異時配當)의 경우

경매당한 부동산의 차순위저당권자는 선순위저당권자가 동시 배당하였더라면 받을 수 있는 금액의 한도에서 선순위자를 대위행사 할 수 있다(민법 368조 2항). 그러나 채무자소유의 부동산과 물상보증인 소유의 부동산 중 채무자소유의 부동산이 먼저 경매되어 배당된 경우 채무자소유의 부동산 차순위저당권자는 물상보증인 소유의 부동산에 대하여 차순위대위권을 행사할 수 없다(대결 1996.6.13, 95마500).


## (2) 공장저당권

### 1) 의의

공장저당권이란 영업을 하기 위하여 물품의 제조·가공, 인쇄, 촬영, 방송 또는 전기나 가스의 공급 목적에 사용하는 장소를 공장이라 하고, 공장의 토지와 건물, 기계, 기구, 공장의 공용물을 일체로 하여 설정된 저당권을 말한다.

공장저당권은 「공장 및 광업재단저당법」에서 규정하고 있는데, 공장저당은 공장재단저당과 협의의 공장저당 2종류로 구분된다.

공장재단저당은 공장에 속하는 일정한 기업용 재산으로 구성되는 일단의 기업재산(1개 또는 수 개의 공장)을 담보로 설정하는 것이고, 협의의 공장저당은 공장재단을 담보로 설정하지 않고 개개의 공장을 저당권의 담보로 설정하는 것을 말한다.


### 2) 효력

① 공장저당권의 효력은 공장의 토지, 건물에 설치된 기계, 기구, 그 밖의 공장의 공용물까지 미친다: 공장저당권의 효력은 저당권 설정행위에 특별한 약정이 있거나 사해행위가 아니라면 그 공장의 토지, 건물에 부합된 물건과 그 토지, 건물에 설치된 기계, 기구, 그 밖의 공장의 공용물에 미친다(동법 3조, 4조)는 점에서 일반 근저당권과 차이가 있다. 다만, 기계, 기구, 공용물에 대하여도 저당권의 효력이 미치게 하려면 저당권 목적물의 목록(기계, 기구목록)을 제출하여야 하고(동법 6조), 제출된 목록에 기계, 기구, 공용물이 기재되어야만 효력이 있다(대결 1993.4.6, 93마116, 대판 2006.10.26, 2005다76319).


② 압류 등이 미치는 범위: 공동저당권의 목적인 토지나 건물에 대한 압류, 가압류 또는 가처분은 동법 제3조 및 제4조에 따라 저당권의 목적이 되는 물건(기계, 기구, 공장의

공용물)에 효력이 미친다(동법 8조 1항).

③ 경매실행방법: 공장저당권은 실행하는 방법에 있어서도 공장에 속하는 토지 또는 건물에 설정된 저당권의 효력은 이에 부가하여 일체를 이루는 물건과 그에 설치된 기계, 기구 기타 공장의 공용물에까지 미치므로 그 부동산과 기계, 기구에 대한 경매신청, 최저경매가격, 경매허가결정의 선고 등은 반드시 일괄해서 하여야 한다(1971.2.19, 70마935). 그리고 공장저당의 목적이 된 토지 또는 건물과 거기에 설치된 기계, 기구 등은 이를 분할하여 경매할 수 없는바, 공장의 토지와 건물만 설정한 일반 그 저당권과 기계, 기구 등을 포함한 공장근저당권이 있을 때에는 일반근저당권이 먼저 경매가 신청되어 실행되었더라도 경매법원으로서는 저당권목적물의 목록에 기재된 기계, 기구 등이 공장저당법에 의한 저당권의 목적이 되기 때문에 공장의 토지와 건물과 함께 기계, 기구 등도 일괄경매하여야 하고, 토지와 건물만을 경매할 수는 없다(대결 1979.12.17, 79마348. 대결 1992.8.29, 92마576. 대결 2003.2.19, 2001마785).

④ 공장저당권의 목적이 되는 기계, 기구 등이 채무자의 소유가 아닌 제3자의 소유인 경우: 경매가 진행 중이면 제3자는 제3자 이의의 소를 제기하여 경매목적물에서 제외시킬 수 있다. 낙찰자가 잔금을 모두 납부하였다면 매수인은 특별한 사정이 없는 한 선의취득이 인정되므로, 제3자는 배당받은 채권자를 상대로 부당이득 반환청구를 할 수 있다(대판 2003.7.25, 2002다39616).

## (3) 전세권

### 1) 의의

전세권이란 전세금을 지급하고 타인의 부동산을 점유하여 그 부동산의 용도에 좇아 사용 · 수익하며, 그 부동산 전부에 대하여 후순위권리자 기타 채권자보다 전세금의 우선변제를 받을 수 있는 권리를 말한다(민법 303조). 전세권은 외국입법례에서는 볼 수 없는 우리나라에서만 있는 특유의 제도이다. 전세권은 사용수익이라는 용익물권적 성격과 전세권설정자가 전세금반환 지체 시 경매청구(민법 318조)를 하여 우선변제를 받을 수 있는 담보물권적인 성격을 아울러 가지고 있다.

전세권의 목적물은 부동산이므로 토지와 건물에 각각 설정이 가능하며 토지와 건물 일부이어도 가능하다. 다만 농경지에는 소작 · 임대차 등을 금지하는 농지법의 취지상 전세권을 설정할 수 없다(민법 303조 2항).

### 2) 전세권과 채권적 전세

현실적으로 실거래에서는 부동산등기를 하는 전세권보다는 전세권 등기를 하지 않는 채권적 전세가 대부분이다. 가장 큰 이유는 많은 등기비용을 들여가면서 등기부에 설정되는 것을 꺼리는 집주인에게 동의까지 구해서 전세권 등기를 군이 하지 않더라도 주택임대차보호법이나 상가건물임대차보호법인 특별법에서 최소의 비용과 간소한 절차로 임차인의 보호가 거의 되고 있기 때문이다. 따라서 주택임대차보호법이나 상가건물임대차보호법인 특별법에서 임차인 보호가 안 되는 등 전세권 등기의 필요성이 있는 경우에만 전세권 등기를 하는 실정이다.

부동산 임대차 거래에 있어 물건유형(주택, 상가, 토지)이 무엇인지 임대차방식(전세권, 임대차)은 어떻게 하느냐에 따라 법 적용이 달라지게 된다. 주택, 상가의 경우 주택임대차보호법, 상가건물임대차보호법이 우선 적용되고 적용대상이 아닐 경우, 민법의 임대차 규정이 적용된다. 전세권 등기를 하였다면 전세권 규정이 적용된다. 토지의 경우 주택임대차보호법, 상가건물임대차보호법이 적용될 여지가 없고, 민법상의 임대차 규정, 등기를 하였다면 등기유형에 따라 지상권, 전세권 규정이 적용된다. 이렇듯이 각기 적용규정이 다르므로 권리의무에 관한 내용과 효력에 차이가 있다.

| | 전세권 | 채권적 전세(임차권) |
|---|---|---|
| 적용법률규정 | '민법의 전세권' | '민법의 임대차', '주택임대차보호법', '상가건물임대차보호법' |
| 권리의 성질 | 물권 | 채권 |
| 취득(성립) 요건 | 전세권설정계약 + 전세금 + 등기 | 채권적 전세계약+전세금 |
| 존속기간 | 최장기간 제한 10년(312조)<br>최단기간 1년(건물의 경우) | 최장기간 제한 20년(651조)<br>민법상 최단기간의 제한 없음<br>최단기간 주택 2년, 상가 1년(주임법, 상임법) |
| 존속기간의<br>정함이 없는 경우 | 소멸통고 받은 날로부터 6월 경과하면 소멸(313조) | ※ 해지통고 받은 날로부터 6월(임대인이 해지한 경우), 1월(임차인이 해지한 경우)이 경과하면 해지의 효력발생(635조)<br>※ 임대인이 해지 통지받은 날로부터 3월이 경과하면 해지의 효력발생(주임법) |
| 묵시의 갱신 | 기간만료 전 6월~1월 사이에 갱신거절 또는 조건변경의 통지를 하지 않은 경우(312조 4항) | ※ 임대차기간이 만료한 후 임차인이 임차물의 사용, 수익을 계속하는 경우에 임대인이 상당한 기간 내에 이의를 하지 아니한 때에는(639조)<br>※ 기간만료 전 6월~1월 사이에 갱신거절 또는 조건변경의 통지를 하지 않은 경우(주임법,상임법) |
| 비용상환청구권 | 전세권자에게 수선의무 있음(309조)<br>유익비 상환청구만 할 수 있음(310조) | 임대인에게 수선의무 있음(623조)<br>필요비, 유익비 상환청구 모두 할 수 있음(626조) |

| 대항력 | 있음 | 없음<br>(단, 주임법, 상임법에서 인정) |
|---|---|---|
| 우선변제권 | 있음 | 없음<br>(단, 주임법, 상임법에서 인정) |
| 처분권(양도, 전대) | 가능 | 원칙적으로 안 됨 |

### 3) 전세권의 취득 및 존속기간

#### ① 전세권의 취득

전세권의 취득요건은 전세권설정계약 + 전세금[69] + 등기이다. 전세물건의 인도는 취득요건이 아니다[70].

#### ② 전세권의 존속기간

가) 전세권의 존속기간은 당사자가 설정행위에서 자유로이 정할 수 있으나 전세권의 존속기간은 10년을 넘지 못한다. 당사자의 약정기간이 10년을 넘는 때에는 이를 10년으로 단축한다.

나) 건물에 대한 전세권의 존속기간을 1년 미만으로 정한 때에는 이를 1년으로 한다.

다) 전세권의 설정은 이를 갱신할 수 있다. 그 기간은 갱신한 날로부터 10년을 넘지 못한다.

라) 건물의 전세권설정자가 전세권의 존속기간 만료 전 6월부터 1월까지 사이에 전세권자에 대하여 갱신거절의 통지 또는 조건을 변경하지 아니하면 갱신하지 아니한다는 뜻의 통지를 하지 아니한 경우에는 그 기간이 만료된 때에 전 전세권과 동일한 조건으로 다시 전세권을 설정한 것으로 본다. 이 경우 전세권의 존속기간은 그 정함이

---

69) 전세금의 지급은 전세권 성립의 요소가 되는 것이지만 그렇다고 하여 전세금의 지급이 반드시 현실적으로 수수되어야만 하는 것은 아니고 기존의 채권으로 전세금의 지급에 갈음할 수도 있다(대판 1995.2.10, 94다18508).

70) 전세권이 용익물권적 성격과 담보물권적 성격을 겸비하고 있다는 점 및 목적물의 인도는 전세권의 성립요건이 아닌 점 등에 비추어 볼 때, 당사자가 주로 채권담보의 목적으로 전세권을 설정하였고, 그 설정과 동시에 목적물을 인도하지 아니한 경우라 하더라도, 장차 전세권자가 목적물을 사용·수익하는 것을 완전히 배제하는 것이 아니라면, 그 전세권의 효력을 부인할 수는 없다(대판 1995.2.10, 94다18508).

없는 것으로 본다(민법 312조).

마) 법정갱신: 전세권이 법정갱신된 경우 이는 법률의 규정에 의한 물권의 변동이므로 전세권갱신에 관한 등기를 필요로 하지 아니하고, 전세권자는 등기 없이도 전세권설정자나 그 목적물을 취득한 제3자에 대하여 갱신된 권리를 주장할 수 있다(대판 2010. 3. 25. 2009다35743).

### 4) 전세권의 효력

① 경매청구권

가) 전세권자의 경매청구권

전세권설정자가 전세금의 반환을 지체한 때에는 전세권자는 민사집행법의 정한 바에 의하여 전세권의 목적물의 경매를 청구할 수 있다(민법 318조).

나) 경매신청을 하기 위한 요건

전세권자의 전세목적물 인도의무 및 전세권설정등기말소등기의무와 전세권설정자의 전세금반환의무는 서로 동시이행의 관계에 있으므로 전세권자인 채권자가 전세목적물에 대한 경매를 청구하려면 우선 전세권설정자에 대하여 전세목적물의 인도의무 및 전세권설정등기말소의무의 이행제공을 완료하여 전세권설정자를 이행지체에 빠뜨려야 한다(대결 1977.4.13, 77마90).

다) 전세권이 목적물 일부에 설정된 경우

ㄱ) 다가구주택이나 단독주택처럼 건물 일부에 전세권이 설정된 경우, 나머지 건물에 대하여는 전세권의 효력이 미치지 않으므로 건물 전체에 대하여 경매를 신청할 수는 없다. 이 경우 전세권 부분이 구조상 이용상·독립성이 있어 구분등기가 가능할 경우 구분등기 후71) 경매를 신청하여야 한다. 만일 구조상·이용상 독립성이 없어 구분등기가 불가능한 건물일 경우에는 전세권설정자를 상대로 전세금반환청구의 소를 제기하여 승소 후 강제경매를 신청하여야 한다.

---

71) 전세권설정자가 구분등기에 협조하지 않으면 채권자대위권에 기하여 전세권자가 대위하여 구분등기를 할 수 있다

건물 일부에 대하여 전세권이 설정되어 있는 경우 그 전세권자는 민법 제303조 제1항의 규정에 의하여 그 건물 전부에 대하여 후순위권리자 기타 채권자보다 전세금의 우선변제를 받을 권리가 있고, 민법 제318조의 규정에 의하여 전세권 설정자가 전세금의 반환을 지체한 때에는 전세권의 목적물의 경매를 청구할 수 있는 것이나, 전세권의 목적물이 아닌 나머지 건물 부분에 대하여는 우선변제권은 별론으로 하고 경매신청권은 없으므로, 위와 같은 경우 전세권자는 전세권의 목적이 된 부분을 초과하여 건물 전부의 경매를 청구할 수 없다고 할 것이고, 그 전세권의 목적이 된 부분이 구조상 또는 이용상 독립성이 없어 독립한 소유권의 객체로 분할할 수 없고, 따라서 그 부분만의 경매신청이 불가능하다고 하여 달리 볼 것은 아니다(대결 2001. 7. 2, 2001마212).

ㄴ) 건물만 전세권이 설정된 경우, 토지에는 전세권의 효력이 미치지 않으므로 토지에 대하여는 경매를 신청할 수 없다.

② 우선변제권

가) 전세권자의 우선변제권

전세권자는 전세금을 지급하고 타인의 부동산을 점유하여 그 부동산의 용도에 좇아 사용·수익하며, 그 부동산 전부에 대하여 후순위권리자 기타 채권자보다 전세금의 우선변제를 받을 권리가 있다(민법 303조).

나) 전세권이 목적물 일부에 설정된 경우

ㄱ) 다가구주택, 단독주택, 상가주택처럼 건물 일부에 1순위 전세권이 설정되고 나중에 다른 일부에 2순위로 전세권 또는 임대차가 설정되고 3순위로 건물 전부에 대한 근저당권이 설정된 경우, 3순위 근저당권자의 건물 전부에 대한 경매실행으로 1순위 전세권이 소멸하더라도 2순위 전세권 또는 임대차는 소멸하지 않는다. 결국, 건물 일부의 전세권자가 목적물 전부에 대하여 우선변제를 받기 위하여는

다른 채권자가 그 건물 전체에 대하여 경매를 실행하여야 하고, 그 건물 위에 소멸하지 않는 또 다른 전세권자 또는 임대차가 없어야 한다.

ex) 甲 다가구주택 (감정가 7억, 낙찰가 4억)

| |
|---|
| 301호 주택 A 전세권 1억 (2012.1.1 전세권설정), 배당요구 O |
| 201호 주택 B 임대차 1억 (2012.2.1. 전입, 2012.2.1 확정), 배당요구× |
| 101호 주택 D 전세권 1억 (2012.4.1. 전세권설정), 배당요구 O |

건물 전부 C 근저당권자 3억 (2012.3.1 근저당권설정)

※ C 근저당권자가 甲 다가구주택 전부를 경매 실행한 경우, A 전세권은 배당요구를 하든 않든 말소기준권리가 될 수 없으므로(건물전체에 대한 전세권이 아니므로) A 전세권자의 배당요구 여부에 상관없이 B 임차인은 대항력 있는 임차인이 된다. 위 사례에서 B 임차인이 배당요구를 하지 않을 경우 낙찰자는 보증금 전액을 인수하게 된다.

[판례]

건물 일부를 목적으로 하는 전세권은 그 목적물인 건물 부분에 한하여 그 효력을 미치므로 건물 중 일부를 목적으로 한 전세권이 경락으로 인하여 소멸한다고 하더라도 그 전세권보다 나중에 설정된 전세권이 건물의 다른 부분을 목적물로 하고 있었던 경우에는 그와 같은 사정만으로는 아직 존속기간이 남아 있는 후순위의 전세권까지 경락으로 인하여 함께 소멸한다고 볼 수 없다(대판 2000.2.25, 98다50869).

ㄴ) 집합건물이 아닌 건물 일부만 전세권을 설정하였다가 나중에 집합건물이 된 경우 건물의 전세권의 효력은 대지권에도 미친다.

[판례]

집합건물이 되기 전의 상태에서 건물 일부만에 관하여 전세권이 설정되었다가 그 건물이 집합건물로 된 후 그 전세권이 구분건물의 전유 부분만에 관한 전세권으로 이기된 경우, 구분소유자가 가지는 전유부분과 대지사용권의 분리처분이 가능하도록 규약으로 정하는 등의 특별한 사정이 없는 한, 그 전유부분의 소유자가 대지사용권을 취득함으로써 전유부분과 대지권이 동일소유자에게 귀속하게 되었다면 위 전세권의 효력은 그 대지권에까지 미친다고 보아야 할 것이고, 위 집합건물에 관하여 경매가 실행된 경우 대지권의 환가대금에 대한 배당순위에 있어서, 위 전세권이, 대지사용권이 성립하기 전의 토지에 관하여 이미 설정된 저당권보다 우선한다고 할 수는 없는바, 이는 대지사용권에 대한 전세권의 효력은 대지사용권이 성립함으로써 비로소 미치게 되는 것이므로 대지사용권이 성립하기 전에 그 토지에 관하여 이미 저당권을 가지고 있는 자의 권리를 해쳐서는 안 되기 때문이다(대판 2002.6.14, 2001다68389).

ㄷ) 건물만 전세권이 설정된 경우, 토지에는 전세권의 효력이 미치지 않으므로 토지에 대하여는 우선변제권이 없다.

③ 건물의 전세권, 지상권, 임차권에 대한 효력

타인의 토지에 있는 건물에 전세권을 설정한 때에는 전세권의 효력은 그 건물의 소유를 목적으로 한 지상권 또는 임차권에 미친다(민법 304조 1항). 따라서 전세권설정자는 전세권자의 동의 없이 지상권 또는 임차권을 소멸하게 하는 행위를 하지 못한다(동조 2항).

④ 건물의 전세권과 법정지상권

대지와 건물이 동일한 소유자에 속한 경우에 건물에 전세권을 설정한 때에는 그 대지소유권의 특별승계인은 전세권설정자(건물소유자)에 대하여 지상권을 설정한 것으로 본다. 그러나 지료는 당사자의 청구에 의하여 법원이 이를 정한다(민법 305조 1항).

따라서 대지소유자는 타인에게 그 대지를 임대하거나 이를 목적으로 한 지상권 또는 전세권을 설정하지 못한다(동조 2항).

⑤ 전세권자의 권리와 의무

| 전세권자의 권리 | 전세권자의 의무 |
|---|---|
| ● 목적물의 사용 · 수익권: 전세권설정계약 또는 그 목적물의 성질에 의하여 정하여진 용법으로 이를 사용, 수익할 수 있는 권리(311조 1항).<br>● 비용상환청구권: 전세권자가 목적물을 개량하기 위하여 지출한 금액 기타 유익비에 관하여는 그 가액의 증가가 현존한 경우에 한하여 소유자의 선택에 좇아 그 지출액이나 증가액의 상환을 청구할 수 있는 권리(310조).<br>● 부속물 수거권, 부속물매수청구권: 전세권자는 존속기간 만료 시 목적물에 부속시킨 물건을 수거할 수 있고(316조 1항), 그 부속물이 전세권설정자의 동의를 얻어 부속시킨 것인 때에는 전세권설정자에게 부속물이 매수를 청구할 수 있는 권리(316조 2항).<br>● 경매청구권, 우선변제권: 전세권설정자가 전세금의 반환을 지체한 때에는 전세권자는 목적물의 경매를 청구하여 우선변제 받을 수 있는 권리(318조, 303조 1항). | ● 목적물의 유지, 수선의무: 목적물의 현상을 유지하고 그 통상의 관리에 속한 수선을 하여야 할 의무(309조)<br>● 원상회복의무: 존속기간 만료 시 원상회복하여야 할 의무(316조 1항). |

5) 전세권 권리분석

① 말소기준권리보다 먼저 등기된 전세권(이하 선순위 전세권이라 한다)은 원칙적으로 소멸하지 않지만, 전세권자가 배당요구를 하면 매각으로 소멸한다(법 91조 4항). 단 2002.7.1. 이전에 신청된 경매사건의 경우에는 구법(구민사소송법)이 적용되어 존속기간

의 정함이 없는 전세권과 경매개시결정등기 후 6월 내 존속기간이 만료되는 전세권의 경우에는 무조건 매각으로 소멸하고, 존속기간이 6월 이상인 전세권은 전세권자가 배당요구를 하였다 하더라도 매각으로 소멸하지 않고 매수인이 인수한다[72].

② 말소기준권리보다 나중에 등기된 전세권과 전세권자가 경매신청채권자인 경우의 전세권은 매각으로 무조건 소멸한다.

③ 건물 일부에 대한 전세권은 말소기준권리가 될 수 없다.


## (4) 임차권

### 1) 의의

임대차는 당사자 일방이 상대방에게 목적물을 사용, 수익하게 할 것을 약정하고 상대방이 이에 대하여 차임을 지급할 것을 약정함으로써 성립하는 계약이다(민법 618조). 부동산임대차계약에 의하여 임차인이 부동산을 사용, 수익할 수 있는 권리를 임차권이라 한다.


### 2) 대항력

① 임차권은 채권이므로 제3자에게 대항할 수 없으나 등기를 하게 되면 제3자에게 대항력이 있다. 따라서 임차권등기를 하지 않은 임차인의 경우 임차물을 매수한 제3자에게 기존 임대인과의 임대차가 승계되지 않지만, 임차권등기를 하게 되면 기존 임대차는 제3자에게 승계된다.

② 건물의 소유를 목적으로 한 토지임대차는 이를 등기하지 아니한 경우에도 임차인이 그 지상건물을 등기한 때에는 제3자에 대하여 임대차의 효력이 생긴다(법 622조 1항).

---

72) 민사소송법 제608조 제2항은 존속기간의 정함이 없거나 경매개시 기입등기 후 6월 이내에 그 기간이 만료되는 전세권은 경락으로 인하여 소멸한다고 규정하고 있는바, 위 규정과 전세권의 용익물권으로서의 성질에 비추어 볼 때 위와 같은 전세권에 해당하지 않고 존속기간이 만료되지 않은 것으로서 경매신청채권자의 채권에 우선하는 전세권은 경락으로 인하여 소멸되지 않고 경락인에게 인수되는 것이 원칙이고, 그 전세권자가 경매절차에서 배당요구를 하였다고 하여 달리 볼 것은 아니다(대판 2000.2.25, 98다50869).

### 3) 임차권 권리분석

① 부동산임대차는 주거생활과 경제활동을 위하여 대다수가 이용하고 있으면서도 계약 특성상 임차인의 지위가 열악하여 임차인의 보호를 위한 필요성이 대두함에 따라 특별법에서 임대차를 규율하고 있다. 농지 임대차의 경우 '농지법'이, 주거용 건물의 경우 '주택임대차보호법'이, 상가건물의 경우 '상가건물임대차보호법"이 우선 적용되게 된다. 해당 특별법의 적용을 받지 않는 일반 임대차는 민법의 임대차 규정이 적용된다. 따라서 당해 물건이 특별법에 적용되는지를 먼저 판단해야 한다.

② 임대차는 등기 여부와 상관없이 우선변제권이 없다. 말소기준권리 이후에 등기된 임차권은 후순위 권리자 및 기타 일반채권자보다 우선하여 보증금을 배당받을 권리가 없다. 임차권은 채권이므로 담보권자가 우선 배당을 받은 후 잔여액이 있으면 일반채권자와 안분 비례하여 배당을 받게 된다. 다만, 당해 물건이 주택임대차보호법 및 상가건물임대차보호법의 적용을 받는 임대차일 경우 일정한 요건하에 우선변제권이 인정된다.

③ 말소기준권리보다 이후에 설정된 임차권은 매각으로 소멸하지만, 말소기준권리보다 먼저 등기된 임차권은 매각으로 소멸하지 않고 매수인이 인수한다.


## (5) 지상권

### 1) 의의

지상권은 타인의 토지에 건물 기타 공작물이나 수목을 소유하기 위하여 그 토지를 사용할 수 있는 권리를 말한다(민법 279조). 지상권은 1필의 토지임을 원칙으로 하지만 1필의 일부라도 상관없다. 그 토지의 상하에 효력이 미친다.


### 2) 지상권의 취득

① 법률행위에 의한 취득

지상권의 취득요건은 지상권설정자와 지상권자 간의 지상권설정계약 +등기이다. 지료(地

料)의 지급은 취득요건이 아니다.

② 법률행위에 의하지 않은 취득(법률규정에 의한 취득)

가) 민법 187조

상속, 공용징수, 판결, 경매 기타 법률의 규정에 의하여 등기 없이도 지상권을 취득할
수 있다. 부동산에 관한 물권의 취득은 등기를 요하지 아니한다. 다만 점유취득시효로
인하여 지상권을 취득하는 경우에는 등기를 하여야 한다(민법 245조 1항).

나) 법정지상권

후술하기로 한다(이 책 제2절 부동산등기부에 등재되지 않은 권리분석 4.특수권리
(1)법정지상권 참조).


3) 지상권의 존속기간

① 존속기간을 약정한 경우

가) 최단기간

ㄱ) 계약으로 지상권의 존속기간을 정하는 경우에는 그 기간은 다음 연한보다 단축하지
못한다(민법 280조 1항).

　　a. 석조, 석회조, 연와조 또는 이와 유사한 견고한 건물이나 수목의 소유
　　를 목적으로 하는 때에는 30년

　　b. 전호 이외의 건물의 소유를 목적으로 하는 때에는 15년

　　c. 건물 이외의 공작물의 소유를 목적으로 하는 때에는 5년

ㄴ) 전항의 기간보다 단축한 기간을 정한 때에는 전항의 기간까지 연장한다(민법
280조 2항).

ㄷ) 최단기간의 규정은 지상권자가 건물이나 수목의 '소유를 목적으로' 지상권을 설정한
경우에만 제한받는 기간이고, 기존 건물의 사용을 목적으로 지상권을 설정한 경우에
는 제한이 없다(대판 1996. 3. 22. 95다49318).

나) 최장기간

최장기간에 대하여는 제한을 두고 있지 않다.

② 존속기간을 약정하지 않은 경우

　가) 계약으로 지상권의 존속기간을 정하지 아니한 때에는 그 기간은 존속기간을 약정한 경우의 최단존속기간으로 한다(민법 281조 1항).

　나) 지상권설정 당시에 공작물의 종류와 구조를 정하지 아니한 지상권의 존속기간은 15년으로 한다(민법 281조 2항).

## 4) 지상권의 효력

### ① 갱신청구권

지상권이 존속기간만료로 소멸한 경우에 건물 기타 공작물이나 수목이 현존한 때에는 지상권자는 계약의 갱신을 청구할 수 있다(민법 283조 1항).

### ② 지상물매수청구권

지상권설정자가 계약의 갱신을 원하지 아니하는 때에는 지상권자는 상당한 가액으로 전항의 공작물이나 수목의 매수를 청구할 수 있다(민법 283조 2항). 지상권자가 2년 이상의 지료를 체납할 경우 지상권설정자는 지상권을 해지할 수 있고(민법 287조), 이 경우 지상권자는 갱신청구와 지상물매수청구권을 행사할 수 없다.

### ③ 지료관계

　가) 지료는 당사자가 설정계약에서 약정한 경우에만 지료청구권이 발생한다. 지료의 지급은 지상권의 성립요소가 아니므로 무상으로 지상권을 설정하는 것도 상관없다. 지료가 유상인 경우에는 지료액, 지료지급시기 등을 등기하여야만 제3자(토지소유권 또는 지상권을 양수한 사람 등)에게 대항할 수 있고, 지료가 등기되지 않은 경우에는 무상의 지상권으로서 지료증액청구권도 발생할 수 없다(대판 1999.9.3, 99다24874).

　나) 지료를 당사자가 약정한 경우 지료가 토지에 관한 조세 기타 부담의 증감이나 지가의 변동으로 인하여 상당하지 아니하게 된 때에는 당사자는 그 증감을 청구할 수 있고(민법 286조), 지상권자가 2년 이상의 지료를 지급하지 아니한 때에는 지상권설정자는

지상권의 소멸을 청구할 수 있다(민법 287조).

### 5) 지상권 권리분석

① 말소기준권리보다 먼저 등기된 지상권은 매각으로 소멸하지 않고 매수인이 인수한다. 인수되는 지상권(구분지상권 포함)의 경우 지료가 등기되어 있지 않으면 지료를 청구할 수 없을 수 있으므로 지료가 얼마인지, 일시납인지, 증액할 수 있는지에 관한 등기내용을 잘 살펴보고 입찰에 임해야 한다.

② 말소기준권리보다 나중에 등기된 지상권과 말소기준권리보다 먼저 등기된 지상권이더라도 지상권자의 '지상권말소동의서'가 제출된 경우의 지상권, 담보지상권73)은 매각으로 소멸한다.

## (6) 구분지상권

### 1) 서설

일반적으로 지상권은 나대지인 타인의 토지를 사용 수익하기 위하여 설정하는 권리인데 현대화됨에 따라 타인토지의 이용범위를 토지의 지하 또는 지상에, 또 토지 전부가 아닌 일부에 이용할 필요성이 증대하면서 구분지상권이 생겨나고 구분지상권의 이용이 증대 강화되었다. 토지 경매물건을 보다 보면 가끔 구분지상권이 설정된 토지를 보게 된다. 용익물권(지상권, 지역권, 전세권)은 말소기준권리 이후 설정된 경우 낙찰 후 말소되어 매수인에게 인수되지 않지만 구분지상권 중 공익적인 성격의 구분지상권은 말소기준권리 이후에 설정된 것이더라도

---

73) 나대지를 담보로 설정할 때 보통 근저당권과 같이 지상권도 담보목적으로 설정한다. 지상권을 설정하는 이유는 향후 토지소유자가 건축행위를 할 때 지상권자의 동의를 받아야 하는 등 근저당권의 담보가치를 확보하기 위해서다. 지상권이지만 점유와 사용수익은 지상권자가 아닌 지상권설정자가 하면서 지상권자는 담보를 목적으로 지상권을 설정한 것을 담보지상권이라 한다. 통상 경매진행물건 등기부등본에 은행에서 근저당권을 설정하면서 동시에 지상권을 설정하는 것을 흔히 볼 수 있다. 판례는 이러한 담보지상권의 경우 근저당권의 피담보채권이 소멸하면 그 지상권도 소멸한다고 한다.
[대판 2011.4.14, 2011다6342] 근저당권 등 담보권 설정의 당사자들이 그 목적이 된 토지 위에 차후 용익권이 설정되거나 건물 또는 공작물이 축조·설치되는 등으로써 그 목적물의 담보가치가 저감하는 것을 막는 것을 주요한 목적으로 하여 채권자 앞으로 아울러 지상권을 설정하였다면, 그 피담보채권이 변제 등으로 만족을 얻어 소멸한 경우는 물론이고 시효 소멸한 경우에도 그 지상권은 피담보채권에 부종하여 소멸한다.

말소되지 않고 매수인에게 인수됨에 유의하여야 한다. 또 구분지상권의 존속기간도 사실상 영구무한으로 가능하므로 소유자에게 이용상의 제한이 매우 강하다. 구분지상권이 인수되는 토지의 경우, 입찰 전에 향후 구분지상권으로 인한 이용상의 제한이 매수자의 사용 목적에 미치는 영향[74]과 물건의 투자가치에 대한 선행분석이 이루어지고 입찰에 임하여야 할 것이다.

## 2) 구분지상권 의의

지하 또는 지상의 공간은 상·하의 범위를 정하여 건물 기타 공작물(예컨대, 지하철, 터널, 다리, 송전선 등)을 소유하기 위한 지상권의 목적으로 할 수 있다(민법 289조의2 1항). 구분지상권은 수목의 소유를 목적으로 구분지상권을 설정할 수는 없다. 구분지상권은 제3자가 토지를 사용·수익할 권리(지상권, 지역권, 전세권, 임차권 등)를 가진 때에도 그 권리자 및 그 권리를 목적으로 하는 권리를 가진 자 전원의 승낙이 있으면 이를 설정할 수 있다.

구분지상권에 대하여는 민법 지상권에 관한 규정을 준용한다(민법 290조 2항).

## 3) 구분지상권 권리분석

① 일반지상권은 말소기준권리보다 나중에 설정되면 말소되지만, 도시철도법상의 지하, 도로법상의 지상 내지 지하, 전기사업법상의 지상 내지 지하에 대한 구분지상권은 말소기준권리보다 나중에 설정되더라도 말소되지 않고 매수인에게 인수된다(민사집행법 91조 소멸주의 예외).

② 매수인에게 인수되는 구분지상권은 말소기준권리와 상관없이 법령상 매수인에게 인수되므로 매각물건명세서 '등기된 부동산에 관한 권리 또는 가처분으로 매각허가에 의하여 그 효력이 소멸되지 아니하는 것'의 해당란에 구분지상권이 인수됨을 기재되어야 하며 만일 기재되지 않을 경우 매각물건명세서 작성의 중대한 하자를 이유로 매각불허가 사유가 될 수 있다.

---

74) 예컨대, 사례로 지하철역세권 상업지역 3층 건물의 경우 지하철로 인한 지하에 구분지상권의 제약을 받게 되어 건축의 제한을 많이 받아 증축할 수 없었지만, 같은 역세권 옆 3층 건물의 경우 구분지상권의 제약을 받지 않아 증축이 가능하게 되어 매수자의 이용목적을 달성할 수 있었다.

**[관계법령]**

※ 도시철도법 제5조의2(구분지상권의 설정등기 등)

① 도시철도건설자와 소유자 등의 사이에 제5조에 따라 토지의 지하 부분 사용에 관한 협의가 성립된 경우에는 도시철도건설자는 구분지상권을 설정 또는 이전하여야 한다.

② 도시철도건설자는 「공익사업을 위한 토지 등의 취득 및 보상에 관한 법률」에 따라 구분지상권을 설정 또는 이전하는 내용으로 수용 또는 사용의 재결을 받은 경우에는 「부동산등기법」 제99조를 준용하여 단독으로 그 구분지상권의 설정등기 또는 이전등기를 신청할 수 있다(개정 2011. 4. 12).

③ 토지의 지하부분 사용에 관한 구분지상권의 등기절차에 관하여 필요한 사항은 대법원규칙으로 정한다.

④ 제1항과 제2항에 따른 구분지상권의 존속기간은 「민법」 제281조에도 불구하고 도시철도시설이 존속하는 날까지로 한다.

※ 도로법 제50조(입체적 도로구역)

① 도로 관리청은 제24조에 따라 도로구역을 결정하거나 변경하는 경우에 그 도로가 있는 지역의 적정하고 합리적인 토지이용을 촉진하기 위하여 필요하다고 인정하면 지상이나 지하의 공간에 대하여 상·하의 범위를 정한 구역(이하 '입체적 도로구역'이라 한다)으로 도로구역을 정할 수 있다.

② 도로 관리청은 입체적 도로구역을 정할 때 토지 소유자, 토지에 관하여 소유권 외의 권리를 가진 자 및 그 토지에 있는 물건에 관하여 소유권이나 그 밖의 권리를 가진 자(이하 '소유자 등'이라 한다)와 구분지상권(구분지상권)의 설정이나 이전을 위한 협의를 하여야 하며, 협의(지상 부분의 경우에만 해당한다)가 이루어지지 아니하면 입체적 도로구역으로 정할 수 없다. 이 경우 협의의 목적이 되는 소유권이나 그 밖의 권리, 구분지상권의 범위 등 협의의 내용에 포함되어야 할 사항은 대통령령으로 정한다.

③ 도로 관리청은 제2항에 따라 토지의 지상 부분이나 지하 부분의 사용에 대하여 협의가 성립되면 구분지상권을 설정하거나 이전한다.

④ 도로 관리청은 입체적 도로구역의 지하 부분에 대하여 「공익사업을 위한 토지 등의 취득 및 보상에 관한 법률」에 따라 구분지상권의 설정이나 이전을 내용으로 하는 관할 토지수용위원회의 수용재결이나 사용재결을 받으면 「부동산등기법」 제99조를 준용하여 단독으로 그 구분지상권의 설정등기나 이전등기를 신청할 수 있다(개정 2011. 4. 12).

⑤ 토지의 지상 부분이나 지하 부분의 사용에 관한 구분지상권의 등기절차에 관하여 필요한 사항은 대법원규칙으로 정한다.

⑥ 제3항에 따른 구분지상권의 존속기간은 「민법」 제280조와 제281조에도 불구하고 도로가 존속하는 때까지로 한다.

※ 전기사업법 제89조의2 (구분지상권의 설정등기 등)

① 전기사업자는 다른 자의 토지의 지상 또는 지하 공간의 사용에 관하여 구분지상권의 설정 또는 이전을 전제로 그 토지의 소유자 및 「공익사업을 위한 토지 등의 취득 및 보상에 관한 법률」 제2조 제5호에 따른 관계인과 협의하여 그 협의가 성립된 경우에는 구분지상권을 설정 또는 이전한다(개정 2011. 3. 30).

② 전기사업자는 「공익사업을 위한 토지 등의 취득 및 보상에 관한 법률」에 따라 토지의 지상 또는 지하 공간의 사용에 관한 구분지상권의 설정 또는 이전을 내용으로 하는 수용·사용의 재결을 받은 경우에는 「부동산등기법」 제99조를 준용하여 단독으로 해당 구분지상권의 설정 또는 이전 등기를 신청할 수 있다(개정 2011. 3. 30, 2011. 4 .12).

③ 토지의 지상 또는 지하 공간의 사용에 관한 구분지상권의 등기절차에 관하여 필요한 사항은 대법원규칙으로 정한다(개정 2011. 3. 30).

④ 제1항 및 제2항에 따른 구분지상권의 존속기간은 「민법」 제280조 및 제281조에도 불구하고 송전선로[발전소 상호 간, 변전소 상호 간 및 발전소와 변전소 간을 연결하는 전선로(통신용으로 전용하는 것은 제외한다)와 이에 속하는 전기설비를 말한다. 이하 같다]가 존속하는 때까지로 한다(개정 2011. 3. 30).

※ 도시철도법 등에 의한 구분지상권 등기규칙(제2248호 2009. 9. 28. 일부 개정)

제2조 수용·사용의 재결에 의한 구분지상권 설정등기(개정 2009. 9. 28.)

① 「도시철도법」 제3조 6호의 도시철도건설자(이하 '도시철도건설자'라 한다), 「도로법」 제20조의 도로 관리청(이하 '도로 관리청'이라 한다) 및 「전기사업법」 제2조 제2호의 전기사업자(이하 '전기사업자'라 한다)가 「공익사업을 위한 토지 등의 취득 및 보상에 관한 법률」에 따라 구분지상권의 설정을 내용으로 하는 수용·사용의 재결을 받은 경우 그 재결서와 보상 또는 공탁을 증명하는 서면을 첨부하여 권리수용이나 토지사용을 원인으로 하는 구분지상권설정등기를 신청할 수 있다(개정 2009. 9. 28).

② 제1항의 구분지상권설정등기를 하고자 하는 토지의 등기기록에 그 토지를 사용·수익하는 권리에 관한 등기 또는 그 권리를 목적으로 하는 권리에 관한 등기가 있는 경우에도

그 권리자들의 승낙을 받지 아니하고 구분지상권설정등기를 신청할 수 있다(개정 2009. 9. 28).

제3조 수용재결에 의한 구분지상권 이전등기(개정 2009. 9. 28.)
① 도시철도건설자, 도로 관리청 및 전기사업자가 「공익사업을 위한 토지 등의 취득 및 보상에 관한 법률」에 따라 이미 등기되어 있는 구분지상권을 수용하는 내용의 재결을 받은 경우 그 재결서와 보상 또는 공탁을 증명하는 서면을 첨부하여 권리수용을 원인으로 하는 구분지상권이전등기를 신청할 수 있다(개정 2004. 7. 26, 2009. 9. 28).
② 제1항의 구분지상권이전등기 신청이 있는 경우 수용의 대상이 된 구분지상권을 목적으로 하는 권리에 관한 등기가 있거나 수용의 개시일 이후에 그 구분지상권에 관하여 제3자 명의의 이전등기가 있을 때에는 직권으로 그 등기를 말소하여야 한다(개정 2009. 9. 28).

제4조(강제집행 등과의 관계(개정 2009. 9. 28)
제2조의 규정에 의하여 마친 구분지상권설정등기 또는 제3조의 수용의 대상이 된 구분지상권설정등기는 그보다 먼저 마친 강제경매 개시결정의 등기, 근저당권 등 담보물권의 설정등기, 압류등기, 가압류등기 등에 기하여 경매 또는 공매로 인한 소유권 이전등기의 촉탁이 있는 경우에도 이를 말소하여서는 아니된다(개정 2009. 9. 28).

※ 민사집행법 제91조(인수주의와 잉여주의의 선택 등)
① 압류채권자의 채권에 우선하는 채권에 관한 부동산의 부담을 매수인에게 인수하게 하거나, 매각대금으로 그 부담을 변제하는 데 부족하지 아니하다는 것이 인정된 경우가 아니면 그 부동산을 매각하지 못한다.
② 매각부동산 위의 모든 저당권은 매각으로 소멸한다.
③ 지상권 · 지역권 · 전세권 및 등기된 임차권은 저당권 · 압류채권 · 가압류채권에 대항할 수 없는 경우에는 매각으로 소멸한다.
④ 제3항의 경우 외의 지상권 · 지역권 · 전세권 및 등기된 임차권은 매수인이 인수한다. 다만, 그중 전세권의 경우에는 전세권자가 제88조에 따라 배당요구를 하면 매각으로 소멸한다.

## (6) 지역권

### 1) 의의

지역권자는 일정한 목적을 위하여 타인의 토지를 자기토지의 편익에 이용하는 권리가 있다(민법 291조). 즉, 자기토지의 이용가치를 증가시키기 위하여 타인의 토지를 통행하거나, 타인의 토지를 통과하여 인수(引水)를 하거나, 관망(觀望)을 위하여 타인의 토지에 건축을 하지 못하게 할 수 있는 권리를 지역권이라고 한다. 상린관계와 그 작용은 동일하지만, 계약으로 설정되는 점에서 다르다. 편익을 받는 토지를 요역지(要役地)라고 하고, 편익의 제공을 하는 토지를 승역지(承役地)라고 한다.

지역권은 요역지의 편익을 위한 토지에 관한 권리이고 사람에 대한 권리가 아니므로 요역지에 거주하는 사람의 편익을 위하여 지역권을 설정하지는 못한다.

요역지는 1필지의 토지이어야 하며 요역지의 일부에 대하여는 지역권을 설정할 수 없다. 그러나 승역지의 일부에 대하여는 지역권을 설정할 수 있다. 또 지역권의 존속기간은 법에 정함이 없어 당사자 간의 약정으로 영구무한도 가능하다.

### 2) 지역권의 성질

#### ① 부종성(附從性)

지역권은 요역지의 종된 권리이다. 지역권은 요역지소유권에 부종하여 이전한다. 즉, 요역지의 처분과 함께 지역권도 이전한다. 이를 지역권의 부종성이라고 한다. 지역권은 요역지와 분리하여 양도하거나 다른 권리의 목적으로 하지 못한다(민법 292조).

#### ② 불가분성(不可分性)

공유자 중 1인이 지역권을 취득한 때에는 다른 공유자도 이를 취득한다(민법 295조 1항). 점유로 인한 지역권취득시효의 중단은 지역권을 행사하는 모든 공유자에 대한 사유가 아니면 그 효력이 없다(2항). 즉, 취득시효의 중단은 공유자 전원에게 중단을 시켜야 한다.

### 3) 지역권의 취득

#### ① 법률행위에 의한 취득

지역권은 요역지 소유자와 승역지 소유자 간의 지역권설정계약 +등기에 의하여 취득한다.

#### ② 시효취득(時效取得)

지역권은 '계속되고 표현된 것'에 한하여 민법 제245조(점유취득시효)의 규정을 준용한다(민법 294조). 판례는 통행 지역권의 경우 요역지의 소유자가 승역지상에 통로를 개설하여 승역지를 항시 사용하고 있다는 객관적 상태가 20년간 계속된 경우에 한하여 시효취득을 인정한다(대판 1995. 6. 13. 95다1088. 대판 2010. 1. 28. 2009다74939). 승역지 소유자가 통로를 개설하여 준 경우이거나, 토지의 점유자가 불법점유자인 경우에는 시효취득이 인정되지 않는다.

### 4) 지역권 권리분석

지역권의 등기는 승역지 등기소에 신청하며 승역지와 요역지 모두 등기부 을구란에 기재된다. 요역지를 경매로 낙찰받으면 말소기준권리 선후 상관없이 지역권은 말소되지 않고 매수인이 이전 받는다(부종성). 그러나 승역지를 경매로 낙찰받으면 말소기준권리보다 먼저 등기된 선순위 지역권은 매수인에게 인수되고 후순위 지역권은 말소된다. 따라서 요역지를 낙찰받으려는 경우 승역지의 등기부등본을 같이 발급해서 장래 소멸할 가능성이 있는지를 파악할 필요가 있다. 또 승역지를 낙찰받으려는 경우 지역권이 인수될 경우 지역권이 승역지에 어느 정도 영향을 미치는지 파악하고 입찰하여야 할 것이다.

# 제2절 부동산등기부에 등재되지 않은 권리분석

## 1. 주택임대차

### (1) 입법목적

주택임대차보호법[75]은 주거용 건물의 임대차(賃貸借)에 관하여 「민법」에 대한 특례를 규정함으로써 국민 주거생활의 안정을 보장함을 목적으로 제정되었다(주택임대차보호법 제1조). 동법은 국민(자연인)인 서민들의 주거생활의 안정을 목적으로 제정되었기 때문에 주민등록을 할 수 없는 법인은 보호대상이 아니다(대판 1997.7.11, 96다7236). 따라서 법인의 경우에는 임차보증금 반환청구권의 담보확보를 위하여 전세권설정등기를 하거나 저당권설정등기를 하여야 한다. 주임법은 민법의 특별법으로 강행법규이다.

### (2) 보호대상

주임법의 보호대상은 국민(자연인)이며 법인은 보호대상이 아니다. 다만, 예외적으로 국민주택기금을 재원으로 하여 저소득층 무주택자에게 주거생활 안정을 목적으로 전세임대주택을 지원하는 법인(한국토지주택공사, 지방공기업법에 따라 주택사업을 목적으로 설립된 지방공사)[76]의 경우 대항력과 우선변제권을 인정하여 주임법이 적용된다.

[참고판례]

① 이 법은 주거용 건물의 임대차에 관하여 민법에 대한 특례를 규정함으로써 "국민의 주거생활의 안정을 보장함을 목적으로 한다."라고 규정하고 있어 위 법이 자연인인 서민들의 주거생활의 안정을 보호하려는 취지에서 제정된 것이지 법인을 그 보호 대상으로 삼고 있다고는 할 수 없는 점, 법인은 애당초 같은 법 제3조 제1항 소정의 대항요건의

---

75) 이하 「주임법」 이라 함
76) 주택임대차보호법 시행령 제1조의 2

하나인 주민등록을 구비할 수 없는 점 등에 비추어 보면, 법인의 직원이 주민등록을 마쳤다 하여 이를 법인의 주민등록으로 볼 수는 없으므로, 법인이 임차 주택을 인도받고 임대차계약서상의 확정일자를 구비하였다 하더라도 우선변제권을 주장할 수는 없다(대판 1997. 7. 11. 96다7236).

② 주택임대차보호법의 입법목적은 주거용 건물에 관하여 민법에 대한 특례를 규정함으로써 국민의 주거생활의 안정을 보장하려는 것이고(제1조), 주택임대차보호법 제8조 제1항에서 임차인이 보증금 중 일정액을 다른 담보물권자보다 우선하여 변제받을 수 있도록 한 것은, 소액임차인의 경우 그 임차보증금이 비록 소액이라고 하더라도 그에게는 큰 재산이므로 적어도 소액임차인의 경우에는 다른 담보권자의 지위를 해하게 되더라도 그 보증금의 회수를 보장하는 것이 타당하다는 사회 보장적 고려에서 나온 것으로서 민법의 일반규정에 대한 예외규정인바, 그러한 입법목적과 제도의 취지 등을 고려할 때, 채권자가 채무자 소유의 주택에 관하여 채무자와 임대차계약을 체결하고 전입신고를 마친 다음 그곳에 거주하였다고 하더라도 실제 임대차계약의 주된 목적이 주택을 사용 수익하려는 것에 있는 것이 아니고, 실제적으로는 소액임차인으로 보호받아 선순위 담보권자에 우선하여 채권을 회수하려는 것에 주된 목적이 있었던 경우에는 그러한 임차인을 주택임대차보호법 상 소액임차인으로 보호할 수 없다(대판 2001. 5. 8. 2001다14733).

## (3) 적용범위

### 1) 주거용 건물

① 주거용건물의 전부 또는 일부

이 법은 주거용 건물(이하 '주택'이라 한다)의 전부 또는 일부의 임대차에 관하여 적용한다. 그 임차주택(임차주택)의 일부가 주거 외의 목적으로 사용되는 경우에도 또한 같다(주임법 2조). 임차주택이 미등기건물, 무허가건물 등 불법건축물이더라도 임차 당시 주거용으로 실질적 형태를 갖추고 사용하여 왔다면 이 법이 적용된다.

② 주거용 건물의 판단 방법

주거용 건물에 해당하는지 여부는 임대차목적물의 공부상 표시만을 기준으로 할 것이 아니라 그 실제 용도에 따라서 정하여야 한다. 그리고 건물 일부가 임대차의 목적이 되어 주거용과 비주거용으로 겸용되는 경우에는 구체적인 경우에 따라 그 임대차의 목적, 전체 건물과 임대차목적물의 구조와 형태 및 임차인의 임대차목적물의 이용관계 그리고 임차인이 그곳에서 일상생활을 영위하는지 여부 등을 아울러 고려하여 합목적적으로 결정하여야 한다(대판 1996. 3. 12. 95다51953).

● 주거용 건물로 인정한 판례

건물이 공부상으로는 단층 작업소 및 근린생활시설로 표시되어 있으나 실제로 갑은 주거 및 인쇄소 경영 목적으로, 을은 주거 및 슈퍼마켓 경영 목적으로 임차하여 가족들과 함께 입주하여 그곳에서 일상생활을 영위하는 한편 인쇄소 또는 슈퍼마켓을 경영하고 있으며, 갑의 경우는 주거용으로 사용되는 부분이 비주거용으로 사용되는 부분보다 넓고, 을의 경우는 비주거용으로 사용되는 부분이 더 넓기는 하지만 주거용으로 사용되는 부분도 상당한 면적이고, 위 각 부분이 갑·을의 유일한 주거인 경우 주택임대차보호법 제2조 후문에서 정한 주거용 건물에 해당 한다(대판 1995. 3. 10. 94다52522).

● 주거용 건물로 인정하지 아니한 판례

방 2개와 주방이 딸린 다방이 영업용으로서 비주거용 건물이라고 보여지고, 설사 그 중 방 및 다방의 주방을 주거목적에 사용한다고 하더라도, 이는 어디까지나 다방의 영업에 부수적인 것으로서, 그러한 주거목적 사용은 비주거용 건물의 일부가 주거목적으로 사용되는 것일 뿐, 주택임대차보호법 제2조 후문에서 말하는 '주거용 건물의 일부가 주거 외의 목적으로 사용되는 경우'에 해당한다고 볼 수 없다(대판 1996. 3. 12, 95다51953).

③ 주거용 건물의 판단시기

주거용건물인지의 판단시기는 '임대계약체결 당시'를 기준으로 하여 그 건물이 구조상 주거로 사용될 수 있을 정도의 실질적인 형태를 갖추고 있어야 하며 만일 그 당시에는 주거용 건물 부분이 존재하지 아니하였는데, 임차인이 그 후 임의로 주거용으로 개조하였다면 임대인이 그 개조를 승낙하였다는 등의 특별한 사정이 없는 한 이 법이 적용되지 않는다(대판 1986. 1. 21, 85다카1367).

### 2) 미등기, 무허가건물에도 적용

미등기 또는 무허가건물에도 주임법이 적용된다. 주택임대차보호법은 주택의 임대차에 관하여 민법에 대한 특례를 규정함으로써 국민의 주거생활 안정을 보장함을 목적으로 하고 있고, 주택의 전부 또는 일부의 임대차에 관하여 적용된다고 규정하고 있을 뿐 임차주택이 관할관청의 허가를 받은 건물인지, 등기를 마친 건물인지 아닌지를 구별하고 있지 아니하므로, 어느 건물이 국민의 주거생활 용도로 사용되는 주택에 해당하는 이상 비록 그 건물에 관하여 아직 등기를 마치지 아니하였거나 등기가 이루어질 수 없는 사정이 있다고 하더라도 다른 특별한 규정이 없는 한 같은 법의 적용대상이 된다(대판 2007. 6. 21, 2004다26133)

### 3) 미등기 전세에 준용

주택의 등기를 하지 아니한 전세계약에 관하여는 이 법을 준용한다. 이 경우 '전세금'은 '임대차의 보증금'으로 본다(주임법 12조).

### 4) 일시사용을 위한 임대차

이 법은 일시사용하기 위한 임대차임이 명백한 경우에는 적용하지 아니한다(주임법 11조).

## (4) 대항력

### 1) 의의

대항력이란 임차인이 임대차 기간에 주택의 소유자가 변경되더라도 주택의 신소유자에게 임차권을 주장하여 임차보증금을 반환받을 때까지 계속 사용수익 할 수 있는 권리를 말한다. 대항력은 임차인이 기존 주택의 임대인과의 임대차법률관계를 신소유자 및 타인에게 주장할 수 있는 법률상의 힘이다.

### 2) 대항력의 요건(인도+주민등록)

부동산임대차를 등기한 경우에는 등기한 때에 대항력을 취득한다(민법 621조 1항). 그러나 주택임대차보호법은 등기를 하지 아니하여도 임차인이 주택의 인도와 주민등록을 마친 때에는 그 익일부터 제3자에 대하여 대항력이 생긴다(주임법 3조 1항).

① 주택의 인도(점유)

가) 인도(引渡)란

점유를 이전하는 것을 말한다. 점유란 물건을 사실상 지배하는 것을 말한다. 사실상이 지배가 있다고 하기 위하여는 반드시 물건을 물리적, 현실적으로 지배하는 것만을 의미하는 것이 아니고, 물건과 사람과의 시간적, 공간적 관계와 본권관계, 타인지배의 배제 가능성 등을 고려하여 사회통념에 따라 합목적적으로 판단하여야 한다(2001. 1. 16. 98다20110)

나) 임차인이 간접 점유하는 경우

임차인이 직접 점유하지 않고 간접 점유[77]로도 대항력이 인정된다. 다만, 이 경우 직접 점유자 명의로 주민등록 전입신고를 하여야 한다.

---

77) 간접 점유: 목적물을 직접 점유하지 않고 타인을 통하여 점유하는 것을 말한다.

주택임대차보호법 제3조 제1항 소정의 대항력은 임차인이 당해 주택에 거주하면서 이를 직접 점유하는 경우뿐만 아니라 타인의 점유를 매개로 하여 이를 간접 점유하는 경우에도 인정될 수 있을 것이나, 그 경우 당해 주택에 실제로 거주하지 아니하는 간접점유자인 임차인은 주민등록의 대상이 되는 '당해 주택에 주소 또는 거소를 가진 자(주민등록법 제6조 제1항)'가 아니어서 그자의 주민등록은 주민등록법 소정의 적법한 주민등록이라고 할 수 없고, 따라서 간접점유자에 불과한 임차인 자신의 주민등록으로는 대항력의 요건을 적법하게 갖추었다고 할 수 없으며, 임차인과의 점유매개관계에 기하여 당해 주택에 실제로 거주하는 직접점유자가 자신의 주민등록을 마친 경우에 한하여 비로소 그 임차인의 임대차가 제3자에 대하여 적법하게 대항력을 취득할 수 있다(2001. 1. 19. 2000다55645).

② 주민등록

가) 전입신고

주민등록은 전입신고를 한 때에 주민등록이 된 것으로 본다(주임법 3조 1항 후단). 임차인이 전입신고를 올바르게(즉 임차건물 소재지 지번으로) 하였다면, 이로써 그 임대차의 대항력이 생기는 것이므로, 설사 담당공무원의 착오로 주민등록표상에 신거주지 지번이 다소 틀리게(안양동 545의 5가 안양동 545의 2로) 기재되었더라도 애초의 대항력에는 지장이 없다(1991. 8. 11, 91다18118).

나) 가족의 주민등록

주민등록은 임차인 본인뿐만 아니라 그 배우자나 자녀 등 가족의 주민등록을 포함한다. 주택 임차인이 그 가족과 함께 그 주택에 대한 점유를 계속하고 있으면서 그 가족의 주민등록을 그대로 둔 채 임차인만 주민등록을 일시 다른 곳으로 옮긴 경우라면, 전체적으로나 종국적으로 주민등록의 이탈이라고 볼 수 없는 만큼, 임대차의 제3자에 대한 대항력을 상실하지 아니한다(대판 1996. 1. 26. 95다30338).

다) 다가구주택과 공동주택

ㄱ) 다가구주택(단독주택)

다가구용 단독주택의 경우에는 전입신고는 지번만 기재하고 개별호수를 기재하지 아니하여도 유효한 공시방법으로 대항력을 취득한다. 거주자의 편의상 구분하여 놓은 호수까지 기재할 필요는 없다. 또 지번을 올바르게 기재하였고 편의상 기재한 호수를 잘못 기재하였더라도 대항력 취득에는 문제가 없다.

[판례]

이른바 다가구용 단독주택의 경우 건축법이나 주택건설촉진법상 이를 공동주택으로 볼 근거가 없어 단독주택으로 보는 이상 주민등록법시행령 제5조 제5항에 따라 임차인이 위 건물의 일부나 전부를 임차하고, 전입신고하는 경우 지번만 기재하는 것으로 충분하고, 나아가 위 건물 거주자의 편의상 구분하여 놓은 호수까지 기재할 의무나 필요가 있다고 할 수 없고, 등기부의 갑구란의 각 지분 표시 뒤에 각 그 호수가 기재되어 있으나 이는 법령상의 근거가 없이 소유자들의 편의를 위하여 등기공무원이 임의로 기재하는 것에 불과하며, 임차인이 실제로 위 건물의 어느 부분을 임차하여 거주하고 있는지 여부의 조사는 단독주택의 경우와 마찬가지로 위 건물에 담보권 등을 설정하려는 이해관계인의 책임하에 이루어져야 할 것이므로 임차인이 전입신고로 지번을 정확히 기재하여 전입신고한 이상 일반 사회 통념상 그 주민등록으로 위 건물에 임차인이 주소 또는 거소를 가진 자로 등록되어 있는지를 인식할 수 있어 임대차의 공시방법으로 유효하다고 할 것이고, 설사 위 임차인이 위 건물의 소유자나 거주자 등이 부르는 대로 지층 1호를 1층 1호로 잘못 알고, 이에 따라 전입신고를 '연립 101'로 하였다고 하더라도 달리 볼 것은 아니다(대판 1997. 11. 14, 97다29530).

ㄴ) 공동주택(아파트, 빌라 등 집합건물)

공동주택의 경우에는 전입신고는 지번, 동, 층, 개별호수를 모두 정확히 기재하여 주민등록이 되어야 한다. 따라서 지번만을 기재하였거나, 실제의 동과 호수가 일치하지 않을 경우 주택임대차의 유효한 공시방법으로 인정받을 수 없어 대항력을 취득할 수 없다.

[판례]

● 임차인들이 다세대주택의 동·호수 표시 없이 그 부지 중 일부 지번으로만 주민등록을 한 경우, 그 주민등록으로써는 일반의 사회 통념상 그 임차인들이 그 다세대주택의 특정 동·호수에 주소를 가진 것으로 제3자가 인식할 수는

없는 것이므로, 임차인들은 그 임차 주택에 관한 임대차의 유효한 공시방법을 갖추었다고 볼 수 없다(1996.2.23, 95다48421)
- 유효한 주민등록으로 인정한 사례
부동산등기부상 건물의 표제부에 '에이(A)동'이라고 기재되어 있는 연립주택의 임차인이 전입신고를 함에 있어 주소지를 '가동'으로 신고하였으나, 주소지 대지 위에는 2개 동의 연립주택 외에는 다른 건물이 전혀 없고, 그 2개 동도 층당 세대수가 한 동은 4세대씩, 다른 동은 6세대씩으로서 크기가 달라서 외관상 혼동의 여지가 없으며, 실제 건물 외벽에는 '가동', '나동'으로 표기되어 사회생활상 그렇게 호칭되어 온 경우, 사회 통념상 '가동', '나동', '에이동', '비동'은 표시 순서에 따라 각각 같은 건물을 의미하는 것이라고 인식될 여지가 있고, 더욱이 경매기록에서 경매목적물의 표시가 '에이동'과 '가동'으로 병기되어 있었던 이상, 경매가 진행되면서 낙찰인을 포함하여 입찰에 참가하고자 한 사람들로서도 위 임대차를 대항력 있는 임대차로 인식하는 데 아무런 어려움이 없었으므로 위 임차인의 주민등록은 임대차의 공시방법으로 유효하다(2003.6.10, 2002다 59351).

### 3) 대항력의 발생시기

① 인도 + 주민등록 다음날 0시

임차인은 주택의 인도와 주민등록을 마친 다음 날 0시부터 대항력이 생긴다(대판 1999. 5. 25. 99다9981). 주택의 인도는 사실상 알기 어려우므로 일반적으로 전입신고일자를 기준으로 인도한 것으로 판단한다. 만일 인도일자가 주민등록일자보다 늦으면 인도일의 다음 날 0시부터 대항력이 생긴다.

② 기타의 경우

가) 주택을 매도하면서 다시 임차하는 경우

주택 소유자가 주택을 타인에게 매도하고 다시 임차하여 살고 있다면 그의 대항력의 발생시기는 소유권이전등기 다음 날 0시부터이다(2000. 2. 11. 99다59306).

나) 종전임차인이 낙찰인과 다시 임차하는 경우

경매절차에서 낙찰인이 주민등록은 되어 있으나 대항력은 없는 종전 임차인과의 사이에 새로이 임대차계약을 체결하고 낙찰대금을 납부한 경우, 종전 임차인의 주민등록은 낙찰인의 소유권취득 이전부터 낙찰인과 종전 임차인 사이의 임대차관계를 공시하는 기능을 수행하고 있었으므로, 종전 임차인은 당해 부동산에 관하여 낙찰인이 낙찰대금을 납부하여 소유권을 취득하는 즉시 임차권의 대항력을 취득한다(대판 2002. 11 .8. 2002다38361, 38378).

다) 임대아파트 전차인의 경우

갑이 병 회사 소유 임대아파트의 임차인인 을로부터 아파트를 임차하여 전입신고를 마치고 거주하던 중, 을이 병 회사로부터 위 아파트를 분양받아 자기 명의로 소유권이전등기를 경료한 후 근저당권을 설정한 사안에서, 갑은 을 명의의 소유권이전등기가 경료되는 즉시 임차권의 대항력을 취득한다(대판 2001. 1. 30. 2000다58026, 58033).


4) 대항력의 존속기간

① 주택의 인도와 주민등록은 대항력의 취득요건이자 존속요건이다. 따라서 대항력을 유지하기 위하여는 계속 존속하고 있어야 한다. 임차인이 매수인에게 대항하기 위하여는 매수인이 낙찰대금을 납부할 때까지 임차인의 주민등록이 유지되어야 한다.

주택임대차보호법이 제3조 제1항에서 주택임차인에게 주택의 인도와 주민등록을 요건으로 명시하여 등기된 물권에 버금가는 강력한 대항력을 부여하고 있는 취지에 비추어 볼 때, 달리 공시방법이 없는 주택임대차에 있어서 주택의 인도 및 주민등록이라는 대항요건은 그 대항력 취득 시에만 구비하면 족한 것이 아니고, 그 대항력을 유지하기 위하여서도 계속 존속하고 있어야 한다(대판 2002. 10. 11. 2002다20957).

② 문제 되는 경우

가) 임차인이 대항력 취득 후 가족과 함께 일시 다른 곳으로 주민등록을 이전했다가 재전입한 경우

주택의 임차인이 그 주택의 소재지로 전입신고를 마치고 그 주택에 입주함으로써 일단 임차권의 대항력을 취득한 후 어떤 이유에서든지 그 가족과 함께 일시적이나마 다른 곳으로 주민등록을 이전하였다면 이는 전체적으로나 종국적으로 주민등록의 이탈이라고 볼 수 있으므로 그 대항력은 그 전출 당시 이미 대항요건의 상실로 소멸되는 것이고, 그 후 그 임차인이 얼마 있지 않아 다시 원래의 주소지로 주민등록을 재전입하였다 하더라도 이로써 소멸되었던 대항력이 당초에 소급하여 회복되는 것이 아니라 그 재전입한 때부터 그와는 동일성이 없는 새로운 대항력이 재차 발생한다(2998. 1. 23. 97다43468).

나) 주민등록이 직권말소 되었다가 회복된 경우

주택임차인의 의사에 의하지 아니하고 주민등록법 및 동법 시행령에 따라 시장 군수 또는 구청장에 의하여 직권조치로 주민등록이 말소된 경우에도 원칙적으로 그 대항력은 상실된다고 할 것이지만, 주민등록법상의 직권말소제도는 거주관계 등 인구의 동태를 상시로 명확히 파악하여 주민생활의 편익을 증진시키고 행정사무의 적정한 처리를 도모하기 위한 것이고, 주택임대차보호법에서 주민등록을 대항력의 요건으로 규정하고 있는 것은 거래의 안전을 위하여 임대차의 존재를 제3자가 명백히 인식할 수 있게 하기 위한 것으로서 그 취지가 다르므로, 직권말소 후 동법 소정의 이의절차에 따라 그 말소된 주민등록이 회복되거나 동법 시행령 제29조에 의하여 재등록이 이루어짐으로써 주택임차인에게 주민등록을 유지할 의사가 있었다는 것이 명백히 드러난 경우에는 소급하여 그 대항력이 유지된다고 할 것이다. 다만, 그 직권말소가 주민등록법 소정의 이의절차에 의하여 회복된 것이 아닌 경우에는 직권말소 후 재등록이 이루어지기 이전에 주민등록이 없는 것으로 믿고 임차주택에 관하여 새로운 이해관계를 맺은 선의의 제3자에 대하여는 임차인은 대항력의 유지를 주장할 수 없다(대판 2002. 10. 11. 2002다20957).

다) 임차권을 양도·전대

주택임대차보호법 제3조 제1항에 의한 대항력을 갖춘 주택임차인이 임대인의 동의를

얻어 적법하게 임차권을 양도하거나 전대한 경우에 있어서 양수인이나 전차인이 임차인의 주민등록 퇴거일로부터 주민등록법상의 전입신고기간 내(신고사유발생일로부터 14일 이내, 주민등록법 제11조 1항)에 전입신고를 마치고 주택을 인도받아 점유를 계속하고 있다면 비록 위 임차권의 양도나 전대에 의하여 임차권의 공시방법인 점유와 주민등록이 변경되었다 하더라도 원래의 임차인이 갖는 임차권의 대항력은 소멸되지 아니하고 동일성을 유지한 채로 존속한다(대판 1988.4. 25. 87다카2509. 대판 1994. 6. 24. 94다3155). 따라서 말소기준권리 이후의 임차인일지라도 대항력 있는 임차인으로부터 임대의 동의를 얻어 양도, 전대되었다면 낙찰자는 보증금을 인수할 수 있으므로, 임차인의 계약서가 임차권 양도양수계약서인지, 전대차계약서인지를 매각물건명세서와 현황조사서 등을 통하여 확인할 필요가 있다.

### (5) 우선변제권

#### 1) 의의

대항요건(주택의 인도 + 주민등록)과 임대차계약서상의 확정일자를 갖춘 임차인은 「민사집행법」에 따른 경매 또는 「국세징수법」에 따른 공매(公賣)를 할 때에 임차주택(대시가액 포함)의 환가대금에서 후순위권리자나 그 밖의 채권자보다 우선하여 보증금을 변제받을 권리가 있다(주임법 3조의2 2항).

#### 2) 요건

① 대항요건의 구비 및 존속

임차인은 경매개시결정등기 전에 주택의 인도와 전입(주민등록)의 대항요건을 마치고 있어야 하며 이러한 대항요건은 배당요구종기일까지 존속하고 있어야 한다[78]. 배당종기일

---

78) 대판 2007.6.14, 2007다17475: 주택임대차보호법 제8조에서 임차인에게 같은 법 제3조 제1항 소정의 주택의 인도와 주민등록을 요건으로 명시하여 그 보증금 중 일정액의 한도 내에서는 등기된 담보물권자에게도 우선하여 변제받을 권리를 부여하고 있는 점, 위 임차인은 배당요구의 방법으로 우선변제권을 행사하는 점, 배당요구 시까지만 위 요건을 구비하면 족하다고 한다면 동일한 임차주택에 대하여 주택임대차보호법 제8조 소정의 임차인 이외에 같은 법 제3조의2 소정의 임차인이 출현하여 배당요구를 하는 등 경매절차상의 다른 이해관계인들에게 피해를 입힐 수도 있는 점 등에 비추어 볼 때, 공시방법이 없는 주택임대차에 있어서 주택의 인도와 주민등록이라는 우선변제의 요건은 그 우선변제권 취득 시에만 구비하면 족한 것이 아니고,

이 연기된 경우 등 기타 변수도 있을 수 있으므로 실무상 낙찰자가 잔금 납부할 때까지 존속하고 있어야 안전하다.

② 확정일자

가) 의의

확정일자란, 증서에 대하여 그 작성한 일자에 관한 완전한 증거가 될 수 있는 것으로 법률상 인정되는 일자를 말하며, 당사자가 나중에 변경하는 것이 불가능한 확정된 일자를 말한다(대판 1998.10.2, 98다28879).

공중인사무실에서 받은 인증일자((대판 1998.10.2, 98다28879), 전세권설정계약서가 첨부된 등기필증에 찍힌 접수일자(대판 2002.11.8, 2001다51725)도 확정일자에 해당한다.

나) 확정일자 받는 방법

첫째 관할 읍·면·동사무소에서 확정일자를 받을 수 있고, 둘째 전국 등기소, 셋째 공중인사무실에서도 확정일자를 받을 수 있다. 일반적으로 임대차계약서를 작성 후 관할 동사무소에서 전입신고를 함과 동시에 확정일자를 받는다. 확정일자는 임대인의 동의 없이도 할 수 있으며 비용이 거의 들지 않고 절차도 간단하다.

다) 확정일자의 구비

임차인은 임대차계약서상에 확정일자를 배당요구종기까지는 갖추어야 한다. 실무상 경매개시결정등기 이후에 확정일자를 갖춘 경우 가장임차인이 대부분이므로 배당에서 제외시키고 향후 진정한 임차인이 확인될 경우(배당이의 등) 배당을 해준다.

③ 배당요구

임차인은 배당요구종기일 전에 배당요구 및 권리신고를 하여야 한다(대판 2002. 1. 22. 2001다70702). 배당요구를 하지 않을 경우 배당을 받을 수 없으며 배당받은 후순위 채권자를 상대로 부당이득반환청구도 할 수 없다(대판 1998.10.13, 98다12379).

---

민사집행법상 배당요구의 종기까지 계속 존속하고 있어야 한다.

3) 효력

① 우선변제권의 효력 발생시기

임차인은 주택의 인도와 주민등록을 마친 다음 날 0시부터 대항력이 생기므로 임차인이 주택을 인도받고 같은 날 전입신고(주민등록)를 하고 확정일자를 갖추었다면 전입신고일인 다음날 0시부터 우선변제권의 효력이 발생한다. 또 확정일자를 전입신고일 전에 갖추었다면 마찬가지로 전입신고일 다음 날 0시부터 우선변제권의 효력이 발생한다. 만일, 주택의 인도와 주민등록을 먼저하고 확정일자를 다음 어느 날 갖추었다면 확정일자를 받은 날에 우선변제권의 효력이 발생한다.

| 전입일자, 확정일자 시점 | 우선변제권의 효력발생시기 |
|---|---|
| ① 2013년 2월 5일: 전입일자 + 확정일자 | 2013년 2월 6일 0시 |
| ① 2013년 2월 4일: 확정일자<br>② 2013년 2월 5일: 전입일자 | 2013년 2월 6일 0시 |
| ① 2013년 2월 5일: 전입일자<br>② 2013년 2월 7일: 확정일자 | 2013년 2월 7일(주간) |

② 보증금을 증액한 경우

확정일자를 갖춘 후 보증금을 증액한 경우 증액한 보증금에 대하여는 새로 확정일자를 갖춘 때부터 우선변제권을 취득한다.

③ 대항력과 우선변제권의 선택적 행사

최선순위 임차인은 낙찰자에게 보증금을 반환받을 때까지 임대차관계의 존속을 주장할 수 있는 권리(대항력)와 보증금에 관하여 임차주택의 가액으로부터 우선변제를 받을 수 있는 권리(우선변제권)를 겸유하며, 이 두 가지 권리 중 하나를 선택하여 행사할 수 있다(대판 1993.12.24, 93다39676). 만일 대항력 있는 임차인이 우선변제를 받기 위하여 배당요구를 하였다면 임차인의 배당 요구에 의하여 임대차는 해지 종료되고,

다만 임차인이 보증금의 잔액을 낙찰자에게 반환받을 때까지 임대차관계가 존속하는 것으로 의제될 뿐이므로, 낙찰자는 임대차가 종료된 상태에서의 임대인의 지위를 승계한다 (대판 1998. 7. 10. 98다15545).

④ 우선변제권

주택의 인도 및 전입, 확정일자를 갖춘 임차인은 환가대금에서 후순위권리자나 일반 채권자보다 우선하여 보증금을 변제받는다. 확정일자부 임차인은 저당권과 유사한 효력을 가지므로 저당권설정일자와 확정일자의 선후에 따라 우선순위가 결정된다. 가압류의 경우 확정일자보다 앞선 경우 임차인은 가압류권자와 동 순위로 안분배당을 받는다.

## (6) 최우선변제권

### 1) 의의

주택의 인도와 전입(주민등록)을 마친 임차인은 보증금 중 일정액에 관하여 주택의 가액(대지 가액 포함)의 2/1 범위 안에서 다른 담보물권자보다 우선하여 변제받을 권리가 있다(주임법 8조). 보증금이 소액인 임차인의 경우 보증금 중 일정액을 선순위 담보물권자보다도 우선하여 변제받을 수 있는 권리를 최우선변제권이라고 한다.

### 2) 요건

① 보증금 규모의 제한(보증금 범위)

최우선변제를 받을 임차인의 보증금은 다음 각 호의 금액 이하이어야 한다(주임법 시행령 4조, 2010. 7. 26. 이후).

a. 서울특별시: 7천 500만 원

b. 「수도권정비계획법」에 따른 과밀억제권역(서울특별시는 제외한다): 6천500만 원

c. 광역시(「수도권정비계획법」에 따른 과밀억제권역에 포함된 지역과 군지역은 제외한다), 안산시, 용인시, 김포시 및 광주시: 5천 500만 원

d. 그 밖의 지역: 4천만 원


② 대항요건의 구비 및 존속

임차인은 경매개시결정등기 전에 주택의 인도와 전입(주민등록)의 대항요건을 마치고 있어야 하며 이러한 대항요건은 배당요구종기일까지 존속하고 있어야 한다. 최우선변제권은 확정일자가 반드시 있어야 하는 것은 아니다.


③ 배당요구

임차인은 배당요구종기일 전에 배당요구 및 권리신고를 하여야 한다(대판 2002. 1. 22. 2001다70702).


3) 효력

① 최우선변제금액 지급

최우선변제를 받을 보증금 중 일정액의 범위는 다음 각 호의 금액 이하로 한다(주임법 시행령 3조 1항, 2010. 7. 26. 이후)

a. 서울특별시: 2천 500만 원

b. 「수도권정비계획법」에 따른 과밀억제권역(서울특별시는 제외한다): 2천200만 원

c. 광역시(「수도권정비계획법」에 따른 과밀억제권역에 포함된 지역과 군지역은 제외한다), 안산시, 용인시, 김포시 및 광주시: 1천 900만 원

d. 그 밖의 지역: 1천 400만 원


② 대지가액포함 우선변제

소액임차인은 대지와 주택의 소유자가 동일한 경우에는 주택가액뿐 아니라 대지가액 포함해서 최우선변제를 받을 수 있고, 건물과 토지가 시기를 달리하여 따로 경매되더라도 각 경매절차에 참여하여 최우선변제를 받을 수 있다(대판 1996.6.14, 96다7595). 그러나 대지의 저당권설정 후에 건물이 신축된 경우에는 대지의 환가대금에서는 우선변제를

받을 수 없다(대판 1999. 7. 23. 99다25532). 미등기주택의 소액임차인도 대지의 매각대금으로부터 최우선변제를 받을 수 있다(대판 2007. 6. 21. 2004다26133).

### 4) 최우선변제권의 제한

① 임차인의 보증금 중 일정액이 주택가액(대지가액 포함)의 2분의 1[79]을 초과하는 경우에는 주택가액의 2분의 1에 해당하는 금액까지만 우선변제권이 있다(주임법 시행령 3조 2항).

② 하나의 주택에 임차인이 2명 이상이고, 그 각 보증금 중 일정액을 모두 합한 금액이 주택가액의 2분의 1을 초과하는 경우에는 그 각 보증금 중 일정액을 모두 합한 금액에 대한 각 임차인의 보증금 중 일정액의 비율로 그 주택가액의 2분의 1에 해당하는 금액을 분할한 금액을 각 임차인의 보증금 중 일정액으로 본다(주임법 시행령 3조 3항).

③ 하나의 주택에 임차인이 2명 이상이고 이들이 그 주택에서 가정 공동생활을 하는 경우에는 이들을 1명의 임차인으로 보아 이들의 각 보증금을 합산한다(주임법 시행령 3조 4항)[80].

④ 임차권등기명령에 의한 임차권등기 이후에 임차한 임차인은 최우선변제권이 인정되지 않는다(주임법 3조의3 6항).

---

79) 대판 2001.4.27, 2001다8974: 주택임대차보호법 제8조 소정의 우선변제권의 한도가 되는 주택가액의 2분의 1에서 '주택가액'이라 함은 낙찰대금에다가 입찰보증금에 대한 배당기일까지의 이자, 몰수된 입찰보증금 등을 포함한 금액에서 집행비용을 공제한 실제 배당할 금액이라고 봄이 상당하다.

80) 대판 2001.5.15, 2001다18513: 피고와 피고의 딸이 동일한 주택을 별개로 임차하였으나 이들이 함께 거주하고 있으므로 주택임대차보호법시행령 제3조 제4항 소정의 가정 공동생활을 하는 자에 해당하고, 이들의 임대차보증금 합산액이 위 시행령 제4조의 우선변제를 받을 수 있는 소액보증금의 범위를 초과한다.

[주택임대차 소액보증금범위 및 최우선변제액]

| 근거(담보물권 설정일) | 지역 | 보증금 범위 | 최우선 변제액 |
|---|---|---|---|
| 1984년 06월 14일부터 | 특별시, 광역시 | 300만 원 이하 | 300만 원 |
| | 기타지역 | 200만 원 이하 | 200만 원 |
| 1987년 12월 01일부터 | 특별시, 광역시 | 500만 원 이하 | 500만 원 |
| | 기타지역 | 400만 원 이하 | 400만 원 |
| 1990년 02월 19일부터 | 특별시, 광역시 | 2,000만 원 이하 | 700만 원 |
| | 기타지역 | 1,500만 원 이하 | 500만 원 |
| 1995년 10월 19일부터 | 특별시, 광역시 | 3,000만 원 이하 | 1,200만 원 |
| | 기타지역 | 2,000만 원 이하 | 800만 원 |
| 2001년 09월 15일부터 | 수도권 중 과밀억제권역 | 4,000만 원 이하 | 1,600만 원 |
| | 광역시 (군지역, 인천제외) | 3,500만 원 이하 | 1,400만 원 |
| | 기타지역 | 3,000만 원 이하 | 1,200만 원 |
| 2008년 08월 21일부터 | 수도권 중 과밀억제권역 | 6,000만 원 이하 | 2,000만 원 |
| | 광역시 (군지역, 인천제외) | 5,000만 원 이하 | 1,700만 원 |
| | 기타지역 | 4,000만 원 이하 | 1,400만 원 |
| 2010년 07월 26일부터 | 서울특별시 | 7,500만 원 이하 | 2,500만 원 |
| | 수도권 중 과밀억제권역 | 6,500만 원 이하 | 2,200만 원 |
| | 광역시(군제 외), 용인시, 안산시, 김포시, 광주시 | 5,500만 원 이하 | 1,900만 원 |
| | 기타지역 | 4,000만 원 이하 | 1,400만 원 |

※ 수도정비계획법 중 과밀억제권역(담보물권설정일: 2009. 1. 15. 이전)

> ● 서울특별시, 의정부시, 구리시, 하남시, 고양시, 수원시, 성남시, 안양시, 부천시, 광명시, 과천시, 의왕시, 군포시, 시흥시(반월 특수지역 제외), 남양주시(호평동, 평내동, 금곡동, 일패동, 이패동, 삼패동, 가운동, 수석동, 지금동 및 도농동에 한한다.), 인천광역시(강화군, 옹진군, 중구 운남동, 중구 운북동, 중구 운서동, 중구 중산동, 중구 남북동, 중구 덕교동, 중구 을왕동, 중구 무의동, 서구 대곡동, 서구 불로동, 서구 마전동, 서구 금곡동, 서구 오류동, 서구 왕길동, 서구 당하동, 서구 원당동, 연수구 송도매립지(인천광역시장이 송도 신시가지 조성을 위하여 1990년 11월 12일 송도 앞 공유수면매립공사면허를 받은 지역을 말한다) 및 남동국가산업단지를 제외)

※ 수도정비계획법 중 과밀억제권역(담보물건설정일: 2009. 1. 16. 이후)

> ● 서울특별시, 의정부시, 구리시, 하남시, 고양시, 수원시, 성남시, 안양시, 부천시, 광명시, 과천시, 의왕시, 군포시, 시흥시(반월 특수지역 제외), 남양주시(호평동, 평내동, 금곡동, 일패동, 이패동, 삼패동, 가운동, 수석동, 지금동 및 도농동에 한한다.) 인천광역시(강화군, 옹진군, 서구 대곡동, 서구 불로동, 서구 마전동, 서구 금곡동, 서구 오류동, 서구 왕길동, 서구 당하동, 서구 원당동, 인천경제자유구역 및 남동국가산업단지를 제외)
> ● 인천경제자유구역송도지구(연수구 송도동), 영종지구(중구 중산, 운남, 운서, 운북, 남북, 덕교, 무의, 을왕), 청라지구(서구 경서동, 원창, 연희 일부), 남동국가산업단지(남동구 고잔동, 남촌동, 논현동 일부)

## (7) 임차권의 승계(사실혼 배우자)

① 임차인이 상속인 없이 사망한 경우에는 그 주택에서 가정 공동생활을 하던 사실상의 혼인 관계에 있는 자가 임차인의 권리와 의무를 승계한다(주임법 9조 1항).

② 임차인이 사망한 때에 사망 당시 상속인이 그 주택에서 가정공동생활을 하고 있지 아니한 경우에는 그 주택에서 가정 공동생활을 하던 사실상의 혼인 관계에 있는 자와 2촌 이내의 친족이 공동으로 임차인의 권리와 의무를 승계한다(주임법 9조 2항).

③ 위와 같이 자동승계가 된 경우(임차인의 권리와 의무인 채권 채무관계가 승계인에게 귀속된 경우)에 임차인이 사망한 후 1개월 이내에 승계인이 임대인에게 반대의사를 표시한 경우에는 승계되지 않는다(주임법 9조 3항).

### (8) 임차권등기명령

#### 1) 의의

임대차가 끝난 후 보증금을 반환받지 못한 임차인은 임차주택의 소재지를 관할하는 지방법원 · 지방법원지원 또는 시 · 군 법원에 임차권등기명령을 신청할 수 있다(주임법 3조의 3). 임대차가 종료되어 임차인이 이사를 가야 하는 상황임에도 임대인으로부터 보증금을 반환받지 못한 상태에서 이사를 하거나 전입신고를 이전하게 되면 대항력과 우선변제권을 상실하게 되어 보증금 확보가 어려우므로, 이 경우 임차인은 임차권등기명령을 단독으로 신청하여 대항력과 우선변제권을 유지하면서 이사를 할 수 있다.

#### 2) 요건 및 절차

① 신청인: 임대차가 끝난 후 보증금을 반환받지 못한 임차인(신청일 현재 부동산점유 + 전입신고 + 확정일자를 갖추고 있어야 하며 임차권등기완료 시까지 유지하고 있어야 한다).

② 신청하는 곳: 임차주택의 소재지를 관할하는 지방법원 · 지방법원지원 또는 시 · 군 법원

③ 신청서류[81]: 임차권등기명령신청서, 임대차계약서(확정일자 날인된), 임차인 주민등록등본, 임차소재지 부동산등기부등본, 임차인 신분증, 도장

---

81) 첨부서류 및 신청서의 기재사항에 대하여는 임차권등기명령 절차에 관한 규칙 3조, 2조 참조.

④ 등기절차: 임대인 동의 없이 신청할 수 있으며 임차인이 관할법원 신청과에 접수하면 법원에서는 임차권등기명령 결정을 하여 등기소에 임차권등기촉탁을 한다. 등기소에서는 임차권등기를 경료한다.

⑤ 불복: 임차권등기명령을 각하하는 결정에 대하여 임차인은 항고할 수 있고, 임대인은 임차권등기명령 결정에 대하여 이의를 신청할 수 있다.

⑥ 비용부담: 임차인은 임차권등기와 관련하여 든 비용을 임대인에게 청구할 수 있다(주임법 3조의3 8항).

## 3) 효력

① 임차인은 임차권등기명령에 의한 임차권등기를 마치면 대항력과 우선변제권을 취득한다. 다만, 임차인이 임차권등기 이전에 이미 대항력이나 우선변제권을 취득한 경우에는 그 대항력이나 우선변제권은 소급하여 그대로 유지되며, 임차권등기 이후에는 대항요건을 상실하더라도 이미 취득한 대항력이나 우선변제권을 상실하지 않는다(주임법 3조의3 5항).

② 임차권등기명령에 의한 임차권등기가 끝난 이후에 임차한 임차인은 소액보증금에 따른 우선변제를 받을 권리(최우선변제권)가 없다(주임법 3조의3 6항).

③ 임차권등기를 한 임차인은 민사집행법상의 이해관계인이며 당연배당요권자로서 별도로 배당요구를 하지 않아도 배당받을 채권자에 해당한다[82].

④ 임대인의 보증금반환의무와 임차인의 임차권등기말소의무는 동시이행관계에 있는 것이 아니고 임대인의 보증금반환의무가 선이행 되어야 할 의무이다[83].

---

[82] 대판 2005.9.15, 2005다33039: 임차권등기명령에 의하여 임차권등기를 한 임차인은 우선변제권을 가지며, 위 임차권등기는 임차인으로 하여금 기왕의 대항력이나 우선변제권을 유지하도록 해주는 담보적 기능을 주목적으로 하고 있으므로, 위 임차권등기가 첫 경매개시결정등기 전에 등기된 경우, 배당받을 채권자의 범위에 관하여 규정하고 있는 민사집행법 제148조 제4호의 '저당권·전세권, 그 밖의 우선변제청구권으로서 첫 경매개시결정 등기 전에 등기되었고 매각으로 소멸하는 것을 가진 채권자'에 준하여, 그 임차인은 별도로 배당요구를 하지 않아도 당연히 배당받을 채권자에 속하는 것으로 보아야 한다.

# 주택임차권등기명령신청서

수입인지<br>2000원

신청인(임차인)　(이름)　　　　　　　(주민등록번호:　　　-　　　)
　　　　　　　　(주소)
　　　　　　　　(연락처)
피신청인(임대인)　(이름)
　　　　　　　　(주소)

## 신 청 취 지

별지목록 기재 건물에 관하여 아래와 같은 주택임차권등기를 명한다라는 결정을 구합니다.

## 아　　래

1. 임대차계약일자: 20　　．　　．
2. 임차보증금액　: 금　　　　　　원, 차임: 금　　　　　　원
3. 주민등록일자　: 20　　．　　．
4. 점유개시일자　: 20　　．　　．
5. 확 정 일 자　: 20　　．　　．

## 신 청 이 유

## 첨 부 서 류

1. 건물등기부등본　　　1통
2. 주민등록등본　　　　1통
3. 임대차계약증서 사본　1통
4. 부동산목록　　　　　5통

　　　　　　　　　　20　　．　　．　　．

　　　　　　　　　　　　　　　신청인　　　　　　(인)

　　　　　　　　　　○○ 지방법원　○○지원 귀중

---

83) 대판 2005.6.9, 2005다4529: 주택임대차보호법 제3조의3 규정에 의한 임차권등기는 이미 임대차계약이 종료하였음에도 임대인이 그 보증금을 반환하지 않는 상태에서 경료되게 되므로, 이미 사실상 이행 지체에 빠진 임대인의 임대차보증금의 반환의무와 그에 대응하는 임차인의 권리를 보전하기 위하여 새로이 경료하는 임차권등기에 대한 임차인의 말소의무를 동시이행관계에 있는 것으로 해석할 것은 아니고, 특히 위 임차권등기는 임차인으로 하여금 기왕의 대항력이나 우선변제권을 유지하도록 해주는 담보적 기능만을 주목적으로 하는 점 등에 비추어 볼 때, 임대인의 임대차보증금의 반환의무가 임차인의 임차권등기 말소의무보다 먼저 이행되어야 할 의무이다.

◇ 유 의 사 항 ◇

1. 등기수입증지 1부동산당 3,000원을 납부하여야 합니다.

2. 이 신청서를 접수할 때에는 당사자 1인당 3회분의 송달료를 현금으로 송달료수납은행에 예납하여야 합니다(다만, 송달료수납은행이 지정되지 아니한 시·군 법원의 경우에는 우표로 납부).

3. 등록세 3,600원을 납부하여야 합니다.

## (9) 주택임대차와 전세권의 경합

### 1) 문제의 제기

갑: 임차인

을: 임대인

병: 근저당권자

정: 낙찰자(매수인)

임차인의 임대차 내용(임차보증금 5,500만 원)

① 2005. 10. 11.: 주택의 인도 + 전입 + 확정일자(갑)

② 2005. 10. 11.: 전세권 등기(갑)

③ 2006. 1. 12. 근저당권(병)

'갑'이 2005. 10. 11. 주택임대차보호법상의 주택의 인도+전입+확정일자를 갖추고 같은 날인 2005. 10. 11. 전세권설정등기까지 받았고, 임대차계약이 종료되었음에도 '을'이 임차보증 금반환을 지체하자 '갑'은 보증금을 반환받기 위하여 전세권에 기한 임의경매신청을 하고 임차인으로서 배당요구도 하였다. 제3자 '정'이 경매로 2,783만 원에 낙찰받았고 '갑'은 보증금 전액을 배당받지 못하게 되자 임차인 '갑'은 배당받지 못한 임차보증금을 낙찰자 '정'에게 주장(대항력)할 수 있을까?

## 2) 문제의 해결

이 사건 전세권은 2005.10.11.에, 주택임대차보호법상의 대항력 및 우선변제권은 2005.10.12. 에 각 발생하였다고 할 것이므로, 이 사건 전세권에 기하여 개시된 이 사건 경매절차에서 '정'이 이 사건 부동산을 낙찰받아 이 사건 전세권이 소멸한 이상 이 사건 전세권보다 후순위인 위 주택임대차보호법 상의 대항력 및 우선변제권은 소멸한다.

(선순위 전세권과 대항력 있는 확정일자부 임차인의 지위를 동시에 가진 대구지방법원 2007타경11477 임의경매사건에서 낙찰자의 인도명령신청사건에서 1심에서는 기각(대구지법 2007타기2568), 2심에서는 인도명령결정(2007라328호), 대법원에서는 임차인의 항고를 기각 하는 결정(2008마212)을 하였음)

## 3) 판결

1. 인정 사실

가. 피신청인은 2005. 9. 10. 신청외 ○○○와 사이에 위 ○○○로부터 별지 기재 부동산(이하 이사건 부동산이라 한다)을 임차보증금 5,500만 원, 임차기간은 2005. 10. 11부터 2007. 10. 10까지로 정하여 임차하는 내용의 임대차계약(이하 이 사건 임대차계약이라 한다)을 체결하고 위 ○○○에게 임대차보증금 5,500만 원을 지급하였다.

나. 같은 날 위 ○○○는 2005. 10. 11. 피신청인에게 이 사건 부동산에 관하여 대구지방법원 동대구등기소 2005. 10. 11 접수 제43726호로 전세권설정등기(이로 인하여 성립한 전세권을 이하 이사건 전세권이라 한다)를 마쳐주었다.

다. 한편 피신청인은 2005. 10. 11 위 임대차계약의 계약서에 확정일자를 받고, 2005. 10. 11. 이사건 부동산에 관하여 전입신고를 하였다.

라. 이후 피신청인은 2007. 1. 10. 위 ○○○와 위 임대차계약을 해지하기로 합의하고 2007. 2. 15.까지 위 임대차보증금을 돌려받기로 약정하였다.

마. 위 '라'항 약정에도 불구하고 피신청인은 위 ○○○로부터 임대차보증금을 돌려받지 못하게 되자, 2007. 3. 29. 대구지방법원 2007타경11477호로 이 사건 부동산에 관하여 이 사건 전세권에 기한 임의경매를 신청(이하 이사건 경매절차라 한다)하였다.

바. 신청인은 이 사건 경매절차의 2007. 10. 5. 입찰기일에서 최고가인 금 27,830,000원으로
　　매수신고를 하여, 같은 달 12. 위 법원으로부터 매각허가결정을 받고, 같은 날 22.
　　위 매수대금을 모두 완납하였다.

사. 그 후 위 최고가매수대금에서 피신청인에게 24,913,128원이 배당되었으나, 피신청인과
　　신청인 사이에 명도확인서 등의 작성, 제출 문제로 분쟁이 생기자, 2007. 11. 28.
　　위 금원은 대구지방법원 2007년 금제6981호로 공탁되었다.

## 2. 당사자의 주장 및 이에 대한 판단

### 가. 신청인의 주장

　　신청인은, 이 사건 부동산에 관하여 1순위로 설정된 이 사건 전세권에 기하여 실시된
　　이 사건 경매절차에서 최고가로 매수신고를 하여 매각허가결정을 받은 후, 매수대금
　　27,830,000원을 모두 완납하였으므로 이로써 자신은 이 사건 부동산의 소유권을 취득하
　　였다고 할 것이고, 따라서 이 사건 부동산을 점유하고 있는 피신청인은 신청인에게
　　이 사건 부동산을 인도할 의무가 있다는 취지로 주장한다.

### 나. 피신청인의 주장

　　이에 대하여 피신청인은 이 사건 부동산의 전세권자이자, 임대차보호법상의 대항력을
　　갖춘 임차인이므로 이 사건 임의경매로 인하여 소멸하였다고 하더라도 임대차보호법상
　　의 대항력을 갖춘 이상 이 사건 부동산을 적법하게 점유할 수 있는 권한이 있다는
　　취지로 주장한다.

### 다. 판단

　　살피건대, 임차인이 주택임대차보호법상의 대항력을 갖춘 주택임차인이자, 전세권자인
　　경우 주택임대차보호법상의 대항력 및 우선변제권, 전세권자로서의 우선변제권을
　　모두 행사할 수 있다고 할 것이지만, 주택임대차보호법 상의 대항력은 주택임차인이
　　주택의 인도와 주민등록을 마친 날의 익일부터 제3자에 대하여 효력이 생긴다고
　　할 것인바(주택임대차보호법 제3조 제1항, 주택임대차보호법 상의 우선변제권 역시
　　인도, 주민등록, 확정일자의 요건을 갖춘 날의 익일부터 발생한다), 이 사건의 경우
　　피신청인이 ㅇㅇㅇ와 사이에 이 사건 임대차계약을 체결하고, 2005.10.11. 이 사건

부동산에 관하여 1의 '나'항과 같이 전세권설정등기를 마침으로써 이 사건 전세권을 취득하게 된 사실, 피신청인은 2005.10.11. 위 임대차계약의 계약서에 확정일자를 받고 전입신고를 하였던 사실, 피신청인은 이 사건 전세권에 기하여 이 사건 경매를 신청하였고, 그 절차에서 신청인이 이 사건 부동산의 매각허가를 받아 그 매각대금을 모두 납입한 사실은 우에서 살펴본 바와 같은바, 사정이 이러하다면, 피신청인의 이 사건 전세권은 2005.10.11.에, 주택임대차보호법 상의 대항력 및 우선변제권은 2005.10.12.에 각 발생하였다고 할 것이므로, 이 사건 전세권에 기하여 개시된 이 사건 경매절차에서 신청인이 이 사건 부동산을 낙찰받아 이 사건 전세권이 소멸한 이상 이 사건 전세권보다 후순위인 위 주택임대차보호법상의 대항력 및 우선변제권은 소멸하였다고 할 것이다.

그렇다면, 피신청인은 신청인에게 이 사건 부동산을 인도할 의무가 있다고 할 것이다.

## 3. 결론

그렇다면 신청인의 이 사건 부동산인도명령 신청은 이유 있어 이를 인용하여야 할 것인바, 제1심 결정은 이와 결론을 달리하여 부당하므로 이를 취소하고 피신청인에게 이 사건 부동산의 인도를 명하기로 하여 주문과 같이 결정한다.

[대구지방법원 2007라328호 경락부동산 인도명령]

## 2. 상가건물임대차

### (1) 입법목적

상가건물임대차보호법[84]은 상가건물 임대차에 관하여 「민법」에 대한 특례를 규정하여 국민 경제생활의 안정을 보장함을 목적으로 한다(상임법 1조).

---

84) 이하 「상임법」이라 함.

## (2) 적용범위

### 1) 상가건물의 전부 또는 일부

이 법은 사업자등록의 대상이 되는 상가건물의 임대차(임대차 목적물의 주된 부분을 영업용으로 사용하는 경우를 포함)에 대하여 적용한다(상임법 2조 1항). 따라서 사업자등록의 대상이 되는 사업용 또는 영업용 건물이어야 하며, 교회, 종친회사무실, 동창회사무실 등 비사업용 건물의 경우에는 적용하지 않는다. 사업자등록의 대상은 개인뿐만 아니라 법인도 가능하므로 주택임대차보호법과 달리 법인인 임차인도 적용된다.

### 2) 임대보증금액의 상한선

이 법은 영세상인을 보호하려는 취지가 강하므로 임대차보증금액이 대통령령으로 정하는 보증금액을 초과하는 임대차에 대하여는 적용하지 않는다(상임법 2조 1항 후단).

① 대통령령으로 정하는 보증금액(상가건물임대차보호법시행령[85] 2조 1항, 2010.7.26. 이후)

  a. 서울특별시: 3억 원

  b. 「수도권정비계획법」에 따른 과밀억제권역(서울특별시는 제외한다): 2억 5천만 원

  c. 광역시(「수도권정비계획법」에 따른 과밀억제권역에 포함된 지역과 군지역은 제외한다),
     안산시, 용인시, 김포시 및 광주시: 1억 8천만 원

  d. 그 밖의 지역: 1억 5천만 원

② 보증금 외에 차임이 있는 경우 차임액은 월 단위의 차임액에 100을 곱하여 환산한 금액을 보증금에 합산 한다(상임법 시행령 2조 2항, 3항). 예컨대 서울지역에 1층 상가를 보증금 5천만 원에 월 차임 270만 원에 임차할 경우, 환산보증금은 [5천만 원+(270만 원×100)=3억 2천만 원]이므로 상임법의 적용이 되지 않는다. 이 경우 임차인의 보증금 확보방법은 전세권, 임차권 또는 근저당권설정등기를 받아야 한다.

---

85) 이하 「상임법시행령」 이라 함.

### 3) 미등기 전세에 준용

목적건물을 등기하지 아니한 전세계약에 관하여 이 법을 준용한다. 이 경우 '전세금'은 '임대차의 보증금'으로 본다(상임법 17조).

### 4) 일시사용을 위한 임대차

이 법은 일시사용을 위한 임대차임이 명백한 경우에는 적용하지 아니한다(상임법 16조).

## (3) 대항력

### 1) 대항력의 요건(인도+사업자 등록)

① 상가의 인도

임대차는 그 등기가 없는 경우에도 임차인이 건물의 인도와 「부가가치세법」 제5조, 「소득세법」 제168조 또는 「법인세법」 제111조에 따른 사업자등록을 신청하면 그 다음 날부터 제3자에 대하여 효력이 생긴다(상임법 3조 1항). 인도란 점유(사실상의 지배)를 이전하는 것을 말하다 임차건물의 양수인(그 밖에 임대할 권리를 승계한 자를 포함한다)은 임대인의 지위를 승계한 것으로 본다(상임법 3조 2항).

② 사업자 등록

사업자등록이란 사업자가 사업을 하면서 사업자의 과세업무를 처리하기 위하여 사업에 관한 사항을 사업장소재지 관할 세무서에 신고하여 사업자등록부에 등재되는 것을 말한다. 사업자등록상의 지번 등 부동산표시는 임대차계약서 및 부동산등기부상의 부동산표시가 일치하여야 한다. 만일 불일치한 사업자등록의 경우 유효한 공시방법으로 볼 수 없어 대항력을 취득하지 못한다(대판 2008다44238).

임차인과 사업자등록명의인이 다른 경우, 사업자등록을 마친 임차인이 전대차 한 경우 임차인은 모두 유효한 공시방법으로 볼 수 없어 대항력을 취득하지 못한다.

## 2) 대항력의 발생시기

임차인은 건물의 인도와 사업자등록을 신청하면 그 다음 날 0시부터 대항력이 생긴다. 사업을 하다가 폐업신고 후 다시 사업자등록을 신청하는 경우에는 폐업신고 시 대항력이 소멸하고 사업자등록을 다시 신청할 때에는 그 익일부터 새로 대항력이 발생한다[86].

## 3) 대항력의 존속기간

사업자등록은 대항력 또는 우선변제권의 취득요건일 뿐만 아니라 존속요건이기도 하므로, 배당요구의 종기까지 존속하고 있어야 한다(대판 2006.1.13, 2005다64002)

## (4) 우선변제권

### 1) 의의

대항요건(상가의 인도 + 사업자등록)을 갖추고 관할 세무서장으로부터 임대차계약서상의 확정일자를 받은 임차인은 「민사집행법」에 따른 경매 또는 「국세징수법」에 따른 공매 시 임차건물(임대인 소유의 대지를 포함한다)의 환가대금에서 후순위권리자나 그 밖의 채권자보다 우선하여 보증금을 변제받을 권리가 있다(상임법 5조 2항).

### 2) 요건

① 대항요건의 구비 및 존속

상가의 인도 및 사업자등록을 갖추고 사업자등록은 배당요구의 종기까지 존속하고 있어야 한다.

---

86) 대판 2006.10.13, 2006다56299: 상가건물을 임차하고 사업자등록을 마친 사업자가 폐업한 경우에는 그 사업자등록은 상가건물 임대차보호법이 상가임대차의 공시방법으로 요구하는 적법한 사업자등록이라고 볼 수 없으므로 (대법원 2006. 1. 13. 선고 2005다64002 판결 참조), 그 사업자가 폐업신고를 하였다가 다시 같은 상호 및 등록번호로 사업자등록을 하였다고 하더라도 상가건물 임대차보호법상의 대항력 및 우선변제권이 그대로 존속한다고 할 수 없다.

② 확정일자

관할 세무서장으로부터 임대차계약서에 확정일자를 받아야 한다.

한편, 임차인은 임차건물을 양수인에게 인도하지 아니하면 우선변제 보증금을 받을 수 없다(상임법 5조 3항). 실무에서는 확정일자를 받지 아니한 임차인의 경우 배당을 하지 않는다.


**(5) 최우선변제보증금**

1) 의의

상가의 인도와 사업자등록을 마친 임차인은 보증금 중 일정액에 관하여 건물의 가액(대지가액 포함)의 3/1 범위 안에서 다른 담보물권자보다 우선하여 변제받을 권리가 있다(상임법 14조).


2) 요건

① 보증금 규모의 제한(보증금 범위)

최우선변제를 받을 임차인은 보증금과 차임이 있는 경우 보증금과 차임을 환산한 금액의 합계가 다음 각 호의 구분에 의한 금액 이하인 임차인으로 한다(상임법 시행령 6조).

a. 서울특별시: 5천만 원

b. 「수도권정비계획법」에 따른 과밀억제권역(서울특별시는 제외한다): 4천500만 원

c. 광역시(「수도권정비계획법」에 따른 과밀억제권역에 포함된 지역과 군지역은 제외한다), 안산시, 용인시, 김포시 및 광주시: 3천만 원

d. 그 밖의 지역: 2천500만 원


② 대항요건의 구비 및 존속

임차인은 경매개시결정등기 전에 상가의 인도와 사업자등록의 대항요건을 마치고 있어야 하며 이러한 대항요건은 배당요구종기일까지 존속하고 있어야 한다. 최우선변제권은

확정일자가 반드시 있어야 하는 것은 아니다.


### 3) 효력

① **최우선변제금액 지급**

최우선변제를 받을 보증금 중 일정액의 범위는 다음 각 호의 구분에 의한 금액 이하로 한다(상임법 시행령 7조 1항).

a. 서울특별시: 1천500만 원

b. 「수도권정비계획법」에 따른 과밀억제권역(서울특별시는 제외한다): 1천350만 원

c. 광역시(「수도권정비계획법」에 따른 과밀억제권역에 포함된 지역과 군지역은 제외한다), 안산시, 용인시, 김포시 및 광주시: 900만 원

d. 그 밖의 지역: 750만 원


### 4) 최우선변제권의 제한

① 임차인의 보증금 중 일정액이 상가건물의 가액의 3분의 1을 초과하는 경우에는 상가건물의 가액의 3분의 1에 해당하는 금액에 한하여 우선변제권이 있다(상임법 시행령 7조 2항).

② 하나의 상가건물에 임차인이 2인 이상이고, 그 각 보증금 중 일정액의 합산액이 상가건물의 가액의 3분의 1을 초과하는 경우에는 그 각 보증금 중 일정액의 합산액에 대한 각 임차인의 보증금 중 일정액의 비율로 그 상가건물의 가액의 3분의 1에 해당하는 금액을 분할한 금액을 각 임차인의 보증금중 일정액으로 본다(상임법 시행령 7조 3항).

③ 임차권등기명령에 의한 임차권등기 이후에 임차한 임차인은 최우선변제권이 인정되지 않는다(상임법 6조 6항).

[상가임대차 보증금범위 및 최우선변제액]

| 근거<br>(담보물권 설정일) | 지역 | 적용범위 | 최우선보증금 범위 | 최우선 변제액 |
|---|---|---|---|---|
| 2002년 11월 1일<br>~<br>2008년 8월 20일 | 서울특별시 | 2억 4,000만 원 | 4,500만 원 이하 | 1,350만 원 |
| | 과밀억제권역<br>(서울특별시제외) | 1억 9,000만 원 | 3,900만 원 이하 | 1,170만 원 |
| | 광역시<br>(군지역과 인천광<br>역시 제외) | 1억 5,000만 원 | 3,000만 원 이하 | 900만 원 |
| | 그 밖의 지역 | 1억 4,000만 원 | 2,500만 원 이하 | 750만 원 |
| 2008년 8월 21일<br>~<br>2010년 7월 25일 | 서울특별시 | 2억 6,000만 원 | 4,500만 원 이하 | 1,350만 원 |
| | 과밀억제권역<br>(서울특별시제외) | 2억 1,000만 원 | 3,900만 원 이하 | 1,170만 원 |
| | 광역시<br>(군지역과 인천광<br>역시 제외) | 1억 6,000만 원 | 3,000만 원 이하 | 900만 원 |
| | 그 밖의 지역 | 1억 5,000만 원 | 2,500만 원 이하 | 750만 원 |
| 2010년 7월 26일<br>~<br>현재 | 서울특별시 | 3억 원 | 5,000만 원 이하 | 1,500만 원 |
| | 과밀억제권역<br>(서울특별시제외) | 2억 5,000만 원 | 4,500만 원 이하 | 1,350만 원 |
| | 광역시<br>(군지역과 인천<br>광역시 제외)<br>용인시, 안산시,<br>김포시, 광주시 | 1억 8,000만 원 | 3,000만 원 이하 | 900만 원 |
| | 그 밖의 지역 | 1억 5,000만 원 | 2,500만 원 이하 | 750만 원 |

## (6) 상가임대차 존속기간

### 1) 최단기간 등

① 기간을 정하지 아니하거나 기간을 1년 미만으로 정한 임대차는 그 기간을 1년으로 본다. 다만, 임차인은 1년 미만으로 정한 기간이 유효함을 주장할 수 있다(상임법 9조 1항).

② 임대차가 종료한 경우에도 임차인이 보증금을 돌려받을 때까지는 임대차 관계는 존속하는 것으로 본다(상임법 9조 2항). 따라서 임대차관계가 종료하더라도 임차인은 보증금을 돌려받을 때까지 당해 건물을 계속 사용점유 할 수 있다.

### 2) 계약갱신 요구 등(상임법 10조)

① 임대인은 임차인이 임대차기간이 만료되기 6개월 전부터 1개월 전까지 사이에 계약갱신을 요구할 경우 정당한 사유 없이 거절하지 못한다. 다만, 다음 각 호의 어느 하나의 경우에는 그러하지 아니하다.

a. 임차인이 3기의 차임액에 해당하는 금액에 이르도록 차임을 연체한 사실이 있는 경우

b. 임차인이 거짓이나 그 밖의 부정한 방법으로 임차한 경우

c. 서로 합의하여 임대인이 임차인에게 상당한 보상을 제공한 경우

d. 임차인이 임대인의 동의 없이 목적 건물의 전부 또는 일부를 전대(전대)한 경우

e. 임차인이 임차한 건물의 전부 또는 일부를 고의나 중대한 과실로 파손한 경우

f. 임차한 건물의 전부 또는 일부가 멸실되어 임대차의 목적을 달성하지 못할 경우

g. 임대인이 목적 건물의 전부 또는 대부분을 철거하거나 재건축하기 위하여 목적 건물의 점유를 회복할 필요가 있는 경우

h. 그 밖에 임차인이 임차인으로서의 의무를 현저히 위반하거나 임대차를 계속하기 어려운 중대한 사유가 있는 경우

② 임차인의 계약갱신요구권은 최초의 임대차기간을 포함한 전체 임대차기간이 5년을 초과하지 아니하는 범위에서만 행사할 수 있다.

③ 갱신되는 임대차는 전 임대차와 동일한 조건으로 다시 계약된 것으로 본다. 다만, 차임과 보증금은 제11조에 따른 범위에서 증감할 수 있다.

④ 임대인이 제1항의 기간 이내에 임차인에게 갱신 거절의 통지 또는 조건 변경의 통지를 하지 아니한 경우에는 그 기간이 만료된 때에 전 임대차와 동일한 조건으로 다시 임대차한 것으로 본다. 이 경우에 임대차의 존속기간은 1년으로 본다.

⑤ 제4항의 경우 임차인은 언제든지 임대인에게 계약해지의 통고를 할 수 있고, 임대인이 통고를 받은 날부터 3개월이 지나면 효력이 발생한다.

## (7) 차임 증감청구권 및 제한

### 1) 차임 등의 증감청구권

① 차임 또는 보증금이 임차건물에 관한 조세, 공과금, 그 밖의 부담의 증감이나 경제 사정의 변동으로 인하여 상당하지 아니하게 된 경우에는 당사자는 장래의 차임 또는 보증금에 대하여 증감을 청구할 수 있다. 그러나 증액의 경우에는 대통령령으로 정하는 기준에 따른 비율(100분의 9)[87]을 초과하지 못한다(상임법 11조 1항).

② 제1항에 따른 증액 청구는 임대차계약 또는 약정한 차임 등의 증액이 있은 후 1년 이내에는 하지 못한다(상임법 11조 2항).

---

87) 상임법 시행령 제4조(차임 등 증액청구의 기준): 법 제11조 제1항의 규정에 의한 차임 또는 보증금의 증액청구는 청구 당시의 차임 또는 보증금의 100분의 9의 금액을 초과하지 못한다(개정 2008.8.21).

## 2) 월 차임 전환 시 산정률의 제한

① 보증금의 전부 또는 일부를 월 단위의 차임으로 전환하는 경우에는 그 전환되는 금액에 「은행법」에 따른 은행의 대출금리 및 해당 지역의 경제 여건 등을 고려하여 대통령령으로 정하는 비율을 곱한 월 차임의 범위를 초과할 수 없다(상임법 12조)

② 법 제12조에서 '대통령령으로 정하는 비율'이라 함은 연 1할5푼을 말한다(상임법시행령 5조)

## (8) 등록사항 등의 열람 · 제공

① 건물의 임대차에 이해관계가 있는 자는 건물의 소재지 관할 세무서장에게 다음 각 호의 사항의 열람 또는 제공을 요청할 수 있다. 이때 관할 세무서장은 정당한 사유 없이 이를 거부할 수 없다(상임법 4조).

   a. 임대인 · 임차인의 성명, 주소, 주민등록번호(임대인 · 임차인이 법인이거나 법인 아닌 단체인 경우에는 법인명 또는 단체명, 대표자, 법인등록번호, 본점 · 사업장 소재지)

   b. 건물의 소재지, 임대차 목적물 및 면적

   c. 사업자등록 신청일

   d. 사업자등록 신청일 당시의 보증금 및 차임, 임대차기간

   e. 임대차계약서상의 확정일자를 받은 날

   f. 임대차계약이 변경되거나 갱신된 경우에는 변경 · 갱신된 날짜, 보증금 및 차임, 임대차기간, 새로운 확정일자를 받은 날

   g. 그 밖에 대통령령으로 정하는 사항

② 건물의 임대차에 이해관계가 있는 자: ① 당해 건물의 소유자, 임차인, 근저당권설정자 ② 민사집행법상의 이해관계인(법 90조) ③ 당해 건물이 경매진행 중인 경우 매수 신청하려는 자이다. 따라서 상가를 경매로 매수 신청하고자 하는 자는 이해관계가 있는 자임을

입증할 수 있는 서류(경매사건 진행내역서 출력)를 첨부하여 관할 세무서에 등록사항 등의 열람 또는 제공을 요청할 수 있다(상임법 시행령 3조 1항).

※ 주택임대차보호법과 상가건물임대차보호법과의 비교

| 구분 | 주택임대차보호법 | 상가건물임대차보호법 |
|---|---|---|
| 적용범위 | 주민등록을 한 주거용건물<br>(법인은 제외) | 사업자등록을 한 상가건물<br>(법인도 포함) |
| 보증금액의 상한선 | 제한 없음 | 제한 있음<br>서울: 3억 원 이하<br>과밀억제권: 2억 5천 이하<br>광역시: 1억 8천 이하<br>기타: 1억 5천 이하<br>(2010. 7. 26. 이후) |
| 대항력 | 주택의 인도+주민등록 | 상가의 인도+사업자등록 |
| 우선변제권 | 주택의 인도+주민등록+확정일자 | 상가의 인도 + 사업자등록 + 확정일자 |
| 최우선 변제권 | 서울: 7,500만 원 이하 2,500만 원<br>과밀억제권: 6,500만 원 이하 2,200만 원<br>광역시: 5,500만 원 이하 1,900만 원<br>기타: 4,000만 원 이하 1,400만 원<br>(2010.7.26. 이후)<br>* 주택가액의 1/2 범위 내 | 서울: 5,000만 원 이하 1,500만 원<br>과밀억제권: 4,500만 원 이하 1,350만 원<br>광역시: 3,000만 원 이하 900만 원<br>기타: 2,500만 원 이하 750만 원<br>(2010. 7. 26. 이후)<br>* 건물가액의 1/3 범위 내 |
| 최단 존속기간 | 2년 | 1년 (5년 범위 내 갱신 가능) |
| 차임, 보증금 증액의 제한 | 매년 5% (20분의 1) 안의 범위에서 | 매년 9% (100분의 9) 안의 범위에서 |
| 월 차임 전환 시 산정 율의 제한 | 월 차임으로 전환되는 보증금의 연 1할 4푼 | 월 차임으로 전환되는 보증금의 연 1할 5푼 |
| 사실혼배우자의 임차권승계 | 있음 | 없음 |

# 3. 가장임차인 권리분석

## (1) 가장임차인이란

주택임대차보호법상 선순위 임차인의 경우 낙찰자가 임차인의 배당받지 못한 임차보증금을 인수하게 된다. 또 소액임차인의 경우 경매개시결정등기 전에 임대차계약을 하고 전입신고가 되어 있으면 최우선변제보증금을 배당받게 된다. 임차인의 위와 같은 권리를 이용하기 위하여 실제로 임차인이 아니면서 허위로 임대차계약을 하고 임차인의 권리를 주장하는 자를 가장임차인이라고 한다. 예컨대, 채무자(임대인)가 가족, 친인척, 지인들과 통모하여 전입신고 및 허위로 임대차계약을 작성하여 가장임차인을 만들어 ①낙찰자에게 대항력을 주장하면서 보증금을 요구하거나 대항력이 없는 경우 무리한 이사비용을 요구, ②배당절차에서 최우선변제 보증금을 수령, ③경매절차를 지연 방해하기 위하여 즉시항고, 재항고 등을 남발하는 경우이다. 이러한 가장임차인은 매수인 및 경매채권자 모두에게 피해를 주게 된다.

## (2) 가장임차인으로 의심되는 경우

### 1) 임차인과 임대인이 가족관계 또는 친인척관계인 경우

임대차계약이 부모와 자식관계, 형제관계, 배우자관계, 친인척관계인 경우에는 가장임차인일 가능성이 높다. 법원에서는 부모와 미성년자인 자식관계, 배우자관계에서는 진정한 임대차관계로 인정하지 않는다. 또 형제관계, 친인척관계임을 인지한 상태에서는 진정한 임대차관계임을 소명(보증금 온라인송금 영수증 등)하지 않으면 인정하지 않는다.

그러나 부자관계, 배우자관계, 친인척관계에도 실제로 진정한 임대차일 수 있으므로 단순히 겉만 보고 가장임차인이라고 판단해서는 안 된다. 예컨대, 부부가 이혼하면서 남편이 처에게 위자료를 임대보증금으로 갈음하고 처가 임차하여 거주하는 경우, 부모가 자식(2형제)에게 주택을 증여하면서 지분등기 대신 형의 단독소유로 등기하고 동생의 지분권을 임대보증금으로 갈음하고 동생이 임차하여 거주하는 경우, 며느리가 시어머니에게 돈을 빌려주고 남편과 이혼하게 되었고 돈을 받지 못하여 빌려준 돈을 임대보증금으로 갈음하면서 시어머니 집에 거주하는 경우, 형제간에 진정한 임대차계약을 하고 실질적인 임대보증금이 오갔고 지급된 사실이 은행 온라인자료 등으로 입증된 경우에는 단순히 가장임차인이라고는 할 수 없을 것이다. 판례도 임대차계약 당사자가 기존 채권을 임대차보증금으로 전환하여 임대차계약을 체결하였다는 사정만으로 임차인이 대항력을 갖지 못한다고 볼 수는 없다고 판시하고 있다(대판 2002. 1. 8. 2001다47535).

## 2) 주인세대 거주하는 집에 방 1개를 임차하거나, 1가구에 다수 임차인이 소액보증금으로 임차하는 경우

주거생활공간이 각각 분리되지 않은 1가구 내에서 임차인이 존재하는 경우 진정한 임차인으로 보기에는 의심이 가므로 가장임차인일 가능성이 있으며 특히 다수 소액임차인의 경우 최우선변제보증금을 받기 위한 가장 임차인일 가능성이 매우 높다.

## 3) 임대차계약서가 중개업자의 입회 없이 쌍방계약인 경우

일반적으로 임대차계약은 중개업소에서 중개업자 입회하에 계약을 체결하고 임대인과 임차인 쌍방 간의 직접계약은 많지 않은 실정이다. 예컨대, 중개업자 없는 쌍방 직접계약은 가족이나 친·인척 간의 임대차계약서에서 많다. 중개업자 없는 쌍방계약인 경우에는 임대인과의 관계, 전입일자의 시점, 확정일자 유무, 선순위 채권액의 과다, 임대차계약 당시 임대보증금의 적정성 등을 종합적으로 검토하여 판단한다.

## 4) 임대차계약 당시 선순위 근저당권 채권총액이 과다한 경우

임차인의 임대차계약 당시 선순위 근저당권 채권총액이 과다하거나 임대차보증금+선순위 근저당권 채권총액이 집값의 시세·감정가를 상회하는 경우에는 가장임차인일 가능성이 있다. 통상 임대차계약 시 집값의 시세와 선순위 채권액을 확인하여 향후 경매진행 시 임대차보증금을 확보할 수 있는 지 여부를 알아보는 것은 당연하기 때문이다.

5) 기타전입신고를 하고 확정일자를 받지 않은 경우


6) 전입신고를 하고 확정일자를 경매 직전에 받은 경우


7) 전입신고를 경매개시결정등기 직전, 직후에 한 경우


8) 임대차기간이 지나치게 장기인 경우


## (3) 가장임차인으로 인정한 판례

1) [대판 2002. 3. 12. 2000다24184, 24191]

〈임차인은 임차건물을 실제로 사용 수익할 목적 있어야 한다는 사례 1〉

임대차는 임차인으로 하여금 목적물을 사용·수익하게 하는 것이 계약의 기본 내용이므로, 채권자가 주택임대차보호법상의 대항력을 취득하는 방법으로 기존 채권을 우선변제 받을 목적으로 주택임대차계약의 형식을 빌려 기존 채권을 임대차보증금으로 하기로 하고 주택의 인도와 주민등록을 마침으로써 주택임대차로서의 대항력을 취득한 것처럼 외관을 만들었을 뿐 실제 주택을 주거용으로 사용·수익할 목적을 갖지 아니한 계약은 주택임대차계약으로서는 통정허위표시에 해당하여 무효라고 할 것이므로, 이에 주택임대차보호법이 정하고 있는 대항력을 부여할 수는 없다.


1-2) [대판2001. 5. 8. 2001다14733]

〈임차인은 임차건물을 실제로 사용 수익할 목적 있어야 한다는 사례 2〉

주택임대차보호법의 입법목적은 주거용건물에 관하여 민법에 대한 특례를 규정함으로써 국민의 주거생활의 안정을 보장하려는 것이고(제1조), 주택임대차보호법 제8조 제1항에서 임차인이 보증금 중 일정액을 다른 담보물권자보다 우선하여 변제받을 수 있도록 한 것은,

소액임차인의 경우 그 임차보증금이 비록 소액이라고 하더라도 그에게는 큰 재산이므로 적어도 소액임차인의 경우에는 다른 담보권자의 지위를 해하게 되더라도 그 보증금의 회수를 보장하는 것이 타당하다는 사회보장적 고려에서 나온 것으로서 민법의 일반규정에 대한 예외규정인 바, 그러한 입법목적과 제도의 취지 등을 고려할 때, 채권자가 채무자 소유의 주택에 관하여 채무자와 임대차계약을 체결하고 전입신고를 마친 다음 그곳에 거주하였다고 하더라도 실제 임대차계약의 주된 목적이 주택을 사용 수익하려는 것에 있는 것이 아니고, 실제적으로는 소액임차인으로 보호받아 선순위 담보권자에 우선하여 채권을 회수하려는 것에 주된 목적이 있었던 경우에는 그러한 임차인을 주택임대차보호법상 소액임차인으로 보호할 수 없다.


### 1-3) [대판 2008. 5. 15. 2007다23203]

〈임차인은 임차건물을 실제로 사용 수익할 목적 있어야 한다는 사례 3〉

주택임대차보호법의 입법목적과 소액임차인 보호제도의 취지 등을 고려할 때, 채권자가 채무자 소유의 주택에 관하여 채무자와 임대차계약을 체결하고 전입신고를 마친 다음 그곳에 거주하였다고 하더라도, 임대차계약의 주된 목적이 주택을 사용·수익하려는 것에 있는 것이 아니고 소액임차인으로 보호받아 선순위 담보권자에 우선하여 채권을 회수하려는 것에 주된 목적이 있었던 경우에는, 그러한 임차인을 주택임대차보호법상 소액임차인으로 보호할 수 없다.


### 2) [대판 2000. 4. 21. 99다69624]

〈아파트에 관한 임대차계약이 통모에 의한 허위의 의사표시이거나 임차인이 실제로는 아파트를 인도받지 아니하였음에도, 임차보증금을 배당받기 위하여 임차인의 형식만을 갖추어 배당요구를 한 임차인은 가장임차인이라고 볼 여지가 충분하다고 본 사례〉

3) [대판 2001. 3. 23. 2000다53397]

〈소액임차인으로 보기에 의심스러운 사정이 있다고 본 사례〉

임대건물의 구조상 5세대의 임차인이 있기는 어려운 점, 임차인의 전입신고가 임대인이 대출연체로 그 채권자로부터 법적 조치를 취하겠다는 최고장을 받은 이후 경매개시 전에 집중되어 있는 점, 협의 이혼하여 따로 살고 있던 부부가 같은날 전입신고하면서 따로 각 방 1개씩을 임차하였다고 주장하는 점, 건물을 모두 임대하고 다른 곳에 거주한다는 임대인 부부가 경매개시결정정본 및 배당기일소환장을 같은 건물에서 받았고 채권자의 직원이 방문하였을 때에 임대인의 처가 위 건물에서 잠을 자고 있었던 점, 임차인 가족이 거주한다는 방에 침대 1개 및 옷 몇 벌만 있었던 점 등에 비추어 이들을 우선변제권 있는 소액임차인으로 보기에 의심스러운 사정이 있다.


4) [대판 1987. 11. 24. 87다카1708]

〈선순위 임차인이 임대인의 부탁으로 무상각서를 은행에 제공해주고 나중에 보증금반환청구를 주장한 경우: 금반언 내지 신의칙에 위반한다고 한 사례〉

갑이 을의 소유건물을 보증금 34,000,000원에 채권적 전세를 얻어 입주하고 있던 중 을이 은행에 위 건물을 담보로 제공함에 있어 을의 부탁으로 은행직원에게 임대차계약을 체결하거나 그 보증금을 지급한 바가 없다고 하고 그와 같은 내용의 각서까지 작성해 줌으로써 은행으로 하여금 위 건물에 대한 담보가치를 높게 평가하도록 하여 을에게 대출하도록 하였고, 은행 또한 위 건물에 대한 경매절차가 끝날 때까지도 을과 갑 사이의 위와 같은 채권적 전세관계를 알지 못하였다고 한다면 갑이 은행의 명도청구에 즈음하여 이를 번복하면서 위 전세금반환을 내세워 그 명도를 거부하는 것은 특단의 사정이 없는 한 금반언 내지 신의칙에 위반된다.


4-2) [대판 1997. 6. 27, 97다12211]

〈선순위 임차인이 임차보증금권리주장을 않겠다는 확인서를 은행에 제공해주고 나중에 배당요구를

한 경우: 금반언 내지 신의칙에 위반한다고 한 사례 2〉

근저당권자가 담보로 제공된 건물에 대한 담보가치를 조사할 당시 대항력을 갖춘 임차인이 그 임대차 사실을 부인하고 임차보증금에 대한 권리주장을 않겠다는 내용의 확인서를 작성해 준 경우, 그 후 그 건물에 대한 경매절차에서 이를 번복하여 대항력 있는 임대차의 존재를 주장함과 아울러 근저당권자보다 우선적 지위를 가지는 확정일자부 임차인임을 주장하여 그 임차보증금반환채권에 대한 배당요구를 하는 것은 특별한 사정이 없는 한 금반언 및 신의칙에 위반되어 허용될 수 없다.

### 4-3) [대결 2000. 1. 5. 99마4307]

〈선순위 임차인이 임차보증금권리주장을 않겠다는 확인서를 은행에 제공해주고 나중에 대항력 있는 임차인임을 주장하며 인도명령을 다투는 경우: 금반언 내지 신의칙에 위반한다 고한 사례 3〉

채무자가 동생 소유의 아파트에 관하여 근저당권을 설정하고 대출을 받으면서 채권자에게 자신은 임차인이 아니고 위 아파트에 관하여 일체의 권리를 주장하지 않겠다는 내용의 확인서를 작성하여 준 경우, 그 후 대항력을 갖춘 임차인임을 내세워 이를 낙찰받은 채권자의 인도명령을 다투는 것은 금반언 및 신의칙에 위배되어 허용되지 않는다고 본 사례.

### 4-4) [대판 1987. 1. 20. 86다카1852]

〈은행직원이 행한 담보물건에 대한 임대차조사에서 임차인이 임대차 사실을 숨겼으나 그 경매절차에서는 임대차 관계의 존재를 분명히 한 경우: 은행의 건물명도 청구에 대한 임차인의 임차보증금 반환과의 동시이행의 항변이 신의칙에 반하지 않는다고 한 사례〉

은행직원이 근저당권실행의 경매절차와는 아무런 관련도 없이 행한 담보건물에 대한 임대차 조사에서 임차인이 그 임차사실을 숨겼다고 하더라도 그 후의 경매절차에서 임대차 관계가 분명히 된 이상은 은행이 경매가격을 결정함에 있어서 신뢰를 준 것이라고는 할 수 없는 것이므로, 위와 같이 일시 임대차관계를 숨긴 사실만을 가지고서 은행의 건물명도 청구에 대하여 임차인이 주택임대차보호법 제3조 소정의 임차권의 대항력에 기하여 하는 임차보증금 반환과의 동시이행의 항변이 신의성실의 원칙에 반하는 것이라고는 볼 수 없다.

〈추가〉이 사건 건물에 대한 임의경매신청사건에 있어서 집달관이 작성한 임대차조사보고서에 의하면, 이 사건 건물에는 피고가 임차보증금 20,000,000원에 무기한으로 입주하고 있는 사실이 조사 보고되어 있는 이상 원고는 위 경매절차에서 원고의 근저당권에 대항할 수 있는 피고의 임차권이 있다는 사실을 알고 있었다 할 것이고 한편 피고가 원고의 직원이 이 사건 경매절차와는 아무런 관련도 없이 행한 이 사건 건물에 대한 임대차조사에서 피고의 임대차사실을 숨겼다 하여도 이 사건 경매절차에서는 이를 분명히 한 이상 원고로 하여금 경매가격을 결정하게끔 신뢰를 준 것이라고는 할 수 없다 할 것이므로 위와 같이 일시 임대차관계를 숨긴 사실만을 가지고서 피고의 이 사건 동시이행의 항변이 신의성실의 원칙에 반하는 것이라고는 볼 수 없다 할 것이다.

### 5) [대판 2005. 5. 13. 2003다50771]

〈채무자가 채무초과 상태에서 채무자 소유의 유일한 주택에 대하여 소액보증금 최우선변제권 보호대상인 임차권을 설정해 준 행위가 사해행위취소의 대상이 된다고 한 사례〉

주택임대차보호법 제8조의 소액보증금 최우선변제권은 임차목적 주택에 대하여 저당권에 의하여 담보된 채권, 조세 등에 우선하여 변제받을 수 있는 일종의 법정담보물권을 부여한 것이므로, 채무자가 채무초과상태에서 채무자 소유의 유일한 주택에 대하여 위 법조 소정의 임차권을 설정해 준 행위는 채무초과상태에서의 담보제공행위로서 채무자의 총재산의 감소를 초래하는 행위가 되는 것이고, 따라서 그 임차권설정행위는 사해행위취소의 대상이 된다고 할 것이다.

## (4) 가장임차인 형사처벌

형법상 사기죄(형법 347조), 경매방해죄(형법 315조), 강제집행면탈죄(형법 327조)가 적용될 수 있다.

## (5) 가장임차인 권리분석

1) 가장임차인을 분석하기 위한 가장임차인의 유형은 2가지로 구분할 수 있다.

① 선순위 대항력 있는 가장임차인: 가장임차인임을 밝혀내지 않으면 배당받지 못한 임차인의 보증금이 낙찰자에게 모두 인수되므로 철저한 분석이 이루어져야 한다.

② 대항력 없는 후순위 가장임차인: 낙찰자에게 보증금이 인수되지 않으므로 권리분석상 문제가 없으나 낙찰 후 임차인이 무리한 이사비용을 요구하거나 최우선변제보증금배당과 관련하여 채권자가 배당이의소송을 진행할 경우 명도가 지연될 수 있으므로 명도에 중점을 두어야 한다.

2) 선순위 가장임차인 분석방법

① 가장임차인의 경우 입찰자입장에서 중점적으로 파악해야 할 것은 선순위 대항력 있는 임차인이다. 대항력 없는 임차인의 경우, 임차인이 보증금(또는 최우선변제보증금)을 배당받든 받지 못하든 입찰자가 묶어주는 돈은 없으므로 크게 문제 될 일은 아니기 때문이다. 가장임차인으로 의심스러운 경우(임차인과 임대인이 가족관계 또는 친인척관계이거나 그러한 관계로 의심되는 경우, 주인세대 거주하는 집에 방 1개를 임차하거나, 1가구에 다수 임차인이 소액보증금으로 임차하는 경우, 전입신고를 하고 확정일자를 받지 않았거나 확정일자를 경매 직전 또는 직후에 받은 경우, 임대차기간이 지나치게 장기인 경우, 임차보증금이 임차 당시의 적정시세가 아닌 경우 등)에는 의심스러운 사정 등을 열거하여 종합 정리해본다. 선순위 임차인이 소유자와의 가족관계 등 가장임차인으로 의심되는 경우, 후순위 채권자, 법원의 현황조사서, 동사무소, 현장답사를 통하여 충분히 파악한 후 입찰하여야 할 것이며, 낙찰 후에는 경매관계서류(임대차계약서, 주민등록등본 등)를 열람 등사하여 증거확보를 하여야 한다.

② 금융기관(등기상의 이해관계인)의 협조를 구한다: 대항력 있는 선순위 임차인의 경우

후순위 근저당권자(은행)가 있으면 해당 은행담당자를 찾아가서 선순위 임차인의 유무(대출 당시의 임차 내용)를 문의해 본다. 일반적으로 은행에서 대출을 진행할 경우 선순위 전입신고 되어 있는 자가 있으면 그자에게 무상거주각서 등을 확인받고 대출을 진행하기 때문에 진정임차인의 유무를 잘 알고 있다. 보통 은행 입장에서는 은행의 채권회수에 지장이 없다면 비협조적일 것이고 채권회수에 지장이 있다면 협조할 것이다. 은행에서 가장임차인 여부의 확인은 '금융 실명거래 및 비밀보장에 관한법률'이나 '신용정보의 이용 및 보호에 관한법률' 위반이 되지 않는다. 은행에서 임차인으로부터 직접 무상거주각서 또는 임차권리주장을 하지 않겠다는 확인서를 받았다면 안심할 수 있지만, 임차인이 아닌 임대인으로부터 확인을 받았을 경우에는 나중에 임차인이 임차인 모르게 임대인 임의로 작성한 것이라고 주장할 경우 문제가 될 수 있으므로 무상거주각서가 임차인의 자필서명이나 인감이 첨부되었는지, 임대인의 말만 믿고 작성된 것인지도 확인할 필요가 있다.

③ 법원현황조사서와 매각물건명세서를 확인하라: 매각기일 1주 전에 법원에서는 현황조사서와 매각물건명세서를 비치해 놓는다. 입찰 전 법원에 방문하여 현황조사서를 직접 열람하여 임대차관계 조사 여부를 파악한다. 현황조사서는 법원의 명령에 의하여 집행관이 현황조사하여 임대차 여부를 파악하는바, 현황조사 당시 '임대차 없음'이라고 기재되어 있다면 가장임차인의 증거자료가 되며, 향후 인도명령으로 명도가 수월해질 수 있다.

④ 동사무소에서 전입세대열람내역을 발급받는다: 선순위 대항력 있는 임차인이 가족으로 의심되는 경우, 동사무소에서 전입세대열람내역(동거인포함)을 발급받으면서 임차인과 소유자와의 관계를 자연스럽게 유도심문하여 알아본다(기술이 필요).

⑤ 현장답사로 가장임차인의 증거를 확보한다: 현장을 방문하여 임차인 및 점유자로부터 사실관계를 문의하고 정황을 파악한다. 주변 사람(옆집 사람, 경비원, 관리사무소 등)에게 임차인이 살고 있는지, 살고 있다면 언제부터 살고 있는지, 소유자와 친인척관계인지

등을 문의한다.

⑥ 낙찰 후 경매사건기록서류를 열람한다: 낙찰 후 임대차계약서, 배당신고서류, 주민등록등본, 가장임차인 관련될 만한 경매서류를 열람하여 증거확보를 한다. 임대차계약서가 중개업자의 날인이 되어있고, 계약서의 필체가 동일인은 아닌지, 임대차계약서작성일 당시의 전화번호가 유효한 전화번호인지, 임대보증금(계약금+잔금)이 오간 내역으로 계좌 이체한 온라인송금내역서와 통장입출금사본이 있는지 확인한다.

⑦ 형사고소를 병행한다: 낙찰 후 가장임차인의 정황과 증거를 정리하여 형사처벌을 받을 수 있음을 고지하고(가장임차인 관련 판례내용 첨부) 자진해서 명도가 이루어지지 않으면 형사고소(경매방해죄 등)를 하겠다고 통보한다. 형사고소를 하게 되면 임차인이 가장임차인이 아님을 입증하여야 한다. 유의할 것은 확실한 정황과 증거 없이 고소할 경우 무고죄로 고소당할 수 있다. 한편 선순위 가장임차인의 경우 경락대출진행이 어려울 수 있으니 사전에 잔금계획을 잘 세워야 한다.

⑧ 인도명령을 신청한다: 낙찰 후 잔금납부와 동시에 인도명령을 신청한다. 인도명령신청 시 유의할 점은 일반 인도명령서식에 의한 간단한 양식으로 신청할 경우 기각될 가능성이 많으므로, 인도명령의 신청이유를 잘 적어야 한다. 즉, 인도명령신청이유를 가장임차인으로 의심되는 사유와 증거, 관련 판례를 기술하여 제출하도록 한다. 가장임차인 판례는 부모와 미성년자인 자식 관계, 부부 관계의 경우 임대차관계를 인정하지 않으므로 임차인이 임대인과 가족관계 또는 배우자인 경우는 주민등록등본 또는 가족관계증명서 (구 호적등본)을 열람하여 알 수 있다. 타인의 가족관계증명서는 입찰자나 낙찰자가 동사무소에서 발급을 받을 수 없으므로 인도령령신청 후 보정명령이 나오면, 보정명령서를 첨부하여 가족관계증명서를 발급받을 수 있다. 인도명령신청이 기각될 경우 명도소송을 진행하여야 한다. 가장임차인의 경우 대부분 낙찰 후 협상, 인도명령결정으로 진행되며, 인도명령 결정 후 강제집행절차를 진행함과 아울러 합의로 명도를 진행한다.

## 4. 특수권리

### (1) 법정지상권

#### 1) 의의

건물은 토지 없이 지을 수 없으며 우리나라는 토지와 건물을 독립된 부동산으로 다루고 있다. 토지와 건물이 동일소유자인 경우에는 문제가 없겠지만, 토지와 건물이 각각 소유자가 달라질 경우 건물 소유자는 토지에 대한 이용권한이 있어야 한다. 따라서 건물소유자는 토지를 이용하기 위하여 토지소유자와 지상권, 전세권, 임차권을 설정하는 경우가 일반적이지만 일정한 경우 당사자 간의 설정계약에 의하여 미리 지상권, 전세권, 임차권을 설정하지 못하는 경우가 있다. 그러한 경우 토지소유자가 건물소유자에게 이용권한이 없음을 근거로 건물철거를 하는 것은 건물소유자에게 가혹할 뿐 아니라 사회경제적으로도 손실이다. 따라서 법에서는 일정한 경우에 당사자 간의 약정이 없이도 법률상 당연히 지상권을 취득하는 것으로 간주하는 제도가 있는데, 이를 '법정지상권'이라고 한다.

#### 2) 종류

'현행법상 법정지상권 4가지'와 '관습법상 법정지상권'이 있다.

① 현행법상 법정지상권

  가) 민법 제305조의 법정지상권(전세권)

    대지와 건물이 동일한 소유자에 속한 경우에, 건물에 전세권을 설정한 때에는, 그 대지소유권의 특별승계인은 전세권설정자(건물소유자)에 대하여 지상권을 설정한 것으로 본다. 그러나 지료는 당사자의 청구에 의하여 법원이 정한다.

  나) 민법 제366조의 법정지상권(저당권)

    토지와 그 지상의 건물이 동일한 소유자에게 속하는 경우에, 저당물의 경매로 인하여 토지와 그 지상건물이 다른 소유자에게 속한 경우에는, 토지소유자는 건물소유자에 대하여 지상권을 설정한 것으로 본다. 그러나 지료는 당사자의 청구에 의하여 법원이 이를 정한다.

다) 가등기담보 등에 관한 법률 제10조의 법정지상권(가담법)

토지 및 지상의 건물이 동일한 소유자에게 속하는 경우에, 그 토지 또는 건물에 대하여 담보권의 실행을 통해 소유권을 취득하거나 담보가등기에 기한 본등기가 행하여진 경우에는, 그 건물의 소유를 목적으로 그 토지 위에 지상권이 설정된 것으로 본다. 이 경우 그 존속기간 및 지료는 당사자의 청구에 의하여 법원이 이를 정한다.

라) 입목에 관한 법률 제6조의 법정지상권(입목법)

토지와 입목이 동일한 소유자에게 속하는 경우에 입목의 경매 기타 사유로 인하여 토지와 입목이 각각 다른 소유자에게 속하는 경우에는 토지소유자는 입목소유자에 대하여 지상권을 설정한 것으로 본다. 이 경우 지료에 관하여는 당사자의 약정에 따른다.

② 관습법상 법정지상권

토지와 건물이 동일한 소유자에게 속하였다가, 건물 또는 토지가 매매 기타의 원인(예컨대, 경매, 공매, 증여 등)으로 양지의 소유자가 다르게 된 경우에는, 그 건물을 철기하기로 하는 합의가 있었다는 등 특별한 사정이 없는 한, 건물소유자는 토지소유자에 대하여 그 건물을 위한 관습상의 지상권을 취득한다(대판 1960. 9. 29. 4292민상944, 대판 1966. 2. 22. 65다2223).

3) 민법 제366조의 법정지상권(저당권)

① 의의

저당물의 경매로 인하여 토지와 그 지상건물이 다른 소유자에게 속한 경우에는, 토지소유자는 건물소유자에 대하여 지상권을 설정한 것으로 본다. 그러나 지료는 당사자의 청구에 의하여 법원이 이를 정한다(민법 366조). 본 규정은 가치권과 이용권의 조절을 위한 공익상의 이유로 지상권의 설정을 강제하는 것이므로 저당권설정 당사자 간의 특약으로 법정지상권을 배제하는 약정을 하더라도 그 특약은 효력이 없다(대판 1988. 10. 25. 87다카1564).

② 성립요건

가) 토지와 건물이 동일소유자이어야 하고 저당권설정 당시에 건물이 존재할 것

ㄱ) 토지와 건물이 동일소유자일 것

저당권설정 당시에 소유자가 동일하여야 한다. 따라서 저당권설정 당시 토지와 건물의 소유자가 다르다면 법정지상권은 성립하지 않는다. 저당권설정 당시에 토지와 건물 소유자가 동일하기만 하면 저당권설정 이후 소유자가 변경되어도 법정지상권은 성립한다[88].

저당권은 토지만 설정하든 토지와 건물 모두 설정하든 상관없다.

ㄴ) 저당권설정 당시에 건물이 존재할 것

토지에 최초로 저당권을 설정할 당시에 건물이 존재하고 있어야 한다. 따라서 저당권설정 이후에 건물을 지었다면 법정지상권은 성립하지 않는다(대결 1995. 12. 11. 95마1262). 또 토지에 저당권설정 당시 저당권자가 토지소유자에게 건물의 건축을 동의하였다 하더라도 그러한 사정은 주관적이고 공시할 수 없어서 낙찰자로서는 알 수 없는 것이므로 법정지상권은 인정되지 않는다(대판 2003. 9. 5. 2003다26051).

나) 건물의 요건

● 독립된 건물이라고 하기 위하여는 최소한의 기둥과 지붕 그리고 주벽이 있어야 된다(대판 2003. 5. 30. 2002다21592, 21608). 법정지상권이 인정되기 위한 건물의 요건은 저당권이 설정될 당시 그 지상에 건물을 건축 중이었던 경우 그것이 사회

---

[88] 대판 1999.11.23, 99다52602: 토지에 저당권을 설정할 당시 토지의 지상에 건물이 존재하고 있었고 그 양자가 동일 소유자에게 속하였다가 그 후 저당권의 실행으로 토지가 낙찰되기 전에 건물이 제3자에게 양도된 경우, 민법 제366조 소정의 법정지상권을 인정하는 법의 취지가 저당물의 경매로 인하여 토지와 그 지상 건물이 각 다른 사람의 소유에 속하게 된 경우에 건물이 철거되는 것과 같은 사회경제적 손실을 방지하려는 공익상 이유에 근거하는 점, 저당권자로서는 저당권설정 당시에 법정지상권의 부담을 예상하였을 것이고 또 저당권설정자는 저당권설정 당시의 담보가치가 저당권이 실행될 때에도 최소한 그대로 유지되어 있으면 될 것이므로 위와 같은 경우 법정지상권을 인정하더라도 저당권자 또는 저당권설정자에게는 불측의 손해가 생기지 않는 반면, 법정지상권을 인정하지 않는다면 건물을 양수한 제3자는 건물을 철거하여야 하는 손해를 입게 되는 점 등에 비추어 위와 같은 경우 건물을 양수한 제3자는 민법 제366조 소정의 법정지상권을 취득한다.

관념상 독립된 건물로 볼 수 있는 정도에 이르지 않았다 하더라도 건물의 규모, 종류가 외형상 예상할 수 있는 정도까지 건축이 진전되어 있었고, 그 후 경매절차에서 매수인이 매각대금을 다 낸 때까지 최소한의 기둥과 지붕 그리고 주벽이 이루어지는 등 독립된 부동산으로서 건물의 요건을 갖추어야 법정지상권의 성립이 인정된다(대판 2004. 2. 13. 2003다29043).

판례는 신축 중인 건물의 지상층 부분이 골조공사만 이루어진 채 벽이나 지붕 등이 설치된 바가 없다 하더라도, 지하층 부분만으로도 구분소유권의 대상이 될 수 있는 구조라는 점에서 신축 건물은 경락 당시 미완성 상태이기는 하지만 독립된 건물로서의 요건을 갖추었다(대판 2003. 5. 30, 2002다21592, 21608)고 한 바 있다.

● 건물은 무허가 건물[89], 미등기 건물[90] 이어도 법정지상권은 성립한다.

● 신축의 경우: 토지만의 단독저당인 경우에는 법정지상권이 성립하지만, 토지와 건물 공동저당의 경우 법정지상권은 성립하지 않는다. 즉 토지만의 저당권설정 당시 존재하던 건물을 철거하고 신축한 건물[91]의 경우에는 법정지상권이 성립하지만, 토지와 건물을 공동저당권 설정 후 그 지상건물이 철거되고 신축한 건물의 경우에는 법정지상권이 성립하지 않는다[92].

---

89) 대판 1988.4.12, 87다카2404: 동일인의 소유에 속하였던 토지와 건물이 매매, 증여, 강제경매, 국세징수법에 의한 공매 등으로 그 소유권자를 달리하게 된 경우에 그 건물을 철거한다는 특약이 없는 한 건물소유자는 그 건물의 소유를 위하여 그 부지에 관하여 관습상의 법정지상권을 취득하는 것이고 그 건물은 건물로서의 요건을 갖추고 있는 이상 무허가건물이거나 미등기 건물이거나를 가리지 않는다.

90) 대판 2004.6.11, 2004다13533

91) 대판 1993.6.25, 92다20330: 민법 제366조 소정의 법정지상권은 저당권설정 당시 존재하던 건물을 철거하고 건물을 신축한 경우에도 성립하는 것이며(다만 그 법정지상권의 내용은 구건물을 기준으로 하여 그 이용에 일반적으로 필요한 범위 내로 제한된다) 이 경우 새 건물과 구건물 사이에 동일성이 있음을 요하지 아니한다.

92) 대판 2003.12.18, 98다43601 전원합의체 판결: 동일인의 소유에 속하는 토지 및 그 지상건물에 관하여 공동저당권이 설정된 후 그 지상건물이 철거되고 새로 건물이 신축된 경우에는 그 신축건물의 소유자가 토지의 소유자와 동일하고 토지의 저당권자에게 신축건물에 관하여 토지의 저당권과 동일한 순위의 공동저당권을 설정해 주는 등 특별한 사정이 없는 한 저당물의 경매로 인하여 토지와 그 신축건물이 다른 소유자에 속하게 되더라도 그 신축건물을 위한 법정지상권은 성립하지 않는다고 해석하여야 하는바, 그 이유는 동일인의 소유에 속하는 토지 및 그 지상건물에 관하여 공동저당권이 설정된 경우에는, 처음부터 지상건물로 인하여 토지의 이용이 제한받는 것을 용인하고 토지에 대하여만 저당권을 설정하여 법정지상권의 가치만큼 감소한 토지의 교환가치를 담보로 취득한 경우와는 달리, 공동저당권자는 토지 및 건물 각각의 교환가치 전부를 담보로 취득한 것으로서, 저당권의 목적이 된 건물이 그대로 존속하는 이상은 건물을 위한 법정지상권이 성립해도 그로 인하여 토지의 교환가치에서 제외된 법정지상권의 가액 상당 가치는 법정지상권이 성립하는 건물의 교환가치에서 되찾을 수 있어 궁극적으로 토지에 관하여 아무런 제한이 없는 나대지로서의 교환가치 전체를 실현시킬 수 있다고 기대하지만, 건물이 철거된 후 신축된 건물에 토지와 동 순위의 공동저당권이 설정되지 아니하였는데도 그 신축건물을 위한 법정지상권이 성립한다고 해석하게 되면, 공동저당권자가 법정지상권이 성립하는 신축건물의 교환가치를 취득할 수 없게 되는 결과 법정지상권의 가액 상당 가치를 되찾을 길이 막혀 위와 같이 당초 나대지로서의 토지의 교환가치 전체를 기대하여 담보를 취득한 공동저당권자에게 불측의 손해를 입게 하기 때문이다.

이유는 토지만의 단독저당을 설정할 때 저당권자는 토지의 법정지상권 제한을
받는 것을 인지하고 담보가치를 파악하고 설정하였으므로 건물을 헐고 새로 지은
건물에 법정지상권을 인정해도 저당권자에게 손해를 입히는 것이 아니므로 법정지상
권이 성립한다. 반대로 토지와 건물을 공동저당 설정할 때 저당권자는 법정지상권의
제한을 받지 않았음에도 건물을 헐고 새로 지은 건물에 법정지상권을 인정해준다면
저당권자에게 불측의 손해를 입히는 것이므로 법정지상권은 성립하지 않는다.

● 저당권 설정과 동시에 설정해준 지상권이 저당권의 실행으로 소멸하더라도 법정지상
권은 성립한다(대판 1991. 10. 11. 91다23462).

다) 경매로 토지와 건물의 소유자가 다르게 될 것

저당권 실행의 경매로 토지와 그 지상건물의 소유자가 달라져야 한다(민법 366조).


### 4) 관습법상 법정지상권

#### ① 의의

토지와 건물이 동일한 소유자에게 속하였다가, 건물 또는 토지가 매매 기타의 원인(예컨대,
경매, 공매, 증여 등)으로 양자의 소유자가 다르게 된 경우에는, 그 건물을 철거하기로
하는 합의가 있었다는 등 특별한 사정이 없는 한, 건물소유자는 토지소유자에 대하여
그 건물을 위한 관습상의 지상권을 취득한다(대판 1960. 9. 29. 4292민상944, 대판
1966. 2. 22. 65다2223).


#### ② 성립요건

가) 토지와 건물이 동일한 소유자일 것

관습법상의 법정지상권이 성립되기 위하여는 토지와 건물 중 어느 하나가 처분될
당시에 토지와 그 지상건물이 동일인의 소유에 속하였으면 족하고 원시적으로 동일인의
소유였을 필요는 없다(대판 1995. 7. 28. 95다9075).

나) 건물의 요건

● 건물의 요건은 전술한 민법 366조의 법정지상권의 요건과 같다.

● 증축의 경우: 관습법상의 법정지상권이 성립된 토지에 대하여는 법정지상권자가 건물의 유지 및 사용에 필요한 범위를 벗어나지 않은 한 그 토지를 자유로이 사용할 수 있는 것이므로, 지상건물이 법정지상권이 성립한 이후에 증축되었다 하더라도 그 건물이 관습법상의 법정지상권이 성립하여 이를 철거할 의무는 없다(대판 1995. 7. 28. 95다9075).

다) 매매 기타의 원인으로 소유자가 다르게 될 것

매매 기타의 원인(경매, 공매, 증여 등)으로 소유자가 각각 다르게 되어야 하고 소유권이 전등기까지 이루어져야 한다. 저당권 실행경매로 소유자가 달라질 경우에는 민법 366조의 법정지상권이 발생하지만, 강제경매 공매로 소유자가 달라질 경우에는 관습법상의 법정지상권이 발생한다.

라) 철거 특약이 없을 것

당사자 간에 건물을 철거한다는 특약을 한 경우 법정지상권은 성립하지 않는다. 대지상의 건물만을 매수하면서 대지에 관한 임대차계약을 체결한 경우(대판 1991.5.14, 91다1912), 관습상의 법정지상권이 성립하였으나 건물 소유자가 토지 소유자와 사이에 건물의 소유를 목적으로 하는 토지 임대차계약을 체결한 경우(대판 1992. 10.27, 92다3984) 관습상의 법정지상권을 포기한 것으로 본다.


## 5) 법정지상권 효력

### ① 취득시기 및 등기요부

법정지상권의 취득시기는 매수인이 잔금을 납부하였을 때이다. 법정지상권은 법률 또는 관습법에 의하여 성립하며 등기 없이도 취득한다. 다만 이를 처분하려면 등기를 하여야 한다(민법 187조).

> ※ 법정지상권을 취득한 건물소유자가 법정지상권등기를 하지 않고 건물을 매도한 경우, 건물매수인은 법정지상권등기를 하지 않았기 때문에 법정지상권이 성립하지 않으므로 토지소유자는 건물 매수인에게 건물철거를 청구할 수 있을까?
>
> 판례는 법정지상권을 취득한 건물소유자가 법정지상권의 설정등기를 경료함이 없이

건물을 양도하는 경우에는 특별한 사정이 없는 한 건물과 함께 지상권도 양도하기로 하는 채권적 계약이 있었다고 할 것이므로, 법정지상권자는 지상권설정등기를 한 후에 건물양수인에게 이의 양도등기절차를 이행하여 줄 의무가 있는 것이고, 따라서 건물양수인은 건물양도인을 순차 대위하여 토지소유자에 대하여 건물소유자였던 최초의 법정지상권자에의 법정지상권 설정등기 절차이행을 청구할 수 있다.

법정지상권을 가진 건물소유자로부터 건물을 양수하면서 지상권까지 양도받기로 한 사람에 대하여 대지소유자가 소유권에 기하여 건물철거 및 대지의 인도를 구하는 것은 지상권의 부담을 용인하고 그 설정등기절차를 이행할 의무 있는 자가 그 권리자를 상대로 한 청구라 할 것이어서 신의성실의 원칙상 허용될 수 없다고 한다(대판 1988. 9. 27. 87다카279. 대판 1988 .10 .24. 87다카1604)

② 민법 지상권 규정이 준용

관습법상의 법정지상권은 민법 지상권에 관한 규정이 준용된다. 따라서 지상권자의 갱신청구권, 매수청구권(민법 283조)도 행사할 수 있다.

③ 존속기간

법정지상권의 존속기간은 존속기간을 약정하지 않은 것으로 보아 지상권의 최단기간(민법 281조)이 적용된다. 따라서 견고한 건물의 경우 30년, 견고한 건물이 아닌 건물의 경우 15년, 공작물의 경우 5년 이상의 존속기간이 보장된다.

④ 지료

가) 지료청구권 및 지료의 발생시기

법정지상권이 발생할 경우 건물소유자는 토지소유자에게 지료를 지급할 의무가 있다. 지료는 원칙적으로 당사자의 협의에 의하지만, 협의가 이루어지지 않으면 당사자의 청구에 의하여 법원에서 정한다(민법 366조 단서). 지료의 발생 시기는 토지 낙찰자가 잔금을 납부한 때부터이다.

나) 지료산정

법원은 법정지상권자가 지급할 지료를 정함에 있어서 법정지상권설정 당시의 제반 사정을 참작하여야 하나, 법정지상권이 설정된 건물이 건립되어 있음으로 인하여 토지의 소유권이 제한을 받는 사정은 이를 참작하여 평가하여서는 안된다(대판 1989. 8. 8. 88다카18504. 대판 1995. 9. 15. 94다61144). 따라서 지료산정은 경매감정가를 기준으로 하지 않고 소송절차에서 다시 감정하되 지상의 건물을 고려하여 감가하여 평가하지 않고 나대지 상태로 평가하므로 많이 나오게 된다. 통상 토지가액의 연 5%~8%로 본다.

### 다) 소멸청구

법정지상권자가 지료를 2년 이상 연체(2년 연속하여 연체한 것이 아니라 연체액의 합계가 2년분 이상을 말한다)할 경우 토지소유자는 법정지상권의 소멸을 청구할 수 있다. 2년 이상의 연체기간은 종전소유자와의 연체기간을 합산할 수는 없고 토지양수인에 대한 연체기간이 2년 이상이어야 한다(대판 2001. 3. 13. 99다17142).

### 라) 등기 여부

지료액 또는 그 지급시기 등 지료에 관한 약정은 이를 등기하여야만 제3자에게 대항할 수 있으므로, 지료의 등기를 하지 않은 이상 토지소유자는 구 지상권자의 지료연체 사실을 들어 지상권을 이전받은 자에게 지료청구나 소멸청구를 할 수 없다.

### 마) 지료 결정 후 소멸청구 가능

지료에 관하여 당사자의 협의나 법원에 의하여 설정된 바 없다면, 법정지상권자가 지료를 지급하지 않았다고 하더라도 지료 지급을 지체한 것이라고 할 수 없으므로 토지소유자는 2년 이상의 지료를 지급하지 아니하였음을 이유로 소멸청구를 할 수 없다(대판 1994. 12. 2. 93다52297. 대판 1996. 4. 26. 95다52864).

## 6) 법정지상권 권리분석

### ① 법정지상권 물건에 대한 방향설정

법정지상권을 검토한 결과 법정지상권이 성립되는 경우, 법정지상권이 불성립되는 경우, 법정지상권이 불분명한 경우로 나누어 볼 수 있다. 법정지상권의 성립 여부에 대한 입찰 전 검토는 매수인이 취득하고자 하는 목적(실수요, 투자)이 무엇인지에 따라 방향을 잡고 입찰 여부가 결정된다. 예컨대 법정지상권이 성립할 경우 토지 매수인은 건물소유자에게 지료를 청구할 수 있으므로 지료 수익이 높다면 웬만한 임대수익 못지않을 것이다(현재의 예상지료와 매년 지료를 인상하여 수익을 창출하는 방법을 생각해 볼 수 있음). 만일 건물소유자가 지료를 2년 이상 연체하였다면 토지소유자는 법정지상권 해지통보를 하고 건물철거 또는 건물을 저가에 매수[93]할 수도 있을 것이다. 반대로 법정지상권이 성립하지 않는다면 건물을 철거하여 나대지가 된 토지를 적합한 용도로 활용(신축, 경작 등)하거나 건물을 저가에 매수할 수도 있다.

법정지상권이 성립하지 않거나 불분명할 경우 경매로 매입 후 권리행사 및 수익을 얻기까지 장기간 소요될 수 있으므로 시간과 소요비용(명도를 위한 소송비용, 장기간의 이자 및 기회비용), 자금사정(법정지상권성립 여지 있는 물건은 대출이 잘 안 나오므로 대출 가능금액을 사전에 파악해야 함) 을 예상하여 입찰하여야 한다.

※ 법정지상권 성립하지 않는 토지를 매입 후 건물철거 시키는 과정: 낙찰잔금 납부 후 → 건물철거청구 → 건물철거청구권을 원인으로 건물에 대한 점유이전금지 가처분 및 처분금지 가처분 → 건물철거 및 토지인도의 소 제기 → 판결확정 → 건물철거 및 토지 인도집행

※ 법정지상권 성립하는 토지를 매입 후 건물을 저가에 매입하는 방법: 건물소유자 지료 2년분 연체 → 지료청구권을 원인으로 건물에 대한 가압류 → 지료청구의 소 제기 → 판결 확정 → 지료청구채권확정판결로 강제경매신청 → 토지소유자 낙찰받음

법정지상권이 성립할 경우 토지소유자는 토지를 전혀 사용할 수 없어 지료만 받을 수 있고, 법정지상권이 성립하지 않을 경우 토지소유자는 건물을 철거시킬 수 있다고 속단하며

---

93) 이 경우 임차인의 채무불이행으로 계약이 해지될 경우 임차인의 지상물매수청구권은 인정되지 않는다(대판 2003.4.22, 2003다7685).

단순히 결정하기보다는 주어진 환경과 조건에서 토지소유자와 건물소유자 간의 다양한 최유효화방안을 고민해 본다면 더 많은 수익방안이 나올 수 있다. 예컨대, 지상의 건물이 활용도가 높고 임대수익이 높다면 건물소유자와 함께 토지와 건물을 공유로 하고 함께 임대수익을 나누는 방법, 아니면 토지와 건물을 동시에 매각(개별매각보다는 동시매각이 토지와 건물의 가치가 높아짐)하여 매각대금을 나누는 방법, 토지소유자가 건물을 매수하는 방법 등으로 토지소유자와 건물소유자 간의 원원하는 방법으로 협상해 볼 수 있다.

② 사례별 법정지상권 분석요령

분석진행방법은 우선 저당권실행경매의 경우 민법 366조의 법정지상권의 요건에 해당하는지 우선 검토하고 관습법상의 법정지상권의 요건에 해당하는지 분석한다. 그리고 법정지상권의 성립요건에 해당하는지 세부적으로 하나하나 조사하여 체크해 나간다.

※ 저당권실행 경매인 경우(민법 366조 법정지상권),

가) 토지와 건물이 동일소유자이어야 하고 저당권설정 당시에 건물이 존재할 것

나) 건물의 요건

다) 경매로 토지와 건물의 소유자가 다를 것

※ 저당권실행 경매 이외의 경우(관습법상의 법정지상권)

가) 토지와 건물이 동일한 소유자일 것

나) 건물의 요건

다) 매매 기타의 원인으로 소유자가 다를 것

라) 철거 특약이 없을 것

ㄱ) 토지 위에 건물이 등기된 경우, 또는 건물이 미등기이나 건축물관리대장이 있는 경우

토지등기부등본, 건물등기부등본, 건축물관리대상을 발급받는다. 토지등기부등본 저당권설정일자와 건물의 등기일자 및 최초의 소유자, 건축물대장(소유자와 건축주,

착공일, 건축연도, 건축일자, 사용승인일자)을 참고하여 토지의 저당권설정 당시 건물이 존재하였는지 토지와 건물이 동일 소유자인지 파악한다. 토지저당권설정 이후에 건물이 등기되었더라도 토지저당권설정 전(또는 당시)에 건축물대장이 완성되어 소유자가 동일하거나 건물이 착공되었다면 법정지상권이 성립한다. 반대로 저당권설정 이후에 건물이 존재하였다면 법정지상권은 성립하지 않는다.

ㄴ) 토지 위에 건물이 무허가 건물인 경우

무허가건물의 경우 건물이 지어진 최초 존재시기를 파악하기는 쉽지 않다. 임장활동을 통한 탐문조사(건물거주자, 주변부동산, 이웃주민)를 활용한다.

건물이 양성화된 건물인지, 양성화할 수 있는 건물인지 알아본다. 관할구청에 무허가건물관리대장의 유무, 재산세를 납부했는지, 언제부터 누구 명의로 납부했는지 파악한다. 재산세를 납부한 사람이 실소유자이다. 동사무소에서 세대열람을 하여 세대주와 전입일자를 참고하여 소유자와의 관계를 파악한다. 국토해양부 국토지리정보원에서 기간을 정해 항공사진을 참조해볼 수 있다. 저당권설정 당시 건물이 존재하였으나 토지와 건물이 동일소유자가 아닐 경우 최초의 건물 존재 시점을 다시 파악하여야 한다. 토지와 건물이 동일소유자였다가 최초의 건물소유자가 건물만 매매하여 건물 소유자가 변경된 후(건물매수인은 법정지상권을 취득) 토지소유자가 토지에 저당권을 설정한 경우일 수도 있기 때문이다. 이 경우에는 관습법상의 법정지상권의 성립요건에 해당하는지 검토되어야 한다.

ㄷ) 토지 위에 건물이 신축 중인 경우

건물이 신축인지 기존건물을 철거하고 다시 짓는 것(재축, 개축[94])인지 알아보아야 한다. 토지의 저당권설정 일자와 신축 중인 건물의 건축허가 일자 및 착공 일자를 파악한다. 토지저당권설정일 전에 건축허가를 받고 착공을 하였다면 법정지상권이 성립한다.

토지에 저당권이 설정될 당시 그 지상에 건물을 건축 중이었던 경우 그것이 사회관념상 독립된 건물로 볼 수 있는 정도에 이르지 않았다 하더라도 건물의 규모, 종류가

---

94) 재축(再築): 건축물이 천재지변이나 그 밖의 재해로 멸실된 경우 그 대지에 종전과 같은 규모의 범위에서 다시 축조하는 것.
개축(改築): 기존 건축물의 전부 또는 일부(내력벽·기둥·보·지붕틀 중 셋 이상이 포함되는 경우를 말함)를 철거하고 그 대지에 종전과 같은 규모의 건축물을 다시 축조하는 것.

외형상 예상할 수 있는 정도까지 건축이 진전되어 있었고, 그 후 경매절차에서 매수인이 매각대금을 다 낸 때까지 최소한의 기둥과 지붕 그리고 주벽이 이루어지는 등 독립된 부동산으로서 건물의 요건을 갖추면 법정지상권이 성립한다(대판 2004. 2. 13. 2003다29043).

기존건물을 철거하고 다시 짓는 건물의 경우에는 토지의 저당권설정 일자와 건물폐쇄등기부등본, 멸실건축물대장, 폐쇄건축물대장을 발급받아 철거 전인 기존건물의 건축허가 일자와 착공 일자, 사용승인 일자, 소유권변동내역을 파악한다.

토지만의 단독저당권인지, 토지와 건물의 공동저당권이었는지에 따라 법정지상권의 성립 여부가 다르므로 토지만의 단독저당인 경우 토지저당권설정일 전에 건축허가를 받고 착공을 하였다면 법정지상권이 성립한다. 토지와 건물의 공동저당이었던 경우에는 애초에 법정지상권이 성립하지 않았으므로 건물을 철거하고 새로 지었다 하더라도 법정지상권은 성립하지 않는다.

ㄹ) 토지 위에 비닐하우스, 컨테이너가 있는 경우

비닐하우스는 언제든지 철거가 가능한 시설물이므로 지상권이 성립할 수 없기 때문에 법정지상권도 성립하지 않는다. 다만 비닐하우스 안에 농작물이 재배 중이라면 낙찰자는 농작물이 수확기까지는 사용할 수 없다.

컨테이너의 경우 바닥이 이동식으로 이동이 가능한 경우라면 법정지상권이 성립하지 않는다. 다만 견고하게 부착되어 있다면 관할 시·군·구청에 허가를 받고 설치한 컨테이너인지 확인을 한다. 사용허가를 받지 않은 경우라면 지상권은 성립하지 않지만, 허가를 받은 경우 사용허가기간까지는 지상권이 성립한다.

ㅁ) 토지 위에 수목이 있는 경우

토지를 감정할 때 채무자 소유의 미등기 수목은 토지의 구성 부분으로서 수목의 가액을 포함하여 토지를 평가하고 이를 최저경매가격으로 공고하여야 한다. 감정평가사가 토지를 감정평가할 때 수목의 가액을 제외시킨 채 토지가격만을 평가하여 최저입찰가격을 결정하였다면 그 가격 결정에 중대한 하자가 있는 경우에 해당하여 낙찰불허 사유가 된다(대결 1998.10.28, 98마1917). 그러나 입목에 관한 법률에 따라 등기된 입목이나 명인방법을 갖춘 수목의 경우에는 독립하여 거래의 객체가 되므로 토지

평가에 포함하지 않는다.

토지를 매입할 때 수목이 감정에 포함되었는지 살펴본다. 수목이 감정에 포함되었다면 수목은 토지의 부합물로서 낙찰자는 수목도 소유하게 된다. 그러나 그 수목이 타인의 권원에 의하여 식재된 경우에는 식재한 자에게 소유권이 있고, 타인이 권원 없이 식재한 경우에는 낙찰자가 소유권을 취득 한다(대판 1990. 1. 23. 89다카21095). 수목이 감정에 포함되지 않았다면 입목에 관한 법률에 따라 등기된 입목이나 명인방법을 갖춘 수목인지를 알아보아야 한다. 입목의 경우 입목등기부를 발급하고 입목법에 의한 법정지상권성립 여부를 알아보아야 한다.

## (2) 분묘기지권

### 1) 의의

타인의 토지에 분묘를 설치한 자는 일정한 요건하에 분묘를 수호하고 봉제사하는 목적을 달성하는 데 필요한 범위 내에서 타인의 토지를 사용할 수 있는 권리를 가진다. 이를 분묘기지권 이라고 한다. 분묘기지권은 명문규정에 없고 판례(대판 1973. 2. 26. 72다2454)에 의한 관습법상 인정되는 특수한 지상권이다. 판례는 분묘에 대하여 지상권과 유사한 물권을 취득한다고 한다.

분묘란 그 내부에 사람의 유골, 유해, 유발 등 시신을 매장하여 사자를 안장한 장소를 말하고, 장래의 묘소로서 설치하는 등 그 내부에 시신이 안장되어 있지 않은 것은 분묘가 아니다. 분묘기지권이 성립하기 위하여는 봉분 등 외부에서 분묘의 존재를 인식할 수 있는 형태를 갖추고 있어야 하고, 평장되어 있거나 암장되어 있어 객관적으로 인식할 수 있는 외형을 갖추고 있지 아니한 경우에는 분묘기지권이 인정되지 않는다(대판 1991. 10. 25. 91다18040).

### 2) 성립요건

분묘기지권이 성립하기 위한 요건으로 다음과 같이 3가지가 있다. 3가지 중 1개만 성립하면 분묘기지권은 성립한다.

① 토지소유자의 승낙을 얻어 분묘를 설치한 경우

② 토지소유자의 승낙 없이 분묘를 설치한 경우에는 20년간 평온·공연[95]하게 점유한 경우(대판 1969. 1. 28. 68다1927, 1928. 대판 1995. 2. 28. 94다37912)

③ 자기소유의 토지에 분묘를 설치한 자가 별도의 특약 없이 토지만을 양도한 경우(대판 1967. 10. 26. 67다1920)


### 3) 효력

#### ① 존속기간

당사자 간의 약정이 있으면 약정에 따르고 약정이 없으면 분묘의 수호와 봉사를 계속하여 그 분묘가 존속하고 있는 동안은 분묘기지권은 존속한다[96].


#### ② 분묘기지권이 미치는 범위

가) 분묘기지와 분묘기지 주위의 공지

분묘기지권은 분묘의 기지 자체뿐만 아니라 그 분묘의 설치목적인 분묘의 수호 및 제사에 필요한 범위 내에서 분묘의 기지 주위의 공지를 포함한 지역에까지 미치고 그 확실한 범위는 각 구체적인 경우에 개별적으로 정하여야 한다[97].

나) 분묘신설 및 합장불허

분묘기지권에는 그 효력이 미치는 지역의 범위 내라고 할지라도 기존의 분묘 외에 새로운 분묘를 신설할 권능은 포함되지 아니하는 것이므로, 부부 중 일방이 먼저 사망하여 이미 그 분묘가 설치되고 그 분묘기지권이 미치는 범위 내에서 그 후에

---

95) 평온한 점유란 점유자가 점유를 취득 또는 보유하는 데 있어 법률상 용인될 수 없는 강포행위를 쓰지 않는 점유이고, 공연한 점유란 은비의 점유가 아닌 점유를 말한다(대판 1996.6.14, 96다14036).

96) 대판 1991.10.25, 91다18040: 분묘기지권의 존속기간에 관하여는 민법의 지상권에 관한 규정에 따를 것이 아니라 당사자 사이에 약정이 있는 등 특별한 사정이 있으면 그에 따를 것이며, 그러한 사정이 없는 경우에는 권리자가 분묘의 수호와 봉사를 계속하며 그 분묘가 존속하고 있는 동안은 분묘기지권은 존속한다고 해석함이 타당하므로 민법 제281조에 따라 5년간이라고 보아야 할 것은 아니다.

97) 대판 1994.8.26, 94다28970: 매장 및 묘지 등에 관한 법률 제4조 제1항 후단 및 같은법시행령 제2조 제2항의 규정이 분묘의 점유면적을 1기당 20㎡로 제한하고 있으나, 여기서 말하는 분묘의 점유면적이라 함은 분묘의 기지면적만을 가리키며 분묘기지 외에 분묘의 수호 및 제사에 필요한 분묘기지 주위의 공지까지 포함한 묘지면적을 가리키는 것은 아니므로 분묘기지권의 범위가 위 법령이 규정한 제한면적 범위 내로 한정되는 것은 아니다.

사망한 다른 일방을 단분(單墳) 형태로 합장하여 분묘를 설치하는 것도 허용되지 않는다(대판 2001. 8. 21. 2001다28367).

③ 지료

지상권에 있어서 지료의 지급은 그 요소가 아니어서 지료에 관한 약정이 없는 이상 지료의 지급을 구할 수 없는 점에 비추어 보면, 분묘기지권을 시효 취득하는 경우에도 지료를 지급할 필요가 없다(대판 1995. 2. 28. 94다37912).

지상권에 있어서 유상인 지료에 관하여 지료액 또는 그 지급시기 등의 약정은 이를 등기하여야만 그 뒤에 토지소유권 또는 지상권을 양수한 사람 등 제3자에게 대항할 수 있고, 지료에 관하여 등기되지 않은 경우에는 무상의 지상권으로서 지료증액청구권도 발생할 수 없다(대판 1999. 9. 3. 99다24874).

## 4) 분묘기지권 권리분석

경매로 낙찰받은 토지에 묘가 있을 경우 임의로 개장하거나 훼손 시 형사처벌[98]을 받을 수 있으므로 유의해야 한다. 분묘기지권의 성립여부를 검토하기 위하여 묘의 관리상태와 주변환경을 확인, 비석이 있는 경우 언제사망으로 묘가 들어섰는지 추측하고, 전소유자와 인근 주민을 탐문하여 분묘의 소유자와 관련내용을 알아본다.

분묘를 이장하려면 우선 연고자가 없는 무연고묘인지 연고자가 있는 유연고묘인지 파악하여 유연고묘인 경우 연고자를 만나 적정한 비용을 주고 합의하여 이장한다. 분묘기지권이 성립하지 않는 분묘의 연고자와 합의가 안되었거나 무연고묘인 경우 「장사등에 관한 법률」에 따라 개장할 수 있다.

즉, 분묘를 관할하는 관할관청(시·군·구·읍·면)에 개장허가신청 → 개장허가(개장허가 증교부) → 3개월이상의 기간을 정해 연고자에게 통보, 연고자를 알 수 없는 경우에는 공고[99]한

---

[98] 형법 제160조(분묘의 발굴)
분묘를 발굴한 자는 5년 이하의 징역에 처한다.
제161조(사체 등의 영득)
① 사체, 유골, 유발 또는 관내에 장치한 물건을 손괴, 유기, 은닉 또는 영득한 자는 7년 이하의 징역에 처한다.
② 분묘를 발굴하여 전항의 죄를 범한 자는 10년 이하의 징역에 처한다.

후 개장 → 화장 및 봉안(납골당 안치)

또 토지소유자의 승낙 없이 분묘를 설치하고 20년이 지나지 않았다면 분묘연고자를 상대로 '분묘개장소송'을 제기하여 승소 후 개장할 수 있다.

**용어의 정의(장사 등에 관한 법률 제2조)**

이 법에서 사용하는 용어의 뜻은 다음과 같다.

1. '매장'이란 시체(임신 4개월 이후에 죽은 태아를 포함한다. 이하 같다)나 유골을 땅에 묻어 장사(장사)하는 것을 말한다.

2. '화장'이란 시체나 유골을 불에 태워 장사하는 것을 말한다.

3. '자연장(자연장)'이란 화장한 유골의 골분(골분)을 수목 · 화초 · 잔디 등의 밑이나 주변에 묻어 장사하는 것을 말한다.

4. '개장'이란 매장한 시체나 유골을 다른 분묘 또는 봉안시설에 옮기거나 화장 또는 자연장하는 것을 말한다.

5. '봉안'이란 유골을 봉안시설에 안치하는 것을 말한다.

6. '분묘'란 시체나 유골을 매장하는 시설을 말한다.

7. '묘지'란 분묘를 설치하는 구역을 말한다.

8. '화장시설'이란 시체나 유골을 화장하기 위한 시설을 말한다.

9. '봉안시설'이란 봉안묘 · 봉안당 · 봉안탑 등 유골을 안치(매장은 제외한다)하는 시설을 말한다.

10. '봉안묘'란 분묘의 형태로 된 봉안시설을 말한다.

11. '봉안당'이란 「건축법」 제2조 제1항 제2호에 따른 건축물인 봉안시설을 말한다.

12. '봉안탑'이란 탑의 형태로 된 봉안시설을 말한다.

13. '자연장지(자연장지)'란 자연장으로 장사할 수 있는 구역을 말한다.

14. '수목장림'이란 「산림자원의 조성 및 관리에 관한 법률」 제2조 제1호에 따른 산림에 조성하는 자연장지를 말한다.

15. '장사시설'이란 묘지 · 화장시설 · 봉안시설 · 자연장지 및 제29조에 따른 장례식장을 말한다.

16. '연고자'란 사망한 자와 다음 각 목의 관계에 있던 자를 말하며, 연고자의 권리 · 의무는

---

99) 중앙일간신문을 포함한 둘 이상의 일간신문 또는 관할 시 · 도 및 시 · 군 · 구 인터넷 홈페이지와 하나 이상의 일간신문에 2회 이상 공고(공고내용: 1. 묘지 또는 분묘의 위치 및 장소, 2. 개장사유, 개장 후 안치 장소 및 기간, 3. 공설묘지 또는 사설묘지 설치자의 성명 · 주소 및 연락방법, 4. 그 밖에 개장에 필요한 사항)하되, 두 번째 공고는 첫 번째 공고일부터 1개월이 지난 후에 다시 하여야 한다.

다음 각 목의 순서로 행사한다. 다만, 순위가 같은 자녀 또는 직계비속이 2명 이상이면 최근친(최근친)의 연장자가 우선순위를 가진다.

가. 배우자

나. 자녀

다. 부모

라. 자녀 외의 직계비속

마. 부모 외의 직계존속

바. 형제·자매

사. 사망하기 전에 치료·보호 또는 관리하고 있었던 행정기관 또는 치료·보호기관의 장

아. 가목부터 사목까지에 해당하지 아니하는 자로서 시체나 유골을 사실상 관리하는 자

## 장사 등에 관한 법률

제27조(타인의 토지 등에 설치된 분묘 등의 처리 등)

① 토지 소유자(점유자나 그 밖의 관리인을 포함한다. 이하 이 조에서 같다), 묘지 설치자 또는 연고자는 다음 각 호의 어느 하나에 해당하는 분묘에 대하여 보건복지부령으로 정하는 바에 따라 그 분묘를 관할하는 시장 등의 허가를 받아 분묘에 매장된 시체 또는 유골을 개장할 수 있다.

1. 토지 소유자의 승낙 없이 해당 토지에 설치한 분묘

2. 묘지 설치자 또는 연고자의 승낙 없이 해당 묘지에 설치한 분묘

② 토지 소유자, 묘지 설치자 또는 연고자는 제1항에 따른 개장을 하려면 미리 3개월 이상의 기간을 정하여 그 뜻을 해당 분묘의 설치자 또는 연고자에게 알려야 한다. 다만, 해당 분묘의 연고자를 알 수 없으면 그 뜻을 공고하여야 한다.

규칙 제18조(타인의 토지 등에 설치된 분묘의 처리)

① 법 제27조 제1항에 따라 토지소유자(점유자나 그 밖의 관리인을 포함한다. 이하 이 조에서 같다), 묘지 설치자 또는 연고자는 매장된 시체나 유골을 개장하려는 경우에는 별지 제3호서식의 개장 허가신청서에 다음 각 호의 서류를 첨부하여 관할 시장 등에게 신청하여야 한다. 이 경우 시장 등이 「전자정부법」 제36조 제1항에 따른 행정정보의 공동이용을

통하여 첨부서류에 대한 정보를 확인할 수 있는 경우에는 그 확인으로 첨부서류를 갈음한다 (개정 2010.9.1).

1. 기존 분묘의 사진

2. 분묘의 연고자를 알지 못하는 사유

3. 묘지 또는 토지가 개장 허가신청인의 소유임을 증명하는 서류

4. 「부동산등기법」 등 관계 법령에 따라 해당 토지 등의 사용에 관하여 해당 분묘 연고자의 권리가 없음을 증명하는 서류

5. 제4항에 따른 통보문 또는 공고문

③ 시장 등은 제1항에 따른 개장 허가신청을 받으면 별지 제3호서식의 개장허가증을 발급하여야 한다.

④ 토지소유자, 묘지 설치자 또는 연고자가 타인의 토지 또는 묘지에 설치된 분묘를 처리하는 경우 통보 및 공고의 방법은 다음 각 호와 같다.

1. 분묘의 연고자를 알고 있는 경우 : 제14조 제1항 제1호 각 목의 사항(가. 묘지 또는 분묘의 위치 및 장소   나. 개장사유, 개장 후 안치 장소 및 기간

다. 공설묘지 또는 사설묘지 설치자의 성명·주소 및 연락방법   라. 그 밖에 개장에 필요한 사항)을 문서로 표시하여 분묘의 연고자에게 알릴 것

2. 분묘의 연고자를 알 수 없는 경우 : 중앙일간신문을 포함한 둘 이상의 일간신문 또는 관할 시·도 및 시·군·구 인터넷 홈페이지와 하나 이상의 일간신문에 제14조 제1항 제1호 각 목의 사항을 2회 이상 공고하되, 두 번째 공고는 첫 번째 공고일부터 1개월이 지난 후에 다시 할 것

| 제 호 | 개장 | ☐ 신 고 서 | 처리기간 | |
|---|---|---|---|---|
| | | ☐ 허가신청서 | 개장신고: 2일 개장허가: 3일 | |

※ ☐에 √를 기재하시기 바랍니다.

| 사망자 | 성 명 | | 주민등록번호 | - | 사망연월일 | . . |
|---|---|---|---|---|---|---|
| | 묘지 또는 봉안된 장소 | | | 매장 또는 봉안연월일 | | |
| | 개장장소 | | | 개장방법 (매장·화장) | | |
| | 개장의 사유 | | | 매장(봉안)기간 | ~ | |
| 신고인 (허가 신청인) | 성 명 | | 주민등록번호 | - | 사망자와의 관계 | |
| | 주 소 | | | 전 화 번 호 | | |

「장사 등에 관한 법률」 제8조·제27조 및 같은 법 시행규칙 제2조·제18조에 따라 개장신고(허가신청)합니다.

신고인(신청인)　　　　　　(서명 또는 날인)

귀하

| 구비서류 (행정정보의 공동이용을 통하여 첨부서류에 대한 정보를 확인할 수 있는 경우에는 그 확인으로 첨부서류를 갈음합니다) | 담당 공무원 확인사항 |
|---|---|
| 1. 개장신고의 경우 가. 기존 분묘의 사진 나. 통보문 또는 공고문(설치기간이 종료된 분묘의 경우만 해당합니다) 2. 개장허가의 경우 가. 기존 분묘의 사진 나. 분묘의 연고자를 알지 못하는 사유 다. 묘지 또는 토지가 개장허가 신청인의 소유임을 증명하는 서류 라. 「부동산등기법」 등 관계 법령에 의하여 해당 토지 등의 사용에 관하여 해당 분묘연고자의 권리가 없음을 증명하는 서류 마. 통보문 또는 공고 | 1. 토지(임야)대장 2. 토지등기부 등본 |

| 제 호 | 개장 | ☐ 신고증명서 | | |
|---|---|---|---|---|
| | | ☐ 허 가 증 | | |

※ ☐에 √를 기재하시기 바랍니다.

| 사망자 | 성 명 | | 사망연월일 | . . . |
|---|---|---|---|---|
| | 묘 지 또 는 봉안된 장소 | | 매장 또는 봉안연월일 | . . . |
| | 개 장 장 소 | | 개 장 방 법 (매장 · 화장) | |
| 신고인 (신청인) | 성 명 | 주민등록번호 - | 사망자와의 관계 | |
| | 주 소 | | 전 화 번 호 | |

「장사 등에 관한 법률」 제8조·제27조 및 같은 법 시행규칙 제2조·제18조에 따라 위와 같이 개장신고(허가)를 하였으므로 신고증명서(허가증)를 발급합니다.

년 월 일

시·도지사, 특별자치도지사, 시장·군수·구청장 ㉞

210mm×297mm(보존용지(1종) 70g/㎡)

## (3) 유치권

### 1) 의의

유치권이란 채권을 변제받을 때까지 채무자(또는 제3자)의 물건을 점유할 수 있는 권리를 말한다. 민법 제320조는 "타인의 물건 또는 유가증권을 점유한 자는 그 물건이나 유가증권에 관하여 생긴 채권이 변제기에 있는 경우에는 변제를 받을 때까지 그 물건 또는 유가증권을 유치할 권리가 있다(1항). 전항의 규정은 그 점유가 불법행위로 인한 경우에 적용하지 아니한다 (2항)." 민사집행법 91조 5항은 "매수인은 유치권자에게 그 유치권으로 담보하는 채권을 변제할 책임이 있다".라고 유치권에 관하여 규정하고 있다.

유치권은 당사자 간의 의사표시와는 상관없이 일정한 사실관계가 있으면 성립하는 법정담보 물권이다.

### 2) 성립요건

유치권이 성립하기 위하여는 4가지 요건을 갖추어야 한다. 첫째, 채권이 타인의 물건(부동산) 에 관하여 생긴 것일 것, 둘째 채권이 변제기에 있을 것, 셋째 타인의 물건을 점유하고 있을 것, 넷째 유치권 배제 특약이 없을 것, 이를 좀 더 자세히 설명하면 아래와 같다.

① 채권이 타인의 물건(부동산)에 관하여 생긴 것일 것(견련성)

물건은 타인의 물건이어야 한다. 따라서 자기의 물건은 유치권이 성립하지 않는다. 타인은 채무자에 한하지 않고 제3자라도 무방하다[100].

채권이 타인의 '물건에 관하여 생긴 것'이어야 한다. 즉, 채권과 물건 사이에 견련관계가 있어야 한다[101]. 부동산경매에서는 채권이 '부동산에 관하여 생긴 것'이어야 하는데, '부동산에 관하여 생긴 것'이란 채권이 부동산 자체로부터 발생한 것으로서 채권과 부동산

---

100) 대판 1972.1.31, 71다2414 유치물 소유자(채무자)가 바뀐 후 새로 투입한 유익비에 대하여 새로운 소유자(제3자)에 대하여 유치권이 성립한다고 한 사례

101) 견련성: 대판 2007.9.7, 2005다16942 민법 제320조 제1항에서 그 물건에 관하여 생긴 채권'은 유치권 제도 본래의 취지인 공평의 원칙에 특별히 반하지 않는 한 채권이 목적물 자체로부터 발생한 경우는 물론이고 채권이 목적물의 반환청구권과 동일한 법률관계나 사실관계로부터 발생한 경우도 포함한다.

사이에 견련성이 있어야 한다. 예컨대, 필요비·유익비[102] 상환청구권, 건물의 신축공사를 한 수급인의 공사대금채권[103] 은 견련성이 인정된다.

> **건물에 관하여 생긴 채권이 아닌 것들(견련성이 부정)**
>
> ※ 임차인이 임대인에 대한 임차보증금반환청구권[104]
>
> ※ 임차인의 권리금반환청구권[105]
>
> ※ 부속물매수청구권[106]

② 채권이 변제기에 있을 것

채권이 변제기가 도래하여야 한다. 변제기가 도래하지 않는 동안은 유치권은 성립하지 않는다. 유치권이 성립하는 유익비 상환청구권[107]의 경우 법원이 상당한 기한을 허여할

---

102) ● 필요비: 물건을 통상 사용하면서 적합한 상태로 보존하고 관리하는 데 지출되는 비용. 이에는 통상의 필요비(보존비용, 수선비용)와 평상적인 보존 이외에 지출하는 특별필요비(태풍, 수해로 인한 가옥의 대수선비용)가 있음. ● 유익비: 필요비 이외의 비용으로 물건의 개량이나 물건의 가치를 증가시키기 위하여 지출된 비용.

103) 대판 1995.9.15, 95다16202, 95다16219: 주택건물의 신축공사를 한 수급인이 그 건물을 점유하고 있고 또 그 건물에 관하여 생긴 공사금 채권이 있다면, 수급인은 그 채권을 변제받을 때까지 건물을 유치할 권리가 있다. ★ 그러나 건물신축공사를 도급받은 수급인이 사회 통념상 독립한 건물이 되지 못한 정착물을 토지에 설치한 상태에서 공사가 중단된 경우, 위 정착물 또는 토지에 대하여는 유치권을 행사할 수 없다(대결 2008.5.30, 2007마98 결정: 건물의 신축공사를 한 수급인이 그 건물을 점유하고 있고 또 그 건물에 관하여 생긴 공사금 채권이 있다면, 수급인은 그 채권을 변제받을 때까지 건물을 유치할 권리가 있는 것이지만, 건물의 신축공사를 도급받은 수급인이 사회 통념상 독립한 건물이라고 볼 수 없는 정착물을 토지에 설치한 상태에서 공사가 중단된 경우에 위 정착물은 토지의 부합물에 불과하여 이러한 정착물에 대하여 유치권을 행사할 수 없고, 또한 공사중단 시까지 발생한 공사금 채권은 토지에 관하여 생긴 것이 아니므로 위 공사금 채권에 기하여 토지에 대하여 유치권을 행사할 수도 없는 것이다).

104) 대판 1976.5.11, 75다1305: 건물의 임대차에 있어서 임차인의 임대인에게 지급한 임차보증금반환청구권이나 임대인이 건물시설을 아니하기 때문에 임차인에게 건물을 임차목적대로 사용 못 한 것을 이유로 하는 손해배상청구권은 모두 민법 320조 소정 소위 그 건물에 관하여 생긴 채권이라 할 수 없다.

105) 대판 1994.10.14, 93다62119: 임대인과 임차인 사이에 건물명도시 권리금을 반환하기로 하는 약정이 있었다 하더라도 그와 같은 권리금반환청구권은 건물에 관하여 생긴 채권이라 할 수 없으므로 그와 같은 채권을 가지고 건물에 대한 유치권을 행사할 수 없다.

106) 대판 1977.12.13, 77다115

107) 민법 제203조(점유자의 상환청구권)
① 점유자가 점유물을 반환할 때에는 회복자에 대하여 점유물을 보존하기 위하여 지출한 금액 기타 필요비의 상환을 청구할 수 있다. 그러나 점유자가 과실을 취득한 경우에는 통상의 필요비는 청구하지 못한다.
② 점유자가 점유물을 개량하기 위하여 지출한 금액 기타 유익비에 관하여는 그 가액의 증가가 현존한 경우에 한하여 회복자의 선택에 좇아 그 지출금액이나 증가액의 상환을 청구할 수 있다.
③ 전항의 경우에 법원은 회복자의 청구에 의하여 상당한 상환기간을 허여할 수 있다.
　민법 제310조(전세권자의 상환청구권)
① 전세권자가 목적물을 개량하기 위하여 지출한 금액 기타 유익비에 관하여는 그 가액의 증가가 현존한 경우에 한하여 소유자의 선택에 좇아 그 지출액이나 증가액의 상환을 청구할 수 있다.
② 전항의 경우에 법원은 소유자의 청구에 의하여 상당한 상환기간을 허여할 수 있다.
　민법 제626조(임차인의 상환청구권)
① 임차인이 임차물의 보존에 관한 필요비를 지출한 때에는 임대인에 대하여 그 상환을 청구할 수 있다.

경우 유치권은 잃게 된다.


③ 타인의 물건을 점유하고 있을 것

유치권자는 물건을 점유[108]하고 있어야 한다. 점유는 유치권의 성립요건이자 존속요건이다.

● 점유는 직접점유이든 간접점유[109]이든 상관없다. 간접점유라 하더라도 채무자를 직접점유자로 하여 채권자가 간접 점유하는 경우에는 유치권이 성립하지 않는다[110].

● 그 점유는 적법한 점유이어야 하며 불법행위에 의한 점유는 유치권이 인정되지 않는다(민법 320조 2항). 예컨대 차임연체로 임대인이 임대차계약을 해지한 후 임차인이 임차하던 건물에 필요비, 유익비를 지출하더라도 유치권은 성립하지 않는다.

● 채권이 점유 중에 발생하는 것이 일반적이지만 채권이 발생하고 난 후 물건을 점유하더라도 유치권은 성립한다[111].

● 경매개시결정등기(압류의 효력) 이후 유치권자의 점유는 압류의 처분금지효에 저촉되어 매수인에게 대항할 수 없다[112]. 즉 공개개시결정 등기 이후의 점유는 유치권이 성립하지 않는다.

---

⑦ 임차인이 유익비를 지출한 경우에는 임대인은 임대차종료 시에 그 가액의 증가가 현존한 때에 한하여 임차인의 지출한 금액이나 그 증가액을 상환하여야 한다. 이 경우에 법원은 임대인의 청구에 의하여 상당한 상환기간을 허여할 수 있다.

108) 대판 1996.8.23, 95다8713: 점유라고 함은 물건이 사회 통념상 그 사람의 사실적 지배에 속한다고 보여지는 객관적 관계에 있는 것을 말하고 사실상의 지배가 있다고 하기 위하여는 반드시 물건을 물리적, 현실적으로 지배하는 것만을 의미하는 것이 아니고 물건과 사람과의 시간적, 공간적 관계와 본권관계, 타인지배의 배제 가능성 등을 고려하여 사회관념에 따라 합목적적으로 판단하여야 한다.

109) 대결 2002.11.27, 2002마3516: 유치권의 성립요건인 유치권자의 점유는 직접점유이든 간접점유이든 관계없지만, 유치권자는 채무자의 승낙이 없는 이상 그 목적물을 타에 임대할 수 있는 처분권한이 없으므로(민법 제324조 제2항 참조), 유치권자의 그러한 임대행위는 소유자의 처분권한을 침해하는 것으로서 소유자에게 그 임대의 효력을 주장할 수 없고, 따라서 소유자의 동의 없이 유치권자로부터 유치권의 목적물을 임차한 자의 점유는 '경락인에게 대항할 수 있는 권원'에 기한 것이라고 볼 수 없다.

110) 대판 2008.4.11, 2007다27236: 유치권의 성립요건이자 존속요건인 유치권자의 점유는 직접점유이든 간접점유이든 관계가 없으나, 다만 유치권은 목적물을 유치함으로써 채무자의 변제를 간접적으로 강제하는 것을 본체적 효력으로 하는 권리인 점 등에 비추어, 그 직접점유자가 채무자인 경우에는 유치권의 요건으로서의 점유에 해당하지 않는다고 할 것이다.

111) 대판 1965.3.30, 64다1977: 유치권자가 유치물을 점유하기 전에 발생된 채권(건축비채권)이라도 그후그 물건(건물)의 점유를 취득했다면 유치권은 성립한다.

112) 대판 2009.1.15, 2008다70763: 부동산 경매절차에서의 매수인은 민사집행법 제91조 제5항에 따라 유치권자에게 그 유치권으로 담보하는 채권을 변제할 책임이 있는 것이 원칙이나, 채무자 소유의 건물 등 부동산에 경매개시결정의 기입등기가 경료되어 압류의 효력이 발생한 후에 채무자가 위 부동산에 관한 공사대금 채권자에게 그 점유를 이전함으로써 그로 하여금 유치권을 취득하게 한 경우, 그와 같은 점유의 이전은 목적물의 교환가치를 감소시킬 우려가 있는 처분행위에 해당하여 민사집행법 제92조 제1항, 제83조 제4항에 따른 압류의 처분금지효에 저촉되므로 점유자로서는 위 유치권을 내세워 그 부동산에 관한 경매절차의 매수인에게 대항할 수 없다. 그러나 이러한 법리는 경매로 인한 압류의 효력이 발생하기 전에 유치권을 취득한 경우에는 적용되지 않는다.

④ 유치권 배제 특약이 없을 것

당사자 간에 유치권을 배제하는 특약이 없어야 한다. 유치권배제 특약이 있다면 그 특약은 유효하며 유치권은 성립하지 않는다.

- 건물임대차계약서에 "임대차종료 시 건물을 원상 복구하여 명도하기로 한다."라는 약정은 필요비 및 유익비 상환청구권을 미리 포기한 것으로 보아 유치권을 주장할 수 없다[113]. 그러나 이러한 규정은 당사자의 의사와는 상관없이 일반부동산계약서에 정형화된 부동문자로 적혀있는바, 임차인이 이 규정이 필요비 유익비를 포기하겠다는 취지를 인지하지 못하고 체결한 계약이라면 달리 보아야 할 것으로 생각한다[114].

- 임대차계약 체결 시 임차인이 임대인의 승인하에 임차목적물인 건물 부분을 개축 또는 변조할 수 있으나 임차목적물을 임대인에게 명도할 때에는 임차인이 일체 비용을 부담하여 원상복구를 하기로 약정하였다면, 이는 임차인이 임차목적물에 지출한 각종 유익비의 상환청구권을 미리 포기하기로 한 취지의 특약이라고 봄이 상당하다(대판 1994. 9. 30. 94다20389, 20396)

---

113) 대판 1975.4.22, 73다2010: 건물의 임차인이 임대차관계 종료 시에는 건물을 원상으로 복구하여 임대인에게 명도하기로 약정한 것은 건물에 지출한 각종 유익비 또는 필요비의 상환청구권을 미리 포기하기로 한 취지의 특약이라고 볼 수 있어 임차인은 유치권을 주장을 할 수 없다.

114) 대판 1998.10.20, 98다31462: 임대차계약서는 처분문서로서 특별한 사정이 없는 한 그 문언에 따라 의사표시의 내용을 해석하여야 한다고 하더라도, 그 계약 체결의 경위와 목적, 임대차기간, 임대보증금 및 임료의 액수 등의 여러 사정에 비추어 볼 때 당사자의 의사가 계약서의 문언과는 달리 명시적·묵시적으로 일정한 범위 내의 비용에 대하여만 유익비 상환청구권을 포기하기로 약정한 취지라고 해석하는 것이 합리적이라고 인정되는 경우에는 당사자의 의사에 따라 그 약정의 적용 범위를 제한할 수 있다.

### 3) 효력

#### ① 물건을 유치할 수 있는 권리

유치권자는 채권을 변제받을 때까지 물건을 유치할 수 있다. 법 91조 5항은 "매수인은 유치권자에게 유치권으로 담보하는 채권을 변제할 책임이 있다."라고 규정하고 있는바, 여기에서 '변제할 책임이 있다'는 의미는 부동산상의 부담을 승계한다는 취지로서 인적 채무까지 인수한다는 취지는 아니므로, 유치권자는 경락인에 대하여 그 피담보채권의 변제가 있을 때까지 유치목적물인 부동산의 인도를 거절할 수 있을 뿐이고 그 피담보채권의 변제를 청구할 수는 없다(대판 1996. 8. 23. 95다8713). 사실상 낙찰자는 유치권자에게 채무를 변제하지 않는 이상 물건을 인도받을 수가 없다.

#### ② 불가분성

유치권자는 채권 전부의 변제를 받을 때까지 유치물 전부에 대하여 그 권리를 행사할 수 있다(민법 321조). 다세대주택의 창호 등의 공사를 완성한 하수급인이 공사대금채권 잔액을 변제받기 위하여 위 다세대주택 중 한 세대를 점유하여 유치권을 행사하는 경우, 그 유치권은 위 한 세대에 대하여 시행한 공사대금만이 아니라 다세대주택 전체에 대하여 시행한 공사대금채권의 잔액 전부를 피담보채권으로 하여 성립한다고 본 사례가 있다(대판 2007. 9. 7. 2005다16942)

#### ③ 경매권, 간이변제충당권

**[관련 조문]**

민법 제322조(경매, 간이변제충당)
① 유치권자는 채권의 변제를 받기 위하여 유치물을 경매할 수 있다.
② 정당한 이유 있는 때에는 유치권자는 감정인의 평가에 의하여 유치물로 직접변제에 충당할 것을 법원에 청구할 수 있다. 이 경우에는 유치권자는 미리 채무자에게 통지하여야 한다.

**민사집행법 제274조(유치권 등에 의한 경매)**

① 유치권에 의한 경매와 민법·상법, 그 밖의 법률이 규정하는 바에 따른 경매(이하 '유치권 등에 의한 경매'라 한다)는 담보권 실행을 위한 경매의 예에 따라 실시한다.

② 유치권 등에 의한 경매절차는 목적물에 대하여 강제경매 또는 담보권 실행을 위한 경매절차가 개시된 경우에는 이를 정지하고, 채권자 또는 담보권자를 위하여 그 절차를 계속하여 진행한다.

③ 제2항의 경우에 강제경매 또는 담보권 실행을 위한 경매가 취소되면 유치권 등에 의한 경매절차를 계속하여 진행하여야 한다.

### 가) 의의

유치권자는 채권의 변제를 받기 위하여 유치물을 경매할 수 있다(민법 320조 1항). 채권의 변제를 받을 때까지 무작정 유치권자가 물건을 보관하고 있어야 하는 부담을 덜어주기 위하여 유치권자도 경매를 신청할 수 있다.

또 물건의 가치가 작아 경매에 부치기가 곤란한 경우에는 유치권자는 감정인의 평가에 의하여 유치물을 직접 변제에 충당할 수 있는데 이를 간이변제충당권이라고 한다(민법 320조 2항). 이 경우 유치권자는 미리 채무자에게 통지하여야 한다. 법원이 간이변제충당을 허가하면 유치권자는 소유권을 취득하며 평가액이 채권액을 초과하면 초과액은 채무자에게 반환하여야 하고 평가액이 채권액에 미달하면 채무자는 유치권자에게 부족액을 변제하여야 한다.

### 나) 유치권 경매의 신청

유치권에 의한 경매는 담보권 실행을 위한 경매의 예에 따라 실시한다(법 274조 1항). 따라서 경매신청서에는 담보권의 존재를 증명하는 서류를 첨부하여야 하는데 유치권의 경우 유치권자가 유치권의 원인채권에 대한 확정판결, 상대방의 유치권 부존재 확인소송이나 명도소송에서 유치권이 인용된 판결 등을 들 수 있겠다.

### 다) 매각대금의 수령

유치권자는 채권의 변제를 받을 때까지 목적물을 유치할 권리가 있을 뿐이지 우선변제권은 없다. 따라서 원칙적으로 유치권자는 경매 매각대금을 수령하면 우선 변제받을 권리가 없으므로 채무자에게 반환하여야 한다. 그러나 유치권자는 유치권금액을 채무자에게 반환하여야 할 매각대금에서 상계처리함으로써 사실상 우선변제권을 가진다.

라) 소멸주의 적용원칙

형식적 경매인 유치권에 의한 경매는 배당을 위한 경매가 아닌 값 환산을 위한 경매이므로 매각 부동산상의 부담을 말소시키는 소멸주의가 적용되지 않고 인수주의가 적용된다는 것이 학설이었으나 최근 대법원 판결에서는 유치권에 의한 경매의 경우에도 강제경매와 담보권실행을 위한 경매와 마찬가지로 원칙적으로 소멸주의를 취하여야 한다고 판단(대결 2011. 6. 15. 2010마1059)하였다.

즉, 법원이 매각물건명세서상에 제한물권 등 매수인에게 부담이 인수된다는 취지를 기재하지 않았다면 소멸주의가 적용된다. 반대로 매각물건명세서상에 제한물권 등 매수인에게 부담이 인수된다는 취지를 기재하였다면 인수주의가 적용된다.

**대법원 2011.6.15.자 2010마1059 결정【유치권신청에의한임의경매결정에대한즉시항고】**

[1] 민사집행법 제91조 제2항, 제3항, 제268조는 경매의 대부분을 차지하는 강제경매와 담보권 실행을 위한 경매에서 소멸주의를 원칙으로 하고 있을 뿐만 아니라 이를 전제로 하여 배당요구의 종기결정이나 채권신고의 최고, 배당요구, 배당절차 등에 관하여 상세히 규정하고 있는 점, 민법 제322조 제1항에 "유치권자는 채권의 변제를 받기 위하여 유치물을 경매할 수 있다."라고 규정하고 있는데, 유치권에 의한 경매에도 채권자와 채무자의 존재를 전제로 하고 채권의 실현·만족을 위한 경매를 상정하고 있는 점, 반면에 인수주의를 취할 경우 필요하다고 보이는 목적부동산 위의 부담의 존부 및 내용을 조사·확정하는 절차에 대하여 아무런 규정이 없고 인수되는 부담의 범위를 제한하는 규정도 두지 않아, 유치권에 의한 경매를 인수주의를 원칙으로 진행하면 매수인의 법적 지위가 매우 불안정한 상태에 놓이게 되는 점, 인수되는 부담의 범위를 어떻게 설정하느냐에 따라 인수주의를 취하는 것이 오히려 유치권자에게 불리해질 수 있는 점 등을 함께 고려하면, 유치권에 의한 경매도 강제경매나 담보권 실행을 위한 경매와 마찬가지로 목적부동산 위의 부담을 소멸시키는 것을 법정매각조건으로 하여 실시되고, 우선채권자뿐만 아니라 일반채권자의 배당요구도 허용되며, 유치권자는 일반채권자와 동일한 순위로 배당을 받을 수 있다고 보아야 한다. 다만, 집행법원은 부동산 위의 이해관계를 살펴 위와 같은 법정매각조건과는 달리 매각조건 변경결정을 통하여 목적부동산 위의 부담을 소멸시키지 않고 매수인으로 하여금 인수하도록 정할 수 있다.

[2] 유치권에 의한 경매가 소멸주의를 원칙으로 하여 진행되는 이상 강제경매나 담보권 실행을 위한 경매의 경우와 같이 목적부동산 위의 부담을 소멸시키는 것이므로, 집행법원이 달리 매각조건 변경결정을 통하여 목적부동산 위의 부담을 소멸시키지 않고 매수인으로 하여금 인수하도록 정하지 않은 이상 집행법원으로서는 매각기일 공고나 매각물건명세서에 목적부동산 위의 부담이 소멸하지 않고 매수인이 이를 인수하게 된다는 취지를 기재할 필요 없다.

[3] 유치권에 의한 경매절차에서 집행법원이 매각기일 공고와 매각물건명세서 작성을 하면서 목적부동산이 매각되더라도 그 위에 설정된 제한물권 등 부담이 소멸하지 않고 매수인이 이를 인수하게 된다는 취지의 기재를 하지 않았고, 이에 집행법원이 경매절차에 매수인이 인수할 부담의 존재에 관하여 매수신청인 등에게 이를 고지하지 않은 중대한 잘못이 있다는 이유로 매각을 불허하고 원심이 이를 그대로 유지한 사안에서, 집행법원이 목적부동산 위의 부담이 소멸하지 않고 매수인에게 이를 인수시키기로 하는 변경결정을 하지 않은 이상 그러한 취지를 매각기일 공고나 매각물건명세서에 기재하는 등으로 매수신청인 등에게 고지하여야만 하는 것이 아님에도 유치권에 의한 경매가 인수주의로 진행됨을 전제로 위와 같이 매각을 불허한 집행법원의 판단을 그대로 유지한 원심결정에는 유치권에 의한 경매에 관한 법리오해의 위법이 있다고 한 사례.

마) 실질적 경매와의 경합(중복경매의 경우)

유치권에 의한 경매(형식적 경매)가 진행 중에 강제경매 또는 담보권 실행을 위한 경매(실질적 경매)가 개시된 경우에는 유치권에 의한 경매를 정지하고, 강제경매 또는 담보권 실행을 위한 경매를 진행한다. 다만, 강제경매 또는 담보권 실행을 위한 경매가 취소되면 유치권에 의한 경매절차를 계속하여 진행한다(법 274조 2항, 3항). (대판 2011. 8. 18. 2011다35593[115] 참조)

유치권에 의한 경매의 경우 소멸주의가 적용된다고 하여 이를 믿고(유치권은 매각으로 소멸되는 것으로 알고) 입찰하였다가 실질적 경매가 들어오게 되면 유치권은 소멸되지

---

115) 대판 2011.8.18. 2011다35593: 유치권자인 갑의 신청으로 점포 등에 대하여 유치권에 의한 경매절차가 개시되어 진행되던 중 근저당권자의 신청으로 점포 등에 대해 경매절차가 개시되어 유치권에 기한 경매절차는 정지되었고, 을이 담보권 실행 등을 위한 경매절차에서 점포를 낙찰받아 소유권을 취득하였는데, 이후 점포에 대하여 다시 개시된 경매절차에서 병 등이 점포를 낙찰받아 소유권을 취득한 사안에서, 유치권에 의한 경매절차는 근저당권에 의한 경매절차가 개시됨으로써 정지되었고 을이 경매절차에서 점포를 낙찰받아 유치권 부담까지 함께 인수받았다고 보아야 하므로, 유치권자인 갑은 공사대금 중 미변제된 부분을 모두 변제받을 때까지 점포를 유치할 권리가 있다.

않음으로 낭패를 볼 수 있으므로 유의해야 한다.


④ 별제권

유치권자는 채무자가 파산한 경우에 별제권[116]을 가진다(채무자회생및파산에관한법률
411조).


⑤ 과실수취권

유치권자는 유치물의 과실(천연과실, 법정과실)을 수취하여 다른 채권보다 먼저 그 채권의
변제에 충당할 수 있다. 그러나 과실이 금전이 아닌 때에는 경매하여야 한다(민법 323조
1항).

과실은 먼저 채권의 이자에 충당하고 그 잉여가 있으면 원본에 충당한다(민법 323조
2항).


⑥ 유치물 사용권

유치권자는 유치물 보존에 필요한 한도 내에서 유치물을 사용할 수 있다(민법 324조
2항 단서)


⑦ 비용상환청구권

유치권자가 유치물에 관하여 필요비를 지출한 때에는 소유자에게 그 상환을 청구할
수 있다(민법 325조 1항).

유치권자가 유치물에 관하여 유익비를 지출한 때에는 그 가액의 증가가 현존한 경우에
한하여 소유자의 선택에 좇아 그 지출한 금액이나 증가액의 상환을 청구할 수 있다.
그러나 법원은 소유자의 청구에 의하여 상당한 상환기간을 허여할 수 있다(민법 325조
2항).

---

116) 파산재단(破産財團)에 속하는 특정재산에서 다른 채권자보다 우선하여 변제를 받을 수 있는 권리.

### 4) 유치권자의 의무

#### ① 선관의무

유치권자는 선량한 관리자의 주의

117)로 유치물을 점유하여야 한다(민법 324조 1항)

#### ② 채무자의 승낙 없이 유치물의 사용, 대여, 담보제공을 하지 않을 의무

유치권자는 채무자의 승낙 없이 유치물의 사용, 대여 또는 담보제공을 하지 못한다(민법 324조 2항)

#### ③ 의무위반의 효과

유치권자가 전1, 2항의 의무를 위반한 경우 채무자는 유치권의 소멸을 청구할 수 있다(민법 324조 3항)

### 5) 유치권의 소멸

#### ① 점유의 상실

유치권자가 점유를 상실하면 유치권은 소멸한다(민법 328조). 만일 유치권자가 점유를 침탈당하면 유치권은 소멸하지만, 유치권자가 점유 회수의 소를 제기하여 승소 후 점유를 회복하면 유치권은 되살아 난다(대판 2012. 2. 9. 2011다72189). 점유 회수의 소는 침탈당한 날로부터 1년 내 제기하여야 한다. 한편 점유를 침탈하고 유치권을 소멸시킨 자가 유치권 부존재확인소송을 구하는 것은 정의관념에 반하여 권리남용에 해당할 수 있다(대판 2010. 4. 15. 2009다96953)

#### ② 채무자의 소멸청구

유치권자가 선관주의의무위반, 채무자의 승낙 없이 유치물의 사용, 대여, 담보제공 하였을

---

117) 선량한 관리자의 주의의무: 일반인·평균인에게 요구되는 정도의 주의의무를 말한다.

경우에 채무자는 유치권의 소멸을 청구할 수 있고(민법 324조 3항), 이 소멸을 청구하면 유치권은 소멸한다.

### ③ 타 담보의 제공

채무자는 상당한 담보를 제공하고 유치권의 소멸을 청구할 수 있다(민법 327조). 만일, 채무자가 다른 상당한 담보[118]를 제공하고 유치권소멸을 청구하였음에도 유치권자가 거절한 경우에는 채무자는 법원에 그 승낙에 갈음하는 재판을 받아 유치권을 소멸시킬 수 있다.

### ④ 일반 소멸사유

유치권은 담보물권의 일반적 소멸사유인 피담보채권의 소멸, 물건의 멸실 등으로 소멸한다. 채권은 소멸시효가 완성되면 소멸하듯이 유치권의 피담보채권이 소멸시효가 완성되면 유치권은 소멸한다. 유치권자가 점유를 하고 있다고 하여 채권을 행사하고 있는 것은 아니므로 채권의 소멸시효가 정지되지는 않는다[119]. 따라서 유치권자가 별도의 소멸시효 중단사유가 없다면 유치권은 피담보채권의 소멸시효 완성으로 소멸할 수 있다.

## 6) 유치권 권리분석

### ① 낙찰 후 유치권이 존재하는 경우의 대처방법

입찰 전 경매서류인 매각물건명세서 등에 '유치권성립 여지 있음'의 유치권신고 사실을 알고 입찰하여 낙찰받은 경우에는 경매를 해제할 수 없다. 그러나 입찰 전 경매서류인 매각물건명세서 등에 유치권신고가 없었는데, 입찰하여 낙찰 후 유치권신고가 접수되는 등 유치권 존재사실이 밝혀진 경우에는 낙찰자는 인수할 권리가 변동되어 '부동산에

---

118) 대판 2001.12.11, 2001다59866: [담보제공에 의한 유치권 소멸청구에 있어 담보의 상당성의 판단 기준 및 그 소멸청구권자] 민법 제327조에 의하여 제공하는 담보가 상당한가의 여부는 그 담보의 가치가 채권의 담보로서 상당한가, 태양에 있어 유치물에 의하였던 담보력을 저하시키지는 아니한가 하는 점을 종합하여 판단하여야 할 것인바, 유치물의 가격이 채권액에 비하여 과다한 경우에는 채권액 상당의 가치가 있는 담보를 제공하면 족하다고 할 것이고, 한편 당해 유치물에 관하여 이해관계를 가지고 있는 자인 채무자나 유치물의 소유자는 상당한 담보가 제공되어 있는 이상 유치권 소멸 청구의 의사표시를 할 수 있다.

119) 민법 326조(피담보채권의 소멸시효) 유치권의 행사는 채권의 소멸시효 진행에 영향을 미치지 아니한다.

대한 중대한 권리관계의 변동'이 생기는 경우에 해당[120]하므로 다음과 같은 방법으로 경매를 해제하거나 대처할 수 있다.

※ 매각허가결정 전(7일 이내): 매각불허가신청(매각허가에 대한 이의)

※ 매각허가결정 후 확정 전(7일 이후 14일 이내): 즉시항고(집행법원 스스로 경정 또는 항고법원의 취소결정을 구한다.)

※ 매각허가확정 후 대금납부 전: 매각허가결정의 취소신청(법 127조 1항)

※ 대금납부 후: 담보책임(민법 578조[121]). 매수인은 채무자에게 경매를 해제(계약의 해제) 또는 대금감액청구를 할 수 있으며, 채무자가 자력이 없을 경우 배당받은 채권자에게 청구할 수 있다. 채권자는 배당받은 금액 한도로 책임을 진다.

② 유치권 판별방법(주요 체크포인트)

가) 유치권이 성립하는지에 대하여 성립요건 하나하나씩 검토해 나간다.

**첫째, 채권이 타인의 물건(부동산)에 관하여 생긴 것일 것(견련성)**

타인의 물건이어야 하므로 소유자 자신의 물건에 대한 유치권은 성립하지 않는다. 물건에 관하여 생긴 것인지 체크 해본다. 통상 임차인이 내부인테리어공사를 가지고 유치권을 신고하는 경우가 많은데 이는 임차인이 자신의 편익을 위하여 지출한 비용이므로 필요비, 유익비에 해당하지 않아 유치권이 성립하지 않는다. 또 유치권의 피담보채권이 다른 채권으로 전환되었는지 체크 해본다. 예컨대, 공사업자가 빌라건물을 건축하고 공사비를 지급받지 못하여 공사대금 대신에 1세대의 빌라를 전세보증금으로 갈음하여 점유하고 있는 경우 유치권의 피담보채권은 일반채권으로 전환되어 유치권은 성립하지

---

120) 대결 2007.5.15, 2007마128: 부동산 임의경매절차에서 매수신고인이 당해 부동산에 관하여 유치권이 존재하지 않는 것으로 알고 매수신청을 하여 이미 최고가매수신고인으로 정하여졌음에도 그 이후 매각결정기일까지 사이에 유치권의 신고가 있을 뿐만 아니라 그 유치권이 성립될 여지가 없음이 명백하지 아니한 경우, 집행법원으로서는 장차 매수신고인이 인수할 매각 부동산에 관한 권리의 부담이 현저히 증가하여 민사집행법 제121조 제6호가 규정하는 이의 사유가 발생한 것으로 보아 이 해관계인의 이의 또는 직권으로 매각을 허가하지 아니하는 결정을 하는 것이 상당하다.

121) 민법 제578조(경매와 매도인의 담보책임) ① 경매의 경우에는 경락인은 전8조의 규정에 의하여 채무자에게 계약의 해제 또는 대금감액의 청구를 할 수 있다. ② 전항의 경우에 채무자가 자력이 없는 때에는 경락인은 대금의 배당을 받은 채권자에 대하여 그 대금 전부나 일부의 반환을 청구할 수 있다. ③ 전2항의 경우에 채무자가 물건 또는 권리의 흠결을 알고 고지하지 아니하거나 채권자가 이를 알고 경매를 청구한 때에는 경락인은 그 흠결을 안 채무자나 채권자에 대하여 손해배상을 청구할 수 있다. 참고로 경매로 인한 매도인의 담보책임은 권리의 하자가 있는 경우에만 담보책임이 있는 것이고 물건의 하자로 인한 경우에는 담보책임이 없다(민법 580조 2항).

않는다.

## 둘째, 채권이 변제기에 있을 것

대부분 변제기에 도래하였을 것이므로 달리 체크 할 것은 없으나, 채권이 발생한 지 오래 된 경우 채권이 소멸시효로 완성되지는 않았나 체크 해본다. 유치권을 주장하고 점유하고 있다고 하여 소멸시효가 중단되는 것은 아니므로, 공사를 하고 공사대금청구권이 발생 후 특별한 조치 없이 장기간 시간이 지났다면 소멸시효가 완성되어 유치권이 소멸할 수도 있다. 참고로 일반공사대금채권은 3년, 상행위채권은 5년, 일반민사채권은 10년이다.

## 셋째, 타인의 물건을 점유하고 있을 것

유치권자는 물건을 점유하고 있어야 하므로 현장을 방문하여 누가 언제부터 점유하고 있는지 확인해본다. 사실상 유치권자가 점유하지 않는 경우가 많이 있다. 점유는 유치권의 성립요건이자 존속요건이므로 유치권자가 점유를 하지 않는다면 유치권은 성립하지 않는다. 점유는 직접점유가 아닌 간접점유도 인정되나 간접점유의 경우 유치권자가 소유주의 동의 없이 임대하였다면 유치권은 성립하지 않는다. 또 불법점유인 경우 유치권이 성립하지 않으므로 유치권자가 어떠한 사유로 점유하고 있는지 알아볼 필요가 있다.

또 유치권자가 언제부터 점유하고 있는지 체크 해본다. 만일 경매개시결정등기 이후에 점유한 사실을 입증하면 유치권은 성립하지 않는다. 입증방법 중 하나로 법원의 '부동산의 현황 및 점유관계 조사서'를 들 수 있다.

## 넷째, 유치권 배제 특약이 없을 것

당사자 간에 유치권을 배제하는 특약이 있는지 체크 해본다. 임대차계약서에 '원상회복 문구'가 있으면 유치권 배제특약으로서 유치권은 성립하지 않는다. 또 신축건물공사의 경우 건축업자가 은행에 대출을 할 경우 은행에서는 건축업자와 시공사가 향후 유치권을 주장하지 않겠다는 특약서를 받고 대출을 해주는데, 이러한 특약도 유치권배제 특약으로서 유치권이 성립하지 않으므로 채권자에게 특약사실 등을 확인해 볼 필요가 있다. 그러나 입찰자로서는 경매의 이해관계인이 아니라서 서류열람에 제한이 있어 확인이 어렵다. 입찰 전 최대한 알아보고 낙찰 후 유치권과 관계된 서류(유치권신고서, 임대차계

약서, 공사계약서, 세금계산서, 기타서류 등)를 열람하여 좀 더 세밀히 파악하여야
한다.

## 나) 유치권 불성립에 대한 증거확보

유치권의 성립 여부를 검토하면서 불성립에 대한 증거를 확보해야 한다. 현장을 답사하
여 현황의 사진(공실 여부, 점유현황 등)을 촬영하여 인증을 받거나 이메일전송 등으로
촬영일자를 기록해둔다. 점유자, 유치권자, 소유자, 이웃주민, 중개업소 등을 통하여
무슨 공사를 언제 하였는지, 공사비용, 공사업자와 소유자와의 관계, 공사업자의 점유
시점, 현재의 점유현황, 기타의 이야기 등을 가능한 유치권조사를 한다는 것을 눈치채지
않도록 자연스럽게 조사하여야 한다. 필요하면 녹음을 하고 협조를 구해 사실 확인서를
받아둔다.

## 다) 형사고소, 잔금 납부 후 유치권자를 상대로 인도명령신청

허위유치권의 물증이 있거나 심증이 강할 경우 낙찰 후 유치권자에게 기한을 정하여
유치권을 취하하지 않을 경우 즉시 형사고소 진행하겠다는 안내문을 보낸 후 유치권
취하가 없으면 경매방해죄 등으로 형사고소를 한다. 유의할 것은 자칫 잘못 고소하였다
가 무고죄로 맞고소 당할 수도 있으므로 잘 판단하여야 한다.

대부분 내부인테리어비용이나 점유하지 않는 자의 유치권은 유치권성립이 안 되는
것이 일반적이어서 소송까지 진행하지 않고 대부분 해결되지만, 잔금대출에 제한이
있기 때문에 이러한 경우 낙찰 후 잔금납부 전 형사고소로 압박함으로써 유치권
취하를 하게 하는 실익이 있다.

잔금납부 시까지 유치권 취하가 해결되지 않았다면 최대한 유치권 불성립에 대한
증거를 확보하고 잔금을 납부하고 유치권자를 상대로 인도명령을 신청한다. 유치권증거
를 얼마나 확보하였느냐에 따라 인도명령에 관한 내용이 달라질 것이다. 유치권의
내용에 따라 인도명령의 내용도 상당히 중요하다. 인도명령을 신청하면 법원에서는
바로 인도명령결정을 내릴 수도 있고 유치권자를 불러 심문을 할 수도 있다. 심문을
하게 될 경우 유치권자가 유치권이 존재한다는 입증서류를 제출하게 된다. 대부분
이 단계에서 허위유치권 등이 드러나게 되어 인도명령결정으로 집행을 하게 된다.
만일 법원에서 인도명령을 안 해주면 매수인은 유치권 부존재확인소송 및 명도소송을

제기한다.

한편, 유치권자와 협의도 같이 진행하여야 하며 가능한 협의로 종결짓도록 한다. 유치권자가 허위유치권이라는 증거가 있을 때(또는 상당한 심증이 있으면) 사기죄, 경매방해죄 등으로 형사 고소할 수 있음을 함께 고지한다. 합의가 이루어지지 않으면 형사고소를 같이 진행하고 합의가 되면 고소를 취하한다. 한편 유치권자의 점유를 상실시키는 방법으로 유치권을 소멸시키는 것도 생각해 볼 수 있다.

## ③ 유치권의 현실과 허위유치권 징후들

### 가) 유치권의 현실

유치권은 신청시기에 제한이 없고 굳이 법원에 유치권신고를 하지 않아도 성립한다. 또 유치권은 성립 여부를 따지지 않고 일단 법원에 신청만 하면 받아주기 때문에 유치권신고는 어렵지 않게 할 수 있다. 유치권신고를 하게 되면 법원 서류접수 및 매각물건명세서에 공시되고 유치권자는 경매절차의 이해관계인이 되어 당해 경매사건의 서류열람, 송달받을 권리 등 이해관계인으로서의 권리를 가진다. 한편 입찰을 하려고 하는 자로서는 유치권신고가 되어 있으면 추가인수부담과 대출이 유치권금액을 고려히어 잘 나오지 않기 때문에 입찰을 꺼리고 유찰률이 높은 것이 일반적이다. 이처럼 유치권은 등기부에 기재되는 것도 아니고 마음만 먹으면 언제든지 간단히 법원에 신고함으로써 예측하지 못한 매수인에게 상당한 부담을 주므로 이런 점을 악용하여 허위유치권이 난무(亂舞)한 것이 현실이다. 실무상 90% 이상이 허위유치권이라고 하여도 과언이 아닐 것이다.

허위유치권이 난무하는 이유는 첫째 유치권자 등이 저가에 매각을 받으려고 하는 경우, 둘째 시간연장, 셋째 이사비용을 받아내기 위하여서이다. 이러한 허위유치권을 판별하기 위하여는 유치권이 성립요건에 해당하는지를 검토하고 유치권이 성립할 경우와 성립하지 않을 경우 각각 추가인수비용과 진행계획을 잘 세워야 한다.

나) 허위유치권 징후들

ㄱ) 매각기일이 지정된 후 유치권신고가 들어온 경우

법원의 매각물건명세서와 현황조사서에 유치권을 주장하는 내용이 없다가 매각기일 전후하여 유치권신고가 들어온 경우를 간혹 볼 수 있다. 이런 경우는 채무자 또는 채무자의 이해관계인이 유치권을 신고하여 일반인의 경매입찰가격을 저감시켜서 입찰하여 낙찰받으려고 하는 목적으로 허위유치권일 가능성이 많다. 현장을 방문하여 유치권을 주장하는 현수막이나 게시문이 있는지 확인하고 누가 점유하고 언제부터 점유하고 있는지 확인해본다. 실제로 유치권자가 점유하지 않는 경우가 많다.

ㄴ) 유치권의 내용이 '내부 인테리어 공사비용'인 경우

일반, 주택이나 상가의 경우 임차인이 내부인테리어공사를 하고 유치권을 신고하는 경우가 많은데 인테리어공사는 임차인의 영업을 위하여 필요해서 한 것이기 때문에 유익비에 해당하기 어렵고, 대부분 임대차계약서에 원상복구문구가 있어 필요비, 유익비청구권을 포기한 것으로 간주하므로 유치권이 성립하기 어렵다.

ㄷ) 유치권자가 채권확보를 위한 보전조치를 취하지 않은 경우

예컨대, 공사대금을 못 받아 건물을 유치하고 있는 유치권자는 채권보전을 위하여 점유 중인 건물에 대하여 가압류 등의 보전조치를 취함이 일반적이다. 공사대금의 변제기가 오래 지났는데도 가압류조차 하지 않고 있다는 것은 허위유치권일 가능성이 높다.

ㄹ) 신축건물이 아닌 오래된 건물을 공사하였다고 유치권을 주장하는 경우

신축건물도 아닌 오래된 건물을 공사하였다고 유치권자가 주장하면서 점유하는 경우에는 상식 밖의 일이다. 신축건물의 경우 공사를 하고 공사대금을 받지 못한 경우 애초 사용도 하기 전인 처음부터 유치권자가 점유하고 유치권을 주장하는 것은 이해가 되나, 채무자가 살면서 중간에 공사를 하고 유치권자가 점유하면서 공사대금을 주장한다는 것은 상당히 이례적인 일이다. 채무자인 소유자와 유치권자가 통모한 허위 유치권일 가능성이 높다.

ㅁ) 유치권자가 아닌 제3자가 물건을 점유하고 있는 경우

유치권 신고된 물건을 현장에 가보면 유치권자가 아닌 제3자가 점유하고 있는 경우가

있다. 점유자인 제3자가 유치권자로부터 임차하여 사용하고 유치권자가 간접점유하고 있는 경우가 있는데, 유치권자가 소유자의 동의 없이 임대를 주었다면 유치권소멸청구의 대상이 되고 소유자에게 대항할 수 없는 권원이므로 유치권이 성립하지 않는다. 다만, 유치권자가 보존행위로서 일부를 임대하였다고 할 경우 사안에 따라 유치권이 성립할 수도 있다.

점유자인 제3자가 유치권자로부터 유치권을 양도받았다고 주장하는 경우가 있는데, 유치권은 피담보채권과 점유를 같이 양도하여야 하며, 피담보채권의 양도는 채권양도절차(확정일자 있는 통지, 승낙)에 의하여 한다. 만일 점유만 이전하고 피담보채권을 양도하지 않았다면 유치권은 성립하지 않으며, 피담보채권을 채권양도절차에 의하여 양도하지 않은 경우(채권양도절차 서류가 없는 경우) 유치권은 성립하기 어렵다.


## (4) 주위토지통행권

### 1) 의의

주위토지 통행권이란 어느 토지와 공로 사이에 그 토지의 용도에 필요한 통로가 없는 경우에 그 토지소유자는 주위의 토지를 통행 또는 통로로 하지 아니하면 공로에 출입할 수 없거나 과다한 비용을 요하는 때에는 그 주위의 토지를 통행할 수 있고, 필요한 경우에는 통로를 개설할 수 있는 권리를 말한다. 통행권자는 이로 인한 손해가 가장 적은 장소와 방법을 선택하여야 하며 통행지 소유자의 손해를 보상하여야 한다(민법 219조).

한편, 토지의 분할 또는 토지의 일부 양도로 인하여 공로에 통하지 못하는 토지가 있는 때에는 그 토지소유자는 공로에 출입하기 위하여 다른 분할자의 토지를 통행할 수 있다. 이 경우에는 보상의 의무가 없다(민법 220조).


### 2) 주위토지 통행권의 범위

① 주위토지 통행권은 공로와의 사이에 그 용도에 필요한 통로가 없는 토지의 이용이라는 공익목적을 위하여 피통행지 소유자의 손해를 무릅쓰고 특별히 인정되는 것이므로,

그 통행로의 폭이나 위치 등을 정함에 있어서는 피통행지의 소유자에게 가장 손해가 적게 되는 방법이 고려되어야 할 것이고, 어느 정도를 필요한 범위로 볼 것인가는 구체적인 사안에서 사회통념에 따라 쌍방 토지의 지형적 · 위치적 형상 및 이용관계, 부근의 지리상황, 상린지 이용자의 이해득실 기타 제반 사정을 기초로 판단하여야 하며, 토지의 이용방법에 따라서는 자동차 등이 통과할 수 있는 통로의 개설도 허용되지만 단지 토지이용의 편의를 위해 다소 필요한 상태라고 여겨지는 정도에 그치는 경우까지 자동차의 통행을 허용할 것은 아니다(대판 2006. 6. 2. 2005다70144).

② 주위토지통행권의 본래적 기능발휘를 위하여는 그 통행에 방해가 되는 담장과 같은 축조물도 위 통행권의 행사에 의하여 철거되어야 하는 것이고, 그 담장이 비록 당초에는 적법하게 설치되었던 것이라 하더라도 그 철거의 의무에는 영향이 없다(대판 1990. 11. 13. 90다5238).

# Part 5.
# 공법상의 권리분석

　지금까지는 경매물건에 대한 부동산등기부상의 권리분석과 등기부 외의 권리분석인 사법상의 권리분석을 살펴보았다. 그 다음으로는 매입예정물건에 대한 이용과 활용 가능성, 투자가치 등을 판단할 수 있는 공법상의 권리분석이 필요하다. 예컨대 매입예정물건이 토지인 경우 구체적으로 어떤 행위를 할 수 있는지, 건축이 가능한지 가능하다면 얼마만큼 크게 지을 수 있는지, 건물인 경우 매수인의 사용 목적에 맞게 이용할 수 있는지, 용도변경 또는 증축 가능한지, 가능하다면 얼마만큼 더 증축할 수 있는지 등에 관한 내용과 규제를 분석하는 것을 공법상의 권리분석이라 할 수 있다.

# 1. 토지에 관한 권리분석

우리나라의 토지는 국토를 효율적으로 이용하기 위하여 토지마다 지번과 토지의 종류(지목)를 정하고 일정한 용도지역으로 묶고 장기계획을 세워 이용과 개발행위에 관하여 각종 법규(공법)[122]로 규제하고 있다. 따라서 내 소유의 토지라고 하더라도 이용과 개발에 관하여는 무분별한 토지의 사용을 억제하고 공공복리를 위하여 소유권행사가 제한된다.

토지투자를 하기 위하여는 첫째 토지의 이용을 규제하고 있는 법령을 이해하여야 한다. 하나의 법령이 아닌 여러 가지의 법령으로 중복 적용되므로 복잡하여 중도 포기하는 이유 중의 하나지만 모두 다 알아야 하는 것은 아니고 기본 줄거리 정도만 이해하고 향후 필요시 세부적으로 살을 덧붙이면 될 것이다. 우선 토지의 종류와 토지의 용도지역과 용도지역에서 건축 가능한 건축물을 이해하고, 토지에 관한 공적 장부(토지대장, 임야대장, 지적도, 임야도, 토지이용 계획 확인서)를 볼 줄 알아야 한다.

## (1) 지목

'지목'이란 토지의 주된 용도에 따라 토지의 종류를 구분하여 지적공부에 등록한 것을 말한다[123]. 지목은 하나의 필지에 하나의 지목만을 설정하는 것이 원칙(1필 1목의 원칙)이며 지목의 종류는 총 28가지가 있다.

지목은 전·답·과수원·목장용지·임야·광천지·염전·대(대)·공장용지·학교용지·주차장·주유소용지·창고용지·도로·철도용지·제방(제방)·하천·구거(구거)·유지(유지)·양어장·수도용지·공원·체육용지·유원지·종교용지·사적지·묘지·잡종지로 구분하여 정한다.

(측량·수로 조사 및 지적에 관한 법률 67조, 동법 시행령 58조)

---

122) ◉토지와 관계된 공법: 국토의 계획 및 이용에 관한 법률, 개발제한구역의 지정 및 관리에 관한 특별조치법, 농지법, 산림자원의 조성 및 관리에 관한 법률, 산림법, 측량·수로 조사 및 지적에 관한 법률(구 지적법)
◉건물과 관계된 공법: 건축법, 주택법, 도시개발법, 도시 및 주거환경정비법
123) 측량·수로 조사 및 지적에 관한 법률 2조 24호.

| | 지목의<br>종류 | 내용 | 부호 |
|---|---|---|---|
| 1 | 전 | 물을 상시로 이용하지 않고 곡물·원예작물(과수류는 제외한다)·약초·뽕나무·닥나무·묘목·관상수 등의 식물을 주로 재배하는 토지와 식용(食用)으로 죽순을 재배하는 토지 | 전 |
| 2 | 답 | 물을 상시로 직접 이용하여 벼·연(蓮)·미나리·왕골 등의 식물을 주로 재배하는 토지 | 답 |
| 3 | 과 수 원 | 사과·배·밤·호두·귤나무 등 과수류를 집단으로 재배하는 토지와 이에 접속된 저장고 등 부속시설물의 부지. 다만, 주거용 건축물의 부지는 '대'로 한다. | 과 |
| 4 | 목 장<br>용 지 | 다음 각 목의 토지. 다만, 주거용 건축물의 부지는 '대'로 한다.<br>가. 축산업 및 낙농업을 하기 위하여 초지를 조성한 토지<br>나. 「축산법」 제2조 제1호에 따른 가축을 사육하는 축사 등의 부지<br>다. 가목 및 나목의 토지와 접속된 부속시설물의 부지 | 목 |
| 5 | 임 야 | 산림 및 원야(原野)를 이루고 있는 수림지(樹林地)·죽림지·암석지·자갈땅·모래땅·습지·황무지 등의 토지 | 임 |
| 6 | 광 천 지 | 지하에서 온수·약수·석유류 등이 용출되는 용출구(湧出口)와 그 유지(維持)에 사용되는 부지. 다만, 온수·약수·석유류 등을 일정한 장소로 운송하는 송수관·송유관 및 저장시설의 부지는 제외한다. | 광 |
| 7 | 염 전 | 바닷물을 끌어들여 소금을 채취하기 위하여 조성된 토지와 이에 접속된 제염장(製鹽場) 등 부속시설물의 부지. 다만, 천일제염 방식으로 하지 아니하고 동력으로 바닷물을 끌어들여 소금을 제조하는 공장시설물의 부지는 제외한다. | 염 |
| 8 | 대 | 가. 영구적 건축물 중 주거·사무실·점포와 박물관·극장·미술관 등 문화시설과 이에 접속된 정원 및 부속시설물의 부지<br>나. 「국토의 계획 및 이용에 관한 법률」 등 관계 법령에 따른 택지조성공사가 준공된 토지 | 대 |
| 9 | 공 장<br>용 지 | 가. 제조업을 하고 있는 공장시설물의 부지<br>나. 「산업집적활성화 및 공장설립에 관한 법률」 등 관계 법령에 따른 공장부지 조성공사가 준공된 토지<br>다. 가목 및 나목의 토지와 같은 구역에 있는 의료시설 등 부속시설물의 부지 | 장 |

| 10 | 학 교<br>용 지 | 학교의 교사(校舍)와 이에 접속된 체육장 등 부속시설물의 부지 | 학 |
|---|---|---|---|
| 11 | 주 차 장 | 자동차 등의 주차에 필요한 독립적인 시설을 갖춘 부지와 주차전용<br>건축물 및 이에 접속된 부속시설물의 부지. 다만, 다음 각 목의 어느<br>하나에 해당하는 시설의 부지는 제외한다.<br>가. 「주차장법」 제2조 제1호 가목 및 다목에 따른 노상주차장 및 부설주차장<br>  (「주차장법」 제19조 제4항에 따라 시설물의 부지 인근에 설치된 부설주차<br>  장은 제외한다)<br>나. 자동차 등의 판매 목적으로 설치된 물류장 및 야외전시장 | 차 |
| 12 | 주 유 소<br>용 지 | 다음 각 목의 토지. 다만, 자동차·선박·기차 등의 제작 또는 정비공장<br>안에 설치된 급유·송유시설 등의 부지는 제외한다.<br>가. 석유·석유제품 또는 액화석유가스 등의 판매를 위하여 일정한 설비를<br>  갖춘 시설물의 부지<br>나. 저유소(貯油所) 및 원유저장소의 부지와 이에 접속된 부속시설물의 부지 | 주 |
| 13 | 창 고<br>용 지 | 물건 등을 보관하거나 저장하기 위하여 독립적으로 설치된 보관시설물<br>의 부지와 이에 접속된 부속시설물의 부지 | 창 |
| 14 | 도 로 | 다음 각 목의 토지. 다만, 아파트·공장 등 단일 용도의 일정한 단지<br>안에 설치된 통로 등은 제외한다.<br>가. 일반 공중(公衆)의 교통 운수를 위하여 보행이나 차량운행에 필요한<br>  일정한 설비 또는 형태를 갖추어 이용되는 토지<br>나. 「도로법」 등 관계 법령에 따라 도로로 개설된 토지<br>다. 고속도로의 휴게소 부지<br>라. 2필지 이상에 진입하는 통로로 이용되는 토지 | 도 |
| 15 | 철 도<br>용 지 | 교통 운수를 위하여 일정한 궤도 등의 설비와 형태를 갖추어 이용되는<br>토지와 이에 접속된 역사(驛舍)·차고·발전시설 및 공작창(工作廠)<br>등 부속시설물의 부지 | 철 |
| 16 | 제 방 | 조수·자연유수(自然流水)·모래·바람 등을 막기 위하여 설치된 방<br>조제·방수제·방사제·방파제 등의 부지 | 제 |
| 17 | 하 천 | 자연의 유수(流水)가 있거나 있을 것으로 예상되는 토지 | 천 |
| 18 | 구 거 | 용수(用水) 또는 배수(排水)를 위하여 일정한 형태를 갖춘 인공적인 | 구 |

| | | 수로·둑 및 그 부속시설물의 부지와 자연의 유수(流水)가 있거나 있을 것으로 예상되는 소규모 수로부지 | |
|---|---|---|---|
| 19 | 유 지<br>(溜池) | 물이 고이거나 상시로 물을 저장하고 있는 댐·저수지·소류지(沼溜地)·호수·연못 등의 토지와 연·왕골 등이 자생하는 배수가 잘되지 아니하는 토지 | 유 |
| 20 | 양어장 | 육상에 인공으로 조성된 수산생물의 번식 또는 양식을 위한 시설을 갖춘 부지와 이에 접속된 부속시설물의 부지 | 양 |
| 21 | 수 도<br>용 지 | 물을 정수하여 공급하기 위한 취수·저수·도수(導水)·정수·송수 및 배수 시설의 부지 및 이에 접속된 부속시설물의 부지 | 수 |
| 22 | 공 원 | 일반 공중의 보건·휴양 및 정서 생활에 이용하기 위한 시설을 갖춘 토지로서 「국토의 계획 및 이용에 관한 법률」에 따라 공원 또는 녹지로 결정·고시된 토지 | 공 |
| 23 | 체 육<br>용 지 | 국민의 건강증진 등을 위한 체육 활동에 적합한 시설과 형태를 갖춘 종합운동장·실내체육관·야구장·골프장·스키장·승마장·경륜장 등 체육시설의 토지와 이에 접속된 부속시설물의 부지. 다만, 체육시설로서의 영속성과 독립성이 미흡한 정구장·골프연습장·실내수영장 및 체육도장, 유수(流水)를 이용한 요트장 및 카누장, 산림 안의 야영장 등의 토지는 제외한다. | 체 |
| 24 | 유원지 | 일반 공중의 위락·휴양 등에 적합한 시설물을 종합적으로 갖춘 수영장·유선장(遊船場)·낚시터·어린이놀이터·동물원·식물원·민속촌·경마장 등의 토지와 이에 접속된 부속시설물의 부지. 다만, 이들 시설과의 거리 등으로 보아 독립적인 것으로 인정되는 숙식시설 및 유기장(遊技場)의 부지와 하천·구거 또는 유지[공유(公有)인 것으로 한정한다]로 분류되는 것은 제외한다. | 원 |
| 25 | 종 교<br>용 지 | 일반 공중의 종교의식을 위하여 예배·법요·설교·제사 등을 하기 위한 교회·사찰·향교 등 건축물의 부지와 이에 접속된 부속시설물의 부지 | 종 |
| 26 | 사적지 | 문화재로 지정된 역사적인 유적·고적·기념물 등을 보존하기 위하여 구획된 토지. 다만, 학교용지·공원·종교용지 등 다른 지목으로 된 토지에 있는 유적·고적·기념물 등을 보호하기 위하여 구획된 토지는 제외한다. | 사 |

| 27 | 묘 지 | 사람의 시체나 유골이 매장된 토지, 「도시공원 및 녹지 등에 관한 법률」에 따른 묘지공원으로 결정·고시된 토지 및 「장사 등에 관한 법률」 제2조 제9호에 따른 봉안시설과 이에 접속된 부속시설물의 부지. 다만, 묘지의 관리를 위한 건축물의 부지는 '대'로 한다. | 묘 |
|---|---|---|---|
| 28 | 잡종지 | 다음 각 목의 토지. 다만, 원상회복을 조건으로 돌을 캐내는 곳 또는 흙을 파내는 곳으로 허가된 토지는 제외한다.<br>가. 갈대밭, 실외에 물건을 쌓아두는 곳, 돌을 캐내는 곳, 흙을 파내는 곳, 야외시장, 비행장, 공동우물<br>나. 영구적 건축물 중 변전소, 송신소, 수신소, 송유시설, 도축장, 자동차운전학원, 쓰레기 및 오물처리장 등의 부지<br>다. 다른 지목에 속하지 않는 토지 | 잡 |

## (2) 나대지(裸垈地), 건부지(建附地), 맹지(盲地), 도로

### 1) 나대지, 건부지, 맹지

나대지란 지목이 대(垈)인 토지로서 건축물 등 지상물이 없는 토지를 말한다. 반면 지상에 건축물이 있는 토지를 건부지라고 한다. 맹지란 도로에 접하지 않은 토지(길 없는 땅)를 말한다. 도로가 없으면 건축물을 지을 수 없다. 지적도상은 맹지이나 현지에는 도로가 있는 경우를 '현황도로'라고 한다.

### 2) 도로

① 도로법상의 도로(도로법 2조 1항 1호, 8조)

'도로'란 일반인의 교통을 위하여 제공되는 도로로서 아래에 열거한 것을 말한다.

가) 고속국도

고속국도는 일반적으로 고속도로라 부르는 자동차전용도로로서 국가 기관도로망의 중추 부분을 이루는 도로이다. 고속주행이 가능하도록 도로의 선형, 포장구조 등이 타 도로에 비해 수준이 높다. 노선의 지정, 구조 관리 및 보전에 관한 필요한 사항은 따로 법률로 정한다.

나) 일반국도

일반국도는 중요 도시, 지정항만, 중요 비행장, 국가산업단지 또는 관광지 등을 연결하며 고속국도와 함께 국가 기관도로망을 이루는 도로로서 대통령령으로 그 노선이 지정된 것을 말한다.

다) 특별시도 · 광역시도

특별시도 · 광역시도는 특별시 또는 광역시 구역에 있는 다음 각 호의 어느 하나에 해당하는 도로로서 특별시장 또는 광역시장이 그 노선을 인정한 것을 말한다.

ㄱ 자동차 전용도로

ㄴ 간선 또는 보조간선 기능 등을 수행하는 도로

ㄷ 도시의 주요 지역 간이나 인근 도시와 주요 지방 간을 연결하는 도로

ㄹ 제1호부터 제3호까지의 규정에 따른 도로 외에 도시의 기능 유지를 위하여 특히 중요한 도로

라) 지방도

지방도는 지방의 간선도로망을 이루는 다음 각 호의 어느 하나에 해당하는 도로로서 관할 도지사 또는 특별자치도지사가 그 노선을 인정한 것을 말한다.

ㄱ 도청 소재지에서 시청 또는 군청 소재지에 이르는 도로

ㄴ 시청 또는 군청 소재지를 서로 연결하는 도로

ㄷ 도 또는 특별자치도에 있는 비행장 · 항만 · 역 또는 이들과 밀접한 관계가 있는 비행장 · 항만 · 역을 서로 연결하는 도로

ㄹ 도 또는 특별자치도에 있는 비행장 · 항만 또는 역에서 이들과 밀접한 관계가 있는 고속국도 · 국도 또는 지방도를 연결하는 도로

ㅁ ㄱ부터 ㄹ까지의 규정에 따른 도로 외의 도로로서 지방의 개발을 위하여 특히 중요한 도로

마) 시도

시도는 시 또는 행정시에 있는 도로로서 관할 시장(행정시의 경우에는 특별자치도지사를

말한다.)이 그 노선을 인정한 것을 말한다.

바) 군도

군도는 군에 있는 다음 각 호의 어느 하나에 해당하는 도로로서 관할 군수가 그 노선을 인정한 것을 말한다.

㉠ 군청 소재지에서 읍사무소 또는 면사무소 소재지에 이르는 도로

㉡ 읍사무소 또는 면사무소 소재지 상호 간을 연결하는 도로

㉢ ㉠과 ㉡에 따른 도로 외의 도로로서 군의 개발을 위하여 특히 중요한 도로

사) 구도

구도는 특별시나 광역시 구역에 있는 도로 중 특별시도와 광역시도를 제외한 구(자치구) 안에서 동 사이를 연결하는 도로로서 관할 구청장이 그 노선을 인정한 것을 말한다.


② 사도법상의 도로(사도법 2조)

'사도'란 다음 각 호의 도로가 아닌 것으로서 그 도로에 연결되는 길을 말한다.

a. 「도로법」에 따른 도로

b. 「도로법」의 준용을 받는 도로

c. 「농어촌도로 정비법」에 따른 농어촌도로[124]

d. 「농어촌정비법」에 따라 설치된 도로

---

124) '농어촌도로'란 「도로법」에 규정되지 아니한 도로(읍 또는 면 지역의 도로만 해당한다)로서 농어촌지역 주민의 교통 편익과 생산·유통활동 등에 공용되는 공로 중 도로 기본계획을 수립하고 고시된 도로 및 아래의 도로를 말한다.
  1. 면도: 「도로법」에 따른 도로(군도 이상의 도로)와 연결되는 읍·면 지역의 기간도로
  2. 이도: 군도 이상의 도로 및 면도와 갈라져 마을 간이나 주요 산업단지 등과 연결되는 도로
  3. 농도: 경작지 등과 연결되어 농어민의 생산활동에 직접 공용되는 도로

● 사도의 개설허가 (사도법 제4조)

① 사도를 개설 · 개축 · 증축 또는 변경하려는 자는 특별자치시장, 특별자치도지사 또는 시장 · 군수 · 구청장의 허가를 받아야 한다.

② 위의 허가를 받으려는 자는 허가신청서에 국토교통부령으로 정하는 서류를 첨부하여 시장 · 군수 · 구청장에게 제출하여야 한다.

③ 시장 · 군수 · 구청장은 다음 각 호의 어느 하나에 해당하는 경우를 제외하고는 위 1항에 따른 허가를 하여야 한다.

    a. 개설하려는 사도가 기준(도로법에 따른 시도 또는 군도의 기준이어야 함. 다만, 통행에 지장을 주지 아니하는 범위에서 그 기준을 완화할 수 있음)에 맞지 아니한 경우

    b. 허가를 신청한 자에게 해당 토지의 소유 또는 사용에 관한 권리가 없는 경우

    c. 이 법 또는 다른 법령에 따른 제한에 위배되는 경우

    d. 해당 사도의 개설 · 개축 · 증축 또는 변경으로 인하여 주변에 거주하는 주민의 사생활 등 주거환경을 심각하게 침해하거나 사람의 통행에 위험을 가져올 것으로 인정되는 경우

● 통행의 제한 또는 금지 (사도법 제9조)

① 사도 개설자는 그 사도에서 일반인의 통행을 제한하거나 금지할 수 없다. 다만, 다음 각 호의 어느 하나에 해당하는 경우로서 대통령령으로 정하는 바에 따라 시장 · 군수 · 구청장의 허가를 받은 경우는 그러하지 아니하다.

    a. 해당 사도를 보전하기 위한 경우

    b. 통행상의 위험을 방지하기 위한 경우

    c. 그 밖에 대통령령으로 정하는 사유에 해당하는 경우

② 사도 개설자는 위 1항 단서에 따라 일반인의 통행을 제한하거나 금지하려면 해당 사도의 입구에 그 기간과 이유를 분명하게 밝힌 표지를 설치하여야 한다.

● 사용료 징수 (사도법 제10조)

사도 개설자는 그 사도를 이용하는 자로부터 사용료를 받을 수 있다. 이 경우 대통령령으로 정하는 바에 따라 미리 시장 · 군수 · 구청장의 허가를 받아야 한다.

③ 사용 및 형태별 구분

　가) 일반도로

　　폭 4미터 이상의 도로로서 통상의 교통소통을 위하여 설치되는 도로

　나) 자동차전용도로

　　특별시·광역시·시 또는 군(이하 '시·군'이라 한다)내 주요지역 간이나 시·군 상호 간에 발생하는 대량교통량을 처리하기 위한 도로로서 자동차만 통행할 수 있도록 하기 위하여 설치하는 도로

　다) 보행자전용도로

　　폭 1.5미터 이상의 도로로서 보행자의 안전하고 편리한 통행을 위하여 설치하는 도로

　라) 자전거전용도로

　　폭 1.1미터(길이가 100미터 미만인 터널 및 교량의 경우에는 0.9미터) 이상의 도로로서 자전거의 통행을 위하여 설치하는 도로

　마) 고가도로

　　시·군내 주요지역을 연결하거나 시·군 상호 간을 연결하는 도로로서 지상 교통의 원활한 소통을 위하여 공중에 설치하는 도로

　바) 지하도로

　　시·군내 주요지역을 연결하거나 시·군 상호 간을 연결하는 도로로서 지상 교통의 원활한 소통을 위하여 지하에 설치하는 도로


④ 규모별 구분

　가) 광로

　　1류: 폭 70미터 이상인 도로

　　2류: 폭 50미터 이상 70미터 미만인 도로

　　3류: 폭 40미터 이상 50미터 미만인 도로

　나) 대로

　　1류: 폭 35미터 이상 40미터 미만인 도로

2류: 폭 30미터 이상 35미터 미만인 도로

3류: 폭 25미터 이상 30미터 미만인 도로

다) 중로

1류: 폭 20미터 이상 25미터 미만인 도로

2류: 폭 15미터 이상 20미터 미만인 도로

3류: 폭 12미터 이상 15미터 미만인 도로

라) 소로

1류: 폭 10미터 이상 12미터 미만인 도로

2류: 폭 8미터 이상 10미터 미만인 도로

3류: 폭 8미터 미만인 도로

⑤ 건축허가 가능한 도로

가) 건축법상 건축이 가능한 도로는 원칙적으로 보행 및 자동차통행이 가능한 너비
4미터 이상의 도로(도로법상의 도로, 사도법상의 도로, 국계법상의 도로 등)에 대지가
2미터 이상 접해야 한다. 예외적으로 막다른 도로의 길이가 10미터 미만인 경우에는
너비가 2미터, 막다른 도로의 길이가 10미터 이상 35미터 미만인 경우에는 너비가
3미터, 막다른 도로의 길이가 35미터 미만인 경우에는 6미터(도시지역이 아닌 읍면지
역은 4미터) 이면 된다(건축법 시행령 3조의 3).

연면적의 합계가 2천 제곱미터(공장인 경우에는 3천 제곱미터) 이상인 건축물의 대지는
너비 6미터 이상의 도로에 4미터 이상 접하여야 한다(건축법 시행령 28조 2항).

현황도로가 아니더라도 도시계획상 예정도로도 건축허가가 가능하다.

나) 도로에 대지가 접하였다 하더라도 고속도로, 자동차전용도로, 접도구역에서는 건축허
가가 불가능하다.

**접도구역**

접도구역은 도로법 49조에서 도로 구조의 손궤 방지, 미관 보존 또는 교통에
대한 위험을 방지하기 위하여 도로경계선으로부터 20미터를 초과하지 아니하는

범위에서 대통령령으로 정하는 바에 따라 접도구역으로 지정할 수 있는데, 접도구역에서는 토지의 형질을 변경하는 행위, 건축물이나 그 밖의 공작물을 신축·개축 또는 증축하는 행위가 금지된다.

## (3) 용도지역, 용도지구, 용도구역

| | 용도지역 | 용도지구 | 용도구역 |
|---|---|---|---|
| 의 의 | 토지의 이용 및 건축물의 용도·건폐율·용적율·높이 등을 제한함으로써 토지를 경제적·효율적으로 이용하고 공공복리의 증진을 도모하기 위하여 도시·군 관리계획으로 결정하는 지역 | 토지의 이용 및 건축물의 용도·건폐율·용적율·높이 등에 대한 <u>용도지역의 제한을 강화 또는 완화함으로써</u> 용도지역의 기능을 증진하고 미관·경관·안전 등을 도모하기 위하여 도시·군 관리계획으로 결정하는 지역 | 토지의 이용 및 건축물의 용도·건폐율·용적율·높이 등에 대한 <u>용도지역 및 용도지구의 제한을 강화 또는 완화하여 따로 정함으로</u>써 시가지의 무질서한 확산 방지, 계획적이고 단계적인 토지이용의 도모, 토지이용의 종합적 조정·관리 등을 위하여 도시·군 관리계획으로 결정하는 지역 |
| 종 류 | 도시지역<br>관리지역<br>농림지역<br>자연환경보전지역 | 경관지구, 미관지구, 보존지구, 시설보호지구, 개발진흥지구, 고도지구, 취락지구, 방화지구, 방재지구, 특정용도제한지구, 위락지구, 리모델링지구 등. | 개발제한구역, 도시 자연 공원구역, 시가화조정구역, 수산자원보호구역 |
| 지정범위 | 전국의 토지 | 국지적 | 국지적 |
| 중복지정 | 불가능 | 가능 | 불가능 |

## 1) 용도지역

'용도지역'이란 토지의 이용 및 건축물의 용도, 건폐율(「건축법」 제55조의 건폐율을 말한다. 이하 같다), 용적률(「건축법」 제56조의 용적률을 말한다. 이하 같다), 높이 등을 제한함으로써 토지를 경제적·효율적으로 이용하고 공공복리의 증진을 도모하기 위하여 서로 중복되지 아니하게 도시·군 관리계획으로 결정하는 지역을 말한다(국계법 2조 15호).

■ 용도지역의 종류(시행령상 21개 지역 세분)

국토는 토지의 이용실태 및 특성, 장래의 토지 이용 방향 등을 고려하여 다음과 같은 용도지역으로 구분한다(국토의 계획 및 이용에 관한 법률[125]) 6조).

a. 도시지역: 인구와 산업이 밀집되어 있거나 밀집이 예상되어 그 지역에 대하여 체계적인 개발·정비·관리·보전 등이 필요한 지역

b. 관리지역: 도시지역의 인구와 산업을 수용하기 위하여 도시지역에 준하여 체계적으로 관리하거나 농림업의 진흥, 자연환경 또는 산림의 보전을 위하여 농림지역 또는 자연환경보전지역에 준하여 관리할 필요가 있는 지역

c. 농림지역: 도시지역에 속하지 아니하는 「농지법」에 따른 농업진흥지역 또는 「산지관리법」에 따른 보전산지 등으로서 농림업을 진흥시키고 산림을 보전하기 위하여 필요한 지역

d. 자연환경보전지역: 자연환경·수자원·해안·생태계·상수원 및 문화재의 보전과 수산자원의 보호·육성 등을 위하여 필요한 지역

① 법률상 용도지역의 분류(국계법 36조)

국토해양부장관, 시·도지사 또는 대도시 시장은 다음의 어느 하나에 해당하는 용도지역의 지정 또는 변경을 도시·군 관리계획으로 결정한다.

---

125) 이하 「국계법」이라 함.

| | |
|---|---|
| 도시지역 | 가. 주거지역: 거주의 안녕과 건전한 생활환경의 보호를 위하여 필요한 지역<br><br>나. 상업지역: 상업이나 그 밖의 업무의 편익을 증진하기 위하여 필요한 지역<br><br>다. 공업지역: 공업의 편익을 증진하기 위하여 필요한 지역<br><br>라. 녹지지역: 자연환경·농지 및 산림의 보호, 보건위생, 보안과 도시의 무질서한 확산을 방지하기 위하여 녹지의 보전이 필요한 지역 |
| 관리지역 | 가. 보전관리지역: 자연환경 보호, 산림 보호, 수질오염 방지, 녹지공간 확보 및 생태계 보전 등을 위하여 보전이 필요하나, 주변 용도지역과의 관계 등을 고려할 때 자연환경보전지역으로 지정하여 관리하기가 곤란한 지역<br><br>나. 생산관리지역: 농업·임업·어업 생산 등을 위하여 관리가 필요하나, 주변 용도지역과의 관계 등을 고려할 때 농림지역으로 지정하여 관리하기가 곤란한 지역<br><br>다. 계획관리지역: 도시지역으로의 편입이 예상되는 지역이나 자연환경을 고려하여 제한적인 이용·개발을 하려는 지역으로서 계획적·체계적인 관리가 필요한 지역 |
| 농림지역 | |
| 자연환경<br>보전지역 | |

② 시행령상 용도지역의 세분(국계법 36조 2항, 국계법령 30조).-4용도 21개 지역

국토해양부장관, 시·도지사 또는 대도시 시장은 법 제36조 제2항에 따라 도시·군관리계획결정으로 주거지역·상업지역·공업지역 및 녹지지역을 다음 각 호와 같이 세분하여 지정할 수 있다.

가) 주거지역

ㄱ) 전용주거지역: 양호한 주거환경을 보호하기 위하여 필요한 지역

(1) 제1종전용주거지역: 단독주택 중심의 양호한 주거환경을 보호하기 위하여

필요한 지역

    (2) 제2종전용주거지역: 공동주택 중심의 양호한 주거환경을 보호하기 위하여 필요한 지역

  ㄴ) 일반주거지역: 편리한 주거환경을 조성하기 위하여 필요한 지역

    (1) 제1종일반주거지역: 저층 주택을 중심으로 편리한 주거환경을 조성하기 위하여 필요한 지역

    (2) 제2종일반주거지역: 중층주택을 중심으로 편리한 주거환경을 조성하기 위하여 필요한 지역

    (3) 제3종일반주거지역: 중고층 주택을 중심으로 편리한 주거환경을 조성하기 위하여 필요한 지역

  ㄷ) 준주거지역: 주거기능을 위주로 이를 지원하는 일부 상업기능 및 업무기능을 보완하기 위하여 필요한 지역

나) 상업지역

  ㄱ) 중심상업지역: 도심·부도심의 상업기능 및 업무기능의 확충을 위하여 필요한 지역

  ㄴ) 일반상업지역: 일반적인 상업기능 및 업무기능을 담당하게 하기 위하여 필요한 지역

  ㄷ) 근린상업지역: 근린지역에서의 일용품 및 서비스의 공급을 위하여 필요한 지역

  ㄹ) 유통상업지역: 도시 내 및 지역 간 유통기능의 증진을 위하여 필요한 지역

다) 공업지역

  ㄱ) 전용공업지역: 주로 중화학공업, 공해성 공업 등을 수용하기 위하여 필요한 지역

  ㄴ) 일반공업지역: 환경을 저해하지 아니하는 공업의 배치를 위하여 필요한 지역

  ㄷ) 준공업지역: 경공업 그 밖의 공업을 수용하되, 주거기능·상업기능 및 업무기능의 보완이 필요한 지역

라) 녹지지역

　ㄱ) 보전녹지지역: 도시의 자연환경·경관·산림 및 녹지공간을 보전할 필요가 있는 지역

　ㄴ) 생산녹지지역: 주로 농업적 생산을 위하여 개발을 유보할 필요가 있는 지역

　ㄷ) 자연녹지지역: 도시의 녹지공간의 확보, 도시확산의 방지, 장래 도시용지의 공급 등을 위하여 보전할 필요가 있는 지역으로서 불가피한 경우에 한하여 제한적인 개발이 허용되는 지역


2) 용도지구

'용도지구'란 토지의 이용 및 건축물의 용도·건폐율·용적률·높이 등에 대한 용도지역의 제한을 강화하거나 완화하여 적용함으로써 용도지역의 기능을 증진하고 미관·경관·안전 등을 도모하기 위하여 도시·군 관리계획으로 결정하는 지역을 말한다(국계법 2조 16호).

■ 용도지구의 종류

① 법령상 용도지구의 분류

국토해양부장관, 시·도지사 또는 대도시 시장은 다음의 용도지구 지정 또는 변경을 도시·군 관리계획으로 결정한다(국계법 37조).

a. 경관지구: 경관을 보호·형성하기 위하여 필요한 지구

b. 미관지구: 미관을 유지하기 위하여 필요한 지구

c. 고도지구: 쾌적한 환경 조성 및 토지의 효율적 이용을 위하여 건축물 높이의 최저한도 또는 최고한도를 규제할 필요가 있는 지구

d. 방화지구: 화재의 위험을 예방하기 위하여 필요한 지구

e. 방재지구: 풍수해, 산사태, 지반의 붕괴, 그 밖의 재해를 예방하기 위하여 필요한 지구

f. 보존지구: 문화재, 중요 시설물 및 문화적·생태적으로 보존가치가 큰 지역의 보호와 보존을 위하여 필요한 지구

g. 시설보호지구: 학교시설·공용시설·항만 또는 공항의 보호, 업무기능의 효율화,

항공기의 안전운항 등을 위하여 필요한 지구

h. 취락지구: 녹지지역 · 관리지역 · 농림지역 · 자연환경보전지역 · 개발제한구역 또는
도시 자연공원구역의 취락을 정비하기 위한 지구

i. 개발진흥지구: 주거기능 · 상업기능 · 공업기능 · 유통물류기능 · 관광기능 · 휴양기능
등을 집중적으로 개발 · 정비할 필요가 있는 지구

j. 특정용도제한지구: 주거기능 보호나 청소년 보호 등의 목적으로 청소년 유해시설
등 특정시설의 입지를 제한할 필요가 있는 지구

k. 그 밖에 대통령령으로 정하는 지구

　가. 위락지구: 위락시설을 집단화하여 다른 지역의 환경을 보호하기 위하여 필요한
지구

　나. 리모델링지구: 노후된 공동주택 등 건축물이 밀집된 지역으로서 새로운 개발보다는
현재의 환경을 유지하면서 이를 정비할 필요가 있는 지구


② 시행령상 용도지구의 세분(국계법 37조 2항, 국계법령 31조 2항)

국토해양부장관, 시 · 도지사 또는 대도시 시장은 법 제37조 제2항에 따라 도시 · 군
관리계획결정으로 경관지구 · 미관지구 · 고도지구 · 보존지구 · 시설보호지구 · 취락지
구 및 개발진흥지구를 다음 각 호와 같이 세분하여 지정할 수 있다.

　가) 경관지구

　　ㄱ) 자연경관지구: 산지 · 구릉지 등 자연경관의 보호 또는 도시의 자연 풍치를 유
지하기 위하여 필요한 지구

　　ㄴ) 수변 경관지구: 지역 내 주요 수계의 수변 자연경관을 보호 · 유지하기 위하여
필요한 지구

　　ㄷ) 시가지경관지구: 주거지역의 양호한 환경조성과 시가지의 도시경관을 보호하
기 위하여 필요한 지구

　나) 미관지구

　　ㄱ) 중심지 미관지구: 토지의 이용도가 높은 지역의 미관을 유지 · 관리하기 위하

여 필요한 지구

　ㄴ) 역사문화미관지구: 문화재와 문화적으로 보존가치가 큰 건축물 등의 미관을
유지·관리하기 위하여 필요한 지구

　ㄷ) 일반미관지구: 중심지 미관지구 및 역사문화 미관지구 외의 지역으로서 미관
을 유지·관리하기 위하여 필요한 지구

다) 고도지구

　ㄱ) 최고고도지구: 환경과 경관을 보호하고 과밀을 방지하기 위하여 건축물 높이
의 최고한도를 정할 필요가 있는 지구

　ㄴ) 최저고도지구: 토지이용을 고도화하고 경관을 보호하기 위하여 건축물 높이의
최저한도를 정할 필요가 있는 지구

라) 보존지구

　ㄱ) 역사문화환경보존지구: 문화재·전통사찰 등 역사·문화적으로 보존가치가 큰
시설 및 지역의 보호와 보존을 위하여 필요한 지구

　ㄴ) 중요시설물보존지구: 국방상 또는 안보상 중요한 시설물의 보호와 보존을 위
하여 필요한 지구

　ㄷ) 생태계보존지구: 야생동식물서식처 등 생태적으로 보존가치가 큰 지역의 보호
와 보존을 위하여 필요한 지구

마) 시설보호지구

　ㄱ) 학교시설보호지구: 학교의 교육환경을 보호·유지하기 위하여 필요한 지구

　ㄴ) 공용시설보호지구: 공용시설을 보호하고 공공업무기능을 효율화하기 위하여
필요한 지구

　ㄷ) 항만시설보호지구: 항만기능을 효율화하고 항만시설을 관리·운영하기 위하여
필요한 지구

　ㄹ) 공항시설보호지구: 공항시설의 보호와 항공기의 안전운항을 위하여 필요한 지
구

바) 취락지구

　ㄱ) 자연취락지구: 녹지지역·관리지역·농림지역 또는 자연환경보전지역 안의 취락을 정비하기 위하여 필요한 지구

　ㄴ) 집단취락지구: 개발제한구역 안의 취락을 정비하기 위하여 필요한 지구

사) 개발진흥지구

　ㄱ) 주거개발진흥지구: 주거기능을 중심으로 개발·정비할 필요가 있는 지구

　ㄴ) 산업·유통개발진흥지구: 공업기능 및 유통·물류기능을 중심으로 개발·정비할 필요가 있는 지구

　ㄷ) 삭제(2012.4.10.)

　ㄹ) 관광·휴양개발진흥지구: 관광·휴양기능을 중심으로 개발·정비할 필요가 있는 지구

　ㅁ) 복합개발진흥지구: 주거기능, 공업기능, 유통·물류기능 및 관광·휴양기능 중 2 이상의 기능을 중심으로 개발·정비할 필요가 있는 지구

　ㅂ) 특정개발진흥지구: 주거기능, 공업기능, 유통·물류기능 및 관광·휴양기능 외의 기능을 중심으로 특정한 목적을 위하여 개발·정비할 필요가 있는 지구

③ 시·도 조례상 용도지구의 분류

시·도 조례에 의하여 세분(국계법령 31조 3항) 할 수 있고, 신설(국계법령 31조 4항)할 수 있다

※ 세분: 시·도지사 또는 대도시 시장은 지역 여건상 필요한 때에는 해당 시·도 또는 대도시의 도시·군 계획조례로 정하는 바에 따라 경관지구 및 미관지구를 추가로 세분하거나 특정용도제한지구를 세분하여 지정할 수 있다.

※ 신설: 시·도 또는 대도시의 도시·군 계획조례로 용도지구 외의 용도지구를 정할 때에는 다음 각 호의 기준을 따라야 한다.

a. 용도지구의 신설은 법에서 정하고 있는 용도지역·용도지구 또는 용도구역만으로는 효율적인 토지이용을 달성할 수 없는 부득이한 사유가 있는 경우에 한할 것

b. 용도지구 안에서의 행위제한은 그 용도지구의 지정목적 달성에 필요한 최소한도에

그치도록 할 것

c. 당해 용도지역 또는 용도구역의 행위제한을 완화하는 용도지구를 신설하지 아니할 것


### 3) 용도구역

'용도구역'이란 토지의 이용 및 건축물의 용도·건폐율·용적률·높이 등에 대한 용도지역 및 용도지구의 제한을 강화하거나 완화하여 따로 정함으로써 시가지의 무질서한 확산방지, 계획적이고 단계적인 토지이용의 도모, 토지이용의 종합적 조정·관리 등을 위하여 도시·군 관리계획으로 결정하는 지역을 말한다(국계법 2조 17호). 용도구역은 용도지역, 용도지구를 보완하는 역할을 한다.


#### ① 개발제한구역

국토해양부장관은 도시의 무질서한 확산을 방지하고 도시 주변의 자연환경을 보전하여 도시민의 건전한 생활환경을 확보하기 위하여 도시의 개발을 제한할 필요가 있거나 국방부장관의 요청이 있어 보안상 도시의 개발을 제한할 필요가 있다고 인정되면 개발제한 구역의 지정 또는 변경을 도시·군 관리계획으로 결정할 수 있고, 개발제한구역의 지정 또는 변경에 필요한 사항은 따로 법률로 정한다(국계법 38조). → 개발제한구역의 지정 및 관리에 관한 특별조치법


#### ② 도시 자연공원구역

시·도지사 또는 대도시 시장은 도시의 자연환경 및 경관을 보호하고 도시민에게 건전한 여가·휴식공간을 제공하기 위하여 도시지역 안에서 식생(植生)이 양호한 산지(山地)의 개발을 제한할 필요가 있다고 인정하면 도시 자연공원구역의 지정 또는 변경을 도시·군 관리계획으로 결정할 수 있고, 도시 자연공원구역의 지정 또는 변경에 필요한 사항은 따로 법률로 정한다(국계법 38조의 2). →도시공원 및 녹지 등에 관한 법률

③ 시가화 조정구역

국토해양부장관은 직접 또는 관계 행정기관의 장의 요청을 받아 도시지역과 그 주변지역의 무질서한 시가화를 방지하고 계획적·단계적인 개발을 도모하기 위하여 대통령령으로 정하는 기간(5년 이상 20년 미만) 동안 시가화를 유보할 필요가 있다고 인정되면 시가화 조정구역의 지정 또는 변경을 도시·군 관리계획으로 결정할 수 있다(국계법 39조).

④ 수산자원보호구역

농림수산식품부장관은 직접 또는 관계 행정기관의 장의 요청을 받아 수산자원을 보호·육성하기 위하여 필요한 공유수면이나 그에 인접한 토지에 대한 수산자원보호구역의 지정 또는 변경을 도시·군 관리계획으로 결정할 수 있다(국계법 40조).

4) 용어의 정의

(국계법 2조 참조)

| | |
|---|---|
| 광역도시계획 | 광역계획권의 장기발전방향을 제시하는 계획을 말한다. |
| 도시·군계획 | 특별시·광역시·특별자치시·특별자치도·시 또는 군(광역시의 관할 구역에 있는 군은 제외한다. 이하 같다)의 관할 구역에 대하여 수립하는 공간구조와 발전방향에 대한 계획으로서 도시·군 기본 계획과 도시·군 관리계획으로 구분한다. |
| 도시·군 기본 계획 | 특별시·광역시·특별자치시·특별자치도·시 또는 군의 관할 구역에 대하여 기본적인 공간구조와 장기발전방향을 제시하는 종합계획으로서 도시·군 관리계획 수립의 지침이 되는 계획을 말한다. |
| 도시·군 관리 계획 | 특별시·광역시·특별자치시·특별자치도·시 또는 군의 개발·정비 및 보전을 위하여 수립하는 토지 이용, 교통, 환경, 경관, 안전, 산업, 정보통신, 보건, 복지, 안보, 문화 등에 관한 다음의 계획을 말한다.<br>가. 용도지역·용도지구의 지정 또는 변경에 관한 계획<br>나. 개발제한구역, 도시 자연공원구역, 시가화 조정구역, 수산자원보호구역의 지정 또는 변경에 관한 계획 |

| | |
|---|---|
| | 다. 기반시설의 설치·정비 또는 개량에 관한 계획<br>라. 도시개발사업이나 정비사업에 관한 계획<br>마. 지구단위 계획구역의 지정 또는 변경에 관한 계획과 지구단위 계획 |
| 지구단위계획 | 도시·군 계획 수립 대상지역의 일부에 대하여 토지 이용을 합리화하고 그 기능을 증진시키며 미관을 개선하고 양호한 환경을 확보하며, 그 지역을 체계적·계획적으로 관리하기 위하여 수립하는 도시·군 관리계획을 말한다. |
| 지구단위<br>계획구역 | 도시계획 수립 대상지역의 일부에 대하여 토지 이용을 합리화하고 그 기능을 증진시키며 미관을 개선하고 양호한 환경을 확보하며, 그 지역을 체계적·계획적으로 관리하기 위하여 수립하는 도시관리계획으로 결정, 고시한 구역을 지구단위계획구역이라 한다. 지구단위 계획구역은 1종 지구단위계획구역과 2종 지구단위계획구역으로 구분한다.<br>1종 지구단위계획구역은 용도지구, 도시개발구역, 정비구역, 택지개발예정지구, 대지 조성사업지구, 산업단지, 관광특구, 개발제한구역·도시자연공원구역·시가화 조정구역 또는 공원에서 해제되는 구역, 녹지지역에서 주거·상업·공업지역으로 변경되는 구역과 새로 도시지역으로 편입되는 구역 중 계획적인 개발 또는 관리가 필요한 지역, 도시지역의 체계적·계획적인 관리 또는 개발이 필요한 지역, 그 밖의 양호한 환경의 확보나 기능 및 미관의 증진을 위하여 필요한 지역으로서 대통령령으로 정하는 지역 중 지정할 수 있다.<br>2종 지구단위계획구역은 계획관리지역, 개발진흥지구에 지정할 수 있다. 2종 지구단위계획구역으로 지정되면 건폐율, 용적률 등이 상향되기도 한다. 지구단위계획구역에서 건축물을 건축하거나 용도를 변경하려면 그 지구단위계획에 맞게 건축하거나 용도를 변경해야 한다. |
| 도시·군<br>계획사업 | 도시·군 관리계획을 시행하기 위한 다음의 사업을 말한다.<br>가. 도시·군 계획시설사업<br>나. 「도시개발법」에 따른 도시개발사업<br>다. 「도시 및 주거환경정비법」에 따른 정비사업 |
| 도시·군<br>계획시설 사업 | 도시·군 계획시설을 설치·정비 또는 개량하는 사업을 말한다. |
| 기반시설 | 다음 각 목의 시설로서 대통령령으로 정하는 시설을 말한다.<br>1. 교통시설: 도로·철도·항만·공항·주차장·자동차정류장·궤도· |

| | |
|---|---|
| | 운하, 자동차 및 건설기계검사시설, 자동차 및 건설기계운전학원 |
| | 2. 공간시설: 광장·공원·녹지·유원지·공공공지 |
| | 3. 유통·공급시설: 유통업무설비, 수도·전기·가스·열 공급설비, 방송·통신시설, 공동구·시장, 유류저장 및 송유설비 |
| | 4. 공공·문화체육시설: 학교·운동장·공공청사·문화시설·체육시설·도서관·연구시설·사회복지시설·공공직업훈련시설·청소년수련시설 |
| | 5. 방재시설: 하천·유수지·저수지·방화설비·방풍설비·방수설비·사방설비·방조설비 |
| | 6. 보건위생시설: 화장시설·공동묘지·봉안시설·자연장지·장례식장·도축장·종합의료시설 |
| | 7. 환경기초시설: 하수도·폐기물처리시설·수질오염방지시설·폐차장 |
| 기반시설 부담구역 | 개발밀도관리구역 외의 지역으로서 개발로 인하여 도로, 공원, 녹지 등 대통령령으로 정하는 기반시설의 설치가 필요한 지역을 대상으로 기반시설을 설치하거나 그에 필요한 용지를 확보하게 하기 위하여 제67조에 따라 지정·고시하는 구역을 말한다. |
| 기반시설 설치비용 | 단독주택 및 숙박시설 등 대통령령으로 정하는 시설의 신·증축 행위로 인하여 유발되는 기반시설을 설치하거나 그에 필요한 용지를 확보하기 위하여 부과·징수하는 금액을 말한다. |
| 도시·군 계획시설 | 기반시설 중 도시·군 관리계획으로 결정된 시설을 말한다. |
| 광역시설 | 기반시설 중 광역적인 정비체계가 필요한 다음 각 목의 시설로서 대통령령으로 정하는 시설을 말한다.<br>가. 둘 이상의 특별시·광역시·특별자치시·특별자치도·시 또는 군의 관할 구역에 걸쳐 있는 시설<br>나. 둘 이상의 특별시·광역시·특별자치시·특별자치도·시 또는 군이 공동으로 이용하는 시설 |
| 공공시설 | 도로·공원·철도·수도, 그 밖에 대통령령으로 정하는 공공용 시설을 말한다. |
| 공동구 | 전기·가스·수도 등의 공급설비, 통신시설, 하수도시설 등 지하매설물을 공동 수용함으로써 미관의 개선, 도로구조의 보전 및 교통의 원활한 소통을 |

| | |
|---|---|
| | 위하여 지하에 설치하는 시설물을 말한다. |
| 개발밀도<br>관리구역 | 전기·가스·수도 등의 공급설비, 통신시설, 하수도시설 등 지하매설물을 공동 수용함으로써 미관의 개선, 도로구조의 보전 및 교통의 원활한 소통을 위하여 지하에 설치하는 시설물을 말한다. |

## (4) 용도지역, 용도지구 안에서의 건축제한

용도지역과 용도지구 안에서의 건축할 수 있는 건축물에 대한 제한을 국계법(76조)[126]과 국계법시행령에서 규정하고 있는데,

용도지역안에서의 건축제한(용도지역안에서 건축할 수 있는 건축물)은 국계법 시행령(71조)에서 용도지역마다 건축할 수 있는 건축물을 규정하고 열거되지 않은 건축물은 건축할 수 없는 것으로 제한하고 있다.

용도지구안에서의 건축제한은 국계법(76조 2항, 5항)에서 용도지구마다 조례와 타법령에 위임하고 있다.

---

126) 국토의 계획 및 이용에 관한 법률 제76조(용도지역 및 용도지구에서의 건축물의 건축 제한 등)
① 용도지역에서의 건축물이나 그 밖의 시설의 용도·종류 및 규모 등의 제한에 관한 사항은 대통령령으로 정한다.
② 용도지구에서의 건축물이나 그 밖의 시설의 용도·종류 및 규모 등의 제한에 관한 사항은 이 법 또는 다른 법률에 특별한 규정이 있는 경우 외에는 대통령령으로 정하는 기준에 따라 특별시·광역시·특별자치시·특별자치도·시 또는 군의 조례로 정할 수 있다(개정 2011.4.14).
③ 제1항과 제2항에 따른 건축물이나 그 밖의 시설의 용도·종류 및 규모 등의 제한은 해당 용도지역과 용도지구의 지정목적에 적합하여야 한다.
④ 건축물이나 그 밖의 시설의 용도·종류 및 규모 등을 변경하는 경우 변경 후의 건축물이나 그 밖의 시설의 용도·종류 및 규모 등은 제1항과 제2항에 맞아야 한다.
⑤ 다음 각 호의 어느 하나에 해당하는 경우의 건축물이나 그 밖의 시설의 용도·종류 및 규모 등의 제한에 관하여는 제1항부터 제4항까지의 규정에도 불구하고 각 호에서 정하는 바에 따른다.
　1. 제37조 제1항 제8호에 따른 취락지구에서는 취락지구의 지정목적 범위에서 대통령령으로 따로 정한다.
　2. 「산업입지 및 개발에 관한 법률」 제2조 제8호 라목에 따른 농공단지에서는 같은 법에서 정하는 바에 따른다.
　3. 농림지역 중 농업진흥지역, 보전산지 또는 초지인 경우에는 각각 「농지법」, 「산지관리법」 또는 「초지법」에서 정하는 바에 따른다.
　4. 자연환경보전지역 중 「자연공원법」에 따른 공원구역, 「수도법」에 따른 상수원보호구역, 「문화재보호법」에 따라 지정된 지정문화재 또는 천연기념물과 그 보호구역, 「해양생태계의 보전 및 관리에 관한 법률」에 따른 해양보호구역인 경우에는 각각 「자연공원법」, 「수도법」 또는 「문화재보호법」 또는 「해양생태계의 보전 및 관리에 관한 법률」에서 정하는 바에 따른다.
　5. 자연환경보전지역 중 수산자원보호구역인 경우에는 「수산자원관리법」에서 정하는 바에 따른다.
⑥ 보전관리지역이나 생산관리지역에 대하여 농림수산식품부장관·환경부장관 또는 산림청장이 농지 보전, 자연환경 보전, 해양환경 보전 또는 산림 보전에 필요하다고 인정하는 경우에는 「농지법」, 「자연환경보전법」, 「야생생물 보호 및 관리에 관한 법률」, 「해양생태계의 보전 및 관리에 관한 법률」 또는 「산림자원의 조성 및 관리에 관한 법률」에 따라 건축물이나 그 밖의 시설의 용도·종류 및 규모 등을 제한할 수 있다. 이 경우 이 법에 따른 제한의 취지와 형평을 이루도록 하여야 한다(개정 2011.7.28.).

## 1) 용도지역안에서 건축할 수 있는 건축물

21개 세부용도지역에서 각각 건축할 수 있는 건축물에 대하여는 국계법시행령 [별표2]
~ [별표22]에 기재되어 있다[127].

---

127) 국계법시행령 71조: 용도지역안에서의 건축물의 용도·종류 및 규모 등의 제한(이하 '건축제한'이라 한다)은 다음 각호와 같
   다.
   1. 제1종전용주거지역안에서 건축할 수 있는 건축물: 별표 2에 규정된 건축물
   2. 제2종전용주거지역안에서 건축할 수 있는 건축물: 별표 3에 규정된 건축물
   3. 제1종일반주거지역안에서 건축할 수 있는 건축물: 별표 4에 규정된 건축물
   4. 제2종일반주거지역안에서 건축할 수 있는 건축물: 별표 5에 규정된 건축물
   5. 제3종일반주거지역안에서 건축할 수 있는 건축물: 별표 6에 규정된 건축물
   6. 준주거지역안에서 건축할 수 있는 건축물: 별표 7에 규정된 건축물
   7. 중심상업지역안에서 건축할 수 있는 건축물: 별표 8에 규정된 건축물
   8. 일반상업지역안에서 건축할 수 있는 건축물: 별표 9에 규정된 건축물
   9. 근린상업지역안에서 건축할 수 있는 건축물: 별표 10에 규정된 건축물
   10. 유통상업지역안에서 건축할 수 있는 건축물: 별표 11에 규정된 건축물
   11. 전용공업지역안에서 건축할 수 있는 건축물: 별표 12에 규정된 건축물
   12. 일반공업지역안에서 건축할 수 있는 건축물: 별표 13에 규정된 건축물
   13. 준공업지역안에서 건축할 수 있는 건축물: 별표 14에 규정된 건축물
   14. 보전녹지지역안에서 건축할 수 있는 건축물: 별표 15에 규정된 건축물
   15. 생산녹지지역안에서 건축할 수 있는 건축물: 별표 16에 규정된 건축물
   16. 자연녹지지역안에서 건축할 수 있는 건축물: 별표 17에 규정된 건축물
   17. 보전관리지역안에서 건축할 수 있는 건축물: 별표 18에 규정된 건축물
   18. 생산관리지역안에서 건축할 수 있는 건축물: 별표 19에 규정된 건축물
   19. 계획관리지역안에서 건축할 수 있는 건축물: 별표 20에 규정된 건축물
   20. 농림지역안에서 건축할 수 있는 건축물: 별표 21에 규정된 건축물
   21. 자연환경보전지역안에서 건축할 수 있는 건축물: 별표 22에 규정된 건축물
   ② 제1항의 규정에 의한 건축제한을 적용함에 있어서 부속건축물에 대하여는 주된 건축물에 대한 건축제한에 의한다.
   ③ 제1항에도 불구하고 「건축법 시행령」 별표 1에서 정하는 건축물 중 다음 각 호의 요건을 모두 충족하는 건축물의 종
   류 및 규모 등의 제한에 관하여는 해당 특별시·광역시·특별자치시·특별자치도·시 또는 군의 도시·군계획조례로 따
   로 정할 수 있다(신설 2012.1.6, 2012.4.10).
   1. 2012년 1월 20일 이후에 「건축법 시행령」 별표 1에서 새로이 규정하는 건축물일 것
   2. 별표 2부터 별표 22까지의 규정에서 정하지 아니한 건축물일 것

## 제1종 전용주거지역 안에서 건축할 수 있는 건축물(제71조 제1항 제1호 관련)

1. 건축할 수 있는 건축물

  가. 「건축법 시행령」 별표 1128) 제1호의 단독주택(다가구주택을 제외한다)

  나. 「건축법 시행령」 별표 1 제3호의 제1종 근린생활시설 중 동호 가목 내지 사목에 해당하는 것으로서 당해 용도에 쓰이는 바닥면적의 합계가 1천㎡ 미만인 것

2. 도시·군 계획조례가 정하는 바에 의하여 건축할 수 있는 건축물

  가. 「건축법 시행령」 별표 1 제1호의 단독주택 중 다가구주택

  나. 「건축법 시행령」 별표 1 제2호의 공동주택 중 연립주택 및 다세대주택

  다. 「건축법 시행령」 별표 1 제3호의 제1종 근린생활시설 중 같은 호 아목, 자목 및 차목에 해당하는 것으로서 당해 용도에 쓰이는 바닥면적의 합계가 1천㎡ 미만인 것

  라. 「건축법 시행령」 별표 1 제4호의 제2종 근린생활시설 중 종교집회장

  마. 「건축법 시행령」 별표 1 제5호의 문화 및 집회시설 중 동호 라목(박물관·미술관 및 기념관에 한한다)에 해당하는 것으로서 그 용도에 쓰이는 바닥면적의 합계가 1천㎡ 미만인 것

  바. 「건축법 시행령」 별표 1 제6호의 종교시설에 해당하는 것으로서 그 용도에 쓰이는 바닥면적의 합계가 1천㎡ 미만인 것

  사. 「건축법 시행령」 별표 1 제10호의 교육연구시설 중 유치원·초등학교·중학교 및 고등학교

  아. 「건축법 시행령」 별표 1 제11호의 노유자시설

  자. 「건축법 시행령」 별표 1 제20호의 자동차 관련 시설 중 주차장

---

128) 「건축법 시행령」 별표 1 '용도별 건축물의 종류' 는 이 책 2.건물에 관한 권리분석 (3) 용도별 건축물의 종류를 참조.

[별표3]~[별표22] 이하 세부내용은 지면 사정으로 기재하지 아니하므로 국계법시행령 [별표3]~[별표22]를 참조하시기 바람.

인터넷 대한민국법원 종합법률정보 사이트 http://glaw.scourt.go.kr 에서 모든 법령 무료 열람 가능.


### 2) 용도지구 안에서 건축할 수 있는 건축물

용도지구 안에서의 건축제한은 국계법(76조 2항, 5항)에서 용도지구마다 조례와 타 법령에 위임하고 있다. 따라서 해당 용도지구 안에서 건축 가능 여부에 대하여 해당 지자체 조례와 위임받은 법령을 확인하거나 관할 시·군·구청 담당 부서에 사전 확인을 하여야 한다.


국계법시행령 [별표 23]

[별표 23] (개정 2012.4.10.)

## <u>자연취락지구 안에서 건축할 수 있는 건축물</u>(제78조 관련)

1. 건축할 수 있는 건축물(4층 이하의 건축물에 한한다. 다만, 4층 이하의 범위 안에서 도시·군 계획조례로 따로 층수를 정하는 경우에는 그 층수 이하의 건축물에 한한다.)

　가. 「건축법 시행령」 별표 1 제1호의 단독주택

　나. 「건축법 시행령」 별표 1 제3호의 제1종 근린생활시설

　다. 「건축법 시행령」 별표 1 제4호의 제2종 근린생활시설(동호 나목에 해당하는 것과 일반음식점·단란주점 및 안마시술소를 제외한다.)

　라. 「건축법 시행령」 별표 1 제13호의 운동시설

　마. 「건축법 시행령」 별표 1 제18호 가목의 창고(농업·임업축산업수산업용만 해당한다.)

　바. 「건축법 시행령」 별표 1 제21호의 동물 및 식물 관련 시설

　사. 「건축법 시행령」 별표 1 제23호의 교정 및 국방·군사시설

　아. 「건축법 시행령」 별표 1 제24호의 방송통신시설

　자. 「건축법 시행령」 별표 1 제25호의 발전시설

2. 도시 · 군 계획조례가 정하는 바에 의하여 건축할 수 있는 건축물(4층 이하의 건축물에 한한다. 다만, 4층 이하의 범위 안에서 도시 · 군 계획조례로 따로 층수를 정하는 경우에는 그 층수 이하의 건축물에 한한다.)

　　가. 「건축법 시행령」 별표 1 제2호의 공동주택(아파트를 제외한다.)

　　나. 「건축법 시행령」 별표 1 제4호의 제2종 근린생활시설 중 동호 나목에 해당하는 것과 일반음식점 및 안마시술소

　　다. 「건축법 시행령」 별표 1 제5호의 문화 및 집회시설

　　라. 「건축법 시행령」 별표 1 제6호의 종교시설

　　마. 「건축법 시행령」 별표 1 제7호의 판매시설 중 다음의 어느 하나에 해당하는 것

　　　　(1) 「농수산물유통 및 가격안정에 관한 법률」 제2조에 따른 농수산물공판장

　　　　(2) 「농수산물유통 및 가격안정에 관한 법률」 제68조 제2항에 따른 농수산물직판장으로서 해당 용도에 쓰이는 바닥면적의 합계가 1만㎡ 미만인 것(「농어업 · 농어촌 및 식품산업 기본법」 제3조 제2호에 따른 농업인 · 어업인, 같은 법 제25조에 따른 후계 농어업경영인, 같은 법 제26조에 따른 전업농 어업인 또는 지방자치단체가 설치 · 운영하는 것에 한한다.)

　　바. 「건축법 시행령」 별표 1 제9호의 의료시설 중 종합병원 · 병원 · 치과병원 및 한방병원

　　사. 「건축법 시행령」 별표 1 제10호의 교육연구시설

　　아. 「건축법 시행령」 별표 1 제11호의 노유자시설

　　자. 「건축법 시행령」 별표 1 제12호의 수련시설

　　차. 「건축법 시행령」 별표 1 제15호의 숙박시설로서 「관광진흥법」 에 따라 지정된 관광지 및 관광단지에 건축하는 것

　　카. 「건축법 시행령」 별표 1 제17호의 공장 중 도정공장 및 식품공장과 읍 · 면 지역에 건축하는 제재업의 공장 및 첨단업종의 공장으로서 별표 19 제2호 자목(1) 내지 (4)의 어느 하나에 해당하지 아니하는 것

　　타. 「건축법 시행령」 별표 1 제19호의 위험물저장 및 처리시설

　　파. 「건축법 시행령」 별표 1 제22호의 분뇨 및 쓰레기처리시설

## (5) 건폐율, 용적률

### 1) 건폐율

#### ① 의의

건폐율이란 대지면적에 대한 건축면적(대지에 건축물이 둘 이상 있는 경우에는 이들 건축면적의 합계로 한다)의 비율을 말한다(건축법 55조).

$$건축면적/대지면적 \times 100\% = 건폐율.$$

예컨대, 대지면적이 100평이고 건폐율이 40%라고 할 경우 건축면적은 40평이다.

#### ② 용도지역의 건폐율

용도지역에서 건폐율의 최대한도는 관할 구역의 면적과 인구 규모, 용도지역의 특성 등을 고려하여 다음의 범위에서 대통령령으로 정하는 기준에 따라 특별시·광역시·특별 자치시·특별자치도·시 또는 군의 조례로 정한다(국계법 77조 1항).

국계법 제77조 제1항에 의한 건폐율은 다음의 범위 안에서 특별시·광역시·특별자치시· 특별자치도·시 또는 군의 도시·군 계획조례가 정하는 비율을 초과하여서는 아니 된다(국 계법령 84조 1항),

| 지역 | | 국계법상 범위 | 세분된 지역 | | 시행령상 범위 |
|---|---|---|---|---|---|
| 도시지역 | 주거지역 | 70% 이하 | 전용주거지역 | 제1종 | 50% 이하 |
| | | | | 제2종 | 50% 이하 |
| | | | 일반주거지역 | 제1종 | 60% 이하 |
| | | | | 제2종 | 60% 이하 |
| | | | | 제3종 | 50% 이하 |
| | | | 준주거지역 | | 70% 이하 |
| | 상업지역 | 90% 이하 | 중심상업지역 | | 90% 이하 |
| | | | 일반상업지역 | | 80% 이하 |
| | | | 근린상업지역 | | 70% 이하 |

| | | | 유통상업지역 | 80% 이하 |
|---|---|---|---|---|
| | 공업지역 | 70% 이하 | 전용공업지역 | 70% 이하 |
| | | | 일반공업지역 | |
| | | | 준공업지역 | |
| | 녹지지역 | 20% 이하 | 보전녹지지역 | 20% 이하 |
| | | | 생산녹지지역 | |
| | | | 자연녹지지역 | |
| 관리지역 | 보전관리지역 | 20% 이하 | 보전관리지역 | 20% 이하 |
| | 생산관리지역 | 20% 이하 | 생산관리지역 | 20% 이하 |
| | 계획관리지역 | 40% 이하 | 계획관리지역 | 40% 이하 |
| 농림지역 | | 20% 이하 | 농림지역 | 20% 이하 |
| 자연환경보전지역 | | 20% 이하 | 자연환경보전지역 | 20% 이하 |

③ 특정지역의 건폐율

다음에 해당하는 지역에서의 건폐율에 관한 기준은 80퍼센트 이하의 범위에서 대통령령으로 정하는 기준에 따라 특별시·광역시·특별자치시·특별자치도·시 또는 군의 조례로 따로 정한다(국계법 77조 3항).

국계법 제77조 제3항에 따라 다음 각 호의 지역에서의 건폐율은 각 호에서 정한 범위에서 특별시·광역시·특별자치시·특별자치도·시 또는 군의 도시·군 계획조례로 정하는 비율을 초과하여서는 안 된다(국계법 84조 3항).

a. 취락지구: 60% 이하

b. 개발진흥지구(도시지역 외의 지역만 해당한다): 40% 이하

c. 수산자원보호구역: 40% 이하

d. 「자연공원법」에 따른 자연공원: 60% 이하

e. 「산업입지 및 개발에 관한 법률」에 따른 농공단지: 70% 이하

f. 공업지역에 있는 「산업입지 및 개발에 관한 법률」에 따른 국가산업단지, 일반산업단지

및 도시첨단산업단지와 준산업단지: 80% 이하

## 2) 용적률

### ① 의의

용적률이란 대지면적에 대한 연면적(대지에 건축물이 둘 이상 있는 경우에는 이들 연면적의 합계로 한다)의 비율을 말한다(건축법 56조). 연면적/대지면적 × 100% = 용적률. 예컨대, 대지면적이 100평이고 용적률이 300%라고 할 경우 연면적은 300평이다.

### ② 용도지역에서의 용적률

용도지역에서 용적률의 최대한도는 관할 구역의 면적과 인구 규모, 용도지역의 특성 등을 고려하여 다음의 범위에서 대통령령으로 정하는 기준에 따라 특별시·광역시·특별자치시·특별자치도·시 또는 군의 조례로 정한다(국계법 78조).

국계법 제78조 제1항의 규정에 의한 용적률은 다음의 범위 안에서 관할구역의 면적, 인구규모 및 용도지역의 특성 등을 감안하여 특별시·광역시·특별자치시·특별자치도·시 또는 군의 도시·군 계획조례가 정하는 비율을 초과하여서는 안 되다(국계법령 85조)

| 지역 | | 국계법상 범위 | 세분된 지역 | | 시행령상 범위 |
|---|---|---|---|---|---|
| 도시지역 | 주거지역 | 500% 이하 | 전용주거지역 | 제1종 | 50% 이상 100% 이하 |
| | | | | 제2종 | 100% 이상 150% 이하 |
| | | | 일반주거지역 | 제1종 | 100% 이상 200% 이하 |
| | | | | 제2종 | 150% 이상 250% 이하 |
| | | | | 제3종 | 200% 이상 300% 이하 |
| | | | 준주거지역 | | 200% 이상 |

| | | | 500% 이하 |
|---|---|---|---|
| | 상업지역 | 1,500% 이하 | 중심상업지역 |
| | | | 400% 이상 1,500% 이하 |
| | | | 일반상업지역 |
| | | | 300% 이상 1,300% 이하 |
| | | | 근린상업지역 |
| | | | 200% 이상 900% 이하 |
| | | | 유통상업지역 |
| | | | 200% 이상 1,100% 이하 |
| | 공업지역 | 400% 이하 | 전용공업지역 |
| | | | 150% 이상 300% 이하 |
| | | | 일반공업지역 |
| | | | 200% 이상 350% 이하 |
| | | | 준공업지역 |
| | | | 200% 이상 400% 이하 |
| | 녹지지역 | 100% 이하 | 보전녹지지역 |
| | | | 50% 이상 80% 이하 |
| | | | 생산녹지지역 |
| | | | 50% 이상 100% 이하 |
| | | | 자연녹지지역 |
| 관리지역 | 보전관리지역 | 80% 이하 | 보전관리지역 |
| | 생산관리지역 | 80% 이하 | 생산관리지역 |
| | | | 50% 이상 80% 이하 |
| | 계획관리지역 | 100% 이하 | 계획관리지역 |
| | | | 50% 이상 100% 이하 |
| 농림지역 | | 80% 이하 | 농림지역 |
| | | | 50% 이상 80% 이하 |
| 자연환경보전지역 | | 80% 이하 | 자연환경보전지역 |
| | | | 50% 이상 80% 이하 |

③ 특정지역의 용적률

다음에 해당하는 지역에서의 용적률에 대한 기준은 200퍼센트 이하의 범위에서 대통령령으로 정하는 기준에 따라 특별시·광역시·특별자치시·특별자치도·시 또는 군의 조례로 따로 정한다(국계법 78조 3항).

국계법 제78조 제3항의 규정에 의하여 다음 각 호의 지역 안에서의 용적률은 각 호에서 정한 범위 안에서 특별시·광역시·특별자치시·특별자치도·시 또는 군의 도시·군계획조례가 정하는 비율을 초과하여서는 안 된다(국계법령 85조 5항).

a. 도시지역 외의 지역에 지정된 개발진흥지구: 100% 이하

b. 수산자원보호구역: 80% 이하

c. 「자연공원법」에 따른 자연공원: 100% 이하

d. 「산업입지 및 개발에 관한 법률」에 따른 농공단지(도시지역 외의 지역에 지정된 농공단지에 한한다): 150% 이하


**(6) 토지를 매입 시 준비하여야 할 서류**

토지등기부등본, 토지대장, 임야대장, 지적도, 임야도, 토지이용계획확인원, 개별공시지가확인원


**(7) 토지에 관한 공적 장부 보는 방법**

1) 토지대장

토지대장은 토지의 소재·지번·지목·면적, 토지의 변동사항, 소유자의 인적사항이 등재되어 있는 공적 장부이다. 즉 토지의 현황과 토지소유자를 공시하는 장부이다. 토지관련 표시내용이 토지등기부등본과 토지대장과 상이할 때 토지대장을 우선한다. 반면 소유권 및 권리에 관한 사항이 토지등기부등본과 토지대장과 상이할 때 토지등기부등본을 우선한다.

| 고유번호 | 4143011100 - 10095 - 0000 | | | 토지 대장 | | 도면번호 | 16 | 발급번호 | 20130404-0060-0001 |
| 토지소재 | 경기도 의왕시 □□동 | | | | | 장번호 | 3-1 | 처리시각 | 17시 07분 47초 |
| 지 번 | 95 | 축 척 | 1:1200 | | | 비 고 | | 작성자 | 인터넷민원 |

토지대장

| | | ③ 토지표시 | | 소유자 | | | |
| 지목 | 면 적(㎡) | 사 유 | | 변 동 일 자 | 주 소 | | |
| | | | | 변 동 원 인 | 성명 또는 명칭 | | 등록번호 |
| (01) 전 | *3141 | (51)1989년01월01일 행정관할구역변경 | | 1953년 06월 13일 | □□리 108 | | |
| | | | | (03)소유권이전 | 이 익 | | 2 0813-1****** |
| (01) 전 | *1818 | (20)2003년07월22일 분할되어 본번에 -1를 부람 | | 1988년 02월 16일 | 안양시 안양동 688-11 | | |
| | | | | (03)소유권이전 | 이□호 | | 5□0725-1****** |
| | | --- 이하 여백 --- | | 1991년 02월 04일 | 108 | | |
| | | | | (04)주소변경 | 이□호 | | 5 0725-1****** |
| | | | | 1991년 02월 04일 | 삼동 215-60 | | |
| | | | | (03)소유권이전 | 노□유 | | 3 1221-1****** |

| 등급 수정 년 월 일 | 1980. 05. 13. 수정 | 1983. 09. 01. 수정 | 1984. 07. 01. 수정 | 1985. 07. 01. 수정 | 1986. 08. 01. 수정 | 1987. 08. 01. 수정 | 1989. 01. 01. 수정 | 1990. 01. 01. 수정 |
| 토지등급 (기준수확량등급) | 47 | 48 | 112 | 119 | 121 | 123 | 125 | 138 |
| 개별공시지가기준일 | 2009년 01월 01일 | 2010년 01월 01일 | 2011년 01월 01일 | 2012년 01월 01일 | | | | 용도지역 등 |
| 개별공시지가(원/㎡) | 154000 | 154000 | 158000 | 160000 | | | | |

수 수 료
전자결제
민 원

토지대장에 의하여 작성한 등본입니다.
2013년 04월 04일

경기도 의왕시장

◆본 증명서는 인터넷으로 발급되었으며, 민원24(minwon.go.kr)의 인터넷발급문서진위확인 메뉴를 통해 위·변조 여부를 확인할 수 있습니다.(발급일로부터 90일까지) 또한 문서하단의 바코드로도 진위확인(스캐너용 문서확인프로그램 설치)을 하실 수 있습니다.

① 고유번호: 4143011100-10095-0000

토지를 특정하고 지적업무를 전산화하기 위하여 토지의 고유번호를 정한다. 고유번호는 총 19자리로 행정구역에 관한 번호, 대장에 관한 번호, 지번에 관한 번호로 구성되어 있다. 앞자리부터 41(시·도 2자리), 430(시·군·구 3자리), 111(읍·면·동 3자리), 00(리 2자리), 1(대장구분번호 1자리)[129], 0095(본번 4자리), 0000(부번 4자리)

② 도면번호, 장번호

도면번호는 담당공무원이 지적도나 임야도의 도면번호를 기재하여 빨리 찾아볼 수 있도록 한 것이며, 장번호는 1~100번까지 100장씩 묶어 바인더로 보관한다.

③ 토지표시

지목, 면적, 토지의 이동 등의 사유가 표시된다. 지목은 전이며, 면적은 3,141㎡에서 분할되어 현재는 1,818㎡이다.

---

129) 2 임야대장, 8 폐쇄된 토지대장, 9 폐쇄된 임야대장

④ 소유자

소유자의 성명, 주소, 주민등록번호(또는 등록번호), 소유권의 변동일자, 변동원인이 기재된다.

⑤ 토지등급(기준수확량등급), 등급수정

과세를 목적으로 1990년 공시지가제도 이전에 토지별로 등급[토지등급(1~300등급): 농지 이외, 기준수확량등급(1~60등급)]을 설정하였던 것으로 등급이 높을수록 비싼 땅이다. 1995년 이후부터는 등급수정을 하지 않게 되었다.

⑥ 개별공시지가

전국의 모든 토지에 대하여는 표준지공시지가를 참고하여 매년 1월 1일 기준으로 개별공시지가를 산정해 공시한다. 개별공시지가는 토지의 보유 및 거래에 대한 국세와 지방세, 개발부담금·농지전용부담금 등을 산정하는 데 활용된다. 이 땅의 개별공시지가는 2012년 1월 1일 기준으로 ㎡당 16만 원이다[1평(3.3058㎡) = 528,928원].

## 2) 임야대장

임야대장은 토지대장의 등록에서 제외되는 임야와 정부에서 임야대장에 등록할 것으로 정한 토지를 등록하는 공적 장부이다. 즉 임야의 현황과 토지소유자를 공시하는 장부이다. 내용의 구성은 토지대장과 같다.

① 지번

임야대장 및 임야도에 등록하는 토지의 지번은 지번 앞에 '산'을 붙인다. 임야에 산을 붙이는 것이 아니라 임야대장에 등록된 토지에 산을 붙인다. 산 83-1에서 83은 본번이고 -1은 부번이다. 본번만으로 된 지번을 단식 지번이라 하고, 본번과 부번으로 구성된 지번을 복식 지번이라 한다.

② 이외의 내용은 전술한 토지대장의 설명을 참고하면 된다.

3) 지적도

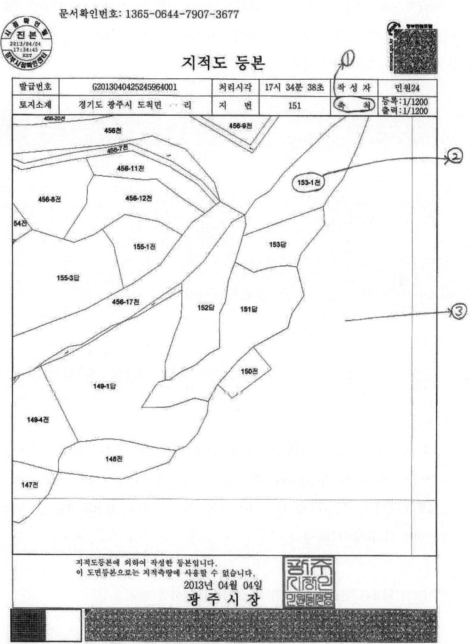

지적도는 토지대장에 등록된 토지의 경계를 밝히기 위하여 국가가 작성한 평면도의 지적공부이다. 해당 토지의 도면이라 할 수 있다.

① 축척

축척은 지표상의 실제 거리와 지도상에 나타난 거리와의 비율로서 지적도의 축척은 1/500, 1/600, 1/1000, 1/1200, 1/2400, 1/3000, 1/6000의 총 7가지의 축척을 사용한다. 위 지적도의 축척 1/1200이다. 1㎝는 12m이다.

② '천'은 하천을 의미한다.

③ 흰 여백의 공란은 '임야'를 의미한다. 이곳은 임야도를 발급받아 확인할 수 있다.

## 4) 임야도

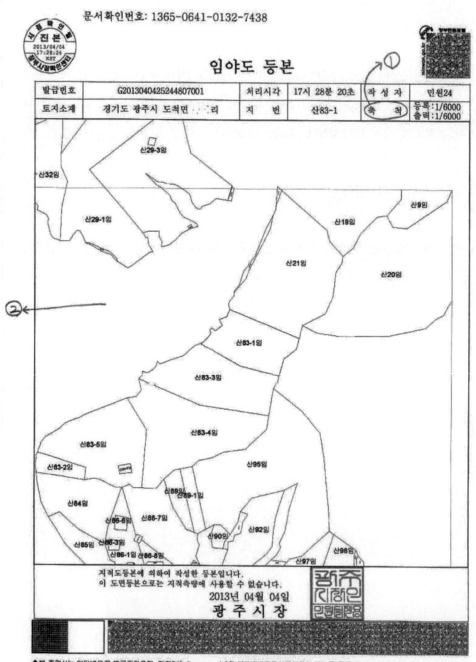

임야도는 임야대장에 등록된 토지의 경계를 밝히기 위하여 국가가 작성한 평면도의 지적공부이다. 해당 임야의 도면이라 할 수 있다. 지적도와 임야도를 별도로 발급하는 이유는 임야의 경우 토지의 넓이가 넓기 때문에 지적도와 같은 축척으로 할 수 없기 때문이다.

① 축척

임야도의 축척은 1/3000, 1/6000의 총 2가지의 축척을 사용한다. 일반적으로 시 지역의 축척은 1/3000의 축척을 사용하고 이외의 지역(농촌 등)은 1/6000(우리나라에 가장 많음)을 사용한다. 위 지적도의 축척 1/6000이다. 1㎝는 60m이다.

② 흰 여백의 공란은 임야가 아닌 토지이다. 아무 표시를 하지 않는다.

5) 토지이용계획 확인서

발급번호: G2013040425247100001        발행매수 : 1/24        발급일 : 2013/ 04/ 04

# 토지이용계획확인서

| | | | | | 처리기간 | |
|---|---|---|---|---|---|---|
| | | | | | 1 일 | |
| 신청인 | 성명 | 박노성 | 주소 | 서울특별시 마포구 ○○동 532 ○○빌딩 102호 | | |
| | | | 전화번호 | 018-271-5844 | | |

① 신청토지

| 소재지 | | 지번 | 지목 | 면적(㎡) |
|---|---|---|---|---|
| 경기도 광주시 도척면 ○○리 | | 산83-1 | 임야 | 21,527.0 |

② 지역·지구등 지정여부

| 『국토의 계획 및 이용에 관한 법률』에 따른 지역·지구등 | 농림지역(농림지역) [이하공란] |
|---|---|
| 다른 법령 등에 따른 지역·지구등 | 산림보호구역<산림보호법>, 공익용산지<산지관리법>, 자연보전권역<수도권정비계획법>, 배출시설설치제한지역<수질 및 수생태계 보전에 관한 법률>, 특별대책지역(1권역)<환경정책기본법> [이하공란] |

③ 『토지이용규제 기본법 시행령』제9조제4항 각 호에 해당되는 사항

[해당없음]

확인도면

| 범례 |
|---|
| ■ 계획관리지역 |
| ■ 생산관리지역 |
| □ 농림지역 |
| □ 자연보전권역 |
| □ 도로구역 |
| □ 법포구역 |
| □ 특별대책지역 |
| □ 배출시설설치제한지역 |
| □ 공익용산지 |
| □ 임업용산지 |
| □ 공원자연○ TM-2○ |
| □ 법정동 |

축척  1/6000

『토지이용규제 기본법』 제10조제1항에 따라 귀하의 신청토지에 대한 현재의 토지이용계획을 위와 같이 확인합니다.

2013/ 04/ 04

광 주 시 장

수입증지붙이는곳

| 수 수 료 | 전자결제 |
|---|---|
| 인 원 | |

토지이용계획확인서는 토지의 이용에 관한 계획을 확인하는 서류로서 지역·지구 등의 지정 내용, 지역·지구 등에서의 행위제한 내용, 토지거래계약에 관한 허가구역, 그 밖의 국민에게 그 지정내용을 알릴 필요가 있는 사항 등이 포함되어 있다. 간단히 말하면 해당 토지에 관한 공법상 제한 내용을 담고 있다

토지이용계획확인서를 보면 ① 신청토지에 관한 내용(소재, 지번, 지목, 면적)이 나오고, ② 지역·지구 등의 지정내용과 지역·지구 등에서의 행위제한 내용(국계법에 따른 지역·지구, 타 법령에 따른 지역·지구로 구분), ③ 토지이용규제 기본법시행령 제9조 4항 각 호에 해당하는 사항(토지거래계약에 관한 허가구역, 그 밖의 국민에게 그 지정내용을 알릴 필요가 있는 사항)으로 구성된다.

국계법에 따른 지역·지구 등의 '농림지역은 용도지역(도시지역, 관리지역, 농림지역, 자연환경보전지역) 중 농림지역에 해당한다. 다른 법령 등에 따른 지역·지구 등의 '산림보호구역, 공익용산지, 자연보전권역 등'은 각 해당 법령의 행위제한을 받는다. 지역·지구 등의 지정과 행위제한내용은 건폐율과 용적률 크기, 건축 가능한 시설물의 종류가 이에 따라 결정된다. 표시내용이 많으면 규제사항도 많음을 의미한다. 해당 사항이 없으면 '해당 없음'이라고 표기된다.

[관련 조문]

**토지이용규제기본법시행령**

**제9조(토지이용계획확인서의 발급)**

④ 법 제10조 제1항 제3호에서 '대통령령으로 정하는 사항'이란 다음 각 호의 사항을 말한다.
   1. 「국토의 계획 및 이용에 관한 법률」 제117조에 따라 지정된 토지거래계약에 관한 허가구역
   2. 그 밖에 일반 국민에게 그 지정내용을 알릴 필요가 있는 사항으로서 국토해양부령으로 정하는 사항

### 6) 산지이용구분도

전국의 산지는 보전(임업용, 공익용)산지, 준보전산지로 구분하여 산지구분도를 작성하도록 산지관리법 제4조 2항에 규정되어 있어 2008년 말 산지구분 타당성 조사를 통하여 현재의 산지구분도를 작성하여 운영하고 있다.

산지구분도에 대한 정보는 산지정보시스템(http://www.forestland.go.kr) 또는 토지이용규제정보시스템 (http://luris.mltm.go.kr) 에서 필지별로 확인이 가능하다.

### 7) 개별공시지가확인원

개별공시지가는 국토해양부장관이 매년 공시하는 표준지공시지가를 기준으로 하여 시장·군수·구청장 등이 조사하여 산정한 개별토지에 대한 단위면적당(원/㎡) 가격이다.

개별공시지가의 가격시점은 매년 1월 1일을 기준으로 하며, 매년 5월 31일까지 개별공시지가를 결정, 공시하여야 하며 개별공시지가에 대하여 이의가 있는 자는 결정, 공시일로부터 30일 이내에 시군구청장에게 서면으로 이의신청을 할 수 있다.

개별공시지가는 양도소득세·증여세·상속세 등 국세와 재산세·취득세 등 지방세, 개발부담금·농지전용부담금 등을 산정하는 기초자료로 활용된다.

개별공시지가는 각 지자체 홈페이지 및 한국토지정보시스템에서 열람이 가능하다.

## (8) 농지의 이해

### 1) 농지의 의의

'농지'란 다음의 어느 하나에 해당하는 토지를 말한다(농지법 2조 1호, 영 2조 1항, 3항).

① 전·답, 과수원, 그 밖에 지목(地目)을 불문하고 실제로 농작물 경작지 또는 다년생식물 재배지로 이용되는 토지.

> ※ **다년생 식물 재배지**
>
> 1. 목초·종묘·인삼·약초·잔디 및 조림용 묘목
> 2. 과수·뽕나무·유실수 그 밖의 생육기간이 2년 이상인 식물
> 3. 조경 또는 관상용 수목과 그 묘목(조경목적으로 식재한 것을 제외한다.)

② 위 ①항 토지 개량시설의 부지와 농축산물 생산시설의 부지

> ※ **개량시설**
>
> 가. 유지(유지), 양·배수시설, 수로, 농로, 제방
> 나. 그 밖에 농지의 보전이나 이용에 필요한 시설로서 농림수산식품부령으로 정하는 시설
>
> *농축산물 생산시설
> 가. 고정식 온실·버섯재배사 및 비닐하우스와 그 부속시설
> 나. 축사·곤충사육사와 농림수산식품부령으로 정하는 그 부속시설
> 다. 농막·간이 저온저장고·간이퇴비장 또는 간이 액비저장조

※ **농업인**

'농업인'이란 농업에 종사하는 개인으로서 다음에 해당하는 자를 말한다(농지법 2조 2호, 영 3조).

> 1. 1,000㎡ 이상의 농지에서 농작물 또는 다년생식물을 경작 또는 재배하거나 1년
>    중 90일 이상 농업에 종사하는 자
> 2. 농지에 330㎡ 이상의 고정식 온실·버섯재배사·비닐하우스, 그 밖의 농림수산식품
>    부령으로 정하는 농업생산에 필요한 시설을 설치하여 농작물 또는 다년생식물을
>    경작 또는 재배하는 자
> 3. 대가축 2두, 중가축 10두, 소가축 100두, 가금 1천 수 또는 꿀벌 10군 이상을
>    사육하거나 1년 중 120일 이상 축산업에 종사하는 자
> 4. 농업경영을 통한 농산물의 연간 판매액이 120만 원 이상인 자

### 2) 농지소유의 제한

① 경자유전(耕者有田)의 원칙

농지는 자기의 농업경영에 이용하거나 이용할 자가 아니면 소유하지 못한다(농지법 6조 1항).

② 농지소유의 특례

다음 어느 하나에 해당하는 경우에는 자기의 농업경영에 이용하지 아니할지라도 농지를 소유할 수 있다(농지법 6조 2항).

a. 국가나 지방자치단체가 농지를 소유하는 경우

b. 「초·중등교육법」 및 「고등교육법」에 따른 학교, 농림축산식품부령으로 정하는 공공단체·농업연구기관·농업생산자단체 또는 종묘나 그 밖의 농업 기자재 생산자가 그 목적사업을 수행하기 위하여 필요한 시험지·연구지·실습지 또는 종묘생산지로 쓰기 위하여 농림축산식품부령으로 정하는 바에 따라 농지를 취득하여 소유하는 경우

c. 주말·체험영농(농업인이 아닌 개인이 주말 등을 이용하여 취미생활이나 여가활동으로 농작물을 경작하거나 다년생식물을 재배하는 것)을 하려고 농지를 소유하는 경우

d. 상속[상속인에게 한 유증을 포함]으로 농지를 취득하여 소유하는 경우

e. 8년 이상 농업경영을 하던 자가 이농한 후에도 이농 당시 소유하고 있던 농지를 계속 소유하는 경우

f. 담보농지를 취득하여 소유하는 경우(「자산유동화에 관한 법률」에 의한 유동화 전문회사 등이 저당권자로부터 농지를 취득하는 경우를 포함)

g. 농지전용허가를 받거나 농지전용신고를 한 자가 그 농지를 소유하는 경우

h. 농지전용협의를 마친 농지를 소유하는 경우

i. 「한국농어촌공사 및 농지관리기금법」에 의한 농지의 개발사업지구에 있는 농지로서 대통령령으로 정하는 1천500㎡ 미만의 농지나 「농어촌정비법」에 의한 농지를 취득하여 소유하는 경우

i-2. 농업진흥지역 밖의 농지 중 최상단부부터 최하단부까지의 평균 경사율이 15% 이상인 농지로서 대통령령으로 정하는 농지를 소유하는 경우

j. 다음 각 목의 어느 하나에 해당하는 경우

　가. 「한국농어촌공사 및 농지관리기금법」에 따라 한국농어촌공사가 농지를 취득하여 소유하는 경우

　나. 「농어촌정비법」에 따라 농지를 취득하여 소유하는 경우

　다. 「공유수면매립법」에 따라 매립농지를 취득하여 소유하는 경우

　라. 토지수용으로 농지를 취득하여 소유하는 경우

　마. 「공익사업을 위한 토지 등의 취득 및 보상에 관한 법률」에 따라 농지를 취득하여 소유하는 경우

　바. 「공공토지의 비축에 관한 법률」에 해당하는 토지 중 공공토지비축심의위원회가 비축이 필요하다고 인정하는 토지로서 계획관리지역과 자연녹지지역 안의 농지를 한국토지주택공사가 취득하여 소유하는 경우(이 경우 그 취득한 농지를 전용하기 전까지는 한국농어촌공사에 지체 없이 위탁하여 임대하거나 사용대하여야 한다).


3) 농지소유의 상한(농지법 7조)

① 상속농지(농업경영을 하지 않는)

상속으로 농지를 취득한 자로서 농업경영을 하지 아니하는 자는 그 상속 농지 중에서 총 10,000㎡까지만 소유할 수 있다.

② 이농농지(8년 이상 농업경영 후)

8년 이상 농업경영을 한 후 이농한 자는 이농 당시 소유 농지 중에서 총 10,000㎡까지만 소유할 수 있다.

③ 주말 · 체험 영농

주말 · 체험 영농을 하려는 자는 총 1,000㎡ 미만의 농지를 소유할 수 있다. 이 경우 면적 계산은 그 세대원 전부가 소유하는 총면적으로 한다.

④ 소유상한의 특례

상속농지와 이농농지를 임대하거나 사용대하는 경우에는 소유상한 제한규정에도 불구하고 소유 상한을 초과할지라도 그 기간(임대, 사용대 기간)에는 그 농지를 계속 소유할 수 있다.

## (0) 농지취득자격증명

### 1) 발급대상

① 원칙

농지를 취득하려는 자는 농지 소재지를 관할하는 시장, 구청장, 읍장 또는 면장(이하 '시 · 구 · 읍 · 면의 장'이라 한다)에게서 농지취득자격증명을 발급받아야 한다(농지법 8조 1항). 경매에서는 농지의 경우 매각조건에 농지취득자격증명을 제출하라고 공고를 하게 되며 낙찰자는 낙찰 후 7일 이내 농지취득자격증명을 발급받아 해당 경매계에 제출하여야 한다. 미제출 시 보증금이 몰수될 수 있으므로 사전 농지취득자격증명발급이 가능한지 파악 후 입찰하여야 한다.

② 예외

다만, 다음 어느 하나에 해당하면 농지취득자격증명을 발급받지 아니하고 농지를 취득할 수 있다(농지법 8조 1항 단서, 영 7조)

1. 농지법 제6조 제2항 제1호·제4호·제6호·제8호 또는 제10호(같은 호 바목은 제외)에 따라 농지를 취득하는 경우

> **농지법 제6조 제2항 제1호·제4호·제6호·제8호 또는 제10호(같은 호 바목은 제외)**
>
> 1. 국가나 지방자치단체가 농지를 소유하는 경우
> 4. 상속[상속인에게 한 유증을 포함]으로 농지를 취득하여 소유하는 경우
> 6. 담보농지를 취득하여 소유하는 경우(「자산유동화에 관한 법률」에 의한 유동화전문회사 등이 저당권자로부터 농지를 취득하는 경우를 포함)
> 8. 농지전용협의를 마친 농지를 소유하는 경우
> 10. 다음 각 목의 어느 하나에 해당하는 경우
>      가. 「한국농어촌공사 및 농지관리기금법」에 따라 한국농어촌공사가 농지를 취득하여 소유하는 경우
>      나. 「농어촌정비법」에 따라 농지를 취득하여 소유하는 경우
>      다. 「공유수면매립법」에 따라 매립농지를 취득하여 소유하는 경우
>      라. 토지수용으로 농지를 취득하여 소유하는 경우
>      마. 「공익사업을 위한 토지 등의 취득 및 보상에 관한 법률」에 따라 농지를 취득하여 소유하는 경우

2. 농업법인의 합병으로 농지를 취득하는 경우

3. 공유 농지의 분할이나 다음의 원인으로 농지를 취득하는 경우

> 1. 시효의 완성으로 농지를 취득하는 경우
> 2. 「징발재산정리에 관한 특별조치법」, 「공익사업을 위한 토지 등의 취득 및 보상에 관한 법률」에 의한 환매권자가 환매권에 따라 농지를 취득하는 경우
> 3. 「국가보위에 관한 특별조치법에 의한 동원 대상 지역 내의 토지의 수용·사용에 관한 특별조치령에 따라 수용·사용된 토지의 정리에 관한 특별조치법」에 의한 환매권자 등이 환매권 등에 따라 농지를 취득하는 경우
> 4. 농지이용증진사업 시행계획에 따라 농지를 취득하는 경우

| 농지취득자격증명신청서 | 처리기간 | | 접 수 * | ． ． ．제　호 |
|---|---|---|---|---|
| | 4일<br>(농업경영계획서를 작성<br>하지 아니하는 경우<br>에는 2일) | | 처 리 * | ． ． ．제　호 |

| 농 지<br>취득자<br>(신청인) | ①성명<br>(명칭) | | ②주민등록번호<br>(법인등록번호) | | | | ⑥취득자의 구분 | | | |
|---|---|---|---|---|---|---|---|---|---|---|
| | ③주소 | 시　　　구　　　동<br>도　시·군　읍·면　리　번지 | | | | | 농업인 | 신규<br>영농 | 법인<br>등 | 주말<br>체험<br>영농 |
| | ④연락처 | | ⑤전화번호 | | | | | ○ | | |

| 취 득<br>농지의<br>표 시 | ⑦소 재 지 | | | | | | ⑪농지구분 | | |
|---|---|---|---|---|---|---|---|---|---|
| | 시·군 | 구·읍·면 | 리·동 | ⑧지번 | ⑨지목 | ⑩면적<br>(㎡) | 진흥<br>구역 | 보호<br>구역 | 진흥<br>지역 밖 |
| | | | | | | | | | |
| | | | | | | | | | |
| | | | | | | | | | |
| | | | | | | | | | |

| ⑫취득원인 | | | | | | | | |
|---|---|---|---|---|---|---|---|---|
| ⑬취득목적 | 농업<br>경영 | | 농지<br>전용 | | 시험·연구·실<br>습용 등 | | 주말체험<br>영농 | ○ |

「농지법」 제8조 제2항 및 같은 법 시행령 제7조 제1항에 따라 위와 같이 농지취득자격증명의 발급을 신청합니다.

2013년　　월　　일

농지취득자(신청인)　　　　　　　　　(서명 또는 인)
시장·구청장·읍장·면장 귀하

| 구<br>비<br>서<br>류 | 신청인(대표자) 제출서류 | 담당 공무원 확인사항<br>(부동의하는 경우 신청인이<br>직접 재출하여야 하는 서류) | 수수료 |
|---|---|---|---|
| | 1. 별지 제2호서식의 농지취득인정서(법 제6조 제2항 제<br>　2호에 해당하면 한합니다.)<br>2. 별지 제4호서식의 농업경영계획서(농지를 농업경영 목적으<br>　로 취득하는 경우에 한합니다.)<br>3. 농지임대차계약서 또는 농지사용·대차계약서(농업경영<br>　을 하지 아니하는 자가 취득하려는 농지의 면적이 영<br>　제7조 제2항 제5호 각 목의 어느 하나에 해당하지 아<br>　니하는 경우에 한합니다.)<br>4. 농지전용허가(다른 법률에 따라 농지전용허가가 의제<br>　되는 인가 또는 승인 등을 포함합니다.)를 받거나 농지<br>　전용신고를 한 사실을 입증하는 서류(농지를 전용목적<br>　으로 취득하는 경우에 한합니다.) | 법인등기부등본 | 「농지법<br>시행령」<br>제74조에<br>따름 |

본인은 이 건 업무처리와 관련하여 「전자정부법」 제21조 제1항에 따른 행정정보의 공동이용을 통하여 담당 직원이 위의 담당 직원 확인사항을 확인하는 것에 동의합니다.

신청인(대표자)　　　　　　　　　　　(서명 또는 인)

210㎜ × 297㎜(일반용지 60 g/㎡(재활용품))

※ 기재상 주의사항

* 란은 신청인이 쓰지 아니합니다.

①란은 법인에 있어서는 그 명칭 및 대표자의 성명을 씁니다.

②란은 개인은 주민등록번호, 법인은 법인등록번호를 씁니다.

⑥란은 다음 구분에 따라 농지취득자가 해당하는 난에 ○표를 합니다.

　가. 신청 당시 농업경영에 종사하고 있는 개인은 '농업인'
　나. 신청 당시 농업경영에 종사하지 아니하지만, 앞으로 농업경영을 하려는 개인은 '신규영농'
　다. 농업회사법인·영농조합법인 그 밖의 법인은 '법인 등'
　라. 신청 당시 농업경영에 종사하지 아니하지만, 앞으로 주말·체험 영농을 하려는 개인은 '주말체험·
　　　영농'

[취득농지의 표시]란은 취득 대상 농지의 지번에 따라 매 필지별로 씁니다.

⑨란은 공부상의 지목에 따라 전·답·과수원 등으로 구분하여 씁니다.

⑪란은 매 필지별로 진흥구역·보호구역·진흥지역 밖으로 구분하여 해당란에 ○표를 합니다.

⑫란은 매매·교환·경락·수증 등 취득원인의 구분에 따라 씁니다.

⑬란은 농업경영/농지전용/시험·실습·종묘포/주말체험·영농 등 취득 후 이용목적의 구분에 따라 해당란에
　○표를 합니다(농지취득 후 농지이용목적대로 이용하지 아니할 경우 처분명령/이행강제금 부과/징역·
　벌금 등의 대상이 될 수 있으므로 정확하게 기록하여야 합니다.)

※ 이 신청서는 무료로 배부되며 아래와 같이 처리됩니다.

| 신청인 | 처리기관(시·구·읍·면) |
|---|---|
| 신청서 작성 | 접 수 |
|  | 확인·조사 |
|  | 검 토 |
| 교 부 | 증명발급 또는 신청서의 반려 |

## 2) 농업경영계획서

### ① 원칙

농지취득자격증명을 발급받으려는 자는 다음 각 호의 사항이 모두 포함된 농업경영계획서를 작성하여 농지 소재지를 관할하는 시·구·읍·면의 장에게 발급신청을 하여야 한다(농지법 8조 2항).

### ② 예외

다만, 다음의 경우에 농지를 취득하는 자는 농업경영계획서를 작성하지 아니하고 발급신청을 할 수 있다(농지법 8조 2항 단서)

1. 「초·중등교육법」 및 「고등교육법」에 따른 학교, 농림축산식품부령으로 정하는 공공단체·농업연구기관·농업생산자단체 또는 종묘나 그 밖의 농업 기자재 생산자가 그 목적사업을 수행하기 위하여 필요한 시험지·연구지·실습지 또는 종묘생산지로 쓰기 위하여 농림축산식품부령으로 정하는 바에 따라 농지를 취득하여 소유하는 경우
2. 주말·체험영농(농업인이 아닌 개인이 주말 등을 이용하여 취미생활이나 여가활동으로 농작물을 경작하거나 다년생식물을 재배하는 것)을 하려고 농지를 소유하는 경우
3. 농지전용허가를 받거나 농지전용신고를 한 자가 그 농지를 소유하는 경우
4. 「한국농어촌공사 및 농지관리기금법」에 의한 농지의 개발사업지구에 있는 농지로서 대통령령으로 정하는 1천500㎡ 미만의 농지나 「농어촌정비법」에 의한 농지를 취득하여 소유하는 경우
5. 농업진흥지역 밖의 농지 중 최상단부부터 최하단부까지의 평균 경사율이 15% 이상인 농지로서 대통령령으로 정하는 농지를 소유하는 경우

# 농 업 경 영 계 획 서

| 취득<br>대상<br>농지에<br>관한<br>사항 | ①소재지 | | | ②<br>지번 | ③<br>지목 | ④ 면 적<br>(㎡) | ⑤<br>영농거<br>리 | ⑥주재배<br>예정<br>작목 | ⑦ 영 농<br>착 수<br>시기 |
|---|---|---|---|---|---|---|---|---|---|
| | 시·군 | 구·읍·면 | 리·동 | | | | | | |
| | | | | | | | | | |
| | | | | | | | | | |
| | | 계 | | | | | | | |

| 농업<br>경영<br>노동력의<br>확보<br>방안 | ⑧취득자 및 세대원의 농업경영능력 | | | | | |
|---|---|---|---|---|---|---|
| | 취득자와 관계 | 성별 | 연령 | 직업 | 영농경력(년) | 향후 영농여부 |
| | | | | | | |
| | ⑨취득농지의 농업경영에 필요한 노동력확보방안 | | | | | |
| | 자기노동력 | | 일부 고용 | | 일부 위탁 | 전부 위탁(임대) |
| | | | | | | |

| 농업<br>기계·장비<br>의 확보<br>방안 | ⑩농업기계·장비의 보유현황 | | | | | |
|---|---|---|---|---|---|---|
| | 기계·장비명 | 규격 | 보유현황 | 기계·장비명 | 규격 | 보유현황 |
| | | | | | | |
| | ⑪농업 기계장비의 보유 계획 | | | | | |
| | 기계·장비명 | 규격 | 보유계획 | 기계·장비명 | 규격 | 보유계획 |
| | | | | | | |

| ※연고자에 관한 사항 | 연고자 성명 | | 관계 |
|---|---|---|---|

「농지법」 제8조 제2항에 따라 위와 같이 본인이 취득하려는 농지에 대한 농업경영계획서를 작성·제출합니다.

년 월 일

제출자                                  (서명 또는 인)

210㎜ × 297㎜(일반용지 60 g/㎡)

| 소유농지의 이용현황 | | | | | | | | |
|---|---|---|---|---|---|---|---|---|
| 소 재 지 | | | | 지번 | 지목 | 면적(㎡) | 주재배작목 | 자경여부 |
| 시·도 | 시·군 | 읍·면 | 리·동 | | | | | |
| | | | | | | | | |
| | | | | | | | | |

| ⑭임차(예정)농지현황 | | | | | | | | |
|---|---|---|---|---|---|---|---|---|
| 소 재 지 | | | | 지번 | 지목 | 면적(㎡) | 주재배(예정)작목 | 임차(예정)여부 |
| 시·도 | 시·군 | 읍·면 | 리·동 | | | | | |
| | | | | | | | | |
| | | | | | | | | |

| ⑮ 특 기 사 항 | |
|---|---|

※ 기재상 주의사항

⑤란은 거주지로부터 농지소재지까지 일상적인 통행에 이용하는 도로에 따라 측정한 거리를 씁니다.

⑥란은 그 농지에 주로 재배·식재하려는 작목을 씁니다.

⑦란은 취득농지의 실제 경작예정시기를 씁니다.

⑧란은 같은 세대의 세대원 중 영농한 경력이 있는 세대원과 앞으로 영농하려는 세대원에 대하여 영농경력과 앞으로 영농 여부를 개인별로 씁니다.

⑨란은 취득하려는 농지의 농업경영에 필요한 노동력을 확보하는 방안을 다음 구분에 따라 해당하는 난에 표시합니다.

  가. 같은 세대 세대원의 노동력만으로 영농하려는 경우에는 자기 노동력란에 ○표

  나. 자기노동력만으로 부족하여 농작업의 일부를 고용인력에 의하려는 경우에는 일부고용란에 ○표

  다. 자기노동력만으로 부족하여 농작업의 일부를 남에게 위탁하려는 경우에는 일부 위탁란에 위탁하려는 작업의 종류와 그 비율을 씁니다. [예: 모내기(10%), 약제살포(20%) 등]

  라. 자기노동력에 의하지 아니하고 농작업의 전부를 남에게 맡기거나 임대하려는 경우에는 전부 위탁(임대)란에 ○표

⑩란과 ▧란은 농업경영에 필요한 농업기계와 장비의 보유현황과 앞으로의 보유계획을 씁니다.

▧란은 취득농지의 소재지에 거주하고 있는 연고자의 성명 및 관계를 씁니다.

▧란과 ▧란은 현재 소유농지 또는 임차(예정)농지에서의 영농상황(계획)을 씁니다.

⑮란은 취득농지가 농지로의 복구가 필요한 경우 복구계획 등 특기사항을 씁니다.

### 3) 발급요건

시·구·읍·면의 장은 농지취득자격증명의 발급신청을 받은 때에는 그 신청을 받은 날부터 4일(농업경영계획서를 작성하지 아니하고 농지취득자격증명의 발급신청을 할 수 있는 경우에는 2일) 이내에 취득요건에 적합한지를 확인하여 이에 적합한 경우에는 신청인에게 농지취득자

격증명을 발급하여야 한다(농지법 시행령 7조 2항).

1. 법 제6조 제1항(농업경영 목적)이나 제2항 제2호(학교 등이 시험 등의 목적)·제3호(주말체험 영농 목적)·제7호(농지전용허가, 신고) 또는 제9호(개발사업지구에 있는 농지)에 따른 취득요건에 적합할 것
2. 농업인이 아닌 개인이 주말·체험 영농에 이용하고자 농지를 취득하는 경우에는 신청 당시 소유하고 있는 농지의 면적에 취득하려는 농지의 면적을 합한 면적이 농지의 소유상한(1,000㎡ 미만) 이내일 것
3. 농업경영계획서를 제출하여야 하는 경우에는 그 계획서에 같은 항 각 호의 사항이 포함되어야 하고, 그 내용이 신청인의 농업경영능력 등을 참작할 때 실현 가능하다고 인정될 것
4. 신청인이 소유농지 전부를 타인에게 임대 또는 사용대하거나 농작업 전부를 위탁하여 경영하고 있지 아니할 것. 다만, 주말체험 영농 또는 개발사업지구에 있는 농지를 취득하는 경우에는 그러하지 아니하다.
5. 신청 당시 농업경영을 하지 아니하는 자가 자기의 농업경영에 이용하고자 하여 농지를 취득하는 경우에는 해당 농지의 취득 후 농업경영에 이용하려는 농지의 총면적이 다음 어느 하나에 해당할 것
   가. 고정식 온실·버섯재배사·비닐하우스·축사 그 밖의 농업생산에 필요한 시설로서 농림수산식품부령으로 정하는 시설이 설치되어 있거나 설치하려는 농지의 경우: 330㎡ 이상
   나. 가 외의 농지의 경우: 1,000㎡ 이상

### 4) 발급절차

낙찰 후 농지의 경우 최고가매수인증명서를 발급해준다 → 농지소재지 시·구·읍·면·동사무소에서 농지취득자격증명신청(농지취득자격증명신청서, 농업경영계획서 신청서 작성) → 신청 후 4일 이내 농지취득자격증명을 발급해준다(농업경영계획서가 필요없는 주말체험 영농 등의 경우에는 2일 이내) → 낙찰 후 매각허가결정기일 이전까지(7일 이내) 농지취득자격증명을 집행법원 담당경매계에 제출한다.

### 5) 농지취득자격증명 발급에 관한 문제점

법원경매의 경우 지목이 농지(전·답·과)이면 실제 농지를 이용하는지 여부와 상관없이

법원에서는 농지취득자격증명(이하 '농취증'이라 함)발급을 요구하고, 지목상 농지이나 실제는 잡종지 등 농지로 이용하지 않을 경우, 또 농지 위에 견고한 건물이 지어져 있을 경우에는 농취증 발급기관에서는 농취증을 하여 주지 않는다.

또, 농지로 농사를 짓고 있으나 농지 위에 불법으로 컨테이너 또는 비닐하우스 등이 있을 경우 발급기관에서는 농취증발급을 하여 주지 않거나 원상복구조건으로 발급하여주는 경우가 있으므로 농지를 구입하고자 할 경우 현장을 꼭 방문하여 현황 이용 상태와 지상물이 있는지 확인 후 사전에 시·구·읍·면·동사무소에 발급 가능 여부를 파악하여야 한다.

낙찰 후 발급기관에서 경매물건이 농취증발급대상이 아니므로 발급을 해줄 수 없다고 할 경우 발급기관에 당해 경매물건이 농지취득자격증명발급대상이 아니라는 사실 확인서를 발급기관과 협의하여 발급받아 법원에 제출하여 입찰보증금을 환수조치 할 수 있을 것이다.

### (10) 임야의 이해

임야는 농지 등 타 물건에 비하여 취득자격에 제한이 없고 경매의 경우 토지거래허가구역의 제한을 받지 않기 때문에 쉽게 매입할 수 있다. 또 면적대비 가격이 저렴하고 투자활용방안도 다양하다. 펜션, 전원주택, 사회복지시설, 청소년수련시설, 수목원, 자연휴양림, 관광농원, 종교시설, 사회복지시설, 약초재배, 관상수재배, 수종갱신, 콘도, 스키장, 골프장, 오토캠핑장, 산악자전거, 레저시설 등 다양하게 활용할 수 있는 부동산이다. 반면에 임야에 관하여는 개발법규가 많고 까다롭기 때문에 관련 법규의 지식이 필요하다.

임야는 산지관리법에서 산지의 구분, 이용과 제한에 관하여 규정하고 있다. 임야(산지)는 산지관리법에서 규제의 강도와 활용도에 따라 보전산지와 준보전산지로 나누고 보전산지는 임업용 산지와 공익용 산지로 다시 구분한다. 또 소유자가 누구이냐에 따라 사유림, 공유림, 국유림으로 구분한다.

## 1) 산지의 의의

'산지란 다음 어느 하나에 해당하는 토지를 말한다. 다만, 농지, 초지(草地), 주택지(주택지조성 사업이 완료되어 「측량·수로조사 및 지적에 관한 법률」에 의한 지목이 대(垈)로 변경된 토지), 도로 및 그 밖에 대통령령으로 정하는 토지는 제외한다(산지관리법 2조 1호).

가. 입목(立木)·죽(竹)이 집단적으로 생육(生育)하고 있는 토지

나. 집단적으로 생육한 입목·죽이 일시 상실된 토지

다. 입목·죽의 집단적 생육에 사용하게 된 토지

라. 임도(林道), 작업로 등 산길

마. 가목부터 다목까지의 토지에 있는 암석지(巖石地) 및 소택지(沼澤地)


## 2) 산지의 구분

산지를 합리적으로 보전하고 이용하기 위하여 전국의 산지를 다음 각 호와 같이 구분한다(산지관리법 4조 1항)

| 보전산지 | 임업[130]용 산지 | 산림자원의 조성과 임업경영기반의 구축 등 임업 생산 기능의 증진을 위하여 필요한 산지로서 다음의 산지를 대상으로 산림청장이 지정하는 산지<br>1) 「산림자원의 조성 및 관리에 관한 법률」에 따른 채종림(採種林) 및 시험림의 산지<br>2) 「국유림의 경영 및 관리에 관한 법률」에 따른 요존국유림(要存國有林)의 산지<br>3) 「임업 및 산촌 진흥촉진에 관한 법률」에 따른 임업진흥권역의 산지<br>4) 그 밖에 임업 생산 기능의 증진을 위하여 필요한 산지로서 대통령령으로 정하는 산지 |
| --- | --- | --- |
| | 공익용 산지 | 임업 생산과 함께 재해 방지, 수원 보호, 자연생태계 보전, 자연경관 보전, 국민보건휴양 증진 등의 공익 기능을 위하여 필요한 산지로서 다음의 산지를 대상으로 산림청장이 지정하는 산지 |

| | | 1) 「산림문화·휴양에 관한 법률」에 따른 자연휴양림의 산지 |
| | | 2) 사찰림(寺刹林)의 산지 |
| | | 3) 산지전용·일시사용제한지역 |
| | | 4) 「야생생물 보호 및 관리에 관한 법률」에 의한 야생생물 특별보호구역, 야생생물 보호구역의 산지 |
| | | 5) 「자연공원법」에 따른 공원구역의 산지 |
| | | 6) 「문화재보호법」에 따른 문화재보호구역의 산지 |
| | | 7) 「수도법」에 따른 상수원보호구역의 산지 |
| | | 8) 「개발제한구역의 지정 및 관리에 관한 특별조치법」에 따른 개발제한구역의 산지 |
| | | 9) 「국토의 계획 및 이용에 관한 법률」에 따른 녹지지역 중 대통령령으로 정하는 녹지지역의 산지 |
| | | 10) 「자연환경보전법」에 따른 생태·경관보전지역의 산지 |
| | | 11) 「습지보전법」에 따른 습지보호지역의 산지 |
| | | 12) 「독도 등 도서지역의 생태계보전에 관한 특별법」에 따른 특정도서의 산지 |
| | | 13) 「백두대간 보호에 관한 법률」에 따른 백두대간 보호지역의 산지 |
| | | 14) 「산림보호법」에 따른 산림보호구역의 산지 |
| | | 15) 그 밖에 공익 기능을 증진하기 위하여 필요한 산지로서 대통령령으로 정하는 산지 |
| 준보전산지 | | 보전산지 외의 산지 |

※ 준보전산지는 별도로 지정하지 않고 산림청장이 보전산지를 지정하면 나머지는 자동으로 준보전산지가 된다.

---

130) 임업(林業): 나무를 길러서 팔기까지의 생산과정과 나무를 사서 가공한 후 팔기까지의 과정을 포함한 경제·산업활동.

## 3) 산지전용, 일시사용제한지역에서의 행위제한

산지전용지역과 일시사용제한지역에서는 다음과 같은 시설만 설치할 수 있다.

**산지관리법 제10조(산지전용·일시사용제한지역에서의 행위제한)**

산지전용·일시사용제한지역에서는 다음 각 호의 어느 하나에 해당하는 행위를 하기 위하여 산지전용 또는 산지 일시사용을 하는 경우를 제외하고는 산지전용 또는 산지 일시사용을 할 수 없다(개정 2012.2.22, 2013.3.23).

1. 국방·군사시설의 설치
2. 사방시설, 하천, 제방, 저수지, 그 밖에 이에 준하는 국토보전시설의 설치
3. 도로, 철도, 석유 및 가스의 공급시설, 그 밖에 대통령령으로 정하는 공용·공공용 시설의 설치
4. 산림보호, 산림자원의 보전 및 증식을 위한 시설로서 대통령령으로 정하는 시설의 설치
5. 임업시험연구를 위한 시설로서 대통령령으로 정하는 시설의 설치
6. 매장문화재의 발굴(지표조사를 포함한다), 문화재와 전통사찰의 복원·보수·이전 및 그 보존관리를 위한 시설의 설치, 문화재·전통사찰과 관련된 비석, 기념탑, 그 밖에 이와 유사한 시설의 설치
7. 다음 각 목의 어느 하나에 해당하는 시설 중 대통령령으로 정하는 시설의 설치
   가. 발전·송전시설 등 전력시설
   나. 「신에너지 및 재생에너지 개발·이용·보급 촉진법」에 따른 신·재생에너지의 이용· 보급을 위한 시설
8. 「광업법」에 따른 광물의 탐사·시추시설의 설치 및 대통령령으로 정하는 갱내채굴
9. 「광산피해의 방지 및 복구에 관한 법률」에 따른 광해방지시설의 설치
9의2. 공공의 안전을 방해하는 위험시설이나 물건의 제거
9의3. 「6·25 전사자유해의 발굴 등에 관한 법률」에 따른 전사자의 유해 등 대통령령으로 정하는 유해의 조사·발굴
10. 제1호부터 제9호까지, 제9호의2 및 제9호의3에 따른 행위를 하기 위하여 대통령령으로 정하는 기간 동안 임시로 설치하는 다음 각 목의 어느 하나에 해당하는 부대시설의 설치
    가. 진입로
    나. 현장사무소
    다. 지질·토양의 조사·탐사시설
    라. 그 밖에 주차장 등 농림축산식품부령으로 정하는 부대시설

11. 제1호부터 제9호까지, 제9호의2 및 제9호의3에 따라 설치되는 시설 중 「건축법」에 따른 건축물과 도로(「건축법」 제2조 제1항 제11호의 도로를 말한다)를 연결하기 위한 대통령령으로 정하는 규모 이하의 진입로의 설치

## 산지관리법 시행령 제10조(산지전용ㆍ일시사용제한지역에서의 허용행위)

① 법 제10조 제3호에서 '대통령령으로 정하는 공용ㆍ공공용 시설'이란 다음 각 호의 어느 하나에 해당하는 시설을 말한다(개정 2005.8.5, 2007.2.1, 2009.11.2, 2009.11.26, 2010.12.7, 2012.8.22).
  1. 국가 또는 지방자치단체가 설치하는 궤도시설
  2. 방풍시설 또는 방화시설
  3. 기상관측시설
  4. 국가 또는 지방자치단체가 설치하는 공용청사
  5. 「자연공원법」에 의한 자연공원 안에 설치하는 탐방로ㆍ전망대 및 대피소와 탐방자의 안전을 도모하는 보호 및 안전시설
  6. 「자연환경보전법」에 의한 자연환경보전ㆍ이용시설
  7. 국가 또는 지방자치단체가 설치하는 자연휴양림, 산림욕장, 치유의 숲, 유아숲 체험원, 산림생태원 및 산책로ㆍ탐방로ㆍ등산로 등 숲길
  8. 국립수목원 및 「수목원 조성 및 진흥에 관한 법률」 제7조의 규정에 따라 수목원 조성계획의 승인을 얻어 조성되는 수목원시설
  9. 국가통신시설 또는 「전기통신기본법」 제2조 제2호의 전기통신설비
  10. 「수도법」 제3조 제17호에 따른 수도시설
  11. 「하수도법」 제2조 제3호에 따른 하수도
  12. 「지하수법」 제17조 제1항에 따른 지하수 관측시설
② 법 제10조 제4호에서 '대통령령으로 정하는 시설'이란 다음 각 호의 어느 하나에 해당하는 시설을 말한다(개정 2005. 8. 5, 2006. 8. 4, 2010. 3. 9, 2010. 12. 7).
  1. 병해충의 구제(구제) 및 예방을 위한 시설
  2. 산불ㆍ산사태 등 산림재해의 예방 및 복구를 위한 시설
  3. 「산림보호법」 제13조 제1항에 따라 지정된 보호수 및 야생동ㆍ식물의 보전ㆍ관리를 위한 시설
③ 법 제10조 제5호에서 '대통령령으로 정하는 시설'이란 다음 각 호의 기관 또는 단체가 임업시험연구 또는 산림과 관련된 교육목적달성을 위하여 설치하는 시설을 말한다(개정

2005. 8. 5, 2010. 12. 7).

1. 산림청(그 소속기관을 포함한다) 소속의 임업시험연구기관

2. 지방자치단체 소속의 임업시험연구기관

3. 「고등교육법」 제2조의 규정에 의한 학교로서 산림과 관련된 학과 또는 학부를 둔 학교

④ 법 제10조 제7호에서 '대통령령으로 정하는 시설'이란 발전소, 변전소(변환소를 포함한다), 송전시설 및 풍황(風況) 계측시설을 말한다(개정 2010. 12. 7, 2012. 5. 22).

⑤ 법 제10조 제8호에서 '대통령령으로 정하는 갱내채굴'이란 산지의 일시사용면적이 갱구 및 광물의 선별·가공시설을 포함하여 2만㎡ 미만인 굴진채굴(掘進採掘)을 말한다(신설 2010.12.7).

⑥ 법 제10조 제9호의3에서 '대통령령으로 정하는 유해의 조사·발굴'이란 다음 각 호의 어느 하나에 해당하는 조사·발굴을 말한다(신설 2012. 8. 22).

1. 「6·25 전사자유해의 발굴 등에 관한 법률」에 따른 전사자유해의 조사·발굴

2. 「대일항쟁기 강제동원 피해조사 및 국외 강제동원 희생자 등 지원에 관한 특별법」에 따른 피해자 등 유해의 조사·발굴

3. 그 밖에 사고실종자, 범죄피해자 등 유해의 발견을 목적으로 국가나 지방자치단체가 직접 시행하는 유해의 조사·발굴

⑦ 법 제10조 제10호에서 '대통령령으로 정하는 기간'이란 1년 이내의 기간을 말한다. 다만, 목적사업의 수행을 위한 산지전용기간 또는 산지 일시사용기간이 1년을 초과하는 경우에는 그 산지전용기간 또는 산지 일시사용기간을 말한다(신설 2010.12.7, 2012.8.22).

⑧ 법 제10조 제11호에서 '대통령령으로 정하는 규모 이하의 진입로'란 절·성토사면을 제외한 유효 너비가 3미터 이하이고, 그 길이가 50미터 이하인 진입로를 말한다.

※ 토지이용계획확인원에 산지전용제한지역으로 되어 있다면 보는 바와 같이 위 7번 신재생에너지 이용 보급을 위한 시설 이외에는 투자가치가 거의 없다.

## 4) 보전산지에서의 행위제한

### ① 임업용 산지에서의 행위제한

**산지관리법 제12조(보전산지에서의 행위제한)**

① 임업용 산지에서는 다음 각 호의 어느 하나에 해당하는 행위를 하기 위하여 산지전용 또는 산지 일시사용을 하는 경우를 제외하고는 산지전용 또는 산지 일시사용을 할 수 없다(개정 2012. 2. 22, 2013. 3. 23).

1. 제10조 제1호부터 제9호까지, 제9호의2 및 제9호의3에 따른 시설의 설치 등

2. 임도·산림경영관리사(산림경영관리사) 등 산림경영과 관련된 시설 및 산촌산업 개발시설 등 산촌개발사업과 관련된 시설로서 대통령령으로 정하는 시설의 설치

3. 수목원, 산림생태원, 자연휴양림, 수목장림, 그 밖에 대통령령으로 정하는 산림 공익시설의 설치

4. 농림어업인의 주택 및 그 부대시설로서 대통령령으로 정하는 주택 및 시설의 설치

5. 농림어업용 생산·이용·가공시설 및 농어촌휴양시설로서 대통령령으로 정하는 시설의 설치

6. 광물, 지하수, 그 밖에 대통령령으로 정하는 지하자원 또는 석재의 탐사·시추 및 개발과 이를 위한 시설의 설치

7. 산사태 예방을 위한 지질·토양의 조사와 이에 따른 시설의 설치

8. 석유비축 및 저장시설·방송통신설비, 그 밖에 대통령령으로 정하는 공용·공공 용 시설의 설치

9. 「장사 등에 관한 법률」에 따라 허가를 받거나 신고를 한 묘지·화장시설·봉안시 설·자연장지 시설의 설치

10. 대통령령으로 정하는 종교시설의 설치

11. 병원, 사회복지시설, 청소년수련시설, 근로자복지시설, 공공직업훈련시설 등 공익시설로서 대통령령으로 정하는 시설의 설치

12. 교육·연구 및 기술개발과 관련된 시설로서 대통령령으로 정하는 시설의 설치

13. 제1호부터 제12호까지의 시설을 제외한 시설로서 대통령령으로 정하는 지역사 회개발 및 산업발전에 필요한 시설의 설치

14. 제1호부터 제13호까지의 규정에 따른 시설을 설치하기 위하여 대통령령으로

정하는 기간 동안 임시로 설치하는 다음 각 목의 어느 하나에 해당하는 부대시설의
설치

　가. 진입로

　나. 현장사무소

　다. 지질·토양의 조사·탐사시설

　라. 그 밖에 주차장 등 농림축산식품부령으로 정하는 부대시설

15. 제1호부터 제13호까지의 시설 중 「건축법」에 따른 건축물과 도로(「건축법」
　　제2조 제1항 제11호의 도로를 말한다)를 연결하기 위한 대통령령으로 정하는
　　규모 이하의 진입로 설치

16. 그 밖에 가축의 방목, 산나물·야생화·관상수의 재배, 물건의 적치, 농도의
　　설치 등 임업용 산지의 목적 달성에 지장을 주지 아니하는 범위에서 대통령령으
　　로 정하는 행위

---

**산지관리법 시행령 제12조(임업용 산지 안에서의 행위제한)**

① 법 제12조 제1항 제2호에서 '대통령령으로 정하는 시설'이란 다음 각 호의 어느
　하나에 해당하는 시설을 말한다(개정 2005. 8. 5, 2007. 2. 1, 2007. 7. 27, 2008.
　7. 24, 2009. 11. 2, 2009. 11. 26, 2010. 12. 7).

　1. 임도·작업로 및 임산물 운반로

　2. 「임업 및 산촌 진흥촉진에 관한 법률 시행령」 제2조 제1호의 임업인(「산림자원의
　　조성 및 관리에 관한 법률」에 따라 산림경영계획의 인가를 받아 산림을 경영하고
　　있는 자를 말한다), 같은 조 제2호 및 제3호의 임업인이 설치하는 다음 각
　　목의 어느 하나에 해당하는 시설

　　가. 부지면적 1만㎡ 미만의 임산물 생산시설 또는 집하시설

　　나. 부지면적 3천㎡ 미만의 임산물 가공·건조·보관시설

　　다. 부지면적 1천㎡ 미만의 임업용 기자재 보관시설(비료·농약·기계 등을 보관하기
　　　위한 시설을 말한다) 및 임산물 전시·판매시설

　　라. 부지면적 200제곱미터 미만의 산림경영관리사(산림작업의 관리를 위한 시설로서
　　　작업대기 및 휴식 등을 위한 공간이 바닥면적의 100분의 25 이하인 시설을 말한다)
　　　및 대피소

　3. 삭제(2007. 7. 27.)

　4. 「궤도운송법」에 따른 궤도

　5. 「임업 및 산촌 진흥촉진에 관한 법률」 제25조에 따른 산촌개발사업으로 설치하는
　　부지면적 1만㎡ 미만의 시설

② 법 제12조 제1항 제3호에서 '대통령령으로 정하는 산림 공익시설'이란 다음 각 호의 어느 하나에 해당하는 시설을 말한다(개정 2007. 7. 27, 2009. 11. 26, 2010. 12. 7, 2012. 8. 22).

1. 산림욕장, 치유의 숲, 산책로 · 탐방로 · 등산로 등 숲길, 전망대

2. 자연관찰원 · 산림전시관 · 목공예실 · 숲속교실 · 숲속수련장 · 유아숲 체험원 · 산림박물관 · 산악박물관 · 산림교육센터 등 산림교육시설

3. 목재이용의 홍보 · 전시 · 교육 등을 위한 목조건축시설

③ 법 제12조 제1항 제4호에서 '대통령령으로 정하는 주택 및 시설'이라 함은 농림수산식품부령으로 정하는 농림어업인(이하 '농림어업인'이라 한다)이 자기소유의 산지에서 직접 농림어업을 경영하면서 실제로 거주하기 위하여 부지면적 660제곱미터 미만으로 건축하는 주택 및 그 부대시설을 말한다(개정 2008.2.29, 2009.11.26, 2010.12.7).

④ 제3항의 규정에 의한 부지면적을 적용함에 있어서 산지를 전용하여 농림어업인의 주택 및 그 부대시설을 설치하고자 하는 경우에는 그 전용하고자 하는 면적에 당해 농림어업인이 당해 시 · 군 · 구(자치구에 한한다)에서 그 전용허가신청일 이전 5년간 농림어업인 주택 및 그 부대시설의 설치를 위하여 전용한 임업용 산지의 면적을 합산한 면적(공공사업으로 인하여 철거된 농림어업인 주택 및 그 부대시설의 설치를 위하여 전용하였거나 전용하고자 하는 산지면적을 제외한다)을 당해 농림어업인 주택 및 그 부대시설의 부지면적으로 본다(개정 2005.8.5).

⑤ 법 제12조 제1항 제5호에서 '대통령령으로 정하는 시설'이란 다음 각 호의 어느 하나에 해당하는 시설을 말한다(개정 2005. 8. 5, 2007. 9. 6, 2008. 6. 20, 2008. 7. 24, 2009. 4. 20, 2009. 10. 8, 2009. 12. 15, 2010. 12. 7).

1. 농림어업인, 「농어업 · 농어촌 및 식품산업 기본법」 제3조 제4호에 따른 생산자단체, 「농어업 경영체 육성 및 지원에 관한 법률」 제16조에 따른 영농조합법인과 영어조합법인 또는 같은 법 제19조에 따른 농업회사법인(이하 '농림어업인 등'이라 한다)이 설치하는 다음 각 목의 어느 하나에 해당하는 시설
   가. 부지면적 3만㎡ 미만의 축산시설
   나. 부지면적 1만㎡ 미만의 다음의 시설
   (1) 야생조수의 인공사육시설
   (2) 양어장 · 양식장 · 낚시터 시설
   (3) 폐목재 · 짚 · 음식물쓰레기 등을 이용한 유기질비료 제조시설(「폐기물관리

법 시행령」 별표 3 제1호 라목에 따른 퇴비화 시설에 한한다)

(4) 가축분뇨를 이용한 유기질비료 제조시설

(5) 버섯재배시설, 농림업용 온실

다. 부지면적 3천㎡ 미만의 다음의 시설

(1) 누에사육시설 · 농기계수리시설 · 농기계창고

(2) 농 · 축 · 수산물의 창고 · 집화장 또는 그 가공시설

라. 부지면적 200제곱미터 미만의 다음의 시설(작업대기 및 휴식 등을 위한 공간이 바닥면적의 100분의 25 이하인 시설을 말한다.)

(1) 농막

(2) 농업용 · 축산업용 관리사(주거용이 아닌 경우에 한한다)

2. 「농어촌정비법」 제82조 및 같은 법 제83조에 따라 개발되는 3만 제곱미터 미만의 농어촌 관광휴양단지 및 관광농원

⑥ 법 제12조 제1항 제8호에서 '대통령령으로 정하는 공용 · 공공용 시설'이란 다음 각 호의 어느 하나에 해당하는 시설을 말한다(개정 2005. 8. 5, 2007. 11. 15, 2008. 2. 29, 2010. 12. 7).

1. 액화석유가스를 저장하기 위한 시설로서 농림수산식품부령이 정하는 시설

2. 「대기환경보전법」 제2조 제16호에 따른 저공해자동차에 연료를 공급하기 위한 시설

⑦ 제12조 제1항 제10호에서 '대통령령으로 정하는 종교시설'이란 문화체육관광부장관이 「민법」 제32조의 규정에 따라 종교법인으로 허가한 종교단체 또는 그 소속단체에서 설치하는 부지면적 1만 5천㎡ 미만의 사찰 · 교회 · 성당 등 종교의식에 직접적으로 사용되는 시설과 농림수산식품부령으로 정하는 부대시설을 말한다(개정 2005. 8. 5, 2008. 2. 29, 2010. 12. 7).

⑧ 법 제12조 제1항 제11호에서 '대통령령으로 정하는 시설'이란 다음 각 호의 어느 하나에 해당하는 시설을 말한다(개정 2005. 3. 18, 2005. 6. 30, 2005. 8. 5, 2007. 7. 27, 2009. 11. 26, 2010. 12. 7, 2011. 12. 8, 2012. 8. 3).

1. 「의료법」 제3조 제2항에 따른 의료기관 중 종합병원 · 병원 · 치과병원 · 한방병원 · 요양병원

2. 「사회복지사업법」 제2조 제4호에 따른 사회복지시설

3. 「청소년활동진흥법」 제10조 제1호의 규정에 의한 청소년수련시설

4. 근로자의 복지증진을 위한 시설로서 다음 각 목의 어느 하나에 해당하는 것

가. 근로자 기숙사(「건축법 시행령」 별표 1 제2호 라목의 규정에 의한 기숙사에 한한다)

나. 「영유아보육법」 제10조 제3호의 규정에 의한 직장어린이집

다. 「수도권정비계획법」 제2조 제1호의 규정에 의한 수도권 또는 광역시 지역의 주택난 해소를 위하여 공급되는 「근로자복지 기본법」 제13조 제2항의 규정에 의한 근로자주택

라. 비영리법인이 건립하는 근로자의 여가 · 체육 및 문화활동을 위한 복지회관

5. 「근로자직업능력 개발법」 제2조 제3호의 규정에 따라 국가 · 지방자치단체 및 공공단체가 설치 · 운영하는 직업능력개발훈련시설

⑨ 법 제12조 제1항 제12호에서 '대통령령으로 정하는 시설'이란 다음 각 호의 어느 하나에 해당하는 시설을 말한다(개정 2005. 8. 5, 2008. 2. 29, 2009. 11. 26, 2010. 12. 7, 2011. 6. 24, 2013. 3. 23).

1. 「기초연구진흥 및 기술개발지원에 관한 법률」 제14조 제1항 제2호에 따른 기업부설 연구소로서 교육과학기술부장관의 추천이 있는 시설

2. 「특정연구기관 육성법」 제2조의 규정에 의한 특정연구기관이 교육 또는 연구목적으로 설치하는 시설

3. 「과학기술기본법」 제9조 제1항의 규정에 의한 국가과학기술심의회에서 심의한 연구개발사업 중 우주항공기술개발과 관련된 시설

4. 「초 · 중등교육법」 및 「고등교육법」에 따른 학교 시설

⑩ 법 제12조 제1항 제13호에서 '대통령령으로 정하는 지역사회개발 및 산업발전에 필요한 시설'이란 관계 행정기관의 장이 다른 법률의 규정에 따라 산림청장 등과 협의하여 산지전용허가 · 산지 일시사용허가 또는 산지전용신고 · 산지 일시사용신고가 의제되는 허가 · 인가 등의 처분을 받아 설치되는 시설을 말한다. 다만, 다음 각 호의 어느 하나에 해당하는 시설은 제외한다(개정 2005. 8. 5, 2007. 7. 27, 2007. 11. 30, 2008. 7. 24, 2009. 4. 20, 2009. 11. 26, 2010. 12. 7, 2012. 8. 22).

1. 「대기환경보전법」 제2조 제9호의 규정에 의한 특정대기유해물질을 배출하는 시설

2. 「대기환경보전법」 제2조 제11호의 규정에 의한 대기오염물질배출시설(동법 시행령 별표 1의 1종 사업장 내지 4종 사업장에 설치되는 시설에 한한다)

3. 「수질 및 수생태계 보전에 관한 법률」 제2조 제8호에 따른 특정수질유해물질을 배출하는 시설. 다만, 같은 법 제34조에 따라 폐수 무방류 배출시설의 설치허가를 받아 운영하는 경우를 제외한다.

4. 「수질 및 수생태계 보전에 관한 법률」 제2조 제10호에 따른 폐수배출시설(같은 법 시행령 별표 13에 따른 1종 사업장부터 4종 사업장까지의 사업장에 설치되는 시설에 한정한다)

5. 「폐기물관리법」 제2조 제4호의 규정에 따른 지정폐기물을 배출하는 시설. 다만, 당해 사업장에 지정폐기물을 처리하기 위한 폐기물처리시설을 설치하거나 지정폐기물을 위탁하여 처리하는 경우에는 그러하지 아니하다.

6. 다음 각 목의 어느 하나에 해당하는 처분을 받아 설치하는 시설. 다만, 「국토의 계획 및 이용에 관한 법률」 제51조에 따른 지구단위계획구역을 지정하기 위한 산지전용허가 · 산지 일시사용허가 또는 산지전용신고 · 산지 일시사용신고의 의제에 관한 협의 내용에 다음 각 목의 어느 하나에 해당하는 사항이 포함된 경우에는 그 처분을 받아 설치하는 시설은 제외한다.

　　가. 「주택법」 제16조에 따른 사업계획의 승인

　　나. 「건축법」 제11조에 따른 건축허가 및 같은 법 제14조에 따른 건축신고

　　다. 「국토의 계획 및 이용에 관한 법률」 제56조에 따른 개발행위허가

⑪ 법 제12조 제1항 제14호에서 '대통령령으로 정하는 기간'이란 1년 이내의 기간을 말한다. 다만, 목적사업의 수행을 위한 산지전용기간 · 산지 일시사용기간이 1년을 초과하는 경우에는 그 산지전용기간 · 산지 일시사용기간을 말한다(신설 2010. 12. 7).

⑫ 법 제12조 제1항 제15호에서 '대통령령으로 정하는 규모 이하의 진입로'란 절 · 성토 사면을 제외한 유효 너비가 3미터 이하이고, 그 길이가 50미터 이하인 진입로를 말한다(신설 2010.12.7).

⑬ 법 제12조 제1항 제16호에서 '대통령령으로 정하는 행위'란 다음 각 호의 어느 하나에 해당하는 행위를 말한다(개정 2005. 8. 5, 2006. 8. 4, 2007. 7. 27, 2008. 7. 24, 2009. 4. 20, 2009. 11. 26, 2009. 12. 14, 2010. 12. 7).

1. 「농어촌 도로정비법」 제4조 제2항 제3호에 따른 농도, 「농어촌정비법」 제2조 제6호에 따른 양수장 · 배수장 · 용수로 및 배수로를 설치하는 행위

2. 부지면적 100제곱미터 미만의 제각(祭閣)을 설치하는 행위

3. 「사도법」 제2조의 규정에 의한 사도(斜道)를 설치하는 행위

4. 「자연환경보전법」 제2조 제9호의 규정에 의한 생태통로 및 조수의 보호 · 번식을 위한 시설을 설치하는 행위

5. 농림어업인이 3만㎡ 미만의 산지에 「임업 및 산촌 진흥촉진에 관한 법률 시행령」

제8조 제1항에 따른 임산물 소득원의 지원 대상 품목을 재배하는 행위

6. 농림어업인이 3만㎡ 미만의 산지에서 「축산법」 제2조 제1호의 규정에 의한 가축을 방목하는 경우로서 다음 각목의 요건을 갖춘 행위

   가. 조림지의 경우에는 조림 후 15년이 지난 산지일 것

   나. 대상지의 경계에 울타리를 설치할 것

   다. 입목·죽의 생육에 지장이 없도록 보호시설을 설치할 것

7. 농림어업인 또는 관상수생산자가 3만㎡ 미만의 산지에서 관상수를 재배하는 행위

8. 「측량·수로 조사 및 지적에 관한 법률」 제8조에 따른 측량기준점 표지를 설치하는 행위

9. 「폐기물관리법」 제2조 제1호의 규정에 의한 폐기물이 아닌 물건을 1년 이내의 기간 동안 산지에 적치하는 행위로서 다음 각목의 요건을 모두 갖춘 행위

가. 입목의 벌채·굴취를 수반하지 아니할 것

나. 당해 물건의 적치로 인하여 주변환경의 오염, 자연경관 등의 훼손 우려가 없을 것

10. 법 제26조의 규정에 의한 채석경제성평가를 위하여 시추하는 행위

11. 「영화 및 비디오물의 진흥에 관한 법률」, 「방송법」 또는 「문화산업진흥 기본법」에 따른 영화제작업자·방송사업자 또는 방송영상독립제작사가 영화 또는 방송프로그램의 제작을 위하여 사외촬영시설을 설치하는 행위

12. 부지면적 200제곱미터 미만의 간이 농림어업용 시설(농업용수 개발시설을 포함한다) 및 농림수산물 간이처리시설을 설치하는 행위

⑭ 산림청장은 지역 여건상 제1항 제2호·제5호, 제3항, 제5항 및 제7항에 따른 부지면적의 제한이 불합리하다고 인정되는 경우에는 중앙산지관리위원회의 심의를 거쳐 100분의 200의 범위 안에서 그 부지면적의 제한을 완화하여 적용할 수 있다(개정 2009. 11. 26, 2010. 12. 7).

② 공익용 산지에서의 행위제한

**산지관리법 제12조(보전산지에서의 행위제한)**

② 공익용 산지(산지전용·일시사용 제한지역은 제외한다)에서는 다음 각 호의 어느 하나에 해당하는 행위를 하기 위하여 산지전용 또는 산지 일시사용을 하는 경우를 제외하고는

산지전용 또는 산지 일시사용을 할 수 없다(개정 2012. 2. 22, 2013. 3. 23).

1. 제10조 제1호부터 제9호까지, 제9호의2 및 제9호의3에 따른 시설의 설치 등
2. 제1항 제2호, 제3호, 제6호 및 제7호의 시설의 설치
3. 제1항 제12호의 시설 중 대통령령으로 정하는 시설의 설치
4. 대통령령으로 정하는 규모 미만으로서 다음 각 목의 어느 하나에 해당하는 행위

   가. 농림어업인 주택의 신축, 증축 또는 개축. 다만, 신축의 경우에는 대통령령으로 정하는 주택 및 시설에 한정한다.

   나. 종교시설의 증축 또는 개축

   다. 제4조 제1항 제1호 나목 2)에 해당하는 사유로 공익용 산지로 지정된 사찰림의 산지에서의 사찰 신축

5. 제1호부터 제4호까지의 시설을 제외한 시설로서 대통령령으로 정하는 공용·공공용 사업을 위하여 필요한 시설의 설치
6. 제1호부터 제5호까지에 따른 시설을 설치하기 위하여 대통령령으로 정하는 기간 동안 임시로 설치하는 다음 각 목의 어느 하나에 해당하는 부대시설의 설치

   가. 진입로

   나. 현장사무소

   다. 지질·토양의 조사·탐사시설

   라. 그 밖에 주차장 등 농림축산식품부령으로 정하는 부대시설

7. 제1호부터 제5호까지의 시설 중 「건축법」에 따른 건축물과 도로(「건축법」 제2조 제1항 제11호의 도로를 말한다.)를 연결하기 위한 대통령령으로 정하는 규모 이하의 진입로의 설치
8. 그 밖에 산나물·야생화·관상수의 재배, 농도의 설치 등 공익용산지의 목적 달성에 지장을 주지 아니하는 범위에서 대통령령으로 정하는 행위

**산지관리법 시행령 제13조(공익용 산지 안에서의 행위제한)**

① 법 제12조 제2항 제3호에서 '대통령령이 정하는 시설'이라 함은 제12조 제9항 제3호의 규정에 의한 시설을 말한다.

② 법 제12조 제2항 제4호에서 '대통령령이 정하는 규모 이하'란 다음 각호의 구분에 따른 규모 이하를 말한다(개정 2007. 7. 27, 2009. 11. 26).

1. 농림어업인의 주택 또는 종교시설을 증축하는 경우: 종전 주택·시설 연면적의

100분의 130 이하

2. 농림어업인의 주택 또는 종교시설을 개축하는 경우: 종전 주택·시설 연면적의 100분의 100 이하

3. 농림어업인의 주택 또는 사찰림의 산지 안에서의 사찰을 신축하는 경우: 다음 각 목의 구분에 따른 규모 이하

　　가. 법 제12조 제2항 제4호 가목 단서에 따라 농림어업인이 자기 소유의 산지에서 직접 농림어업을 경영하면서 실제로 거주하기 위하여 신축하는 주택 및 그 부대시설: 부지면적 660㎡ 이하

　　나. 법 제12조 제2항 제4호 다목에 따라 신축하는 사찰 및 그 부대시설: 부지면적 1만 5천㎡ 이하

③ 법 제12조 제2항 제5호에서 '대통령령으로 정하는 공용·공공용 사업을 위하여 필요한 시설'이란 다음 각 호의 어느 하나에 해당하는 시설을 말한다(개정 2005. 8. 5, 2007. 7. 27, 2007. 9. 6, 2008. 2. 29, 2008. 7. 24, 2010. 12. 7).

1. 국가·지방자치단체, 「공공기관의 운영에 관한 법률」 제5조에 따른 공기업·준정부기관(이하 '공기업·준정부기관'이라 한다), 「지방공기업법」 제49조에 따른 지방공사(이하 '지방공사'라 한다) 및 같은 법 제76조에 따른 지방공단(이하 '지방공단'이라 한다)이 관계 법령에 따라 시행하는 사업으로 설치하는 시설로서 농림수산식품부령으로 정하는 시설

2. 「폐기물관리법」 제2조 제8호에 따른 폐기물처리시설 중 국가 또는 지방자치단체가 설치하는 폐기물처리시설

3. 삭제(2007. 7. 27.)

4. 「광산보안법」 제2조 제5호의 규정에 의한 광해를 방지하기 위한 시설

④ 법 제12조 제2항 제6호에서 '대통령령으로 정하는 기간'이란 1년 이내의 기간을 말한다. 다만, 목적사업의 수행을 위한 산지전용기간·산지 일시사용기간이 1년을 초과하는 경우에는 그 산지전용기간·산지 일시사용기간을 말한다(신설 2010.12.7).

⑤ 법 제12조 제2항 제7호에서 '대통령령으로 정하는 규모 이하의 진입로'란 절·성토사면을 제외한 유효 너비가 3미터 이하이고, 그 길이가 50미터 이하인 진입로를 말한다(신설 2010.12.7).

⑥ 법 제12조 제2항 제8호에서 '대통령령으로 정하는 행위'란 다음 각 호의 어느 하나에 해당하는 행위를 말한다(개정 2005. 8. 5, 2010. 12. 7).

1. 제12조 제13항 제1호부터 제5호까지, 제8호 및 제10호에 해당하는 행위

2. 농림어업인이 1만㎡ 미만의 산지에서 관상수를 재배하는 행위

3. 「국토의 계획 및 이용에 관한 법률」 제40조의 규정에 의한 수산자원보호구역 안에서 농림어업인이 3천㎡ 미만의 산지에 양어장 및 양식장을 설치하는 행위

⑦ 법 제12조 제3항 제2호에서 '대통령령으로 정하는 산지'란 다음 각 호의 어느 하나에 해당하는 산지를 말한다(개정 2012. 8. 22).

1. 「국토의 계획 및 이용에 관한 법률」 제38조의 2 제1항에 따른 도시 자연공원구역으로 지정된 산지

2. 「국토의 계획 및 이용에 관한 법률」 제40조에 따른 수산자원보호구역으로 지정된 산지


## (11) 개발제한구역(그린벨트)의 이해

### 1) 개발제한구역의 의의

개발제한구역은 도시의 무질서한 확산을 방지하고 도시 주변의 자연환경을 보전하여 시민의 건전한 생활환경을 확보함을 목적으로 도시 주변에 설정하는 「국토의 계획 및 이용에 관한 법률」에 의한 용도구역의 하나이다. 개발제한구역에 관하여는 「개발제한구역의 지정 및 관리에 관한 특별조치법」[131]에서 규정하고 있다.

개발제한구역으로 지정되면 일반적으로 건축물의 건축 및 용도변경, 공작물의 설치, 토지의 형질변경, 죽목의 벌채, 토지의 분할, 물건을 쌓아놓는 행위, 도시 · 군 계획사업, 분묘의 설치를 할 수 없다.

**개발제한구역 지정기준(개특법 영 2조 1항)**

1. 도시의 무질서한 확산 또는 서로 인접한 도시의 시가지로의 연결을 방지하기 위해 개발을 제한할 필요가 있는 지역

2. 도시주변의 자연환경 및 생태계를 보전하고 도시민의 건전한 생활환경을 확보하기 위하여 개발을 제한할 필요가 있는 지역

---

131) 이하 「개특법」이라 함.

### 2) 개발제한구역 내에서 허가를 받아 할 수 있는 행위

다음 어느 하나에 해당하는 행위를 하려는 자는 '시장·군수·구청장'의 허가를 받아 그 행위를 할 수 있다(개특법 12조 1항 1호, 시행령 13조 1항)

※ 개발제한구역 내에서의 건폐율은 60% 이하, 용적률은 300% 이하이다.

개발제한구역의 지정 및 관리에 관한 특별조치법시행령(개정 2013. 3. 23.) [별표 1]

### 건축물 또는 공작물의 종류, 건축 또는 설치의 범위(제13조 제1항 관련)

| 시설의 종류 | 건축 또는 설치의 범위 |
|---|---|
| **1. 개발제한구역의 보전 및 관리에 도움이 될 수 있는 시설**<br>가. 공공공지 및 녹지 | |
| 나. 하천 및 운하 | 하천부지에 설치하는 환경개선을 위한 자연생태시설, 수질개선시설, 홍보시설을 포함한다. |
| 다. 등산로, 산책로, 어린이 놀이터, 간이휴게소 및 철봉, 평행봉, 그 밖에 이와 비슷한 체력단련시설 | 가) 국가·지방자치단체 또는 서울올림픽기념국민체육진흥공단이 설치하는 경우만 해당한다.<br>나) 간이휴게소는 33제곱미터 이하로 설치하여야 한다. |
| 라. 실외체육시설 | 가) 「체육시설의 설치·이용에 관한 법률」 제6조에 따른 생활체육시설 중 배구장, 테니스장, 배드민턴장, 게이트볼장, 롤러스케이트장, 잔디(인조잔디를 포함한다. 이하 같다)축구장, 잔디야구장, 농구장, 야외수영장, 궁도장, 사격장, 승마장, 씨름장, 양궁장 및 그 밖에 이와 유사한 체육시설로서 건축물의 건축을 수반하지 아니하는 운동시설(골프연습장은 제외한다) 및 그 부대시설을 말한다.<br>나) 부대시설은 탈의실, 세면장, 화장실, 운동기구 보관창고와 간이휴게소를 말하며, 그 건축 연면적은 200제곱미터 이하로 하되, 시설 부지면적이 2천㎡ 이상인 경우에는 그 초과하는 |

| | |
|---|---|
| | 면적의 1천분의 10에 해당하는 면적만큼 추가로 부대시설을 설치할 수 있다. |
| | 다) 승마장의 경우 실내 마장, 마사 등의 시설을 2,000제곱미터 이하의 규모로 설치할 수 있다. |
| 마. 시장·군수·구청장이 설치하는 소규모 실내 생활체육시설 | 가) 게이트볼장, 배드민턴장과 그 부대시설(관리실, 탈의실, 세면장, 화장실, 운동기구 보관창고와 간이휴게소를 말한다)을 설치할 수 있다. |
| | 나) 건축 연면적은 부대시설을 포함하여 각각 6백제곱미터 이하의 규모로 설치하여야 한다. |
| | 다) 임야인 토지에는 설치할 수 없다. |
| 바. 실내체육관 | 가) 개발제한구역 면적이 전체 행정구역의 50퍼센트 이상인 시·군·구에만 설치하되, 설치할 수 있는 부지는 복구사업지역과 제2조의 2 제4항에 따라 개발제한구역 관리계획에 반영된 개수 이내에서만 설치할 수 있다. |
| | 나) 시설의 규모는 2층 이하(높이 22미터 미만), 건축 연면적 5,000제곱미터 이하로 한다. |
| 사. 골프장 | 가) 「체육시설의 설치·이용에 관한 법률 시행령」 별표 1의 골프장과 그 골프장에 설치하는 골프연습장을 포함한다. |
| | 나) 숙박시설은 설치할 수 없다. |
| | 다) 훼손된 지역이나 보전가치가 낮은 토지를 활용하는 등 자연환경을 보전할 수 있도록 국토해양부령으로 정하는 입지기준에 적합하게 설치하여야 한다. |
| 아. 휴양림, 산림욕장, 치유의 숲 및 수목원 | 가) 「산림문화·휴양에 관한 법률」에 따른 자연휴양림, 산림욕장 및 치유의 숲과 그 안에 설치하는 시설(산림욕장의 경우 체육시설은 제외한다)을 말한다. |
| | 나) 「수목원 조성 및 진흥에 관한 법률」에 따른 수목원과 그 안에 설치하는 시설을 말한다. |
| 자. 청소년수련시설 | 가) 국가 또는 지방자치단체가 설치하는 것으로서 「청소년활동진흥법」 제2조 제2호에 따른 청소년활동시설 중 청소년수련관, 청소년수련원 및 청소년야영장만 해당한다. |
| | 나) 설치할 수 있는 지역 및 그 개수는 마목가)를 준용한다. |

| | |
|---|---|
| 차. 자연공원 | 「자연공원법」 제2조 제1호에 따른 자연공원과 같은 법 제2조 제10호에 따른 공원시설(이 영에서 설치가 허용되는 시설에 한정한다) |
| 카. 도시공원 | 「도시공원 및 녹지 등에 관한 법률」 제2조 제3호에 따른 도시공원과 그 안에 설치하는 같은 조 제4호에 따른 공원시설(스키장 및 골프연습장은 제외한다)을 말한다. |
| 타. 잔디광장, 피크닉장 및 야영장 | 국가 또는 지방자치단체가 설치하는 경우로서 그 부대시설·보조시설(간이시설만 해당한다)을 설치할 수 있다. |
| 파. 탑 또는 기념비 | 가) 국가 또는 지방자치단체가 녹지조성과 병행하여 설치하는 것으로서 전적비와 총화탑 등을 포함한다.<br>나) 설치할 수 있는 높이는 5미터 이하로 한다. |
| 하. 개발제한구역 관리·전시·홍보 관련 시설 | 개발제한구역을 합리적으로 보전·관리하고 관련 자료의 전시·홍보를 위한 시설을 말하며, 설치할 수 있는 지역은 「국토의 계획 및 이용에 관한 법률」 제10조에 따라 지정된 광역계획권별로 1개 시설(수도권은 2개)을 초과할 수 없다. |
| 거. 수목장림 | 「장사 등에 관한 법률」에 따른 수목장림을 말하며, 다음의 요건을 모두 갖춘 경우에만 설치할 수 있다.<br>가) 「장사 등에 관한 법률 시행령」 제21조 제2항, 별표 5 제1호부터 제4호까지의 규정에 따른 수목장림에 한정할 것<br>나) 해당 시장·군수·구청장이 설치하려는 지역 주민의 의견을 청취하여 수립하는 배치계획에 따를 것<br>다) 수목장림 구역에는 보행로와 안내표지판을 설치할 수 있도록 하되, 수목장림 관리·운용에 필요한 사무실, 유족편의시설, 공동분향단, 주차장 등 필수시설은 최소한의 규모로 설치할 것 |
| 너. 방재시설 | 방풍설비, 방수설비, 방화설비, 사방(砂防)설비 및 방조설비를 말한다. |
| 더. 저수지 및 유수지 | |
| 러. 서바이벌게임 관련 시설 | 주민의 여가선용과 심신단련을 위하여 모의총기 등의 장비를 갖추고 모의전투를 체험하게 하는 모의전투체험장을 관리·운영하는 데 필요한 시설을 말하며, 관리사무실, 장비보관실, 탈의실, 세면장 및 화장실 등을 합하여 건축 연면적 300제곱미터 이하로 설치할 수 있고, 이용자의 안전을 위하여 감시탑 및 그물망 등의 공작물을 설치할 수 있다. |

| 2. 개발제한구역을 통과하는 선형시설과 필수시설 | 가) 각 시설의 용도에 직접적으로 이용되는 시설과 이에 필수적으로 수반되어야만 기능이 발휘되는 시설로 한정한다.<br>나) 기반시설의 경우에는 도시계획시설로만 설치할 수 있다. 다만, 라목 및 마목의 경우에는 그러하지 아니하다. |
|---|---|
| 가. 철도 | |
| 나. 궤도 | 차목 및 제4호의 국방·군사시설로 설치·운영하기 위한 경우로 한정한다. |
| 다. 도로 및 광장 | 고속국도에 설치하는 휴게소를 포함하며, 광장에는 교통광장, 경관광장만 해당한다. |
| 라. 삭제<br>(2012.11.12.) | |
| 마. 관개 및 발전용수로 | |
| 바. 삭제(2012.11.12.) | |
| 사. 수도 및 하수도 | |
| 아. 공동구 | |
| 자. 전기공급시설 | 가)「신에너지 및 재생에너지 개발·이용·보급 촉진법」제2조 제1호 가목에 따른 태양에너지 설비를 포함하되, 건축물에 설치하는 경우에는 도시·군 계획시설로 설치하지 아니할 수 있다.<br>나) 옥내에 설치하는 변전시설의 경우 도시계획시설로 설치하지 아니할 수 있다. |
| 차. 전기통신시설·방송시설 및 중계탑 시설 | 도시계획시설만 해당한다. 다만, 중계탑 시설 및 바닥면적이 50제곱미터 이하인 이동통신용 중계탑은 설치되는 시설의 수, 주변의 경관 등을 고려하여 시장·군수·구청장이 개발제한구역이 훼손되지 아니한다고 인정하는 경우에는 도시계획시설로 설치하지 아니할 수 있다. |
| 카. 송유관 | 「송유관 안전관리법」에 따른 송유관을 말한다. |
| 타. 집단에너지공급시설 | 「집단에너지사업법」에 따른 공급시설 중 열수송관(열원시설 및 같은 법 제2조 제7호의 사용시설 안의 배관은 제외한다)을 말한다. |
| 파. 버스 차고지 및 그 부대시설 | 가)「여객자동차 운수사업법 시행령」제3조 제1호에 따른 노선 여객자동차운송사업용 버스차고지 및 그 부대시설(자동차 천연가스 공급시설을 포함한다)에만 한정하며, 시외버스 운송사 |

업용 버스 차고지 및 그 부대시설은 개발제한구역 밖의 기존 버스터미널이나 인근 지역에 버스차고지 등을 확보할 수 없는 경우에 만 설치할 수 있다.

나) 노선 여객자동차운송사업용 버스차고지는 지방자치단체가 설치하여 임대하거나 「여객자동차 운수사업법」 제53조에 따른 조합 또는 같은 법 제59조에 따른 연합회가 도시계획시설로 설치하거나 그 밖의 자가 도시계획시설로 설치하여 지방자치단체에 기부하는 경우만 해당한다.

다) 부대시설은 사무실 및 영업소, 정류소 및 기 종점지, 차고설비, 차고부대시설, 휴게실 및 대기실만 해당하며, 기 종점지에는 화장실, 휴게실 및 대기실 등 별도의 편의시설을 66제곱미터 이하의 가설건축물로 설치할 수 있다.

라) 시설을 폐지하는 경우에는 지체 없이 철거하고 원상 복구하여야 한다.

| | |
|---|---|
| 하.  가스공급시설 | 「도시가스사업법」에 따른 가스공급시설로서 가스배관시설만 설치할 수 있다. |
| 3.  개발제한구역에 입지하여야만 기능과 목적이 달성되는 시설<br><br>가.  공항<br>나.  항만<br>다.  환승센터<br><br><br><br>라.  주차장<br>마.  학교 | 해당 시·군·구 관할 구역 내 개발제한구역 밖에 입지할 수 있는 토지가 없는 경우로서 이미 훼손된 지역에 우선 설치하여야 한다.<br>도시계획시설에만 한정하며, 항공표지시설을 포함한다.<br>도시계획시설에만 한정하며, 항로표지시설을 포함한다.<br>「국가통합교통체계효율화법」 제2조 제13호의 시설로서 「대도시권 광역교통 관리에 관한 특별법」에 따른 대도시권 광역교통시행계획에 반영된 사업에만 해당하며, 이 영에서 허용되는 시설을 부대시설로 설치할 수 있다.<br><br>가) 신축할 수 있는 경우는 다음과 같다. 다만, 개발제한구역 밖의 학교를 개발제한구역으로 이전하기 위하여 신축하는 경우는 제외한다.<br>① 「유아교육법」 제2조 제2호에 따른 유치원: 개발제한구역의 주민(제2조 제3항 제2호에 따라 개발제한구역이 해제된 |

취락주민을 포함한다)을 위한 경우로서 그 시설의 수는 시장·군수 또는 구청장이 개발제한구역 및 해제된 취락의 아동 수를 고려하여 수립하는 배치계획에 따른다.

② 「초·중등교육법」 제2조에 따른 초등학교(분교를 포함한다)·중학교·고등학교·특수학교

(가) 개발제한구역에 거주하는 세대의 학생을 수용하는 경우와 같은 시·군·구(2킬로미터 이내의 다른 시·군·구를 포함한다)에 거주하는 세대의 학생을 주로 수용하는 경우로 한정한다.

(나) 사립학교는 국립·공립학교의 설립계획이 없는 경우에만 설치할 수 있다.

(다) 임야인 토지에 설치할 수 없다.

(라) 특수학교의 경우는 (가) 및 (나)를 적용하지 아니한다.

(마) 복구사업지역과 제2조의 2 제4항에 따라 개발제한구역 관리계획에 제2조의 3 제1항 제8호의 관리방안이 반영된 지역에 설치하는 경우에는 4층 이하로 설치하고, 옥상녹화 등 친환경적 대책을 마련하여야 한다.

나) 개발제한구역 또는 2000년 7월 1일 이전에 개발제한구역의 인접지에 이미 설치된 학교로서 개발제한구역의 인접지에 증축의 여지가 없는 경우에만 증축할 수 있다.

다) 농업계열 학교의 교육에 직접 필요한 실습농장 및 그 부대시설을 설치할 수 있다.

바. 지역 공공시설

가) 국가 또는 지방자치단체가 설치하는 보건소(「노인복지법」 제34조 제1항 제1호에 따른 노인요양시설을 병설하는 경우 이를 포함한다), 보건진료소

나) 노인요양시설「노인복지법」 제34조 제1항 제1호 및 제2호의 시설을 말하며, 설치할 수 있는 지역 및 그 개수는 제1호 바목 가)를 준용한다〕

다) 경찰파출소, 119안전신고센터, 초소

라) 「영유아보육법」 제2조 제3호에 따른 어린이집으로서 개발제한구역의 주민(제2조 제3항 제2호에 해당하여 개발제한구역에서 해제된 지역을 포함한다)을 위한 경우만 해당하며, 그 시설

| | |
|---|---|
| | 의 수는 시장·군수 또는 구청장이 개발제한구역의 이동수를 고려하여 수립하는 배치계획에 따른다. |
| | 마) 도서관: 건축 연면적 1,000제곱미터 이하의 규모로 한정한다. |
| 사. 국가의 안전·보안업무의 수행을 위한 시설 | |
| 아. 폐기물처리시설 | 가) 「폐기물관리법」 제2조 제8호에 따른 시설을 말하며, 도시계획시설로 설치하는 경우에 한정한다. |
| | 나) 「건설폐기물의 재활용촉진에 관한 법률」에 따른 폐기물 중간처리시설은 다음의 기준에 따라 설치하여야 한다. |
| | ① 토사, 콘크리트 덩이와 아스팔트콘크리트 등의 건설폐기물을 선별·파쇄·소각처리 및 일시 보관하는 시설일 것 |
| | ② 시장·군수·구청장이 설치·운영하여야 한다. 다만, 「건설폐기물의 재활용촉진에 관한 법률」 제21조에 따른 건설폐기물 중간처리업 허가를 받은 자 또는 허가를 받으려는 자가 대지화되어 있는 토지 또는 폐천부지에 설치하는 경우에는 시·군·구당 3개소 이내로 해당 토지를 소유하고 도시계획시설로 설치하여야 한다. |
| | ③ 시설부지의 면적은 1만㎡ 이상, 관리실 및 부대시설은 건축 연면적 66제곱미터 이하일 것 다만, 경비실은 조립식 공작물로 필요 최소한 규모로 별도로 설치할 수 있다. |
| | ④ 시설을 폐지하는 경우에는 지체 없이 이를 철거하고 원상복구할 것 |
| | 가) 「대기환경보전법」에 따른 자동차 천연가스 공급시설로서 그 부지면적은 3천300제곱미터 이하로 하며, 부대시설로 세차시설을 설치할 수 있다 |
| | 나) 「국토의 계획 및 이용에 관한 법률」에 따른 계획관리지역과 공업지역이 없는 시·군·구에만 설치할 수 있으며, 시설을 폐지하는 경우에는 지체 없이 이를 철거하고 원상 복구하여야 한다. |
| 차. 유류저장 설비 | 「국토의 계획 및 이용에 관한 법률」에 따른 계획관리지역과 공업지역이 없는 시·군·구에만 설치할 수 있으며, 시설을 폐지하는 |

| | |
|---|---|
| 카. 기상시설 | 경우에는 지체 없이 이를 철거하고 원상 복구하여야 한다. 「기상법」 제2조 제13호에 따른 기상시설을 말한다. |
| 타. 장사 관련 시설 | 가) 공동묘지 및 화장시설을 신설하는 경우는 국가, 지방자치단체에 한정하며, 그 안에 봉안시설 및 장례식장을 포함하여 설치할 수 있다. |
| | 나) 가)에도 불구하고 봉안시설 또는 수목장림은 다음 중 어느 하나에 해당하는 경우, 국가 또는 지방자치단체가 신설하는 공동묘지 및 화장시설이 아닌 곳에 설치할 수 있다.<br>① 기존의 공동묘지 안에 있는 기존의 분묘만을 봉안시설로 전환·설치하는 경우<br>② 봉안시설을 사찰의 경내에 설치하는 경우<br>③ 가족·종중 또는 문중의 분묘를 정비(개발제한구역 밖에 있던 분묘를 포함한다)하는 부지 안에서 봉안시설 또는 수목장림으로 전환·설치하는 경우<br>④ 수목장림을 사찰의 경내지에 설치하는 경우 |
| | 다) 나)에 따라 봉안시설이나 수목장림으로 전환·설치하는 경우 정비된 분묘가 있던 기존의 잔여부지는 임야·녹지 등 자연친화적으로 원상 복구하여야 한다. |
| 파. 환경오염방지시설 | |
| 하. 공사용 임시 가설건축물 및 임시시설 | 가) 공사용 임시 가설건축물은 법 제12조 제1항 각 호 또는 법 제13조에 따라 허용되는 건축물 또는 공작물을 설치하기 위한 경우로서 2층 이하의 목조, 시멘트블록, 그 밖에 이와 비슷한 구조로 설치하여야 한다. |
| | 나) 임시시설은 공사를 위하여 임시로 도로를 설치하는 경우와 해당 공사의 사업시행자가 그 공사에 직접 소요되는 물량을 충당하기 위한 목적으로 해당 시·군·구에 설치하는 것으로 한정하며, 블록·시멘트벽돌·쇄석(해당 공사에서 발생하는 토석의 처리를 위한 경우를 포함한다), 레미콘 및 아스콘 등을 생산할 경우에 설치할 수 있다. |
| | 다) 공사용 임시 가설건축물 및 임시시설은 사용기간을 명시하여야 하고, 해당 공사가 완료된 경우에는 다른 공사를 목적으로 연장허가를 할 수 없으며, 사용 후에는 지체 없이 철거하고 |

|  |  |
|---|---|
|  | 원상 복구하여야 한다. |
| 거. 동물보호시설 | 가)「동물보호법」제10조에 따른 시설을 말하며, 기존 동식물시설을 용도 변경하거나 기존 동식물시설을 철거한 후 신축할 수 있다. |
|  | 나) 가)에 따라 신축할 경우에는 철거한 기존 시설의 부지 전체면적을 초과할 수 없다. |
| 너. 문화재의 복원과 문화재 관리용 건축물 | 「문화재보호법」제2조 제1항 제1호, 제3호 및 제4호에 따른 문화재에 한정한다. |
| 더. 경찰훈련시설 | 경찰기동대·전투경찰대 및 경찰특공대의 훈련시설로서 사격장, 헬기장 및 탐지견 등의 훈련시설과 부대시설에 한정한다. |
| 러. 택배 화물 분류 관련 시설 | 가) 택배 화물의 분류를 위한 것으로서 고가도로의 노면 밑의 부지를 활용(토지 형질변경을 포함한다)하는 경우만 해당한다. |
|  | 나) 경계 울타리, 컨베이어 벨트 및 비가림시설의 공작물과 100제곱미터 이하의 관리용 가설건축물을 설치할 수 있다. |
| 4. 국방·군사시설 및 교정시설 | 가) 대통령 경호훈련장의 이전·신축을 포함한다. |
|  | 나) 해당 시설의 용도가 폐지된 경우에는 지체 없이 이를 철거하고 원상 복구하여야 한다. 다만, 국토교통부장관과 협의한 경우에는 그러하지 아니하다. |
| 5. 개발제한구역 주민의 주거·생활편익 및 생업을 위한 시설 | 가) 가목 및 나목의 경우에는 개발제한구역에서 농림업 또는 수산업에 종사하는 자가 설치하는 경우만 해당한다. |
|  | 나) 이 영에서 정하는 사항 외에 축사, 콩나물 재배사, 버섯 재배사의 구조와 입지기준에 대하여는 시·군·구의 조례로 정할 수 있다. |
|  | 다) 축사, 사육장, 콩나물 재배사, 버섯 재배사는 1가구(개발제한구역(제2조 제3항 제2호에 따라 개발제한구역에서 해제된 집단취락지역을 포함한다)에서 주택을 소유하면서 거주하는 1세대를 말한다. 이하 같다)당 1개 시설만 건축할 수 있다. 다만, 개발제한구역에서 2년 이상 계속 농업에 종사하고 있는 자가 이미 허가를 받아 설치한 축사, 사육장, 콩나물 재배사, 버섯 재배사를 허가받은 용도대로 사용하고 있는 경우에는 시·군·구의 조례로 정하는 바에 따라 영농계획에 부합하는 추가적 |

|                          | 인 건축을 허가할 수 있다. |
|--------------------------|--------------------------|
| 가. 동식물 관련 시설<br>1) 축사 | 가) 축사(소·돼지·말·닭·젖소·오리·양·사슴·개의 사육을 위한 건축물을 말한다)는 1가구당 기존 면적을 포함하여 1천㎡ 이하로 설치하여야 한다. 이 경우 축사에는 33제곱미터 이하의 관리실을 설치할 수 있고, 축사를 다른 시설로 용도 변경하는 경우에는 관리실을 철거하여야 한다. 다만, 수도권과 부산권의 개발제한구역에 설치하는 축사의 규모는 상수원, 환경 등의 보호를 위하여 1천㎡ 이하의 범위에서 국토교통부장관이 농림축산식품부장관 및 환경부장관과 협의하여 국토교통부령으로 정하는 바에 따른다.<br>나) 과수원 및 초지의 축사는 1가구당 100제곱미터 이하로 설치하여야 한다.<br>다) 초지와 사료작물재배지에 설치하는 우마사(牛馬舍)는 초지 조성면적 또는 사료작물 재배면적의 1천분의 5 이하로 설치하여야 한다.<br>라) 다음 어느 하나의 경우에 해당하는 지역에서는 축사의 설치를 허가 할 수 없다.<br>① 「가축분뇨의 관리 및 이용에 관한 법률」에 따라 가축의 사육이 제한된 지역<br>② 복구사업지역과 제2조의 2 제4항에 따라 개발제한구역 관리계획에 제2조의 3 제1항 제8호의 관리방안이 반영된 지역<br>③ 법 제30조 제2항에 따라 국토교통부장관으로부터 시정명령에 관한 업무의 집행 명령을 받은 시·군·구 |
| 2) 잠실(蠶室)              | 뽕나무밭 조성면적 2천㎡당 또는 뽕나무 1천800주당 50㎡ 이하로 설치하여야 한다. |
| 3) 저장창고               | 소·말 등의 사육과 낙농을 위하여 설치하는 경우만 해당한다. |
| 4) 양어장                 | 유지(溜池)·하천·저습지 등 농업 생산성이 극히 낮은 토지에 설치하여야 한다. |
| 5) 사육장                 | 꿩, 우렁이, 달팽이, 지렁이, 그 밖에 이와 비슷한 새·곤충 등의 사육을 위하여 임야 외의 토지에 설치하는 경우로서 1가구당 |

| | 기존 면적을 포함하여 300제곱미터 이하로 설치하여야 한다. |
|---|---|
| 6) 콩나물 재배사 | 가) 1가구당 기존면적으로 포함하여 300제곱미터 이하로 설치하여야 한다. |
| | 나) 콩나물재배사에는 10제곱미터 이하의 관리실을 설치할 수 있으며, 콩나물재배사를 다른 시설로 용도 변경하는 경우에는 관리실을 철거하여야 한다. |
| | 다) 1)라)② 및 ③의 지역에서는 설치할 수 없다. |
| 7) 버섯 재배사 | 가) 1가구당 기존 면적을 포함하여 500제곱미터 이하로 설치하여야 한다. |
| | 나) 1)라)② 및 ③의 지역에서는 설치할 수 없다. |
| 8) 퇴비사 및 발효퇴비장 | 기존 면적을 포함하여 300제곱미터(퇴비사 및 발효퇴비장의 합산 면적을 말한다) 이하로 설치하되, 발효퇴비장은 유기농업을 위한 경우에만 설치할 수 있다. |
| 9) 육묘 및 종묘배양장 | |
| 10) 온실 | 수경재배·시설원예 등 작물재배를 위한 경우로서 재료는 유리, 플라스틱, 그 밖에 이와 비슷한 것을 사용하여야 하며, 그 안에 온실의 가동에 직접 필요한 기계실 및 관리실을 66제곱미터 이하로 설치할 수 있다. |
| 나. 농수산물 보관 및 관리 관련 시설 | |
| 1) 창고 | 가) 개발제한구역의 토지를 소유하면서 영농에 종사하는 자가 개발제한구역의 토지 또는 그 토지와 일체가 되는 토지에서 생산되는 생산물 또는 수산물을 저장하기 위한 경우에는 기존 면적을 포함하여 150제곱미터 이하로 설치하여야 한다. 이 경우 해당 토지면적이 1만㎡를 초과하는 경우에는 그 초과하는 면적의 1천분의 10에 해당하는 면적만큼 창고를 추가로 설치할 수 있다. |
| | 나) 「농어업 경영체 육성 및 지원에 관한 법률」 제16조에 따른 영농조합법인 및 같은 법 제19조에 따른 농업회사법인이 개발제한구역의 농작업 대행을 위하여 사용하는 농기계를 보관하기 위한 경우에는 기존 면적을 포함하여 200제곱미터 이하로 설치하여야 한다. |

| | |
|---|---|
| 2) 담배 건조실 | 잎담배 재배면적의 1천분의 5 이하로 설치하여야 한다. |
| 3) 임시 가설건축물 | 농림수산업용 기자재의 보관이나 농림수산물의 건조 또는 단순가공을 위한 경우로서 1가구당 기존 면적을 포함하여 100제곱미터 이하로 설치하여야 한다. 다만, 해태건조처리장 용도의 경우에는 200제곱미터 이하로 설치하여야 한다. |
| 4) 지역특산물가공작업장 | 「수질 및 수생태계 보전에 관한 법률」, 「대기환경보전법」 및 「소음·진동관리법」에 따라 배출시설의 설치허가를 받거나 신고를 하여야 하는 것이 아닌 경우로서 지역특산물(해당 지역에서 지속적으로 생산되는 농산물·수산물·축산물·임산물로서 시장·군수가 인정하여 공고한 것을 말한다)을 가공하기 위하여 1가구당 기존 면적을 포함하여 100제곱미터 이하로 설치하여야 한다. 이 경우 지역특산물가공작업장을 설치할 수 있는 자는 다음과 같다.<br>가) 지정 당시 거주자<br>나) 5년 이상 거주자로서 해당 지역에서 5년 이상 지역 특산물을 생산하는 자 |
| 5) 관리용 건축물 | 가) 관리용 건축물을 설치할 수 있는 경우와 그 규모는 다음과 같다. 다만, ①·②·④에 따라 관리용 건축물을 설치하는 경우에는 생산에 직접 이용되는 토지 또는 양어장의 면적이 2천㎡ 이상이어야 한다.<br>① 과수원, 초지, 유실수·원예·분재 재배지역에 설치하는 경우에는 생산에 직접 이용되는 토지면적의 1천분의 10 이하로서 기존 면적을 포함하여 66제곱미터 이하로 설치하여야 한다.<br>② 양어장에 설치하는 경우에는 양어장 부지면적의 1천분의 10 이하로서 기존 면적을 포함하여 66제곱미터 이하로 설치하여야 한다.<br>③ 「농어촌정비법」 제2조 제16호 다목에 따른 주말농원에 설치하는 경우에는 임대농지면적의 1천분의 10 이하로서 기존 면적을 포함하여 66제곱미터 이하로 설치하여야 한다.<br>④ 「농어업 경영체 육성 및 지원에 관한 법률」 제16조에 따른 영농조합법인 및 같은 법 제19조에 따른 농업회사법인이 |

개발제한구역의 농작업 대행을 위하여 설치하는 경우에는 기존 면적을 포함하여 66제곱미터 이하로 설치하여야 한다.

⑤ 어업을 위한 경우에는 정치망어업 면허 또는 기선선인망어 업 허가를 받은 1가구당 기존 면적을 포함하여 66제곱미터 이하로 설치하여야 한다.

나) 농기구와 비료 등의 보관과 관리인의 숙식 등의 용도로 쓰기 위하여 조립식 가설건축물로 설치하여야 하며, 주된 용도가 주거용이 아니어야 한다.

다) 관리용 건축물의 건축허가 신청 대상 토지가 신청인이 소유하 거나 거주하는 주택을 이용하여 관리가 가능한 곳인 경우에는 건축허가를 하지 아니하여야 한다. 다만, 가)③·④의 경우에 는 그러하지 아니하다.

라) 관리의 대상이 되는 시설이 폐지된 경우에는 1개월 이내에 관리용 건축물을 철거하고 원상 복구하여야 한다.

마) 관리용 건축물의 부지는 당초의 지목을 변경할 수 없다.

다. 주택(「건축법 시행령」 별 표 1 제1호 가목에 따른 단독주택을 말한다. 이 하 이 호에서 같다)

신축할 수 있는 경우는 다음과 같다.

가) 개발제한구역 지정 당시부터 지목이 대인 토지(이축된 건축물 이 있었던 토지의 경우에는 개발제한구역 지정 당시부터 그 토지의 소유자와 건축물의 소유자가 다른 경우만 해당한다)와 개발제한구역 지정 당시부터 있던 기존의 주택[제24조에 따른 개발제한구역 건축물관리대장에 등재된 주택을 말한다. 이하 나) 및 다)에서 같다]이 있는 토지에만 주택을 신축할 수 있다.

나) 가)에도 불구하고 「농어업·농어촌 및 식품산업 기본법」 제3조 제2호 가목에 따른 농업인에 해당하는 자로서 개발제한구역에 기존 주택을 소유하고 거주하는 자는 영농의 편의를 위하여 자기 소유의 기존 주택을 철거하고 자기 소유의 농장 또는 과수원에 주택을 신축할 수 있다. 이 경우 생산에 직접 이용되는 토지의 면적이 1만제곱미터 이상으로서 진입로를 설치하기 위한 토지의 형질변경이 수반되지 아니하는 지역에만 주택을 신축할 수 있으며, 건축 후 농림수산업을 위한 시설 외로는 용도변경을 할 수 없다.

다) 가)에도 불구하고 다음의 어느 하나에 해당하는 경우에는

국토교통부령으로 정하는 입지기준에 적합한 곳에 주택을 신축할 수 있다.

① 기존 주택이 「공익사업을 위한 토지 등의 취득 및 보상에 관한 법률」에 따라 공익사업의 시행으로 인하여 더 이상 거주할 수 없게 된 경우로서 그 기존 주택의 소유자(같은 법에 따라 보상금을 모두 지급받은 자를 말한다)가 자기 소유의 토지(철거일 당시 소유권을 확보한 토지를 말한다)에 신축하는 경우

② 기존 주택이 재해로 인하여 더 이상 거주할 수 없게 된 경우로서 그 기존 주택의 소유자가 자기 소유의 토지(재해를 입은 날부터 6개월 이내에 소유권을 확보한 토지를 말한다)에 신축하는 경우

③ 개발제한구역 지정 이전부터 건축되어 있는 주택 또는 개발제한구역 지정 이전부터 다른 사람 소유의 토지에 건축되어 있는 주택으로서 토지소유자의 동의를 받지 못하여 증축 또는 개축할 수 없는 주택을 법 제12조 제1항 제2호에 따른 취락지구에 신축하는 경우

| 라. 근린생활시설 | 증축 및 신축할 수 있는 시설은 다음과 같다. |
| --- | --- |

가) 주택을 용도 변경한 근린생활시설 또는 1999년 6월 24일 이후에 신축된 근린생활시설만 증축할 수 있다.

나) 개발제한구역 지정 당시부터 지목이 대인 토지(이축된 건축물이 있었던 토지의 경우에는 개발제한구역 지정 당시부터 그 토지의 소유자와 건축물의 소유자가 다른 경우만 해당한다)와 개발제한구역 지정 당시부터 있던 기존의 주택(제24조에 따른 개발제한구역건축물관리대장에 등재된 주택을 말한다)이 있는 토지에만 근린생활시설을 신축할 수 있다. 다만, 「수도법」 제3조 제2호에 따른 상수원의 상류 하천(「하천법」에 따른 국가하천 및 지방하천을 말한다)의 양안 중 그 하천의 경계로부터

| | |
|---|---|
| | 직선거리 1킬로미터 이내의 지역(「하수도법」 제2조 제15호에 따른 하수처리구역은 제외한다)에서는 「한강수계 상수원수질 개선 및 주민지원 등에 관한 법률」 제5조에 따라 설치할 수 없는 시설을 신축할 수 없다. |
| 1) 슈퍼마켓 및 일용품소매점 | |
| 2) 휴게음식점·제과점 및 일반음식점 | 휴게음식점·제과점 또는 일반음식점을 건축할 수 있는 자는 5년 이상 거주자 또는 지정 당시 거주자이어야 한다. 이 경우 건축물의 연면적은 300제곱미터 이하이어야 하며, 인접한 토지를 이용하여 200제곱미터 이하의 주차장을 설치할 수 있되, 휴게음식점 또는 일반음식점을 다른 용도로 변경하는 경우에는 주차장 부지를 원래의 지목으로 환원하여야 한다. |
| 3) 이용원·미용원 및 세탁소 | 세탁소는 공장이 부설된 것은 제외한다. |
| 4) 의원·치과의원·한의원·침술원·접골원 및 조산소 | |
| 5) 탁구장 및 체육도장 | |
| 6) 기원 | |
| 7) 당구장 | |
| 8) 금융업소·사무소 및 부동산중개업소 | |
| 9) 수리점 | 자동차 부분정비업소, 자동차경정비업소(자동차부품의 판매 또는 간이수리를 위한 시설로서 「자동차관리법 시행령」 제12조 제1항에 따른 자동차정비업시설의 종류에 해당되지 아니하는 시설을 말한다)를 포함한다. |
| 10) 사진관·표구점·학원·장의사 및 동물병원 | |
| 11) 목공소·방앗간 및 독서실 | |
| 마. 주민 공동이용시설 | |
| 1) 마을 진입로, 농로, 제방 | 개발제한구역(제2조 제3항 제2호에 따라 집단취락으로 해제된 |

| | 지역을 포함한다)의 주민이 마을 공동으로 축조(築造)하는 경우만 해당한다. |
|---|---|
| 2) 마을 공동주차장, 마을 공동작업장, 경로당, 노인복지관, 마을 공동 회관 및 읍·면·동 복 지회관 | 가) 지방자치단체가 설치하거나 마을 공동으로 설치하는 경우만 해당한다.<br>나) 읍·면·동 복지회관은 예식장 등 집회장, 독서실, 상담실, 그 밖에 읍·면·동 또는 마을단위 회의장 등으로 사용하는 다용도시설을 말한다. |
| 3) 공동구판장, 하치장, 창고, 농기계보관창고, 농기계수리소, 농기계 용 유류판매소, 선착장 및 물양장 | 가) 지방자치단체 또는 「농업협동조합법」에 따른 조합, 「산림조합 법」에 따른 조합, 「수산업협동조합법」에 따른 수산업협동조합 (어촌계를 포함한다)이 설치하거나 마을 공동으로 설치하는 경우만 해당한다.<br>나) 농기계수리소는 가설건축물 구조로서 수리용 작업장 외의 관리실·대기실과 화장실은 건축 연면적 30제곱미터 이하로 설치할 수 있다.<br>다) 공동구판장은 지역생산물의 저장·처리·단순가공·포장과 직접 판매를 위한 경우로서 건축 연면적 1천 제곱미터 이하로 설치하여야 한다. |
| 4) 공판장 및 화훼전시판 매시설 | 가) 공판장은 해당 지역에서 생산되는 농산물의 판매를 위하여 「농업협동조합법」에 따른 지역조합(수도권과 광역시의 행정 구역이 아닌 지역의 경우만 해당한다)이 설치하는 경우에만 해당한다.<br>나) 화훼전시판매시설은 시장·군수·구청장이 화훼의 저장·전 시·판매를 위하여 설치하는 것을 말한다. |
| 5) 상여보관소, 간이휴게 소, 간이쓰레기소각장, 어린이놀이터 및 유아원 | |
| 6) 간이 급수용 양수장 | |
| 7) 낚시터 시설 및 그 관리 용 건축물 | 가) 기존의 저수지 또는 유지를 이용하여 지방자치단체 또는 마을 공동으로 설치·운영하거나 기존의 양어장을 이용하여 5년 이상 거주자가 설치하는 경우만 해당한다.<br>나) 이 경우 낚시용 좌대, 비가림막 및 차양막을 설치할 수 있고, 50제곱미터 이하의 관리실을 임시가설건축물로 설치할 수 |

| | 있다. |
|---|---|
| 8) 미곡종합처리장 | 「농업협동조합법」에 따른 지역농업협동조합이 개발제한구역에 1천 헥타르 이상의 미작 생산에 제공되는 농지가 있는 시·군·구에 설치(시·군·구당 1개소로 한정한다)하는 경우로서 건축 연면적은 부대시설 면적을 포함하여 2천㎡ 이하로 설치하여야 한다. |
| 9) 목욕장 | 마을 공동으로 설치·이용하는 경우에만 해당한다. |
| 10) 휴게소(고속국도에 설치하는 휴게소는 제외한다), 주유소 및 자동차용 액화석유가스 충전소 | 가) 시장·군수·구청장이 수립하는 배치계획에 따라 시장·군수·구청장 또는 지정 당시 거주자가 국도·지방도 등 간선도로변에 설치하는 경우만 해당한다. 다만, 도심의 자동차용 액화석유가스 충전소(자동차용 액화석유가스 충전소 외의 액화석유가스 충전소를 겸업하는 경우를 포함한다. 이하 같다)를 이전하여 설치하는 경우에는 해당 사업자만 설치할 수 있다. |
| | 나) 지정 당시 거주자가 설치하는 경우에는 각각의 시설에 대하여 1회만 설치할 수 있다. 다만, 공공사업에 따라 철거되거나 기존 시설을 철거한 경우에는 그러하지 아니하다. |
| | 라) 휴게소 및 자동차용 액화석유가스 충전소의 부지면적은 3천300제곱미터 이하로, 주유소의 부지면적은 1천500제곱미터 이하로 한다. 이 경우 시장·군수·구청장 또는 지정 당시 거주자만이 주유소 및 자동차용 액화석유가스 충전소에는 세차시설을 설치할 수 있다. |
| | 마) 휴게소는 개발제한구역의 해당 도로노선 연장이 10킬로미터 이내인 경우에는 설치되지 아니하도록 하여야 하며, 주유소 및 자동차용 액화석유가스 충전소의 시설 간 간격 등 배치계획의 수립기준은 국토교통부령으로 정한다. |
| 11) 버스 간이승강장 | 도로변에 설치하는 경우만 해당한다. |
| 12) 효열비, 유래비, 사당, 동상, 그 밖에 이와 비슷한 시설 | 마을 공동으로 설치하는 경우에 한한다. |
| 바. 공중화장실 | |

## 2-2) 허가 또는 신고의 기준

개발제한구역에서 허가 또는 신고의 대상이 되는 건축물이나 공작물의 규모·높이·입지기준, 대지 안의 조경, 건폐율, 용적률, 토지의 분할, 토지의 형질변경의 범위 등 허가나 신고의 세부 기준은 아래와 같다(개특법 시행령 22조).

개특법 시행령(개정 2013.4.22.) [별표 2]

### 허가 또는 신고의 세부기준(제22조 관련)

1. 일반적 기준
   가. 개발제한구역의 훼손을 최소화할 수 있도록 필요한 최소 규모로 설치하여야 한다.
   나. 해당 지역과 그 주변지역에 대기오염, 수질오염, 토질오염, 소음·진동·분진 등에 따른 환경오염, 생태계 파괴, 위해 발생 등이 예상되지 아니하여야 한다. 다만, 환경오염의 방지, 위해의 방지, 조경, 녹지의 조성, 완충지대의 설치 등의 조건을 붙이는 경우에는 그러하지 아니하다.
   다. 해당 지역과 그 주변지역에 있는 역사적·문화적·향토적 가치가 있는 지역을 훼손하지 아니하여야 한다.
   라. 토지의 형질을 변경하거나 죽목을 벌채하는 경우에는 표고, 경사도, 숲의 상태, 인근 도로의 높이와 배수 등을 고려하여야 한다.
   마. 도시계획시설의 설치, 법 제11조 제1항 제5호에 따른 건축물의 건축 및 토지의 형질변경에 대하여는 관리계획이 수립되지 아니하였거나 수립된 관리계획의 내용에 위반되는 경우에는 그 설치 등을 허가하여서는 아니 된다.
   바. 임야 또는 경지 정리된 농지는 건축물의 건축 또는 공작물의 설치를 위한 부지에서 가능하면 제외하여야 한다.
   사. 건축물을 건축하기 위한 대지면적이 60제곱미터 미만인 경우에는 건축물의 건축을 허가하지 아니하여야 한다. 다만, 기존의 건축물을 개축하거나 재축하는 경우에는 그러하지 아니하다.
   아. 빗물이 땅에 쉽게 스며들 수 있도록 가능하면 투수성 포장을 하여야 한다.
   자. 「국토의 계획 및 이용에 관한 법률」에 따른 방재지구, 「자연재해대책법」에 따른 자연재해위험개선지구 및 「급경사지 재해예방에 관한 법률」에 따른 붕괴위험지역에는 건축물의 건축을 허가하여서는 아니 된다. 다만, 안전·침수대책을

수립한 경우에는 그러하지 아니하다.

2. 건축물의 건축 또는 공작물의 설치

   가. 건폐율 100분의 60 이하로 건축하되 높이 5층 이하, 용적률 300퍼센트 이하로 한다.

   나. 가목에도 불구하고 주택 또는 근린생활시설을 건축하는 경우에는 다음의 어느 하나에 따른다.

     1) 건폐율 100분의 60 이하로 건축하는 경우: 높이 3층 이하, 용적률 300퍼센트 이하로서 기존 면적을 포함하여 연면적 200제곱미터(5년 이상 거주자는 232제곱미터, 지정 당시 거주자는 300제곱미터) 이하. 이 경우 5년 이상 거주자 또는 지정 당시 거주자가 연면적 200제곱미터를 초과하여 연면적 232제곱미터 또는 연면적 300제곱미터까지 건축할 수 있는 경우는 1회로 한정한다.

     2) 건폐율 100분의 20 이하로 건축하는 경우: 높이 3층 이하, 용적률 100퍼센트 이하다. 둘 이상의 필지에 같은 용도의 건축물이 각각 있는 경우 그 필지를 하나의 필지로 합칠 수 있다. 이 경우 주택 및 근린생활시설은 나목 2)(취락지구의 경우에는 제26조 제1항 제2호 나목)의 기준에 적합하여야 하며, 주택을 다세대주택으로 건축하는 경우에는 기존의 주택호수를 초과하지 아니하여야 한다.

   라. 건축물 또는 공작물 중 기반시설로서 건축 연면적이 1천500제곱미터 이상이거나 토지의 형질변경 면적이 5천 제곱미터 이상인 시설은 「국토의 계획 및 이용에 관한 법률 시행령」 제35조에도 불구하고 도시계획시설로 설치하여야 한다. 다만, 별표 1에서 별도로 규정하고 있는 경우에는 그에 따른다.

   마. 도로·상수도 및 하수도가 설치되지 아니한 지역에 대하여는 원칙적으로 건축물의 건축(건축물의 건축을 목적으로 하는 토지형질변경을 포함한다)을 허가하여서는 아니 된다. 다만, 무질서한 개발을 초래하지 아니하는 경우 등 시장·군수·구청장이 인정하는 경우에는 그러하지 아니하다.

   바. 법 또는 이 영에서 건축이 허용되는 건축물 또는 공작물에 대해서는 「옥외광고물 등 관리법」에 적합하게 간판 등을 설치할 수 있다.

3. 토지의 형질변경 및 물건의 적치

　가. 토지의 형질변경면적은 건축물의 건축면적 및 공작물의 바닥면적의 2배 이하
　　　로 한다. 다만, 다음의 어느 하나의 경우에는 그 해당 면적으로 한다.

　　　1) 축사 및 미곡종합처리장은 바닥면적의 3배 이하

　　　2) 주택 또는 근린생활시설의 건축을 위하여 대지를 조성하는 경우에는 기존
　　　　면적을 포함하여 330제곱미터 이하

　　　3) 별표 1의 건축물 및 공작물과 관련하여 이 영 및 다른 법령에서 토지의
　　　　형질변경을 수반하는 시설을 설치할 것을 따로 규정한 경우에는 그 규정
　　　　에서 허용하는 범위

　나. 가목에 따른 토지의 형질변경을 할 때 해당 필지의 나머지 토지의 면적이 60
　　　제곱미터 미만이 되는 경우에는 그 나머지 토지를 포함하여 토지의 형질변경
　　　을 할 수 있다. 다만, 토지의 형질변경 전에 미리 토지분할을 한 경우로서 가
　　　목에 따른 토지의 형질변경 면적에 적합하게 분할할 수 있었음에도 해당 면적
　　　을 초과하여 분할한 경우에는 그러하지 아니하다.

　다. 법 제12조 제1항 제1호 각 목의 건축물(축사, 공사용 임시가설건축물 및 임시
　　　시설은 제외한다)의 건축 또는 공작물의 설치를 위한 토지의 형질변경 면적이
　　　200제곱미터를 초과하는 경우에는 토지의 형질변경 면적의 100분의 5 이상에
　　　해당하는 면적에 대하여 식수 등 조경을 하여야 한다.

　라. 개발제한구역에서 시행되는 공공사업에 대지(건축물 또는 공작물이 있는 토지
　　　를 말한다)의 일부가 편입된 경우에는 그 편입된 면적만큼 새로 대지를 조성
　　　하는 데 따르는 토지의 형질변경을 할 수 있다. 이 경우 편입되지 아니한 대
　　　지와 연접하여 새로 조성한 면적만으로는 관계 법령에 따른 시설의 최소 기준
　　　면적에 미달하는 경우에는 그 최소 기준면적까지 대지를 확장할 수 있다.

　마. 토지의 형질변경의 대상인 토지가 연약한 지반인 경우에는 그 두께·넓이·지
　　　하수위 등의 조사와 지반의 지지력·내려앉음·솟아오름에 대한 시험을 하여
　　　환토·다지기·배수 등의 방법으로 그 토지를 개량하여야 한다.

　바. 토지의 형질변경에 수반되는 성토 및 절토(切土)에 따른 비탈면 또는 절개면
　　　에 대하여는 옹벽 또는 석축의 설치 등 안전조치를 하여야 한다.

　사. 토석의 채취는 다음의 기준에 따른다.

　　　1) 주변의 상황·교통 및 자연경관 등을 종합적으로 고려하여야 한다.

　　　2) 철도, 고속도로, 국도 및 시가지와 연접되는 간선도로의 가시권(可視圈)에

서는 재해에 따른 응급조치가 아니면 토석의 채취를 허가하여서는 아니 된다. 이 경우 철도·고속도로의 가시권은 철도·고속도로로부터 2킬로미터 이내의 지역을, 국도·간선도로의 가시권은 국도·간선도로로부터 1킬로미터 이내의 지역을 말한다.

아. 물건의 적치는 대지화 되어 있는 토지에만 할 수 있으며, 물건의 적치장에는 물건의 단순관리를 위한 가설건축물을 연면적 20제곱미터 이하의 범위에서 설치할 수 있다.

## 4. 취락지구로의 이축 및 이주단지의 조성

가. 법 제12조 제1항 제3호에 따른 이주단지의 규모는 주택 20호 이상으로 한다. 다만, 이축 또는 이주대상인 건축물로부터 2킬로미터 이내의 지역에 취락지구가 없거나 인근 취락지구의 지형이나 그 밖의 여건상 이축을 수용할 수 없는 경우로서 시장·군수·구청장이 이주단지의 위치를 지정하는 경우에는 10호 이상으로 할 수 있다.

나. 이축 및 이주단지는 철거지를 관할하는 시·군·구의 지역에만 조성할 수 있다. 다만, 철거지를 관할하는 시·군·구의 개발제한구역에 취락지구가 없거나 관할 지역의 취락지구에 이축수요를 수용할 수 없는 경우 또는 이주단지의 조성을 위한 적정한 부지가 없는 경우에는 인접 시장·군수·구청장과 협의하여 그 시·군·구의 지역에 이축 또는 이구단지의 조성을 허가할 수 있다.

다. 공익사업에 따른 이주대책의 일환으로 (3)「공익사업을 위한 토지 등의 취득 및 보상에 관한 법률」 제78조에 따른 개발제한구역 밖으로의 이주대책이 수립된 경우에는 공익사업과 관련하여 따로 이축을 허가하여서는 아니 된다.

라. 철거 등으로 멸실되어 현존하지 아니하는 건축물을 근거로 이축 또는 이주단지의 조성을 허가하여서는 아니 된다. 다만, 공익사업의 시행으로 철거된 건축물은 그러하지 아니하다.

마. 이주단지를 조성한 후 또는 건축물을 이축한 후의 종전 토지는 다른 사람의 소유인 경우와 공익사업에 편입된 경우를 제외하고는 그 지목을 전·답·과수원, 그 밖에 건축물의 건축을 위한 용도가 아닌 지목으로 변경하여야 한다.

## 5. 취락지구가 아닌 지역으로의 이축

가. 종교시설은 「건축법 시행령」 별표 1 제6호에 해당하는 것이어야 한다.

나. 공장 또는 종교시설을 이축하려는 경우에는 다음의 기준에 따라야 한다.

　　1) 기존의 공장 또는 종교시설이 위치하고 있는 시·군·구의 지역으로 이축하여야 한다.

　　2) 우량농지(경지정리·수리시설 등 농업생산기반이 정비되어 있는 농지) 및 임야가 아닌 지역이어야 한다.

　　3) 「하천법」 제7조에 따른 국가하천의 경계로부터 5백미터 이상 떨어져 있는 지역이어야 한다.

　　4) 새로운 진입로를 설치할 필요가 없는 지역이어야 한다.

　　5) 전기·수도·가스 등 새로운 간선공급설비를 설치할 필요가 없는 지역이어야 한다.

## 2-3) 이축권

### ① 이축권이란

개발제한구역(그린벨트)에서 거주하는 원주민들이 수용 등으로 이주하여야 하는 경우에 인근 개발제한구역 내에서 건축허가를 받아 건물을 건축할 수 있는 권리를 말한다. 일명 용마루 또는 딱지라고도 부른다. 이축권은 제3자에게 1회에 한하여 전매할 수 있으며 원주민 명의로 건축허가와 등기를 한 후 매수인에게 소유권을 이전하는 방식을 취한다. 이축권의 가격은 일반인이 건축할 수 없는 땅에 건축할 수 있는 권리 그 자체의 특권과 입지에 따라 수천만 원에서 수억 원까지 형성되어 있다.

### ② 이축권이 발생하는 경우 (개특법 시행령 별표 1 제5호 다목 다))

(가) 공익사업의 시행(도로개설, 철로, 공원 등)으로 더 이상 거주할 수 없게 된 경우(단, 공익사업의 경우 이주대책이 따로 세워져 있는 경우 이축권이 발생하지 않음)

(나) 재해(태풍, 홍수 등)로 인하여 더 이상 거주할 수 없게 된 경우

(다) 개발제한구역으로 지정되기 전에 다른 사람의 땅을 임대해 주택을 지었으나 토지 소유자의 동의를 받지 못해 증·개축을 할 수 없는 경우

※ (가), (나)를 공공이축권, (다)를 일반이축권으로 구분한다. (다)의 경우 이축 가능한 입지는

개발제한구역 내 취락지구에 가능하다.

③ 개발제한구역에 이축 가능한 토지 입지기준

개특법 시행규칙 6조(개발제한구역에 주택을 신축할 수 있는 토지의 입지기준)

개특법 시행령 별표 1 제5호 다목 다)에 따라 개발제한구역에 주택을 신축할 수 있는 토지의 입지기준은 다음 각 호와 같다(개정 2009. 8. 7. 2012.5.21).

1. 기존의 주택이 있는 시 · 군 · 구의 지역이거나 기존의 주택이 없는 시 · 군 · 구의 지역 중 기존의 주택으로부터 2킬로미터 이내의 지역일 것

2. 우량농지(경지정리 · 수리시설 등 농업생산기반이 정비된 농지)가 아닐 것

3. 하천의 경계로부터 5백미터 이상 떨어져 있을 것.

4. 새로운 진입로를 설치할 필요가 없을 것.

5. 전기 · 수도 · 가스 등 새로운 간선공급설비를 설치할 필요가 없을 것


3) 개발제한구역에서 허가 또는 신고 없이 할 수 있는 행위

개특법 12조 3항에서는 '국토교통부령으로 정하는 경미한 행위'는 허가 또는 신고를 하지 않고 할 수 있다."라고 규정하고 규칙 12조에서 '국토교통부령으로 정하는 경미한 행위', 즉 개발제한구역에서 허가 또는 신고 없이 할 수 있는 행위에 대하여 아래와 같이 규정하고 있다.

**허가 또는 신고 없이 할 수 있는 행위 (개특법 시행규칙 별표4)**

1. 농림수산업을 하기 위한 다음 각 목의 어느 하나에 해당하는 행위
   가. 농사를 짓기 위하여 논 · 밭을 갈거나 50센티미터 이하로 파는 행위
   나. 홍수 등으로 논 · 밭에 쌓인 흙 · 모래를 제거하는 행위
   다. 경작 중인 논 · 밭의 지력(地力)을 높이기 위하여 환토(換土) · 객토(客土)를 하는 행위(영리 목적의 토사 채취는 제외한다)
   라. 밭을 논으로 변경하기 위한 토지의 형질변경(머목의 행위와 병행할 수 있다)
   마. 과수원을 논이나 밭으로 변경하기 위한 토지의 형질변경
   바. 농경지를 농업 생산성 증대를 목적으로 정지, 수로 등을 정비하는 행위(휴경지

의 죽목을 벌채하는 경우에는 영 제15조 및 제19조 제4호의 규정에 따른다)

사. 채소·연초(건조용을 포함한다)·버섯의 재배와 원예를 위하여 비닐하우스를 설치(가설 및 건축을 포함한다. 이하 이 표에서 같다)하는 행위. 이 경우 허용되는 비닐하우스(이하 '농업용 비닐하우스'라 한다)의 구조 등은 다음의 요건을 모두 갖춘 것이어야 한다.

    1) 구조상 골조 부분만 목제·철제·폴리염화비닐(PVC) 등의 재료를 사용하고, 그 밖의 부분은 비닐로 설치하여야 하며, 유리 또는 강화플라스틱(FRP)이 아니어야 한다. 다만, 출입문의 경우는 투명한 유리 또는 강화플라스틱(FRP) 등 이와 유사한 재료를 사용할 수 있다.

    2) 화훼직판장 등 판매전용시설은 제외하며, 비닐하우스를 설치하여도 녹지가 훼손되지 아니하는 농지에 설치하여야 한다.

    3) 기초 및 바닥은 콘크리트 타설을 하지 아니한 비영구적인 임시가설물(보도블록이나 부직포 등 이와 유사한 것을 말한다)이어야 한다.

아. 농업용 분뇨장(탱크 설치를 포함한다)을 설치하는 행위

자. 과수원이나 경제작물을 보호하기 위하여 철조망(녹색이나 연두색 등의 펜스를 포함한다)을 설치하는 행위

차. 10제곱미터 이하의 농업용 원두막을 설치하는 행위

카. 밭 안에 채소 등을 저장하기 위하여 토굴 등을 파는 행위

타. 나무를 베지 아니하고 나무를 심는 행위

파. 축사에 사료를 배합하기 위한 기계 시설을 설치하는 행위(일반인에게 배합사료를 판매하기 위한 경우는 제외한다)

하. 기존의 대지(담장으로 둘러싸인 내부를 말한다)에 15제곱미터 이하의 간이축사를 설치하는 행위

거. 가축의 분뇨를 이용한 분뇨장에 취사·난방용 메탄가스 발생시설을 설치하는 행위

너. 농업용 비닐하우스 및 온실에서 생산되는 화훼 등을 판매하기 위하여 벽체(壁體) 없이 33제곱미터 이하의 화분진열시설을 설치하는 행위

더. 농업용 비닐하우스에 탈의실 또는 농기구보관실, 난방용 기계실, 농작물의 신선도 유지를 위한 냉장시설 등의 용도로 30제곱미터 이하의 임시시설을 설치하는 행위

러. 토지의 형질변경이나 대지 등으로의 지목변경을 하지 아니하는 범위에서 축

사에 딸린 가축방목장을 설치하는 행위

머. 영농을 위하여 높이 50센티미터 미만(최근 1년간 성토한 높이를 합산한 것을 말한다)으로 성토하는 행위

버. 생산지에서 50제곱미터 이하의 곡식건조기 또는 비가림시설을 설치하는 행위

서. 축사운동장에 개방형 비닐하우스(축산분뇨용 또는 톱밥발효용을 말한다)를 설치하는 행위(축사용도로 사용하는 것을 제외한다)

어. 토지의 형질변경 없이 논에 참게·우렁이·지렁이 등을 사육하거나 사육을 위한 울타리 및 비닐하우스를 설치하는 행위

저. 농산물수확기에 농지에 설치하는 30제곱미터 이하의 판매용 야외 좌판(그늘막 등을 포함한다)을 설치하는 행위

처. 화훼 재배와 병행하여 화분·원예용 비료 등을 판매(화분만을 판매하는 경우는 제외한다)하는 원예용 비닐하우스를 설치하는 행위

커. 저수지를 관리하기 위한 단순한 준설 행위(골재를 채취하기 위한 경우는 제외한다)

2. 주택을 관리하는 다음 각 목의 어느 하나에 해당하는 행위

가. 사용 중인 방을 나누거나 합치거나 부엌이나 목욕탕으로 바꾸는 경우 등 가옥 내부를 개조하거나 수리하는 행위

나. 지붕을 개량하거나 기둥 벽을 수선하는 행위

다. 외장을 변경하거나 칠하거나 꾸미는 행위

라. 내벽 또는 외벽에 창문을 설치하는 행위

마. 외벽 기둥에 차양을 달거나 수리하는 행위

바. 외벽과 담장 사이에 차양을 달아 헛간으로 사용하는 행위

사. 높이 2미터 미만의 담장·축대(옹벽을 포함한다)를 설치하는 행위(택지 조성을 위한 경우는 제외한다)

아. 우물을 파거나 장독대(광을 함께 설치하는 경우는 제외한다)를 설치하는 행위

자. 재래식 변소를 수세식 변소로 개량하는 행위

3. 마을 공동사업인 다음 각 목의 어느 하나에 해당하는 행위

가. 공동우물(「지하수법」에 따른 음용수용 지하수를 포함한다)을 파거나 빨래터를 설치하는 행위

나. 마을 도로(진입로를 포함한다) 및 구거(溝渠)를 정비하거나 석축(石築)을 개수
　· 보수하는 행위

다. 농로를 개수 · 보수하는 행위

라. 나지(裸地)에 녹화사업을 하는 행위

마. 토관을 매설하는 행위

4. 비주택용 건축물에 관련된 다음 각 목의 어느 하나에 해당하는 행위

가. 주택의 경우와 같이 지붕 개량, 벽 수선, 미화 작업 또는 창문 설치를 하는
　행위

나. 기존의 종교시설 경내(공지)에 종각 · 불상 또는 석탑을 설치하는 행위

다. 기존의 묘역에 분묘를 설치하는 행위

라. 종교시설의 경내에 일주문(一柱門)을 설치하는 행위

마. 임업시험장에 육림연구 · 시험을 위하여 임목을 심거나 벌채하는 행위

5. 건축물의 용도변경으로서 다음 각 목의 어느 하나에 해당하는 경우

가. 축사 · 잠실(蠶室) 등의 기존 건축물을 일상 생업에 필요한 물품 · 생산물의 저
　장소나, 새끼 · 가마니를 짜는 등의 농가 부업용 작업장으로 일시적으로 사용
　하는 경우

나. 주택 일부를 이용하여 부업의 범위에서 상점 등으로 사용하는 경우(관계 법령
　에 따른 허가 또는 신고 대상이 아닌 것만 해당한다)

다. 주택 일부(종전의 부속건축물을 말한다)를 다용도시설 및 농산물건조실(건조
　를 위한 공작물의 설치를 포함한다)로 사용하는 경우

라. 새마을회관 일부를 경로당으로 사용하는 경우

6. 기존 골프장을 통상적으로 운영 · 관리할 목적으로 골프장을 유지 · 보수하는 다음 각
　목의 어느 하나에 해당하는 행위

가. 차량정비고나 부품보관창고 부지의 바닥 포장

나. 잔디의 배토(培土) 작업에 소요되는 부엽토 및 토사를 일시적으로 쌓아 놓는
　행위

다. 골프장 배수로 정비

라. 잔디를 심고 가꾸는 행위

마. 티 그라운드의 모양 및 크기를 변경하는 행위

바. 벙커의 위치·모양 및 크기를 변경하는 행위

사. 코스 내 배수 향상을 위하여 부분적으로 절토·성토하는 행위

아. 염해(鹽害)를 입은 잔디의 생육이 가능하도록 하기 위한 통상적인 성토

자. 작업도로 변경 및 포장

7. 재해의 긴급한 복구를 위한 다음 각 목의 어느 하나에 해당하는 행위

가. 벌채 면적 500제곱미터 미만의 죽목(竹木) 베기(연간 1천㎡를 초과할 수 없다)

나. 벌채 수량 5세제곱미터 미만의 죽목(竹木) 베기(연간 10세제곱미터를 초과할 수 없다)

## 2. 건물에 관한 권리분석

건축물에 관한 건축과 사용에 관하여는 건축법에서 규제하고 있으며 주택에 관하여는 주택법에서 규제하고 있다.

토지를 21개 용도지역별로 구분하고 용도지역별로 건축할 수 있는 건축물이 무엇인지를 국계법에서 정해놓았는데(국계법 시행령 별표2~별표22) 그 용도지역별 건축이 가능한 건축물의 종류를 건축법에서 규정하고 있다.

'건축물'이란 토지에 정착하는 공작물 중 지붕과 기둥 또는 벽이 있는 것과 이에 딸린 시설물, 지하나 고가의 공작물에 설치하는 사무소·공연장·점포·차고·창고, 그 밖에 대통령령으로 정하는 것을 말한다(건축법 2조 1항 2호).

## (1) 건축이란

### 1) 건축

#### ① 건축

'건축'이란 건축물을 신축·증축·개축·재축하거나 건축물을 이전하는 것을 말한다(건축법 2조 1항 8호, 영 2조 1호 내지 5호).

> **(가) 신축**
>
> '신축'이란 건축물이 없는 대지(기존 건축물이 철거되거나 멸실된 대지를 포함한다)에 새로 건축물을 축조(築造)하는 것[부속건축물만 있는 대지에 새로 주된 건축물을 축조하는 것을 포함하되, 개축(改築) 또는 재축(再築)하는 것은 제외한다]을 말한다.
>
> **(나) 증축**
>
> '증축'이란 기존 건축물이 있는 대지에서 건축물의 건축면적, 연면적, 층수 또는 높이를 늘리는 것을 말한다.
>
> **(다) 개축**
>
> '개축'이란 기존 건축물의 전부 또는 일부[내력벽·기둥·보·지붕틀 중 셋 이상이 포함되는 경우를 말한다]를 철거하고 그 대지에 종전과 같은 규모의 범위에서 건축물을 다시 축조하는 것을 말한다.
>
> **(라) 재축**
>
> '재축'이란 건축물이 천재지변이나 그 밖의 재해(災害)로 멸실된 경우 그 대지에 종전과 같은 규모의 범위에서 다시 축조하는 것을 말한다.
>
> **(마) 이전**
>
> '이전'이란 건축물의 주요구조부[132]를 해체하지 아니하고 같은 대지의 다른 위치로 옮기는 것을 말한다.

#### ② 대수선

'대수선'이란 건축물의 기둥, 보, 내력벽, 주계단 등의 구조나 외부 형태를 수선·변경하거나 증설하는 것으로서 대통령령으로 정하는 것을 말한다(건축법 2조 1항 9호).

---

132) '주요구조부'란 내력벽(내력벽), 기둥, 바닥, 보, 지붕틀 및 주계단(주계단)을 말한다(건축법 2조 1항 7호).

③ 리모델링

'리모델링'이란 건축물의 노후화를 억제하거나 기능 향상 등을 위하여 대수선하거나 일부 증축하는 행위를 말한다(건축법 2조 1항 10호).


 2) 건축관계자

건축주, 설계자, 공사감리자, 공사시공자

① 건축주

'건축주'란 건축물의 건축·대수선·용도변경, 건축설비의 설치 또는 공작물의 축조에 관한 공사를 발주하거나 현장 관리인을 두어 스스로 그 공사를 하는 자를 말한다(건축법 2조 1항 12호).


② 설계자

'설계자'란 자기의 책임(보조자의 도움을 받는 경우를 포함한다)으로 설계도서를 작성하고 그 설계도서에서 의도하는 바를 해설하며, 지도하고 자문에 응하는 자를 말한다(동조 13호).


③ 공사감리자

'공사감리자'란 자기의 책임(보조자의 도움을 받는 경우를 포함한다)으로 이 법으로 정하는 바에 따라 건축물, 건축설비 또는 공작물이 설계도서의 내용대로 시공되는지를 확인하고, 품질관리·공사관리·안전관리 등에 대하여 지도·감독하는 자를 말한다(동조 15호).


④ 공사시공자

'공사시공자'란 「건설산업기본법」에 따른 건설공사를 하는 자를 말한다(동조 16호).

## (2) 건축허가 및 건축신고 대상의 건축물

| 건축허가(건축법 11조, 영 8조) | 건축신고(건축법 14조 영 11조) |
|---|---|
| ● 시장·군수·구청장의 허가<br> - 건축물의 건축(신축, 증축, 개축, 재축)<br> - 대수선<br> - 용도변경(하위군-) 상위군)<br>● 특별시장, 광역시장의 허가<br> - 21층 이상의 건축물<br> - 연면적 10만㎡ 이상 건축물<br><br>※ 건축허가유효기간<br>　건축허가일부터 1년 이내에 공사에 착수하지 아니하면 허가를 취소한다. 다만, 허가권자는 정당한 이유가 있다고 인정할 경우 1년 범위 안에서 연장할 수 있다(최장 2년) | - 바닥면적 85㎡ 이내의 증축·개축 또는 재축<br>- 관리지역, 농림지역 또는 자연환경보전지역에서 연면적이 200㎡ 미만이고 3층 미만인 건축물의 건축(다만, 지구단위계획구역에서의 건축은 제외).<br>- 연면적이 200㎡ 미만이고 3층 미만인 건축물의 대수선<br>- 연면적 100㎡ 이하인 건축물<br>- 건축물의 높이 3미터 이하의 범위에서 증축하는 건축물<br>- 공업지역, 지구단위계획구역, 산업단지에서 건축하는 2층 이하인 건축물로서 연면적 500㎡ 이하인 공장<br>- 농업이나 수산업을 경영하기 위하여 읍·면지역에서 연면적 200㎡ 이하의 창고 및 연면적 400㎡ 이하의 축사·작물재배사<br>※ 건축신고유효기간<br>　신고일부터 1년 이내에 공사에 착수하지 아니하면 그 신고의 효력상실 |

## (3) 용도별 건축물의 종류

'건축물의 용도'란 건축물의 종류를 유사한 구조, 이용 목적 및 형태별로 묶어 분류한 것을 말한다(건축법 2조 1항 3호).

건축법시행령 [별표 1] (개정 2013.3.23.)

## 용도별 건축물의 종류(제3조의4 관련)

1. 단독주택[단독주택의 형태를 갖춘 가정어린이집·공동생활가정·지역아동센터 및 노인 복지시설(노인복지주택은 제외한다)을 포함한다]

   가. 단독주택

   나. 다중주택: 다음의 요건을 모두 갖춘 주택을 말한다.

     1) 학생 또는 직장인 등 여러 사람이 장기간 거주할 수 있는 구조로 되어 있는 것

     2) 독립된 주거의 형태를 갖추지 아니한 것(실별로 욕실은 설치할 수 있으나, 취사시설은 설치하지 아니한 것을 말한다. 이하 같다)

     3) 연면적이 330제곱미터 이하이고 층수가 3층 이하인 것

   다. 다가구주택: 다음의 요건을 모두 갖춘 주택으로서 공동주택에 해당하지 아니하는 것을 말한다.

     1) 주택으로 쓰는 층수(지하층은 제외한다)가 3개 층 이하일 것. 다만, 1층의 바닥면적 2분의 1 이상을 필로티 구조로 하여 주차장으로 사용하고 나머지 부분을 주택 외의 용도로 쓰는 경우에는 해당 층을 주택의 층수에서 제외한다.

     2) 1개 동의 주택으로 쓰이는 바닥면적(부설 주차장 면적은 제외한다. 이하 같다)의 합계가 660제곱미터 이하일 것

     3) 19세대 이하가 거주할 수 있을 것

   라. 공관(公館)

2. 공동주택[공동주택의 형태를 갖춘 가정어린이집·공동생활가정·지역아동센터·노인 복지시설(노인복지주택은 제외한다) 및 「주택법 시행령」 제3조 제1항에 따른 원룸형 주택을 포함한다]. 다만, 가목이나 나목에서 층수를 산정할 때 1층 전부를 필로티 구조로 하여 주차장으로 사용하는 경우에는 필로티 부분을 층수에서 제외하고, 다목에서 층수를 산정할 때 1층의 바닥면적 2분의 1 이상을 필로티 구조로 하여 주차장으로 사용하고 나머지 부분을 주택 외의 용도로 쓰는 경우에는 해당 층을 주택의 층수에서 제외하며, 가목부터 라목까지의 규정에서 층수를 산정할 때 지하

층을 주택의 층수에서 제외한다.

가. 아파트: 주택으로 쓰는 층수가 5개 층 이상인 주택

나. 연립주택: 주택으로 쓰는 1개 동의 바닥면적(2개 이상의 동을 지하주차장으로 연결하는 경우에는 각각의 동으로 본다) 합계가 660제곱미터를 초과하고, 층수가 4개 층 이하인 주택

다. 다세대주택: 주택으로 쓰는 1개 동의 바닥면적 합계가 660제곱미터 이하이고, 층수가 4개 층 이하인 주택(2개 이상의 동을 지하주차장으로 연결하는 경우에는 각각의 동으로 본다)

라. 기숙사: 학교 또는 공장 등의 학생 또는 종업원 등을 위하여 쓰는 것으로서 공동취사 등을 할 수 있는 구조를 갖추되, 독립된 주거의 형태를 갖추지 아니한 것(「교육기본법」 제27조 제2항에 따른 학생복지주택을 포함한다)

3. 제1종 근린생활시설

가. 슈퍼마켓과 일용품(식품·잡화·의류·완구·서적·건축자재·의약품·의료기기 등) 등의 소매점으로서 같은 건축물(하나의 대지에 두 동 이상의 건축물이 있는 경우에는 이를 같은 건축물로 본다. 이하 같다)에 해당 용도로 쓰는 바닥면적의 합계가 1천 제곱미터 미만인 것

나. 휴게음식점 또는 제과점으로서 같은 건축물에 해당 용도로 쓰는 바닥면적의 합계가 300제곱미터 미만인 것

다. 이용원, 미용원, 목욕장 및 세탁소(공장이 부설된 것과 「대기환경보전법」, 「수질 및 수생태계 보전에 관한 법률」 또는 「소음·진동관리법」에 따른 배출시설의 설치허가 또는 신고의 대상이 되는 것은 제외한다)

라. 의원·치과의원·한의원·침술원·접골원(接骨院), 조산원, 산후조리원 및 안마원

마. 탁구장 및 체육도장으로서 같은 건축물에 해당 용도로 쓰는 바닥면적의 합계가 500제곱미터 미만인 것

바. 지역자치센터, 파출소, 지구대, 소방서, 우체국, 방송국, 보건소, 공공도서관, 지역건강보험조합, 그 밖에 이와 비슷한 것으로서 같은 건축물에 해당 용도로 쓰는 바닥면적의 합계가 1천 제곱미터 미만인 것

사. 마을회관, 마을 공동작업소, 마을 공동구판장, 그 밖에 이와 비슷한 것

아. 변전소, 양수장, 정수장, 대피소, 공중화장실, 그 밖에 이와 비슷한 것

자. 지역아동센터(단독주택과 공동주택에 해당하지 아니한 것을 말한다)

차. 「도시가스사업법」 제2조 제5호에 따른 가스배관시설

## 4. 제2종 근린생활시설

가. 일반음식점, 기원

나. 휴게음식점 또는 제과점으로서 제1종 근린생활시설에 해당하지 아니하는 것

다. 서점으로서 제1종 근린생활시설에 해당하지 아니하는 것

라. 테니스장, 체력단련장, 에어로빅장, 볼링장, 당구장, 실내낚시터, 골프연습장, 물놀이형 시설(「관광진흥법」 제33조에 따른 안전성 검사의 대상이 되는 물놀이형 시설을 말한다. 이하 같다), 그 밖에 이와 비슷한 것으로서 같은 건축물에 해당 용도로 쓰이는 바닥면적의 합계가 500제곱미터 미만인 것

마. 공연장(극장, 영화관, 연예장, 음악당, 서커스장, 「영화 및 비디오물의 진흥에 관한 법률」 제2조 제16호 가목에 따른 비디오물감상실, 같은 호 나목에 따른 비디오물 소극장, 그 밖에 이와 비슷한 것을 말한다. 이하 같다) 또는 종교집회장[교회, 성당, 사찰, 기도원, 수도원, 수녀원, 제실(祭室), 사당, 그 밖에 이와 비슷한 것을 말한다. 이하 같다]으로서 같은 건축물에 해당 용도로 쓰는 바닥면적의 합계가 300제곱미터 미만인 것

바. 금융업소, 사무소, 부동산중개사무소, 결혼상담소 등 소개업소, 출판사, 그 밖에 이와 비슷한 것으로서 같은 건축물에 해당 용도로 쓰는 바닥면적의 합계가 500제곱미터 미만인 것

사. 제조업소, 수리점, 세탁소, 그 밖에 이와 비슷한 것으로서 같은 건축물에 해당 용도로 쓰는 바닥면적의 합계가 500제곱미터 미만이고, 다음의 요건 중 어느 하나에 해당하는 시설

   1) 「대기환경보전법」, 「수질 및 수생태계 보전에 관한 법률」 또는 「소음·진동관리법」에 따른 배출시설의 설치허가 또는 신고의 대상이 아닌 것

   2) 「대기환경보전법」, 「수질 및 수생태계 보전에 관한 법률」 또는 「소음·진동관리법」에 따른 설치허가 또는 신고 대상 시설이나 귀금속·장신구 및 관련 제품 제조시설로서 발생하는 폐수를 전량 위탁 처리하는 것

아. 「게임산업진흥에 관한 법률」 제2조 제6호의 2 가목에 따른 청소년게임제공업의 시설 및 같은 조 제8호에 따른 복합유통게임제공업의 시설(청소년 이용 불가 게임물을 제공하는 경우는 제외한다)로서 같은 건축물에 그 용도로 쓰는 바닥면적의 합계가 500제곱미터 미만인 것과 같은 조 제7호에 따른 인터넷컴퓨터게임시설 제공업의 시설로서 같은 건축물에 그 용도로 쓰는 바닥면적의 합계가 300제곱미터 미만인 것

자. 사진관, 표구점, 학원(같은 건축물에 해당 용도로 쓰는 바닥면적의 합계가 500 제곱미터 미만인 것만 해당하며, 자동차학원 및 무도학원을 제외한다), 직업훈 련소(같은 건축물에 해당 용도로 쓰는 바닥면적의 합계가 500제곱미터 미만인 것을 말하되, 운전·정비 관련 직업훈련소는 제외한다), 장의사, 동물병원, 독 서실, 총포판매사, 그 밖에 이와 비슷한 것

차. 단란주점으로서 같은 건축물에 해당 용도로 쓰는 바닥면적의 합계가 150제곱 미터 미만인 것

카. 의약품 판매소, 의료기기 판매소 및 자동차영업소로서 같은 건축물에 해당 용 도로 쓰는 바닥면적의 합계가 1천 제곱미터 미만인 것

타. 안마시술소 및 노래연습장

파. 고시원(「다중이용업소의 안전관리에 관한 특별법」에 따른 다중이용업 중 고 시원업의 시설로서 독립된 주거의 형태를 갖추지 아니한 것을 말한다. 이하 같다)으로서 같은 건축물에 해당 용도로 쓰는 바닥면적의 합계가 500제곱미터 미만인 것

5. 문화 및 집회시설

가. 공연장으로서 제2종 근린생활시설에 해당하지 아니하는 것

나. 집회장[예식장, 공회당, 회의장, 마권(馬券) 장외 발매소, 마권 전화투표소, 그 밖에 이와 비슷한 것을 말한다]으로서 제2종 근린생활시설에 해당하지 아니하 는 것

다. 관람장(경마장, 경륜장, 경정장, 자동차 경기장, 그 밖에 이와 비슷한 것과 체 육관 및 운동장으로서 관람석의 바닥면적 합계가 1천 제곱미터 이상인 것을 말한다)

라. 전시장(박물관, 미술관, 과학관, 문화관, 체험관, 기념관, 산업전시장, 박람회장, 그 밖에 이와 비슷한 것을 말한다)

마. 동·식물원(동물원, 식물원, 수족관, 그 밖에 이와 비슷한 것을 말한다)

6. 종교시설

가. 종교집회장으로서 제2종 근린생활시설에 해당하지 아니하는 것

나. 종교집회장(제2종 근린생활시설에 해당하지 아니하는 것을 말한다)에 설치하는 봉안당(奉安堂)

7. 판매시설

　가. 도매시장(「농수산물유통 및 가격안정에 관한 법률」에 따른 농수산물도매시장, 농수산물공판장, 그 밖에 이와 비슷한 것을 말하며, 그 안에 있는 근린생활시설을 포함한다)

　나. 소매시장(「유통산업발전법」 제2조 제3호에 따른 대규모 점포, 그 밖에 이와 비슷한 것을 말하며, 그 안에 있는 근린생활시설을 포함한다)

　다. 상점(그 안에 있는 근린생활시설을 포함한다)으로서 다음의 요건 중 어느 하나에 해당하는 것

　　1) 제3호 가목에 해당하는 용도(서점은 제외한다)로서 제1종 근린생활시설에 해당하지 아니하는 것

　　2) 「게임산업진흥에 관한 법률」 제2조 제6호의 2 가목에 따른 청소년게임제공업의 시설, 같은 호 나목에 따른 일반게임제공업의 시설, 같은 조 제7호에 따른 인터넷 컴퓨터게임시설 제공업의 시설 및 같은 조 제8호에 따른 복합유통 게임 제공업의 시설로서 제2종 근린생활시설에 해당하지 아니하는 것

8. 운수시설

　가. 여객자동차터미널

　나. 철도시설

　다. 공항시설

　라. 항만시설

　마. 삭제(2009.7.16.)

9. 의료시설

　가. 병원(종합병원, 병원, 치과병원, 한방병원, 정신병원 및 요양병원을 말한다)

　나. 격리병원(전염병원, 마약진료소, 그 밖에 이와 비슷한 것을 말한다)

10. 교육연구시설(제2종 근린생활시설에 해당하는 것은 제외한다)

　가. 학교(유치원, 초등학교, 중학교, 고등학교, 전문대학, 대학, 대학교, 그 밖에 이에 준하는 각종 학교를 말한다)

　나. 교육원(연수원, 그 밖에 이와 비슷한 것을 포함한다)

　다. 직업훈련소(운전 및 정비 관련 직업훈련소는 제외한다)

라. 학원(자동차학원 및 무도학원은 제외한다)

마. 연구소(연구소에 준하는 시험소와 계측계량소를 포함한다)

바. 도서관

11. 노유자시설

　　가. 아동 관련 시설(어린이집, 아동복지시설, 그 밖에 이와 비슷한 것으로서 단독주택, 공동주택 및 제1종 근린생활시설에 해당하지 아니하는 것을 말한다)

　　나. 노인복지시설(단독주택과 공동주택에 해당하지 아니하는 것을 말한다)

　　다. 그 밖에 다른 용도로 분류되지 아니한 사회복지시설 및 근로복지시설

12. 수련시설

　　가. 생활권 수련시설(「청소년활동진흥법」에 따른 청소년수련관, 청소년문화의 집, 청소년특화시설, 그 밖에 이와 비슷한 것을 말한다.)

　　나. 자연권 수련시설(「청소년활동진흥법」에 따른 청소년수련원, 청소년야영장, 그 밖에 이와 비슷한 것을 말한다.)

　　다. 「청소년활동진흥법」에 따른 유스호스텔

13. 운동시설

　　가. 탁구장, 체육도장, 테니스장, 체력단련장, 에어로빅장, 볼링장, 당구장, 실내낚시터, 골프연습장, 물놀이형 시설, 그 밖에 이와 비슷한 것으로서 제1종 근린생활시설 및 제2종 근린생활시설에 해당하지 아니하는 것

　　나. 체육관으로서 관람석이 없거나 관람석의 바닥면적이 1천㎡ 미만인 것

　　다. 운동장(육상장, 구기장, 볼링장, 수영장, 스케이트장, 롤러스케이트장, 승마장, 사격장, 궁도장, 골프장 등과 이에 딸린 건축물을 말한다)으로서 관람석이 없거나 관람석의 바닥면적이 1천 제곱미터 미만인 것

14. 업무시설

　　가. 공공업무시설: 국가 또는 지방자치단체의 청사와 외국공관의 건축물로서 제1종 근린생활시설에 해당하지 아니하는 것

　　나. 일반업무시설: 다음 요건을 갖춘 업무시설을 말한다.

　　　　1) 금융업소, 사무소, 결혼상담소 등 소개업소, 출판사, 신문사, 그 밖에 이와 비슷한 것으로서 제2종 근린생활시설에 해당하지 않는 것

　　　　2) 오피스텔(업무를 주로 하며, 분양하거나 임대하는 구획 중 일부 구획에서

숙식할 수 있도록 한 건축물로서 국토교통부장관이 고시하는 기준에 적합한 것을 말한다)

15. 숙박시설

    가. 일반숙박시설(호텔, 여관 및 여인숙)

    나. 관광숙박시설(관광호텔, 수상관광호텔, 한국전통호텔, 가족호텔 및 휴양 콘도미니엄)

    다. 고시원(제2종 근린생활시설에 해당하지 아니하는 것을 말한다)

    라. 그 밖에 가목부터 다목까지의 시설과 비슷한 것

16. 위락시설

    가. 단란주점으로서 제2종 근린생활시설에 해당하지 아니하는 것

    나. 유흥주점이나 그 밖에 이와 비슷한 것

    다. 「관광진흥법」에 따른 유원시설업의 시설, 그 밖에 이와 비슷한 시설(제2종 근린생활시설과 운동시설에 해당하는 것은 제외한다)

    라. 삭제(2010.2.18.)

    마. 무도장, 무도학원

    바. 카지노영업소

17. 공장

물품의 제조·가공[염색·도장(塗裝)·표백·재봉·건조·인쇄 등을 포함한다] 또는 수리에 계속적으로 이용되는 건축물로서 제1종 근린생활시설, 제2종 근린생활시설, 위험물저장 및 처리시설, 자동차 관련 시설, 분뇨 및 쓰레기처리시설 등으로 따로 분류되지 아니한 것

18. 창고시설(위험물 저장 및 처리 시설 또는 그 부속용도에 해당하는 것은 제외한다)

    가. 창고(물품저장시설로서 「물류정책기본법」에 따른 일반창고와 냉장 및 냉동 창고를 포함한다)

    나. 하역장

    다. 「물류시설의 개발 및 운영에 관한 법률」에 따른 물류터미널

    라. 집배송 시설

19. 위험물 저장 및 처리 시설

「위험물안전관리법」, 「석유 및 석유대체연료 사업법」, 「도시가스사업법」, 「고압가스

안전관리법」, 「액화석유가스의 안전관리 및 사업법」, 「총포·도검·화약류 등 단속법」, 「유해화학물질 관리법」 등에 따라 설치 또는 영업의 허가를 받아야 하는 건축물로서 다음 각 목의 어느 하나에 해당하는 것. 다만, 자가난방, 자가발전, 그 밖에 이와 비슷한 목적으로 쓰는 저장시설은 제외한다.

가. 주유소(기계식 세차설비를 포함한다) 및 석유 판매소

나. 액화석유가스 충전소·판매소·저장소(기계식 세차설비를 포함한다)

다. 위험물 제조소·저장소·취급소

라. 액화가스 취급소·판매소

마. 유독물 보관·저장·판매시설

바. 고압가스 충전소·판매소·저장소

사. 도료류 판매소

아. 도시가스 제조시설

자. 화약류 저장소

차. 그 밖에 가목부터 자목까지의 시설과 비슷한 것

20. 자동차 관련 시설(건설기계 관련 시설을 포함한다)

가. 주차장

나. 세차장

다. 폐차장

라. 검사장

마. 매매장

바. 정비공장

사. 운전학원 및 정비학원(운전 및 정비 관련 직업훈련시설을 포함한다)

아. 「여객자동차 운수사업법」, 「화물자동차 운수사업법」 및 「건설기계관리법」에 따른 차고 및 주기장(駐機場)

21. 동물 및 식물 관련 시설

가. 축사(양잠·양봉·양어시설 및 부화장 등을 포함한다)

나. 가축시설[가축용 운동시설, 인공수정센터, 관리사(管理舍), 가축용 창고, 가축시장, 동물검역소, 실험동물 사육시설, 그 밖에 이와 비슷한 것을 말한다]

다. 도축장

라. 도계장

마. 작물 재배사

바. 종묘배양시설

사. 화초 및 분재 등의 온실

아. 식물과 관련된 마목부터 사목까지의 시설과 비슷한 것(동 · 식물원은 제외한다)

22. 분뇨 및 쓰레기 처리시설

가. 분뇨처리시설

나. 고물상

다. 폐기물처리시설 및 폐기물감량화시설

23. 교정 및 군사 시설(제1종 근린생활시설에 해당하는 것은 제외한다)

가. 교정시설(보호감호소, 구치소 및 교도소를 말한다)

나. 갱생보호시설, 그 밖에 범죄자의 갱생 · 보육 · 교육 · 보건 등의 용도로 쓰는 시설

다. 소년원 및 소년분류심사원

라. 국방 · 군사시설

24. 방송통신시설(제1종 근린생활시설에 해당하는 것은 제외한다)

가. 방송국(방송프로그램 제작시설 및 송신 · 수신 · 중계시설을 포함한다)

나. 전신전화국

다. 촬영소

라. 통신용 시설

마. 그 밖에 가목부터 라목까지의 시설과 비슷한 것

25. 발전시설

발전소(집단에너지 공급시설을 포함한다)로 사용되는 건축물로서 제1종 근린생활
시설에 해당하지 아니하는 것

26. 묘지 관련 시설

가. 화장시설

나. 봉안당(종교시설에 해당하는 것은 제외한다)

다. 묘지와 자연장지에 부수되는 건축물

27. 관광 휴게시설

가. 야외음악당

나. 야외극장

다. 어린이회관

라. 관망탑

마. 휴게소

바. 공원·유원지 또는 관광지에 부수되는 시설

28. 장례식장[의료시설의 부수시설(「의료법」 제36조 제1호에 따른 의료기관의 종류에 따른 시설을 말한다)에 해당하는 것은 제외한다.]

## (4) 주택의 종류

### 1) 주거형태에 의한 분류

| | | |
|---|---|---|
| **단독주택** | **단독주택** | 단독주택의 형태를 갖춘 가정어린이집·공동생활가정·지역아동센터 및 노인복지시설(노인복지주택은 제외한다)을 포함한다. |
| | **다중주택** | 다음의 요건을 모두 갖춘 주택을 말한다.<br>1) 학생 또는 직장인 등 여러 사람이 장기간 거주할 수 있는 구조로 되어 있는 것<br>2) 독립된 주거의 형태를 갖추지 아니한 것(각 실별로 욕실은 설치할 수 있으나, 취사시설은 설치하지 아니한 것을 말한다. 이하 같다)<br>3) 연면적이 330제곱미터 이하이고 층수가 3층 이하인 것 |
| | **다가구주택** | 다음의 요건을 모두 갖춘 주택으로서 공동주택에 해당하지 아니하는 것을 말한다.<br>1) 주택으로 쓰는 층수(지하층은 제외한다)가 3개 층 이하일 것. 다만, 1층의 바닥면적 2분의 1 이상을 필로티 구조로 하여 주차장으로 사용하고 나머지 부분을 주택 외의 용도로 쓰는 경우에는 해당 층을 주택의 층수에서 제외한다.<br>2) 1개 동의 주택으로 쓰이는 바닥면적(부설 주차장 면적 |

| | | |
|---|---|---|
| | | 은 제외한다)의 합계가 660제곱미터 이하일 것 <br> 3) 19세대 이하가 거주할 수 있을 것 |
| | 공관 | 국회의장공관, 국무총리공관, 대법원장공관 등 |
| 공동주택 | 아파트 | 주택으로 쓰는 층수가 5개 층 이상인 주택 |
| | 연립주택 | 주택으로 쓰는 1개 동의 바닥면적 합계가 660제곱미터를 초과하고, 층수가 4개 층 이하인 주택 |
| | 다세대<br>주택 | 주택으로 쓰는 1개 동의 바닥면적 합계가 660제곱미터 이하이고, 층수가 4개 층 이하인 주택 |
| | 기숙사 | 학교 또는 공장 등의 학생 또는 종업원 등을 위하여 쓰는 것으로서 공동취사 등을 할 수 있는 구조를 갖추되, 독립된 주거의 형태를 갖추지 아니한 것(주택법상 주택이 아님) |
| 도시형생활주택[133] | 단지형<br>연립주택 | 연립주택(1개 동의 바닥 면적 합계가 660제곱미터를 초과하고, 층수가 4개 층 이하인 주택) 중 원룸형 주택과 기숙사형주택을 제외한 주택. (건축위원회의 심의를 받은 경우에는 주택으로 쓰는 층수를 5층까지 건축 가능) |
| | 단지형<br>다세대주택 | 다세대주택 중 원룸형 주택과 기숙사형주택을 제외한 주택. (건축위원회의 심의를 받으면 주택으로 쓰는 층수를 5층까지 건축 가능) |
| | 원룸형 주택 | 세대별 주거전용면적이 12㎡ 이상 50㎡ 이하로 세대별 독립된 주거가 가능한 주택 |

※ 단독주택과 공동주택은 건축법에 근거한 주택개념이며, 도시형생활주택은 주택법에 근거한 주택개념임.

---

133) '도시형 생활주택'이란 300세대 미만의 국민주택 규모에 해당하는 주택(주택법 2조 4호)으로서 도시민의 생활 패턴의 변화로 1~2인 가구가 증가함에 따라 이 수요에 대처하기 위해 정부가 2009. 5월에 도입한 주택유형이다. 분양가 상한제의 적용을 받지 않는다.

## 2) 건설자금에 의한 분류

### ① 국민주택

'국민주택'이란 국민주택기금으로부터 자금을 지원받아 건설되거나 개량되는 주택으로서 주거의 용도로만 쓰이는 면적이 1호 또는 1세대당 85제곱미터 이하인 주택(「수도권정비계획법」에 따른 수도권을 제외한 도시지역이 아닌 읍 또는 면 지역은 1호 또는 1세대당 주거전용면적이 100제곱미터 이하인 주택. 이하 '국민주택규모'라 함)을 말한다(주택법 2조 3호).

**'국민주택 등'이란**

가. 국민주택

나. 국가·지방자치단체, 한국토지주택공사, 지방공사가 건설하는 주택 및 공공임대주택 중 주거전용면적이 85제곱미터 이하인 주택을 말한다(주택법 2조 3의 2).

**'민간건설 중형 국민주택'이란**

국민주택 중 국가·지방자치단체·한국토지주택공사 또는 지방공사 외의 사업주체가 건설하는 주거전용면적이 60제곱미터 초과 85제곱미터 이하의 주택을 말한다(주택법 2조 3의 3).

### ② 민영주택

'민영주택'이란 국민주택 등을 제외한 주택을 말한다(주택법 2조 3의 4).

## (5) 건축절차

| 1. 부지매입(부지확보) | 건축하려는 건축물의 건축제한 여부 사전 검토<br>(관련 조항: 건축법 10조 건축 관련 입지와 규모의 사전결정, 국계법 76조 용도지역, 지구에서의 건축물의 제한 등) |
|---|---|

⇩

| 2. 건축물의 설계 | 건축허가 및 건축신고 대상의 건축물, 리모델링하는 건축물의 설계는 건축사가 아니면 할 수 없으므로(건축법 23조 1항), 건축사사무소에 의뢰하여야 한다. |
|---|---|

⇩

| 3. 건축허가 또는 건축신고 | 건축사사무소에서는 관계 서류와 기본설계도를 준비하여 관할 시장·군수·구청에 제출한다. → 건축과를 비롯, 관계부서에서 협의 후 건축허가증(건축신고필증)을 교부한다(건축법11조, 14조). |
|---|---|

⇩

| 4. 착공신고 | 건축허가를 받은 날(건축신고일)부터 1년 이내 공사를 착수해야 함(건축허가는 1년 연장 가능) (건축법 21조) |
|---|---|

⇩

| 5. 건축시공 | 주거용 건축물의 연면적이 661㎡를 초과하거나, 비주거용 건물의 연면적이 495㎡를 초과하면 종합건설업면허를 소지한 사람만이 건축공사가 가능하다. 건축시공(건축법 24조) → 공사감리(건축법 25조). 공사시공자는 건축설계에 따라 건축공사를 하여야 하므로 공사감리자는 건축사가 공사감리자로 지정된다. |
|---|---|

⇩

| 6. 사용승인 | 건축공사가 완료되면 허가권자에게 사용승인검사를 신청하여야 한다. 사용승인검사가 완료되면 사용승인서(구 준공검사필증)를 교부받을 수 있다. 허가권자의 사용승인 후 건축물을 사용할 수 있음이 원칙이다(건축법 22조) |
|---|---|

⇩

| 7. 건축완료 (취·등록세 납부 및 소유권보존등기) | 사용승인 후 건축물대장에 등재되고, 취·등록세를 납부하여 소유권보존등기를 한다. |
|---|---|

## (6) 용도변경

용도변경이란 건축물을 사용하다가 다른 용도로 사용하기 위하여 구조 등을 변경하는 것을 말한다.

1) 허가대상: 해당 시설군에 속하는 건축물의 용도를 상위군에 해당하는 용도로 변경하는 경우(건축법 19조 2항 1호)

2) 신고대상: 해당 시설군에 속하는 건축물의 용도를 하위군에 해당하는 용도로 변경하는 경우(건축법 19조 2항 2호)

3) 건축물대장 기재 내용의 변경대상: 같은 시설군에서 용도를 변경하는 경우(건축법 19조 3항)

   ※ 참고: 허가대상이든 신고대상이든 용도변경을 신청하더라도 해당 건물과 관계된 여러 가지 법(집합건물의 소유 및 관리에 관한 법률, 주차장법, 하수도법, 소방법 등)에서 용도변경의 제한이 있을 수 있다. 실무에서는 주차대수 확보 등으로 주차장법에 의한 제한이 가장 많다.

| 허가 대상 | 시설군 분류 (건축법 19조) | 주용도 (건축법 시행령 14호) | 신고 대상 |
|---|---|---|---|
| 상위군으로 용도 변경 행위 (건축법 제19조 2항 1호 허가) ↑ | 1. 자동차 관련 시설 | – 자동차 관련 시설 | 하위군으로 용도 변경 행위 (건축법 제19조 2항 1호 신고) ↓ |
| | 2. 산업등의 시설군 | – 운수시설 | |
| | | – 창고시설 | |
| | | – 공장 | |
| | | – 위험물 저장 및 처리시설 | |
| | | – 분뇨 및 쓰레기 처리시설 | |
| | | – 묘지관련시설 | |
| | 3. 전기통신 시설군 | – 방송통신시설 | |
| | | – 발전시설 | |
| | 4. 문화 및 집회 시설군 | – 문화 및 집회시설 | |
| | | – 종교시설 | |
| | | – 위락시설 | |
| | | – 관광휴게시설 | |
| | 5. 영업 시설군 | – 판매시설 | |
| | | – 운동시설 | |
| | | – 숙박시설 | |
| | 6. 교육 및 복지시설군 | – 의료시설 | |
| | | – 교육연구시설 | |
| | | – 노유자시설 | |
| | | – 수련시설 | |
| | 7. 근린생활시설군 | – 근린생활시설 | |
| | 8. 주거업무 시설군 | – 단독,공동주택 | |
| | | – 업무시설 | |
| | | – 교정 및 군사시설 | |
| | 9. 그 밖의 시설군 | – 동물 및 식물관련시설 | |
| | | – 장례식장 | |

## (7) 건물을 매입 시 준비하여야 할 서류

등기부등본(건물, 토지), 건축물대장, 이외 해당 건물의 토지에 대한 공적 장부.

## (8) 건물에 관한 공적 장부-건축물대장

건축물대장은 건물의 소재 · 번호 · 종류 · 구조 · 건평, 건물의 변동사항, 소유자의 인적사항이 등재되어 있는 공적 장부이다. 건축물 관련 표시내용이 건물등기부등본과 건축물대장과 상이할 때 건축물대장을 우선한다. 반면 소유권 및 권리에 관한 사항이 건물등기부등본과 건축물대장과 상이할 때 건물등기부등본을 우선한다.

- 건축물대장의 내용 -

① 고유번호, 대지위치, 지번, 도로명 주소, 대지면적, 연면적, 지역, 지구, 구역, 건축면적, 용적률 산정용 연면적, 주구조, 주용도, 층수, 건폐율, 용적률, 높이, 지붕, 부속건축물의 내용이 기재된다.

② 건축물 현황: 좌측에 건물의 각층별 구조와 용도, 면적의 상세정보가 기재된다.

③ 소유자 현황: 건축물소유자의 성명, 주민번호, 주소, 소유권지분, 소유자변동 일자 등 소유자의 정보가 기재된다.

④ 건축주, 설계자, 공사감리자, 공사시공자: 건축 당시 건축주와 건축물설계자, 감리자, 시공자의 정보가 기재된다.

⑤ 주차장: 주차방법과 주차대수의 정보가 기재된다. 용도변경 가능 여부에 대하여는 주차장의 영향이 가장문제가 된다.

⑥ 승강기, 오수정화시설: 승강기의 대수와 오수정화시설용량의 정보가 기재된다.

⑦ 허가 일자, 착공 일자, 사용승인 일자: 각 허가 일자, 착공 일자, 사용승인 일자가 기재된다. 건물의 사용은 원칙적으로 사용승인 이후 사용할 수 있다. 따라서 언제부터 사용한

건물인지 예상할 수 있다.

⑧ 건축물 에너지 소비정보 및 그 밖의 인증정보: 오래된 건물은 해당 사항이 없고 최근에 짓는 건물의 경우 근래 들어 시행되고 있는 제도로서 에너지효율과 에너지 성능지표점수는 건축물의 전기, 가스 등 에너지 사용량에 따른 에너지효율이 높은지를 나타낸다. 등급이 높을수록 에너지 효율이 높다. 친환경건축물인증은 자연환경을 훼손하지 않는 친환경건축물인 경우 각 친환경요소의 점수를 부여하여 등급을 산정하고 인증하는 제도이며 등급이 높을수록 건폐율, 용적률을 완화해주고, 세제혜택을 준다.
지능형건축물인증은 21세기 지식정보사회에 대응하기 위하여 건물의 용도, 규모와 사용기능에 적합한 건축물의 경우 건축물의 지능화 수준에 대한 등급을 산정하고 인증하는 제도이며 등급이 높을수록 건폐율, 용적률을 완화해주고, 세제혜택을 준다.

⑨ 변동사항: 건물에 대한 신축, 증축, 불법증축, 용도변경 등 건물에 관한 변동내용 및 원인, 변동 일자가 기재된다.

# 일 반 건 축 물 대 장 (갑)

장번호 :   1 - 1

| 고유번호 | 4143011000-1-02180002 | | 민원24접수번호 | 20130404 - 25237774 | 명칭 | | 특이사항 | |
|---|---|---|---|---|---|---|---|---|
| 대지위치 | | 경기도 의왕시 _·동 | 지번 | 218-2 | 도로명주소 | | 경기도 의왕시 _·길 2 | |

| ※대지면적 | 355㎡ | 연면적 | 262.46㎡ | ※지역 | 자연녹지지역 | ※지구 | | ※구역 | 개발제한구역 |
|---|---|---|---|---|---|---|---|---|---|
| 건축면적 | 140.68㎡ | 용적률산정용 연면적 | 215.03㎡ | 주구조 | 철근콘크리트구조 | 주용도 | 단독주택 | 층수 | 지하 1층/지상 2층 |
| ※건폐율 | 39.63% | ※용적률 | 60.57% | 높이 | 7.85m | 지붕 | (철근)콘크리트,기와 | 부속건축물 | |

| 공적 공간 면적(합계) | ㎡ | ※ 공적공간면적(합계)에 대한 개별 면적정보는 아래와 같습니다. | | | | |
|---|---|---|---|---|---|---|
| | | 공개 공지 면적 ㎡ | 삼지 공원 면적 ㎡ | 공공보행통로 면적 ㎡ | 건축선 후퇴 면적 ㎡ | 그 밖의 면적 ㎡ |

|  | | 건 축 물 현 황 | | | | 소 유 자 현 황 | | |
|---|---|---|---|---|---|---|---|---|
| 구분 | 층별 | 구조 | 용도 | 면적(㎡) | 성명(명칭)<br>주민등록번호<br>(부동산등기용등록번호) | 주소 | 소유권<br>지분 | 변동일자<br>변동원인 |
| 주1 | 지하1층 | 철근콘크리트구조 | 단독주택 | 47.43 | 김_·_ | 경기도 의왕시 _·동 130-1<br>효성청솔(아) | 1/1 | 2004.07.02<br>소유자등록 |
| 주1 | 1층 | 철근콘크리트구조 | 단독주택 | 137.48 | 3. ℃05-2****** | | | |
| 주1 | 2층 | 철근콘크리트구조 | 단독주택 | 77.55 | 김_·_ | 경기도 의왕시 _·동 130-1 호<br>성청솔(아) | 1/1 | 2004.07.03<br>소유권보존 |
| | | - 이하여백 - | | | 3. _705-2****** | | | |

이 등(초)본은 건축물대장의 원본내용과 틀림없음을 증명합니다.

발급일자 : 2013년 04월 04일

담당자 : 민원지적과

전  화 : 031 - 345 - 2314

경기도 의왕시장

※ 표시 항목은 총괄표제부가 있는 경우에는 기재하지 아니합니다.
※ 이 장은 전체 3페이지 중에 1페이지 입니다.

◆본 증명서는 인터넷으로 발급되었으며, 민원24(minwon.go.kr)의 인터넷발급문서진위확인 메뉴를 통해 위·변조 여부를 확인할 수 있습니다.
(발급일로부터 90일까지) 또한 문서하단의 바코드로도 진위확인(스캐너용 문서확인프로그램 설치)을 하실 수 있습니다.

---

■ 건축물대장의 기재 및 관리 등에 관한 규칙 [별지 제1호서식]

문서확인번호  1365-0623-0223-5518

장번호 :   2 - 1

| 고유번호 | 4143011000-1-02180002 | 민원24접수번호 | 20130404 - 25237774 |
|---|---|---|---|

| 구분 | 성명 또는 명칭 | 면허(등록)번호 | ※주차장 | | | | | 승강기 | | 허가일자 | 2003.12.24 |
|---|---|---|---|---|---|---|---|---|---|---|---|
| 건축주 | 김_·_ | 3._℃05-2****** | 구분 | 옥내 | 옥외 | 인근 | 면제 | 승용<br>대 | 비상용<br>대 | 착공일자 | 2004.02.15 |
| 설계자 | 최_·구 도담건축사사무소 | 강남구·건축사사무소-687 | 자주식 | 대<br>㎡ | 2 대<br>23 ㎡ | 대<br>㎡ | 대<br>㎡ | ※오수정화시설 | | 사용승인일자 | 2004.07.02 |
| 공사감리자 | 최_·구 도담건축사사무소 | 강남구·건축사사무소-687 | | | | | | 형식 | | 관련 지번 | |
| 공사시공자<br>(현장관리인) | 김_·_ | 3._℃05-2****** | 기계식 | 대<br>㎡ | 대<br>㎡ | 대<br>㎡ | | 접촉폭가방법<br>용량 | 10인용 2㎡ | | |

| 건축물 에너지 소비정보 및 그 밖의 인증정보 | | | | | | | |
|---|---|---|---|---|---|---|---|
| 에너지효율 | | 에너지성능지표(EPI) 점수 | | 친환경건축물 인증 | | 지능형건축물 인증 | |
| 등급 | | | | 등급 | | 등급 | |
| 에너지절감율 | % | | 점 | 인증점수 | 점 | 인증점수 | 점 |

| 변 동 사 항 | | | | | |
|---|---|---|---|---|---|
| 변동일자 | 변동내용 및 원인 | | 변동일자 | 변동내용 및 원인 | 그 밖의 기재사항 |
| 2004.07.02 | 도시개발과-3207(2004.07.02)호로 사용승인되어 신규<br>작성(허가번호:2003-도시개발과-개발제한구역(허가)-91)<br><br>- 이하여백 - | | | | |

※ 표시 항목은 총괄표제부가 있는 경우에는 기재하지 아니합니다.
※ 이 장은 전체 3페이지 중에 3페이지 입니다.

◆본 증명서는 인터넷으로 발급되었으며, 민원24(minwon.go.kr)의 인터넷발급문서진위확인 메뉴를 통해 위·변조 여부를 확인할 수 있습니다.
(발급일로부터 90일까지) 또한 문서하단의 바코드로도 진위확인(스캐너용 문서확인프로그램 설치)을 하실 수 있습니다.

# 물건 유형별 분석방법 편

1. 현장조사 방법

2. 물건유형별 중요 체크포인트

# 1. 현장조사 방법

## (1) 임장활동의 중요성

입찰하고자 하는 물건을 선정하였다면 기본적인 권리분석을 마친 후 반드시 현장답사를 통하여 물건을 확인하고 물건의 가치를 분석하여야 한다. 부동산은 개개의 물건마다 개별성이 있어 각기 다르고(같은 단지 내의 같은 평형의 아파트라고 하더라도 똑같은 상태의 아파트는 없으며 동과 층과 향에 따라 가격차이가 있다), 지역별, 개발 호재의 영향, 입지여건, 상권, 생활환경, 교육환경, 물건의 상태 등 정도에 따라 가격차이가 천차만별이다. 현장조사는 경매에서 가장 중요하다고 할 수 있다. 서류상 문제가 없고 사진상 좋아 보이는 물건이더라도 현장에 가보면 전혀 다른 물건이거나 기대 이하의 물건들이 많다. 반대로 기대 이상의 물건도 있음은 물론이다. 또 현장에서만 얻을 수 있는 정보(현재의 실제 점유자, 주변 사람들에 대한 진술, 물건에 대한 밝혀지지 않은 이야기, 공부와 현황과의 상이한 점, 중개업소 등을 통한 시세와 감정가와의 차이, 개발계획 등)도 있다. 직접 가서 눈으로 보고, 걸어보고, 만나서 대화하고, 주변환경을 살펴보고 느끼는 것은 책에서는 설명할 수 없고 현장에서만 얻을 수 있다.

좋은 부동산을 얻기 위하여는 많은 발품이 필요하다. 내가 직접 현장에 가서 눈으로 보고, 체험해보지 않고 책상에만 앉아서는 절대로 부동산투자를 할 수 없으며 하여서도 안 된다. 그만큼 부동산의 임장활동은 좋은 물건을 발굴하고 부동산의 가치를 평가하는 데 매우 중요하다.

## (2) 현장조사 절차

현장조사의 목적은 크게 2가지로 ① 권리분석에 대한 확인과 ② 물건에 좋고 나쁨 등 물건분석을 위함이다. 현장조사를 하기 위하여 물건 유형별 조사내용과 체크포인트가 조금씩 상이하므로 물건에 따라 추가 보완할 사항이나 불필요한 사항들도 있을 것이다. 현장조사방법에 관하여는 다음과 같은 샘플 양식을 참조하여 적절히 활용하면 좋을 것이다.

# 현장조사 절차(주택, 오피스텔)

※ 지참물: 경매물건 내역서류(지도표시등), 나침판, 필기도구, 카메라


1. **동사무소**: 세대별 열람내역서 발급(세대주, 세대원 열람)


2. **물건지 방문**

   (1) 거주자 면담:

      1) 경매물건 보고 현장조사 나왔는데 몇 가지 물어봐도 되겠습니까?

      2) 현재의 점유자는 누구? 이사날짜(언제 이사 왔는지)?

      3) 임대차 보증금 및 월임대료는 얼마인지?

      4) 전입신고 및 확정일자(주거용)는 받았는지(유무)?

      5) 이 집에 별다른 문제는 없는지(물건 상의하자 및 기타 하자 유무)

   (2) 관리사무소 방문:

      1) 관리소장 직접 면담

      2) 월 관리비 및 관리비 체납내역

      3) 이사날짜(언제 이사 왔는지)?

      4) 소유자 및 본 물건에 대한 정보내용 파악

   (3) 물건 및 주변조사

      1) 물건 외관 검사, 동과 층의 방향확인(햇빛이 잘 드는지), 사진촬영

      2) 도시가스, 상수도, 하수처리시설이 잘 정비되었는지.

      3) 교통시설(버스, 전철 등), 편의시설, 학군, 주변혐오시설(고압선 등), 쾌적성 등
         파악


3. **시세조사 (3년 이상 영업한 중개업소 2곳 이상, 단독주택의 경우 인근 주민에게도)**

   (1) 시세조사(매매가, 전세가, 월세가)

   (2) 경매물건에 대한 시세조사(매매가, 전세가, 월세가)

   (3) 개발계획, 장래성(미래가치) 조사.

# 현장조사 절차(상가)

※ 지참물: 경매물건 내역서류(지도표시 등), 나침판, 필기도구, 카메라

**1. 동사무소:** 세대별 열람내역서 발급(상가 일부 또는 전부를 주거용으로 사용할 경우)

**2. 물건지 방문**

(1) 거주자 면담:

1) 경매물건 보고 현장조사 나왔는데 몇 가지 물어봐도 되겠습니까?

2) 현재의 점유자는 누구? 이사날짜(언제 이사 왔는지)?

3) 임대차 보증금 및 월임대료는 얼마인지?

4) 사업자등록 및 확정일자(사업자)는 받았는지(유무)?

5) 이 상가에 별다른 문제는 없는지(물건 상의하자 및 기타 하자 유무)

(2) 관리사무소 방문:

1) 관리소장 직접 면담

2) 월 관리비 및 관리비체납내용

3) 공실률은 얼마나 되는지?

4) 타업종 제한(상가관리규약)은 있는지?

5) 이사날짜(언제 이사 왔는지)? 임대차보증금 및 월임대료는 얼마인지?

6) 소유자 및 본 물건에 대한 정보내용 파악

(3) 물건 및 주변조사

1) 물건 외관 검사, 동과 층의 방향확인, 주차시설확인, 물건 내부구조파악, 사진촬영.

2) 유동 인구 및 주변상권 활성화 여부 파악. 본건 상가 또는 근처 상가에서 식사하고 장사 잘되는지 및 적정임대료는 얼마인지 확인

3) 교통시설(버스, 전철 등), 편의시설, 주변혐오시설, 배후세대, 적합업종 등 파악

**3. 시세조사 (3년 이상 영업한 중개업소 2곳 이상 방문)**

(1) 시세조사(매매가, 월세가)

(2) 경매물건에 관한 시세조사(매매가, 월세가)

(3) 개발계획, 장사 잘되는지 여부, 장래성(미래가치) 조사.

# 현장조사 절차(토지)

※ 지참물: 경매물건 내역서류(지도표시등), 지도, 나침판, 줄재(5m 이상), 필기도구, 카메라

## 1. 동사무소(또는 인터넷 온라인발급): 토지이용계획확인원, 지적도, 임야도, 토지대장 발급

## 2. 현장 답사

(1) 물건위치 파악

토지 지번 근처까지 내비게이션으로 찾아가고 부근부터 사진, 지적도, 나침판을 보아가며 현장의 물건을 찾아 물건의 그림을 그려 지적도와 맞춰본다.

(2) 물건형상 및 지세 파악

1) 방향(동향, 서향, 남향, 북향), 경사도, 분묘 유무, 주변혐오시설 유무
2) 맹지 여부(맹지일 경우 도로개설 가능한지 여부 파악)
3) 매입하고자 하는 용도에 적합한지 파악(토질, 전기 및 수도사용 가능 여부 등)
4) 어떤 용도로 사용하면 좋을지 파악
5) 땅의 기운(느낌)

(3) 인근 주민 및 동네 이장 방문

## 3. 시세조사(3년 이상 영업한 중개업소 2곳 이상)

(1) 주변토지 시세조사(매매)

(2) 경매물건에 관한 시세조사(매매)

(3) 개발계획, 장래성(미래가치) 조사.

## 2. 물건유형별 중요 체크포인트

### (1) 아파트

#### 1) 내용

아파트는 단지규모(세대수), 동과 층에 따라 가격의 차이가 많이 나므로 임장활동을 하여 물건을 파악하고 동네 중개업소에 시세확인을 하여야 한다. 아파트를 매입할 때에는 매입 후 나중에 잘 팔릴 수 있는지를 파악해보는 것도 중요하다. 당해 아파트가 해당 지역에서 일반적으로 거래가 잘되는 편이고 동네중개업소에 매물이 많지 않다면 일반적으로 잘 팔릴 수 있는 물건으로 생각해볼 수 있다. 보통 대단지(500세대 이상)이며, 정남향, 교통이 좋은 곳, 생활편의시설이 잘되어 있는 곳, 학군이 좋은 곳을 선호한다.

정남향의 아파트라고 하더라도 동 간격이 짧아 채광이 잘 안 들거나 앞의 조망을 가리거나 사생활보호가 잘 안 되는 경우, 큰 도로에 접해 소음·매연·먼지 등이 발생할 경우, 지상에 전철 등으로 소음이 발생할 경우, 꼭대기 층이거나 1층의 경우 가격하락요인이므로 가격분석에 반영하여야 할 것이며 향후 매도할 때의 영향도 고려해볼 필요가 있다. 이외에도 개발계획 등으로 인구가 유입되는 지역인지 인구가 빠져나가는 지역인지, 혐오시설이 근처에 있는지, 범죄가 잘 발생하는 지역인지 등도 파악해본다.

#### 2) 중요 체크포인트

| 물건사항 | ① 입지(역세권, 대중교통, 은행 편의시설 등 생활환경, 학교, 혐오시설 여부, 개발계획) <br> ② 단지세대수: 일반적으로 대단지 및 브랜드 아파트일수록 좋고, 대단지가 아니더라도 이웃한 아파트들을 포함하여 대단지인 경우 같은 대단지의 효과를 볼 수도 있다. <br> ③ 동, 층수, 방향, 복도식인지 계단식인지 <br> ④ 조망과 일조 <br> ⑤ 주차대수 및 주차장 |
|---|---|

| | |
|---|---|
| | ⑥ 건축연도(사용승인 일자 또는 입주연도) |
| | ⑦ 관리비 |
| | ⑧ 시세(매매, 전세, 월세)- 사는 경우와 파는 경우 각각 문의 |
| **권리사항** | ① 대지권 유무와 토지별도 등기 |
| | ② 임대차 관계 |

### (1-1) 미납관리비

#### 1) 매수인이 납부하여야 할 미납관리비 범위

경매물건의 아파트나 상가 등 미납관리비가 있는 경우 낙찰자가 부담할 수 있으므로 세심하게 알아보아야 한다. 물건별로 미납관리비는 적게는 몇십만 원에서 많게는 몇천만 원의 미납관리비가 있을 수 있으므로 주의를 요한다. 일반적으로 미납관리비는 ① 공용부분에 대하여만[134] ② 연체이자를 제외하고 ③ 3년 이내분(잔금납부일 기준 3년 이내) 것만 매수인(낙찰자)이 부담함이 대법원판례(대판 2007. 2. 22. 2005다65821)이다. 한편 관리사무소에서는 미납관리비 전부를 매수인에게 부담시키려고 하고, 매수인은 최소의 금액만 납부하려고 하다 보니 다툼이 발생하고 소송으로 진행되는 경우가 발생하곤 한다. 관리비 납부 시 관리사무소의 관리비 회수를 위한 관리책임을 다하였는지 등(미납세대에 대한 단전 단수처리, 가압류조치, 내용증명 발송, 배당요구신청, 기타 관리비를 회수하기 위하여 노력한 내역들)을 따져 볼 필요도 있다.

간혹, 관리사무소에서는 매수인에게 받을 수 있다는 생각을 하고 관리책임을 다하지 않거나, 심지어 체납자와 통모하여 관리비를 조작하는 경우도 있을 수 있다. 이러한 경우 적정한 선에서 미납관리비를 합의하고, 합의가 안 될 경우 미납관리비를 우선 납부하고 부당이득반환청구소송을 통해 반환받을 수 있다.

한편, 관리사무소에서 매수인에게 체납관리비미납을 이유로 단전·단수 등의 조치를 할 경우 관리사무소에서는 매수인에게 불법행위를 구성하므로 매수인은 손해배상을 청구할

---

134) 대판 2001.9.20, 2001다8677 전원합의체판결.

수도 있으며, 매수인은 단전·단수 등의 조치 기간에 발생한 관리비채무는 부담하지 않는다(대판 2006. 6. 29. 2004다3598)


### 2) 미납관리비 판례

■ 대판 2006. 6. 29. 2004다3598

【판시사항】

[1] 집합건물의 소유 및 관리에 관한 법률 제18조의 입법 취지 및 '전(前) 구분소유자의 특별승계인에게 전 구분소유자의 체납관리비를 승계하도록 한 관리규약의 효력(=공용부분 관리비에 한하여 유효)

[2] 집합건물의 전(前) 구분소유자의 특정승계인에게 승계되는 공용부분 관리비의 범위 및 공용부분 관리비에 대한 연체료가 특별승계인에게 승계되는 공용부분 관리비에 포함되는지 여부(소극)

[3] 상가건물의 관리 규약상 관리비 중 일반관리비, 장부 기장료, 위탁수수료, 화재보험료, 청소비, 수선유지비 등이 전(前) 구분소유자의 특별승계인에게 승계되는 공용부분 관리비에 포함된다고 한 사례

[4] 집합건물의 관리단이 전(前) 구분소유자의 특별승계인에게 특별승계인이 승계한 공용부분 관리비 등 전 구분소유자가 체납한 관리비의 징수를 위해 단전·단수 등의 조치를 취한 사안에서, 관리단의 위 사용방해행위가 불법행위를 구성한다고 한 사례

[5] 집합건물의 관리단 등 관리주체의 불법적인 사용방해 행위로 인하여 건물의 구분소유자가 그 건물을 사용·수익하지 못한 경우, 구분소유자가 그 기간에 발생한 관리비채무를 부담하는지 여부(소극)


【판결요지】

[1] 집합건물의 소유 및 관리에 관한 법률 제18조에서는 공유자가 공용부분에 관하여 다른 공유자에 대하여 가지는 채권은 그 특별승계인에 대하여도 행사할 수 있다고 규정하고 있는데, 이는 집합건물의 공용부분은 전체 공유자의 이익에 공여하는 것이어서 공동으로

유지·관리되어야 하고 그에 대한 적정한 유지·관리를 도모하기 위하여는 소요되는 경비에 대한 공유자 간의 채권은 이를 특히 보장할 필요가 있어 공유자의 특별승계인에게 그 승계의사의 유무와 관계없이 청구할 수 있도록 하기 위하여 특별규정을 둔 것이므로, 전(前) 구분소유자의 특별승계인에게 전 구분소유자의 체납관리비를 승계하도록 한 관리규약 중 공용부분 관리비에 관한 부분은 위와 같은 규정에 터 잡은 것으로 유효하다.

[2] 집합건물의 전(前) 구분소유자의 특정승계인에게 승계되는 공용부분 관리비에는 집합건물의 공용부분 그 자체의 직접적인 유지·관리를 위하여 지출되는 비용뿐만 아니라, 전유부분을 포함한 집합건물 전체의 유지·관리를 위해 지출되는 비용 가운데에서도 입주자 전체의 공동의 이익을 위하여 집합건물을 통일적으로 유지·관리해야 할 필요가 있어 이를 일률적으로 지출하지 않으면 안 되는 성격의 비용은 그것이 입주자 각자의 개별적인 이익을 위하여 현실적·구체적으로 귀속되는 부분에 사용되는 비용으로 명확히 구분될 수 있는 것이 아니라면, 모두 이에 포함되는 것으로 보는 것이 타당하다. 한편, 관리비 납부를 연체할 경우 부과되는 연체료는 위약벌의 일종이고, 전(前) 구분소유자의 특별승계인이 체납된 공용부분 관리비를 승계한다고 하여 전 구분소유자가 관리비 납부를 연체함으로 인해 이미 발생하게 된 법률효과까지 그대로 승계하는 것은 아니라 할 것이어서, 공용부분 관리비에 대한 연체료는 특별승계인에게 승계되는 공용부분 관리비에 포함되지 않는다.

[3] 상가건물의 관리 규약상 관리비 중 일반관리비, 장부 기장료, 위탁수수료, 화재보험료, 청소비, 수선유지비 등은, 모두 입주자 전체의 공동의 이익을 위하여 집합건물을 통일적으로 유지·관리해야 할 필요에 의해 일률적으로 지출되지 않으면 안 되는 성격의 비용에 해당하는 것으로 인정되고, 그것이 입주자 각자의 개별적인 이익을 위하여 현실적·구체적으로 귀속되는 부분에 사용되는 비용으로 명확히 구분될 수 있는 것이라고 볼 만한 사정을 찾아볼 수 없는 이상, 전(前) 구분소유자의 특별승계인에게 승계되는 공용부분 관리비로 보아야 한다고 한 사례.

[4] 집합건물의 관리단이 전(前) 구분소유자의 특별승계인에게 특별승계인이 승계한 공용부분 관리비 등 전 구분소유자가 체납한 관리비의 징수를 위해 단전·단수 등의 조치를

취한 사안에서, 관리단의 위 사용방해행위가 불법행위를 구성한다고 한 사례.

[5] 집합건물의 관리단 등 관리주체의 위법한 단전·단수 및 엘리베이터 운행정지 조치 등 불법적인 사용방해행위로 인하여 건물의 구분소유자가 그 건물을 사용·수익하지 못하였다면, 그 구분소유자로서는 관리단에 대해 그동안 발생한 관리비채무를 부담하지 않는다고 보아야 한다.

■ 대판 2006. 6. 29. 2004다3598

【판시사항】

[1] 집합건물의 전 입주자가 체납한 관리비가 관리규약의 정함에 따라 그 특별승계인에게 승계되는지 여부(=공용부분에 한하여 승계)

[2] 공용부분 관리비에 대한 연체료가 특별승계인이 승계하여야 하는 공용부분 관리비에 포함되는지 여부(소극)

[3] 민법 제163조 제1호에서 3년의 단기소멸시효에 걸리는 것으로 규정한 '1년 이내의 기간으로 정한 채권'의 의미 및 1개월 단위로 지급되는 집합건물의 관리비채권이 이에 해당하는지 여부(적극)

【판결요지】

1. 체납관리비의 승계 범위에 관하여

집합건물의 관리규약에서 체납관리비 채권 전체에 대하여 입주자의 지위를 승계한 자에 대하여도 행사할 수 있도록 규정하고 있다 하더라도, '관리규약이 구분소유자 이외의 자의 권리를 해하지 못한다.'고 규정하고 있는 집합건물의 소유 및 관리에 관한 법률(이하 '집합건물법'이라 한다) 제28조 제3항에 비추어 볼 때, 관리규약으로 전 입주자의 체납관리비를 양수인에게 승계시키도록 하는 것은 입주자 이외의 자들과 사이의 권리·의무에 관련된 사항으로서 입주자들의 자치규범인 관리규약 제정의 한계를 벗어나는 것이고, 개인의 기본권을 침해하는 사항은 법률로 특별히 정하지 않는 한 사적 자치의 원칙에 반한다는 점 등을 고려하면, 특별승계인이 그 관리규약을 명시적, 묵시적으로 승인하지 않는 이상 그 효력이 없다고 할 것이며, 집합건물법 제42조 제1항의 규정은 공동주택의 입주자들이 공동주택의 관리·사용 등의 사항에 관하여 관리규약으로 정한 내용은 그것이 승계 이전에 제정된 것이라고 하더라도 승계인에 대하여 효력이 있다는 뜻으로서, 관리비와 관련하여서는 승계인도 입주자로서 관리규약에 따른 관리비를 납부하여야 한다는 의미일 뿐, 그 규정으로 인하여 승계인이 전 입주자의 체납관리비까지 승계하게 되는 것으로 해석할 수는 없다. 다만, 집합건물의 공용부분은 전체 공유자의 이익에 공여하는 것이어서 공동으로 유지·관리 해야 하고 그에 대한 적정한 유지·관리를 도모하기 위하여는 소요되는 경비에 대한 공유자 간의 채권은 이를 특히 보장할 필요가 있어 공유자의 특별승계인에게 그 승계의사의 유무에 관계없이 청구할 수 있도록 집합건물법 제18조에서 특별규정을 두고 있는바, 위 관리규약 중 공용부분 관리비에 관한 부분은 위 규정에 터 잡은 것으로서 유효하다고 할 것이므로, 집합건물의 특별승계인은 전 입주자의 체납관리비 중 공용부분에 관하여는 이를 승계하여야 한다고 봄이 타당하다 (대법원 2001. 9. 20. 선고 2001다8677 전원합의체 판결 참조).

## 2. 연체료의 승계 여부에 관하여

관리비 납부를 연체할 경우 부과되는 연체료는 위약벌의 일종이고 집합건물의 특별승계인이 전 입주자가 체납한 공용부분 관리비를 승계한다고 하여 전 입주자가 관리비 납부를 연체함으로 인해 이미 발생하게 된 법률효과까지 그대로 승계하는 것은 아니므로, 공용부분 관리비에 대한 연체료는 집합건물의 특별승계인에게 승계되는 공용부분 관리비에 포함되지 않는다(대법원 2006. 6. 29. 선고 2004다3598, 3604 판결 참조).

## 3. 소멸시효에 관하여

민법 제163조 제1호에서 3년의 단기소멸시효에 걸리는 것으로 규정한 '1년 이내의 기간으로 정한 채권'이란 1년 이내의 정기로 지급되는 채권을 말하는 것으로서 (대법원 1996. 9. 20. 선고 96다25302 판결 참조) 1개월 단위로 지급되는 집합건물의 관리비채권은 이에 해당한다고 할 것이다.

## (2) 빌라(연립, 다세대)

### 1) 내용

빌라는 아파트보다 가격이 저렴하여 소액으로 투자할 수 있는 물건 중 하나로 전세가보다 조금만 더 주더라도 매입할 수 있는 메리트가 있다. 특히 오래된 빌라일수록 재개발, 재건축, 뉴타운 등의 개발계획이 있을 수 있으므로, 해당 지자체 홈페이지에서 관련 정보를 얻고 담당 부서에 문의하여 확인해 볼 필요가 있다. 주의할 것은 청사진의 개발계획이 있더라도 취소되는 경우가 빈번하므로 개발계획이 취소되었을 경우도 같이 생각해보고 투자에 임하여야 할 것이다.

### 2) 중요 체크포인트

| | |
|---|---|
| 물건사항 | ① 입지(역세권, 대중교통, 은행 편의시설 등 생활환경, 학교, 혐오시설 여부, 개발계획)<br>② 대지지분: 오래된(20년 이상) 빌라일 경우 재건축, 재개발 가능성이 높으므로 대지지분이 클수록 좋다.<br>③ 동, 층수, 방향<br>④ 조망과 일조<br>⑤ 가능 주차대수 및 주차장 여부<br>⑥ 건축연도(사용승인 일자 또는 입주연도)<br>⑦ 재개발, 재건축, 뉴타운 등 여부 및 진행단계, 조합원지위승계 여부<br>⑧ 시세(매매, 전세, 월세) |
| 권리사항 | ① 대지권 유무와 토지별도 등기<br>② 임대차 관계 |

## (3) 단독주택

### 1) 내용

오래된 단독주택은 건물보다는 땅값에 비중을 두어야 할 것이므로 토지가 클수록 좋고,

도심지의 많이 노후된 단독주택의 경우 저가매입으로 리모델링이나 신축하여 기존주택대비 임대수익과 부가가치를 높일 수 있는 방법이 있다.

시내를 벗어난 일반단독주택이나 전원주택의 경우 도시가스, 상하수도 여부 등을 살펴보아야 한다. 그리고 산사태, 홍수 등의 자연재해 등을 생각하여 지대가 낮거나 경사가 높은 곳은 주의하여야 한다. 특히 다가구주택의 경우 각 세대별 인수할 임차권리 등 임대차내역을 꼼꼼히 파악하여야 한다.

## 2) 중요 체크포인트

| | |
|---|---|
| 물건사항 | ① 입지(역세권, 대중교통, 은행 편의시설 등 생활환경, 학교, 혐오시설 여부, 개발계획)<br>② 대지평수 및 대지형태: 오래된(20년 이상) 주택의 경우 재건축, 재개발 가능성이 높으므로 대지가 클수록 좋고 대지는 도로에 접한 4각형의 모양이 좋다.<br>③ 방향, 지대와 경사도<br>④ 조망과 일조<br>⑤ 가능 주차대수 및 주차장 여부<br>⑥ 건축연도(사용승인 일자 또는 입주연도)<br>⑦ 재개발, 재건축, 뉴타운 등 여부 및 진행단계, 조합원지위승계 여부<br>⑧ 시세(매매, 전세, 월세) |
| 권리사항 | ① 불법건축물 여부(불법증축 등), 타인토지 경계침범 여부<br>② 임대차 관계(각 층별 임대차내역 및 전입세대 파악이 중요) |

## (4) 오피스텔

### 1) 내용

오피스텔은 주로 임대수익형 물건에 가깝다 보니 임대수요가 많은 역세권이나 학교 인근, 근로자가 많은 곳 등이 좋다. 제일 먼저 교통이 좋아야 하므로 입지여건을 살펴보고 공실률과 바로 임대가 나갈 수 있는 곳인지 파악한다. 오피스텔은 주거용과 업무용으로 나누어지는데 주거용의 경우 주택임대차보호법이 적용되고 업무용의 경우 상가건물 임대차보호법이 적용되므로 임차인의 유형과 임대차내역 및 적용대상 여부, 보증금인수 여부 등을 잘 파악하여야 한다. 그리고 전용률이 얼마인지 가능 주차대수, 월 관리비와 미납관리비 등을 파악한다.

### 2) 중요 체크포인트

| | |
|---|---|
| 물건사항 | ① 입지(역세권, 대중교통, 은행 편의시설 등 생활환경, 학교, 혐오시설 여부, 개발계획)<br>② 세대수, 전용률<br>③ 층수, 방향, 내부구조(옵션 여부)<br>④ 조망과 일조<br>⑤ 가능 주차대수 및 주차장 여부<br>⑥ 건축연도(사용승인 일자 또는 입주연도)<br>⑦ 관리비<br>⑧ 시세(매매, 전세, 월세) |
| 권리사항 | ① 대지권 유무와 토지별도 등기<br>② 임대차 관계(업무용, 주거용 구분) |

## (5) 상가

### 1) 내용

상가는 장사가 잘되는 곳이어야 함은 두말할 필요가 없다. 당해 상가의 주변 배후세대 등을 살펴보고 손님을 충분히 유입할 수 있는 곳인지 파악한다. 실운영자일 경우 운영하려는 영업목적이 해당 상가에 적합한지 사전에 알아보아야 나중에 낭패를 면할 수 있으며, 투자목적의 경우 예상임대수익과 주변 권리금시세를 파악해본다.

상가는 권리금이 있기 때문에 저가에 매입 후 권리금을 받아 매도할 수 있는 메리트가 있다. 속칭 권리금장사라고도 한다. 목 좋은 곳의 상가는 권리금만 수천에서 수억까지도 한다. 실무상 권리금을 바닥권리금과 시설권리금으로 구분하는바 전자는 영업시설 상관없이 순수하게 그 상가 자체의 자릿세라고 할 수 있는 프리미엄을 말하고, 후자는 바닥권리금+해당 업종의 영업시설 일체와 영업권 등 일체의 권리를 포함한다. 권리금은 보통 상가임차인 간의 거래에서 이루어지며 상가임대인은 개입하지 않는 것이 일반적이다. 따라서 임차인은 임대인에게 권리금의 반환 등 권리금주장을 하지 못한다. 다만 임차인이 임대인에게 권리금을 지급한 경우에는 일정한 경우 임대인은 반환의무를 진다[135].

오피스 건물 또는 빌딩 내 상가의 경우 동일업종 제한규정의 관리규약이 존재할 수 있으므로 이에 해당하는지를 살펴보아야 한다. 따라서 가능한 업종은 무엇이고 제한업종은 무엇인지 확인한다. 그리고 상가의 위치가 차가 외부로 나가는 방향의 상가보다는 차가 내부로 들어오는 방향의 상가가 좋다. 경매에서는 상가 일부를 주거용으로 사용할 경우 주택 임대차보호법의 적용이 되므로 임차인의 인수보증금과 대항력 유무를 알아본다. 관리비는 필히 확인하여야 한다. 상가경매에서 자주 등장하는 것이 유치권인데 유치권내용이 대부분 영업시설비 또는 권리금인바 유치권성립이 사실상 어렵지만, 유치권내용을 살펴보고 명도 시에 명도비용을 고려하여야 한다.

---

135) 대판 2001.4.10, 2000다59050 【권리금반환】
  영업용 건물의 임대차에 수반되어 행하여지는 권리금의 지급은 임대차계약의 내용을 이루는 것은 아니고 권리금 자체는 거기의 영업시설·비품 등 유형물이나 거래처, 신용, 영업상의 노하우(know-how) 또는 점포 위치에 따른 영업상의 이점 등 무형의 재산적 가치의 양도 또는 일정 기간의 이용 대가라고 볼 것인바, 권리금이 임차인으로부터 임대인에게 지급된 경우에, 그 유형·무형의 재산적 가치의 양수 또는 약정 기간의 이용이 유효하게 이루어진 이상 임대인은 그 권리금의 반환의무를 지지 아니하며, 다만 임차인은 애초의 임대차에서 반대되는 약정이 없는 한 임차권의 양도 또는 전대차의 기회에 부수하여 자신도 그 재산적 가치를 다른 사람에게 양도 또는 이용케 함으로써 권리금 상당액을 회수할 수 있을 것이고, 따라서 임대인이 그 임대차의 종료에 즈음하여 그 재산적 가치를 도로 양수한다든지 권리금 수수 후 일정한 기간 이상으로 그 임대차를 존속시켜 그 가치를 이용케 하기로 약정하였음에도 임대인의 사정으로 중도 해지됨으로써 약정 기간의 그 재산적 가치를 이용케 해주지 못하였다는 등의 특별한 사정이 있을 때에만 임대인은 그 권리금 전부 또는 일부의 반환의무를 진다고 할 것이다.

## 2) 중요 체크포인트

| | |
|---|---|
| 물건사항 | ① 상권(역세권, 유동 인구, 상권을 흡입할 수 있는 배후세대, 개발계획)<br>② 상가위치(전면부, 후면부, 측면부 등), 전용률<br>③ 층수, 방향, 내부구조(옵션 여부)<br>④ 조망과 일조(관련업종의 경우)<br>⑤ 가능 주차대수 및 주차장 여부<br>⑥ 건축연도(사용승인 일자 또는 입주연도)<br>⑦ 관리비<br>⑧ 시세(매매, 월세) |
| 권리사항 | ① 대지권 유무와 토지별도 등기<br>② 임대차 관계(업무용, 주거용 구분)<br>③ 업종제한 관리규약 유무<br>④ 유치권 |

## (6) 공장

### 1) 내용

공장은 실수요자의 경우 사용업종에 적합한지 사전에 알아보아야 하고, 투자자의 경우 예상임대수익과 시세차익 등을 검토해본다. 주의할 것은 아파트형공장의 경우 산업집적 활성화 및 공장설립에 관한 법률에 의하여 지역마다 일반인들에게 매입에 제한이 있을 수 있으므로 사전에 알아보고 입찰에 응하여야 한다. 소유자가 운영하는 공장의 경우 공장 내부에 기계, 기구 등이 있을 경우 압류된 경우가 많으므로 기계, 기구에 대한 압류 여부를 파악하여 명도 시 고려해야 한다. 또 폐기물 등이 있을 경우 폐기물 처리비용도 고려해야 한다. 특히 약품 관련 시약 등은 전문처리기술자에 의하여 처리하여야 하는바 처리비용이 많이 나오므로 이점 유의해야 한다. 단독공장의 경우 진입도로가 확보되어 진출입이 용이한지 파악하여야 한다. 간혹 진입도로가 타인의 토지를 지나가는 경우가 있으며 향후 공장 매입 후 진입로를 추가 매수하거나 진입로 사용에 어려움이 있을 수 있다.

2) 중요 체크포인트

| | |
|---|---|
| 물건사항 | ① 사용업종에 적합한지(용도변경이 가능한지, 전력용량, 용수용량, 도시가스 여부, 층고, 호이스트 설치 여부 등), 근로자를 모집하기에 좋은 곳인지, 수송이 용이한 곳인지<br>② 공장 내의 기계, 기구 유무 및 상태(압류, 일괄매각, 일부 제외 등)<br>③ 진입도로(진출입 가능 여부, 몇 m 도로인지, 타인소유의 도로인지)<br>④ 폐기물 여부<br>⑤ 가능 주차대수 및 주차장 여부<br>⑥ 건축연도(사용승인 일자 또는 입주연도)<br>⑦ 관리비(전기사용료 파악)<br>⑧ 시세(매매, 월세) |
| 권리사항 | ① 임대차 관계(업무용, 주거용 구분) 및 현재 점유자<br>② 아파트형공장의 경우 매수제한이 있는지 여부<br>③ 유치권 |

## (7) 토지

### 1) 내용

토지를 매입할 경우 매입하려는 토지가 무엇이냐에 따라 검토요건이 조금씩 다르다. 일반적으로 토지를 매입할 때 도심지(또는 마을)와의 접근성, 진입도로 여부, 혐오시설 유무(분묘, 고압선 통과 등), 건축이 가능한지, 전기 수도 사용 가능 여부, 경사도, 하천이나 계곡 유무 등이 고려된다. 임야의 경우 개발제한이 강한 공익용산지는 피할 것이며, 개발제한이 덜한 준보전산지로서 경사도가 10도 이하인 관리지역이 좋다. 경사도가 25도 이상이면 산지전용허가를 받기 어렵다. 일반적으로 도로는 건축허가를 득하기 위하여는 4미터 도로에 2미터이상 접하여야 한다.

농지의 경우 현황상 농지가 아닌 경우이거나 지상물이 존재하는 경우 농지취득 자격증명발급이 안 될 수 있으므로 사전에 확인하여야 한다. 임야와 농지 모두 실제 현장답사 시 위치, 경계, 면적이 명확하지 않아 제대로 찾기가 쉽지 않을 수 있다. 내비게이션을 이용하여 근처까지 찾아간 후 관련 자료와 지적도 등을 참조하여 찾아보고 잘못 찾을 경우 동네 주민에게 문의하면 쉽게 찾을 수 있다.

원하는 건축물(전원주택, 공장, 청소년수련시설 등)을 지으려고 토지를 매입하고자 할 경우 토지이용계획확인서상의 용도지역, 용도지구, 용도구역, 기타 제한사항이 없는가 살펴보고 관할 시 조례를 체크하여 건폐율과 용적률도 파악한다. 그리고 원하는 건축물의 허가를 위하여 도로개설이 가능한지를 파악하여야 한다. 만일 현장답사토지가 도로 사이에 구거가 있는 맹지인 경우 다리를 놓거나 흄관을 묻어 길을 낼 수도 있다. 현장에서 땅의 모양과 경계, 경사도, 배수로, 전기를 끌어올 수 있는 거리, 주변환경, 땅의 기운 등을 살펴본다.

토지는 시세와 감정가격이 제대로 반영되지 않는 물건 중 하나다. 토지는 감정가를 절대 맹신하여서는 안 되고 최초 매각기일 이전에 사전답사하고 분석하여 적정시세와 가치를 파악하여 입찰타이밍을 잡아야 한다.

### 2) 중요 체크포인트

| | |
|---|---|
| 물건사항 | ① 입지(역세권, 대중교통, 편의시설 등 생활환경, 혐오시설(고압선, 공동묘지, 축사 등) 여부, 재해발생 위험성, 개발계획), 땅의 기운<br>② 방향(동향, 서향, 남향, 북향), 경사도, 분묘 유무<br>③ 도로 여부(몇 m 도로 접하였는지, 맹지면 도로개설 가능한지)<br>④ 매입목적(용도)에 적합한지(토질, 배수관계, 전기 및 수도사용 가능 여부 등)<br>⑤ 시세(매매)와 개별공시지가 |
| 권리사항 | ① 임대차 관계 및 현재 점유자<br>② 농지취득자격증명 발급이 가능한지 여부(농지의 경우)<br>③ 수목, 관상수, 유실수 등이 있을 경우 감정평가에 평가되었는지 여부<br>④ 지으려는 건축물의 건축이 가능한지 여부, 기타 행위제한 여부<br>⑤ 유치권 |

부 동 산 경 매 실 무

# 부 록

# 민사집행법

(제78조 ~ 제162조, 제264조 ~ 제275조)

(출처: 민사집행법 제10580호 2011.04.12 타법개정)

## 제2절 부동산에 대한 강제집행

### 제1관 통칙

#### 제78조(집행방법)

① 부동산에 대한 강제집행은 채권자의 신청에 따라 법원이 한다.

② 강제집행은 다음 각 호의 방법으로 한다.

　1. 강제경매

　2. 강제관리

③ 채권자는 자기의 선택에 의하여 제2항 각호 가운데 어느 한 가지 방법으로 집행하게 하거나 두 가지 방법을 함께 사용하여 집행하게 할 수 있다.

④ 강제관리는 가압류를 집행할 때에도 할 수 있다.

#### 제79조(집행법원)

① 부동산에 대한 강제집행은 그 부동산이 있는 곳의 지방법원이 관할한다.

② 부동산이 여러 지방법원의 관할구역에 있는 때에는 각 지방법원에 관할권이 있다. 이 경우 법원이 필요하다고 인정한 때에는 사건을 다른 관할 지방법원으로 이송할 수 있다.

### 제2관 강제경매

#### 제80조(강제경매신청서)

강제경매신청서에는 다음 각 호의 사항을 적어야 한다.

1. 채권자 · 채무자와 법원의 표시

2. 부동산의 표시

3. 경매의 이유가 된 일정한 채권과 집행할 수 있는 일정한 집행권원

제81조(첨부서류)

① 강제경매신청서에는 집행력 있는 정본 외에 다음 각 호 가운데 어느 하나에 해당하는 서류를 붙여야
   한다(개정 2011.4.12.).

   1. 채무자의 소유로 등기된 부동산에 대하여는 등기사항증명서

   2. 채무자의 소유로 등기되지 아니한 부동산에 대하여는 즉시 채무자명의로 등기할 수 있다는 것을
      증명할 서류. 다만, 그 부동산이 등기되지 아니한 건물인 경우에는 그 건물이 채무자의 소유임을
      증명할 서류, 그 건물의 지번·구조·면적을 증명할 서류 및 그 건물에 관한 건축허가 또는 건축신고를
      증명할 서류

② 채권자는 공적 장부를 주관하는 공공기관에 제1항 제2호 단서의 사항들을 증명하여 줄 것을 청구할
   수 있다.

③ 제1항 제2호 단서의 경우에 건물의 지번·구조·면적을 증명하지 못한 때에는, 채권자는 경매신청과
   동시에 그 조사를 집행법원에 신청할 수 있다.

④ 제3항의 경우에 법원은 집행관에게 그 조사를 하게 하여야 한다.

⑤ 강제관리를 하기 위하여 이미 부동산을 압류한 경우에 그 집행기록에 제1항 각호 가운데 어느 하나에
   해당하는 서류가 붙어 있으면 다시 그 서류를 붙이지 아니할 수 있다.

제82조(집행관의 권한)

① 집행관은 제81조 제4항의 조사를 위하여 건물에 출입할 수 있고, 채무자 또는 건물을 점유하는 제3자에게
   질문하거나 문서를 제시하도록 요구할 수 있다.

② 집행관은 제1항의 규정에 따라 건물에 출입하기 위하여 필요한 때에는 잠긴 문을 여는 등 적절한 처분을
   할 수 있다.

제83조(경매개시결정 등)

① 경매절차를 개시하는 결정에는 동시에 그 부동산의 압류를 명하여야 한다.

② 압류는 부동산에 대한 채무자의 관리·이용에 영향을 미치지 아니한다.

③ 경매절차를 개시하는 결정을 한 뒤에는 법원은 직권으로 또는 이해관계인의 신청에 따라 부동산에 대한
   침해행위를 방지하기 위하여 필요한 조치를 할 수 있다.

④ 압류는 채무자에게 그 결정이 송달된 때 또는 제94조의 규정에 따른 등기가 된 때에 효력이 생긴다.

⑤ 강제경매신청을 기각하거나 각하하는 재판에 대하여는 즉시항고를 할 수 있다.

제84조(배당요구의 종기결정 및 공고)

① 경매개시결정에 따른 압류의 효력이 생긴 때(그 경매개시결정전에 다른 경매개시결정이 있는 경우를 제외한다)에는 집행법원은 절차에 필요한 기간을 감안하여 배당요구를 할 수 있는 종기(종기)를 첫 매각기일 이전으로 정한다.

② 배당요구의 종기가 정하여진 때에는 법원은 경매개시결정을 한 취지 및 배당요구의 종기를 공고하고, 제91조제4항 단서의 전세권자 및 법원에 알려진 제88조 제1항의 채권자에게 이를 고지하여야 한다.

③ 제1항의 배당요구의 종기결정 및 제2항의 공고는 경매개시결정에 따른 압류의 효력이 생긴 때부터 1주 이내에 하여야 한다.

④ 법원사무관등은 제148조제3호 및 제4호의 채권자 및 조세, 그 밖의 공과금을 주관하는 공공기관에 대하여 채권의 유무, 그 원인 및 액수(원금·이자·비용, 그 밖의 부대채권(부대채권)을 포함한다)를 배당요구의 종기까지 법원에 신고하도록 최고하여야 한다.

⑤ 제148조제3호 및 제4호의 채권자가 제4항의 최고에 대한 신고를 하지 아니한 때에는 그 채권자의 채권액은 등기사항증명서 등 집행기록에 있는 서류와 증빙(증빙)에 따라 계산한다. 이 경우 다시 채권액을 추가하지 못한다(개정 2011.4.12.).

⑥ 법원은 특별히 필요하다고 인정하는 경우에는 배당요구의 종기를 연기할 수 있다.

⑦ 제6항의 경우에는 제2항 및 제4항의 규정을 준용한다. 다만, 이미 배당요구 또는 채권신고를 한 사람에 대하여는 같은 항의 고지 또는 최고를 하지 아니한다.

제85조(현황조사)

① 법원은 경매개시결정을 한 뒤에 바로 집행관에게 부동산의 현상, 점유관계, 차임(차임) 또는 보증금의 액수, 그 밖의 현황에 관하여 조사하도록 명하여야 한다.

② 집행관이 제1항의 규정에 따라 부동산을 조사할 때에는 그 부동산에 대하여 제82조에 규정된 조치를 할 수 있다.

제86조(경매개시결정에 대한 이의신청)

① 이해관계인은 매각대금이 모두 지급될 때까지 법원에 경매개시결정에 대한 이의신청을 할 수 있다.

② 제1항의 신청을 받은 법원은 제16조제2항에 준하는 결정을 할 수 있다.

③ 제1항의 신청에 관한 재판에 대하여 이해관계인은 즉시항고를 할 수 있다.

제87조(압류의 경합)

① 강제경매절차 또는 담보권 실행을 위한 경매절차를 개시하는 결정을 한 부동산에 대하여 다른 강제경매의 신청이 있는 때에는 법원은 다시 경매개시결정을 하고, 먼저 경매개시결정을 한 집행절차에 따라 경매한다.

② 먼저 경매개시결정을 한 경매신청이 취하되거나 그 절차가 취소된 때에는 법원은 제91조제1항의 규정에

어긋나지 아니하는 한도 안에서 뒤의 경매개시결정에 따라 절차를 계속 진행하여야 한다.

③ 제2항의 경우에 뒤의 경매개시결정이 배당요구의 종기 이후의 신청에 의한 것인 때에는 집행법원은 새로이 배당요구를 할 수 있는 종기를 정하여야 한다. 이 경우 이미 제84조제2항 또는 제4항의 규정에 따라 배당요구 또는 채권신고를 한 사람에 대하여는 같은 항의 고지 또는 최고를 하지 아니한다.

④ 먼저 경매개시결정을 한 경매절차가 정지된 때에는 법원은 신청에 따라 결정으로 뒤의 경매개시결정(배당요구의 종기까지 행하여진 신청에 의한 것에 한한다)에 기초하여 절차를 계속하여 진행할 수 있다. 다만, 먼저 경매개시결정을 한 경매절차가 취소되는 경우 제105조제1항 제3호의 기재사항이 바뀔 때에는 그러하지 아니하다.

⑤ 제4항의 신청에 대한 재판에 대하여는 즉시항고를 할 수 있다.

## 제88조(배당요구)

① 집행력 있는 정본을 가진 채권자, 경매개시결정이 등기된 뒤에 가압류를 한 채권자, 민법·상법, 그 밖의 법률에 의하여 우선변제청구권이 있는 채권자는 배당요구를 할 수 있다.

② 배당요구에 따라 매수인이 인수하여야 할 부담이 바뀌는 경우 배당요구를 한 채권자는 배당요구의 종기가 지난 뒤에 이를 철회하지 못한다.

## 제89조(이중경매신청 등의 통지)

법원은 제87조제1항 및 제88조제1항의 신청이 있는 때에는 그 사유를 이해관계인에게 통지하여야 한다.

## 제90조(경매절차의 이해관계인)

경매절차의 이해관계인은 다음 각 호의 사람으로 한다.

1. 압류채권자와 집행력 있는 정본에 의하여 배당을 요구한 채권자

2. 채무자 및 소유자

3. 등기부에 기입된 부동산 위의 권리자

4. 부동산 위의 권리자로서 그 권리를 증명한 사람

## 제91조(인수주의와 잉여주의의 선택 등)

① 압류채권자의 채권에 우선하는 채권에 관한 부동산의 부담을 매수인에게 인수하게 하거나, 매각대금으로 그 부담을 변제하는 데 부족하지 아니하다는 것이 인정된 경우가 아니면 그 부동산을 매각하지 못한다.

② 매각부동산 위의 모든 저당권은 매각으로 소멸된다.

③ 지상권·지역권·전세권 및 등기된 임차권은 저당권·압류채권·가압류채권에 대항할 수 없는 경우에는 매각으로 소멸된다.

④ 제3항의 경우 외의 지상권·지역권·전세권 및 등기된 임차권은 매수인이 인수한다. 다만, 그중 전세권의 경우에는 전세권자가 제88조에 따라 배당요구를 하면 매각으로 소멸된다.

⑤ 매수인은 유치권자(유치권자)에게 그 유치권(유치권)으로 담보하는 채권을 변제할 책임이 있다.

## 제92조(제3자와 압류의 효력)

① 제3자는 권리를 취득할 때에 경매신청 또는 압류가 있다는 것을 알았을 경우에는 압류에 대항하지 못한다.

② 부동산이 압류채권을 위하여 의무를 진 경우에는 압류한 뒤 소유권을 취득한 제3자가 소유권을 취득할 때에 경매신청 또는 압류가 있다는 것을 알지 못하였더라도 경매절차를 계속하여 진행하여야 한다.

## 제93조(경매신청의 취하)

① 경매신청이 취하되면 압류의 효력은 소멸된다.

② 매수신고가 있은 뒤 경매신청을 취하하는 경우에는 최고가매수신고인 또는 매수인과 제114조의 차순위매수신고인의 동의를 받아야 그 효력이 생긴다.

③ 제49조제3호 또는 제6호의 서류를 제출하는 경우에는 제1항 및 제2항의 규정을, 제49조제4호의 서류를 제출하는 경우에는 제2항의 규정을 준용한다.

## 제94조(경매개시결정의 등기)

① 법원이 경매개시결정을 하면 법원사무관등은 즉시 그 사유를 등기부에 기입하도록 등기관(등기관)에게 촉탁하여야 한다.

② 등기관은 제1항의 촉탁에 따라 경매개시결정사유를 기입하여야 한다.

## 제95조(등기사항증명서의 송부)

등기관은 제94조에 따라 경매개시결정사유를 등기부에 기입한 뒤 그 등기사항증명서를 법원에 보내야 한다(개정 2011. 4. 12.).

## 제96조(부동산의 멸실 등으로 말미암은 경매취소)

① 부동산이 없어지거나 매각 등으로 말미암아 권리를 이전할 수 없는 사정이 명백하게 된 때에는 법원은 강제경매의 절차를 취소하여야 한다.

② 제1항의 취소결정에 대하여는 즉시항고를 할 수 있다.

## 제97조(부동산의 평가와 최저매각가격의 결정)

① 법원은 감정인(감정인)에게 부동산을 평가하게 하고 그 평가액을 참작하여 최저매각가격을 정하여야 한다.

② 감정인은 제1항의 평가를 위하여 필요하면 제82조제1항에 규정된 조치를 할 수 있다.

③ 감정인은 제7조의 규정에 따라 집행관의 원조를 요구하는 때에는 법원의 허가를 얻어야 한다.

## 제98조(일괄매각결정)

① 법원은 여러 개의 부동산의 위치·형태·이용관계 등을 고려하여 이를 일괄매수하게 하는 것이 알맞다고 인정하는 경우에는 직권으로 또는 이해관계인의 신청에 따라 일괄매각하도록 결정할 수 있다.

② 법원은 부동산을 매각할 경우에 그 위치·형태·이용관계 등을 고려하여 다른 종류의 재산(금전채권을 제외한다)을 그 부동산과 함께 일괄매수하게 하는 것이 알맞다고 인정하는 때에는 직권으로 또는 이해관계인의 신청에 따라 일괄매각하도록 결정할 수 있다.

③ 제1항 및 제2항의 결정은 그 목적물에 대한 매각기일 이전까지 할 수 있다.

## 제99조(일괄매각사건의 병합)

① 법원은 각각 경매 신청된 여러 개의 재산 또는 다른 법원이나 집행관에 계속된 경매사건의 목적물에 대하여 제98조제1항 또는 제2항의 결정을 할 수 있다.

② 다른 법원이나 집행관에 계속된 경매사건의 목적물의 경우에 그 다른 법원 또는 집행관은 그 목적물에 대한 경매사건을 제1항의 결정을 한 법원에 이송한다.

③ 제1항 및 제2항의 경우에 법원은 그 경매사건들을 병합한다.

## 제100조(일괄매각사건의 관할)

제98조 및 제99조의 경우에는 민사소송법 제31조에 불구하고 같은 법 제25조의 규정을 준용한다. 다만, 등기할 수 있는 선박에 관한 경매사건에 대하여서는 그러하지 아니하다.

## 제101조(일괄매각절차)

① 제98조 및 제99조의 일괄매각결정에 따른 매각절차는 이 관의 규정에 따라 행한다. 다만, 부동산 외의 재산의 압류는 그 재산의 종류에 따라 해당되는 규정에서 정하는 방법으로 행하고, 그 중에서 집행관의 압류에 따르는 재산의 압류는 집행법원이 집행관에게 이를 압류하도록 명하는 방법으로 행한다.

② 제1항의 매각절차에서 각 재산의 대금액을 특정할 필요가 있는 경우에는 각 재산에 대한 최저매각가격의 비율을 정하여야 하며, 각 재산의 대금액은 총대금액을 각 재산의 최저매각가격비율에 따라 나눈 금액으로 한다. 각 재산이 부담할 집행비용액을 특정할 필요가 있는 경우에도 또한 같다.

③ 여러 개의 재산을 일괄매각하는 경우에 그 가운데 일부의 매각대금으로 모든 채권자의 채권액과 강제집행비용을 변제하기에 충분하면 다른 재산의 매각을 허가하지 아니한다. 다만, 토지와 그 위의 건물을 일괄매각하는 경우나 재산을 분리하여 매각하면 그 경제적 효용이 현저하게 떨어지는 경우 또는 채무자의 동의가 있는 경우에는 그러하지 아니하다.

④ 제3항 본문의 경우에 채무자는 그 재산 가운데 매각할 것을 지정할 수 있다.

⑤ 일괄매각절차에 관하여 이 법에서 정한 사항을 제외하고는 대법원규칙으로 정한다.

## 제102조(남을 가망이 없을 경우의 경매취소)

① 법원은 최저매각가격으로 압류채권자의 채권에 우선하는 부동산의 모든 부담과 절차비용을 변제하면 남을 것이 없겠다고 인정한 때에는 압류채권자에게 이를 통지하여야 한다.

② 압류채권자가 제1항의 통지를 받은 날부터 1주 이내에 제1항의 부담과 비용을 변제하고 남을 만한 가격을

정하여 그 가격에 맞는 매수신고가 없을 때에는 자기가 그 가격으로 매수하겠다고 신청하면서 충분한
보증을 제공하지 아니하면, 법원은 경매절차를 취소하여야 한다.

③ 제2항의 취소 결정에 대하여는 즉시항고를 할 수 있다.

## 제103조(강제경매의 매각방법)

① 부동산의 매각은 집행법원이 정한 매각방법에 따른다.

② 부동산의 매각은 매각기일에 하는 호가경매(호가경매), 매각기일에 입찰 및 개찰하게 하는 기일입찰 또는
입찰기간 이내에 입찰하게 하여 매각기일에 개찰하는 기간입찰의 세 가지 방법으로 한다.

③ 부동산의 매각절차에 관하여 필요한 사항은 대법원규칙으로 정한다.

## 제104조(매각기일과 매각결정기일 등의 지정)

① 법원은 최저매각가격으로 제102조제1항의 부담과 비용을 변제하고도 남을 것이 있다고 인정하거나 압류채권
자가 제102조제2항의 신청을 하고 충분한 보증을 제공한 때에는 직권으로 매각기일과 매각결정기일을
정하여 대법원규칙이 정하는 방법으로 공고한다.

② 법원은 매각기일과 매각결정기일을 이해관계인에게 통지하여야 한다.

③ 제2항의 통지는 집행기록에 표시된 이해관계인의 주소에 대법원규칙이 정하는 방법으로 발송할 수 있다.

④ 기간입찰의 방법으로 매각할 경우에는 입찰기간에 관하여도 제1항 내지 제3항의 규정을 적용한다.]]

## 제105조(매각물건명세서 등)

① 법원은 다음 각 호의 사항을 적은 매각물건명세서를 작성하여야 한다.

   1. 부동산의 표시

   2. 부동산의 점유자와 점유의 권원, 점유할 수 있는 기간, 차임 또는 보증금에 관한 관계인의 진술

   3. 등기된 부동산에 대한 권리 또는 가처분으로서 매각으로 효력을 잃지 아니하는 것

   4. 매각에 따라 설정된 것으로 보게 되는 지상권의 개요

② 법원은 매각물건명세서 · 현황조사보고서 및 평가서의 사본을 법원에 비치하여 누구든지 볼 수 있도록
하여야 한다.

## 제106조(매각기일의 공고내용)

매각기일의 공고내용에는 다음 각 호의 사항을 적어야 한다.

1. 부동산의 표시

2. 강제집행으로 매각한다는 취지와 그 매각방법

3. 부동산의 점유자, 점유의 권원, 점유하여 사용할 수 있는 기간, 차임 또는 보증금약정 및 그 액수

4. 매각기일의 일시 · 장소, 매각기일을 진행할 집행관의 성명 및 기간입찰의 방법으로 매각할 경우에는
   입찰기간 · 장소

5. 최저매각가격

6. 매각결정기일의 일시·장소

7. 매각물건명세서·현황조사보고서 및 평가서의 사본을 매각기일 전에 법원에 비치하여 누구든지 볼 수 있도록 제공한다는 취지

8. 등기부에 기입할 필요가 없는 부동산에 대한 권리를 가진 사람은 채권을 신고하여야 한다는 취지

9. 이해관계인은 매각기일에 출석할 수 있다는 취지

### 제107조(매각장소)

매각기일은 법원 안에서 진행하여야 한다. 다만, 집행관은 법원의 허가를 얻어 다른 장소에서 매각기일을 진행할 수 있다.

### 제108조(매각장소의 질서유지)

집행관은 다음 각 호 가운데 어느 하나에 해당한다고 인정되는 사람에 대하여 매각장소에 들어오지 못하도록 하거나 매각장소에서 내보내거나 매수의 신청을 하지 못하도록 할 수 있다.

1. 다른 사람의 매수신청을 방해한 사람

2. 부당하게 다른 사람과 담합하거나 그밖에 매각의 적정한 실시를 방해한 사람

3. 제1호 또는 제2호의 행위를 교사(敎唆)한 사람

4. 민사집행절차에서의 매각에 관하여 형법 제136조·제137조·제140조·제140조의2·제142조·제315조 및 제323조 내지 제327조에 규정된 죄로 유죄판결을 받고 그 판결확정일부터 2년이 지나지 아니한 사람

### 제109조(매각결정기일)

① 매각결정기일은 매각기일부터 1주 이내로 정하여야 한다.

② 매각결정절차는 법원 안에서 진행하여야 한다.

### 제110조(합의에 의한 매각조건의 변경)

① 최저매각가격 외의 매각조건은 법원이 이해관계인의 합의에 따라 바꿀 수 있다.

② 이해관계인은 배당요구의 종기까지 제1항의 합의를 할 수 있다.

### 제111조(직권에 의한 매각조건의 변경)

① 거래의 실상을 반영하거나 경매절차를 효율적으로 진행하기 위하여 필요한 경우에 법원은 배당요구의 종기까지 매각조건을 바꾸거나 새로운 매각조건을 설정할 수 있다.

② 이해관계인은 제1항의 재판에 대하여 즉시항고를 할 수 있다.

③ 제1항의 경우에 법원은 집행관에게 부동산에 대하여 필요한 조사를 하게 할 수 있다.

### 제112조(매각기일의 진행)

집행관은 기일입찰 또는 호가경매의 방법에 의한 매각기일에는 매각물건명세서·현황조사보고서 및 평가서의

사본을 볼 수 있게 하고, 특별한 매각조건이 있는 때에는 이를 고지하며, 법원이 정한 매각방법에 따라 매수가격을 신고하도록 최고하여야 한다.

### 제113조(매수신청의 보증)

매수신청인은 대법원규칙이 정하는 바에 따라 집행법원이 정하는 금액과 방법에 맞는 보증을 집행관에게 제공하여야 한다.

### 제114조(차순위매수신고)

① 최고가매수신고인 외의 매수신고인은 매각기일을 마칠 때까지 집행관에게 최고가매수신고인이 대금지급기한 까지 그 의무를 이행하지 아니하면 자기의 매수신고에 대하여 매각을 허가하여 달라는 취지의 신고(이하 '차순위매수신고'라 한다)를 할 수 있다.

② 차순위매수신고는 그 신고액이 최고가매수신고액에서 그 보증액을 뺀 금액을 넘는 때에만 할 수 있다.

### 제115조(매각기일의 종결)

① 집행관은 최고가매수신고인의 성명과 그 가격을 부르고 차순위매수신고를 최고한 뒤, 적법한 차순위매수신고 가 있으면 차순위매수신고인을 정하여 그 성명과 가격을 부른 다음 매각기일을 종결한다고 고지하여야 한다.

② 차순위매수신고를 한 사람이 둘 이상인 때에는 신고한 매수가격이 높은 사람을 차순위매수신고인으로 정한다. 신고한 매수가격이 같은 때에는 추첨으로 차순위매수신고인을 정한다.

③ 최고가매수신고인과 차순위매수신고인을 제외한 다른 매수신고인은 제1항의 고지에 따라 매수의 책임을 벗게 되고, 즉시 매수신청의 보증을 돌려 줄 것을 신청할 수 있다.

④ 기일입찰 또는 호가경매의 방법에 의한 매각기일에서 매각기일을 마감할 때까지 허가할 매수가격의 신고가 없는 때에는 집행관은 즉시 매각기일의 마감을 취소하고 같은 방법으로 매수가격을 신고하도록 최고할 수 있다.

⑤ 제4항의 최고에 대하여 매수가격의 신고가 없어 매각기일을 마감하는 때에는 매각기일의 마감을 다시 취소하지 못한다.

### 제116조(매각기일조서)

① 매각기일조서에는 다음 각 호의 사항을 적어야 한다.

　1. 부동산의 표시

　2. 압류채권자의 표시

　3. 매각물건명세서·현황조사보고서 및 평가서의 사본을 볼 수 있게 한 일

　4. 특별한 매각조건이 있는 때에는 이를 고지한 일

　5. 매수가격의 신고를 최고한 일

6. 모든 매수신고가격과 그 신고인의 성명·주소 또는 허가할 매수가격의 신고가 없는 일

7. 매각기일을 마감할 때까지 허가할 매수가격의 신고가 없어 매각기일의 마감을 취소하고 다시 매수가격의 신고를 최고한 일

8. 최종적으로 매각기일의 종결을 고지한 일시

9. 매수하기 위하여 보증을 제공한 일 또는 보증을 제공하지 아니하므로 그 매수를 허가하지 아니한 일

10. 최고가매수신고인과 차순위매수신고인의 성명과 그 가격을 부른 일

② 최고가매수신고인 및 차순위매수신고인과 출석한 이해관계인은 조서에 서명 날인하여야 한다. 그들이 서명 날인할 수 없을 때에는 집행관이 그 사유를 적어야 한다.

③ 집행관이 매수신청의 보증을 돌려 준 때에는 영수증을 받아 조서에 붙여야 한다.

## 제117조(조서와 금전의 인도)

집행관은 매각기일조서와 매수신청의 보증으로 받아 돌려주지 아니한 것을 매각기일부터 3일 이내에 법원사무관 등에게 인도하여야 한다.

## 제118조(최고가매수신고인 등의 송달영수인신고)

① 최고가매수신고인과 차순위매수신고인은 대한민국 안에 주소·거소와 사무소가 없는 때에는 대한민국 안에 송달나 통지를 받을 장소와 영수인을 정하여 법원에 신고하여야 한다.

② 최고가매수신고인이나 차순위매수신고인이 제1항의 신고를 하지 아니한 때에는 법원은 그에 대한 송달이나 통지를 하지 아니할 수 있다.

③ 제1항의 신고는 집행관에게 말로 할 수 있다. 이 경우 집행관은 조서에 이를 적어야 한다.

## 제119조(새 매각기일)

허가할 매수가격의 신고가 없이 매각기일이 최종적으로 마감된 때에는 제91조제1항의 규정에 어긋나지 아니하는 한도에서 법원은 최저매각가격을 상당히 낮추고 새 매각기일을 정하여야 한다. 그 기일에 허가할 매수가격의 신고가 없는 때에도 또한 같다.

## 제120조(매각결정기일에서의 진술)

① 법원은 매각결정기일에 출석한 이해관계인에게 매각허가에 관한 의견을 진술하게 하여야 한다.

② 매각허가에 관한 이의는 매각허가가 있을 때까지 신청하여야 한다. 이미 신청한 이의에 대한 진술도 또한 같다.

## 제121조(매각허가에 대한 이의신청사유)

매각허가에 관한 이의는 다음 각 호 가운데 어느 하나에 해당하는 이유가 있어야 신청할 수 있다.

1. 강제집행을 허가할 수 없거나 집행을 계속 진행할 수 없을 때

2. 최고가매수신고인이 부동산을 매수할 능력이나 자격이 없는 때

3. 부동산을 매수할 자격이 없는 사람이 최고가매수신고인을 내세워 매수신고를 한 때

4. 최고가매수신고인, 그 대리인 또는 최고가매수신고인을 내세워 매수신고를 한 사람이 제108조 각호 가운데 어느 하나에 해당되는 때

5. 최저매각가격의 결정, 일괄매각의 결정 또는 매각물건명세서의 작성에 중대한 흠이 있는 때

6. 천재지변, 그밖에 자기가 책임을 질 수 없는 사유로 부동산이 현저하게 훼손된 사실 또는 부동산에 관한 중대한 권리관계가 변동된 사실이 경매절차의 진행 중에 밝혀진 때

7. 경매절차에 그 밖의 중대한 잘못이 있는 때

### 제122조(이의신청의 제한)

이의는 다른 이해관계인의 권리에 관한 이유로 신청하지 못한다.

### 제123조(매각의 불허)

① 법원은 이의신청이 정당하다고 인정한 때에는 매각을 허가하지 아니한다.

② 제121조에 규정한 사유가 있는 때에는 직권으로 매각을 허가하지 아니한다. 다만, 같은 조 제2호 또는 제3호의 경우에는 능력 또는 자격의 흠이 제거되지 아니한 때에 한한다.

### 제124조(과잉 매각되는 경우의 매각불허가)

① 여러 개의 부동산을 매각하는 경우에 한 개의 부동산의 매각대금으로 모든 채권자의 채권액과 강제집행비용을 변제하기에 충분하면 다른 부동산의 매각을 허가하지 아니한다. 다만, 제101조제3항 단서에 따른 일괄매각의 경우에는 그러하지 아니하다.

② 제1항 본문의 경우에 채무자는 그 부동산 가운데 매각할 것을 지정할 수 있다.

### 제125조(매각을 허가하지 아니할 경우의 새 매각기일)

① 제121조와 제123조의 규정에 따라 매각을 허가하지 아니하고 다시 매각을 명하는 때에는 직권으로 새 매각기일을 정하여야 한다.

② 제121조제6호의 사유로 제1항의 새 매각기일을 열게 된 때에는 제97조 내지 제105조의 규정을 준용한다.

### 제126조(매각허가여부의 결정선고)

① 매각을 허가하거나 허가하지 아니하는 결정은 선고하여야 한다.

② 매각결정기일조서에는 민사소송법 제152조 내지 제154조와 제156조 내지 제158조 및 제164조의 규정을 준용한다.

③ 제1항의 결정은 확정되어야 효력을 가진다.

### 제127조(매각허가결정의 취소신청)

① 제121조제6호에서 규정한 사실이 매각허가결정의 확정 뒤에 밝혀진 경우에는 매수인은 대금을 낼 때까지 매각허가결정의 취소신청을 할 수 있다.

② 제1항의 신청에 관한 결정에 대하여는 즉시항고를 할 수 있다.

## 제128조(매각허가결정)

① 매각허가결정에는 매각한 부동산, 매수인과 매각가격을 적고 특별한 매각조건으로 매각한 때에는 그 조건을 적어야 한다.

② 제1항의 결정은 선고하는 외에 대법원규칙이 정하는 바에 따라 공고하여야 한다.

## 제129조(이해관계인 등의 즉시항고)

① 이해관계인은 매각허가여부의 결정에 따라 손해를 볼 경우에만 그 결정에 대하여 즉시항고를 할 수 있다.

② 매각허가에 정당한 이유가 없거나 결정에 적은 것 외의 조건으로 허가하여야 한다고 주장하는 매수인 또는 매각허가를 주장하는 매수신고인도 즉시항고를 할 수 있다.

③ 제1항 및 제2항의 경우에 매각허가를 주장하는 매수신고인은 그 신청한 가격에 대하여 구속을 받는다.

## 제130조(매각허가여부에 대한 항고)

① 매각허가결정에 대한 항고는 이 법에 규정한 매각허가에 대한 이의신청사유가 있다거나, 그 결정절차에 중대한 잘못이 있다는 것을 이유로 드는 때에만 할 수 있다.

② 민사소송법 제451조제1항 각호의 사유는 제1항의 규정에 불구하고 매각허가 또는 불허가결정에 대한 항고의 이유로 삼을 수 있다.

③ 매각허가결정에 대하여 항고를 하고자 하는 사람은 보증으로 매각대금의 10분의 1에 해당하는 금전 또는 법원이 인정한 유가증권을 공탁하여야 한다.

④ 항고를 제기하면서 항고장에 제3항의 보증을 제공하였음을 증명하는 서류를 붙이지 아니한 때에는 원심법원은 항고장을 받은 날부터 1주 이내에 결정으로 이를 각하하여야 한다.

⑤ 제4항의 결정에 대하여는 즉시항고를 할 수 있다.

⑥ 채무자 및 소유자가 한 제3항의 항고가 기각된 때에는 항고인은 보증으로 제공한 금전이나 유가증권을 돌려 줄 것을 요구하지 못한다.

⑦ 채무자 및 소유자 외의 사람이 한 제3항의 항고가 기각된 때에는 항고인은 보증으로 제공한 금전이나, 유가증권을 현금화한 금액 가운데 항고를 한 날부터 항고기각결정이 확정된 날까지의 매각대금에 대한 대법원규칙이 정하는 이율에 의한 금액(보증으로 제공한 금전이나, 유가증권을 현금화한 금액을 한도로 한다)에 대하여는 돌려 줄 것을 요구할 수 없다. 다만, 보증으로 제공한 유가증권을 현금화하기 전에 위의 금액을 항고인이 지급한 때에는 그 유가증권을 돌려 줄 것을 요구할 수 있다.

⑧ 항고인이 항고를 취하한 경우에는 제6항 또는 제7항의 규정을 준용한다.

제131조(항고심의 절차)

① 항고법원은 필요한 경우에 반대진술을 하게 하기 위하여 항고인의 상대방을 정할 수 있다.

② 한 개의 결정에 대한 여러 개의 항고는 병합한다.

③ 항고심에는 제122조의 규정을 준용한다.

제132조(항고법원의 재판과 매각허가여부결정)

항고법원이 집행법원의 결정을 취소하는 경우에 그 매각허가여부의 결정은 집행법원이 한다.

제133조(매각을 허가하지 아니하는 결정의 효력)

매각을 허가하지 아니한 결정이 확정된 때에는 매수인과 매각허가를 주장한 매수신고인은 매수에 관한 책임이 면제된다.

제134조(최저매각가격의 결정부터 새로할 경우)

제127조의 규정에 따라 매각허가결정을 취소한 경우에는 제97조 내지 제105조의 규정을 준용한다.

제135조(소유권의 취득시기)

매수인은 매각대금을 다 낸 때에 매각의 목적인 권리를 취득한다.

제136조(부동산의 인도명령 등)

① 법원은 매수인이 대금을 낸 뒤 6월 이내에 신청하면 채무자·소유자 또는 부동산 점유자에 대하여 부동산을 매수인에게 인도하도록 명할 수 있다. 다만, 점유자가 매수인에게 대항할 수 있는 권원에 의하여 점유하고 있는 것으로 인정되는 경우에는 그러하지 아니하다.

② 법원은 매수인 또는 채권자가 신청하면 매각허가가 결정된 뒤 인도할 때까지 관리인에게 부동산을 관리하게 할 것을 명할 수 있다.

③ 제2항의 경우 부동산의 관리를 위하여 필요하면 법원은 매수인 또는 채권자의 신청에 따라 담보를 제공하게 하거나 제공하게 하지 아니하고 제1항의 규정에 준하는 명령을 할 수 있다.

④ 법원이 채무자 및 소유자 외의 점유자에 대하여 제1항 또는 제3항의 규정에 따른 인도명령을 하려면 그 점유자를 심문하여야 한다. 다만, 그 점유자가 매수인에게 대항할 수 있는 권원에 의하여 점유하고 있지 아니함이 명백한 때 또는 이미 그 점유자를 심문한 때에는 그러하지 아니하다.

⑤ 제1항 내지 제3항의 신청에 관한 결정에 대하여는 즉시항고를 할 수 있다.

⑥ 채무자·소유자 또는 점유자가 제1항과 제3항의 인도명령에 따르지 아니할 때에는 매수인 또는 채권자는 집행관에게 그 집행을 위임할 수 있다.

제137조(차순위매수신고인에 대한 매각허가여부결정)

① 차순위매수신고인이 있는 경우에 매수인이 대금지급기한까지 그 의무를 이행하지 아니한 때에는 차순위매수신고인에게 매각을 허가할 것인지를 결정하여야 한다. 다만, 제142조제4항의 경우에는 그러하지 아니하다.

② 차순위매수신고인에 대한 매각허가결정이 있는 때에는 매수인은 매수신청의 보증을 돌려 줄 것을 요구하지 못한다.

## 제138조(재매각)

① 매수인이 대금지급기한 또는 제142조제4항의 다시 정한 기한까지 그 의무를 완전히 이행하지 아니하였고, 차순위매수신고인이 없는 때에는 법원은 직권으로 부동산의 재매각을 명하여야 한다.

② 재매각절차에도 종전에 정한 최저매각가격, 그 밖의 매각조건을 적용한다.

③ 매수인이 재매각기일의 3일 이전까지 대금, 그 지급기한이 지난 뒤부터 지급일까지의 대금에 대한 대법원규칙이 정하는 이율에 따른 지연이자와 절차비용을 지급한 때에는 재매각절차를 취소하여야 한다. 이 경우 차순위매수신고인이 매각허가결정을 받았던 때에는 위 금액을 먼저 지급한 매수인이 매매목적물의 권리를 취득한다.

④ 재매각절차에서는 전의 매수인은 매수신청을 할 수 없으며 매수신청의 보증을 돌려 줄 것을 요구하지 못한다.

## 제139조(공유물지분에 대한 경매)

① 공유물지분을 경매하는 경우에는 채권자의 채권을 위하여 채무자의 지분에 대한 경매개시결정이 있음을 등기부에 기입하고 다른 공유자에게 그 경매개시결정이 있다는 것을 통지하여야 한다. 다만, 상당한 이유가 있는 때에는 통지하지 아니할 수 있다.

② 최저매각가격은 공유물 전부의 평가액을 기본으로 채무자의 지분에 관하여 정하여야 한다. 다만, 그와 같은 방법으로 정확한 가치를 평가하기 어렵거나 그 평가에 부당하게 많은 비용이 드는 등 특별한 사정이 있는 경우에는 그러하지 아니하다.

## 제140조(공유자의 우선매수권)

① 공유자는 매각기일까지 제113조에 따른 보증을 제공하고 최고매수신고가격과 같은 가격으로 채무자의 지분을 우선매수하겠다는 신고를 할 수 있다.

② 제1항의 경우에 법원은 최고가매수신고가 있더라도 그 공유자에게 매각을 허가하여야 한다.

③ 여러 사람의 공유자가 우선매수하겠다는 신고를 하고 제2항의 절차를 마친 때에는 특별한 협의가 없으면 공유지분의 비율에 따라 채무자의 지분을 매수하게 한다.

④ 제1항의 규정에 따라 공유자가 우선매수신고를 한 경우에는 최고가매수신고인을 제114조의 차순위매수신고인으로 본다.

## 제141조(경매개시결정등기의 말소)

경매신청이 매각허가 없이 마쳐진 때에는 법원사무관등은 제94조와 제139조제1항의 규정에 따른 기입을 말소하도록 등기관에게 촉탁하여야 한다.

제142조(대금의 지급)

① 매각허가결정이 확정되면 법원은 대금의 지급기한을 정하고, 이를 매수인과 차순위매수신고인에게 통지하여야 한다.

② 매수인은 제1항의 대금지급기한까지 매각대금을 지급하여야 한다.

③ 매수신청의 보증으로 금전이 제공된 경우에 그 금전은 매각대금에 넣는다.

④ 매수신청의 보증으로 금전 외의 것이 제공된 경우로서 매수인이 매각대금중 보증액을 뺀 나머지 금액만을 낸 때에는, 법원은 보증을 현금화하여 그 비용을 뺀 금액을 보증액에 해당하는 매각대금 및 이에 대한 지연이자에 충당하고, 모자라는 금액이 있으면 다시 대금지급기한을 정하여 매수인으로 하여금 내게 한다.

⑤ 제4항의 지연이자에 대하여는 제138조제3항의 규정을 준용한다.

⑥ 차순위매수신고인은 매수인이 대금을 모두 지급한 때 매수의 책임을 벗게 되고 즉시 매수신청의 보증을 돌려 줄 것을 요구할 수 있다.

제143조(특별한 지급방법)

① 매수인은 매각조건에 따라 부동산의 부담을 인수하는 외에 배당표(배당표)의 실시에 관하여 매각대금의 한도에서 관계채권자의 승낙이 있으면 대금의 지급에 갈음하여 채무를 인수할 수 있다.

② 채권자가 매수인인 경우에는 매각결정기일이 끝날 때까지 법원에 신고하고 배당받아야 할 금액을 제외한 대금을 배당기일에 낼 수 있다.

③ 제1항 및 제2항의 경우에 매수인이 인수한 채무나 배당받아야 할 금액에 대하여 이의가 제기된 때에는 매수인은 배당기일이 끝날 때까지 이에 해당하는 대금을 내야 한다.

제144조(매각대금 지급 뒤의 조치)

① 매각대금이 지급되면 법원사무관등은 매각허가결정의 등본을 붙여 다음 각 호의 등기를 촉탁하여야 한다.

  1. 매수인 앞으로 소유권을 이전하는 등기

  2. 매수인이 인수하지 아니한 부동산의 부담에 관한 기입을 말소하는 등기

  3. 제94조 및 제139조제1항의 규정에 따른 경매개시결정등기를 말소하는 등기

② 매각대금을 지급할 때까지 매수인과 부동산을 담보로 제공받으려고 하는 사람이 대법원규칙으로 정하는 바에 따라 공동으로 신청한 경우, 제1항의 촉탁은 등기신청의 대리를 업으로 할 수 있는 사람으로서 신청인이 지정하는 사람에게 촉탁서를 교부하여 등기소에 제출하도록 하는 방법으로 하여야 한다. 이 경우 신청인이 지정하는 사람은 지체 없이 그 촉탁서를 등기소에 제출하여야 한다(신설 2010.7.23.).

③ 제1항의 등기에 드는 비용은 매수인이 부담한다(개정 2010.7.23.).

제145조(매각대금의 배당)

① 매각대금이 지급되면 법원은 배당절차를 밟아야 한다.

② 매각대금으로 배당에 참가한 모든 채권자를 만족하게 할 수 없는 때에는 법원은 민법·상법, 그 밖의 법률에 의한 우선순위에 따라 배당하여야 한다.

제146조(배당기일)

매수인이 매각대금을 지급하면 법원은 배당에 관한 진술 및 배당을 실시할 기일을 정하고 이해관계인과 배당을 요구한 채권자에게 이를 통지하여야 한다. 다만, 채무자가 외국에 있거나 있는 곳이 분명하지 아니한 때에는 통지하지 아니한다.

제147조(배당할 금액 등)

① 배당할 금액은 다음 각 호에 규정한 금액으로 한다.

　　1. 대금

　　2. 제138조제3항 및 제142조제4항의 경우에는 대금지급기한이 지난 뒤부터 대금의 지급·충당까지의 지연이자

　　3. 제130조제6항의 보증(제130조제8항에 따라 준용되는 경우를 포함한다.)

　　4. 제130조제7항 본문의 보증 가운데 항고인이 돌려 줄 것을 요구하지 못하는 금액 또는 제130조제7항 단서의 규정에 따라 항고인이 낸 금액(각각 제130조제8항에 따라 준용되는 경우를 포함한다.)

　　5. 제138조제4항의 규정에 의하여 매수인이 돌려줄 것을 요구할 수 없는 보증(보증이 금전 외의 방법으로 제공되어 있는 때에는 보증을 현금화하여 그 대금에서 비용을 뺀 금액)

② 제1항의 금액 가운데 채권자에게 배당하고 남은 금액이 있으면, 제1항 제4호의 금액의 범위 안에서 제1항 제4호의 보증 등을 제공한 사람에게 돌려준다.

③ 제1항의 금액 가운데 채권자에게 배당하고 남은 금액으로 제1항 제4호의 보증 등을 돌려주기 부족한 경우로서 그 보증 등을 제공한 사람이 여럿인 때에는 제1항 제4호의 보증 등의 비율에 따라 나누어 준다.

제148조(배당받을 채권자의 범위)

제147조제1항에 규정한 금액을 배당받을 채권자는 다음 각 호에 규정된 사람으로 한다.

1. 배당요구의 종기까지 경매신청을 한 압류채권자

2. 배당요구의 종기까지 배당요구를 한 채권자

3. 첫 경매개시결정등기전에 등기된 가압류채권자

4. 저당권·전세권, 그 밖의 우선변제청구권으로서 첫 경매개시결정등기전에 등기되었고 매각으로 소멸하는 것을 가진 채권자

제149조(배당표의 확정)

① 법원은 채권자와 채무자에게 보여 주기 위하여 배당기일의 3일전에 배당표원안(배당표원안)을 작성하여 법원에 비치하여야 한다.

② 법원은 출석한 이해관계인과 배당을 요구한 채권자를 심문하여 배당표를 확정하여야 한다.

제150조(배당표의 기재 등)

① 배당표에는 매각대금, 채권자의 채권의 원금, 이자, 비용, 배당의 순위와 배당의 비율을 적어야 한다.

② 출석한 이해관계인과 배당을 요구한 채권자가 합의한 때에는 이에 따라 배당표를 작성하여야 한다.

제151조(배당표에 대한 이의)

① 기일에 출석한 채무자는 채권자의 채권 또는 그 채권의 순위에 대하여 이의할 수 있다.

② 제1항의 규정에 불구하고 채무자는 제149조제1항에 따라 법원에 배당표원안이 비치된 이후 배당기일이 끝날 때까지 채권자의 채권 또는 그 채권의 순위에 대하여 서면으로 이의할 수 있다.

③ 기일에 출석한 채권자는 자기의 이해에 관계되는 범위 안에서는 다른 채권자를 상대로 그의 채권 또는 그 채권의 순위에 대하여 이의할 수 있다.

제152조(이의의 완결)

① 제151조의 이의에 관계된 채권자는 이에 대하여 진술하여야 한다.

② 관계인이 제151조의 이의를 정당하다고 인정하거나 다른 방법으로 합의한 때에는 이에 따라 배당표를 경정(경정)하여 배당을 실시하여야 한다.

③ 제151조의 이의가 완결되지 아니한 때에는 이의가 없는 부분에 한하여 배당을 실시하여야 한다.

제153조(불출석한 채권자)

① 기일에 출석하지 아니한 채권자는 배당표와 같이 배당을 실시하는 데에 동의한 것으로 본다.

② 기일에 출석하지 아니한 채권자가 다른 채권자가 제기한 이의에 관계된 때에는 그 채권자는 이의를 정당하다고 인정하지 아니한 것으로 본다.

제154조(배당이의의 소 등)

① 집행력 있는 집행권원의 정본을 가지지 아니한 채권자(가압류채권자를 제외한다)에 대하여 이의한 채무자와 다른 채권자에 대하여 이의한 채권자는 배당이의의 소를 제기하여야 한다.

② 집행력 있는 집행권원의 정본을 가진 채권자에 대하여 이의한 채무자는 청구이의의 소를 제기하여야 한다.

③ 이의한 채권자나 채무자가 배당기일부터 1주 이내에 집행법원에 대하여 제1항의 소를 제기한 사실을 증명하는 서류를 제출하지 아니한 때 또는 제2항의 소를 제기한 사실을 증명하는 서류와 그 소에 관한 집행정지재판의 정본을 제출하지 아니한 때에는 이의가 취하된 것으로 본다.

제155조(이의한 사람 등의 우선권 주장)

이의한 채권자가 제154조제3항의 기간을 지키지 아니한 경우에도 배당표에 따른 배당을 받은 채권자에 대하여 소로 우선권 및 그 밖의 권리를 행사하는 데 영향을 미치지 아니한다.

제156조(배당이의의 소의 관할)

① 제154조제1항의 배당이의의 소는 배당을 실시한 집행법원이 속한 지방법원의 관할로 한다. 다만, 소송물이 단독판사의 관할에 속하지 아니할 경우에는 지방법원의 합의부가 이를 관할한다.

② 여러 개의 배당이의의 소가 제기된 경우에 한 개의 소를 합의부가 관할하는 때에는 그 밖의 소도 함께 관할한다.

③ 이의한 사람과 상대방이 이의에 관하여 단독판사의 재판을 받을 것을 합의한 경우에는 제1항 단서와 제2항의 규정을 적용하지 아니한다.

제157조(배당이의의 소의 판결)

배당이의의 소에 대한 판결에서는 배당액에 대한 다툼이 있는 부분에 관하여 배당을 받을 채권자와 그 액수를 정하여야 한다. 이를 정하는 것이 적당하지 아니하다고 인정한 때에는 판결에서 배당표를 다시 만들고 다른 배당절차를 밟도록 명하여야 한다.

제158조(배당이의의 소의 취하간주)

이의한 사람이 배당이의의 소의 첫 변론기일에 출석하지 아니한 때에는 소를 취하한 것으로 본다.

제159조(배당실시절차 · 배당조서)

① 법원은 배당표에 따라 제2항 및 제3항에 규정된 절차에 의하여 배당을 실시하여야 한다.

② 채권 전부의 배당을 받을 채권자에게는 배당액지급증을 교부하는 동시에 그가 가진 집행력 있는 정본 또는 채권증서를 받아 채무자에게 교부하여야 한다.

③ 채권 일부의 배당을 받을 채권자에게는 집행력 있는 정본 또는 채권증서를 제출하게 한 뒤 배당액을 적어서 돌려주고 배당액지급증을 교부하는 동시에 영수증을 받아 채무자에게 교부하여야 한다.

④ 제1항 내지 제3항의 배당실시절차는 조서에 명확히 적어야 한다.

제160조(배당금액의 공탁)

① 배당을 받아야 할 채권자의 채권에 대하여 다음 각호 가운데 어느 하나의 사유가 있으면 그에 대한 배당액을 공탁하여야 한다.

　　1. 채권에 정지조건 또는 불확정기한이 붙어 있는 때

　　2. 가압류채권자의 채권인 때

　　3. 제49조제2호 및 제266조제1항제5호에 규정된 문서가 제출되어 있는 때

　　4. 저당권설정의 가등기가 마쳐져 있는 때

5. 제154조제1항에 의한 배당이의의 소가 제기된 때

6. 민법 제340조제2항 및 같은 법 제370조에 따른 배당금액의 공탁청구가 있는 때

② 채권자가 배당기일에 출석하지 아니한 때에는 그에 대한 배당액을 공탁하여야 한다.

### 제161조(공탁금에 대한 배당의 실시)

① 법원이 제160조제1항의 규정에 따라 채권자에 대한 배당액을 공탁한 뒤 공탁의 사유가 소멸한 때에는 법원은 공탁금을 지급하거나 공탁금에 대한 배당을 실시하여야 한다.

② 제1항에 따라 배당을 실시함에 있어서 다음 각 호 가운데 어느 하나에 해당하는 때에는 법원은 배당에 대하여 이의하지 아니한 채권자를 위하여서도 배당표를 바꾸어야 한다.

　1. 제160조제1항 제1호 내지 제4호의 사유에 따른 공탁에 관련된 채권자에 대하여 배당을 실시할 수 없게 된 때

　2. 제160조제1항 제5호의 공탁에 관련된 채권자가 채무자로부터 제기당한 배당이의의 소에서 진 때

　3. 제160조제1항 제6호의 공탁에 관련된 채권자가 저당물의 매각대가로부터 배당을 받은 때

③ 제160조제2항의 채권자가 법원에 대하여 공탁금의 수령을 포기하는 의사를 표시한 때에는 그 채권자의 채권이 존재하지 아니하는 것으로 보고 배당표를 바꾸어야 한다.

④ 제2항 및 제3항의 배당표변경에 따른 추가 배당기일에 제151조의 규정에 따라 이의할 때에는 종전의 배당기일에서 주장할 수 없었던 사유만을 주장할 수 있다.

### 제162조(공동경매)

여러 압류채권자를 위하여 동시에 실시하는 부동산의 경매절차에는 제80조 내지 제161조의 규정을 준용한다.


## 제3관 강제관리

### 제163조(강제경매규정의 준용)

강제관리에는 제80조 내지 제82조, 제83조제1항 · 제3항 내지 제5항, 제85조 내지 제89조 및 제94조 내지 제96조의 규정을 준용한다.

### 제164조(강제관리개시결정)

① 강제관리를 개시하는 결정에는 채무자에게는 관리사무에 간섭하여서는 아니 되고 부동산의 수익을 처분하여서도 아니 된다고 명하여야 하며, 수익을 채무자에게 지급할 제3자에게는 관리인에게 이를 지급하도록 명하여야 한다.

② 수확하였거나 수확할 과실(과실)과, 이행기에 이르렀거나 이르게 될 과실은 제1항의 수익에 속한다.

③ 강제관리개시결정은 제3자에게는 결정서를 송달하여야 효력이 생긴다.

④ 강제관리신청을 기각하거나 각하하는 재판에 대하여는 즉시항고를 할 수 있다.

## 제165조(강제관리개시결정 등의 통지)

법원은 강제관리를 개시하는 결정을 한 부동산에 대하여 다시 강제관리의 개시결정을 하거나 배당요구의 신청이 있는 때에는 관리인에게 이를 통지하여야 한다.

## 제166조(관리인의 임명 등)

① 관리인은 법원이 임명한다. 다만, 채권자는 적당한 사람을 관리인으로 추천할 수 있다.

② 관리인은 관리와 수익을 하기 위하여 부동산을 점유할 수 있다. 이 경우 저항을 받으면 집행관에게 원조를 요구할 수 있다.

③ 관리인은 제3자가 채무자에게 지급할 수익을 추심(추심)할 권한이 있다.

## 제167조(법원의 지휘ㆍ감독)

① 법원은 관리에 필요한 사항과 관리인의 보수를 정하고, 관리인을 지휘ㆍ감독한다.

② 법원은 관리인에게 보증을 제공하도록 명할 수 있다.

③ 관리인에게 관리를 계속할 수 없는 사유가 생긴 경우에는 법원은 직권으로 또는 이해관계인의 신청에 따라 관리인을 해임할 수 있다. 이 경우 관리인을 심문하여야 한다.

## 제168조(준용규정)

제3자가 부동산에 대한 강제관리를 막을 권리가 있다고 주장하는 경우에는 제48조의 규정을 준용한다.

## 제169조(수익의 처리)

① 관리인은 부동산수익에서 그 부동산이 부담하는 조세, 그 밖의 공과금을 뺀 뒤에 관리비용을 변제하고, 그 나머지 금액을 채권자에게 지급한다.

② 제1항의 경우 모든 채권자를 만족하게 할 수 없는 때에는 관리인은 채권자 사이의 배당협의에 따라 배당을 실시하여야 한다.

③ 채권자 사이에 배당협의가 이루어지지 못한 경우에 관리인은 그 사유를 법원에 신고하여야 한다.

④ 제3항의 신고가 있는 경우에는 제145조ㆍ제146조 및 제148조 내지 제161조의 규정을 준용하여 배당표를 작성하고 이에 따라 관리인으로 하여금 채권자에게 지급하게 하여야 한다.

## 제170조(관리인의 계산보고)

① 관리인은 매년 채권자ㆍ채무자와 법원에 계산서를 제출하여야 한다. 그 업무를 마친 뒤에도 또한 같다.

② 채권자와 채무자는 계산서를 송달받은 날부터 1주 이내에 집행법원에 이에 대한 이의신청을 할 수 있다.

③ 제2항의 기간 이내에 이의신청이 없는 때에는 관리인의 책임이 면제된 것으로 본다.

④ 제2항의 기간 이내에 이의신청이 있는 때에는 관리인을 심문한 뒤 결정으로 재판하여야 한다. 신청한 이의를 매듭 지은 때에는 법원은 관리인의 책임을 면제한다.

제171조(강제관리의 취소)

① 강제관리의 취소는 법원이 결정으로 한다.

② 채권자들이 부동산수익으로 전부 변제를 받았을 때에는 법원은 직권으로 제1항의 취소결정을 한다.

③ 제1항 및 제2항의 결정에 대하여는 즉시항고를 할 수 있다.

④ 강제관리의 취소결정이 확정된 때에는 법원사무관등은 강제관리에 관한 기입등기를 말소하도록 촉탁하여야 한다.

# 제3편 담보권 실행 등을 위한 경매

제264조(부동산에 대한 경매신청)

① 부동산을 목적으로 하는 담보권을 실행하기 위한 경매신청을 함에는 담보권이 있다는 것을 증명하는 서류를 내야 한다.

② 담보권을 승계한 경우에는 승계를 증명하는 서류를 내야 한다.

③ 부동산 소유자에게 경매개시결정을 송달할 때에는 제2항의 규정에 따라 제출된 서류의 등본을 붙여야 한다.

제265조(경매개시결정에 대한 이의신청사유)

경매절차의 개시결정에 대한 이의신청사유로 담보권이 없다는 것 또는 소멸되었다는 것을 주장할 수 있다.

제266조(경매절차의 정지)

① 다음 각 호 가운데 어느 하나에 해당하는 문서가 경매법원에 제출되면 경매절차를 정지하여야 한다(개정 2011.4.12.).

  1. 담보권의 등기가 말소된 등기사항증명서

  2. 담보권 등기를 말소하도록 명한 확정판결의 정본

  3. 담보권이 없거나 소멸되었다는 취지의 확정판결의 정본

  4. 채권자가 담보권을 실행하지 아니하기로 하거나 경매신청을 취하하겠다는 취지 또는 피담보채권을 변제받았거나 그 변제를 미루도록 승낙한다는 취지를 적은 서류

  5. 담보권 실행을 일시 정지하도록 명한 재판의 정본

② 제1항 제1호 내지 제3호의 경우와 제4호의 서류가 화해조서의 정본 또는 공정증서의 정본인 경우에는 경매법원은 이미 실시한 경매절차를 취소하여야 하며, 제5호의 경우에는 그 재판에 따라 경매절차를 취소하지 아니한 때에만 이미 실시한 경매절차를 일시적으로 유지하게 하여야 한다.

③ 제2항의 규정에 따라 경매절차를 취소하는 경우에는 제17조의 규정을 적용하지 아니한다.

제267조(대금완납에 따른 부동산취득의 효과)

매수인의 부동산 취득은 담보권 소멸로 영향을 받지 아니한다.

제268조(준용규정)

부동산을 목적으로 하는 담보권 실행을 위한 경매절차에는 제79조 내지 제162조의 규정을 준용한다.

제269조(선박에 대한 경매)

선박을 목적으로 하는 담보권 실행을 위한 경매절차에는 제172조 내지 제186조, 제264조 내지 제268조의 규정을 준용한다.

제270조(자동차 등에 대한 경매)

자동차 · 건설기계 · 소형선박(「자동차 등 특정동산 저당법」 제3조제2호에 따른 소형선박을 말한다) 및 항공기를 목적으로 하는 담보권 실행을 위한 경매절차는 제264조 내지 제269조, 제271조 및 제272조의 규정에 준하여 대법원규칙으로 정한다(개정 2007.8.3, 2009.3.25.).

제271조(유체동산에 대한 경매)

유체동산을 목적으로 하는 담보권 실행을 위한 경매는 채권자가 그 목적물을 제출하거나, 그 목적물의 점유자가 압류를 승낙한 때에 개시한다.

제272조(준용규정)

제271조의 경매절차에는 제2편 제2장 제4절 제2관의 규정과 제265조 및 제266조의 규정을 준용한다.

제273조(채권과 그 밖의 재산권에 대한 담보권의 실행)

① 채권, 그 밖의 재산권을 목적으로 하는 담보권의 실행은 담보권의 존재를 증명하는 서류(권리의 이전에 관하여 등기나 등록을 필요로 하는 경우에는 그 등기사항증명서 또는 등록원부의 등본)가 제출된 때에 개시한다(개정 2011.4.12.).

② 민법 제342조에 따라 담보권설정자가 받을 금전, 그 밖의 물건에 대하여 권리를 행사하는 경우에도 제1항과 같다.

③ 제1항과 제2항의 권리실행절차에는 제2편 제2장 제4절 제3관의 규정을 준용한다.

제274조(유치권 등에 의한 경매)

① 유치권에 의한 경매와 민법 · 상법, 그 밖의 법률이 규정하는 바에 따른 경매(이하 '유치권등에 의한 경매'라 한다)는 담보권 실행을 위한 경매의 예에 따라 실시한다.

② 유치권 등에 의한 경매절차는 목적물에 대하여 강제경매 또는 담보권 실행을 위한 경매절차가 개시된 경우에는 이를 정지하고, 채권자 또는 담보권자를 위하여 그 절차를 계속하여 진행한다.

③ 제2항의 경우에 강제경매 또는 담보권 실행을 위한 경매가 취소되면 유치권 등에 의한 경매절차를 계속하여

진행하여야 한다.

## 제275조(준용규정)

이 편에 규정한 경매 등 절차에는 제42조 내지 제44조 및 제46조 내지 제53조의 규정을 준용한다.

# 민사집행규칙

(제40조 ~ 제94조, 제192조 ~ 제202조)

## 제2절 부동산에 대한 강제집행

### 제1관 통칙

#### 제40조(지상권에 대한 강제집행)

금전채권에 기초한 강제집행에서 지상권과 그 공유지분은 부동산으로 본다.

#### 제41조(집행법원)

법률 또는 이 규칙에 따라 부동산으로 보거나 부동산에 관한 규정이 준용되는 것에 대한 강제집행은 그 등기 또는 등록을 하는 곳의 지방법원이 관할한다.

### 제2관 강제경매

#### 제42조(미등기 건물의 집행)

① 법 제81조제3항·제4항의 규정에 따라 집행관이 건물을 조사한 때에는 다음 각 호의 사항을 적은 서면에 건물의 도면과 사진을 붙여 정하여진 날까지 법원에 제출하여야 한다.

    1. 사건의 표시

    2. 조사의 일시·장소와 방법

    3. 건물의 지번·구조·면적

    4. 조사한 건물의 지번·구조·면적이 건축허가 또는 건축신고를 증명하는 서류의 내용과 다른 때에는 그 취지와 구체적인 내역

② 법 제81조제1항 제2호 단서의 규정에 따라 채권자가 제출한 서류 또는 제1항의 규정에 따라 집행관이 제출한 서면에 의하여 강제경매신청을 한 건물의 지번·구조·면적이 건축허가 또는 건축신고된 것과 동일하다고 인정되지 아니하는 때에는 법원은 강제경매신청을 각하하여야 한다.

제43조(경매개시결정의 통지)

강제관리개시결정이 된 부동산에 대하여 강제경매개시결정이 있는 때에는 법원사무관등은 강제관리의 압류채권자, 배당요구를 한 채권자와 관리인에게 그 취지를 통지하여야 한다.

제44조(침해행위 방지를 위한 조치)

① 채무자·소유자 또는 부동산의 점유자가 부동산의 가격을 현저히 감소시키거나 감소시킬 우려가 있는 행위(다음부터 이 조문 안에서 '가격감소행위등'이라 한다)를 하는 때에는, 법원은 압류채권자(배당요구의 종기가 지난 뒤에 강제경매 또는 담보권 실행을 위한 경매신청을 한 압류채권자를 제외한다. 다음부터 이 조문 안에서 같다) 또는 최고가매수신고인의 신청에 따라 매각허가결정이 있을 때까지 담보를 제공하게 하거나 담보를 제공하게 하지 아니하고 그 행위를 하는 사람에 대하여 가격감소행위등을 금지하거나 일정한 행위를 할 것을 명할 수 있다.

② 부동산을 점유하는 채무자·소유자 또는 부동산의 점유자로서 그 점유권원을 압류채권자·가압류채권자 혹은 법 제91조제2항 내지 제4항의 규정에 따라 소멸되는 권리를 갖는 사람에 대하여 대항할 수 없는 사람이 제1항의 규정에 따른 명령에 위반한 때 또는 가격감소행위등을 하는 경우에 제1항의 규정에 따른 명령으로는 부동산 가격의 현저한 감소를 방지할 수 없다고 인정되는 특별한 사정이 있는 때에는, 법원은 압류채권자 또는 최고가매수신고인의 신청에 따라 매각허가결정이 있을 때까지 담보를 제공하게 하고 그 명령에 위반한 사람 또는 그 행위를 한 사람에 대하여 부동산의 점유를 풀고 집행관에게 보관하게 할 것을 명할 수 있다.

③ 법원이 채무자·소유자 외의 점유자에 대하여 제1항 또는 제2항의 규정에 따른 결정을 하려면 그 점유자를 심문하여야 한다. 다만, 그 점유자가 압류채권자·가압류채권자 또는 법 제91조제2항 내지 제4항의 규정에 따라 소멸되는 권리를 갖는 사람에 대하여 대항할 수 있는 권원에 기초하여 점유하고 있지 아니한 것이 명백한 때 또는 이미 그 점유자를 심문한 때에는 그러하지 아니하다.

④ 법원은 사정의 변경이 있는 때에는 신청에 따라 제1항 또는 제2항의 규정에 따른 결정을 취소하거나 변경할 수 있다.

⑤ 제1항·제2항 또는 제4항의 규정에 따른 결정에 대하여는 즉시항고를 할 수 있다.

⑥ 제4항의 규정에 따른 결정은 확정되어야 효력이 있다.

⑦ 제2항의 규정에 따른 결정은 신청인에게 고지된 날부터 2주가 지난 때에는 집행할 수 없다.

⑧ 제2항의 규정에 따른 결정은 상대방에게 송달되기 전에도 집행할 수 있다.

제45조(미지급 지료 등의 지급)

① 건물에 대한 경매개시결정이 있는 때에 그 건물의 소유를 목적으로 하는 지상권 또는 임차권에 관하여 채무자가 지료나 차임을 지급하지 아니하는 때에는, 압류채권자(배당요구의 종기가 지난 뒤에 강제경매

또는 담보권 실행을 위한 경매신청을 한 압류채권자를 제외한다)는 법원의 허가를 받아 채무자를 대신하여 미지급된 지료 또는 차임을 변제할 수 있다.

② 제1항의 허가를 받아 지급한 지료 또는 차임은 집행비용으로 한다.

### 제46조(현황조사)

① 집행관이 법 제85조의 규정에 따라 부동산의 현황을 조사한 때에는 다음 각 호의 사항을 적은 현황조사보고서를 정하여진 날까지 법원에 제출하여야 한다.

    1. 사건의 표시

    2. 부동산의 표시

    3. 조사의 일시 · 장소 및 방법

    4. 법 제85조제1항에 규정된 사항과 그밖에 법원이 명한 사항 등에 대하여 조사한 내용

② 현황조사보고서에는 조사의 목적이 된 부동산의 현황을 알 수 있도록 도면 · 사진 등을 붙여야 한다.

③ 집행관은 법 제85조의 규정에 따른 현황조사를 하기 위하여 필요한 때에는 소속 지방법원의 관할구역 밖에서도 그 직무를 행할 수 있다.

### 제47조(이중경매절차에서의 통지)

먼저 경매개시결정을 한 경매절차가 정지된 때에는 법원사무관등은 뒤의 경매개시결정에 관한 압류채권자에게 그 취지를 통지하여야 한다.

### 제48조(배당요구의 방식)

① 법 제88조제1항의 규정에 따른 배당요구는 채권(이자, 비용, 그 밖의 부대채권을 포함한다)의 원인과 액수를 적은 서면으로 하여야 한다.

② 제1항의 배당요구서에는 집행력 있는 정본 또는 그 사본, 그밖에 배당요구의 자격을 소명하는 서면을 붙여야 한다.

### 제49조(경매신청의 취하 등)

① 법 제87조제1항의 신청(배당요구의 종기가 지난 뒤에 한 신청을 제외한다. 다음부터 이 조문 안에서 같다)이 있는 경우 매수신고가 있은 뒤 압류채권자가 경매신청을 취하하더라도 법 제105조제1항 제3호의 기재사항이 바뀌지 아니하는 때에는 법 제93조제2항의 규정을 적용하지 아니한다.

② 법 제87조제1항의 신청이 있는 경우 매수신고가 있은 뒤 법 제49조제3호 또는 제6호의 서류를 제출하더라도 법 제105조제1항 제3호의 기재사항이 바뀌지 아니하는 때에는 법 제93조제3항 전단의 규정을 적용하지 아니한다.

### 제50조(집행정지서류 등의 제출시기)

① 법 제49조제1호 · 제2호 또는 제5호의 서류는 매수인이 매각대금을 내기 전까지 제출하면 된다.

② 매각허가결정이 있은 뒤에 법 제49조제2호의 서류가 제출된 경우에는 매수인은 매각대금을 낼 때까지 매각허가결정의 취소신청을 할 수 있다. 이 신청에 관한 결정에 대하여는 즉시항고를 할 수 있다.

③ 매수인이 매각대금을 낸 뒤에 법 제49조 각호 가운데 어느 서류가 제출된 때에는 절차를 계속하여 진행하여야 한다. 이 경우 배당절차가 실시되는 때에는 그 채권자에 대하여 다음 각 호의 구분에 따라 처리하여야 한다.

1. 제1호·제3호·제5호 또는 제6호의 서류가 제출된 때에는 그 채권자를 배당에서 제외한다.

2. 제2호의 서류가 제출된 때에는 그 채권자에 대한 배당액을 공탁한다.

3. 제4호의 서류가 제출된 때에는 그 채권자에 대한 배당액을 지급한다.

제51조(평가서)

① 법 제97조의 규정에 따라 부동산을 평가한 감정인은 다음 각 호의 사항을 적은 평가서를 정하여진 날까지 법원에 제출하여야 한다.

1. 사건의 표시

2. 부동산의 표시

3. 부동산의 평가액과 평가일

4. 부동산이 있는 곳의 환경

5. 평가의 목적이 토지인 경우에는 지적, 법령에서 정한 규제 또는 제한의 유무와 그 내용 및 공시지가, 그밖에 평가에 참고가 된 사항

6. 평가의 목적이 건물인 경우에는 그 종류·구조·평면적, 그밖에 추정되는 잔존 내구연수 등 평가에 참고가 된 사항

7. 평가액 산출의 과정

8. 그밖에 법원이 명한 사항

② 평가서에는 부동산의 모습과 그 주변의 환경을 알 수 있는 도면·사진 등을 붙여야 한다.

제52조(일괄매각 등에서 채무자의 매각재산 지정)

법 제101조제4항 또는 법 제124조제2항의 규정에 따른 지정은 매각허가결정이 선고되기 전에 서면으로 하여야 한다.

제53조(압류채권자가 남을 가망이 있음을 증명한 때의 조치)

법 제102조제1항의 규정에 따른 통지를 받은 압류채권자가 통지를 받은 날부터 1주 안에 최저매각가격으로 압류채권자의 채권에 우선하는 부동산의 모든 부담과 절차비용을 변제하고 남을 것이 있다는 사실을 증명한 때에는 법원은 경매절차를 계속하여 진행하여야 한다.

제54조(남을 가망이 없는 경우의 보증제공방법 등)

① 법 제102조제2항의 규정에 따른 보증은 다음 각 호 가운데 어느 하나를 법원에 제출하는 방법으로 제공하여야 한다. 다만, 법원은 상당하다고 인정하는 때에는 보증의 제공방법을 제한할 수 있다(개정 2005.7.28.).

  1. 금전

  2. 법원이 상당하다고 인정하는 유가증권

  3. 「은행법」의 규정에 따른 금융기관 또는 보험회사(다음부터 '은행 등'이라 한다)가 압류채권자를 위하여 일정액의 금전을 법원의 최고에 따라 지급한다는 취지의 기한의 정함이 없는 지급보증위탁계약이 압류채권자와 은행 등 사이에 체결된 사실을 증명하는 문서

② 제1항의 보증에 관하여는 「민사소송법」 제126조 본문의 규정을 준용한다(개정 2005.7.28.).

제55조(매각물건명세서 사본 등의 비치)

매각물건명세서·현황조사보고서 및 평가서의 사본은 매각기일(기간입찰의 방법으로 진행하는 경우에는 입찰기간의 개시일)마다 그 1주 전까지 법원에 비치하여야 한다. 다만, 법원은 상당하다고 인정하는 때에는 매각물건명세서·현황조사보고서 및 평가서의 기재내용을 전자통신매체로 공시함으로써 그 사본의 비치에 갈음할 수 있다.

제56조(매각기일의 공고내용 등)

법원은 매각기일(기간입찰의 방법으로 진행하는 경우에는 입찰기간의 개시일)의 2주 전까지 법 제106조에 규정된 사항과 다음 각 호의 사항을 공고하여야 한다.

  1. 법 제98조의 규정에 따라 일괄매각결정을 한 때에는 그 취지

  2. 제60조의 규정에 따라 매수신청인의 자격을 제한한 때에는 그 제한의 내용

  3. 법 제113조의 규정에 따른 매수신청의 보증금액과 보증제공방법

제57조(매각장소의 질서유지)

① 집행관은 매각기일이 열리는 장소의 질서유지를 위하여 필요하다고 인정하는 때에는 그 장소에 출입하는 사람의 신분을 확인할 수 있다.

② 집행관은 법 제108조의 규정에 따른 조치를 하기 위하여 필요한 때에는 법원의 원조를 요청할 수 있다.

제58조(매각조건 변경을 위한 부동산의 조사)

법 제111조제3항의 규정에 따른 집행관의 조사에는 제46조제3항과 법 제82조의 규정을 준용한다.

제59조(채무자 등의 매수신청금지)

다음 각 호의 사람은 매수신청을 할 수 없다.

1. 채무자

2. 매각절차에 관여한 집행관

3. 매각 부동산을 평가한 감정인(감정평가법인이 감정인인 때에는 그 감정평가법인 또는 소속 감정평가사)

## 제60조(매수신청의 제한)

법원은 법령의 규정에 따라 취득이 제한되는 부동산에 관하여는 매수신청을 할 수 있는 사람을 정하여진 자격을 갖춘 사람으로 제한하는 결정을 할 수 있다.

## 제61조(기일입찰의 장소 등)

① 기일입찰의 입찰 장소에는 입찰자가 다른 사람이 알지 못하게 입찰 표를 적을 수 있도록 설비를 갖추어야 한다.

② 같은 입찰기일에 입찰에 부칠 사건이 두 건 이상이거나 매각할 부동산이 두 개 이상인 경우에는 각 부동산에 대한 입찰을 동시에 실시하여야 한다. 다만, 법원이 따로 정하는 경우에는 그러하지 아니하다.

## 제62조(기일입찰의 방법)

① 기일입찰에서 입찰은 매각기일에 입찰 표를 집행관에게 제출하는 방법으로 한다.

② 입찰 표에는 다음 각 호의 사항을 적어야 한다. 이 경우 입찰가격은 일정한 금액으로 표시하여야 하며, 다른 입찰가격에 대한 비례로 표시하지 못한다.

1. 사건번호와 부동산의 표시
2. 입찰자의 이름과 주소
3. 대리인을 통하여 입찰을 하는 때에는 대리인의 이름과 주소
4. 입찰가격

③ 법인인 입찰자는 대표자의 자격을 증명하는 문서를 집행관에게 제출하여야 한다.

④ 입찰자의 대리인은 대리권을 증명하는 문서를 집행관에게 제출하여야 한다.

⑤ 공동으로 입찰하는 때에는 입찰 표에 각자의 지분을 분명하게 표시하여야 한다.

⑥ 입찰은 취소 · 변경 또는 교환할 수 없다.

## 제63조(기일입찰에서 매수신청의 보증금액)

① 기일입찰에서 매수신청의 보증금액은 최저매각가격의 10분의 1로 한다.

② 법원은 상당하다고 인정하는 때에는 보증금액을 제1항과 달리 정할 수 있다.

## 제64조(기일입찰에서 매수신청보증의 제공방법)

제63조의 매수신청보증은 다음 각 호 가운데 어느 하나를 입찰 표와 함께 집행관에게 제출하는 방법으로 제공하여야 한다. 다만, 법원은 상당하다고 인정하는 때에는 보증의 제공방법을 제한할 수 있다(개정 2005.7.28.).

1. 금전
2. 「은행법」의 규정에 따른 금융기관이 발행한 자기앞수표로서 지급제시기간이 끝나는 날까지 5일 이상의 기간이 남아 있는 것

3. 은행 등이 매수신청을 하려는 사람을 위하여 일정액의 금전을 법원의 최고에 따라 지급한다는 취지의 기한의 정함이 없는 지급보증위탁계약이 매수신청을 하려는 사람과 은행 등 사이에 맺어진 사실을 증명하는 문서

## 제65조(입찰기일의 절차)

① 집행관이 입찰을 최고하는 때에는 입찰마감시각과 개찰시각을 고지하여야 한다. 다만, 입찰표의 제출을 최고한 후 1시간이 지나지 아니하면 입찰을 마감하지 못한다.

② 집행관은 입찰 표를 개봉할 때에 입찰을 한 사람을 참여시켜야 한다. 입찰을 한 사람이 아무도 참여하지 아니하는 때에는 적당하다고 인정하는 사람을 참여시켜야 한다.

③ 집행관은 입찰 표를 개봉할 때에 입찰목적물, 입찰자의 이름 및 입찰가격을 불러야 한다.

## 제66조(최고가매수신고인 등의 결정)

① 최고가매수신고를 한 사람이 둘 이상인 때에는 집행관은 그 사람들에게 다시 입찰하게 하여 최고가매수신고인을 정한다. 이 경우 입찰자는 전의 입찰가격에 못 미치는 가격으로는 입찰할 수 없다.

② 제1항의 규정에 따라 다시 입찰하는 경우에 입찰자 모두가 입찰에 응하지 아니하거나(전의 입찰가격에 못 미치는 가격으로 입찰한 경우에는 입찰에 응하지 아니한 것으로 본다) 두 사람 이상이 다시 최고의 가격으로 입찰한 때에는 추첨으로 최고가매수신고인을 정한다.

③ 제2항 또는 법 제115조제2항 후문의 규정에 따라 추첨을 하는 경우 입찰자가 출석하지 아니하거나 추첨을 하지 아니하는 때에는 집행관은 법원사무관등 적당하다고 인정하는 사람으로 하여금 대신 추첨하게 할 수 있다.

## 제67조(기일입찰조서의 기재사항)

① 기일입찰조서에는 법 제116조에 규정된 사항 외에 다음 각 호의 사항을 적어야 한다.

1. 입찰을 최고한 일시, 입찰을 마감한 일시 및 입찰 표를 개봉한 일시

2. 제65조제2항 후문의 규정에 따라 입찰을 한 사람 외의 사람을 개찰에 참여시킨 때에는 그 사람의 이름

3. 제66조 또는 법 제115조제2항의 규정에 따라 최고가매수신고인 또는 차순위매수신고인을 정한 때에는 그 취지

4. 법 제108조에 규정된 조치를 취한 때에는 그 취지

5. 법 제140조제1항의 규정에 따라 공유자의 우선매수신고가 있는 경우에는 그 취지 및 그 공유자의 이름과 주소

6. 제76조제3항의 규정에 따라 차순위매수신고인의 지위를 포기한 매수신고인이 있는 때에는 그 취지

② 기일입찰조서에는 입찰 표를 붙여야 한다.

제68조(입찰기간 등의 지정)

기간입찰에서 입찰기간은 1주 이상 1월 이하의 범위 안에서 정하고, 매각기일은 입찰기간이 끝난 후 1주 안의 날로 정하여야 한다.

제69조(기간입찰에서 입찰의 방법)

기간입찰에서 입찰은 입찰 표를 넣고 봉함을 한 봉투의 겉면에 매각기일을 적어 집행관에게 제출하거나 그 봉투를 등기우편으로 부치는 방법으로 한다.

제70조(기간입찰에서 매수신청보증의 제공방법)

기간입찰에서 매수신청보증은 다음 각 호 가운데 어느 하나를 입찰 표와 같은 봉투에 넣어 집행관에게 제출하거나 등기우편으로 부치는 방법으로 제공하여야 한다.

1. 법원의 예금계좌에 일정액의 금전을 입금하였다는 내용으로 금융기관이 발행한 증명서

2. 제64조제3호의 문서

제71조(기일입찰규정의 준용)

기간입찰에는 제62조제2항 내지 제6항, 제63조, 제65조제2항·제3항, 제66조 및 제67조의 규정을 준용한다.

제72조(호가경매)

① 부동산의 매각을 위한 호가경매는 호가경매기일에 매수신청의 액을 서로 올려가는 방법으로 한다.

② 매수신청을 한 사람은 더 높은 액의 매수신청이 있을 때까지 신청액에 구속된다.

③ 집행관은 매수신청의 액 가운데 최고의 것을 3회 부른 후 그 신청을 한 사람을 최고가매수신고인으로 정하며, 그 이름과 매수신청의 액을 고지하여야 한다.

④ 호가경매에는 제62조제3항 내지 제5항, 제63조, 제64조 및 제67조제1항의 규정을 준용한다.

제73조(변경된 매각결정기일의 통지)

① 매각기일을 종결한 뒤에 매각결정기일이 변경된 때에는 법원사무관등은 최고가매수신고인·차순위매수신고인 및 이해관계인에게 변경된 기일을 통지하여야 한다.

② 제1항의 통지는 집행기록에 표시된 주소지에 등기우편으로 발송하는 방법으로 할 수 있다.

제74조(매각허부결정 고지의 효력발생시기)

매각을 허가하거나 허가하지 아니하는 결정은 선고한 때에 고지의 효력이 생긴다.

제75조(대법원규칙으로 정하는 이율)

법 제130조제7항과 법 제138조제3항(법 제142조제5항의 규정에 따라 준용되는 경우를 포함한다)의 규정에 따른 이율은 연 2할로 한다.

## 제76조(공유자의 우선매수권 행사절차 등)

① 법 제140조제1항의 규정에 따른 우선매수의 신고는 집행관이 매각기일을 종결한다는 고지를 하기 전까지 할 수 있다.

② 공유자가 법 제140조제1항의 규정에 따른 신고를 하였으나 다른 매수신고인이 없는 때에는 최저매각가격을 법 제140조제1항의 최고가매수신고가격으로 본다.

③ 최고가매수신고인을 법 제140조제4항의 규정에 따라 차순위매수신고인으로 보게 되는 경우 그 매수신고인은 집행관이 매각기일을 종결한다는 고지를 하기 전까지 차순위매수신고인의 지위를 포기할 수 있다.

## 제77조(경매개시결정등기의 말소촉탁비용)

법 제141조의 규정에 따른 말소등기의 촉탁에 관한 비용은 경매를 신청한 채권자가 부담한다.

## 제78조(대금지급기한)

법 제142조제1항에 따른 대금지급기한은 매각허가결정이 확정된 날부터 1월 안의 날로 정하여야 한다. 다만, 경매사건기록이 상소법원에 있는 때에는 그 기록을 송부받은 날부터 1월 안의 날로 정하여야 한다.

## 제78조의2(등기촉탁 공동신청의 방식 등)

① 법 제144조제2항의 신청은 다음 각 호의 사항을 기재한 서면으로 하여야 한다.

1. 사건의 표시
2. 부동산의 표시
3. 신청인의 성명 또는 명칭 및 주소
4. 대리인에 의하여 신청을 하는 때에는 대리인의 성명 및 주소
5. 법 제144조제2항의 신청인이 지정하는 자(다음부터 이 조문 안에서 '피지정자'라 한다)의 성명, 사무소의 주소 및 직업

② 제1항의 서면에는 다음 각 호의 서류를 첨부하여야 한다.

1. 매수인으로부터 부동산을 담보로 제공받으려는 자가 법인인 때에는 법인등기부 등본 또는 초본
2. 부동산에 관한 담보 설정의 계약서 사본
3. 피지정자의 지정을 증명하는 문서
4. 대리인이 신청을 하는 때에는 그 권한을 증명하는 서면
5. 등기신청의 대리를 업으로 할 수 있는 피지정자의 자격을 증명하는 문서의 사본

## 제79조(배당할 금액)

차순위매수신고인에 대하여 매각허가결정이 있는 때에는 법 제137조제2항의 보증(보증이 금전 외의 방법으로 제공되어 있는 때에는 보증을 현금화하여 그 대금에서 비용을 뺀 금액)은 법 제147조제1항의 배당할 금액으로 한다.

제80조(보증으로 제공된 유가증권 등의 현금화)

① 법 제142조제4항의 규정에 따라 매수신청의 보증(법 제102조제2항의 규정에 따라 제공된 보증을 포함한다)을 현금화하는 경우와 법 제147조제1항 제3호·제5호 또는 제79조의 규정에 따라 매수신청 또는 항고의 보증이 배당할 금액에 산입되는 경우 그 보증이 유가증권인 때에는, 법원은 집행관에게 현금화하게 하여 그 비용을 뺀 금액을 배당할 금액에 산입하여야 한다. 이 경우 현금화비용은 보증을 제공한 사람이 부담한다.

② 법 제147조제1항 제4호의 규정에 따라 항고의 보증 가운데 항고인이 돌려줄 것을 요구하지 못하는 금액이 배당할 금액에 산입되는 경우 그 보증이 유가증권인 때에는, 법원은 집행관에게 현금화하게 하여 그 비용을 뺀 금액 가운데 항고인이 돌려 줄 것을 요구하지 못하는 금액을 배당할 금액에 산입하고, 나머지가 있을 경우 이를 항고인에게 돌려준다. 이 경우 현금화비용은 보증을 제공한 사람이 부담한다. 다만, 집행관이 그 유가증권을 현금화하기 전에 항고인이 법원에 돌려줄 것을 요구하지 못하는 금액에 상당하는 금전을 지급한 때에는 그 유가증권을 항고인에게 돌려주고, 항고인이 지급한 금전을 배당할 금액에 산입하여야 한다.

③ 제1항과 제2항 본문의 현금화에는 법 제210조 내지 법 제212조의 규정을 준용한다.

④ 집행관은 제1항과 제2항 본문의 현금화를 마친 후에는 바로 그 대금을 법원에 제출하여야 한다.

⑤ 제1항의 경우에 그 보증이 제54조제1항 제3호 또는 제64조제3호(제72조제4항의 규정에 따라 준용되는 경우를 포함한다)의 문서인 때에는 법원이 은행 등에 대하여 정하여진 금액의 납부를 최고하는 방법으로 현금화한다.

제81조(계산서 제출의 최고)

배당기일이 정하여진 때에는 법원사무관등은 각 채권자에 대하여 채권의 원금·배당기일까지의 이자, 그 밖의 부대채권 및 집행비용을 적은 계산서를 1주 안에 법원에 제출할 것을 최고하여야 한다.

제82조(배당금 교부의 절차 등)

① 채권자와 채무자에 대한 배당금의 교부절차, 법 제160조의 규정에 따른 배당금의 공탁과 그 공탁금의 지급위탁절차는 법원사무관등이 그 이름으로 실시한다.

② 배당기일에 출석하지 아니한 채권자가 배당액을 입금할 예금계좌를 신고한 때에는 법원사무관등은 법 제160조제2항의 규정에 따른 공탁에 갈음하여 배당액을 그 예금계좌에 입금할 수 있다.

## 제3관 강제관리

### 제83조(강제관리신청서)

강제관리신청서에는 법 제163조에서 준용하는 법 제80조에 규정된 사항 외에 수익의 지급의무를 부담하는 제3자가 있는 경우에는 그 제3자의 표시와 그 지급의무의 내용을 적어야 한다.

제84조(개시결정의 통지)

강제관리개시결정을 한 때에는 법원사무관등은 조세, 그 밖의 공과금을 주관하는 공공기관에게 그 사실을 통지하여야 한다.

제85조(관리인의 임명)

① 법원은 강제관리개시결정과 동시에 관리인을 임명하여야 한다.

② 신탁회사, 은행, 그 밖의 법인도 관리인이 될 수 있다.

③ 관리인이 임명된 때에는 법원사무관등은 압류채권자·채무자 및 수익의 지급의무를 부담하는 제3자에게 그 취지를 통지하여야 한다.

④ 법원은 관리인에게 그 임명을 증명하는 문서를 교부하여야 한다.

제86조(관리인이 여러 사람인 때의 직무수행 등)

① 관리인이 여러 사람인 때에는 공동으로 직무를 수행한다. 다만, 법원의 허가를 받아 직무를 분담할 수 있다.

② 관리인이 여러 사람인 때에는 제3자의 관리인에 대한 의사표시는 그 중 한 사람에게 할 수 있다.

제87조(관리인의 사임·해임)

① 관리인은 정당한 이유가 있는 때에는 법원의 허가를 받아 사임할 수 있다.

② 관리인이 제1항의 규정에 따라 사임하거나 법 제167조제3항의 규정에 따라 해임된 때에는 법원사무관등은 압류채권자·채무자 및 수익의 지급명령을 송달받은 제3자에게 그 취지를 통지하여야 한다.

제88조(강제관리의 정지)

① 법 제49조제2호 또는 제4호의 서류가 제출된 경우에는 배당절차를 제외한 나머지 절차는 그 당시의 상태로 계속하여 진행할 수 있다.

② 제1항의 규정에 따라 절차를 계속하여 진행하는 경우에 관리인은 배당에 충당될 금전을 공탁하고, 그 사유를 법원에 신고하여야 한다.

③ 제2항의 규정에 따라 공탁된 금전으로 채권자의 채권과 집행비용의 전부를 변제할 수 있는 경우에는 법원은 배당절차를 제외한 나머지 절차를 취소하여야 한다.

제89조(남을 가망이 없는 경우의 절차취소)

수익에서 그 부동산이 부담하는 조세, 그 밖의 공과금 및 관리비용을 빼면 남을 것이 없겠다고 인정하는 때에는 법원은 강제관리절차를 취소하여야 한다.

제90조(관리인과 제3자에 대한 통지)

① 강제관리신청이 취하된 때 또는 강제관리취소결정이 확정된 때에는 법원사무관등은 관리인과 수익의 지급명령을 송달받은 제3자에게 그 사실을 통지하여야 한다.

② 법 제49조제2호 또는 제4호의 서류가 제출된 때 또는 법 제163조에서 준용하는 법 제87조제4항의 재판이 이루어진 때에는 법원사무관등은 관리인에게 그 사실을 통지하여야 한다.

### 제91조(수익의 처리)

① 법 제169조제1항에 규정된 관리인의 부동산 수익처리는 법원이 정하는 기간마다 하여야 한다. 이 경우 위 기간의 종기까지 배당요구를 하지 아니한 채권자는 그 수익의 처리와 배당절차에 참가할 수 없다.

② 채권자가 한 사람인 경우 또는 채권자가 두 사람 이상으로서 법 제169조제1항에 규정된 나머지 금액으로 각 채권자의 채권과 집행비용 전부를 변제할 수 있는 경우에는 관리인은 채권자에게 변제금을 교부하고 나머지가 있으면 채무자에게 교부하여야 한다.

③ 제2항외의 경우에는 관리인은 제1항의 기간이 지난 후 2주 안의 날을 배당협의기일로 지정하고 채권자에게 그 일시와 장소를 서면으로 통지하여야 한다. 이 통지에는 수익금·집행비용 및 각 채권자의 채권액 비율에 따라 배당될 것으로 예상되는 금액을 적은 배당계산서를 붙여야 한다.

④ 관리인은 배당협의기일까지 채권자 사이에 배당에 관한 협의가 이루어진 경우에는 그 협의에 따라 배당을 실시하여야 한다. 관리인은 제3항의 배당계산서와 다른 협의가 이루어진 때에는 그 협의에 따라 배당계산서를 다시 작성하여야 한다.

⑤ 관리인은 배당협의가 이루어지지 못한 경우에는 바로 법 제169조제3항에 따른 신고를 하여야 한다.

⑥ 관리인이 제2항의 규정에 따라 변제금을 교부한 때, 제4항 또는 법 제169조제4항의 규정에 따라 배당을 실시한 때에는 각 채권자로부터 제출받은 영수증을 붙여 법원에 신고하여야 한다.

### 제92조(관리인의 배당액 공탁)

① 관리인은 제91조제2항 또는 제4항 전문의 규정에 따라 교부 또는 배당(다음부터 '배당등'이라 한다)을 실시하는 경우에 배당등을 받을 채권자의 채권에 관하여 법 제160조제1항에 적은 어느 사유가 있는 때에는 그 배당등의 액에 상당하는 금액을 공탁하고 그 사유를 법원에 신고하여야 한다.

② 관리인은 배당등을 수령하기 위하여 출석하지 아니한 채권자 또는 채무자의 배당등의 액에 상당하는 금액을 공탁하고, 그 사유를 법원에 신고하여야 한다.

### 제93조(사유신고의 방식)

① 제88조제2항 또는 제92조의 규정에 따른 사유신고는 다음 각 호의 사항을 적은 서면으로 하고, 공탁서와 함께 배당계산서가 작성된 경우에는 배당계산서를 붙여야 한다.

  1. 사건의 표시

  2. 압류채권자와 채무자의 이름

  3. 공탁의 사유와 공탁금액

② 법 제169조제3항의 규정에 따른 사유신고는 다음 각 호의 사항을 적은 서면으로 하고, 배당계산서를

붙여야 한다.

1. 제1항 제1호 · 제2호에 적은 사항

2. 법 제169조제1항에 규정된 나머지 금액과 그 산출근거

3. 배당협의가 이루어지지 아니한 취지와 그 사정의 요지

### 제94조(강제경매규정의 준용)

강제관리에는 제46조 내지 제48조 및 제82조제2항의 규정을 준용한다. 이 경우 제82조제2항에 '법원사무관등'이라고 규정된 것은 '관리인'으로 본다.


# 제3편 담보권 실행 등을 위한 경매

### 제192조(신청서의 기재사항)

담보권 실행을 위한 경매, 법 제273조의 규정에 따른 담보권 실행이나 권리행사 또는 제201조에 규정된 예탁유가증권에 대한 담보권 실행(다음부터 '경매등'이라 한다)을 위한 신청서에는 다음 각 호의 사항을 적어야 한다.

1. 채권자 · 채무자 · 소유자(광업권 · 어업권, 그밖에 부동산에 관한 규정이 준용되는 권리를 목적으로 하는 경매의 신청, 법 제273조의 규정에 따른 담보권 실행 또는 권리행사의 신청 및 제201조에 규정된 예탁유가증권에 대한 담보권 실행 신청의 경우에는 그 목적인 권리의 권리자를 말한다. 다음부터 이 편 안에서 같다)와 그 대리인의 표시

2. 담보권과 피담보채권의 표시

3. 담보권 실행 또는 권리행사의 대상인 재산의 표시

4. 피담보채권의 일부에 대하여 담보권 실행 또는 권리행사를 하는 때에는 그 취지와 범위

### 제193조(압류채권자 승계의 통지)

경매등이 개시된 후 압류채권자가 승계되었음을 증명하는 문서가 제출된 때에는 법원사무관등 또는 집행관은 채무자와 소유자에게 그 사실을 통지하여야 한다.

### 제194조(부동산에 대한 경매)

부동산을 목적으로 하는 담보권 실행을 위한 경매에는 제40조 내지 제82조의 규정을 준용한다. 다만, 매수인이 매각대금을 낸 뒤에 화해조서의 정본 또는 공정증서의 정본인 법 제266조제1항 제4호의 서류가 제출된 때에는 그 채권자를 배당에서 제외한다.

제195조(선박에 대한 경매)

① 선박을 목적으로 하는 담보권 실행을 위한 경매 신청서에는 제192조에 규정된 사항 외에 선박의 정박항 및 선장의 이름과 현재지를 적어야 한다.

② 법원은 경매신청인의 신청에 따라 신청인에게 대항할 수 있는 권원을 가지지 아니한 선박의 점유자에 대하여 선박국적증서등을 집행관에게 인도할 것을 명할 수 있다.

③ 제2항의 신청에 관한 재판에 대하여는 즉시항고를 할 수 있다.

④ 제2항의 규정에 따른 결정은 상대방에게 송달되기 전에도 집행할 수 있다.

⑤ 선박을 목적으로 하는 담보권 실행을 위한 경매에는 제95조제2항 내지 제104조 및 제194조의 규정을 준용한다.

제196조(항공기에 대한 경매)

항공기를 목적으로 하는 담보권 실행을 위한 경매에는 제106조, 제107조, 제195조(다만, 제5항을 제외한다) 및 법 제264조 내지 법 제267조의 규정을 준용한다. 이 경우 제195조제1항 중 '정박항 및 선장의 이름과 현재지를 적어야 한다.'는 '정류 또는 정박하는 장소를 적어야 한다.'로 고쳐 적용하며, 제195조제2항에 '선박국적증서'라고 규정된 것은 '항공기등록증명서'로 본다.

제197조(자동차에 대한 경매)

① 자동차를 목적으로 하는 담보권 실행을 위한 경매(「자동차저당법」 제6조의2 규정에 따른 양도명령을 포함한다.)를 신청하는 때에는 제192조에 규정된 사항 외에 자동차등록원부에 기재된 사용본거지를 적고, 자동차등록원부등본을 붙여야 한다(개정 2005.7.28.).

② 제1항의 규정에 따른 경매에는 제108조, 제109조, 제111조 내지 제129조, 제195조제2항 내지 제4항 및 법 제264조 내지 법 제267조의 규정을 준용한다. 이 경우 제111조 내지 제113조, 제115조, 제123조, 제126조 및 제127조에 '채무자'라고 규정된 것은 '소유자'로 보며, 제195조제2항에 '선박의'라고 규정된 것은 '자동차의'로, 같은 항에 '선박국적증서등'이라고 규정된 것은 '자동차'로 본다.

제198조(건설기계·소형선박에 대한 경매)

건설기계·소형선박을 목적으로 하는 담보권 실행을 위한 경매(「자동차 등 특정동산 저당법」 제8조의 규정에 따른 양도명령을 포함한다)에는 제197조의 규정을 준용한다. 이 경우 '자동차등록원부'는 각 '건설기계등록원부', '선박원부·어선원부·수상레저기구등록원부'로 보며, '사용본거지'는 소형선박에 대하여는 '선적항' 또는 '보관장소'로 본다(개정 2010.10.4.).

제199조(유체동산에 대한 경매)

① 유체동산을 목적으로 하는 담보권 실행을 위한 경매신청서에는 제192조에 규정된 사항 외에 경매의 목적물인 유체동산이 있는 장소를 적어야 한다.

② 유체동산에 대한 경매에는 제2편 제2장 제7절 제1관(다만, 제131조, 제132조, 제140조를 제외한다)의
　규정과 법 제2편 제2장 제4절 제4관의 규정을 준용한다(개정 2005.7.28.).

## 제200조(채권, 그 밖의 재산권에 대한 담보권의 실행)

① 법 제273조제1항·제2항의 규정에 따른 담보권 실행 또는 권리행사를 위한 신청서에는 제192조에 규정된
　사항 외에 제3채무자가 있는 경우에는 이를 표시하여야 한다.

② 제1항의 규정에 따른 절차에는 제160조 내지 제175조, 법 제264조 내지 법 제267조 및 법 제2편 제2장
　제4절 제4관의 규정을 준용한다.

## 제201조(예탁유가증권에 대한 담보권의 실행)

① 예탁원 또는 예탁자는 예탁유가증권지분에 관한 질권자의 청구가 있는 때에는 그 이해관계 있는 부분에
　관한 예탁자계좌부 또는 고객계좌부의 사본을 교부하여야 한다.

② 예탁유가증권에 대한 질권의 실행을 위한 신청서에는 그 질권에 관한 기재가 있는 예탁자계좌부 또는
　고객계좌부의 사본을 붙여야 한다.

③ 예탁유가증권에 대한 담보권의 실행절차에 관하여는 제2편 제2장 제7절 제3관(다만, 제182조에서 준용하는
　제159조와 법 제188조제2항을 제외한다), 제200조 제1항, 법 제265조 내지 법 제267조, 법 제273조제1항
　및 법 제275조의 규정을 준용한다. 이 경우 제200조 제1항에 '제3채무자'라고 규정된 것은 '예탁원 또는
　예탁자'로 본다.

## 제202조(강제집행규정의 준용)

이 편에 규정된 경매등 절차에는 그 성질에 어긋나지 아니하는 범위 안에서 제2편 제1장의 규정을 준용한다.

# 부동산 등에 대한 경매절차 처리지침

(출처 : 부동산 등에 대한 경매절차 처리지침(재민 2004-3)개정 2013.06.04 [재판예규 제1442호, 시행 2013.07.01]종합법률정보)

제정 2002. 06. 26 재판예규 제865호(재민 2002-1)

개정 2003. 12. 31 재판예규 제943호

개정 2004. 04. 20 재판예규 제956호

전면개정 2004. 08. 24 재판예규 제970호(재민 2004-3)

개정 2005. 06. 01 재판예규 제1007호

개정 2006. 01. 24 재판예규 제1047호

개정 2007. 01. 08 재판예규 제1107호

개정 2007. 03. 09 재판예규 제1119호

개정 2008. 06. 12 재판예규 제1230호

개정 2010. 10. 21 재판예규 제1321호

개정 2010. 12. 13 재판예규 제1326호

개정 2013. 01. 28 재판예규 제1427호

개정 2013. 06. 04 재판예규 제1442호

## 제1장 총 칙

### 제1조(목적)

이 예규는 부동산에 대한 강제경매절차와 담보권실행을 위한 경매절차를 정함을 목적으로 한다.

### 제2조(용어의 정의)

이 예규에서 사용하는 용어의 정의는 다음과 같다.

1. '보증서'라 함은 민사집행규칙 제64조 제3호, 제70조 제2호의 규정에 따라 은행 등과 지급보증위탁계약을 체결한 문서(경매보증보험증권)를 말한다.

2. '입금증명서'라 함은 법원보관금취급규칙 제9조 제9항에 따라 법원보관금취급규칙의 별지 제3호 서식(법원보관금영수필통지서)이 첨부된 법원보관금취급규칙의 별지 제7-1호 서식을 말한다.

3. '입찰기간등'이라 함은 기간입찰에서의 입찰기간과 매각기일을 말한다.

4. '집행관등'이라 함은 집행관 또는 그 사무원을 말한다.

5. '법원사무관등'이라 함은 법원서기관·법원사무관·법원주사 또는 법원주사보를 말한다.

6. '보증금'이라 함은 지급보증위탁계약에 따라 은행 등이 지급하기로 표시한 금액(보험금액)을 말한다.

## 제3조(부동산의 매각방법)

① 부동산은 기일입찰 또는 기간입찰의 방법으로 매각하는 것을 원칙으로 한다.

② 부동산의 호가경매에 관하여 필요한 사항 중 민사집행법과 민사집행규칙에 정하여지지 아니한 사항은 따로 대법원예규로 정한다.

## 제4조(선박등에 대한 경매절차에서의 준용)

선박·항공기·자동차·건설기계 및 소형선박에 대한 강제집행절차와 담보권실행을 위한 경매절차에는 그 성질에 어긋나지 아니하는 범위 안에서 제2장 내지 제6장의 규정을 준용한다.

# 제2장 매각의 준비

## 제5조(미등기건물의 조사)

① 미등기건물의 조사명령을 받은 집행관은 채무자 또는 제3자가 보관하는 관계 자료를 열람·복사하거나 제시하게 할 수 있다.

② 집행관은 건물의 지번·구조·면적을 실측하기 위하여 필요한 때에는 감정인, 그밖에 필요한 사람으로부터 조력을 받을 수 있다.

③ 제1항과 제2항의 조사를 위하여 필요한 비용은 집행비용으로 하며, 집행관이 조사를 마친 때에는 그 비용 내역을 바로 법원에 신고하여야 한다.

## 제6조(배당요구의 종기 결정 등)

① 배당요구의 종기는 특별한 사정이 없는 한 배당요구종기결정일부터 2월 이상 3월 이하의 범위 안에서

정하여야 한다. 다만, 자동차나 건설기계의 경우에는 1월 이상 3월 이하의 범위 안에서 정할 수 있다.

② 배당요구의 종기는 인터넷 법원경매공고란(www.courtauction.go.kr ; 이하 같다) 또는 법원게시판에 게시하는 방법으로 공고한다.

③ 법 제84조 제2항 후단에 규정된 전세권자 및 채권자에 대한 고지는 기록에 표시된 주소에 등기우편으로 발송하는 방법으로 한다.

④ 「민사집행법」 제84조제4항에 따라 최고하여야 할 조세, 그 밖의 공과금을 주관하는 공공기관은 다음 각 호와 같다.

   1. 소유자의 주소지를 관할하는 세무서

   2. 부동산 소재지의 시(자치구가 없는 경우), 자치구, 군, 읍, 면

   3. 관세청[공장저당법상 저당권자의 신청에 의한 담보권 실행을 위한 경매사건인 경우, 그 밖의 사건에 있어서 채무자(담보권 실행을 위한 경매에 있어서는 소유자)가 회사인 경우.]

   4. 소유자의 주소지를 관할하는 국민건강보험공단

⑤ 배당요구의 종기가 정하여진 때에는 법령에 정하여진 경우(예 : 법 제87조 제3항)나 특별한 사정이 있는 경우(예 : 채무자에 대하여 경매개시결정이 송달되지 아니하는 경우, 감정평가나 현황조사가 예상보다 늦어지는 경우 등)가 아니면 배당요구의 종기를 새로 정하거나 정하여진 종기를 연기하여서는 아니 된다. 이 경우 배당요구의 종기를 연기하는 때에는 배당요구의 종기를 최초의 배당요구종기결정일부터 6월 이후로 연기하여서는 아니 된다.

⑥ 배당요구의 종기를 새로 정하거나 정하여진 종기를 연기한 경우에는 제1항 내지 제3항의 규정을 준용한다. 다만, 이미 배당요구 또는 채권신고를 한 사람에 대하여는 새로 정하여지거나 연기된 배당요구의 종기를 고지할 필요가 없다.

## 제7조(매각기일 또는 입찰기간등의 공고)

① 매각기일 또는 입찰기간등의 공고는 법원게시판에 게시하는 방법으로 한다. 이 경우 법원게시판에는 그 매각기일이 지정된 사건목록과 매각기일의 일시·장소 및 업무담당부서만을 게시하고(기간입찰에서는 입찰기간도 게시) 이와 함께 전체 공고사항이 기재된 공고문은 ○○○에서 열람할 수 있다는 취지의 안내문을 붙이고, 그 공고문을 집행과 사무실(그밖에 적당한 장소를 포함한다. 이하 같다.)에 비치하여 열람에 제공하는 방식으로 공고할 수 있다.

② 첫 매각기일 또는 입찰기간등을 공고하는 때에는 제1항의 공고와는 별도로 공고사항의 요지를 신문에 게재하여야 하며, 그 게재방식과 게재절차는 다음의 기준을 따라야 한다.

가. 기일입찰의 신문공고 내용은 [ 전산양식 A3356]에 따라, 기간입찰의 신문공고 내용은 [ 전산양식 A3390]에 따라 알아보기 쉽게 작성하여야 한다.

나. 매각기일 또는 입찰기간등의 공고문은 아파트, 다세대주택, 단독주택, 상가, 대지, 전·답, 임야 등 용도별로 구분하여 작성하고, 감정평가액과 최저매각가격을 함께 표시하여야 하며, 아파트·상가 등의 경우에는 면적 란에 등기부상의 면적과 함께 모델명(평형 등)을 표시할 수 있다.

다. 매각기일 또는 입찰기간등의 공고문에는 그 매각기일에 진행할 사건 중 첫 매각기일 또는 입찰기간등으로 진행되는 사건만을 신문으로 공고하며, 속행사건에 대하여는 인터넷 법원경매공고란에 게시되어 있다는 사실을 밝혀야 한다.

라. 신문공고비용은 공고비용 총액을 각 부동산이 차지하는 공고지면의 비율에 따라 나누어 각 사건의 경매예납금 중에서 지출하여야 한다.

③ 법원사무관등은 제1항과 제2항에 규정된 절차와는 별도로 공고사항의 요지를 매각기일 또는 입찰기간 개시일의 2주 전까지 인터넷 법원경매공고란에 게시하여야 한다.

## 제8조(매각물건명세서의 작성·비치 등)

① 매각물건명세서는 매 매각기일 또는 입찰기간 개시일 1주 전까지 작성하여 그 원본을 경매기록에 가철하여야 하고, 이 경우 다른 문서의 내용을 인용하는 방법(예컨대, 현황조사보고서 기재와 같음)으로 작성하여서는 아니 된다.

② 인수 여부가 불분명한 임차권에 관한 주장이 제기된 경우에는 매각물건명세서의 임대차 기재란에 그 임차권의 내용을 적고 비고란에 ㅇㅇㅇ가 주장하는 임차권은 존부(또는 대항력 유무)가 불분명함이라고 적는다.

③ 매각물건명세서에는 최저매각가격과 함께 매각목적물의 감정평가액을 표시하여야 한다.

④ 매각물건명세서·현황조사보고서 및 감정평가서의 사본은 일괄 편철하여 매각기일 또는 입찰기간 개시일 1주 전까지 사건별·기일별로 구분한 후 집행과 사무실 등에 비치하여 매수희망자가 손쉽게 열람할 수 있게 하여야 한다. 다만, 임차인의 주민등록 등·초본 중 주민등록번호는 식별할 수 없도록 지운 다음 비치하여야 한다.

## 제9조(매각물건명세서의 정정·변경 등)

① 매각물건명세서의 사본을 비치한 이후에 그 기재 내용을 정정·변경하는 경우에 판사는 정정·변경된 부분에 날인하고 비고란에 '200ㅇ.ㅇ.ㅇ. 정정·변경'이라고 적는다. 권리관계의 변동이 발생하여 매각물건명 세서를 재작성하는 때에는 기존의 매각물건명세서에 '200ㅇ.ㅇ.ㅇ. 변경 전', 재작성된 매각물건명세서에

'200○. ○. ○. 변경 후'라고 적는다.

② 매각물건명세서의 정정·변경이 그 사본을 비치한 이후에 이루어진 경우에 정정·변경된 내용이 매수신청에 영향을 미칠 수 있는 사항(예컨대, 대항력 있는 임차인의 추가)이면 매각기일 또는 입찰기간등을 변경하여야 한다.

③ 매각물건명세서의 정정·변경이 매각물건명세서의 사본을 비치하기 전에 이루어져 당초 통지·공고된 매각기일에 매각을 실시하는 경우에 다음 각 호와 같이 처리한다.

1. 기일입찰에서는 집행관이 매각기일에 매각을 실시하기 전에 그 정정·변경된 내용을 고지한다.

2. 기간입찰에서는 법원사무관등이 집행과 및 집행관 사무실 게시판에 그 정정·변경된 내용을 게시한다.

## 제10조(사건목록 등의 작성)

① 법원사무관등은 매각기일이 지정된 때에는 매각할 사건의 사건번호를 적은 사건목록을 3부 작성하여, 1부는 제7조 제1항의 규정에 따른 공고시에 법원게시판에 게시하고(게시판에 게시하는 사건목록에는 공고일자를 적어야 한다), 1부는 담임법관에게, 나머지 1부는 집행관에게 보내야 한다.

② 법원사무관등은 기간입찰의 공고 후 즉시 입찰기간 개시일 전까지 법원보관금 취급점(이하 '취급점'이라고 한다)에 매각물건의 표시 및 매각조건등에 관한 사항을 전송하여야 한다.

## 제11조(경매사건기록의 인계)

① 매각기일이 지정되면 법원사무관등은 경매사건기록을 검토하여 매각기일을 여는 데 지장이 없는 사건기록은 매각기일 전날 일괄하여 집행관에게 인계하고 매각기일부(전산양식 A3355)의 기록인수란에 영수인을 받아야 한다. 다만, 기간입찰의 경우 법원사무관등은 입찰기간 개시일 이전에 매각명령의 사본을 집행관에게 송부하고 매각명령 영수증(전산양식 A3343)에 영수인을 받아 기록에 편철한다.

② 법원사무관등은 매각기일이 지정된 사건 중 제1항의 규정에 따라 집행관에게 인계된 사건기록 외의 사건기록은 즉시 담임법관에게 인계하고 그 사유를 보고한 뒤 담임법관의 지시에 따라 처리하여야 한다.

## 제12조(매각명령의 확인)

집행관은 법원으로부터 인계받은 기록에 매각명령이 붙어 있는지를 확인한다. 기일입찰의 경우 기록에 매각명령이 붙어 있지 아니한 때에는 법원에 매각절차를 진행할지 여부를 확인하여야 한다.

## 제13조(기일입찰에서의 매각사건목록과 매각물건명세서 비치)

① 집행관은 매각기일에 [전산양식 A3357]에 따라 매각사건목록을 작성하여 매각물건명세서·현황조사보고서 및 평가서의 사본과 함께 경매법정, 그밖에 매각을 실시하는 장소(이하 '경매법정등'이라고 한다)에 비치 또는 게시하여야 한다.

② 제1항의 규정에 따라 비치하는 매각물건명세서·현황조사보고서 및 평가서의 사본은 사건 단위로 분책하여야 한다.

## 제14조(입찰표등의 비치)

① 기일입찰의 경우 집행과 사무실과 경매법정등에는 기일입찰표(전산양식 A3360), 매수신청보증봉투(전산양식 A3361), 기일입찰봉투(전산양식 A3362, A3363), 공동입찰신고서(전산양식 A3364), 공동입찰자목록(전산양식 A3365)을 비치하여야 한다.

② 기간입찰의 경우 집행과 및 집행관 사무실에 기간입찰표(전산양식 A3392), 기간입찰봉투(전산양식 A3393, A3394), 법원보관금취급규칙의 별지 제7-1호 서식(입금증명서), 공동입찰신고서(전산양식 A3364), 공동입찰자목록(전산양식 A3365)을 비치하여야 한다.

③ 기간입찰의 경우 집행과 및 집행관 사무실에 주의사항(전산양식 A3400)과 필요사항을 적은 기간입찰표 견본을 비치하여야 한다.

## 제15조(기일입찰에서의 기일입찰표 견본과 주의사항 게시)

기일입찰을 실시함에 있어서는 경매법정등의 후면에 제31조 제2호 내지 제13호의 주의사항을 게시하고, 기일입찰표 기재 장소에 필요사항을 적은 기일입찰표 견본을 비치하여야 한다.

# 제3장 기간입찰에서의 입찰등

## 제16조(매수신청보증)

① 기간입찰에서 매수신청보증의 제공은 입금증명서 또는 보증서에 의한다.

② 기간입찰봉투가 입찰함에 투입된 후에는 매수신청보증의 변경, 취소가 허용되지 않는다.

## 제17조(매각기일의 연기)

매각기일의 연기는 허용되지 않는다. 다만, 연기신청이 입찰공고전까지 이루어지고, 특별한 사정이 있는 경우에 한하여 그러하지 아니하다.

## 제18조(매수신청)

매수신청은 기간입찰표를 입금증명서 또는 보증서와 함께 기간입찰봉투에 넣어 봉인한 다음 집행관에게 직접 또는 등기우편으로 부치는 방식으로 제출되어야 한다.

제19조(매수신청인의 자격증명등)

① 매수신청인의 자격 증명은 개인이 입찰하는 경우 주민등록표등·초본, 법인의 대표자 등이 입찰하는 경우 법인등기사항증명서, 법정대리인이 입찰하는 경우 가족관계증명서, 임의대리인이 입찰하는 경우 대리위임장, 인감증명서(「본인서명사실 확인 등에 관한 법률」에 따라 「인감증명법」에 의한 인감증명을 갈음하여 사용할 수 있는 본인서명사실확인서를 포함한다. 이하 같다), 2인 이상이 공동입찰하는 경우 공동입찰신고서 및 공동입찰자목록으로 한다.

② 제1항의 서류등은 기간입찰봉투에 기간입찰표와 함께 넣어 제출되어야 한다.

제20조(직접 제출)

① 집행관에 대한 직접 제출의 경우에는 입찰기간 중의 평일 09:00부터 12:00까지, 13:00부터 18:00까지 사이에 집행관 사무실에 접수하여야 한다.

② 입찰기간의 개시 전 또는 종료 후에 제출된 경우 집행관등은 이를 수령하여서는 안 된다.

③ 집행관등은 기간입찰봉투에 매각기일의 기재 여부를 확인하고, 기간입찰봉투의 앞면 여백에 접수일시가 명시된 접수인을 날인한 후 접수번호를 기재한다. 그 후 집행관등은 기간입찰 접수부(전산양식 A3395)에 전산등록하고, 기간입찰봉투를 입찰함에 투입한다.

④ 집행관등은 제출자에게 입찰봉투접수증(전산양식 A3396)을 작성하여 교부한다.

⑤ 매수신청인이 제1항의 접수시간 이외에는 기간입찰봉투를 당직근무자에게 제출할 수 있다. 이때 당직근무자는 주민등록증 등으로 제출자를 확인한 다음, 기간입찰봉투에 매각기일의 기재 여부, 기간입찰봉투를 봉한 후 소정의 위치에 날인한 여부를 확인한 후 기간입찰봉투 앞면 여백에 제출자의 이름을 기재하고, 접수일시가 명시된 접수인을 날인한 후 문건으로 접수한다.

⑥ 당직근무자는 즉시 제출자에게 접수증(전산양식 A1173)을 교부하고, 다음 날 근무시작 전 집행관사무실에 기간입찰봉투를 인계하고 법원재판사무처리규칙의 별지 제2호 서식(문서사송부) 수령인란에 집행관등의 영수인을 받는다.

제21조(우편 제출)

① 우편 제출의 경우 입찰기간 개시일 00:00시부터 종료일 24:00까지 접수되어야 한다.

② 집행관등은 기간입찰봉투에 매각기일의 기재 여부를 확인하고, 기간입찰봉투의 앞면 여백에 접수일시가 명시된 접수인을 날인한 후 접수번호를 기재한다. 그 후 집행관등은 기간입찰접수부에 전산등록하고, 기간입찰봉투를 입찰함에 투입한다.

제22조(입찰의 철회는)

기간입찰봉투가 입찰함에 투입된 후에는 입찰의 철회, 입찰표의 정정·변경 등이 허용되지 않는다.

제23조(기간입찰봉투 등의 흠에 대한 처리)

① 집행관등은 기간입찰봉투와 첨부서류에 흠이 있는 경우 별지 1, 2 처리기준에 의하여 처리한다.

② 집행관등은 흠이 있는 경우 기간입찰봉투 앞면에 빨간색 펜으로 그 취지를 간략히 표기(기간도과, 밀봉안됨, 매각기일 미기재, 미등기우편, 집행관등이외의 자에 제출 등)한 후 입찰함에 투입한다.

제24조(기간입찰봉투의 보관)

① 집행관은 개찰기일별로 구분하여, 잠금장치가 되어 있는 입찰함에 기간입찰봉투를 넣어 보관하여야 한다. 잠금장치에는 봉인을 하고, 입찰기간의 종료 후에는 투입구도 봉인한다.

② 집행관은 매각기일까지 입찰함의 봉인과 잠금 상태를 유지하고, 입찰함을 캐비닛식 보관용기에 넣어 보관하여야 한다.

③ 집행관등은 입찰상황이 외부에 알려지지 않도록 주의하여야 한다.

제25조(경매신청 취하는)

① 경매신청의 취하 또는 경매절차의 취소, 집행정지등의 서면이 제출된 경우 법원사무관등은 즉시 집행관에게 이를 교부하고, 인터넷 법원경매공고란에 그 사실을 게시하여야 한다.

② 집행관은 제1항에 관한 사건번호, 물건번호, 매각기일 등을 집행관 사무실의 게시판에 게시하여야 한다.


# 제4장 매각기일의 절차

## 제1절 총칙

제26조(매각기일의 진행)

① 매각기일은 법원이 정한 매각방법에 따라 집행관이 진행한다.

② 집행관은 그 기일에 실시 할 사건의 처리에 필요한 적절한 인원의 집행관등을 미리 경매법정등에 배치하여 매각절차의 진행과 질서유지에 지장이 없도록 하여야 한다.

③ 법원은 매각절차의 감독과 질서유지를 위하여 법원사무관등으로 하여금 경매법정등에 참여하도록 할

수 있다.

## 제27조(매각실시방법의 개요 설명)

집행관은 매각기일에 매각절차를 개시하기 전에 매각실시 방법의 개요를 설명하여야 한다.

## 제2절 기일입찰

### 제28조(매수신청보증)

기일입찰에서 매수신청보증의 제공은 현금·자기앞수표 또는 보증서에 의한다.

### 제29조(매각실시 전 고지)

집행관은 특별매각조건이 있는 때에는 매수신고의 최고 전에 그 내용을 명확하게 고지하여야 한다.

### 제30조(매수신청인의 자격 등)

① 집행관은 주민등록증, 그 밖의 신분을 증명하는 서면이나 대리권을 증명하는 서면에 의하여 매수신청인이 본인인지 여부, 행위능력 또는 정당한 대리권이 있는지 여부를 확인함으로써 매수신청인의 자격흠결로 인한 분쟁이 생기지 않도록 하여야 한다.

② 법인이 매수신청을 하는 때에는 제1항의 예에 따라 매수신청을 하는 사람의 자격을 확인하여야 한다.

③ 집행관은 채무자와 재매각절차에서 전의 매수인은 매수신청을 할 수 없음을 알려야 한다.

### 제31조(입찰사항·입찰방법 및 주의사항 등의 고지)

집행관은 매각기일에 입찰을 개시하기 전에 참가자들에게 다음 각 호의 사항을 고지하여야 한다.

1. 매각사건의 번호, 사건명, 당사자(채권자, 채무자, 소유자), 매각물건의 개요 및 최저매각가격

2. 일괄매각결정이 있는 사건의 경우에는 일괄매각한다는 취지와 각 물건의 합계액

3. 매각사건목록 및 매각물건명세서의 비치 또는 게시장소

4. 기일입찰표의 기재방법 및 기일입찰표는 입찰표 기재대, 그 밖에 다른 사람이 엿보지 못하는 장소에서 적으라는 것

5. 현금(또는 자기앞수표)에 의한 매수신청보증은 매수신청보증봉투(흰색 작은 봉투)에 넣어 1차로 봉하고 날인한 다음 필요사항을 적은 기일입찰표와 함께 기일입찰봉투(황색 큰 봉투)에 넣어 다시 봉하여 날인한 후 입찰자용 수취증 절취선상에 집행관의 날인을 받고 집행관의 면전에서 입찰자용 수취증을 떼어 내 따로 보관하고 기일입찰봉투를 입찰함에 투입하라는 것, 보증서에 의한 매수신청보증은 보증서를 매수신청보증봉투(흰색 작은 봉투)에 넣지 않고 기일입찰표와 함께 기일입찰봉투(황색 큰 봉투)에 함께 넣어 봉하여

날인한 후 입찰자용 수취증 절취선상에 집행관의 날인을 받고 집행관의 면전에서 입찰자용 수취증을 떼어 내 따로 보관하고 기일입찰봉투를 입찰함에 투입하라는 것 및 매수신청보증은 법원이 달리 정하지 아니한 이상 최저매각가격의 1/10에 해당하는 금전, 은행법의 규정에 따른 금융기관이 발행한 자기앞수표로서 지급제시기간이 끝나는 날까지 5일 이상의 기간이 남아 있는 것, 은행 등이 매수신청을 하려는 사람을 위하여 일정액의 금전을 법원의 최고에 따라 지급한다는 취지의 기한의 정함이 없는 지급보증위탁계약이 매수신청을 하려는 사람과 은행 등 사이에 맺어진 사실을 증명하는 문서이어야 한다는 것

6. 기일입찰표의 취소, 변경, 교환은 허용되지 아니한다는 것

7. 입찰자는 같은 물건에 관하여 동시에 다른 입찰자의 대리인이 될 수 없으며, 한 사람이 공동입찰자의 대리인이 되는 경우 외에는 두 사람 이상의 다른 입찰자의 대리인으로 될 수 없다는 것 및 이에 위반한 입찰은 무효라는 것

8. 공동입찰을 하는 때에는 기일입찰표에 각자의 지분을 분명하게 표시하여야 한다는 것

9. 입찰을 마감한 후에는 매수신청을 받지 않는다는 것

10. 개찰할 때에는 입찰자가 참석하여야 하며, 참석하지 아니한 경우에는 법원사무관등 상당하다고 인정되는 사람을 대신 참석하게 하고 개찰한다는 것

11. 제34조에 규정된 최고가매수신고인등의 결정절차의 요지

12. 공유자는 집행관이 매각기일을 종결한다는 고지를 하기 전까지 매수신청보증을 제공하고 우선매수신고를 할 수 있으며, 우선매수신고에 따라 차순위매수인으로 간주되는 최고가매수신고인은 매각기일이 종결되기 전까지 그 지위를 포기할 수 있다는 것

13. 최고가매수신고인 및 차순위매수신고인 외의 입찰자에게는 입찰절차의 종료 즉시 매수신청보증을 반환하므로 입찰자용수취증과 주민등록증을 갖고 반환신청 하라는 것

14. 이상의 주의사항을 장내에 게재하여 놓았으므로 잘 읽고 부주의로 인한 불이익을 받지 말라는 것

## 제32조(입찰의 시작 및 마감)

① 입찰은 입찰의 개시를 알리는 종을 울린 후 집행관이 입찰표의 제출을 최고하고 입찰마감시각과 개찰시각을 고지함으로써 시작한다.

② 입찰은 입찰의 마감을 알리는 종을 울린 후 집행관이 이를 선언함으로써 마감한다. 다만, 입찰표의 제출을 최고한 후 1시간이 지나지 아니하면 입찰을 마감하지 못한다.

## 제33조(개찰)

① 개찰은 입찰마감시각으로부터 10분 안에 시작하여야 한다.

② 개찰할 때에 입찰자가 한 사람도 출석하지 아니한 경우에는 법원사무관등 상당하다고 인정되는 사람을 참여하게 한다.

③ 개찰을 함에 있어서는 입찰자의 면전에서 먼저 기일입찰봉투만 개봉하여 기일입찰표에 의하여 사건번호(필요시에는 물건번호 포함), 입찰목적물, 입찰자의 이름 및 입찰가격을 부른다.

④ 집행관은 제출된 기일입찰표의 기재에 흠이 있는 경우에 별지 3 처리기준에 의하여 기일입찰표의 유·무효를 판단한다.

⑤ 현금·자기앞수표로 매수신청보증을 제공한 경우 매수신청보증봉투는 최고의 가격으로 입찰한 사람의 것만 개봉하여 정하여진 보증금액에 해당하는 여부를 확인한다. 매수신청보증이 정하여진 보증금액에 미달하는 경우에는 그 입찰자의 입찰을 무효로 하고, 차순위의 가격으로 입찰한 사람의 매수신청보증을 확인한다.

⑥ 보증서로 매수신청보증을 제공한 경우 보증서는 최고의 가격으로 입찰한 사람의 것만 정하여진 보증금액에 해당하는 여부를 확인한다. 보증서가 별지 5 무효사유에 해당하는 경우에는 그 입찰자의 입찰을 무효로 하고, 차순위 가격으로 입찰한 사람의 매수신청보증을 확인한다.

## 제34조(최고가매수신고인등의 결정)

① 최고의 가격으로 입찰한 사람을 최고가매수신고인으로 한다. 다만, 최고의 가격으로 입찰한 사람이 두 사람 이상일 경우에는 그 입찰자들만을 상대로 추가입찰을 실시한다.

② 제1항 단서의 경우에는 입찰의 실시에 앞서 기일입찰표의 기재는 최초의 입찰표 기재방식과 같다.

③ 제1항 단서의 경우에 추가입찰의 자격이 있는 사람 모두가 추가입찰에 응하지 아니하거나 또는 종전 입찰가격보다 낮은 가격으로 입찰한 때에는 그들 중에서 추첨에 의하여 최고가매수신고인을 정하며, 두 사람 이상이 다시 최고의 가격으로 입찰한 때에는 그들 중에서 추첨에 의하여 최고가매수신고인을 정한다. 이 때 입찰자 중 출석하지 아니한 사람 또는 추첨을 하지 아니한 사람이 있는 경우에는 법원사무관등 상당하다고 인정되는 사람으로 하여금 대신 추첨하게 된다.

④ 최고가매수신고액에서 매수신청보증을 뺀 금액을 넘는 금액으로 매수신고를 한 사람으로서 법 제114조의 규정에 따라 차순위매수신고를 한 사람을 차순위매수신고인으로 한다. 차순위매수신고를 한 사람이 두 사람 이상인 때에는 매수신고가격이 높은 사람을 차순위매수신고인으로 정하고, 신고한 매수가격이 같을 때에는 추첨으로 차순위매수신고인을 정한다.

## 제35조(종결)

① 최고가매수신고인을 결정하고 입찰을 종결하는 때에는 집행관은 "ㅇㅇㅇ호 사건에 관한 최고가매수신고인은

매수가격 ○○○원을 신고한 ○○(주소)에 사는 ○○○(이름)입니다. 차순위매수신고를 할 사람은 신고하십시오."하고 차순위매수신고를 최고한 후, 차순위매수신고가 있으면 차순위매수신고인을 정하여 "차순위매수신고인은 매수가격 ○○○원을 신고한 ○○(주소)에 사는 ○○○(이름)입니다."라고 한 다음, "이로써 ○○○호 사건의 입찰절차가 종결되었습니다."라고 고지한다.

② 입찰을 마감할 때까지 허가할 매수가격의 신고가 없는 때에는 집행관은 즉시 매각기일의 마감을 취소하고 같은 방법으로 매수가격을 신고하도록 최고할 수 있다.

③ 매수가격의 신고가 없어 바로 매각기일을 마감하거나 제2항의 최고에 대하여 매수가격의 신고가 없어 매각기일을 최종적으로 종결하는 때에는 사건은 입찰불능으로 처리하고 "○○○호 사건은 입찰자가 없으므로 입찰절차를 종결합니다."라고 고지한다.


## 제3절 기간입찰

### 제36조(입금내역통지)

취급점은 집행관의 요청에 따라 매각기일 전날 입금내역서(전산양식 A3397)를 출력하여 집행관에게 송부하여야 한다.

### 제37조(개찰)

① 집행관은 매각기일에 입찰함을 경매법정에 옮긴 후, 입찰자의 면전에서 개함한다. 다만, 개찰할 때에 입찰자가 한 사람도 출석하지 아니한 경우에는 법원사무관등 상당하다고 인정되는 사람을 참여하게 한다.

② 집행관은 개찰하기에 앞서 차순위매수신청인의 자격 및 신청절차를 설명한다. 개찰을 함에 있어서는 입찰자의 면전에서 먼저 기간입찰봉투를 개봉하여 기간입찰표에 의하여 사건번호(필요시에는 물건번호 포함), 입찰목적물, 입찰자의 이름 및 입찰가격을 부른다.

③ 집행관은 기간입찰표의 기재나 첨부서류에 흠이 있는 경우에는 별지 2, 4 처리기준에 의하여 기간입찰표의 유·무효를 판단한다.

④ 매수신청보증은 최고의 가격으로 입찰한 사람의 것만 정하여진 보증금액에 해당하는 여부를 확인한다. 입금증명서상 입금액이 정하여진 보증금액에 미달하거나 보증서가 별지 5 무효사유에 해당하는 경우에는 그 입찰자의 입찰을 무효로 하고, 차순위의 가격으로 입찰한 사람의 매수신청보증을 확인한다.

⑤ 집행관은 제23조에 의하여 입찰에 포함시키지 않는 기간입찰봉투도 개봉하여 그 입찰가액이 최고가 또는 차순위 가액인 경우 부적법 사유를 고지한다.

제38조(최고가매수신고인등의 결정)

① 최고의 가격으로 입찰한 사람을 최고가매수신고인으로 한다. 다만, 최고의 가격으로 입찰한 사람이 두
사람 이상일 경우에는 그 입찰자들만을 상대로 기일입찰의 방법으로 추가입찰을 실시한다.

② 매각기일에 출석하지 아니한 사람에게는 추가입찰 자격을 부여하지 아니한다. 집행관은 출석한 사람들로
하여금 제1항 단서의 방법으로 입찰하게 하고, 출석한 사람이 1인인 경우 그 사람에 대하여만 추가입찰을
실시한다.

③ 제34조 제3항 및 제4항은 이를 준용한다.

제39조(종결)

① 제35조 제1항은 이를 준용한다.

② 매수가격의 신고가 없는 경우 집행관은 매각기일을 마감하고, "ㅇㅇㅇ호 사건은 입찰자가 없으므로 입찰절차를
종결합니다."라고 고지한다.

# 제5장 입찰절차 종결 후의 처리

## 제1절 현금·자기앞수표인 매수신청보증의 처리

제40조(반환절차)

① 입찰절차의종결을 고지한 때에는 최고가매수신고인 및 차순위매수신고인 외의 입찰자로부터 입찰자용
수취증을 교부받아 기일입찰봉투의 연결번호 및 간인과의 일치여부를 대조하고, 아울러주민등록증을 제시받
아 보증제출자 본인인지 여부를 확인한 후 그 입찰자에게 매수신청보증을 즉시 반환하고 기일입찰표
하단의 영수증란에서명 또는 날인을 받아 매각조서에 첨부한다.

② 법원이 정한 보증금액을 초과하여 매수신청보증이 제공된 경우 집행관과 법원사무관등은 다음 각 호와
같이 처리한다.

1. 집행관은 매각기일에 즉시 제1항의 규정에 따라 매수신청보증 중 초과금액을 반환하고 기일입찰표
하단 영수증란에 반환한 금액을 기재한다. 그러나 즉시 반환할 수 없는 경우(예컨대, 자기앞수표로
제출되어 즉시 반환할 수 없는 경우)에는 집행기록의 앞면 오른쪽 위에 '초과금 반환필요'라고 기재한
부전지를 붙인다.

2. 법원사무관등은 매수인이 매각대금을 납부하지 않아 재매각되거나, 최고가매수신고인, 차순위매수신고인 또는 매수인이 매각대금 납부 전까지 반환을 요구한 때에는 취급점에 매수신청보증 중 초과금액을 분리하도록 분리요청을 전송하여야 한다.

## 제40조의2(기간입찰에서의 반환절차)

① 매각기일에 매수신청인이 반환을 요구하는 때에는 집행관은 주민등록증등으로 본인인지 여부를 확인한 후 매수신청인에게 매수신청보증을 즉시 반환하고, 기간입찰표 하단의 보증의 제공방법란에 빨간색 펜등으로 '현금 또는 자기앞수표 제출'이라고 기재한 후 기간입찰표 하단의 영수인란에 서명 또는 날인을 받아 매각기일조서에 첨부한다.

② 매각기일에 매수신청인이 반환을 요구하지 아니한 때에는 집행관은 매각기일 당일 법원 보관금 취급규칙의 별지 1-4호 서식(법원보관금납부서)을 이용하여 "납부당사자 사용란"에 매수신청인의 이름·주민등록번호 등을 기재한 후 "납부당사자 기명날인란"에 대리인 집행관 ○○○라고 기명날인하고, 이를 제출된 현금 또는 자기앞수표와 함께 보관금 취급점에 제출한다.

## 제41조(납부)

집행관은 입찰절차를 종결한 때에는 최고가매수신고인 및 차순위매수신고인이 제출한 매수신청보증을 즉시 취급점에 납부한다.


## 제2절 입금증명서인 매수신청보증의 처리

### 제42조(반환절차)

① 집행관은 입찰절차의 종결 후 즉시 최고가매수신고인과 차순위매수신고인을 제외한 다른 매수신고인의 입금증명서 중 확인란을 기재하여 세입·세출 외 현금출납공무원(이하 출납공무원이라고 한다)에게 송부한다.

② 입금증명서를 제출하지 아니한 사람은 입금증명서를 작성한 후 법원사무관등에게 제출하고, 법원사무관등은 확인란을 기재하여 출납공무원에게 송부한다.

③ 입금증명서가 제출되지 아니한 경우 법원사무관등은 담임법관으로부터 법원 보관금 취급규칙의 별지 제7호 서식의 법원 보관금 출급명령서를 발부받아 출납공무원에게 송부한다.

④ 입금증명서에 법원이 정한 보증금액을 초과하여 매수신청보증이 제공된 경우 집행관과 법원사무관등은 제40조제2항의 규정에 따라 매수신청보증 중 초과금액을 처리한다.

### 제43조(통지)

집행관은 입찰절차를 종결한 때에는 매각통지서(전산양식 A3398)를 작성하여 취급점에 통지하여야 한다.

## 제3절 보증서인 매수신청보증의 처리

### 제44조(반환절차)

① 최고가매수신고인과 차순위매수신고인을 제외한 다른 매수신고인이 입찰절차 종결 후 경매법정에서 보증서의 반환을 신청하는 경우 집행관은 다음 각 호와 같이 처리한다.

1. 기일입찰에서는 신청인으로부터 입찰자용 수취증을 교부받아 기일입찰봉투의 연결번호 및 간인과의 일치 여부를 대조하고 아울러 주민등록증을 제시받아 보증의 제출자 본인인지 여부를 확인한 후 그 입찰자에게 보증서를 즉시 반환하고 기일입찰표 하단의 영수증란에 서명 또는 날인을 받아 매각조서에 첨부한다.

2. 기간입찰에서는 주민등록증을 제시받아 보증의 제출자 본인인지 여부를 확인한 후 그 입찰자에게 보증서를 즉시 반환하고 기간입찰표 하단의 영수증란에 서명 또는 날인을 받아 매각조서에 첨부한다.

② 최고가매수신고인과 차순위매수신고인을 제외한 다른 매수신고인이 기록이 법원에 송부된 후 보증서의 반환을 신청하는 경우 법원사무관등은 신청인으로부터 주민등록증을 제시받아 보증서의 제출자 본인인지 여부를 확인한 다음, 입찰표 하단의 영수증란에 서명 또는 날인을 받고, 그 입찰자에게 보증서를 반환한다.

### 제45조(보증료 환급을 위한 확인)

다음 각 호의 경우 입찰자로 하여금 보증료(보험료)의 전부 또는 일부를 환급받을 수 있도록, 기록이 집행관에 있는 때에는 집행관이, 법원에 있는 때에는 법원사무관등이 제출된 보증서 뒷면의 법원확인란 중 해당 항목에 √ 표시 및 기명날인을 한 다음 원본을 입찰자에게 교부하고, 그 사본을 기록에 편철한다.

1. 입찰에 참가하지 않은 경우

2. 매각기일전 경매신청의 취하 또는 경매절차의 취소가 있었던 경우

3. 별지 5 보증서의 무효사유에 해당하는 경우

### 제46조(보증금의 납부최고)

① 법원은 다음 각 호의 사유가 발생한 경우 보증금납부최고서(전산양식 A3399)를 작성한 다음 보증서 사본과 함께 보증서를 발급한 은행 등에 보증금의 납부를 등기우편으로 최고하고, 그 사본을 작성하여 기록에 편철한다.

1. 매수인이 대금지급기한까지 그 매각대금 전액을 납입하지 아니하고, 차순위매수신고인에 대한 매각허가결정이 있는 경우

2. 차순위매수신고인이 없는 상태에서 매수인이 재매각기일 3일전까지 매각대금 전액을 납입하지 아니한 경우

3.  매각조건불이행으로 매각불허가결정이 확정된 경우

② 매수인이 차액지급신고(전산양식 A3427) 또는 채무인수신고(전산양식 A3428)를 하고, 배당기일에 그 차액을 지급하지 아니하는 경우에 매수인이 납입해야 될 금액이 보증금의 한도 내에 있을 때에는 배당기일을 연기하고, 법원은 즉시 보증금납부최고서를 작성한 다음 보증서의 사본과 함께 보증서를 발급한 은행 등에 보증금의 납부를 등기우편으로 최고하고, 그 사본을 작성하여 기록에 편철한다.

### 제47조(통지)

법원사무관등은 최고가매수신고인이 매각대금을 납입한 때에는 매각통지서(전산양식 A3398)를 작성하여 취급점에 통지하여야 한다.

### 제48조(보증금의 반환통지)

은행 등의 보증금 납입 후 경매신청의 취하 또는 경매절차의 취소(이중경매사건에서는 후행사건도 취하 또는 취소되어야 한다)가 있는 경우 법원사무관등은 은행 등에 보증금의 반환을 통지한다.

## 제6장 보칙

### 제49조(기록인계등)

집행관은 매각절차를 종결한 때에는 최고가매수신고인 및 차순위매수신고인에 대한 정보를 전산으로 입력·전송한 후 사건기록을 정리하여 법원에 보내야 한다.

### 제50조(매각허가결정의 공고방법)

매각허가결정은 법원게시판에 게시하는 방법으로 공고하여야 한다.

### 제51조(매각불허가결정의 이유 기재)

매각불허가결정에는 불허가의 이유를 적어야 한다.

### 제52조(소유권이전등기의 촉탁)

① 매수인이 매각대금을 모두 낸 후 법원사무관등이 매수인 앞으로 소유권이전등기를 촉탁하는 경우 그 등기촉탁서상의 등기원인은 강제경매(임의경매)로 인한 매각으로, 등기원인인 일자는 매각대금을 모두 낸 날로 적어야 한다[기재 예시 : 200○.○.○. 강제경매(임의경매)로 인한 매각].

② 등기촉탁서에는 매각허가결정 등본과 등기촉탁서 부본(등기필증 작성용)을 붙여야 한다.

## 제52조의2(등기필증 우편송부신청)

① 매수인은 우편에 의하여 등기필증을 송부받기 위해서는 등기필증 우편송부신청서(전산양식 A3429)를 작성하여 등기촉탁신청서와 함께 법원에 제출하여야 한다.

② 매수인이 수인인 경우에는 매수인 중 1인을 등기필증 수령인으로 지정하고, 나머지 매수인들의 위임장 및 인감증명서를 제출하여야 한다.

③ 법원사무관등은 등기촉탁서 및 그 부본 오른쪽 상단에 "등기필증 우편송부신청"이라는 표시를 하고, 등기촉탁 서에 등기필증 송부용 주소안내문, 송달통지서와 우표처리송달부를 첨부한다.

④ 법원사무관등은 등기필증 우편송부신청서, 송달실시기관으로부터 수령한 송달통지서를 기록에 편철하여야 한다.

## 제53조(경매기록의 열람 · 복사)

① 경매절차상의 이해관계인(민사집행법 제90조, 제268조) 외의 사람으로서 경매기록에 대한 열람 · 복사를 신청할 수 있는 이해관계인의 범위는 다음과 같다.

1. 파산관재인이 집행당사자가 된 경우의 파산자인 채무자와 소유자

2. 최고가매수신고인과 차순위매수신고인, 매수인, 자기가 적법한 최고가 매수신고인 또는 차순위매수신고 인임을 주장하는 사람으로서 매수 신고시 제공한 보증을 찾아가지 아니한 매수신고인

3. 민법 · 상법, 그 밖의 법률에 의하여 우선변제청구권이 있는 배당요구채권자

4. 대항요건을 구비하지 못한 임차인으로서 현황조사보고서에 표시되어 있는 사람

5. 건물을 매각하는 경우의 그 대지 소유자, 대지를 매각하는 경우의 그 지상 건물 소유자

6. 가압류채권자, 가처분채권자(점유이전금지가처분 채권자를 포함한다)

7. 「부도공공건설임대주택 임차인 보호를 위한 특별법」의 규정에 의하여 부도임대주택의 임차인대표회의 또는 임차인 등으로부터 부도임대주택의 매입을 요청받은 주택매입사업시행자

② 경매기록에 대한 열람 · 복사를 신청하는 사람은 제1항 각호에 규정된 이해관계인에 해당된다는 사실을 소명하여야 한다. 다만, 이해관계인에 해당한다는 사실이 기록상 분명한 때에는 그러하지 아니하다.

③ 경매기록에 대한 복사청구를 하는 때에는 경매기록 전체에 대한 복사청구를 하여서는 아니 되고 경매기록 중 복사할 부분을 특정하여야 한다.

### 제54조(등기촉탁서의 송부방법)

① 경매절차에서 등기촉탁서를 등기소로 송부하는 때에는 민사소송법에 규정된 송달의 방법으로 하여야 한다. 다만, 청사 내의 등기과로 송부할 때에는 법원직원에게 하도록 할 수 있으나, 이 경우에도 이해관계인이나 법무사 등에게 촉탁서를 교부하여 송달하도록 하여서는 아니 된다.

② 매수인과 부동산을 담보로 제공 받으려고 하는 사람이 등기촉탁공동신청 및 지정서[전산양식 A3430]를 제출한 때에는 법원사무관등은 피지정자에게 등기촉탁서 및 피지정자임을 증명할 수 있는 확인서[ 전산양식 A3431]를 교부하고 피지정자로부터 영수증[ 전산양식 A3432]을 제출받는다.

③ 등기과(소)에서 촉탁서를 접수할 때에는 제2항의 피지정자임을 증명할 수 있는 확인서를 제출받는다.

### 제54조의2(경매개시결정등기촉탁서 작성시 유의사항)

① 부동산가압류채권자가 동일 채권에 기한 집행권원을 얻어 강제경매신청을 한 때에는 법원사무관등은 경매개시결정등기촉탁서 등기목적란에 '강제경매개시결정등기(ㅇ번 가압류의 본압류로의 이행)'이라고 기재한다.

② 부동산가압류채권자의 승계인이 강제경매를 신청하는 때에도 제1항의 규정을 준용하되, 괄호 안에 'ㅇ번 가압류 채권의 승계'라고 기재한다.

### 제55조(매수신고 대리인 명단의 작성)

집행관은 매월 5일까지 전월 1개월간 실시된 매각기일에 매수신청의 대리를 한 사람의 성명, 주민등록번호, 주소, 직업, 본인과의 관계, 본인의 성명, 주민등록번호, 매수신청 대리를 한 횟수 등을 적은 매수신청대리인 명단(전산양식 A3370)을 작성하여 법원에 제출하여야 한다.

### 제56조(지배인 등이 타인에게 경매배당금 수령을 위임한 경우 대리권 증명서면)

지배인 또는 이에 준하는 법률상 대리인으로부터 경매배당금 등의 수령을 위임받은 사람은 다음과 같은 서류를 제출하여야 한다.

1. 위임장

2. 법인등기사항증명서(지배인 또는 법률상 대리인에 관한 사항이 나타나 야 함)

3. 「상업등기법」제11조에 따라 발행한 인감증명서

## 부 칙

제1조(시행시기) 이 예규는 2002. 7. 1.부터 시행한다.

제2조(구 예규의 폐지) 경매절차개선을 위한 사무처리지침(재민 83-5)(재민 84-1), 부동산 등의 경매지침(재민 84-12), 부동산 등에 대한 입찰실시에 관한 처리지침(재민 93-2), 경매 · 입찰 물건명세서의 작성 및 비치시 유의사항(재민 97-9) 및 경락대금 완납후 소유권이전등기의 촉탁시 유의사항(재민 97-12)을 폐지한다. 다만, 민사집행법 부칙과 민사집행규칙 부칙의 규정에 따라 구민사소송법과 구민사소송규칙이 적용되는 집행사건에 대하여는 위 각 예규(재민 93-2 제2조 제1항 제외)를 적용한다.

### 부 칙(2003.12.31 제943호)

이 예규는 2004. 1. 1.부터 시행한다.

### 부 칙(2004.04.20 제956호)

이 예규는 2004. 5. 1.부터 시행한다.

### 부 칙(2004.08.24 제970호)

제1조(시행일) 이 예규는 2004. 9. 1.부터 시행한다.

제2조(경과규정) 이 예규는 이 예규 시행당시 법원에 계속 중인 사건에도 적용한다.

### 부 칙(2005.06.01 제1007호)

제1조(시행일) 이 예규는 즉시 시행한다.

제2조(경과규정) 이 예규는 이 예규 시행당시 법원에 계속 중인 사건에도 적용한다.

### 부 칙(2006.01.24 제1047호)

제1조(시행일) 이 예규는 2006. 2. 1.부터 시행한다.

### 부 칙(2007.01.08 제1107호)

이 예규는 2007. 2. 1.부터 시행한다.

### 부 칙(2007.03.09 제1119호)

이 예규는 2007. 3. 19.부터 시행한다. 다만, 제53조제1항 제7호의 규정은2007. 4. 20.부터 적용한다.

### 부 칙(2008.06.12 제1230호)

이 예규는 2008. 7. 1.부터 시행한다.

### 부 칙(2010.10.21 제1321호)

이 예규는 2010. 10. 24.부터 시행한다.

### 부 칙(2010.12.13 제1326호)

이 예규는 2010. 12. 13.부터 시행한다.

### 부 칙(2013.01.28 제1427호)

이 예규는 2013년 2월 1일부터 시행한다.

### 부 칙(2013.06.04 제1442호)

이 예규는 2013년 7월 1일부터 시행한다.

## [별지 1] 기간입찰봉투에 흠이 있는 경우 처리기준

| 번호 | 흠결사항 | 처리기준 | 비고 |
|---|---|---|---|
| 1 | 기간입찰봉투(이하, '입찰봉투'라고 한다)가 입찰기간 개시 전 제출된 경우 | ① 직접제출: 접수하지 않는다. | 입찰기간 개시 후에 제출하도록 한다. |
| | | ② 우편제출: 입찰기간 개시일 까지 보관하다가 개시일에 접수한다. | 입찰봉투 및 기간입찰접수부(이하 '접수부'라고 한다)에 그 취지를 부기한다. |
| 2 | 입찰봉투가 입찰기간 종료 후 제출된 경우 | ① 직접제출 : 접수하지 않는다. | 지체 이유를 불문한다. |
| | | ② 우편제출: 접수는 하되, 개찰에 포함시키지 않는다. | 지체 이유를 불문한다. 입찰봉투 및 접수부에 그 취지를 부기한다. |
| 3 | 입찰봉투가 봉인되지 아니한 경우 | ① 직접제출: 봉인하여 제출하도록 한다. | |
| | | ② 우편제출 : 접수는 하되, 개찰에 포함시키지 않는다. 다만, 날인만 누락된 경우에는 개찰에 포함시킨다. | 입찰봉투 및 접수부에 그 취지를 부기한다. |
| 4 | 비치된 입찰봉투 이외의 봉투가 사용된 경우 | ① 직접 제출: 접수하지 않는다. | 비치된 입찰봉투를 사용하여 제출하도록 한다. |
| | | ② 우편제출: 개찰에 포함시킨다. | |
| 5 | 입찰봉투에 매각기일의 기재가 없는 경우 | ① 직접제출: 접수하지 않는다. | 매각기일을 기재하여 제출하도록 한다. |
| | | ② 우편제출: 접수는 하되, 개찰에 포함시키지 않는다. | 입찰봉투를 개봉하여 매각기일을 확인하여 입찰봉투에 매각기일을 기재하고, 접수부에 그 취지를 부기한다. |
| 6 | 입찰봉투가 등기우편 이외의 방법으로 송부된 경우 | 접수는 하되, 개찰에는 포함시키지 않는다. | 입찰봉투 및 접수부에 그 취지를 부기한다. |
| 7 | 입찰표가 입찰봉투에 넣어지지 않고 우송된 경우 | 접수는 하되, 개찰에는 포함시키지 않는다. | 접수부에 그 취지를 부기한다. |
| 8 | 입찰봉투가 집행관 이외의 사람을 수취인으로 하여 우송된 경우 | 접수하고, 그 중 입찰봉투가 봉인된 채로 집행관에게 회부된 경우에 한하여 개찰에 포함시킨다. | |
| 9 | 입찰봉투가 법원에 접수되어 집행관 등에게 회부된 경우 | ① 법원에 접수된 일시가 입찰기간 내인 경우 개찰에 포함시킨다. | 입찰봉투 및 접수부에 그 취지를 부기한다. |
| | | ② 법원에 접수된 일시가 입찰기간을 | |

| 번호 | 흠결사항 | 처리기준 | 비고 |
|---|---|---|---|
| | | 지난 경우 접수는 하되, 개찰에는 포함시키지 않는다. | |
| 10 | 집행관 등 또는 법원직원이 입찰봉투를 착오로 개찰기일 전 개봉한 경우 | 즉시 다시 봉한 후 개찰에 포함시킨다. | 입찰봉투 및 접수부에 그 취지를 부기한다. |
| 11 | 집행관 등이나 법원 이외의 자에게 직접 제출된 경우 | 접수는 하되, 개찰에는 포함시키지 않는다. | 입찰봉투 및 접수부에 그 취지를 부기한다. |
| 12 | 접수인과 기간입찰접수부 등재 없이 입찰함에 투입된 경우 | 개찰에 포함시키지 않는다. | |

## [별지 2] 첨부서류 등에 흠이 있는 경우의 처리기준

| 번호 | 흠결사항 | 처리기준 | 비고 |
|---|---|---|---|
| 1 | 입금증명서 또는 보증서, 법인등기사항증명서, 가족관계증명서, 공동입찰자목록이 같은 입찰봉투에 함께 봉함되지 않고 별도로 제출된 경우 | ① 직접제출 : 접수하지 않는다. | 입찰봉투에 넣어 제출하도록 한다. |
| | | ② 우편제출: 접수는 하되, 개찰에는 포함시키지 않는다. | 클립 등으로 입찰봉투에 편철하고, 입찰봉투와 접수부에 그 취지를 부기한다. |
| 2 | 입금증명서 또는 보증서, 법인등기사항증명서, 가족관계증명서, 공동입찰자목록이 누락된 경우 | 개찰에 포함시키지 않는다. | |
| 3 | 주민등록표등·초본이 누락되거나 발행일이 입찰기간 만료일 전 6월을 초과하는 경우 | 개찰에 포함시킨다. | |
| 4 | 대표자나 관리인의 자격 또는 대리인의 권한을 증명하는 서면으로서 관공서에서 작성하는 증명서, 대리위임장 및 인감증명서가 누락되거나 발행일이 입찰기간 만료일 전 6월을 초과하는 경우 | 개찰에 포함시키지 않는다. | |

※ 설립 중인 회사인 경우에는 발기인, 대표자, 준비행위 등의 소명자료를, 법인 아닌 사단이나 재단의 경우에는 정관 기타의 규약, 대표자 또는 관리인임을 증명하는 서면 등의 소명자료를 제출하여야 한다.

[별지 3] 기일입찰표의 유 · 무효 처리기준

| 번호 | 흠결사항 | 처리기준 |
|---|---|---|
| 1 | 입찰기일을 적지 아니하거나 잘못 적은 경우 | 입찰봉투의 기재에 의하여 그 매각기일의 것임을 특정할 수 있으면 개찰에 포함시킨다. |
| 2 | 사건번호를 적지 아니한 경우 | 입찰봉투, 매수신청보증봉투, 위임장 등 첨부서류의 기재에 의하여 사건번호를 특정할 수 있으면 개찰에 포함시킨다. |
| 3 | 매각물건이 여러 개인데, 물건번호를 적지 아니한 경우 | 개찰에서 제외한다. 다만, 물건의 지번 · 건물의 호수 등을 적거나 입찰봉투에 기재가 있어 매수신청 목적물을 특정할 수 있으면 개찰에 포함시킨다. |
| 4 | 입찰자 본인 또는 대리인의 이름을 적지 아니한 경우 | 개찰에서 제외한다. 다만, 고무인 · 인장 등이 선명하여 용이하게 판독할 수 있거나, 대리인의 이름만 기재되어 있으나 위임장 · 인감증명서에 본인의 기재가 있는 경우에는 개찰에 포함시킨다. |
| 5 | 입찰자 본인과 대리인의 주소 · 이름이 함께 적혀 있지만(이름 아래 날인이 있는 경우 포함) 위임장이 붙어 있지 아니한 경우 | 개찰에서 제외한다. |
| 6 | 입찰자 본인의 주소 · 이름이 적혀 있고 위임장이 붙어 있지만, 대리인의 주소 · 이름이 적혀 있지 않은 경우 | 개찰에서 제외한다. |
| 7 | 위임장이 붙어 있고 대리인의 주소 · 이름이 적혀 있으나 입찰자 본인의 주소 · 이름이 적혀 있지 아니한 경우 | 개찰에서 제외한다. |
| 8 | 한 사건에서 동일인이 입찰자 본인인 동시에 다른 사람의 대리인이거나, 동일인이 2인 이상의 대리인을 겸하는 경우 | 쌍방의 입찰을 개찰에서 제외한다. |
| 9 | 입찰자 본인 또는 대리인의 주소나 이름이 위임장 기재와 다른 경우 | 이름이 다른 경우에는 개찰에서 제외한다. 다만, 이름이 같고 주소만 다른 경우에는 개찰에 포함시킨다. |
| 10 | 입찰자가 법인인 경우 대표자의 이름을 적지 아니한 경우(날인만 있는 경우도 포함) | 개찰에서 제외한다. 다만, 법인등기사항증명서로 그 자리에서 자격을 확인할 수 있거나, 고무인 · 인장 등이 선명하며 용이하게 판독할 수 있는 경우에는 개찰에 포함시킨다. |
| 11 | 입찰자 본인 또는 대리인의 이름 다음에 날인이 없는 경우 | 개찰에 포함시킨다. |
| 12 | 입찰가격의 기재를 정정한 경우 | 정정인 날인 여부를 불문하고, 개찰에서 제외한다. |
| 13 | 입찰가격의 기재가 불명확한 경우(예, 5와 | 개찰에서 제외한다. |

| | | 8, 7과 9, 0과 6 등) | |
|---|---|---|---|
| 14 | 보증금액의 기재가 없거나 그 기재된 보증금액이 매수신청보증과 다른 경우 | 매수신청보증봉투 또는 보증서에 의해 정하여진 매수신청보증 이상의 보증제공이 확인되는 경우에는 개찰에 포함시킨다. | |
| 15 | 보증금액을 정정하고 정정인이 없는 경우 | | |
| 16 | 하나의 물건에 대하여 같은 사람이 여러 장의 입찰표 또는 입찰봉투를 제출한 경우 | 입찰표 모두를 개찰에서 제외한다. | |
| 17 | 보증의 제공방법에 관한 기재가 없거나 기간입찰표를 작성·제출한 경우 | 개찰에 포함시킨다. | |
| 18 | 위임장은 붙어 있으나 위임장이 사문서로서 인감증명서가 붙어 있지 아니한 경우, 위임장과 인감증명서의 인영이 틀린 경우 | 개찰에서 제외한다. | |

## [별지 4] 기간입찰표의 유·무효 처리기준

| 번호 | 흠결사항 | 처리기준 |
|---|---|---|
| 1 | 매각기일을 적지 아니하거나 잘못 적은 경우 | 입찰봉투의 기재에 의하여 그 매각기일의 것임을 특정할 수 있으면 개찰에 포함시킨다. |
| 2 | 사건번호를 적지 아니한 경우 | 입찰봉투, 보증서, 입금증명서 등 첨부서류의 기재에 의하여 사건번호를 특정할 수 있으면 개찰에 포함시킨다. |
| 3 | 매각물건이 여러 개인데, 물건번호를 적지 아니한 경우 | 개찰에서 제외한다. 다만, 물건의 지번·건물의 호수 등을 적거나 보증서, 입금증명서 등 첨부서류의 기재에 의하여 특정할 수 있는 경우에는 개찰에 포함시킨다. |
| 4 | 입찰자 본인 또는 대리인의 이름을 적지 아니한 경우 | 개찰에서 제외한다. 다만, 고무인·인장 등이 선명하여 용이하게 판독할 수 있거나, 대리인의 이름만 기재되어 있으나 위임장·인감증명서에 본인의 기재가 있는 경우에는 개찰에 포함시킨다. |
| 5 | 입찰자 본인과 대리인의 주소·이름이 함께 적혀 있지만(이름 아래 날인이 있는 경우 포함) 위임장이 붙어 있지 아니한 경우 | 개찰에서 제외한다. |
| 6 | 입찰자 본인의 주소·이름이 적혀 있고 위임장이 붙어 있지만, 대리인의 주소·이름이 적혀 있지 않은 경우 | 개찰에서 제외한다. |

| | | |
|---|---|---|
| 7 | 위임장이 붙어 있고 대리인의 주소·이름이 적혀 있으나 입찰자 본인의 주소·이름이 적혀 있지 아니한 경우 | 개찰에서 제외한다. |
| 8 | 한 사건에서 동일인이 입찰자 본인인 동시에 다른 사람의 대리인이거나, 동일인이 2인 이상의 대리인을 겸하는 경우 | 쌍방의 입찰을 개찰에서 제외한다. |
| 9 | 입찰자 본인 또는 대리인의 주소나 이름이 위임장 기재와 다른 경우 | 이름이 다른 경우에는 개찰에서 제외한다. 이름이 같고 주소만 다른 경우에는 개찰에 포함시킨다. |
| 10 | 입찰자가 법인인 경우 대표자의 이름을 적지 아니한 경우(날인만 있는 경우도 포함) | 개찰에서 제외한다. 다만, 법인등기사항증명서로 그 자리에서 자격을 확인할 수 있거나, 고무인·인장 등이 선명하며 용이하게 판독할 수 있는 경우에는 개찰에 포함시킨다. |
| 11 | 입찰자 본인 또는 대리인의 이름 다음에 날인이 없는 경우 | 개찰에 포함시킨다. |
| 12 | 입찰가격의 기재를 정정한 경우 | 정정인 날인 여부를 불문하고, 개찰에서 제외한다. |
| 13 | 입찰가격의 기재가 불명확한 경우 (예, 5와 8, 7과 9, 0과 6 등) | 개찰에서 제외한다. |
| 14 | 보증금액의 기재가 없거나 그 기재된 보증금액이 매수신청보증과 다른 경우 | 보증서 또는 입금증명서에 의해 정하여진 매수신청보증 이상의 보증제공이 확인되는 경우에는 개찰에 포함시킨다. |
| 15 | 보증금액을 정정하고 정정인이 없는 경우 | |
| 16 | 하나의 물건에 대하여 같은 사람이 여러 장의 입찰표 또는 입찰봉투를 제출한 경우 | 입찰표 모두를 개찰에서 제외한다. |
| 17 | 보증의 제공방법에 관한 기재가 없거나 기일입찰표를 작성·제출한 경우 | 개찰에 포함시킨다. |
| 18 | 위임장은 붙어 있으나 위임장이 사문서로서 인감증명서가 붙어 있지 아니한 경우, 위임장과 인감증명서의 인영이 틀린 경우 | 개찰에서 제외한다. |
| 19 | 매각물건이 여러 개인데 입찰표에는 물건번호를 특정하여 기재하였으나 보증서에는 물건번호 기재가 누락된 경우 | 집행법원이 정한 보증금액과 비교하여 당해 매각물건에 관하여 발행된 보증서라는 것이 명백한 경우 개찰에 포함시킨다. |
| 20 | 입금증명서와 함께 붙어 있는 법원보관금 영수필통지서에 보관금종류가 기간입찰 매수신청보증금으로 기재되어 있지 않고 경매예납금 등으로 기재된 경우 | 개찰에 포함시키고, 집행관은 취급점에 법원보관금 종류 정정 통지서(전산양식 A1275)를 작성하여 즉시 통지하고 납입여부를 확인한다. |

## [별지 5] 보증서의 무효사유

| 번호 | 무효사유 |
|---|---|
| 1 | 보증서상 보험계약자의 이름과 입찰표상 입찰자 본인의 이름이 불일치하는 경우 |
| 2 | 보험가입금액이 매수신청보증액에 미달하는 경우 |
| 3 | 보증서상의 사건번호와 입찰표상의 사건번호가 불일치하는 경우 |
| 4 | 입찰자가 금융기관 또는 보험회사인 경우에 자기를 지급보증위탁계약의 쌍방 당사자로 하는 보증서를 제출한 경우 |
| 5 | 지급보증위탁계약상의 보증인이 「은행법」 의 규정에 따른 금융기관 또는 보증보험업의 허가를 받은 보험회사가 아닌 경우 |

# 주택임대차보호법

(출처 : 주택임대차보호법 제11690호 2013.3.23 )

#### 제1조(목적)

이 법은 주거용 건물의 임대차(임대차)에 관하여 「민법」에 대한 특례를 규정함으로써 국민 주거생활의 안정을 보장함을 목적으로 한다.

[전문개정 2008.3.21]

#### 제2조(적용 범위)

이 법은 주거용 건물(이하 "주택"이라 한다)의 전부 또는 일부의 임대차에 관하여 적용한다. 그 임차주택(임차주택)의 일부가 주거 외의 목적으로 사용되는 경우에도 또한 같다.

[전문개정 2008.3.21]

#### 제3조(대항력 등)

① 임대차는 그 등기(등기)가 없는 경우에도 임차인(임차인)이 주택의 인도(인도)와 주민등록을 마친 때에는 그 다음 날부터 제삼자에 대하여 효력이 생긴다. 이 경우 전입신고를 한 때에 주민등록이 된 것으로 본다.

② 국민주택기금을 재원으로 하여 저소득층 무주택자에게 주거생활 안정을 목적으로 전세임대주택을 지원하는 법인이 주택을 임차한 후 지방자치단체의 장 또는 그 법인이 선정한 입주자가 그 주택을 인도받고 주민등록을 마쳤을 때에는 제1항을 준용한다. 이 경우 대항력이 인정되는 법인은 대통령령으로 정한다.

③ 임차주택의 양수인(양수인)(그밖에 임대할 권리를 승계한 자를 포함한다)은 임대인(임대인)의 지위를 승계한 것으로 본다.

④ 이 법에 따라 임대차의 목적이 된 주택이 매매나 경매의 목적물이 된 경우에는 「민법」 제575조제1항·제3항 및 같은 법 제578조를 준용한다.

⑤ 제4항의 경우에는 동시이행의 항변권(항변권)에 관한 「민법」 제536조를 준용한다.

[전문개정 2008.3.21]

#### 제3조의2(보증금의 회수)

① 임차인(제3조제2항의 법인을 포함한다. 이하 같다)이 임차주택에 대하여 보증금반환청구소송의 확정판결이

나 그밖에 이에 준하는 집행권원(집행권원)에 따라서 경매를 신청하는 경우에는 집행개시(집행개시)요건에 관한 「민사집행법」 제41조에도 불구하고 반대의무(반대의무)의 이행이나 이행의 제공을 집행개시의 요건으로 하지 아니한다.

② 제3조제1항 또는 제2항의 대항요건(대항요건)과 임대차계약증서(제3조제2항의 경우에는 법인과 임대인 사이의 임대차계약증서를 말한다)상의 확정일자(확정일자)를 갖춘 임차인은 「민사집행법」에 따른 경매 또는 「국세징수법」에 따른 공매(공매)를 할 때에 임차주택(대지를 포함한다)의 환가대금(환가대금)에서 후순위권리자(후순위권리자)나 그 밖의 채권자보다 우선하여 보증금을 변제(변제)받을 권리가 있다.

③ 임차인은 임차주택을 양수인에게 인도하지 아니하면 제2항에 따른 보증금을 받을 수 없다.

④ 제2항에 따른 우선변제의 순위와 보증금에 대하여 이의가 있는 이해관계인은 경매법원이나 체납처분청에 이의를 신청할 수 있다.

⑤ 제4항에 따라 경매법원에 이의를 신청하는 경우에는 「민사집행법」 제152조부터 제161조까지의 규정을 준용한다.

⑥ 제4항에 따라 이의신청을 받은 체납처분청은 이해관계인이 이의신청일부터 7일 이내에 임차인을 상대로 소(소)를 제기한 것을 증명하면 해당 소송이 끝날 때까지 이의가 신청된 범위에서 임차인에 대한 보증금의 변제를 유보(유보)하고 남은 금액을 배분하여야 한다. 이 경우 유보된 보증금은 소송의 결과에 따라 배분한다.

[전문개정 2008.3.21]

제3조의3(임차권등기명령)

① 임대차가 끝난 후 보증금을 반환받지 못한 임차인은 임차주택의 소재지를 관할하는 지방법원·지방법원지원 또는 시·군 법원에 임차권등기명령을 신청할 수 있다.

② 임차권등기명령의 신청서에는 다음 각 호의 사항을 적어야 하며, 신청의 이유와 임차권등기의 원인이 된 사실을 소명(소명)하여야 한다.

  1. 신청의 취지 및 이유

  2. 임대차의 목적인 주택(임대차의 목적이 주택의 일부분인 경우에는 해당 부분의 도면을 첨부한다.)

  3. 임차권등기의 원인이 된 사실(임차인이 제3조제1항 또는 제2항에 따른 대항력을 취득하였거나 제3조의2제2항에 따른 우선변제권을 취득한 경우에는 그 사실)

  4. 그밖에 대법원규칙으로 정하는 사항

③ 다음 각 호의 사항 등에 관하여는 「민사집행법」 제280조제1항, 제281조, 제283조, 제285조, 제286조, 제288조제1항·제2항 본문, 제289조, 제290조제2항 중 제288조제1항에 대한 부분, 제291조 및 제293조를 준용한다. 이 경우 "가압류"는 "임차권등기"로, "채권자"는 "임차인"으로, "채무자"는 "임대인"으로 본다.

  1. 임차권등기명령의 신청에 대한 재판

2. 임차권등기명령의 결정에 대한 임대인의 이의신청 및 그에 대한 재판

3. 임차권등기명령의 취소신청 및 그에 대한 재판

4. 임차권등기명령의 집행

④ 임차권등기명령의 신청을 기각(기각)하는 결정에 대하여 임차인은 항고(항고)할 수 있다.

⑤ 임차인은 임차권등기명령의 집행에 따른 임차권등기를 마치면 제3조제1항 또는 제2항에 따른 대항력과 제3조의2제2항에 따른 우선변제권을 취득한다. 다만, 임차인이 임차권등기 이전에 이미 대항력이나 우선변제권을 취득한 경우에는 그 대항력이나 우선변제권은 그대로 유지되며, 임차권등기 이후에는 제3조제1항 또는 제2항의 대항요건을 상실하더라도 이미 취득한 대항력이나 우선변제권을 상실하지 아니한다.

⑥ 임차권등기명령의 집행에 따른 임차권등기가 끝난 주택(임대차의 목적이 주택의 일부분인 경우에는 해당 부분으로 한정한다)을 그 이후에 임차한 임차인은 제8조에 따른 우선변제를 받을 권리가 없다.

⑦ 임차권등기의 촉탁(촉탁), 등기관의 임차권등기 기입(기입) 등 임차권등기명령을 시행하는 데에 필요한 사항은 대법원규칙으로 정한다(개정 2011.4.12.).

⑧ 임차인은 제1항에 따른 임차권등기명령의 신청과 그에 따른 임차권등기와 관련하여 든 비용을 임대인에게 청구할 수 있다.

[전문개정 2008.3.21]

### 제3조의4(「민법」에 따른 주택임대차등기의 효력 등)

① 「민법」 제621조에 따른 주택임대차등기의 효력에 관하여는 제3조의3제5항 및 제6항을 준용한다.

② 임차인이 대항력이나 우선변제권을 갖추고 「민법」 제621조제1항에 따라 임대인의 협력을 얻어 임대차등기를 신청하는 경우에는 신청서에 「부동산등기법」 제74조 제1호부터 제5호까지의 사항 외에 다음 각 호의 사항을 적어야 하며, 이를 증명할 수 있는 서면(임대차의 목적이 주택의 일부분인 경우에는 해당 부분의 도면을 포함한다.)을 첨부하여야 한다(개정 2011.4.12.).

1. 주민등록을 마친 날

2. 임차주택을 점유(점유)한 날

3. 임대차계약증서상의 확정일자를 받은 날

[전문개정 2008.3.21]

### 제3조의5(경매에 의한 임차권의 소멸)

임차권은 임차주택에 대하여 「민사집행법」에 따른 경매가 행하여진 경우에는 그 임차주택의 경락(경락)에 따라 소멸한다. 다만, 보증금이 모두 변제되지 아니한, 대항력이 있는 임차권은 그러하지 아니하다.

[전문개정 2008.3.21]

## 제4조(임대차기간 등)

① 기간을 정하지 아니하거나 2년 미만으로 정한 임대차는 그 기간을 2년으로 본다. 다만, 임차인은 2년 미만으로 정한 기간이 유효함을 주장할 수 있다.

② 임대차기간이 끝난 경우에도 임차인이 보증금을 반환받을 때까지는 임대차관계가 존속되는 것으로 본다.

[전문개정 2008.3.21]

## 제5조

삭제(1989.12.30.)

## 제6조(계약의 갱신)

① 임대인이 임대차기간이 끝나기 6개월 전부터 1개월 전까지의 기간에 임차인에게 갱신거절(갱신거절)의 통지를 하지 아니하거나 계약조건을 변경하지 아니하면 갱신하지 아니한다는 뜻의 통지를 하지 아니한 경우에는 그 기간이 끝난 때에 전 임대차와 동일한 조건으로 다시 임대차한 것으로 본다. 임차인이 임대차기간이 끝나기 1개월 전까지 통지하지 아니한 경우에도 또한 같다.

② 제1항의 경우 임대차의 존속기간은 2년으로 본다(개정 2009.5.8.).

③ 2기(기)의 차임액(차임액)에 달하도록 연체하거나 그 밖에 임차인으로서의 의무를 현저히 위반한 임차인에 대하여는 제1항을 적용하지 아니한다.

[전문개정 2008.3.21]

## 제6조의2(묵시적 갱신의 경우 계약의 해지)

① 제6조제1항에 따라 계약이 갱신된 경우 같은 조 제2항에도 불구하고 임차인은 언제든지 임대인에게 계약해지(계약해지)를 통지할 수 있다(개정 2009.5.8.)

② 제1항에 따른 해지는 임대인이 그 통지를 받은 날부터 3개월이 지나면 그 효력이 발생한다.

[전문개정 2008.3.21]

## 제7조(차임 등의 증감청구권)

당사자는 약정한 차임이나 보증금이 임차주택에 관한 조세, 공과금, 그 밖의 부담의 증감이나 경제사정의 변동으로 인하여 적절하지 아니하게 된 때에는 장래에 대하여 그 증감을 청구할 수 있다. 다만, 증액의 경우에는 대통령령으로 정하는 기준에 따른 비율을 초과하지 못한다.

[전문개정 2008.3.21]

## 제7조의2(월차임 전환 시 산정률의 제한)

보증금의 전부 또는 일부를 월 단위의 차임으로 전환하는 경우에는 그 전환되는 금액에 「은행법」에 따른 은행에서 적용하는 대출금리와 해당 지역의 경제 여건 등을 고려하여 대통령령으로 정하는 비율을 곱한 월차임(월차임)의 범위를 초과할 수 없다(개정 2010.5.17.).

[전문개정 2008.3.21]

제8조(보증금 중 일정액의 보호)

① 임차인은 보증금 중 일정액을 다른 담보물권자(담보물권자)보다 우선하여 변제받을 권리가 있다. 이 경우 임차인은 주택에 대한 경매신청의 등기 전에 제3조제1항의 요건을 갖추어야 한다.

② 제1항의 경우에는 제3조의2제4항부터 제6항까지의 규정을 준용한다.

③ 제1항에 따라 우선변제를 받을 임차인 및 보증금 중 일정액의 범위와 기준은 제8조의2에 따른 주택임대차위원회의 심의를 거쳐 대통령령으로 정한다. 다만, 보증금 중 일정액의 범위와 기준은 주택가액(대지의 가액을 포함한다)의 2분의 1을 넘지 못한다(개정 2009.5.8.).

[전문개정 2008.3.21]

제8조의2(주택임대차위원회)

① 제8조에 따라 우선변제를 받을 임차인 및 보증금 중 일정액의 범위와 기준을 심의하기 위하여 법무부에 주택임대차위원회(이하 "위원회"라 한다)를 둔다.

② 위원회는 위원장 1명을 포함한 9명 이상 15명 이하의 위원으로 구성한다.

③ 위원회의 위원장은 법무부차관이 된다.

④ 위원회의 위원은 다음 각 호의 어느 하나에 해당하는 사람 중에서 위원장이 위촉하되, 다음 제1호부터 제5호까지에 해당하는 위원을 각각 1명 이상 위촉하여야 하고, 위원 중 2분의 1 이상은 제1호ㆍ제2호 또는 제6호에 해당하는 사람을 위촉하여야 한다(개정 2013.3.23.).

　1. 법학ㆍ경제학 또는 부동산학 등을 전공하고 주택임대차 관련 전문지식을 갖춘 사람으로서 공인된 연구기관에서 조교수 이상 또는 이에 상당하는 직에 5년 이상 재직한 사람

　2. 변호사ㆍ감정평가사ㆍ공인회계사ㆍ세무사 또는 공인중개사로서 5년 이상 해당 분야에서 종사하고 주택임대차 관련 업무경험이 풍부한 사람

　3. 기획재정부에서 물가 관련 업무를 담당하는 고위공무원단에 속하는 공무원

　4. 법무부에서 주택임대차 관련 업무를 담당하는 고위공무원단에 속하는 공무원(이에 상당하는 특정직 공무원을 포함한다)

　5. 국토교통부에서 주택사업 또는 주거복지 관련 업무를 담당하는 고위공무원단에 속하는 공무원

　6. 그밖에 주택임대차 관련 학식과 경험이 풍부한 사람으로서 대통령령으로 정하는 사람

⑤ 그밖에 위원회의 구성 및 운영 등에 필요한 사항은 대통령령으로 정한다.

[본조신설 2009.5.8]

제9조(주택 임차권의 승계)

① 임차인이 상속인 없이 사망한 경우에는 그 주택에서 가정공동생활을 하던 사실상의 혼인 관계에 있는 자가 임차인의 권리와 의무를 승계한다.

② 임차인이 사망한 때에 사망 당시 상속인이 그 주택에서 가정공동생활을 하고 있지 아니한 경우에는 그 주택에서 가정공동생활을 하던 사실상의 혼인 관계에 있는 자와 2촌 이내의 친족이 공동으로 임차인의 권리와 의무를 승계한다.

③ 제1항과 제2항의 경우에 임차인이 사망한 후 1개월 이내에 임대인에게 제1항과 제2항에 따른 승계 대상자가 반대의사를 표시한 경우에는 그러하지 아니하다.

④ 제1항과 제2항의 경우에 임대차 관계에서 생긴 채권·채무는 임차인의 권리의무를 승계한 자에게 귀속된다.

[전문개정 2008.3.21]

### 제10조(강행규정)

이 법에 위반된 약정(약정)으로서 임차인에게 불리한 것은 그 효력이 없다.

[전문개정 2008.3.21]

### 제11조(일시사용을 위한 임대차)

이 법은 일시사용하기 위한 임대차임이 명백한 경우에는 적용하지 아니한다.

[전문개정 2008.3.21]

### 제12조(미등기 전세에의 준용)

주택의 등기를 하지 아니한 전세계약에 관하여는 이 법을 준용한다. 이 경우 "전세금"은 "임대차의 보증금"으로 본다.

[전문개정 2008.3.21]

### 제13조(「소액사건심판법」의 준용)

임차인이 임대인에 대하여 제기하는 보증금반환청구소송에 관하여는 「소액사건심판법」 제6조, 제7조, 제10조 및 제11조의2를 준용한다.

[전문개정 2008.3.21]

# 주택임대차보호법 시행령

[타법개정 2013.3.23 대통령령 제24415호]

### 제1조(목적)

이 영은 「주택임대차보호법」에서 위임된 사항과 그 시행에 관하여 필요한 사항을 정함을 목적으로 한다.

[전문개정 2008.8.21]

### 제1조의2 (대항력이 인정되는 법인)

「주택임대차보호법」(이하 '법'이라 한다) 제3조제2항 후단에서 '대항력이 인정되는 법인'이란 다음 각 호의 법인을 말한다(개정 2009.9.21.).

1. 「한국토지주택공사법」에 따른 한국토지주택공사

2. 「지방공기업법」 제49조에 따라 주택사업을 목적으로 설립된 지방공사

[전문개정 2008.8.21]

### 제1조의3(고유식별정보의 처리)

시장(「제주특별자치도 설치 및 국제자유도시 조성을 위한 특별법」 제17조에 따른 행정시장을 포함하며, 특별시장·광역시장은 제외한다)·군수·구청장(자치구의 구청장을 말한다) 또는 읍·면·동의 장은 법 제3조의2 제2항에 따른 확정일자 부여에 관한 사무를 수행하기 위하여 불가피한 경우 「개인정보 보호법 시행령」 제19조 제1호에 따른 주민등록번호를 처리할 수 있다.

[본조신설 2012.1.6]

### 제2조(차임 등 증액청구의 기준 등)

① 법 제7조에 따른 차임이나 보증금(이하 '차임등'이라 한다)의 증액청구는 약정한 차임등의 20분의 1의 금액을 초과하지 못한다.

② 제1항에 따른 증액청구는 임대차계약 또는 약정한 차임등의 증액이 있은 후 1년 이내에는 하지 못한다.

[전문개정 2008.8.21]

### 제2조의2(월차임 전환 시 산정률)

법 제7조의2에서 '대통령령으로 정하는 비율'이란 연 1할4푼을 말한다.

[전문개정 2008.8.21]

### 제3조(보증금 중 일정액의 범위 등)

① 법 제8조에 따라 우선변제를 받을 보증금 중 일정액의 범위는 다음 각 호의 구분에 의한 금액 이하로 한다(개정 2010.7.21.).

1. 서울특별시: 2천 500만 원

2. 「수도권정비계획법」에 따른 과밀억제권역(서울특별시는 제외한다): 2천 200만 원

3. 광역시(「수도권정비계획법」에 따른 과밀억제권역에 포함된 지역과 군지역은 제외한다.), 안산시, 용인시, 김포시 및 광주시: 1천 900만 원

4. 그 밖의 지역: 1천 400만 원

② 임차인의 보증금 중 일정액이 주택가액의 2분의 1을 초과하는 경우에는 주택가액의 2분의 1에 해당하는 금액까지만 우선변제권이 있다.

③ 하나의 주택에 임차인이 2명 이상이고, 그 각 보증금 중 일정액을 모두 합한 금액이 주택가액의 2분의 1을 초과하는 경우에는 그 각 보증금 중 일정액을 모두 합한 금액에 대한 각 임차인의 보증금 중 일정액의 비율로 그 주택가액의 2분의 1에 해당하는 금액을 분할한 금액을 각 임차인의 보증금 중 일정액으로 본다.

④ 하나의 주택에 임차인이 2명 이상이고 이들이 그 주택에서 가정공동생활을 하는 경우에는 이들을 1명의 임차인으로 보아 이들의 각 보증금을 합산한다.

[전문개정 2008.8.21]

### 제4조(우선변제를 받을 임차인의 범위)

법 제8조에 따라 우선변제를 받을 임차인은 보증금이 다음 각 호의 구분에 의한 금액 이하인 임차인으로 한다(개정 2010.7.21.).

1. 서울특별시: 7천 500만 원

2. 「수도권정비계획법」에 따른 과밀억제권역(서울특별시는 제외한다): 6천 500만 원

3. 광역시(「수도권정비계획법에 따른 과밀억제권역에 포함된 지역과 군지역은 제외한다.), 안산시, 용인시, 김포시 및 광주시: 5천 500만 원

4. 그 밖의 지역: 4천만 원

[전문개정 2008.8.21]

### 제5조(주택임대차위원회의 구성)

법 제8조의2제4항 제6호에서 '대통령령으로 정하는 사람'이란 다음 각 호의 어느 하나에 해당하는 사람을 말한다.

1. 특별시·광역시·도 및 특별자치도(이하 '시·도'라 한다)에서 주택정책 또는 부동산 관련 업무를 담당하는 주무부서의 실·국장

2. 법무사로서 5년 이상 해당 분야에서 종사하고 주택임대차 관련 업무 경험이 풍부한 사람

[본조신설 2009.7.30]

## 제6조(위원의 임기 등)

① 법 제8조의2에 따른 주택임대차위원회(이하 '위원회'라 한다)의 위원의 임기는 2년으로 한다. 다만, 공무원인 위원의 임기는 그 직위에 재직하는 기간으로 한다.

② 위원장은 위촉된 위원이 부득이한 사유로 직무를 수행할 수 없게 되거나, 직무를 현저히 게을리하는 등 위원으로 적합하지 않다고 인정된 경우에는 해촉(解囑)할 수 있다.

[본조신설 2009.7.30]

## 제7조(위원장의 직무)

① 위원장은 위원회를 대표하고, 위원회의 업무를 총괄한다.

② 위원장이 부득이한 사유로 인하여 직무를 수행할 수 없을 때에는 위원장이 미리 지명한 위원이 그 직무를 대행한다.

[본조신설 2009.7.30]

## 제8조(간사)

① 위원회에 간사 1명을 두되, 간사는 주택임대차 관련 업무에 종사하는 법무부 소속의 고위공무원단에 속하는 일반직 공무원(이에 상당하는 특정직·별정직 공무원을 포함한다) 중에서 위원회의 위원장이 지명한다.

② 간사는 위원회의 운영을 지원하고, 위원회의 회의에 관한 기록과 그밖에 서류의 작성과 보관에 관한 사무를 처리한다.

③ 간사는 위원회에 참석하여 심의사항을 설명하거나 그밖에 필요한 발언을 할 수 있다.

[본조신설 2009.7.30]

## 제9조(위원회의 회의)

① 위원회의 회의는 매년 1회 개최되는 정기회의와 위원장이 필요하다고 인정하거나 위원 3분의 1 이상이 요구할 경우에 개최되는 임시회의로 구분하여 운영한다.

② 위원장은 위원회의 회의를 소집하고, 그 의장이 된다.

③ 위원회의 회의는 재적위원 과반수의 출석으로 개의하고, 출석위원 과반수의 찬성으로 의결한다.

④ 위원회의 회의는 비공개로 한다.

⑤ 위원장은 위원이 아닌 자를 회의에 참석하게 하여 의견을 듣거나 관계 기관·단체 등에게 필요한 자료,

의견 제출 등 협조를 요청할 수 있다.

[본조신설 2009.7.30]

### 제10조(실무위원회)

① 위원회에서 심의할 안건의 협의를 효율적으로 지원하기 위하여 위원회에 실무위원회를 둔다.

② 실무위원회는 다음 각 호의 사항을 협의·조정한다.

    1. 심의안건 및 이와 관련하여 위원회가 위임한 사항

    2. 그밖에 위원장 및 위원이 실무협의를 요구하는 사항

③ 실무위원회의 위원장은 위원회의 간사가 되고, 실무위원회의 위원은 다음 각 호의 사람 중에서 그 소속기관의 장이 지명하는 사람으로 한다(개정 2013.3.23.).

    1. 기획재정부에서 물가 관련 업무를 담당하는 5급 이상의 국가공무원

    2. 법무부에서 주택임대차 관련 업무를 담당하는 5급 이상의 국가공무원

    3. 국토교통부에서 주택사업 또는 주거복지 관련 업무를 담당하는 5급 이상의 국가공무원

    4. 시·도에서 주택정책 또는 부동산 관련 업무를 담당하는 5급 이상의 지방공무원

[본조신설 2009.7.30]

### 제11조(전문위원)

① 위원회의 심의사항에 관한 전문적인 조사·연구업무를 수행하기 위하여 5명 이내의 전문위원을 둘 수 있다.

② 전문위원은 법학, 경제학 또는 부동산학 등에 학식과 경험을 갖춘 사람 중에서 법무부장관이 위촉하고, 임기는 2년으로 한다.

[본조신설 2009.7.30]

### 제12조(수당)

위원회 또는 실무위원회 위원에 대해서는 예산의 범위에서 수당을 지급할 수 있다. 다만, 공무원인 위원이 그 소관 업무와 직접적으로 관련되어 위원회에 출석하는 경우에는 그러하지 아니하다.

[본조신설 2009.7.30]

### 제13조(운영세칙)

이 영에서 규정한 사항 외에 위원회의 운영에 필요한 사항은 법무부장관이 정한다.

[본조신설 2009.7.30]

# 상가건물 임대차보호법

[타법개정 2011.04.12 (법률 10580호) 법무부]

**제1조(목적)**

이 법은 상가건물 임대차에 관하여 「민법」에 대한 특례를 규정하여 국민 경제생활의 안정을 보장함을 목적으로 한다.

**제2조(적용범위)**

① 이 법은 상가건물(제3조제1항에 따른 사업자등록의 대상이 되는 건물을 말한다)의 임대차(임대차 목적물의 주된 부분을 영업용으로 사용하는 경우를 포함한다)에 대하여 적용한다. 다만, 대통령령으로 정하는 보증금액을 초과하는 임대차에 대하여는 그러하지 아니하다.

② 제1항 단서에 따른 보증금액을 정할 때에는 해당 지역의 경제 여건 및 임대차 목적물의 규모 등을 고려하여 지역별로 구분하여 규정하되, 보증금 외에 차임이 있는 경우에는 그 차임액에 「은행법」에 따른 은행의 대출금리 등을 고려하여 대통령령으로 정하는 비율을 곱하여 환산한 금액을 포함하여야 한다(개정 2010.5.17.).

**제3조(대항력 등)**

① 임대차는 그 등기가 없는 경우에도 임차인이 건물의 인도와 「부가가치세법」 제5조, 「소득세법」 제168조 또는 「법인세법」 제111조에 따른 사업자등록을 신청하면 그 다음 날부터 제3자에 대하여 효력이 생긴다.

② 임차건물의 양수인(그밖에 임대할 권리를 승계한 자를 포함한다.)은 임대인의 지위를 승계한 것으로 본다.

③ 이 법에 따라 임대차의 목적이 된 건물이 매매 또는 경매의 목적물이 된 경우에는 「민법」 제575조 제1항·제3항 및 제578조를 준용한다.

④ 제3항의 경우에는 「민법」 제536조를 준용한다.

**제4조(등록사항 등의 열람·제공)**

① 건물의 임대차에 이해관계가 있는 자는 건물의 소재지 관할 세무서장에게 다음 각 호의 사항의 열람 또는 제공을 요청할 수 있다. 이때 관할 세무서장은 정당한 사유 없이 이를 거부할 수 없다.

1. 임대인 · 임차인의 성명, 주소, 주민등록번호(임대인 · 임차인이 법인이거나 법인 아닌 단체인 경우에는 법인명 또는 단체명, 대표자, 법인등록번호, 본점 · 사업장 소재지)

2. 건물의 소재지, 임대차 목적물 및 면적

3. 사업자등록 신청일

4. 사업자등록 신청일 당시의 보증금 및 차임, 임대차기간

5. 임대차계약서상의 확정일자를 받은 날

6. 임대차계약이 변경되거나 갱신된 경우에는 변경 · 갱신된 날짜, 보증금 및 차임, 임대차기간, 새로운 확정일자를 받은 날

7. 그밖에 대통령령으로 정하는 사항

② 제1항에 따른 자료의 열람 및 제공과 관련하여 필요한 사항은 대통령령으로 정한다.

## 제5조(보증금의 회수)

① 임차인이 임차건물에 대하여 보증금반환청구소송의 확정판결, 그밖에 이에 준하는 집행권원에 의하여 경매를 신청하는 경우에는 「민사집행법」 제41조에도 불구하고 반대의무의 이행이나 이행의 제공을 집행개시의 요건으로 하지 아니한다.

② 제3조제1항의 대항요건을 갖추고 관할 세무서장으로부터 임대차계약서상의 확정일자를 받은 임차인은 「민사집행법」에 따른 경매 또는 「국세징수법」에 따른 공매 시 임차건물(임대인 소유의 대지를 포함한다.)의 환가대금에서 후순위권리자나 그 밖의 채권자보다 우선하여 보증금을 변제받을 권리가 있다.

③ 임차인은 임차건물을 양수인에게 인도하지 아니하면 제2항에 따른 보증금을 받을 수 없다.

④ 제2항에 따른 우선변제의 순위와 보증금에 대하여 이의가 있는 이해관계인은 경매법원 또는 체납처분청에 이의를 신청할 수 있다.

⑤ 제4항에 따라 경매법원에 이의를 신청하는 경우에는 「민사집행법」 제152조부터 제161조까지의 규정을 준용한다.

⑥ 제4항에 따라 이의신청을 받은 체납처분청은 이해관계인이 이의신청일부터 7일 이내에 임차인을 상대로 소(訴)를 제기한 것을 증명한 때에는 그 소송이 종결될 때까지 이의가 신청된 범위에서 임차인에 대한 보증금의 변제를 유보(留保)하고 남은 금액을 배분하여야 한다. 이 경우 유보된 보증금은 소송 결과에 따라 배분한다.

## 제6조(임차권등기명령)

① 임대차가 종료된 후 보증금을 돌려받지 못한 임차인은 임차건물의 소재지를 관할하는 지방법원, 지방법원지원 또는 시 · 군법원에 임차권등기명령을 신청할 수 있다.

② 임차권등기명령을 신청할 때에는 다음 각 호의 사항을 기재하여야 하며, 신청 이유 및 임차권등기의 원인이 된 사실을 소명하여야 한다.

1. 신청 취지 및 이유

2. 임대차의 목적인 건물(임대차의 목적이 건물의 일부분인 경우에는 그 부분의 도면을 첨부한다)

3. 임차권등기의 원인이 된 사실(임차인이 제3조제1항에 따른 대항력을 취득하였거나 제5조제2항에 따른 우선변제권을 취득한 경우에는 그 사실)

4. 그밖에 대법원규칙으로 정하는 사항

③ 임차권등기명령의 신청에 대한 재판, 임차권등기명령의 결정에 대한 임대인의 이의신청 및 그에 대한 재판, 임차권등기명령의 취소신청 및 그에 대한 재판 또는 임차권등기명령의 집행 등에 관하여는 「민사집행법」 제280조 제1항, 제281조, 제283조, 제285조, 제286조, 제288조 제1항 · 제2항 본문, 제289조, 제290조 제2항 중 제288조 제1항에 대한 부분, 제291조, 제293조를 준용한다. 이 경우 '가압류'는 '임차권등기'로, '채권자'는 '임차인'으로, '채무자'는 '임대인'으로 본다.

④ 임차권등기명령신청을 기각하는 결정에 대하여 임차인은 항고할 수 있다.

⑤ 임차권등기명령의 집행에 따른 임차권등기를 마치면 임차인은 제3조제1항에 따른 대항력과 제5조제2항에 따른 우선변제권을 취득한다. 다만, 임차인이 임차권등기 이전에 이미 대항력 또는 우선변제권을 취득한 경우에는 그 대항력 또는 우선변제권이 그대로 유지되며, 임차권등기 이후에는 제3조제1항의 대항요건을 상실하더라도 이미 취득한 대항력 또는 우선변제권을 상실하지 아니한다.

⑥ 임차권등기명령의 집행에 따른 임차권등기를 마친 건물(임대차의 목적이 건물의 일부분인 경우에는 그 부분으로 한정한다)을 그 이후에 임차한 임차인은 제14조에 따른 우선변제를 받을 권리가 없다.

⑦ 임차권등기의 촉탁, 등기관의 임차권등기 기입 등 임차권등기명령의 시행에 관하여 필요한 사항은 대법원규칙으로 정한다.

⑧ 임차인은 제1항에 따른 임차권등기명령의 신청 및 그에 따른 임차권등기와 관련하여 든 비용을 임대인에게 청구할 수 있다.

## 제7조(「민법」에 따른 임대차등기의 효력 등)

① 「민법」 제621조에 따른 건물임대차등기의 효력에 관하여는 제6조제5항 및 제6항을 준용한다.

② 임차인이 대항력 또는 우선변제권을 갖추고 「민법」 제621조 제1항에 따라 임대인의 협력을 얻어 임대차등기를 신청하는 경우에는 신청서에 「부동산등기법」 제74조 제1호부터 제5호까지의 사항 외에 다음 각 호의 사항을 기재하여야 하며, 이를 증명할 수 있는 서면(임대차의 목적이 건물의 일부분인 경우에는 그 부분의 도면을 포함한다.)을 첨부하여야 한다(개정 2011.4.12.).

1. 사업자등록을 신청한 날

2. 임차건물을 점유한 날

3. 임대차계약서상의 확정일자를 받은 날

## 제8조(경매에 의한 임차권의 소멸)

임차권은 임차건물에 대하여 「민사집행법」에 따른 경매가 실시된 경우에는 그 임차건물이 매각되면 소멸한다. 다만, 보증금이 전액 변제되지 아니한 대항력이 있는 임차권은 그러하지 아니하다.

## 제9조(임대차기간 등)

① 기간을 정하지 아니하거나 기간을 1년 미만으로 정한 임대차는 그 기간을 1년으로 본다. 다만, 임차인은 1년 미만으로 정한 기간이 유효함을 주장할 수 있다.

② 임대차가 종료한 경우에도 임차인이 보증금을 돌려받을 때까지는 임대차 관계는 존속하는 것으로 본다.

## 제10조(계약갱신 요구 등)

① 임대인은 임차인이 임대차기간이 만료되기 6개월 전부터 1개월 전까지 사이에 계약갱신을 요구할 경우 정당한 사유 없이 거절하지 못한다. 다만, 다음 각 호의 어느 하나의 경우에는 그러하지 아니하다.

1. 임차인이 3기의 차임액에 해당하는 금액에 이르도록 차임을 연체한 사실이 있는 경우

2. 임차인이 거짓이나 그 밖의 부정한 방법으로 임차한 경우

3. 서로 합의하여 임대인이 임차인에게 상당한 보상을 제공한 경우

4. 임차인이 임대인의 동의 없이 목적 건물의 전부 또는 일부를 전대(전대)한 경우

5. 임차인이 임차한 건물의 전부 또는 일부를 고의나 중대한 과실로 파손한 경우

6. 임차한 건물의 전부 또는 일부가 멸실되어 임대차의 목적을 달성하지 못할 경우

7. 임대인이 목적 건물의 전부 또는 대부분을 철거하거나 재건축하기 위하여 목적 건물의 점유를 회복할 필요가 있는 경우

8. 그밖에 임차인이 임차인으로서의 의무를 현저히 위반하거나 임대차를 계속하기 어려운 중대한 사유가 있는 경우

② 임차인의 계약갱신요구권은 최초의 임대차기간을 포함한 전체 임대차기간이 5년을 초과하지 아니하는 범위에서만 행사할 수 있다.

③ 갱신되는 임대차는 전 임대차와 동일한 조건으로 다시 계약된 것으로 본다. 다만, 차임과 보증금은 제11조에 따른 범위에서 증감할 수 있다.

④ 임대인이 제1항의 기간 이내에 임차인에게 갱신 거절의 통지 또는 조건 변경의 통지를 하지 아니한 경우에는 그 기간이 만료된 때에 전 임대차와 동일한 조건으로 다시 임대차한 것으로 본다. 이 경우에 임대차의 존속기간은 1년으로 본다(개정 2009.5.8.).

⑤ 제4항의 경우 임차인은 언제든지 임대인에게 계약해지의 통고를 할 수 있고, 임대인이 통고를 받은 날부터 3개월이 지나면 효력이 발생한다.

제11조(차임 등의 증감청구권)

① 차임 또는 보증금이 임차건물에 관한 조세, 공과금, 그 밖의 부담의 증감이나 경제 사정의 변동으로
인하여 상당하지 아니하게 된 경우에는 당사자는 장래의 차임 또는 보증금에 대하여 증감을 청구할 수
있다. 그러나 증액의 경우에는 대통령령으로 정하는 기준에 따른 비율을 초과하지 못한다.

② 제1항에 따른 증액 청구는 임대차계약 또는 약정한 차임 등의 증액이 있은 후 1년 이내에는 하지 못한다.

제12조(월 차임 전환 시 산정률의 제한)

보증금의 전부 또는 일부를 월 단위의 차임으로 전환하는 경우에는 그 전환되는 금액에 「은행법」에 따른
은행의 대출금리 및 해당 지역의 경제 여건 등을 고려하여 대통령령으로 정하는 비율을 곱한 월 차임의 범위를
초과할 수 없다(개정 2010.5.17.).

제13조(전대차관계에 대한 적용 등)

① 제10조부터 제12조까지의 규정은 전대인(전대인)과 전차인(전차인)의 전대차관계에 적용한다.

② 임대인의 동의를 받고 전대차계약을 체결한 전차인은 임차인의 계약갱신요구권 행사기간 이내에 임차인을
대위(대위)하여 임대인에게 계약갱신요구권을 행사할 수 있다.

제14조(보증금 중 일정액의 보호)

① 임차인은 보증금 중 일정액을 다른 담보물권자보다 우선하여 변제받을 권리가 있다. 이 경우 임차인은
건물에 대한 경매신청의 등기 전에 제3조제1항의 요건을 갖추어야 한다.

② 제1항의 경우에 제5조제4항부터 제6항까지의 규정을 준용한다.

③ 제1항에 따라 우선변제를 받을 임차인 및 보증금 중 일정액의 범위와 기준은 임대건물가액(임대인 소유의
대지가액을 포함한다)의 3분의 1 범위에서 해당 지역의 경제 여건, 보증금 및 차임 등을 고려하여 대통령령으로
정한다.

제15조(강행규정)

이 법의 규정에 위반된 약정으로서 임차인에게 불리한 것은 효력이 없다.

제16조(일시사용을 위한 임대차)

이 법은 일시사용을 위한 임대차임이 명백한 경우에는 적용하지 아니한다.

제17조(미등기전세에의 준용)

목적건물을 등기하지 아니한 전세계약에 관하여 이 법을 준용한다. 이 경우 '전세금'은 '임대차의 보증금'으로
본다.

제18조(「소액사건심판법」의 준용)

임차인이 임대인에게 제기하는 보증금반환청구소송에 관하여는 「소액사건심판법」 제6조 · 제7조 · 제10조
및 제11조의2를 준용한다.

# 상가건물 임대차보호법 시행령

[타법개정 2012.05.23 (대통령령 23807호) 법무부]

### 제1조(목적)

이 영은 「상가건물 임대차보호법」에서 위임된 사항과 그 시행에 관하여 필요한 사항을 정하는 것을 목적으로 한다(개정 2008.8.21, 2010.7.21.).

### 제2조(적용범위)

① 「상가건물 임대차보호법」(이하 '법'이라 한다.) 제2조제1항 단서에서 '대통령령으로 정하는 보증금액'이라 함은 다음 각 호의 구분에 의한 금액을 말한다(개정 2008.8.21, 2010.7.21.).

  1. 서울특별시 : 3억 원

  2. 「수도권정비계획법」에 따른 과밀억제권역(서울특별시는 제외한다): 2억 5천만 원

  3. 광역시(「수도권정비계획법」에 따른 과밀억제권역에 포함된 지역과 군지역은 제외한다.), 안산시, 용인시, 김포시 및 광주시: 1억 8천만 원

  4. 그 밖의 지역 : 1억 5천만 원

② 법 제2조제2항의 규정에 의하여 보증금외에 차임이 있는 경우의 차임액은 월 단위의 차임액으로 한다.

③ 법 제2조제2항에서 '대통령령으로 정하는 비율'이라 함은 1분의 100을 말한다(개정 2010.7.21.).

### 제3조(등록사항 등의 열람 · 제공)

① 상가건물의 임대차에 이해관계가 있는 자는 법 제4조제1항의 규정에 의하여 등록사항 등의 열람 또는 제공을 요청하는 때에는 별지 제1호 서식에 의한 요청서에 이해관계가 있는 자임을 입증할 수 있는 서류를 첨부하여 당해 건물의 소재지를 관할하는 세무서장에게 제출하여야 한다.

② 법 제4조 제1항의 규정에 의한 등록사항 등의 열람 또는 제공은 사업자등록신청서 · 사업자등록정정신고서 및 그 첨부서류와 확정일자를 기재한 장부중 열람을 요청한 사항을 열람하게 하거나, 별지 제2호 서식에 의한 현황서나 건물도면의 등본을 교부하는 방법에 의한다.

③ 법 제4조제1항의 규정에 의한 등록사항 등의 열람 또는 제공은 전자적 방법에 의할 수 있다.

④ 법 제4조제1항 제7호에서 '대통령령으로 정하는 사항'이라 함은 임대차의 목적이 건물의 일부분인 경우

그 부분의 도면을 말한다(개정 2010.7.21.).

## 제4조(차임 등 증액청구의 기준)

법 제11조제1항의 규정에 의한 차임 또는 보증금의 증액청구는 청구당시의 차임 또는 보증금의 100분의 9의 금액을 초과하지 못한다(개정 2008.8.21.).

## 제5조(월차임 전환시 산정률)

법 제12조에서 '대통령령으로 정하는 비율'이라 함은 연 1할5푼을 말한다(개정 2010.7.21.).

## 제6조(우선변제를 받을 임차인의 범위)

법 제14조의 규정에 의하여 우선변제를 받을 임차인은 보증금과 차임이 있는 경우 법 제2조제2항의 규정에 의하여 환산한 금액의 합계가 다음 각 호의 구분에 의한 금액 이하인 임차인으로 한다(개정 2008.8.21, 2010.7.21.).

1. 서울특별시 : 5천만 원
2. 「수도권정비계획법」에 따른 과밀억제권역(서울특별시는 제외한다): 4천 500만 원
3. 광역시(「수도권정비계획법」에 따른 과밀억제권역에 포함된 지역과 군지역은 제외한다), 안산시, 용인시, 김포시 및 광주시: 3천만 원
4. 그 밖의 지역 : 2천 500만 원

## 제7조(우선변제를 받을 보증금의 범위 등)

① 법 제14조의 규정에 의하여 우선변제를 받을 보증금중 일정액의 범위는 다음 각 호의 구분에 의한 금액 이하로 한다(개정 2008.8.21, 2010.7.21.).

  1. 서울특별시 : 1천 500만 원
  2. 「수도권정비계획법」에 따른 과밀억제권역(서울특별시는 제외한다): 1천 350만 원
  3. 광역시(「수도권정비계획법」에 따른 과밀억제권역에 포함된 지역과 군지역은 제외한다), 안산시, 용인시, 김포시 및 광주시: 900만 원
  4. 그 밖의 지역 : 750만 원

② 임차인의 보증금중 일정액이 상가건물의 가액의 3분의 1을 초과하는 경우에는 상가건물의 가액의 3분의 1에 해당하는 금액에 한하여 우선변제권이 있다.

③ 하나의 상가건물에 임차인이 2인 이상이고, 그 각 보증금중 일정액의 합산액이 상가건물의 가액의 3분의 1을 초과하는 경우에는 그 각 보증금중 일정액의 합산액에 대한 각 임차인의 보증금중 일정액의 비율로 그 상가건물의 가액의 3분의 1에 해당하는 금액을 분할한 금액을 각 임차인의 보증금중 일정액으로 본다.

## 제8조(고유식별정보의 처리)

관할 세무서장은 법 제5조제2항에 따른 확정일자 부여에 관한 사무를 수행하기 위하여 불가피한 경우 「개인정보 보호법 시행령」 제19조제1호에 따른 주민등록번호가 포함된 자료를 처리할 수 있다.

부동산

# 경매실무

**펴 낸 날**  2013년 8월 19일

**지 은 이**   박노성
**펴 낸 이**   최지숙
**편집주간**   이기성
**기획편집**   윤정현, 이윤숙, 김은정
**표지디자인**  신성일
**펴 낸 곳**   도서출판 생각나눔
**출판등록**   제 2008-000008호
**주    소**   경기도 고양시 화정동 903-1번지, 한마음프라자 402호
**전    화**   031-964-2700
**팩    스**   031-964-2774
**홈페이지**   www.생각나눔.kr
**이 메 일**   webmaster@think-book.com

• 책값은 표지 뒷면에 표기되어 있습니다.
  ISBN 978-89-6489-228-2   13320

• 이 도서의 국립중앙도서관 출판시도서목록(CIP)은 e-CIP홈페이지(http://www.nl.go.kr/ecip)와
  국가자료공동목록시스템(http://www.nl.go.kr/kolisnet)에서 이용하실 수 있습니다.
  (CIP제어번호: CIP2013012956)